国家社科基金后期资助项目
出版说明

后期资助项目是国家社科基金设立的一类重要项目,旨在鼓励广大社科研究者潜心治学,支持基础研究多出优秀成果。它是经过严格评审,从接近完成的科研成果中遴选立项的。为扩大后期资助项目的影响,更好地推动学术发展,促进成果转化,全国哲学社会科学工作办公室按照"统一设计、统一标识、统一版式、形成系列"的总体要求,组织出版国家社科基金后期资助项目成果。

全国哲学社会科学工作办公室

国家社科基金
后期资助项目
GUOJIA SHEKE JIJIN HOUQI ZIZHU XIANGMU

实存与自由

斯宾诺莎的普遍伦理学研究

吴树博　著

上海三联书店

献给我敬爱的导师黄颂杰先生

致以深切的怀念！

目　　录

引用体例

本书对斯宾诺莎著作的引用遵循当前国际学界通行的缩写和引用格式,具体如下:

1.《理智改进论》缩写为 TIE,然后是分节数,如"TIE,13"指该书第 13 节;

2.《神、人及其幸福简论》缩写为 KV,然后是部分和章节数,如"KV,2,3,2"指该书第二部分第 3 章第 2 节;

3.《伦理学》缩写为 E,具体内容的缩写形式为 A(公理)、App(附录)、C(绎理)、D(证明)、Def(定义)、P(命题)、Praef(序言)、S(附释),如"E2P11C2D"指该书第二部分命题十一绎理二证明;

4.《笛卡尔哲学原理》缩写为 PPD,引用方式同于《伦理学》,例如"PPD1P2"指该书第一部分命题二;

5.《形而上学思想》缩写为 CM,然后是章节数,例如"CM,1,1"指该书第一章第 1 节;

6.《神学政治论》缩写为 TTP,然后是法国大学出版社(PUF)版本中划分的章节数,由于中译本没有分节,随附中译本页码,如"TTP,1,1/中译本第 19 页"指该书第一章第 1 节/中译本第 19 页;

7.《政治论》缩写为 TP,然后是章节数,如"TP,1,1"指该书第一章第 1 节;

8.《书信集》缩写为 Ep.,然后是书信编号,如"Ep.56"指的是《斯宾诺莎书信集》中的第 56 封信。

斯宾诺莎著作的引文参考相关中译本,并参照 Gebhardt 版和 PUF 版的拉丁文本以及其他外文译本做相应修改,修改之处不再一一注明。

导　　论

　　斯宾诺莎(Benedictus Spinoza, 1632—1677 年)[①]是十七世纪荷兰杰出的思想家并在西方哲学史上占有非常重要的地位。无论是其高尚的品格，还是其深邃的思想,都赢得后人高度的赞誉。德国哲学家黑格尔曾言:"斯宾诺莎是近代哲学的重点:要么是斯宾诺莎主义,要么不是哲学",而且"一般地应当指出,必须把思维放在斯宾诺莎主义的观点上;这是一切哲学研究的重要开端。要开始研究哲学,就必须首先做一个斯宾诺莎主义者"。[②] 法国哲学家柏格森甚至说,"每个哲学家都有两种哲学:他自己的哲学和斯宾诺莎的哲学。在斯宾诺莎主义中,我们尚可呼吸到哲学自身的气息"。[③]

　　近两个多世纪以来,与黑格尔和柏格森类似的关于斯宾诺莎哲学的评价并不鲜见。斯宾诺莎哲学也始终是西方哲学史研究中的一个要点,尤其是自二次世界大战结束以来,西方学界更是形成了一股斯宾诺莎研究热潮,时至今日依然方兴未艾。与此同时,斯宾诺莎哲学的意义并不局限于哲学史研究的领域,相反,这种哲学也以其强劲的思想力和深邃的洞见现实地融入到现代西方哲学的构建过程之中。[④] 众多思想家都对斯宾诺莎的思想做出了积极的吸收和利用,例如弗洛伊德、阿尔都塞、拉康、德勒兹、内格里等

[①] 关于斯宾诺莎的时代背景、生平和著作,可以参考纳德勒:《斯宾诺莎传》(冯炳昆 译,北京:商务印书馆,2011 年)。这是目前国内外学界公认比较权威的斯宾诺莎思想传记。另外,还可以参阅洪汉鼎:《斯宾诺莎哲学研究》,北京:人民出版社,1993 年,第 3—51 页;韩东晖:《天人之境:斯宾诺莎道德形而上学研究》,北京:中国人民大学出版社,2008 年,第 1—65 页。

[②] 黑格尔:《哲学史讲演录》(第四卷),贺麟　王太庆 译,北京:商务印书馆,1978 年,第 98、99 页。

[③] 这段话出自柏格森致布伦什维格(L. Brunschvicg)的一封信函,后收录于《法国哲学学会简报》(*Bulletin de la Société française de philosophie*, juin 1927)。引文出自 Mosse-Bastide, M., "Bergson et Spinoza," *Revue de Métaphysique et de Morale* 54, No.1(1949), p.67。

[④] 意大利哲学家内格里甚至认为:"斯宾诺莎思想的阐释史是如此之漫长和聚讼纷纭,以至于在此基础上我们几乎能构筑一部真正的现代哲学史。"(Negri, A., *L'anomalia selvaggia: saggio su potere e potenza in Baruch Spinoza*, Milano: Feltrinelli Editore, 1981, p.22.)

人都在不同程度上受到斯宾诺莎的影响。

然而,上述这些积极的评价并不能掩盖斯宾诺莎在西方思想史上所引发的激烈争议。这种争议当他在世之时就已不绝于耳,而在他谢世之后则愈演愈烈。他对神的崭新的界定使他成为"无神论"的代言人并饱受攻击;他所秉持的彻底的自然主义态度颠覆了西方(尤其是基督教)的价值传统并引发了众怒;他所坚持的彻底的决定论立场使他坚决否定自由意志,以致时常被人们视作西方思想史上的"丑闻"。凡此种种都使斯宾诺莎背负了异端的恶名,并导致了他以"标签式哲学家"的形象出现。

但是,这些打在斯宾诺莎身上的标签究竟在多大程度上向我们昭示了他的思想的实际呢?通常情况下,以标签的方式来理解某个思想家往往会流于片面,甚至导致误解,而这种情况在斯宾诺莎这里表现得尤其明显,因为无论就其自身的人格,还是就其具体的思想理论来看,斯宾诺莎都是一个非常复杂甚至充满"矛盾"的人物:他出身于犹太家庭并接受了良好的犹太文化教育,但是他却背弃了犹太教并被处以犹太历史上最为严酷的破门律(cherem);然而对犹太教的背离却没有导致他接受基督教或其他宗教信仰,相反,他成为第一个真正意义上的世俗的犹太人;[1]可是,无论是其非宗教信徒的身份,还是其彻底世俗化的倾向,都没有将斯宾诺莎与宗教彻底绝缘,相反,在歌德、诺瓦利斯等人的解读中,他却现身为"一个醉心于神的人";他虽然是一个毫不妥协的决定论者,但是却以"自由人"作为他的伦理理想;他时而被视为历史唯物主义的先驱,时而又被当作唯心主义的先行者;他的作品没有任何华丽的辞藻,但是很少有其他哲学家的著作能像他的著作那样激发如此多的诗人和小说家的灵感;[2]"作为哲学史上独一无二、令人生畏的几何学表述和论证体系,他的著作字里行间洋溢着悲天悯人的情怀和对神的理智之爱";[3]诸如此类,不一而足。

面对这些如此不同甚至截然对立的思想规定,我们在解读和把握斯宾诺莎哲学之时必然会面临如何对他的思想进行辨识和定位的问题,或者说应当为他赋予何种思想形象的问题。内格里在其关于斯宾诺莎的经典研究著作中就区分出两个不同的斯宾诺莎形象:"第一个形象表现了科学革命和

---

① Cf. Yovel, Y., *Spinoza and Other Heretics*, Vol. 1, Princeton: Princeton University Press, 1989, pp. 199 – 200; Schwartz, D., *The First Modern Jew: Spinoza and the History of an Image*, Princeton: Princeton University Press, 2012, pp. 15 – 32.

② Cf. Don Garret (ed.), *The Cambridge Companion to Spinoza*, Cambridge: Cambridge University Press, 1996, p.1.

③ 韩东晖:《天人之境:斯宾诺莎道德形而上学研究》,"序言"第1页。

文艺复兴文化所产生的最高的意识","是当时文化史的最高和最详尽之展开的产物","是资本主义秩序的作者","是观念论的最高的发展";而"第二种形象则产生了一种未来的哲学","是危机与革命之观念的部署和投射","是未来构造的作者",并"参与到革命的唯物论的奠基过程之中"。①

　　而当代著名脑神经科学家达马西奥在其关于斯宾诺莎的研究著作中总结了斯宾诺莎的四种思想形象,

　　　　首先是作为激进的宗教学者,斯宾诺莎与当时的教会多有分歧,他提出了关于神的全新观点以及达到人生救赎的新道路,这个斯宾诺莎是最容易接近的;其次是作为政治思想家,斯宾诺莎描绘了由快乐的和负责任的公民组成的理想民主国家所具有的特征;第三是作为哲学家,斯宾诺莎利用科学的事实、几何学的证明方法和直观来表达关于宇宙和人生的构想,而这个斯宾诺莎是最难接近的。②

但除了上述这三种形象之外,达马西奥还提出了斯宾诺莎的第四种形象,即作为一个原型生物学家(protobiologist)的斯宾诺莎,这是一个隐藏在无以计数的命题、公理和附释之后的生物学思想家。③

　　上述这些充满分歧的形象不仅源于人们在解读斯宾诺莎哲学时所采取的不同的视角和进路,同时也源于斯宾诺莎哲学本身所内含的特性甚至是内在的张力。在西方思想家之间,斯宾诺莎可算是著作篇幅最小的哲学家之一。可是,哲学思想的深度往往并不取决于著作本身的厚度,这一点在斯宾诺莎身上表现得尤为明显。惜墨如金一向是他持守的风格,而其代表作《伦理学》更是采取了异常凝练的几何学证明的方式,这些都极大增加了读者的阅读和理解的难度。可是,在这些言简意赅且篇幅不大的著作中却汇集了当时所能触及的各种知识领域。方法论、形而上学、认识论、人类学、情

---

①　Negri, A., *L'anomalia selvaggia*, p.22.

②　Damasio, A., *Looking for Spinoza: Joy, Sorrow, and the Feeling Brain*, London: William Heinemann, 2003, p.14.

③　达马西奥对斯宾诺莎所给出的最后这种思想定位得到很多当代学者的认同,例如法国著名神经科学家尚热就持有与达马西奥非常类似的观点(Cf. Changeaux, J.-P. et Riceau, P., *Ce qui nous fait penser: la nature et la règle*, Paris: Odile Jacob, 1998),而当代哲学家马拉波和拉文则直接以达马西奥的论点作为她们研究的出发点。(Cf. Malabou, C. and Johnston, A., *Self and Emotional Life: Philosophy, Psychoanalysis, and Neuroscience*, New York: Columbia University Press, 2013; Ravven, H.M., *The Self Beyond Itself: An Alternative History of Ethics, the New Brain Science, and the Myth of Free Will*, New York: The New Press, 2013.)

感理论、伦理学、自然哲学、宗教理论、政治学等学科都被斯宾诺莎纳入其思想之中并力求在诸学科之间达到有机的综合；事实上，斯宾诺莎是西方哲学史上少数几位"在形式严格的完整体系和丰富的具体实存经验之间实现综合的哲学家"①之一。

然而，这种综合并不意味着他的思想体系直接呈现为明晰一贯的整体，相反，他的思想所涵盖的不同要素以及他实现综合的方式却引发了众多解释上的分歧和疑难，甚至人们对于他的每一种理论和观念都会给出不同的乃至对立的解释。例如，围绕他提出和使用的"属性"概念，就有主观的解释和客观的解释之对立：以约阿希姆、沃尔夫森为代表的学者认为，属性乃是理智就实体所理解到的东西，而不会在理智之外绝对存在；②而以盖鲁、马舍雷为代表的学者则倾向于客观的解释，亦即他们将属性视为实体实在具有的且在理智之外独立实存的东西。③ 而就斯宾诺莎的真理观念则主要有符合论和融贯论两种解释：以盖鲁、柯利为代表的学者持符合论的观点，④其理由就在于斯宾诺莎提出的一条公理，即"真观念必定符合于其对象"（E1A6）；而以汉普希尔、马舍雷为代表的学者则持有融贯论或充分性的观点，⑤其根据在于斯宾诺莎所说的"真理是其本身的标准，因而也是错误的标准"（E2P43S）；等等。

凡此种种无不使我们深刻体会到斯宾诺莎哲学的复杂性及其内部理论要素之间的张力。这也导致我们每一次对斯宾诺莎著作的解读都相当于一次新的历险。我们必须穿越思想的高峰深谷和激流险滩，有时甚至会迷失于错综复杂的概念丛林之中。斯宾诺莎在异常平实的表达之下塑造了众多险峻的地形，平静祥和的言语下却隐含着思想的浪涛。在这种异常独特的处境下，每一个阅读者都迫切需要理解的向导。相比于其他哲学家而言，对斯宾诺莎的理解更需要参照既有的研究和解释。可是，我们也清楚，既有的

---

① Misrahi, R., *L'être et la joie: perspectives synthétiques sur le spinozisme*, Encre Marine, 1997, p.309.

② Cf. Joachim, H., *A Study of the Ethics of Spinoza*, Oxford: The Clarendon Press, 1901, pp. 17 - 27; Wolfson, H., *The Philosophy of Spinoza: Unfolding the latent Processes*, Vol.1, Cambridge: Harvard University Press, 1948, pp.151 - 154; etc.

③ Cf. Gueroult, M., *Spinoza (I, Dieu)*, Paris: Aubier Montaigne, 1968, pp. 47 - 50; Macherey, P., *Hegel ou Spinoza*, Paris: Maspero, 1979, pp.107 - 118.

④ Cf. Gueroult, M., *Spinoza (II, L'âme)*, Paris: Aubier Montaigne, 1974, p, 529; Curley, E., *Spinoza's Metaphysics: An Essay in Interpretation*, Harvard: Harvard University Press, 1969, pp.122 - 126.

⑤ Cf. Hampshire, S., *Spinoza and Spinozism*, Oxford: Clarendon Press, 2005, p. 83; Macherey, P., *Hegel ou Spinoza*, pp.75 - 94.

研究在为我们提供辅助之时并不能代替对斯宾诺莎著作本身的深入研读，因为任何理解和解释都必然立足于对目标著作的阅读之上。由此也就产生了我们应该以何种策略来对斯宾诺莎的著作展开阅读的问题。

　　作为西方哲学史上最难读的思想家之一，斯宾诺莎的著作——尤其是他那本依几何学次序论证和撰述的《伦理学》——很难通过简单浏览的阅读方式为我们所理解，反而要求我们必须对这些著作进行不断的、循环往复的阅读，需要展开一种瞻前顾后式的并在其不同著作之间相互参照的阅读。在此过程中，我们必须尽可能以斯宾诺莎自己的文本作为立足点，最大限度地排除外在因素的引入和干扰，从而最大程度地接近斯宾诺莎思想的实情。作为一个典型的体系化哲学家，斯宾诺莎的很多文本之间实际上都有思想上的关联，甚至都在向一个共同的思想目标前进。所以，阅读他的著作就不是一种孤立的和割裂的行为，而是要将他的诸多文本纳入到其著作的总体之中，甚至要纳入他的生活之中，以便对他的思想形成有机的把握。而为了达到这种阅读的要求，法国哲学家阿尔都塞所提出的以"理论总问题"为核心的阅读策略为我们解读斯宾诺莎哲学提供了重要的启示和参照。

　　在阿尔都塞看来，要把握哲学家的主体思想或者把握一个文本的核心意义，就必须把握住哲学家或特定文本的"总问题"。哲学家都有在特定时期吸引其关注的核心问题，同样，一个文本也通常是围绕着一个总问题而展开的。这种问题不仅决定着哲学家会提出什么论题，同时也决定着他对所提之论题给出何种界定和解答。而科学只能在科学的总问题所规划的场所和视野内提出问题。这个总问题就是绝对明确之可能性的条件，因此就是在科学的特定阶段全部问题借之被提出的诸形式的绝对规定。这种总问题把可见的东西规定为可见的，而把不可见的东西规定为不可见的，而且不可见的东西恰恰是由可见的东西将其规定为不可见的，而这恰恰是总问题发挥其自身作用的场所和方式。①

　　实际上，阿尔都塞的这种思路与斯宾诺莎在《神学政治论》中所提出的阅读圣经的策略有所相似。在斯宾诺莎看来，我们在阅读圣经的时候，必须首先尽量排除各种先入之见，要以圣经作为其自身的解释者。圣经自身的真实性和神圣性以及圣经之中各种教义的真实意义都必须从我们对圣经的无偏见的批判阅读和考察而来。(TTP, Praef., 9/中译本第13—14页)而在我们阅读和解释圣经的过程中，必须首先从圣经的历史中找到最为普遍

---

① 参考阿尔都塞：《读〈资本论〉》，李其庆、冯文光 译，北京：中央编译出版社，2001年，第17页。

的东西,亦即圣经之中的最普遍的教义或理论,它们是整部圣经的基础,圣经中的所有先知都将其肯定为对所有人皆有无上价值的永恒教义,例如神存在、他是唯一的和全能的、凡是崇拜他并且爱邻如己的人都最为神所喜爱,等等。只有我们充分认识了圣经的最普遍的教义,我们才能进展到其他那些较不普遍的东西,后者就如小溪一般从普遍的教义中流淌出来。一切较不普遍的教义和具体的理论叙述都必须在最普遍之教义的语境下得到审视和理解,而凡是在圣经中与含混模糊之物相关的东西都应当唯独通过圣经的普遍教义来得到解释和抉择。(TTP, 7, 6&7/中译本第 112—113 页)正是这种最普遍的东西或教义规定着圣经的可理解的结构和范围,也正是它们决定着什么可以作为圣经之中真正对信仰和理解有意义的信条,以及什么是对我们的信仰和虔诚无关紧要的因素。故而,斯宾诺莎所提出的圣经阅读和解释的原则乃是一种语境化的阅读和解释原则。这种语境不仅是历史语境——亦即圣经的撰写和流传的历史语境,同时也是由圣经的文本和叙述所构成的语境,或者更准确地说是由圣经之中的最普遍的教义所构成的语境。尽管斯宾诺莎没有像阿尔都塞那样将其称为理论总问题,但是这种最普遍的东西或教义所占据的地位及其所发挥的功能非常类似于阿尔都塞所说的"理论总问题"。

同理,当我们在阅读和考察斯宾诺莎的总体思想和文本之时,我们也需要在一定程度上遵循他所确立的这种语境式的阅读和解释原则。在他所构建的宏大的哲学体系中会有不同的理论要素,也常常会出现这样那样的不一致甚至是前后矛盾之处,但是通过对其文本的反复而深入的阅读,我们发现,斯宾诺莎的整个思想体系中也有他所说的那种最普遍的东西,也就是他的理论总问题。他的哲学正是围绕着这个理论总问题而构建和展开的。而从根本上说,斯宾诺莎哲学的总问题就是**伦理问题**甚至就是**生活的问题**。正是这种作为总问题的伦理问题规定着他的总体哲学视域,并决定着他对特定的哲学问题和理论的选取、探究和论述。

斯宾诺莎在其最初撰写的著作《理智改进论》的序言部分就明确阐述了他的哲学的伦理出发点,用布伦什维格的话说:"斯宾诺莎之所以献身于哲学,主要是因为他追问自己该如何生活。人们具有不同种类的生活,而每个人则应当选择他自己的生活;这里所涉及的是做出最好的选择,而这也正是斯宾诺莎想要解决的问题。"①或者用雅思贝尔斯的话说,"哲学产生自斯宾

---

① Brunschvicg, L., *Spinoza et ses contemporains*, cinquième edition, Paris: Presses Universitaires de France, 1971, p.1.

诺莎的生活,是作为他找到自己的目标所凭借的唯一手段"。① 作为西方哲学史上一个非常独特的人物,斯宾诺莎的特殊性之一就在于他的哲学和他的生活始终紧密缠绕在一起。对他而言,为学与为人始终是一个问题或者说是同一个问题的两个方面。阅读他的文本和思想在很大程度上就是在阅读他的生活本身。他的哲学思想的构建与他的生活的展开密切相关。而这种作为哲学之基础的生活问题对他而言就是一种伦理问题,是人在世间的实存与生活方式的问题。他的全部哲学的研究最终都指向了这个方向,并对之进行深入的分析和阐明。

从这种基本的视角来看,斯宾诺莎把他历经十几年才最终完成的代表作称为《伦理学》就绝非偶然,而是由其哲学的内在品性及其基本目标所决定的。伦理学并不是其中一个单纯的部分或组成要素,而是全书的指引性线索。这种独特的命名方式也鲜明地昭示出伦理学和伦理问题在斯宾诺莎全部哲学之中的核心地位。因为作为一部体系化的著作,《伦理学》不仅在该书第三、四、五部分中对严格意义上的伦理学展开了深入研究,更是在第一、二部分中对形而上学、心理学、认识论、甚至是物理学展开了详尽的分析,从而成了一部体系化的著作。而把一本将当时哲学的各个重要组成部分都包含于一身的著作称为伦理学就足以证明,伦理学和伦理问题在斯宾诺莎哲学中所处的核心地位。如果说在斯宾诺莎开启他的哲学思考和探索之初,伦理学和道德哲学乃是其哲学思想的重要组成部分和核心指向,那么随着他的思想的发展,伦理学逐渐被他等同于哲学本身,或者说在他这里,全部哲学就是伦理学。

而这种被斯宾诺莎提升到一般哲学之地位的伦理学也被他称作"普遍伦理学"(ethica universalis)。虽然这个概念只出现在《神学政治论》中,但是它却非常鲜明地体现出伦理学在斯宾诺莎思想中所具有的普遍性的含义和地位。就这种普遍伦理学的研究内容,斯宾诺莎写道:

> 知神和爱神乃是我们的至善和至福。因此,为达到人的一切活动之目的,亦即为了达到神本身——这是就神的观念处在我们之中而言的——所需要的手段就可以被称为神的命令,因为它们是就神存在于我们心中而言由神规定给我们的,而与这个目的相关的生活准则最好被称为神律。而这些手段是什么、这种目标所要求的生活准则是什么以及最好的国家之基础和人际生活所需之准则如何由之而出,则要由

----

① 雅思贝尔斯:《大哲学家》,李雪涛 主译,北京:社会科学文献出版社,2005 年,第 687 页。

普遍伦理学来探讨。(TTP,4,4/中译本第 68 页)

因此,普遍伦理学不仅包含以往伦理学对德性、至善和幸福的探讨,更是把过去跟伦理学有明确界线的神学以及比伦理学具有更高地位的政治学都包含于自身之中,从而把伦理学推向一般科学的高度。而在《伦理学》中,这些研究对象则被穿插到相应的命题和附释之中,并且在一般的理论目标方面与《神学政治论》几乎相同,其中要构建的伦理学也达到了普遍性高度。尽管并不是所有的斯宾诺莎著作都被他当作阐述自己伦理理论的场所,但是,我们在他的每本著作中都能体会到伦理的气息,其伦理诉求也在这些著作中清晰可见。根本而言,斯宾诺莎的伦理学要达到的最终目标就在于"个人的救赎、至福和自由"(E5P36S),其中更以自由为其核心的和贯穿性的线索。斯宾诺莎的伦理学实质上就是一种**追求自由的伦理学**。

在近代早期的哲学家之间,甚至是在整个哲学史上,斯宾诺莎都以其对自由的捍卫和追求而著称。虽然自宗教改革以来(甚至从文艺复兴发端时起)摆脱束缚和寻求解放一直是西方社会发展的原初动力,[①]但是,截止到十七世纪晚期,很多现在为我们所珍视的价值观念和理想(如自由和平等)并未在西欧社会生活中成为支配性的主题,人们并未因对旧的社会制度和宗教制度的改造而直接发展出一种激进的自由生活理想。相反,"等级制度、清规戒律、权威维护下的秩序、牢牢约束生活的教理:这是生活在十七世纪的人所喜爱的。然而,束缚、权威、教条:这些正是紧随其后、生活在十八世纪的人所厌恶的"。[②]尤其是在经历了大冒险和大变革的文艺复兴及宗教改革时代,并饱受各种动荡不安之冲击以后,近代早期更加热衷于稳固,并力求使整个时代进入一种静思,甚至实现了一种多少有些矛盾的均衡。[③]这种倾向在笛卡尔、霍布斯等哲学家的身上都有其影迹。虽然这些哲学家不无对思想和行动之自由的渴望和表达,但是他们都力求在既有的制度和思想框架之下来设想自由的形态和限度,并力求通过一种渐进的方式促进自由在政治和信仰层面的演进。

然而,相比于他的这些前辈,"斯宾诺莎是一个不喜欢思想束缚的人,是一个敢于让自己的思想走上自由之路的人,是一个生前过着有尊严的生活,

---

① 参见巴尔赞:《从黎明到衰落:西方文化生活五百年》,林华 译,北京:世界知识出版社,2002年,第 2、21 页。

② 阿扎尔:《欧洲思想的危机(1680—1715)》,方颂华 译,北京:商务印书馆,2019 年,第 1 页。

③ 同上书,第 3 页。

至死也不改初衷的人".①　正是通过对自由的全新界定和突出强调，斯宾诺莎在近代早期的思想界占据了特殊地位。当代思想史家伊斯莱尔认为，斯宾诺莎在主流的启蒙或温和的启蒙之外，开启了一条"激进的启蒙"的路线：

> 这种激进的启蒙，不管它是建立在无神论还是自然神论的基础上，都拒绝任何与往昔岁月的妥协并力求完全扫除现存的结构。它拒绝犹太—基督教文明传统中所理解的那种创造以及神明天意对人类事务的干预，否认奇迹的可能性和来世的赏罚，漠视各种形式的教会权威，拒绝接受任何上帝安排的社会等级、权势的集中或贵族手中的地产所有权，或君主掌控的宗教裁判权。②

正是凭借其思想的激进性和彻底性，斯宾诺莎成了这场激进启蒙运动的奠基者和实质性的发动者。而从阿扎尔的观点出发，我们可以说，从十七世纪的思想型向十八世纪的思想型的转变过程中，斯宾诺莎（尤其是他的《神学政治论》）一方面是这场引发巨大变革的思想危机的肇始者之一，同时也是这场变革及其内在各种机制的塑造者之一。正是通过他的激进的自由观念及其对自由的极大推进，斯宾诺莎处在了这场变革的推动者地位上，因为他不仅明确提出自由国家的构想并以自由作为国家的目的，亦即国家要保障个体的思想自由、信仰自由和言论自由，不仅提倡要为实现个体的自由准备良好的机缘和制度条件，而且他还着意从个体的培养、塑造和转化层面探究人如何摆脱激情的奴役并达到自由生活的境界。对斯宾诺莎而言，人并非天生就是自由的，相反，人在最初来到这个世界的时候总是要受各种外物的影响，也要受各种激情的奴役，而这些才是人最直接的生活形式，因而人必然是转变为自由的。而一个人如何摆脱受激情奴役的状态并达到作为内在自主性的自由，恰是斯宾诺莎的普遍伦理学所要探究的目标；而如何同时在社会层面和个人层面实现自由的统一，也是这种伦理学着意解决的问题。③

为此，斯宾诺莎必须找到切实的途径将他所理解和追求的自由实现出来。就此而言，他的全部哲学其实都是在为这个目标服务的。而在不同的

---

① 阿扎尔:《欧洲思想的危机(1680—1715)》,第 151 页。

② Israel, J. I., *Radical Enlightenment: Philosophy and the Making of Modernity 1650 - 1750*, Oxford: Oxford University Press, 2001, pp. 11 - 12.

③ 正因如此,很多学者将斯宾诺莎及其哲学置于现代自由主义的兴起之处。Cf. Feuer, L. S., *Spinoza and the Rise of Liberalism*, Boston: Beacon Press, 1958; Préposiet, J., *Spinoza et la liberté des hommes*, Paris: Gallimard, 1967; etc.

进展途径之间,我们发现,斯宾诺莎特别依赖对人的认识方式及其进展过程的分析。可是,我们不能因此就把他纳入由苏格拉底所开启的理智主义伦理学之下,因为在斯宾诺莎看来,知识单凭其自身根本不足以对抗情感的力量,而且知识本然地就与人的实存和生活不可分离。[①] 在他这里,伦理学之核心在于考察"人的情感和生活方式"(E3Praef.)或探讨人的"恰当的行为方式"(E4App.)。无论是知识,还是人的行为,最终都被纳入人的实存(existentia)之中,而普遍伦理学最终也就体现为一种**实存伦理学**,或者更准确地说是**一种以对人的实存分析为核心的伦理学**。

有鉴于此,本研究力求以实存和自由作为切入点,对斯宾诺莎的普遍伦理学规划进行全面的阐释,并以这种普遍伦理学作为把握斯宾诺莎思想的总体视角。尽管普遍伦理学并不能解决斯宾诺莎思想中的一切张力和矛盾,但是确实可以为我们把握他的思想形象奠定坚实的基础,并以更鲜明的方式凸显他的哲学的伦理特色及其作为一个伦理学家或伦理—哲学家的形象。当然,我们很清楚,就斯宾诺莎的伦理理论,国内外学界已经多有关注并涌现大量经典研究著作。自十九世纪中后期以来,随着对斯宾诺莎哲学的严格的哲学史研究的兴起,[②]特别是在德尔博、布伦什维格、约阿希姆等学者[③]推出了一批关于斯宾诺莎哲学的有分量的研究专著之后,斯宾诺莎的伦

---

① Sangiacomo, A., "Fixing Descartes: Ethical Intellectualism in Spinoza's Early Writings", *The Southern Journal of Philosophy*, Vol.53, Iss.3, 2015, p.358.

② 尽管在斯宾诺莎去世之后的一百多年的时间里,斯宾诺莎之名一直在欧洲思想界流传,但是人们对其思想的认识基本上是"间接的",而不是通过阅读他的著作而获得的,因为无论是他生前发表的《神学政治论》,还是他去世后由他的友人编辑出版的《遗著集》都在禁书目录之上,所以这些著作在随后一百年的时间里基本从未再版。即便他的一些著作得以传播,基本上也都是以抄本的形式私下流传。因此,当时人们对斯宾诺莎哲学的了解,要么通过道听途说,要么从他的一些批判者的转述而来,要么通过少数斯宾诺莎追随者以遮遮掩掩的方式所进行的转述。而斯宾诺莎自己的真实观点却很少被人们直接知晓。只是到了19世纪初,随着德国学者保卢斯(H. E. Paulus)等人将斯宾诺莎的著作重新结集出版,这种状况才得到根本扭转。此后,斯宾诺莎著作的全集版本开始逐渐增加,人们对其哲学的了解也开始变得全面和深入。到了十九世纪后期,荷兰学者弗洛登(J. van Vloten)和兰德(J. P. N. Land)在对斯宾诺莎著作进行深入考察和校勘的基础上编订了第一部精审可靠的《斯宾诺莎著作集》(1882—1883年)。后来,德国学者格布哈特(C. Gebhardt)则在弗洛登和兰德版的基础上,通过对斯宾诺莎的拉丁文遗著集和荷兰文遗著集进行更为精深的对比和校勘,推出了第一部真正的历史考证版的《斯宾诺莎著作集》(1927年)并得到国际学界的普遍认可和使用。而这两部斯宾诺莎著作集的出版使研究者具有了更为精确可靠的斯宾诺莎哲学文献,从而极大推动了斯宾诺莎哲学研究的发展。

③ Delbos, V., *Le probleme morale dans la philosophie de Spinoza et dans la histoire du Spinozisme*, Paris: Félix Alcan, 1893; Brunschvicg, L., *Spinoza*, Paris: Félix Alcan, 1894; Joachim, H., *A Study of the Ethics of Spinoza*, Oxford: Clarendon Press, 1901; etc.

理学就已受到重视。然而，相比于形而上学、认识论等论题，伦理学在斯宾诺莎研究中所占之比重还是相对较少的，而在研究的广度和深度上也明显不足。

但是，二十世纪中期以来，随着斯宾诺莎哲学研究的范式转型以及斯宾诺莎哲学中以往很少受到关注的概念（如力量、努力、欲望、情感等等）得到了突出强调，斯宾诺莎哲学中的伦理和政治等方面的问题变得日益重要，而相关的经典研究也层出不穷。[①] 而随着这方面研究的展开，斯宾诺莎哲学的伦理维度以及斯宾诺莎作为一个伦理学家的形象也变得日益鲜明。然而，既有的研究中也存在着一些不足，甚至还有些方面需要进一步展开和深化。首先，在过去很长的时间里，尤其是在二十世纪中前期的研究中，斯宾诺莎的伦理学通常被置于传统伦理学范畴下来审视，其伦理理论的独特之处及其与传统伦理学之间的差异没有得到深入揭示；其次，斯宾诺莎哲学中的形而上学、物理学、认识论等方面理论与他的伦理学之间的内在关联，尤其是这些哲学分支在其普遍伦理学的构建和阐释过程中所发挥的作用还未得到全面展现；[②]第三，在既往的研究中，斯宾诺莎以伦理学作为他的哲学总问题的基本立场，他将伦理学向着普遍哲学层面所做的推进，尤其是他明确提出的普遍伦理学规划，还没有得到着重强调，也很少被当作对斯宾诺莎哲学进

---

①　Cf. Zac, S., *La morale de Spinoza*, Paris: Presses Universitaires de France, 1959; Zac, S., *L'idée de vie dans la philosophie de Spinoza*, Paris: PUF, 1963; Deregibus, A., *La filosofia etico-politica di Spinoza*, Torino: Giappichelli, 1963; Rousset, *La perspective finale de "l'Éthique" et le problème de la cohérence du spinozisme*, Paris: Vrin, 1968; Matheron, A., *Individu et communauté chez Spinoza*, Paris: Minuit, 1969; Misrahi, R., *Le désir et la réflexion dans la philosophie de la philosophie de Spinoza*, Paris: Gordon & Beach, 1972; Deleuze, G., *Spinoza: Philosophie practique*, Paris: Minuit, 1981; Negri, A., *L'anomalia selvaggia: saggio su potere e potenza in Baruch Spinoza*, Milano: Feltrinelli, 1981; Tosel, A., *Spinoza ou le crépuscule de la servitude: Essai sur le Traité Théologico-Politique*, Paris: Aubier Montaigne, 1984; Balibar, É., *Spinoza et la politique*, Paris: Presses Universitaires de France, 1985; Bartuschat, W., *Spinozas Theorie des Menshens*, Hamburg: Felix Meiner Verlag, 1992; Bove, L., *La stratégie du conatus: Affirmation et résistance chez Spinoza*, Paris: Vrin, 1996; LeBuff, M., *From Bondage to Freedom: Spinoza on Human Excellence*, Oxford: Oxford University Press, 2010; etc.

②　例如，法国学者马特隆在 1969 年发表的经典研究著作《斯宾诺莎思想中的个体与共同体》（*Individu et communauté chez Spinoza*）就以斯宾诺莎的伦理—政治哲学作为核心研究对象，并直接对标《伦理学》的后三个部分以及《神学政治论》《政治论》等著作。只是在该书篇幅较短的第一部分中，马特隆讨论了《伦理学》前两个部分中以实体、个体等方面为核心的形而上学问题。因此，在该书 1988 年的再版序言中，马特隆写道："很显然，本书的第一部分特别需要得到精确化和进一步展开。"而他的这种看法特别关涉到斯宾诺莎的形而上学、物理学、认识论等方面问题及其对斯宾诺莎的伦理—政治哲学所发挥的奠基作用。

行阐释的指导线索。虽然有些研究著作已经注意到了普遍伦理学在斯宾诺莎哲学中所占据的重要地位,但是,就斯宾诺莎如何达到这种普遍伦理学观念以及他如何将普遍伦理学的诸方面内容有机地联结起来,既有的研究还不是非常明确,从而需要得到深化。

最后,在进入具体的研究之前,我们还需对本研究所采用的研究方法做一些补充性说明。诚如前文所言,本研究在很大程度上参考了斯宾诺莎自己在《神学政治论》所实施的阅读策略并借鉴了阿尔都塞所提出的"理论总问题"式的解读方法,借此来规定本研究的基本思路。而在具体研究过程中,我们将参考由法国哲学史家盖鲁(M. Gueroult)所开创,[①]并由马特隆、莫鲁(P. -F. Moreau)等法国学者所继承和推进的"结构—生成论的方法"。具体来说,我们将以斯宾诺莎的代表作《伦理学》作为核心文本,以该书的基本结构和阐释进程作为本研究的框架,借此来展现斯宾诺莎的基本观点的生成理由和内在逻辑。这也就意味着,本研究的展开次序与斯宾诺莎思想的构建次序保持一致。当然,这并不意味着,我们将唯独把目光局限于《伦理学》本身,相反,我们也要把斯宾诺莎的其他著作纳入考察范围,并据之对《伦理学》及其所包含的普遍伦理学规划做出辅助性说明。同时,当我们如此对斯宾诺莎的《伦理学》及其普遍伦理学展开研究时,我们也不会排除斯宾诺莎之前或与他同时代的其他哲学体系、其他的哲学学科以及与他的思想相关联的诸多历史因素。但是,对于这些因素的选择和引入并非随意的,也不是简单地按照一种历史演化的逻辑将它们接续起来,相反,它们必须服从和服务于斯宾诺莎思想的发生与展开之次序及其内在的构建逻辑,而不能仅仅满足于单纯的外在关联和形态上的相似。我们必须探究斯宾诺莎的思想究竟"在何种框架中组织和转化它从各种遗产所接受的东西"[②]。而且,在对这些历史的和背景的因素进行关联和对比分析时,我们尤其要避免以这些因素作为重构斯宾诺莎之思想抉择的决定性前提。[③]

---

① 就盖鲁所开创的这种哲学史研究方法的深入探讨,可以参考 Deleuze, G., "Spinoza et la méthode générale de M. Gueroult", *Revue de métaphysique et de morale*, T. 74, 1969, pp. 426 – 437。

② Moreau, P. -F., *Spinoza: l'expérience et l'éternité*, Paris: PUF, 1994, p. VI.

③ 就此,内格里在《野蛮的反常》中做了突出强调。他写道:"在我看来,下述事实总是显得有些悖谬,即哲学的历史编纂学总是朝向较低的阶段来重构诸多抉择,例如,吉尔松朝向中世纪的基督教哲学来为现代文化重构出这些抉择,而沃尔夫森则朝着中世纪的希伯来文化来为斯宾诺莎重构出这些抉择,而这也只是为了给出某些范例。谁知道为什么这种方式被认作是科学的!谁能够知道呢?但在我看来,这种方式似乎正是科学论述的反面,因为它所探究的只是文化的谱系学,而不是关于思想的条件和功能的物质的谱系学,它不是对未来的发现——而科学总是要发现未来。"(Negri, A., *L'anomalia selvaggia*, p.16.)

因此,研究斯宾诺莎的哲学必须始终立足于对他的文本的整体解读和把握。斯宾诺莎的思想构成了一个有机的和构建性的体系,同时,也正是在他的著作及其表述所构成的总体语境之中,这个体系才能得到表现。斯宾诺莎所提出的解读文本的方式也是我们解读他的著作和思想的方式。既然斯宾诺莎以伦理学作为哲学本身,那么我们对其伦理学的分析同样需要遵循这种内在构建的进程,依照他的思想的发生的理由及其展开之次序来深入考察他如何组织它的概念并通过哪些论据来引入这些概念并为之赋予意义,从而在分析这种伦理学的内在逻辑之时全面彰显其理论要素和总体架构。

当然,在我们把普遍伦理学作为斯宾诺莎哲学的总问题并以之作为解读斯宾诺莎思想的根本视域时,我们无意也不能使之成为解读斯宾诺莎哲学的唯一方式或唯一进路。这种做法只是一个沉浸于斯宾诺莎的著作和思想多年的研究者从自己的阅读体验和思考历程得出的一种特定的解读策略。在我们这样一个以凸显差异为时尚而生活又日益碎片化的时代,提出并实施一种总体性的理解视角和解释进路,其本身就具有一定的风险。但是,作为一项以追求总体性作为自身之职志的事业,哲学又不能不面对这种倾向和诱惑,更何况我们的研究对象乃是一个以构建体系为职志的伟大思想者。

第一章　伦理学的首要性

一、斯宾诺莎哲学的伦理起点

在开始对某个哲学家展开研究时，我们时常会有意无意地想到这样一个问题：究竟是什么使他开启自己的哲学探索并立志投身于哲学的生活？当然，严格来说，这并不是一个纯粹的哲学问题，而是更多地与哲学家的思想传记相关，是思想史着意考察的对象。况且，除非哲学家自己就此问题给出了直接的记述并且他又足够诚恳，否则我们往往很难了解个中真相。而在没有哲学家的亲笔记述时，我们往往不得不参考他的信件、同时代人的记录以及相关的档案材料，并在此基础上间接地重构哲学家的思想发生史。可是，由于与哲学家早年经历相关的材料往往十分匮乏，以至于我们常常很难就这类问题找到明确答案。

当然，是否能够最终解答这个问题，在很多人看来并不具有关键意义，因为就许多哲学家而言，不了解他们的思想的起源和原动力，似乎并不妨碍我们把握其哲学理论。然而，就那些在文化生活和思想背景方面异常复杂而且他们本人又对这种社会文化状况做出深入反思和介入的哲学家而言，上述问题就有着重大相关性了。这不仅是因为这类哲学家会把很多历史文化元素融入自己的哲学思考，更重要的是，对有些哲学家而言，他们的哲学问题恰恰源于他们的社会生活本身，"其哲学思考的开端恰是由经验和生活所构成，它通过语言和历史而对自身展开反思。恰是这种非理性的和事实性的假设处在了哲学思考的诞生之处"①。斯宾诺莎正属于此列，故而研究其哲学就不能不关照其生活。

可是，当我们说斯宾诺莎的生活与其哲学具有实质关联并对其哲学体系具有建构性意义时，这并不意味着我们要把他的生活经历事无巨细地予

---

① Bordoli, R., "Esperienza e passioni in Spinoza", *Rivista di storia della filosofia*, Vol.51, No.1, 1996, p.194.

以陈列，并条分缕析地考察这些经历如何在细节层面发挥作用——这不仅不可能，而且也无必要。事实上，进行这种考察时，最重要的还是斯宾诺莎生活中一些特殊时刻，因为正是这些时刻决定了他的哲学的构造形式和发展方向。而在这些时刻之间，首要的就是他的犹太出身以及他跟犹太教的彻底决裂。

斯宾诺莎出身于十七世纪荷兰阿姆斯特丹的西葡系犹太人社区，自幼便生活于其中并接受正统的犹太宗教教育。他天资聪颖，被社区宗教人士寄予厚望。但是，他后续的思想发展和人生轨迹却完全背离了这种期望。他不仅没有成为作为犹太教圣师的拉比，反而因其异端观点在 1656 年(即在 24 岁时)被犹太社区处以犹太历史上最为严厉的破门律或绝罚(cherem)。① 作为这项惩罚的结果，斯宾诺莎被从犹太社区驱逐并断绝了与家人的一切联系。从此以后，他无法再生活于犹太社区，也不能再经营家族的商业贸易，从而结束了他的商人生涯；②他彻底放弃了自己祖辈的犹太教信仰和以这种信仰及相关仪式为核心的犹太生活方式，并与自己的过往做了彻底的了结。这些剧烈的变动都预示着他的生活方式将发生彻底改变，而如何规划和展开他自己的生活也就成为他必须面对的一个重大问题。

或许，早在斯宾诺莎被革出教门之前，他的生活就因其与犹太社区之外的人(尤其是那些热心于新科学和新哲学的革新之士)的交往而产生了一些重要变化，他的原生态的社区生活与他对新知识和新生活的追求之间已然有了初步冲突(例如，他去犹太会堂参加宗教活动的频率明显减少了)，这也

① 在阿姆斯特丹犹太社区针对斯宾诺莎所起草的革出教门的公告中包含着下述内容："按照天使的旨意和圣徒的命令，在神圣的上帝及圣公会全体的同意之下，在写有 613 条戒律的这些神圣的经卷之前，我们将巴鲁赫·德·斯宾诺莎革出教门，予以驱逐、诅咒和詈骂；以约书亚驱逐耶利哥人的革出教门令诅咒他，像以利沙诅咒仆人那样，而且以写在摩西律法上的全部詈词诅咒他。让他白天受诅咒，夜里也受诅咒；躺下时受诅咒，起身时也受诅咒；外出时受诅咒，进来时也受诅咒。上帝不会宽恕他，而是以神圣的愤慨及戒备怒视他，让他遭受律法书上所载的全部诅咒，在普天之下抹掉他的名字。按照律法书中圣约的所有诅咒，上帝将使他与以色列的各支族隔离而堕入邪恶。""任何人(特指犹太人)不得以口头或书面形式与他交往，不得给他任何照顾，不得与他同住一室，不得走近他四肘尺范围以内，也不得阅读他撰著或书写的任何文章。"(纳德勒：《斯宾诺莎传》，第 185 页)

② 依据相关的研究和考证，斯宾诺莎在 1649 年(即在他十六七岁)就放弃了他在犹太社区的正规学校教育，投身于他父亲的进出口商行工作，从而成为一名"阿姆斯特丹的商人"。尽管在他父亲去世之后，他们家族的商业贸易每况愈下，甚至债台高筑，但是斯宾诺莎与他的兄弟还是一直在维持着这个名为"本托与加布里埃尔·埃斯宾诺莎商行"的商业机构，直至斯宾诺莎被处以绝罚，而无法再继续这种家族式的商业贸易。(Cf. Vaz Dias, A. M. and van der Tak, W. G., "Spinoza Merchant & Autodidact Charters and other Authentic Documents relating to the Philosopher's Youth and his Relations", *Studia Rosenthaliana*, Vol. 16, No. 2, 1982, pp. 109 - 195；纳德勒：《斯宾诺莎传》，第 125—136 页。)

导致了犹太社区领袖对他的不满和责备,并为他的破门出教埋下了伏笔。而在被革出教门和离开犹太社区之后,斯宾诺莎就无须继续遵行犹太教律法,也不再把自己认作犹太子民。但是,背弃了犹太教并不意味着他接受了别种启示宗教,相反,依据他自己的著作以及他人的记述,他在有生之年没有加入过任何宗教团体,也未接受其他任何宗教信仰。尽管他的许多观点和理论跟基督新教的教派(如门诺派、社友会、贵格会等)所提出的教义有着气质上的一致,甚至有学者认为,斯宾诺莎哲学富有强烈的新教精神,他恰是在新教精神的指引之下构建他的哲学理论,[①]但是这种过度宗教化(尤其是新教化)的解读,虽然有利于凸显斯宾诺莎哲学的宗教维度,但是却不利于我们深入把握他的思想意蕴及其内在的张力。而且对斯宾诺莎来说,宗教生活并不是他解决自己人生问题的可靠方式,更不是终极的方式,因为他所抛弃的恰恰是这种类型的生活。在他依照己愿放弃了既往的生活之后,他现在只是作为一个荷兰人来生活,作为一个完全意义上的世俗之人来生活。

正是在彻底脱离犹太社区之后,斯宾诺莎开始全身心地投入到自己新的人生规划和生活方式的构建过程。这样一个与人生密切相关的问题,对他而言恰是哲学的问题;他的哲学思考也正是从这里开始。在《理智改进论》[②]的开篇,他就以自传式的笔触写道:

> 经验教导我,日常生活中时常发生的一切皆空虚无益;同时我也看

[①] Cf. Hunter, G., *Radical Protestantism in Spinoza's Thought*, Hampshire: Ashgate, 2005.

[②] 就 *Tractatus de Intellectus Emendatione* 这个标题,贺麟先生曾先后给出三种不同译法,即"致知篇"(1943年)、"理智改进论"(1958年《十六—十八世纪西欧各国哲学》中收录相关译文)和"知性改进论"(1960年)。其中主要争议之处就是对"intellectus"这个词的翻译。以"知性"来译 intellectus 大概是受康德哲学影响较大。但是这种译法容易产生一定的混乱。首先,在斯宾诺莎的成熟概念体系中,他所谓的 ratio(理性),康德称之为 verstand(知性);而他所谓的 intellectus(理智),康德称之为 vernunft(理性)(参考雅斯贝尔斯:《大哲学家》,第710页);而即便是这种类比也有其自身的缺陷,因为康德哲学中的理性本性上具有一种矛盾性,它会陷于二律背反,但是斯宾诺莎所说的理智却负载着一种肯定性,它通过对个别事物之本质的把握而获得充分的知识。其次,斯宾诺莎在《理智改进论》一书中还未对理智和心灵做出严格的界定和区分,甚至经常混同使用。如果将 intellectus 翻译为知性,则这个概念的其他方面的内涵就容易被忽略。此外,我们也要注意到,斯宾诺莎对 intellectus 这个词的使用与培根、笛卡尔等近代早期哲学家有着紧密联系,他是在这些哲学家就 intellectus 所塑造的共同思想空间之下理解和使用这个概念。所以,既然我们把培根、笛卡尔等人所使用的 intellectus 概念翻译为理智,那么,如果我们把斯宾诺莎使用的 intellecuts 一词翻译为知性,就无法彰显斯宾诺莎与他的前辈或同时代人之间的概念关联。因此,基于上述理由,笔者认为最好还是使用"理智改进论"这个标题。

到,凡是我担心失去的东西或害怕遭受的东西,其本身并无所谓好坏,只不过是[我的]心灵为之所动罢了。有鉴于此,我最终决定探究是否有某种东西是可以被分享的真善(verum bonum),而且唯独它可以影响心灵,其余一切则均被排斥;总之,就是要探究是否有某种东西,一旦它被发现和获得,就可以使我永远享有连续无上的快乐。(TIE,1)

作为斯宾诺莎最早撰写的哲学文本,①《理智改进论》向我们切实展现了他是如何走上哲学之路的。早年的商人生涯使他领悟到财富本身的变动不居和不可长保,一场偶然的风暴和海难便足以摧毁万贯家资,人与人之间的尔虞我诈也使得生活没有任何信义可言,而人们对荣誉的追逐也毫无意义,因为善恶、好坏都只是随心意而定,却没有一定之规。这些东西根本无法为人们提供安身立命之基,反而引发了人际之间无休无止的争吵和相互迫害。有鉴于此,斯宾诺莎力求探究是否有某种东西是人人可以分享的且可以为人带来连续无上之快乐的真善。因此,自其产生伊始,斯宾诺莎哲学就与生活以及对真善和至善的追求紧密相关。哲学的需要并非源于纯粹求知上的冲动,哲学的源初动力也不是我们在孩童时代所体验到的"惊奇",反之,哲学从一开始就将其根基置于人的现实的生活之中。正是出于美好生活的需要,哲学才成为必需的。因此,斯宾诺莎哲学在其起始之处就具有一种鲜明的伦理指向,追求真善和至善也使伦理学或道德哲学成为他的哲学思考的起点,并为他的哲学渲染了道德哲学或伦理学的底色。

尽管《理智改进论》通常被视为一本方法论著作,但是它绝对不局限于方法论的狭隘范围。事实上,以往在对斯宾诺莎著作进行编纂的过程中,人们通常习惯于把《理智改进论》置于《伦理学》之前并以之作为《伦理学》的导

---

① 在《神、人及其幸福简论》(以下简称为《简论》)的荷兰文手抄本于十九世纪中期被发现之后,《简论》和《理智改进论》究竟哪一个是斯宾诺莎最早撰写的著作就在学者之间引发了激烈争论。很长一段时间里,大多数学者都认为《简论》是斯宾诺莎的第一部哲学著作(例如,斯宾诺莎文集的编辑者格布哈特就持这种看法,而且由于格布哈特版一直被视为斯宾诺莎著作的权威版本,这种著作编年体例也产生了广泛深远的影响)。后来,意大利斯宾诺莎研究专家米尼尼发表了《斯宾诺莎〈理智改进论〉的年代确定和解释》(Mignini, F., "Per la datazione e l'interpretazione del *Tractatus de Intellectus Emendatione* di B. Spinoza", *La Cultura* 17, 1979.)一文,对传统上以《简论》先于《理智改进论》的看法提出了挑战,并确立了《理智改进论》在斯宾诺莎著作编年顺序上的优先地位。通过对《理智改进论》和《简论》的文本进行对勘,并结合斯宾诺莎早年撰写的一些书信,特别是通过对斯宾诺莎的一些关键概念和理论(如理性、意志、心灵等)的意义之变化进行分析,米尼尼推导出《简论》在总体的存在论框架和许多基本观点上与更靠后的《伦理学》更为接近,而与《理智改进论》则有着明显的差异,从而确定了《理智改进论》在时间上的优先性。这种新的编年次序在国际上新近编辑和出版的斯宾诺莎文集中得到了比较普遍的认可和采用。

言。虽然这种安排在编年顺序上并不精确，但是却在一定程度上体现出《理智改进论》对《伦理学》中某些重要论点的预示作用。而从今日的研究进展来看，《理智改进论》绝不仅仅是《伦理学》的导言，它实际上是斯宾诺莎全部哲学的导言。① 这一点在《理智改进论》的第一至十七节得到了最鲜明的表现。就内容而言，这十七节文字是斯宾诺莎对哲学的内涵、研究范围和基本研究目标所做之根本规定。即便是第十七节之后的严格的方法论探讨也在为斯宾诺莎的总体哲学规划进行预先的准备。

斯宾诺莎在哲学研究道路上的这种独特发点使得他在近代早期的欧洲哲学家之间显得与众不同。当培根和笛卡尔出于对当时的知识状况不满并力求为科学的发展开辟一条康庄大道时，他们开启了自己在哲学和方法上的探索。然而，斯宾诺莎却是由于对日常的生活方式本身的不满，才开启了他的哲学之旅。正是出于对人们习以为常的生活方式和人生价值的深深疑虑，哲学的首要功能得以凸显。而且这种功能首先就在于使我们远离和消除那些对达到真生活构成妨碍和威胁的东西，尤其是要对我们安之若素的各种习惯和规则，以及我们确定不移地予以接受的信念和假象进行质疑和批判。而在日常生活中，那些被人们视为至善而不假思索地接受下来的东西无外乎三种，即"荣誉、财富和感官逸乐"(TIE，3)。我们平常总以此三者作为安身立命之基和生命之所系，甚至我们要从中获得生活本身的意义和评判一切的尺度。但是，我们也曾无数次地看到，这三者之中没有一个是稳定不变的；反之，它们始终变动不居，无一不会在偶然的变幻之间成为痛苦和不幸的最大根源。因此，它们并不是我们所追求的真善，更不是至善，"世人因财富而蒙难丧命，或因谋取财富而身陷险境并最终为其愚蠢付出生命代价，诸如此类的实例比比皆是；还有人为了获得或维持自身之荣誉而备受艰辛，此类例证也不在少数。最后，因淫欲无度而急赴阴曹之人更是不可胜数"。(TIE，8)正因如此，斯宾诺莎特别强调，真哲学的根本职能就在于对真善和至善做出清晰的规定，并同时向人们指明寻求的方向和道路。这是他所理解的整个哲学的核心。

既然由凡俗之见所规定的善并不是真善，那么我们就必须对真善给出全新的定义。就此，斯宾诺莎说道："凡是足以引导人达到人性之完满的手段皆可被称作真善；而至善则在于尽可能与他人一起达到对一种本性的享

---

① Cf. Zweerman, Th., *L'introduction à la philosophie selon Spinoza: Une analyse structurelle Traité de la réforme de l'entendement suivie d'un commentaire de ce texte*, Van Gorcum: Presses Universitaires de Louvain, 1993, p.12.

有。这种本性……就在于心灵与整个自然相结合的知识。"(TIE，13)因此，哲学所追求的目标就在于"获得这种本性并且尽力使其他很多人与我一同获得这种本性。这就是说，尽力使其他很多人与我对事物有相同的理解，从而使他们的理智和欲望与我的理智和欲望完全一致"。(TIE，14)不惟如此，对斯宾诺莎而言，一切知识(或科学)都集中于一个最终目的或者说一切科学所追求的目的只有一个，就是达到上述最高的人生完满境界。因此，"凡是科学中不足以推动我们朝向这个目标前进的东西都必须被斥为无用而予以抛弃。简言之，我们全部的行动和思想都必须被指向这个目标。"(TIE，16)在《理智改进论》中，这种目的或人性本身的完满在总体层面被规定为"对人的心灵与整个自然相结合的知识"；而在其哲学的后续发展过程中，斯宾诺莎切实秉持这条基本原则，并将这种规定视为他的全部哲学思考和理论活动绕之而旋转的核心。这一点在他的"大著作"(magnum opus/Hauptwerk)，即《伦理学》中得到了彻底贯彻。只不过，随着他的思想的进一步展开和深化，他为这里作为目的出现的至善赋予了更具体的内容：无论是在《神、人及其幸福简论》(以下简称"简论")，还是在《伦理学》中，他都喜欢用"救赎""自由"和"至福"来具体表达这种目的，而人性的最高完满境界应当在救赎、自由和至福之中来寻找。哲学的根本任务就是要达到和实现这些方面，这与《理智改进论》中所规定的基本方案是一脉相承的。①

　　因此，从《理智改进论》的导论部分(第一至十七节)，我们可以明显感受到，斯宾诺莎哲学无论从出发点，还是从其根本目标来看，都具有鲜明的实践特色和伦理底蕴：生活问题乃是斯宾诺莎开启他的哲学思考时首先关注的同时也是最为关键的问题，而他为哲学所规定的根本任务也具有鲜明的伦理意涵，伦理学与道德哲学乃是其哲学的核心。他的哲学完全以人生、以现实的实存为旨归，在这一点上他重拾古希腊罗马时期的古典哲学理想，即哲学应当告诉人们什么才是好的生活以及应当如何去达到这种好的生活。因此，对斯宾诺莎而言，哲学的源头也就是生活的源头，它们都在追求善，从而也就是在追求幸福。② 斯宾诺莎哲学在其出发伊始就将目光聚焦于生活本身，并与生活不可分离。

---

① Cf. Rodis-Lewis, G., "Questions sur la cinquième partie de l'《Ethique》", *Revue Philosophique de la France et de l'Étranger*, T.176, N.2,1986, p.210.

② Cf. Di Vona, P., "Il concetto di filosofia nel '*Tractatus de intellectus emendatione*' di Spinoza", *Rivista critica di storia della filosofia*, Vol.15, N.4,1960, p.378.

二、从哲学到普遍伦理学

斯宾诺莎在开启自己的哲学研究之初,就以伦理学或道德哲学问题作为思想起点和根本推动力,同时也以之作为他的哲学的重要组成部分。但是,从其早期著作的行文来看,伦理学或道德哲学尽管在他的哲学中占据重要地位,但是它们只是他当时所理解之哲学的组成部分,但并非哲学之全部,尽管伦理的特质已然是其哲学的统领性气质。

在对哲学的根本目的做出规定之后,《理智改进论》继续写道:

> 为达此目标,我们首先必须理解**自然**,其程度须使我们足以获得这种本性;其次,必须形成一种可为人所想望的**社会**,以便尽可能多的人能够非常容易和安全地达到这种本性;第三,必须致力于**道德哲学**,亦如致力于**儿童教育学**的相关理论;第四,既然为达此目标,健康并非无关紧要的手段,那么我们就需要准备一门完备的**医学**;第五,既然众多困难的工作因技术而变得简易,从而为我们节省很多时间和精力,所以我们也决不能忽视**机械学**。然而,我们必须最先找到一种治疗理智的方式以及在一开始就尽可能净化理智的方式,以便理智可以最佳的方式容易无误地理解事物。(TIE, 15)

依据这种理解和规定,虽然斯宾诺莎总体上是为了达到人性自身之完满或人心与整个自然相结合的知识而提出了我们应当研究哪些知识领域,应该探讨哪些具体学科,但是从他的列举和规划,我们看到他的研究内容表非常宽泛,其中涉及了他对一般知识门类的总体划分。从一定意义上讲,他与其他同时代的哲学家一样,对哲学做了比较广泛的界定和使用。

在近代早期,哲学在很大程度上又恢复了其在古希腊时期的含义,亦即哲学乃是一切知识之总和。故而哲学家们往往持有一种百科全书式的哲学观念,这一点在英国哲学家弗朗西斯·培根那里得到鲜明体现。作为近代哲学的奠基人和推动者,培根对传统学识做出了激烈的批判之后,提出了他自己所构想的新的学术规划,其中也涉及了他对学术门类的划分。在他看来,科学本身乃是一个整体,而各个不同的学科之所以相互区分开来主要是基于它们与心灵的不同官能的关联,亦即相应于心灵的某个特定的官能,就有某个学科或某种类型的知识与之相对应。既然我们的心灵具有记忆、想象和理性三种官能,所以也就有分别与它们相对应的历史、诗歌和哲学这三种知识或学术。① 而作为与理性相关的知识，哲学所要探讨的对象共有三类，首先是上帝——他是自然神学的研究对象(这门知识因其对象而被视为神圣的，但就我们达到这种知识的方式而言却又是自然的)；②其次是自然——它是自然哲学的研究对象(而自然哲学又包括物理学、形而上学、数学、机械学、魔法等)；③再次则是人，而人又可以区分为作为个体的人和作为群体的人，与前者相关的是关注身体的学科(如医学、美容术等)和关注心灵的学科(如逻辑、语法、修辞等)，而与作为群体的人相关的学科则包括道德哲学(或伦理学)以及政治学。④

培根的这种划分方式鲜明地体现出，他把哲学理解为一种百科全书式的学问。他力求使哲学考察各个领域的对象，不仅包括那些已经被发现的事物，也包括那些一直被忽视但是却应该得到重视的事物。⑤ 培根所推崇并身体力行的正是对一般人类知识的复兴。⑥ 然而，这种百科全书式的规划并没有导致哲学内部各个不同学科之间的分裂。虽然培根不是按照演绎的方式将它们联系起来并予以展示，而是采用了一种划分(patitio)的手法，但是他依然坚持一种总体化的科学构想，他也力求在各个科学分支之间实现统一，而这种统一的根本就在于所有学科都有一个共同的源头。

> 知识的分布和分割并不像几条线那样会在一个角上相遇，因而在一点上就可以触摸到全体，反之却如同一个树干的树枝，在树干停止分成枝桠以前就具有一种完整性和连续性。因此，我们应当在进入细的分类之前，以第一的、原始的、综合的哲学名义，创建一种普遍的科学，作为一种主要的、共同的大道，由此进入分岔的小路。⑦

这门普遍科学被培根称作"**第一哲学**"(philosophia prima)或**智慧**，它在培根的哲学和科学体系中占据着首要地位。第一哲学相当于树干，其他各门科学则像枝桠一般在树干上交汇。既然枝桠只有在树干之上才能生长和

---

① 培根:《学术的进展》，刘运同 译，孙宜学 校，上海：上海人民出版社，2007 年，第 64 页。
② 同上书，第 80—81 页。
③ 同上书，第 82、83、89 页。
④ 同上书，第 95 页以下。
⑤ Cf. Bacon, F., *The Great Instauration*, in *The Works of Francis Bacon*, Vol. 4, ed. J. Spedding, R. L. Ellis, and D. D. Heath, London, 1860, pp. 22 – 23.
⑥ Cf. Danio, P., *Le meilleur ou le vrai: Spinoza et l'idée de philosohie*, Paris: Publications de la Sorbonne, 2014, p. 40.
⑦ 培根:《学术的进展》，第 64 页。

分散,各门学科也只有在第一哲学的基础上才能产生和发展。由此可以推知,所有科学都紧密相连,考察它们如何相互联系也同样重要。① 而这种共同的基础和相互联系决定了各门科学之间的统一性。

作为培根的后继者,霍布斯持有与培根十分相似的哲学观,而他对哲学由之构成的诸要素及其相互关系所具有的看法也与培根类似。霍布斯首先把人类的知识区分为两类,即关于事实的知识与关于断言之间推理的知识。前一种知识是感觉和记忆,是绝对的知识,而它一旦被记录下来就成为历史(其中可分为两种,即自然史和人类史);后一种知识被称为科学,是有条件的知识。而这种科学通常也被称为哲学,它又分为两大部分,即自然哲学和政治学(或人文哲学)。② 而自然哲学主要包括第一哲学、数学、天文学、地理学、工程学、气象学、光学、音乐、伦理学、诗学、雄辩术、逻辑学、正义论等。③因此,除了把神学的因素从他所理解的哲学中排除出去,并将诗歌放到自然哲学中予以探讨之外,霍布斯关于哲学的一般看法跟培根并无太大差别。它们都把哲学与科学(scientia)相并列,以哲学作为一种百科全书式的学问。当然,培根更多的是使哲学向科学靠拢(甚至在一定意义上是向着现代意义上的自然科学靠拢),而霍布斯则以哲学和科学为同义,甚至在一定意义上,他更加凸显了哲学的首要性。

同培根和霍布斯一样,法国哲学家笛卡尔同样持有一种总体性的哲学观念。对他而言,"哲学一词意味着对智慧的追求,而所谓智慧,不仅是指遇事谨慎,还意指着对人所能知晓的一切事物都具有完满的知识,这不仅是为了指导生活,也是为了保持健康并有益于一切技术发明"。④ 因此,哲学就其本质而言乃是通过理性来探究一切可以为人所知晓的事物,而且它是一种体系化的知识。与培根一样,笛卡尔同样提出了哲学之树的比喻并且流传更广。对笛卡尔来说,

全部哲学就如一棵树,树根是形而上学,树干是物理学,而由树干长出来的树枝则是其他各门学科,它们可以归结为三类,即医学、机械学和道德哲学。其中道德哲学是最高和最完满的,因为它以其他各门

① Kusukawa, S., "Bacon's Classification of Knowledge", in *The Cambridge Companion to Bacon*, ed. M. Peltonen, Cambridge: Cambridge University Press, 1996, p.47.
② 霍布斯:《利维坦》,黎思复、黎廷弼 译,杨昌裕 校,北京:商务印书馆,1985 年,第 61—62 页。
③ 参阅《利维坦》第九章里所给出的知识分类图表。
④ Descartes, R., *Les principes de la philosophie*, in *Oeuvres de Descartes*, IX‐2, ed. C. Adam et P. Tannery, Paris: Vrin, 1971, p.2.

学问之知识为前提，而且是最高等的智慧。①

相比于培根和霍布斯来说，笛卡尔更注重把哲学视为一个有机的整体，他对科学和哲学的统一性也有更高的要求。在他看来，正如整个世界是统一的一样，人类知识也应该是统一的。这种统一源于各个学科之间是相互关联的。"一切学问彼此是密切联系的，把它们放在一起同时学习，比把它们分离开来学习要更加容易。因此，谁要是决心认真探求事物的真理，他就必须不选择某一个特殊学科，因为事物都是互相联系、彼此依存的。"②同时，哲学的体系性以及知识的统一性还源于一切学问的共同根源，亦即一切知识都从形而上学所确立的第一原理推演而出。③ 此外，这种知识的统一性还源于笛卡尔所说的方法的统一性。虽然不同学科有着不同的研究对象，但是我们应当而且能够找到普遍有效的原则和方法，而笛卡尔的首要关注点也正在于此，因为"一旦掌握了普遍的原则就可以合乎逻辑地导出一系列原则，一旦掌握了普遍的方法，就能非常容易地认识普遍的真理，进而认识特定范围的真理，解决一切主要的难题"。④ 笛卡尔构思的普遍数学或普遍科学(mathesis universalis)恰恰与这种统一性密切相关。

从斯宾诺莎在《理智改进论》的导言部分所提出的关于哲学和科学的总体构想来看，他更多持有培根那种百科全书式的哲学观念。但是，他没有在不同学科之间安排一个先后次序，也没有特别把它们形成一个有机的体系。⑤ 之所以会出现这种区别，主要是因为他的目标是力求使所有的学科都服从于唯一的目标，即帮助人们达到人生的完满，而凡是于此目标无益的学科皆应被视为无用而予以抛弃。这种一般的观点可以说贯穿于斯宾诺莎哲学始终，并在《伦理学》中得到了突出强调，即全部哲学的最终目标就是把握那些"犹如手牵手一般引导我们认识人的心灵及其最高幸福的东西"(E2Praef.)。由此可知，斯宾诺莎的哲学规划完全是伦理性的，他的哲学的总问题就是伦理问题。

斯宾诺莎所构想的全部哲学或科学从根本上都是在为这种伦理目的服

---

① Descartes, R., *Les principes de la philosophie*, p.14.
② 笛卡尔：《探求真理的指导原则》，管震湖 译，北京：商务印书馆，1991 年，第 2 页。
③ Cf., Danio, P., *Le meilleur ou le vrai: Spinoza et l'idée de philosohie*, p.43.
④ 汪堂家、孙向晨、丁耘：《十七世纪形而上学》，北京：人民出版社，2005 年，第 24 页。
⑤ 这种状况在斯宾诺莎的体系化著作《伦理学》中有了根本改变，因为当他在该书中以"几何学次序"展开构建和证明时，他把各种不同的题材及其相对应的学科安排到一种总体的科学规划和系统的知识序列之中。在这个体系里，每门学科都获得了明确的位置并得到相应的考察。

务。也正因如此,他在规定人们对各门科学究竟应当做何种程度之研究时,才会提出一种相当独特的看法。例如,为了选择最好的认识方式而需要的那些为达到最终目的所必需的手段时,他认为我们对事物之本性的认识只需达到如下的程度:

1. 从这种认识可以正确地推出事物之间的区别、一致和对立,
2. 正确地领会事物能够经受什么和不能经受什么,
3. 对[事物的本性]与人的本性和力量进行对比。(TIE,25)

而依据这些规定,我们显然无需对一切事物都形成完全的把握,反之,对自然的认识完全以达到上述的最终目标为限。同样,在《伦理学》中,他也提出了类似的观点,即从神的永恒无限的本质必然有无限多的事物以无限多的方式产生出来,可是这些无限多的事物根本无法为人的有限的理智所全部认识,所以他特别强调在无限多的事物中他仅限于讨论那些"犹如手牵手一般引导人们达到关于人心及其最高幸福之知识的东西"(E2Praef.)。就此,意大利学者迪沃纳认为,斯宾诺莎在《理智改进论》中对自然科学的研究做出了特殊限定,而在《伦理学》中只是对我们就心灵本身的研究做出了范围限定,而对形而上学和物理学的研究范围却没有做出相应的限定,[①]可是,从《伦理学》前两个部分的探讨,我们可以看出,斯宾诺莎对形而上学和物理学并没有进行面面俱到的细致研究,而是择其要点(亦即对他的伦理学研究具有举足轻重之意义的那些方面)进行了探讨,这与《理智改进论》中的做法并无本质上的差别。

另外,在《理智改进论》中,斯宾诺莎除了提及诸多不同的学科或知识门类,还多次使用了"我的哲学"这个特殊的说法,而这个提法对我们理解他的哲学观念及其与伦理学之间的关系提供了重要引线。在《理智改进论》的行文过程中,斯宾诺莎曾多次说过,他要把一些重要问题留到他称之为"我的哲学"这部系统性的著作中去探究,而根据这个术语在文中出现的位置及其所涉及的主题,我们可以看到,他说的"我的哲学"应当包含哲学神学(TIE,76,note. z)、心灵哲学(TIE,31,notes k&l)、伦理学(TIE,4,note a;7,note b;13,note c)以及前述的诸学科。[②] 故而,伦理学和道德哲学在他的总体哲学规划中乃是至关重要的组成部分。而在 1665 年 6 月致鲍麦斯特

---

① Cf. Di Vona, P., "Il concetto di filosofia nel ' Tractatus de intellectus emendatione ' di Spinoza", p. 380.

② Cf., The collected Works of Spinoza, ed. E. Curley, Vol. 1, Princeton: Princeton University Press, 1985, p. 3.

的一封信中,斯宾诺莎再次提到了那本被他称为"我的哲学"的著作。(Ep. 28)这封信无疑是在他的《简论》一书已经完稿,而《伦理学》尚在撰写和修改过程之中时写下的。所以,至迟到 1665 年,我们现在所具有的《伦理学》这本书依然在很长时间里被斯宾诺莎称作"我的哲学"或者被他径直称作"哲学"。伦理学固然是该书的重要组成部分,但是无论如何,它依然要服从和服务于哲学,而斯宾诺莎的哲学观念也依然与他的时代文化保持一致,亦即他仍然把哲学视为一种百科全书式的学问。

　　然而,斯宾诺莎对哲学的理解以及他关于伦理学与哲学之间关系的看法却随着他的思考的深入和他的哲学撰述的进一步展开而发生了变化。这种变化首先出现在他的《神学政治论》一书之中,其关键的标志就在于"普遍伦理学"这个概念的提出。斯宾诺莎在该书中明确地写道:

> 知神和爱神乃是我们的至善和至福。因此,为达到人的一切活动之目的,亦即为了达到神本身——这是就神的观念处在我们之中而言的——而需要的手段就可以被称为神的命令,因为它们是就神存在于我们心中而言由神规定给我们的,由此,与这个目的相关的生活准则最好被称为神律。而这些手段是什么、这种目标所要求的生活准则是什么以及最好的国家之基础和人际生活所需之准则如何由之而出,则要由普遍伦理学(ethica universalis)来探讨。(TTP, 4, 4/中译本第 68 页)

　　这里斯宾诺莎首次也是唯一一次明确使用了"普遍伦理学"这个概念,而从他为之所规定的研究内容来看,普遍的伦理学涉及神本身、神的观念、神的命令、神律、达到神的手段、个人生活的准则、最好的国家的基础以及人际生活的准则等方面。很显然,其中很多方面已经远远超出传统伦理学探讨的范围,反而把一些传统上被置于伦理学之外而属于其他哲学学科的论题都纳入伦理学之内来讨论,从而将伦理学推向了一种普遍伦理学甚至是一般哲学的高度。

　　由此,伦理学及其相关研究在开始的时候被斯宾诺莎视为应当从属于或被涵盖于哲学之中。然而,在 1665—1670 年间创作和发表《神学政治论》之时,斯宾诺莎却对伦理学的内涵和范围做了极大的延伸。此时,伦理学变得与哲学相平行,甚至把传统上属于一般哲学的研究内容都包容于自身之中。既然知识本身并不能带来哲学的满足和完成,而唯有自由、至善和至福才能使哲学达到自身的目标和诉求,那么哲学就必须成为伦理的,甚至要成为伦理学,这也是斯宾诺莎提出"普遍伦理学"概念的一个重要因由,同时也是他关于哲学的总体观念之演化过程中的一个非常重要的时刻。[1] 借助于这种独特的理解和命名方式,斯宾诺莎也使伦理学成为统领和贯穿一切知识的根本原则。此外,他的这种做法还有另一方面考虑,"他力求用这种普遍的伦理学来取代笛卡尔的普遍数学或普遍科学"。[2] 在笛卡尔看来,普遍科学所涉及的是我们可以在其中觉察出某种秩序和度量的事物,而且这种度量,无论在什么对象中去寻找,都应该没有什么两样。所以,"应该存在着某种普遍科学,可以解释人们关于秩序和度量所欲知道的一切"。[3] 这种普遍数学或普遍科学与笛卡尔所创立的解析几何有着密切关联,而且它们更多关注的是一种形式层面的规则和秩序。然而,斯宾诺莎所构想的普遍哲学不应仅从形式层面得到规定,而是形式与内容的现实统一,特别是要与人的现实生活和具体的行为相关联,只有在这种意义上,它才能真正成为普遍哲学,或者(更确切地说)成为作为普遍哲学的伦理学。

事实上,与《神学政治论》中提出"普遍伦理学"这个观念差不多相同的时间,斯宾诺莎撰述的那本体系化著作——即"我的哲学"——最终被定名为"伦理学",随后便以此名称在其朋友之间被传抄和讨论,并最终于1677年在《遗著集》中以该名称发表。这种定名方式的变化也表现了斯宾诺莎关于哲学的总体观念的转变。如果说在1665年之前(或许也包含其后一段不长的时间),斯宾诺莎一直认为伦理学乃是哲学中最核心的部分,那么在《伦理学》渐趋完稿和定名之时,他则将全部之哲学置于伦理学这个标题之下来讨论,从而将伦理学视为哲学本身,或者说"哲学就是伦理学"[4]。哲学的根本目标就在于"从人的生产性内部找到足以对我们所能接受的实践生活做出规定的道路"[5]。因此,伦理学就不再仅仅是哲学的一个分支,也不仅仅是其核心的组成部分,而是占据了哲学本身之地位。

由此,我们可以简单地勾勒出斯宾诺莎的哲学观念及其与伦理学之关系的演变历程:虽然《理智改进论》已然确立了斯宾诺莎哲学的伦理底色和

① Cf., Rousset, B., "La 'philosophie' appelé 'Éthique'", in *La Ética de Spinoza: Fundamentos y Significado*, ed. A. Dominguez, La Mancha: Ediciones de la Universidada de Castilla, 1992, p.22.

② Manzini, F., *Spinoza: une lecture d'Aristote*, Paris: PUF, 2009, p.19.

③ 笛卡尔:《探求真理的指导原则》,第21页。

④ Cf., Bartuschat, W., *Spinozas Theorie des Menshens*, Hamburg: Felix Meiner Verlag, 1992, S.1.

⑤ De Cuzzani, P., "Une anthropologie de l'homme décentré", *Philosophique*, Vol.29, No. 1, 2002, p.7.

伦理诉求,但伦理学和道德哲学却是在哲学的总体视域下来得到安置和审视的。而随着其思想的演化,斯宾诺莎逐步提升了伦理学的地位并逐步扩充其内涵,从而在《神学政治论》中提出"普遍伦理学"这种说法,而这种普遍伦理学实质上已经占据了一般哲学的地位并发挥了后者的功能。所以,斯宾诺莎最后径直以"伦理学"作为他的那部体系化著作的标题,并以此方式彰显了他的基本哲学观念和态度。他所说的伦理学就是普遍伦理学,而这门把形而上学、物理学、政治学甚至传统神学探讨都包含在自身之中的学问实质上就是哲学本身,就是当时人们通常提及的普遍哲学。而斯宾诺莎对伦理学的这种独特的理解和应用使他在西方哲学史上成为一个相当独特的人物。尽管苏格拉底、柏拉图、亚里士多德、康德、黑格尔等哲学家也都在自己的思想体系中为伦理学安排了重要地位,但是几乎很少有人如斯宾诺莎一般把伦理学视为哲学之总体,也很少有人以"伦理学"作为自己的体系化著作的标题。[①]

因此,"普遍伦理学"这个概念的提出对我们把握斯宾诺莎伦理学的总体特性以及他的总体哲学取向具有决定性意义。而就其内容而言,这种普遍伦理学主要是在两个层面,即在个体层面和人际层面展开。其中最为重要的是,它不仅包括通常所说的伦理学研究,而且还把原来很多属于政治学和政治哲学探讨的内容包容进来。

我们知道,古希腊以降,许多西方哲学家都认为,伦理学乃是政治学的导引,要为政治学服务。在这一点上,亚里士多德的看法最具代表性。虽然亚氏对伦理学在哲学中的地位评价甚高,但是他依然认为只有政治学才是最权威的科学,因为

---

① 在这一点上,或许只有维特根斯坦的《逻辑哲学论》或者说撰写《逻辑哲学论》时的维特根斯坦可以和斯宾诺莎相比拟,因为虽然《逻辑哲学论》从形式和内容上都无法直接跟伦理学建立关联,但它却被维特根斯坦视为自己的生命之作,是他力求解决自己的人生问题的一次尝试。在致友人的一封信中,他写道:"本书的意义是伦理性的……它由两部分构成,一是现在呈现在读者面前的这些内容,一是我没有写出来的内容。恰恰是这第二部分内容是重要的。这也就是说,经由本书,伦理事项的界限可以说从内部被划出来了。"(乌赫特尔:《维特根斯坦》,孙美堂 译,石家庄:河北教育出版社,2001 年,第 11—12 页)可是,既然伦理的内容如此之重要,那么《逻辑哲学论》为什么没有径直将这种伦理的内容撰写和表述出来呢? 这主要是因为,对维特根斯坦而言,"世界中不存在价值——如果存在价值,那它也就会是无价值的。如果存在任何有价值的价值,那么它必定处在一切发生的和既有的东西之外",因此,"也不可能有伦理命题"。"伦理是不可说的。伦理是超验的。"(维特根斯坦:《逻辑哲学论》,6.41、6.42、6.421,贺绍甲 译,北京:商务印书馆,1996 年)也正因为如此,一种作为理论或指向意义本身的伦理学是不存在的,对维特根斯坦而言,生活中并没有最终的理论和描述,只有真实的行动。即使有某种伦理的奖励和惩罚,那也必须包含在行动本身之中。

正是这门科学规定了城邦需要哪些科学,哪一部分公民应当学习哪一部分知识,并学到什么程度。我们看到,那些高贵的能力,如战术、理财术和讲演术都隶属于政治学。政治学让其余的科学为自己服务。它还立法规定什么事应该做,什么事不应该做。它自身的目的含蕴其他科学的目的。①

但是,就伦理学与政治学之间的关系,斯宾诺莎却采取了与亚里士多德完全相反的看法。对他而言,最权威的科学不是政治学,而应当是伦理学,政治学必须服从和服务于伦理学。"研究和创建社会制度就是要通过建立和平、安全和法律来使个人对反思式的和被反思的快乐的追求与构建成为可能。"②它们都是伦理学所应用的客观手段。因此,"斯宾诺莎不仅使政治学从属于伦理学,甚至使总体意义上的哲学都服从于作为最终目标的至善问题"。③ 在《伦理学》中,斯宾诺莎把一些属于政治的问题纳入到伦理学框架中也足以说明这一点。在该书第四部分命题三十五至三十七和命题七十三之中,斯宾诺莎"确立了一些特定的界标,它们可以使我们从个体的伦理学过渡到政治学。"④其中,他尤其探讨了国家的基础、自然权利、社会的形成等基本的政治问题。而他后来的政治学研究框架与其在《伦理学》中的展开形态是一致的。

另外,我们也可以从一些具体的政治理论来考察这个问题。在《神学政治论》中,斯宾诺莎提出"国家的目的是自由"(TTP,20,6/中译本第 272 页)。但自由同时也是他的伦理学所追求的最高目标,是他不遗余力地予以肯定和追求的东西。(Ep.30)《伦理学》第五部分的标题就是"论理智的力量或人的自由",既然这个部分乃是他的伦理学的顶峰,那么自由也必然是他的伦理思想的顶点。他的伦理规划的全部努力归根结底就是指导人们如何摆脱激情的奴役并在充分知识和理性的指引之下达到自由之境界。此时,斯宾诺莎的伦理学体系就表现为"一种自由理论,亦即作为自身之完成的伦理学"。⑤ 因此,根据他对国家之目的的界定,虽然斯宾诺莎也不支持对国家权力的反抗与革命,但是他的政治理论却以国家对公民之自由的保障与推

① 亚里士多德:《尼各马可伦理学》1094b1—6,苗力田 译,辑于《亚里士多德全集》(第八卷),北京:中国人民大学出版社,1994 年。
② Misrahi, R., *L'être et la joie*, p.300.
③ Manzini, F., *Spinoza: une lecture d'Aristote*, p.21.
④ Moreau, P.-F., *Spinoza et le spinozisme*, Paris: PUF, 2009, p.86.
⑤ Misrahi, R., *L'être et la joie*, p.296.

进为旨归,他的政治理论和政治哲学始终围绕着自由而展开。① 所以,无论是一般的政治理论,还是现实层面的国家治理,都应当为他的伦理学规划服务,都应当成为达到自由这个伦理目标的手段,因此政治学的探讨应当被包含在伦理学的整体框架之中。无论是《神学政治论》还是其未完成的遗著《政治论》都以这种总体的伦理学作为根本视域。

可是,人们会反驳说,在《政治论》中,斯宾诺莎不再把国家的目的界定为自由,反而以和平与生活之安全作为国家之目的。(TP,5,2)这样,他的观点似乎与《神学政治论》有了很大差异,甚至他似乎接受了霍布斯的政治倾向;此外,《政治论》也没有像《神学政治论》那样激烈地维护民主制在诸多政体中的优越地位,而是"要探讨国家(无论它是君主制还是贵族制)应当如何组建起来才不会沦为暴政"(《政治论》的副标题)。但是,我们不要忘记这个副标题的后半部分,即该书还要探讨"和平与公民的自由如何不致受到损害"。由此可见,虽然斯宾诺莎在《政治论》中将"和平"引入了他对政治问题的探讨,但他始终没有放弃自由这个维度,而是将和平与自由并举,二者都是他的政治理论探索的根本目标。而他之所以把和平视为国家的根本目的,一方面跟当时荷兰社会的现实政治处境有关,同时也是他的具体生活经历在理论层面上的反映。但是根本而言,他的这种观念和立论方式仍然着眼于他的总体的伦理学构想,他要探究的依然是如何在政治制度和国家治理的层面保障人们的根本权利不受侵犯,以及他们培养理性和获得自由的途径不被干扰与堵塞。所以,政治(学)仍旧被他当作伦理学的手段,而他的普遍伦理学或许首先就是针对着政治学与伦理学之间的关系而提出的。

三、哲学的实践内涵及其功能

在斯宾诺莎逐渐以"伦理学"来取代"哲学"作为其著作的标题,特别是在《神学政治论》中提出"普遍伦理学"的概念和构想之后,他在自己的著作和通信中就很少再使用哲学这个概念了。不惟如此,在他使用哲学或与之相关的语词的为数不多的情形下,他往往不是着眼于其积极的和肯定的方面,却经常或多或少在负面的或否定的意义上对之进行使用。这一点在他行将谢世时撰写的未竟之作《政治论》中表现得尤为明显。该书开篇就明言,

> 哲学家总是把折磨我们的情感视作我们因自己的过失而陷入的邪恶。这就是为什么他们习惯于嘲笑、叹惋、斥责这些情感,或者为了显

---

① 施特劳斯:《斯宾诺莎的宗教批判》,李永晶 译,北京:华夏出版社,2013 年,第 144 页。

得比别人更虔诚,就对之加以诅咒。他们相信,这样做就是神圣的行为,并且一旦学会以五花八门的方式赞扬某种根本就不存在的人性,和诋毁某些实际存在的人性,他们就自认为已经达到了智慧的顶峰。(TP,1,1)

也正是因为对人性和人生之实际没有正确的理解,或者因为虚构了某种完全不存在的人性和政治理想,"理论家和哲学家才成为最不适于治国的人";相反,"政治家们在政治著述方面比哲学家们更加卓有成就,因为他们以经验为向导,所以他们的教导没有一点是不能付诸实施的"。(TP,1,2)凡此种种都明确表现了斯宾诺莎对哲学家的嘲讽和揶揄,特别是批评了哲学家以自己虚构的空中楼阁来替代现实。

当然,人们可能会反驳说,斯宾诺莎完全是在政治的背景下来讨论问题,所以才会对哲学家颇有微词,因为政治乃是经验和实践之领域,而哲学家虽长于思辨,却不善于实践,故而斯宾诺莎才会对哲学家做出负面的评价。这种说法似乎有一定道理,但是,上述引文在开端之处所描绘的显然并不局限于作为政治哲人的哲学家,而是对人的本性和品行进行研究的哲学家。但是,这些哲学家并不是对人进行严格的科学研究,而只是在抒发自己内心的主观体验和感受;他们本该发表伦理著作,但是却只是创作出了讽刺诗。同样,斯宾诺莎在《伦理学》第五部分的序言中对斯多亚派哲人和笛卡尔进行了深刻批判,因为在他看来,这些哲学家就人的心灵之本性、人的情感与意志之间的关系,以及人的理性对情感的克制作用等方面都持有含混甚至错误的观念。对斯宾诺莎而言,一个人要想对人性及其各种情感和行为形成良好的把握,从而成为一个真正的伦理学家,他就不应当对人的行为加以嘲笑、叹惋或诅咒,也不能按照喜好来想象人,而应当以客观的态度更为切近地考察人类的本性,力求真正地理解人。(TTP,Praef.16/中译本第17页;TP,1,1;Ep.30)

当斯宾诺莎面对他曾经的学生博格(A. Burgh)对他的哲学所做的恶毒污蔑时,他反驳说,他从不认为自己的哲学是最好的哲学,相反,他只是认为自己找到了真哲学。(Ep.76)而这种真哲学恰是他经由《伦理学》的思考和创作而构建出来的一整套思想系统,就是那个作为一般哲学的普遍伦理学体系。这种作为哲学而出现的伦理学,其核心的灵魂或最高的境界就是理解,而人的最高幸福也正在于理智和理性的完善。

而完善理智不是别的,只是去理解神、理解神的属性以及从神的本性必然性而做出的活动。所以，凡为理性所指导的人的最终目的，亦即他据之努力节制他所有别的欲望的最高欲望，就是能指导他充分理解自己并充分理解一切足以成为其理智对象的事物的欲望……所以，没有理解就不会有理性的生活；事物之所以是好的，只在于它们能够帮助人们享受一种为理解所规定的心灵生活。(E4App. 4&5)

因此，真哲学必然是能够不断改善和增进人对自己的本性、对神和对事物之理解的哲学，同时也就是推动人们不断完善自己的品格和行为的哲学。然而，不幸的是，以往的哲学家们并没有深入理解和发挥哲学的真正意义与功能，从而使哲学沦于一种想象甚至是虚构的境地。

为了与这些被批判的哲学家拉开距离并对哲学之本意予以重新规定和揭示，斯宾诺莎在生命的晚期很少再以哲学家自居，反之，哲学家（甚至是哲学）这类概念对他而言毋宁是一种**划分或区别**的标志。在他那里，"哲学观念最开始的时候接近于某种被接受的概念（一种知识体系、一种理性活动），但是随后却逐步转变为一种姿态，一种哲学家的实践：划分的实践。哲学逐渐获得一种活动意义，这种活动就在于区分，在于通过标出线索而划分不同的场域"。① 由此，斯宾诺莎对哲学形成了一种彻底功能性的理解，而哲学此时也完全以功能性的形态出现。

实际上，终其一生，斯宾诺莎从未给哲学下过定义（同样他对伦理学也未曾给出过明确的定义，即便在《伦理学》中也是如此）。虽然在《理智改进论》中，他依然在很大程度上从知识层面来审视哲学，但是，即便在这种背景下，哲学的划分功能已然存在并得到发挥。《理智改进论》首先要区分两种不同的生活方式，一种是人的日常生活，一种是斯宾诺莎所规划的并逐步构建的那种哲学生活。而哲学之所以把不同的生活区分开来，主要是依照人们究竟把什么视为真善和幸福。日常的生活或非哲学的生活，以财富、荣誉和感官逸乐为真善和幸福，但是这些东西无一不是变幻无常的，且无法为人们共同地和同等地占有，从而必然会引发无尽的嫉妒和纷争。同时，即使我们在这些方面得到满足，它们也无法给我们带来内心的宁静，而总是有痛苦与之如影随形。反之，哲学的生活却追求永恒不变的且为人们共同分享的真善。此种真善能够作为工具和手段推动人们去完善自身的本性和品行，使人们摆脱各种假象和俗物的牵绊，从而达到人生的完满境界。这种境界就是斯宾诺莎所说的至善，是人的心灵与整个自然相一致的知识。这样一

---

① Danio, P., *Le meilleur ou le vrai: Spinoza et l'idée de philosohie*, p.57.

种哲学生活可以使人免遭或更少遭受各种激情的侵扰,可以减少人际之间的纠纷,并有助于人们达到与自然的和谐。这样一种生活才是斯宾诺莎所构想的本真的生活,而一切为凡俗的价值所操控的生活使人不能依据自己的本性和他的理解力量而生活,却总是将自己的行为与生活置于外在命运(fato)的支配之下而不能自主,从而陷于一种完全被动的甚至是遭受奴役的生活状态之中——因为对斯宾诺莎而言生活之中最根本的奴役就在于无法控制自己内在的激情(E3Praef.)。

正是通过哲学,斯宾诺莎对这两种生活方式做出了彻底的区分,而要想达到本真的生活就不能离开哲学。哲学思想与人的生活并不是两个不相联属的、可以割裂的方面。反之,"对斯宾诺莎而言,哲学不是别的,而只是人的一种生活方式,就如同其他的生活形式是一样的"。① 因此,

> 哲学根本不在于教授一种抽象的理论,而是呈现为一种生活的艺术、一种生活模式或一种存在方式。哲学的活动也不仅仅局限于认知层面,而是要扩展到自由与存在的层面。它是一种使我们具有更多存在并使我们变得更好的进展,是一种使人的生活彻底倒转的转化。通过这种转化,人的生活被彻底改变。它把一个人从一种因无意识而变得模糊并为忧虑所困扰的非本真的生活状态提升到一种本真的生活状态,而在这种本真的生活状态中,人获得自我意识、一种精确的世界观、内在的平和以及自由。②

对斯宾诺莎而言,哲学绝不是一种为了谋生而从事的活计或职业——在这一点上,他与大学里的职业哲学教授有着根本区别;③反之,哲学的首要意义在于它是一种修身之学,意在对人的生活进行彻底的改变和转化,并力

---

① Di Vona, P., "Il concetto di filosofia nel 'Tractatus de intellectus emendatione' di Spinoza", p.376.

② Hadot, P., *Exercices spirituels et philosophie antique*, Paris: Études Augustiniennes, 1987, pp.15 - 16.

③ 不仅对大学里的哲学教学,甚至对于整个官方的大学教育,斯宾诺莎都持有一种保留甚至是怀疑的态度。在他看来,"以国家经费建立大学与其说是为了培育才智,不如说是为了压抑才智。反之,在自由国家里,发展学问和技艺的最好办法就是允许任何人公开授课,经费自筹,名声好坏也由他自己负责"。(TP, 8,49)因此,当帕拉丁选帝侯邀请他赴海德堡大学任哲学教授时,斯宾诺莎婉言谢绝了,因为他一方面担心教导青年人会耽误他发展自己的哲学,另一方面则是因为他不清楚为了避开动摇公众信仰的宗教之嫌疑,哲学思考的自由应当被限制在何种范围之内。同时,对于清静生活的喜爱,也使他不得不谢绝这一公共的教职。(Ep. 48)

争使人自身之本性变得更加完满。由此,哲学与哲学家的生活就密不可分,甚至融为一体。就此而言,斯宾诺莎在一定程度上持守着古代哲学的根本诉求,亦即对智慧——特别是人生智慧——的追求和实践,而不是唯独在文本的注解和阐释上耗尽心力。①

当然,这种哲学生活或本真的生活方式并非天然地为我们所有,反之,我们首先沉浸于其中的却是非本真的生活。这也就意味着,人生的非本真性反而具有直接性和先在性,本真的生活则是我们需要通过艰苦的努力,尤其是通过哲学的沉思和劳作才能达到的。正是哲学使人们在两种不同的生活方式之间做出了根本区分,也正是哲学思考使人清晰地认识到了全新的生活机制和规划。(TIE, 3)

与上述这种划分功能密切相关的是哲学本身所具有的**解放**功能。当然,按照习惯的想法,我们会认为应当是先有区分,然后才能有解放,亦即我们必须首先把那些被人们视为理所当然的定见以及那些束缚人的理解与行动能力的偏见或假象辨识出来,然后我们才能通过特定的手段做出选择并获得解放。当然,从叙述的角度来看,这种次序是合乎情理的。但是,按照斯宾诺莎的思想策略,这种次序并非事实本身的次序,因为我们不是因为克服了错误才达到真理,反之,恰恰是因为我们达到了真理,我们才能克服错误。所以,哲学并非首先发挥其摧毁的功能,然后才展开其构建的功能。事实上,从否定的东西是无法生出肯定的东西的。(KV, 1, 2, 2, note b; E4P20S)一种东西如果具有现实的生产功能,那么它就必须具有肯定的内容和积极的生产力量。如果哲学能够带来甚至成为一种积极主动的生活,那么它在本质上就必须是肯定的。由此,我们在现实的哲学活动中也不是先修习一种否定的哲学,然后再接受肯定的哲学训练;反之,我们应当从哲学本身开始,从真哲学来开始,这种哲学将同时具有区分、解放和建构等多方面的功能。正是因为我们投身于这种肯定的哲学,以探究真理和自由为己任,我们才能区分出伪善和假象,才能从中解放出来,这种认识和理解的过程同时也就是解放的过程本身,恰如光既照亮其自身,也显示出黑暗。(TIE, 44; E2P43S)

但是,现实生活中,并非所有人都能成为哲学家,也不是所有人都喜爱或能够过一种哲学的生活。同时,时常会有这样一些人,他们虽有志向学,却又无力通过自己的努力而摆脱各种社会偏见(尤其是宗教偏见)的束缚。对于这样的人,就需要一种外在的协助,使之能够从不充分的或不正确的见

① Cf. Hadot, P., *Exercices spirituels et philosophie antique*, pp.225 - 227.

解之中摆脱出来。(TTP，Praef. 15/中译本第 17 页)①正是在这层意义上，《理智改进论》构成了斯宾诺莎哲学的导论，因为它不仅对斯宾诺莎哲学的基调和根本取向做出了明确规定，也在斯宾诺莎为了探究真理而提出的方法论规划中特别安排了一个部分来讨论如何医治和纯化理智，从而使之可以成功无误地并尽可能完善地认识事物。(TIE，16)②人的理智并不具有绝对的自主性，反而会因一系列形象的观念和思想活动而沦于错误，所以，一个关键的任务就在于把想象和理解(intellectio)区分开来。(TIE，87)通过这种区分，心灵可以从那些限制和削弱其思想力量的错误的和可疑的观念中解放出来。而随着斯宾诺莎对哲学概念的界定和使用向着更加严格的层面进展，他逐渐把这种区分落脚于想象和理智的区分之上，并使之成为他的核心原则。凡是没有把理智与想象区分开的人都会陷入各种各样的错误，(E1P15S&App.；TTP，2，1/中译本第 34 页)因此，摆脱这些想象的观念对我们达到真观念和真知识具有重要的辅助作用。

与此同时，我们也可以在相同意义上把《神学政治论》视为斯宾诺莎哲学的导论。③ 如果说《理智改进论》着眼于涤除人们心中各种想象的或错误的观念，从而为具有真观念并达到自由和幸福生活做好心灵上的准备，那么《神学政治论》则要从更广大的社会制度和社会心态层面为哲学思想和表达

---

① 就哲学叙述所指向的对象以及哲学著作的目标读者，斯宾诺莎的观点与中世纪犹太哲学家迈蒙尼德(M. Maimonides)的观点具有很大相似性。迈蒙尼德之所以撰写《迷途指津》一书，恰是为了给予他那个已经具有相当的思辨概念和知识的学生以指导并使他的观念变得秩序化和系统化。(Maimonides, M., *The Guide of the Perplexed*, Vol. I, trad. Sh. Pines, The University of Chicago Press, 1963.)同样，笛卡尔在《第一哲学沉思集》的"前言"中也明确说道："不过，我既不想得到一般人的好评，也不希望很多人读我的书。相反，除了愿意和我一起进行严肃认真的沉思并且能够脱离感官的干扰、完全从各种成见中摆脱出来的人(这样的人并不多)以外，我绝不劝人读我的书。"(笛卡尔：《第一哲学沉思集》，庞景仁 译，北京：商务印书馆，1986 年，第 9 页)

② 实际上，斯宾诺莎在《理智改进论》中对"理智"一词的使用并不非常严格。有时候，他在培根的意义上对之予以使用，亦即把理智和心灵(mens)相等同，此时理智可以具有多种不同的形态：它既可以想象，也可以进行理性思维；既可以具有虚构的、错误的知识，也可以具有真知识。有时候，他又在笛卡尔的意义上对理智予以使用，这时，理智代表着一种完善的思想能力，它不会犯错误，而只认知真理。这两种意义上的理智在该书中构成了一种内在的张力。(Cf. Mignini, F., "Les erreurs de Bacon sur l'intellect selon spinoza", *L'Enseignement philosophique*, Vol. 47, Issue 6, 1997, p. 29.)

③ 就《神学政治论》相对于《伦理学》而言所发挥的导论性功能，可以参考 Curley, E., "Notes on a Neglected Masterpiece (II): *The Theological-Political Treatise* as a Prolegomenon to the *Ethics*", in *Central Themes in Early Modern Philosophy*, ed. J. A. Cover and M. Kulstad, Indianapolis: Hackett, 1990, pp. 109 – 159; Melamed, Y. Y., "The Metaphysics of the *Theological-Political Treatise*", in *Spinoza's Theological-Political Treatise: A Critical Guide*, Cambridge University Press, 2010, pp. 128 – 142。

的自由做必要的准备。正因如此,在斯宾诺莎的全部著作中,《神学政治论》占有非常独特的地位。为了撰写这本书,他特意停止了《伦理学》的创作,这也足以体现该书的重要性。

就其核心论题而言,《神学政治论》主要围绕着对启示宗教和圣经的批判以及对政治理论的构建而展开,从而展现了极强的实践哲学倾向。就该书的写作契机而言,它并非出于纯粹的理论考虑,而是有其深刻的社会政治根源。[①] 十七世纪六十年代,荷兰是以维特兄弟为代表的金融贵族统治之下的共和国,它奉行相比于欧洲其他国家而言更为宽松的宗教政策。[②] 但是,这并不意味着荷兰已经完全成为现代意义上的世俗的和自由的国家,相反,这些荷兰的掌权者在特定的问题上时常不得不向在荷兰社会中占据举足轻重之地位的加尔文派教会让步。而加尔文派一向奉行比较保守的宗教政策,在政治上也持有正统的(亦即支持君权的)立场。当时,荷兰的政治与宗教的现实运行策略就是在教会与执政望族之间权力博弈的结果,是各方之间取得的一种暂时的均衡。而就其得以产生的根源和机制来看,这种均衡是非常不稳定的,其内部就蕴含着冲突的倾向,尤其是正统的加尔文派教会始终有一种权力上的觊觎和野心,期望像加尔文在日内瓦所做的那样,在荷兰也建立一种政教合一的神权政治体制。[③] 而历来就与加尔文派教会绑缚在一起的奥伦治王室则力求恢复他们在荷兰政治中的领导地位,也不遗余力地要重新建立起与君主制有着很大相似性的政体形式。所以,无论是加尔文教派,还是奥伦治王室,都将自由共和国视为大敌,尤其想要限制甚至是消除共和派所推行的信仰自由、出版自由等政策。但是,对斯宾诺莎而言,这些自由乃是人之为人的基本权利,是人类社会能够向更好的方向发展所不可或缺的基础。如果没有这种思想和言论的自由,国家无法稳定,科学和文艺也将无从进步。(TTP,20,10/中译本第 274 页)为了使人们能够获得并保全思想与言论的自由,就必须和宗教以及政治上的反动势力展开斗

---

① 就《神学政治论》的写作背景,可以参考斯宾诺莎的第 30 封信;纳德勒:《斯宾诺莎传》,第 369—374 页;Nadler, S., *A Book Forged in Hell: Spinoza's Scandalous Treatise and the Birth of the Secular Age*, Princeton University Press, 2011, pp. 17 – 51; James, S., *Spinoza on Philosophy, Religion, and Politics: The Theological-Political Treatise*, Oxford University Press, 2012, pp. 7 – 36。

② Cf. Huizinga, J. H., *Dutch Civilisation in the Seventeenth Century*, trad. A. J. Pomerans, New York: Frederick Ungar Publishing Co., 1968; Israel, J., *The Dutch Republic: Its Rise, Greatness, and Fall (1477 –1806)*, Oxford: Oxford University Press, 1995, especially pp. 637 – 736.

③ Cf. Frampton, T., *Spinoza and the Rise of Historical Criticism of the Bible*, New York: t&clark, 2006, pp. 54 – 57.

争,要在理论层面揭露教会与政府压制思想自由并实施专制统治的内在秘密机制,从而为人们真正拥有思想与言论之自由清除障碍并预备道路。《神学政治论》的出发点和核心理论目标也正在于此。

虽然就其内容而言《神学政治论》是以实践和经验为主导的著作,但是如果从该书的主旨及其探究方式来看,它依然是一本哲学著作——当然,更准确地说是一本实践哲学著作。[①] 无论是其中所包含的启示宗教批判和圣经批判,还是其中对基本政治原理的阐述,都是在为该书所秉持的自由观念以及获得这种自由的途径来服务。在此过程中,斯宾诺莎首先以哲学为武器对禁锢民智的迷信展开了深刻分析和批判,因为"迷信乃是一切专制统治的秘密和手段"。(TTP, Praef. 7/中译本第 11 页)这不仅适用于宗教的专制统治者,也适用于世俗的专制政治统治者。正是因为迷信,人们被欺骗,而以宗教名义对人产生支配影响的恐惧也被掩盖,以至于人们会为了自己的奴役而战,却好像在为自己的解放而战;他们会为了一个独夫的虚荣而舍生忘死,非但不以为耻,反以之为无上的光荣,由此他们甚至陷入一种自愿接受奴役的境地。(TTP, Praef. 7/中译本第 11 页)而对于专制统治者而言,为了能够永保自己的权力并将民众始终牢牢钳制于受奴役的地位,他们必然会不遗余力地维护和强化迷信,并以迷信来充塞民众的头脑,以至于他们不会再想到其他任何东西。[②] 民众的自由意识和独立判断的能力因之受到极大摧残,而在很多情况下,专制统治者甚至不惜以肉体消灭之手段来维护迷信以及许多传统观念的支配地位。

《神学政治论》的序言则从发生学层面对迷信的生成进行了深刻分析,并清晰揭示了迷信在对人心进行控制时所遵循的根本机制。实质而言,人天生就易于迷信,而导致迷信的根本原因就是恐惧。

---

① 斯宾诺莎在《神学政治论》中激烈批判了迈蒙尼德和他的朋友迈耶尔所提出的"哲学(或理性)乃是圣经之解释者"的观点,转而提出了一种"历史—语文学的"圣经解释方法。在《神学政治论》的行文过程中,他也切实地应用这种方法来对圣经展开了批判性的阅读和研究,并给出了许多关于圣经文句的具体解释。既然如此,那么究竟应当从什么意义上说《神学政治论》是一本哲学著作呢? 事实上,《神学政治论》这本书并不仅仅包含圣经解释的问题,它还包含其他多方面的议题,所以斯宾诺莎就圣经解释之方法所提出的观点并不能涵盖全书的全部论题;其次,《神学政治论》就圣经解释及其方法所做之论述更多在方法论层面进行,这就意味着,虽然斯宾诺莎认为我们不应当依靠理性或哲学,而应当以历史—语文学的方法来解释圣经,但是对于解释圣经之方法的讨论和考察却需要在理性的层面展开,它归属于哲学的范围。此外,当斯宾诺莎在《神学政治论》前六章里对传统启示宗教的核心概念和教义进行批评考察时,他大量应用了自己的一般哲学理论。因此,虽然斯宾诺莎不认为理性或哲学乃是圣经的解释者,但是这并不足以使我们否认《神学政治论》的哲学特质。

② 斯宾诺莎认为,这种情形在土耳其的伊斯兰统治者那里表现得尤为明显。(TTP, Praef. 6/中译本第 11 页;Ep. 76.)

由于人们经常陷于异常艰难的处境而无以形成任何行动规划,同时由于他们贪恋运气所给予的不确定的好处并对之做毫无节制的渴求,以至于他们总是在希望与恐惧之间无助地徘徊……如果他们看到有某种不同寻常的事情发生,却无法用通常的观念对之进行解释,他们就会对之充满惊奇,并相信那是一桩奇迹。它展现了神灵的愤怒,须用斋戒、祭祀和祷告来平息。(TTP, Praef. 1-2/中译本第 9 页)

因此,以往被柏拉图和亚里士多德视为哲学之起源和动力的惊奇,在斯宾诺莎这里却使民众陷于思想之停滞、内心的恐惧和迷信,使他们对权威产生盲信和依赖,并最终放弃了对反常之物的自然原因的探究。而相比于探究这种原因,大众更愿意诉诸神的意愿和超自然的力量。

在看到人体的精妙构造时,人们会感到一种可笑的惊奇。由于不知道一件如此精美之作品的原因,他们就断言人体的结构不是如机械一般造成的,而是由一种神圣的或超自然的技艺创造而成,于是各部分才能不相妨害。因此,要是有人想探究奇迹的真正原因,像受过教育的人一般热切地理解自然事物,而不像愚人一般对之大惊小怪,那么他便很难不被大众所信赖的那些自然和诸神的解释者指斥为渎神的异端。(E1App.)

所以,恰恰是以无知为根源的惊奇引发了恐惧,因恐惧而使人陷于迷信,并进一步导致人的无知和无力。然而,在大众、惊奇与无知之间却有一种极为悖谬的联系:"大众总是更愿意保持对自然原因的无知,他们唯独渴望听到那些无法为他们所理解的东西并由此激发他们最大的惊奇。"(TTP, 6,1/中译本第 89 页)因此,惊奇变成很多宗教人士控制教众的手段。早在希伯来先知们发预言和圣经作者撰写圣经文本之时,他们就已注意到惊奇与宗教之间的密切关联。

毫无疑问,圣经中所叙述的一切事件都是自然发生的,然而它们却被归诸于神,这是因为圣经无意通过自然原因来解释事件,而只是叙述那些可以触动想象的事件。在这样做时,它使用了特定的方式与风格,以便最有助于激发惊奇,从而在民众心中引发虔诚。(TTP, 6,13/中译本第 99 页)

这种手段随后在各大体制化宗教中得到普遍运用。掌握宗教权力的人通过激起信众的惊奇和恐惧来为宗教的教义和法规奠定合法性基础,反过来,他们又利用这些教条把群众牢牢束缚在迷信和无知之中,以便稳固自己的统治。他们非常清楚,"愚昧一旦被揭穿,愚蠢的惊奇一旦消失,他们用来论证和维护自己权威的唯一手段也就被消除了"。(E1App./中译本第41页)所以,对那些以自然原因来解释事物的启蒙思想者,他们异常敌视。在这种恶劣的处境之下,惊奇和迷信一起成为闭塞民智、推行暴虐统治的手段,而且尤以宗教权威所推行的那些迷信危害为大。

因此,《神学政治论》首先将其批判火力集中指向了宗教迷信。该书前六章对以犹太教为代表的启示宗教之核心教义的批判,在很大程度上也是这种批判的继续。斯宾诺莎力求通过这种批判来廓清和涤除人心因迷信而受到的束缚和危害。同样,自中世纪以来的漫长历史进程中,众多迷信也一直被统治阶级用作维护自身统治的重要手段。所以,斯宾诺莎对迷信和启示宗教的批判,不仅具有神学和信仰的意义,同时也具有政治的意义。信仰的自由与政治的自由在《神学政治论》中被紧密地结合在一起。《神学政治论》的一系列理论努力从根本上正是斯宾诺莎为哲学所赋予的解放功能的特定反映。哲学就是要使人们(尤其是那些对哲学抱有同情甚至已经开始进行哲学思考、但却苦于无法找到恰当思想道路的人)摆脱由教会和专制政府处心积虑地营造出来的迷信、偏见和假象;即便不能完全摆脱,也需要在一定程度上认清这些迷信和偏见得以产生和发挥作用的机制。而一旦我们对此具有了清晰的认识,那么它们对我们所产生的钳制和压迫作用就会弱化。从这个角度来看,斯宾诺莎的每一本著作(甚至是《伦理学》)都包含这种批判的维度。这也正是为什么斯宾诺莎认为他找到了真哲学。他的哲学著述活动必然内在地包含着一种阐述自己的思想与尽可能帮助他人共同获得真知和真善的任务。而《神学政治论》以及其他著作所展现的这种解放功能恰恰是哲学的一种根本特性。通过对迷信、偏见以及其他阻碍人们通达哲学思想(或至少是进行特定哲学思考)的障碍进行揭露和批判,斯宾诺莎力求为人们追求真思想和幸福生活奠定必要的基础。

因此,无论是《理智改进论》,还是《神学政治论》,当它们发挥着斯宾诺莎哲学的导论的功能时,最终都将斯宾诺莎哲学引向了一种鲜活的实践维度。哲学的划分功能和解放功能,绝不仅仅在为一种知识理想来服务,也不是单纯磨砺人们的理论目光,而更多是在指导人们如何消除一切由社会因素所强加的偏见和束缚,并为关于人的道德和伦理生活的探讨提供必要的准备,而这与斯宾诺莎为哲学所赋予的伦理倾向以及他的普遍伦理学的总体规划是完全一致的。无论从其批判的视角,还是从其解放与划分的功能上看,斯宾诺莎哲学都堪称一种实践哲学或伦理哲学。

第二章 伦理学的形而上学前提

一、斯宾诺莎的形而上学概念

在对斯宾诺莎哲学的伦理出发点及其哲学的伦理特质做出说明之后，人们可能会期待我们直接对他的普遍伦理学展开论述。然而，从斯宾诺莎的行文，尤其从他的代表作《伦理学》来看，他并没有采取这种进路，相反，《伦理学》的谋篇布局却体现出一种极大的反常。当传统伦理学著作以关于目的、价值、德性或人性等方面论题为开端时，《伦理学》却以对实体、神、属性等形而上学主题的探讨为出发点。"论神"构成了该书第一部分内容，它表述了斯宾诺莎的形而上学理论；第二部分则以人的心灵作为探讨对象，它包含了斯宾诺莎的心灵哲学和知识理论，其中还包含一部简短的"物理学纲要"；第三部分则是对情感之起源和本性的心理学研究，严格意义上的伦理学探讨至此全面开启；最后两个部分则主要分析人在激情支配下所遭受的奴役、人如何通过遵循理性的命令来克服激情以及如何通过第三种知识和对神的理智之爱而达到救赎、自由和至福，它们是斯宾诺莎伦理学研究的核心。

既然如此，斯宾诺莎又为何把这部集形而上学、心理学、物理学和严格意义上的伦理学等多种因素于一身的作品称作"伦理学"呢？伦理学与其他哲学学科之间又有什么关系呢？对第一个问题，我们在论述斯宾诺莎的一般哲学观念时已经有所回答：正是因为斯宾诺莎将伦理学提升到一般哲学的高度并将伦理学径直视为哲学本身，他才把自己的体系化著作命名为"伦理学"。当然，这种回答需要得到进一步补充和完善，尤其是需要从细节层面得到进一步澄清和证实。而这种细节的研究必然涉及第二个问题，即伦理学与其他哲学学科之间的关系。就此，斯宾诺莎在致荷兰杂货商布林伯赫（W. Van Blijenbergh）的一封信中写道："众所周知，**伦理学应当以形而上学和物理学为基础。**"（Ep. 27）这个表述为我们解决上述疑难提供了重要的线索，但是它也只是一条线索，却没有为我们提供全部的答案。

依据斯宾诺莎自己的陈述以及形而上学和物理学在《伦理学》中所处之位置，我们可以看出，《伦理学》的第一和第二部分分别展开了形而上学和物理学的探讨并切实地为后续严格意义上的伦理学研究奠定了基础，但是就这种奠基行为以及形而上学和物理学跟伦理学之间的关系，我们依然可以具有多种不同的看法，其中主要包括以下两个方面：1. 虽然形而上学和物理学被包含在《伦理学》之中并处在最初两个部分的位置上，从而似乎恰好构成后续伦理学探讨的基础，但是，它们与伦理学仍然是外在的关系，依然具有相对于伦理学而言的独立性；2. 形而上学和物理学跟伦理学具有内在关系，亦即它们并非仅以外在的方式被纳入伦理学这个标题之下，而是现实地内在于伦理学之中，从而本身就负载着伦理的意义维度。虽然上述两种观点都承认"形而上学和物理学是伦理学的基础"，但是它们就这种奠基行为所提供的视角却有着深刻差异。

本章着重考察斯宾诺莎思想中形而上学与伦理学之间的关系。为此，我们需要首先对斯宾诺莎的形而上学观念及其基本建制有一综观的把握。实际上，虽然斯宾诺莎通常被纳入西方哲学史上"最富原创性的形而上学家"（雅思贝尔斯语）之列，但是他从未专门写过一部专题著作来阐述自己的形而上学思想。唯一的例外可能就是作为《笛卡尔哲学原理》的附录出版的《形而上学思想》这本小册子了。然而，尽管该文在一定程度上表达了斯宾诺莎自己的某些形而上学理论，但是严格来说，它是斯宾诺莎对传统的形而上学概念和论题的简要解释。与此同时，虽然该书接续了对《哲学原理》一书前两部分所做的几何学解释并且参照了笛卡尔的形而上学理论，但是它却远非局限于此。相反，斯宾诺莎更多地是以晚期经院形而上学——特别是十七世纪早期的学院形而上学——作为根本参照和阐释对象，并间或将笛卡尔的一些形而上学观点穿插其中。而即便如此，斯宾诺莎也不是要对他所面对形而上学传统做全面的梳理，而只是"简要地阐释形而上学的一般部分和特殊部分中围绕着存在者及其状态、神及其属性以及人的心灵所产生的诸问题"，或者说他"只是想要解释著作家们在形而上学之中通常所讨论的最模糊的东西"。（CM1, 1）

尽管斯宾诺莎对笛卡尔的形而上学观念及其基本的研究机制非常熟悉，但是就《形而上学思想》所阐述的形而上学的基本建制而言，斯宾诺莎所采用的却是晚期经院哲学和近代早期的学院形而上学的基本建制，其基本标志就是他将形而上学划分为**一般的形而上学**（或形而上学的一般部分）和**特殊的形而上学**（或形而上学的特殊部分）。而为了更好地理解这种基本建制划分，我们首先需要对形而上学基本传统做一简要的回顾。

在西方哲学两千多年的发展历程中,形而上学始终是一个至为根本和重要的哲学研究门类,而就这种研究之起源,我们可以追溯到巴门尼德、柏拉图等古希腊哲学家,但是真正为这种探究方式赋予明确形制的还是要首推亚里士多德。虽然形而上学这个概念并非亚里士多德所创,而是由他的著作编辑者安德罗尼柯在编辑亚氏那些与物理学相关、却又不能被归入物理学的讲稿时所构造的一个术语,但是显然亚里士多德已经将这个方面的思想作为一个独立的哲学学科来看待了,他将其明确地称为"第一哲学"或"神学",并使之与数学、物理学共同构成了理论科学。

而就理论科学的这种划分缘由以及三个学科的研究对象及其特征,他写道:

> 物理学研究独立的且不能不变动的事物,数学中的某些门类则研究那些不动的并且不能与物质相分离的或者说内在于物质的事物;反之,第一科学则研究既分离又不动的东西。一切原因都必然是永恒的,这一点于此更加适用,因为这门科学所要研究的乃是向我们显现出来的神圣存在者的原因。因此,理论科学就包含三门分支:数学、物理学和神学。因为我们毫不怀疑,如果神实存着,那么它就必然在这类事物中实存。同样,毋庸置疑,最高的科学必然以最高种属的事物为对象。理论科学既然远较其他科学完满,而在理论科学之间,这门科学又远较其他两门理论科学完满。既然如此,人们可能会问,第一哲学究竟是普遍的,还是只研究一种特定的事物。……如果除了那些构成自然的实体之外不再有其他实体,那么物理学就将是第一科学;相反,如果确实有不动的实体,那么关于这种实体的科学将先于其他科学,从而是第一哲学,并且就它是首要的而言,它也是普遍的。[①]

在这段话里,亚里士多德不仅明确地提出了第一哲学或神学这两个关键概念,而且还从神学这个角度来规定第一哲学。作为理论科学中的最高者,第一哲学是一门神圣科学,是对神圣的和最高的存在者的研究,[②]而就事物自身之存在层次而言,第一哲学所要探究的应当是纯粹的形式,而作为纯粹形式或最高的现实,它也是一切事物的最终的目的,并因为是万物都向之

---

① 亚里士多德:《形而上学》1026a13—30,吴寿彭 译,北京:商务印书馆,1959 年。[《形而上学》的引文参照雷阿勒(G. Reale)编译的希—意对照本进行了相应的修改,以下不再一一注明。]
② 同上书,1064b5。

而趋的目的，从而是不动的第一推动者。这个不动的推动者正是亚里士多德所理解的神。

　　当然，在《形而上学》里，亚里士多德除了以神学来命名和规定第一哲学之外，他还从另一个非常重要的进路来理解第一哲学。对此，他写道：

> 　　有这样一门科学，它研究作为存在的存在及其所具有的属性。它不同于任何特殊的科学，因为没有一门特殊的科学会考察作为存在的存在，相反，每门特殊科学都是在从存在本身中划定一个部分之后，再研究这个部分的特征。例如，诸数学学科就是这么做的。①

这也就是我们比较熟悉的对作为存在的存在进行研究的第一哲学。而从这个意义上被理解和述说的第一哲学在后世研究或者更准确地说在近代早期哲学研究中获得了一种专门的命名方式，即"存在论"(ontologia)②。它所关注的不是某个或某种特殊的存在者，而是力求对存在一般展开深入的探讨，这也就是要探究作为存在之存在的首要原因。③

　　上述的这两个方面乃是亚里士多德的第一哲学的核心内容，他也直接以第一哲学为之进行命名。但是这两门学科之间具有何种关系呢——它们是相互分离，还是相互联系？如果相互分离，那么不就有两门不同的第一哲学吗？如果二者是相互联系的，那它们是如何联系在一起的呢？就此，亚里士多德认为，既然作为神学的第一哲学研究与物质分离的、不动的神圣存在者，所以就它是首要的而言，它同时也是普遍的，因此，"对作为存在之存在的研究也就归属于它的任务范围，亦即它也要研究存在是什么以及那些属于作为存在之存在的属性究竟是什么"。④ 由此可见，在作为神学的第一

---

① 亚里士多德：《形而上学》1003a20—25。

② 根据西方学者的考证，όντολογία(亦即 ontologia)这个术语是由德国学者雅克布·罗尔哈德(J. Lorhardus)在其《学院八部集》中最先提出并在高克莱尼乌斯(R. Goclenius)的《哲学辞典》(*Lexicon philosophicum*, Francfort, 1613)中得到更明确的规定；随后这个术语被阿尔斯泰德(J. H. Alsted)、克劳贝格(J. Clauberg)等德国学者所接受，并最终在沃尔夫(Ch. Wolff)的体系中得到强化和阐明。(Cf. Devaux, M. and Lamanna, M., "The Rise and Early History of the Tern Ontology (1606 - 1730)", *Questio* 9, 2009, pp.179 - 181; *Historisches Wörterbuch der Philosophie*, herausgegeben von J. Ritter und K. Gründer, Band 6, Basel/Stuttgart, 1984, SS. 1189 - 1192; Marion, J.-L., *Sur le prisme métaphysique de Descartes: Constitution et limites de l'onto-théo-logie dans la pensée cartésienne*, Paris: PUF, 1986, pp.29, 79 - 80; Courtine, J.-F., *Suarez et le système de la métaphysique*, Paris: PUF, 1990, pp.436 - 457.)

③ 亚里士多德：《形而上学》1003a31—32。

④ 同上书，1026a31—32。

哲学和对作为存在之存在展开研究的第一哲学之间,亚里士多德认为前者统辖后者,因为神学所欲考察的乃是最高的或者说比其他一切事物都更有价值的存在,而在这一点上它与作为存在的存在具有内在的相通性。

除此之外,第一哲学的这两个方面或两种探究之所以能够并合在一起还在于它们更为根本的研究目标。在亚里士多德看来,不论是作为神学的第一哲学,还是对作为存在之存在进行研究的第一哲学,它们都要追求事物自身的最根本的原因和原理。前者要研究"向我们显现出来的神圣存在者的原因",后者要"探究作为存在之存在的首要的原因",因为

> 既然我们要探究最高的原因和原理,那么很显然,它们一定是一种自存之物的原因和原理。因此,如果那些探究存在者之要素的人乃是在探究最高的原理,那么这些要素必定不是偶然存在者的要素,而须是作为存在之存在的要素。①

因此,第一哲学关键任务就在于探讨原因或原理,例如原因或原理究竟是一个还是多个,以及它们分别是什么?② 而这种关于事物自身之确定的原因或原理的研究,或者更准确地说关于事物之首要的原因和最高的原理的研究被亚里士多德称作"智慧"。③ 这是他在《形而上学》一书所包含的各篇讲稿中所欲探究和构建的那门哲学学科的又一个名称,换言之,第一哲学也以"智慧"这个名称出现。

另外,在《形而上学》中,除了上述三个方面之外,第一哲学还与对实体(οὐσία)的研究相关,从而呈现为一门独特的"实体论"(ousiologia)。这方面的探讨主要集中于《形而上学》的 Z、H 和 Θ 三卷之中,并主要围绕着形式、质料以及由形式和质料的结合所构成的具体事物展开的,从而形成了著名的"质形论"(hylomorphism)。亚里士多德认为,既然实体乃是主要的或最卓著的存在者,所以实体的问题也就变成了最为重要的和首要的问题。④ 对实体的研究也就理应在第一哲学研究中占有一席之地。

---

① 亚里士多德:《形而上学》1003a26—32。
② 亚里士多德:《物理学》192a34—35。
③ 亚里士多德:《形而上学》981b28—29;982a2。
④ 同上书,1028a30—b7。

以上即是亚里士多德通过"第一哲学"这个概念所意指的主要内涵。[①]
而随着亚里士多德讲稿中与第一哲学相关的那些篇章被集结为一本著作并以"形而上学"（μετὰ τὰ φυσικά/metaphysica）之名刊行于世，第一哲学逐渐被湮没和并合到形而上学之中了。尽管亚里士多德从来没有使用甚至没有想到过形而上学这个名称，但是，随着《形而上学》的发表和传播，这个原来只是书名的名称却逐渐转化为一门独立的学科，它有着自己独特的研究对象（亦即与物质相分离的、超感官的和永恒的东西），也有着特殊的研究方式。虽然在古代晚期还时常有人（特别是亚里士多德著作的评注者）把第一哲学重新提出来，但是更多的时候，它都是被纳入到形而上学之内并成为形而上学的一个部分。相比之下，形而上学则成了一门更为广泛的同时也是更加卓越的学科。这在中世纪哲学尤其是经院哲学中表现得尤其明显。

自从亚里士多德的著作被从阿拉伯世界重新译介到中世纪的欧洲之后，亚里士多德哲学就在中世纪学术研究中发挥了重要作用。而中世纪基督教哲学家的一个重要工作就是将亚里士多德哲学与基督教神学相调和。在此过程中，亚里士多德的《形而上学》尤其受到了众多中世纪学者（如大阿尔伯特、托马斯·阿奎那等）的青睐。一般而言，在中世纪的知识图景中，神学或更准确地说是启示神学居于最高地位，而哲学则是神学的婢女，要充当神学研究的预备来为神学服务。在哲学中，处在最高地位的则是形而上学，其根本原因就在于，形而上学主要探讨与物质相分离的、超感官的和永恒的存在者，这为中世纪哲学家们证明上帝的实存，考察上帝、天使、纯粹理智的本性和特性提供了重要的途径和手段。在这种形而上学研究的框架中，既包括对神的研究，亦即神圣科学或自然神学（以便与启示神学相区分）；也包括对共同的或普遍的存在者（ens commune）的研究，这一点大致相当于对作为存在之存在的研究，或者说存在论。此外，形而上学应该还包括对万物

---

① 就亚里士多德的"第一哲学"之内涵及其统一性问题，西方学界一直多有争论，比较具有代表性的观点一是由德国学者耶格尔（W. Jaeger）在二十世纪上半叶所提出的演化论立场。在耶格尔看来，亚里士多德关于第一哲学的各种论述甚至他的总体哲学理论并不具有内在的统一性，而是他在不同时期所提出的，而对这些观点进行年代学划分的根本标准就是看它们各自与柏拉图哲学的距离（参考耶格尔：《亚里士多德发展史纲要》，朱清华 译，北京：人民出版社，2013 年）；而以意大利学者雷阿勒为代表的更晚近的学者则批判并放弃了耶格尔观点。他们认为，就现有的条件而言，以历史—生成论的方法来研究亚里士多德的著作和思想几乎没有太大的成功可能性，也不会有太大的说服力，因此他们更加注重从亚里士多德的著作本身出发，依据理论的内在逻辑来处理其思想的关联，并坚持亚里士多德哲学尤其是其第一哲学的内在统一性。（cf. Reale, G., *Il concetto di "filosofia prima e l'unità della Metafisica di Aristotele, Settima edizione*, Milano: Bompiani, 2008.）

之根本原因和原理的研究。① 而这种关于形而上学的基本内涵及其研究机制的理解在中世纪经院哲学中一直都非常盛行并得到传承。尽管人们对形而上学本身的研究中心在哪个方面有着不同的强调。

　　而到十六世纪中期以后的晚期经院哲学中,经院学者对形而上学本身的构成和研究机制的看法却发生了一定程度的转变。西班牙的耶稣会神学家佩雷拉(B. Pereira)明确地把传统形而上学区分为两门各自有别的科学:第一门科学,佩雷拉称之为"第一哲学"或"普遍科学",也就是后来所说的"存在论",它要探讨万物最普遍的谓词,处理作为存在者的存在者,其中包括各种超越者(transcendentes)②(如一、真、善、现实与潜能,总体与部分等)以及被区分为十范畴(实体与偶性)的存在者。因而它完全是关于存在的科学。而第二门科学,他称之为"神圣科学""神学"或"严格意义上的形而上学",它要探讨非物质的实在,其中包括上帝、智能者和人的灵魂,它们不是作为存在的原则,而是作为实在的各种属。③ 佩雷拉的这种基本划分在德国大学的学院形而上学中得到进一步的明确和强化,包括马尔蒂尼(J. Martini)、沙依卜勒(Ch. Scheibler)、高克列尼乌斯(R. Goclenius)、阿尔斯泰德(J. Alsted)等人在内的德国学者接受了佩雷拉对形而上学的二分并明确地将这两个部分分别命名为"一般的形而上学"(metaphysica generalis)和"特殊的形而上学"(metaphysica specialis)。一般的形而上学也被他们称

---

① Cf. Marion, J.-L., *Sur le prisme métaphysique de Descartes*, pp.60 - 63.
② 柏拉图在《智者篇》中提出了可以述说所有事物的"最高的种",其中包括存在与非存在、同与异、动与静,这可以被视作关于"超越者"最早的探讨。而在晚期希腊哲学,特别是新柏拉图主义哲学及其神学形态中也有类似讨论,其中一、存在、现实、善、美等等都包含于其列。中世纪阿拉伯哲学家阿维森纳提到了"存在者的附加〈规定〉状态"(condiciones adjunctae),后者使质料取得形状等性质,从而使之成为"某物"(aliquid)。在随后的经院哲学中,这些附加的〈规定〉状态获得"超越者"(transcendentes)之名并成为形而上学的核心研究内容。其中,存在者、事物、某物、一、真、善等是最显著的。它们的超越性可以从下面两种意义上来理解:一方面,存在者、事物、某物、真、善等术语被认作所有事物的特征,它们并不属于特殊种类的事物,而是处在一切种类的存在者之上,但又适用于所有种类的事物;另一方面,这些术语可以意指上帝的**完全的超越性**,或少数种类之存在者的**有限的超越性**。"多"就是后一种意义上的(有限的)超越者。当然,就这些超越者自身的存在地位以及它们与上帝和受造物之间的关系,经院学者持有不同的甚至是相互对立的观点,例如,阿奎那认为,诸如事物、某物、一、真、善等超越者并不能与事物相分离,而是应当被视为事物自身之特性;而邓·司各脱则认为,在作为存在的存在被划分为有限的存在与无限的存在(以及在它被划分为十个范畴之前),一切属于作为存在之存在的述谓都是超越的。所以,超越者并不是事物自身的特性,而是完全超越于事物,而且除了一、真、善之外,潜能与现实、必然与偶然也都属于超越者之列。(cf. Elders, L. J., *The Metaphysics of Being of ST. Thomas Aquinas in a Historical Perspective*, Leiden: Brill, 1993, pp.50 - 77.)
③ 参阅施密特和斯金纳(主编):《剑桥文艺复兴哲学史》,徐卫翔 译,上海:华东师范大学出版社,2020 年,第 685 页。

作第一哲学或普遍的科学,它是一门关于存在的科学,要探讨存在者以及由存在者而出的各种样式,或者说是存在者的普遍性状;而特殊的形而上学则讨论非物质的存在者:上帝、智能者和人的灵魂。① 而这样一种理解和划分形而上学的方式在荷兰的大学中得到接受和传播,博格斯戴克(F. Burgersdijk)、希吕波德(A. Heereboord)等荷兰的大学教授在他们的体系哲学著作和关于形而上学的著作中正是这样做的。

　　从斯宾诺莎的教育经历,我们看到,最初在犹太社区接受正统的犹太神学和哲学教育时,他便从迈蒙尼德等中世纪犹太哲学家那里接触了形而上学,但是,他对西方形而上学之传统机制和研究方式的深入了解还是源于荷兰大学教授所撰写的形而上学教科书。② 因此,作为一部具有强烈教学色彩的著作,《形而上学思想》正是在这种背景下写就的,从而也就很自然地把形而上学区分为一般的部分和特殊的部分。前者"简要地阐释了围绕着存在者及其性状通常会产生的疑难",其中主要包括存在者、存在、本质、实存、必然、可能、不可能、偶然、永恒、绵延、时间、对立、秩序、相符、相异、主体、附加、一、真、善等;后者则"简要地解释就神、神的属性和人的心灵所出现的东西",其中主要包括实体、神的永恒、神的唯一、神的广袤无垠、神的不变、神的单纯、神的生命、神的理智、神的一致、神的力量、创造、神的协助、人的心灵等。但是,相比于他所面对的晚期经院哲学和学院形而上学传统,斯宾诺莎对一般形而上学或存在论部分的讨论还是很简略的,同时他也把前人探讨的很多超越者和一般概念排除于一般形而上学之外,例如同与异、先与后、潜能与现实等。

　　然而,如果我们从作为教学之用的《形而上学思想》转向斯宾诺莎集中论述他自己的形而上学思想的著作,亦即《神、人及其幸福简论》的第一部分和《伦理学》的第一部分,我们可以清晰地看到,斯宾诺莎不再坚持经院形而上学中普遍形而上学和特殊形而上学的严格划分。其中,一般形而上学或存在论在他这里没有再得到单独的探讨;即便有这方面的研究,它也被斯宾诺莎融入到他的具体的形而上学研究之中了。而就他的形而上学研究内容及其行文方式来说,斯宾诺莎基本上按照晚期经院形而上学所确立的特殊形而上学的对象和机制展开他的探讨,其核心是对神的研究。

　　而斯宾诺莎之所以会采取这种做法,这与他的唯名论立场有所关联。

---

① 　参阅施密特和斯金纳(主编):《剑桥文艺复兴哲学史》,第 707—713 页。
② 　Cf., Freudenthal, J., "Spinoza und die Scholastik", in *Philosophische Aufsätze Eduard Zeller gewidment*, Leipzig: Fues's Verlag, 1887.

对他而言，根本没有那种独立自存的"作为存在的存在"或"存在一般"；他的形而上学的首要概念并不是存在，而是存在者(ens)。① "那种存在论意义上的存在，在他这里，是通过存在者和物(res)而得到理解的。"② 而在存在者或物之中，神乃是首要的存在者，因为神是绝对无限的存在者(ens absolute infinitum)③。(E1Def. 6)一切存在物甚至存在本身都必须在神之内才能得到设想，但是神并不直接就是存在本身或纯粹存在，反之，当神作为全部实在之时，他乃是由无限多的属性所构成的实体，唯有如此，神才是存在本身。④ 因而，存在必须从存在者的角度来得到规定和把握，这实际上也是斯

---

① 参阅海德格尔:《哲学史:从托马斯·阿奎那到康德》，黄瑞成 译，西安:西北大学出版社，2018 年，第 223—224 页。

② Di Vona, P., *Studi sull'ontologia di Spinoza*, Parte I, Firenze: La nuova italia, 1960, p. 175.

③ 贺麟先生将这个短语翻译为"绝对无限的存在"，这个译法虽然不能说是错的(因为在拉丁文中 ens 作为 esse 的现在分词形式确实也有存在之意)，但是从斯宾诺莎对 ens 这个词的使用来看，他还是首先将其理解为"存在者"。而这种关于 ens 的理解和使用方式在他生活的那个时代前后的哲学家之间也是比较通行的。但是，当斯宾诺莎使用 esse 这个概念时，他以之所指的则是"存在"。尽管斯宾诺莎没有像海德格尔那样提出存在与存在者之间的"存在论区分"，但是从他对 esse 与 ens 的使用来看，尽管二者相互之间不可避免地会有意义上的交叉，但是它们却并不等同。ens 一般是在存在者的意义上得到理解和使用，它不仅被应用于个别的事物之上，甚至也被应用到神之上。(cf. Ramond, Ch., *Dictionaire Spinoza*, Paris: Ellipses, 2007, pp.70‐71.)而 esse 则被斯宾诺莎与实在相等同，而存在与实在更是从属性的角度得到规定，因为斯宾诺莎明确说道:"一物所具有的实在(realitatis)或存在(esse)愈多，则它所具有的属性也就愈多。"(E1P9)正是属性从根本上决定了事物是什么，亦即决定了事物自身之实是，并在此基础上对事物之本质起到预先的决定作用(虽然属性并不直接构成个别事物的本质自身)，或者更准确地说将事物自身之本质涵盖或包含于属性自身之中。同时，也正是因为这种本质的实在使得事物成为一个特殊的存在者。与此同时，提到存在(esse)，我们就不能不想到与之相关的另外一个重要的并且作为本书之核心线索的概念，即实存(existentia)。虽然斯宾诺莎在行文的过程之中没有从语义和哲学内涵上对存在与实存进行明确的区分，但是从他的行文及其对这些相应概念的使用来看，存在与实存却依然有所差异。在《伦理学》第四部分开篇的序言中，斯宾诺莎明确说道:"完满就是实在，换言之，完满就是任何事物的本质"，因此，实在就被斯宾诺莎归并到事物自身的本质之中甚至与之相同。而既然存在就是实，那么存在与本质也就具有类似的关系。但是，凡是由神所产生的事物，亦即样式或个别事物，其本质则并不包含实存(E1P24)，这就是说一物之实存与否并不由其自身之本质所决定，而是取决于自然的通常秩序和在它的本质之外的原因。而这里所说的事物的实存则是从绵延的意义上来说的，而所谓绵延所指的则是"实存的不确定的延续"(E2Def. 5)。因此，无论是事物之本质，还是与此本质有着内在的结构同一性的存在，就不同于那种绵延意义上的实存。而作为有限的样式的人以及以人的行为方式作为其核心探究对象的伦理学首先并且直接关注到的恰是这种意义上的实存。如何从这种处在绵延的层面并且与人的受激情奴役的状态具有内在相关性的实存形态转变出来也就成为斯宾诺莎的伦理学研究的重要组成部分。而就人的本质和存在而言，甚至就一切事物的本质和存在而言，却无法进行任何的转变，因为事物的本质一旦改变了，那么该物也就不再是自身了，从而也就不再存在了。(E4Praef.)

④ 参阅海德格尔:《哲学史:从托马斯·阿奎那到康德》，第 229 页。

宾诺莎的形而上的个体主义（individualismo metafisico）的一种必然的表现和结果。[①]

　　但是，包括存在者、事物、某物等在内的超越者却不是清楚分明的概念，而是起源于含混的知觉，因为它们源于我们身体所能形成的清晰形象总是有限的，而一旦超出了这个限度之外，则所有的形象便会相互混淆起来，而这些超越者恰是混淆到最高程度的观念。同样，如人、马、犬等通常所谓的共相或普遍概念也具有相同的起源，因而也是不清楚的。（E2P40S1）然而，这并不意味着这些超越者或普遍概念应当被放弃和清除，反之，像完满、不完满、善、恶等却被斯宾诺莎予以保留和使用，只不过我们需要对它们进行相应的规定和澄清，而这种研究实际上正是以前的一般形而上学的研究任务。可是，在斯宾诺莎展开这种研究和解释之时，他并不是在一种独立的层次上进行的，他也不再将其作为一门独立的科学来对待，反之，这种研究和解释是在关于神、神的属性及其样式进行讨论的过程中进行的，并且相关的讨论都非常简练。

　　因此，就传统的形而上学建制而言，斯宾诺莎只保留了特殊的形而上学这个部分，但是对这个部分的传统论题，即上帝、智能者（像天使、魔鬼、世界灵魂等）以及人的灵魂，斯宾诺莎也只保留了对神的讨论。诸智能者因其不具现实的实在性而从形而上学研究中被排除；而关于人的灵魂的研究也为关于人的心灵的研究所取代，并且被置于一种数学—物理学的框架下来讨论。形而上学只以神作为研究对象，它要探究的是神的本性和特性，因而可以被视为一种"神学"。但是，这种神学既不同于以信仰为基础的启示神学，也不同于以理性的自然之光为基础并以自然万物所彰显的创造机制为核心的自然神学，而这又从根本上源于斯宾诺莎所理解的神与传统宗教中的上帝具有根本差异。至于这种差异的具体表现，我们将在下文中予以详细的说明。

　　但是，即便就这种神学来看，斯宾诺莎也没有把以往的特殊形而上学中的所有方面都展开讨论，而是择其要点来予以探究和论述。不仅相对于博格斯戴克和希吕波德等人的特殊形而上学规划，甚至相比于他在《形而上学思想》中所探讨的特殊形而上学的内容，[②]《伦理学》第一部分"论神"都有着大量的压缩，其中关于神的仁慈等方面的性质都被排除，而神的创造则为神的生产活动所替代，而神的协助则转移到《神学政治论》中进行探讨。总体

---

①　Di Vona, P., *Studi sull'ontologia di Spinoza*, Parte I, p. 176.

②　Cf. Freudenthal, J., "Spinoza und die Scholastik", S. 110.

上看,《伦理学》第一部分的形而上学主要围绕着"神的本性和特性"来展开。而他的这种做法表明,在一种总体的伦理学构建的框架下,他一方面为了发挥形而上学的奠基功能而需要对形而上学进行一种建构和说明,但是另一方面也正是因为要发挥这种奠基功能,所以斯宾诺莎并未以全面的方式来构造和阐述他的形而上学观点,正如他在《理智改进论》中说我们认识自然的程度要以达到我们的完满人格为限度,(TIE, 25)同样,对形而上学的研究和解释也以它对伦理学的奠基作用之所需为限。因此,在他这里,形而上学本质上并不是作为一个独立的学科得到处理,而是要在他的普遍伦理学的框架下得到考察和分析,因此,从这种外在的机制来看,形而上学就被包括在伦理学之内。

但是,形而上学和伦理学的关系却不会仅仅局限于这种外在的包含,相反,形而上学甚至是全部哲学在斯宾诺莎这里都必须以人的现实的伦理生活作为基础。就此,德勒兹曾说过,

> 在斯宾诺莎的思想中,生活并不是一个观念,一个理论问题。它是一种存在方式,在所有的属性中一个同样的永恒样式……有人问道,究竟应该从思想方面还是从力量方面来阅读《伦理学》呢(例如,诸属性是力量抑或概念?)。其实,只有一个方面,即生活;它包括思想,但是又只被思想所包括。不是说生活在思想中,但是只有思想者享有强有力的生活,而且摆脱了负罪与怨恨;只有生活阐明思想者。应该把几何学方法、磨透镜的职业和斯宾诺莎之生活理解为一个整体。①

从这个角度来说,形而上学就植根于生活本身并从中获得其最原初的推动力,它必须在伦理生活的视域下才能成型——由之获得根本问题和基本指向。因此,尽管严格意义上的伦理学要以形而上学为基础,而且形而上学确实先于伦理学得到讨论,但是就其现实可能性而言,形而上学却需要以伦理学或者伦理生活为前提。而且,依照斯宾诺莎的根本观点,形而上学在他这里并非第一哲学,形而上学所依据的根本的原理和公理(尤其是作为几何学证明方式之出发点的定义)并不是由形而上学本身来提供的,相反,这种关于原理和公理的知识只能在斯宾诺莎所说的第三种知识或直观知识的层面上才能达到,而他讨论这种认识方式以及由之而产生的知识和情感的部分恰恰是他所说的"伦理学的另一部分"(E5Praef.)。这个部分所提供的

---

① 德勒兹:《斯宾诺莎的实践哲学》,冯炳昆 译,北京:商务印书馆,2004 年,第 15 页。

知识而且只有这种知识才是关于事物之本质的知识,而既然一切定义都是关于事物之本质的定义或者径直就是事物的本质自身,(TIE, 95；E1P8S2)所以,形而上学恰恰要从严格意义的伦理学及其所达到的那种知识来获得其根本的原理和定义,就此而言,严格意义上的伦理学才是提供原理和公理的第一哲学。就此而言,斯宾诺莎的形而上学根本不能脱离伦理学而独立构建和运作,而是必须从作为第一哲学的伦理学那里获得其根据,这是就第一哲学作为一种关于原理和公理之科学来说的。

于是,我们达到了斯宾诺莎思想中形而上学和伦理学之间关系的循环,但这种循环并不是一种缺陷,相反,它是实在本身的一种循环。伦理学作为第一哲学提供了相应的原理和公理,或者说提供了关于心灵、事物和神的本质的知识或定义,就此而言它构成了形而上学甚至是全部哲学的认识根据,但是当我们从定义出发展开一种关于神的形而上学探讨并逐步进展到后续关于实在的论述时,我们是在按照实在本身的构建次序而进行的。形而上学也在这种意义上为伦理学的理论构建进行奠基,由此可知斯宾诺莎所持有的是一种严格的内在奠基的立场。哲学的根基不是笛卡尔所说的形而上学,而是伦理学,至少是斯宾诺莎所说的那种伦理生活。正是在这种背景下,我们可以说,虽然《伦理学》中形而上学最先被探讨,但是这种形而上学却必须源于伦理生活并力求理解生活,它的目标和理论架构也被包含在总体的伦理规划之中,并切实参与了普遍伦理学的构建进程。本质而言,斯宾诺莎的形而上学乃是一种伦理学视域下的形而上学。①

二、神即实体

如果形而上学乃是整部《伦理学》的理论出发点并内在地为伦理学进行奠基,而这种形而上学又以神为研究中心,从而呈现为一种特定的神学,那么斯宾诺莎又是围绕着哪些方面来展开这种研究呢？就此,《伦理学》第一部分附录明确说道：

> 现在,我们已经说明了神的本性和特性,亦即神必然实存；神是唯一的；神只是通过他的本性的必然性而实存和活动；神是万物的自由因以及神在什么方式下是万物的自由因；万物都在神之内,都依靠神,因

---

① Cf. Delbos, V., *Le problème moral dans la philosophie de Spinoza et dans l'histoire du spinozisme*, p.200; Macherey, P., "From Action to Production of Effects", in *God and Nature: Spinoza's Metaphysics*, ed. Yovel, Y., Brill, 1991; p.162; Dijn, H., "Metaphysics as Ethics", in *God and Nature: Spinoza's Metaphysics*, pp.119-132.

而没有神,万物都不能实存,也不能被领会;最后我又说明,万物都预先为神所决定——但不是为神的自由意志或绝对任性所决定,而是为神的绝对本性或无限力量所决定。(E1App.)

上述这些方面就是斯宾诺莎在关于神的形而上学研究中所探讨的核心论题,其中的关键之处就是对神的本性及其特性进行深入的探究和说明。[①]同时,也正是在对神的本性和特性进行讨论的过程中,斯宾诺莎表现出与传统形而上学的巨大差异,甚至可以说,他的形而上学在一定程度上恰恰是通过对传统形而上学的批判而构建起来的。当然,这些批判的要素不是在该书起始之处就被全面抛出,而是散布于字里行间。《伦理学》第一部分的形而上学论证也不是建立在否定性原理之上,而是建立在积极的和肯定的原则之上。

既然形而上学的核心是探究神的本性和特性,那么我们很自然地就会期待斯宾诺莎会直接从神开始,而莱布尼茨的叙述也似乎为此提供了有力支持。[②] 但实际情况却是,该书第一部分由之出发的那些初始的概念、定义和公理都不是关于神的,第一部分的具体构建进程由之开启的命题也不是关于神的,而是关于实体。正是通过对实体及其属性的分析,斯宾诺莎才达到了神的观念本身。因此,斯宾诺莎关于神的论述必然取决于他对实体和属性的探讨。而他对实体所做的全新规定以及他在实体和神之间所建立的直接关联甚至是同一的关系,也导致了他在形而上学和神学层面做出了相应的变革。

自亚里士多德以来,实体始终是西方形而上学研究的核心,但是实体对哲学家而言却不是一个单义性的概念,而是可以被应用于不同的存在层次和领域。例如,亚里士多德认为,从最严格、最首要和最基本的意义上说,实体是既不述说一个主体(主词),也不存在于一个主体(主词)之中的东西,例如个别的人,个别的马,这就是他所说的"第一实体";除此之外,还有"第二

---

① 斯宾诺莎特别对神的本性和特性进行了区分。在他看来,传统哲学经常会将二者混淆起来:例如,在他看来,神是唯一的,神是自由的等等都只能是神的特性(propria/proprietates),却不是神的本质或本性,因为这些东西并不是神的属性。没有它们,神确实不能成为神;但是,神并不是通过它们才成为神的,因为它们所标示出的根本不是实体性的东西,而只是像一些形容词,而这些形容词要能被理解,就需要实体性的东西。(KV, 1, 1, 9, note.1.)而本性以及后面我们将要研究的属性都是构成神之本质的东西,从而与特性有着根本的区别。

② "普通的哲学家都从受造物开始,笛卡尔从心灵开始,而他(斯宾诺莎)则从神开始。"(Stein, L., *Leibniz und Spinoza: Ein Beitrag zur Entwicklungsgeschichte der Leibnizischen Philosophie*, Berlin: Reimer, 1890, S.283.)

实体",亦即那些包含作为第一实体之事物的种以及包含这些种的属。例如,个人属于人这个种,而人又属于动物这个属,因此,人和动物就可以被称为第二实体。① 在《形而上学》中,亚里士多德对实体进行了新的考察,此时他从个体、质料和形式来对实体进行阐释。在他看来,作为实体的个体事物乃是由质料和形式所构成,而质料和形式也是实体。但是,从《形而上学》的总体论证思路来看,质料和形式,尤其是形式的实体意义愈发重要。《形而上学》最终的落脚点就是作为最高实体的纯形式,亦即最高的形式。这种形式也就是最高的实体,是不动的推动者和最高的目的因,也就是亚里士多德所说的神。②

中世纪的经院哲学家基本上继承了亚里士多德关于实体的规定和划分,因而实体对他们而言亦是多义的。实体可以意指个体事物、种属等等。但是,在经院哲学传统中有一个方面和亚里士多德关于实体的学说产生了张力,那就是神或上帝是否可以被视为实体,或者是否可以把上帝和实体关联在一起。大体上说,虽然有一些经院哲学家把上帝和实体关联起来甚至将上帝视为实体,但这并不是普遍的做法,而且持有此看法的大都是那些多少带有异端倾向的学者(例如西格尔的布拉班特)③。大多数持正统观点的经院哲学家并不把上帝同于实体,而是把上帝视为"存在"(esse)并以"存在"作为唯一适合上帝的名称。这种看法从根本上源于圣经传统。当摩西询问上帝之名时,上帝对他说"我是我之所是"(Ego sum qui sum)(《出埃及记》3:14)。因此,从圣经之中的叙述来理解,上帝就是纯粹的存在,而不能与实体直接相等同,因为诸如个体、种属等实体会有其存在之因,但神却不能有自身存在的原因,他就是存在本身。④

而在把实体跟基督教的上帝相联系甚至相同一的路途上迈出关键步伐的还是笛卡尔。对笛卡尔而言,"所谓实体,只能被理解为这样实存着的东西,亦即它只依靠自身就能实存(existendum)"。⑤ 从这条定义出发,严格来说,只有上帝才能被视为真正的实体,因为只有上帝是不依靠他物而只依靠自身就能实存的。而笛卡尔经常说的思想实体(精神)和广延实体(形体)都是由上帝创造出来,是依赖性的,从而并非严格意义上的实体。可是,尽管

---

① 亚里士多德:《范畴篇》2a11—19,《亚里士多德全集》(第一卷),苗力田主编,北京:中国人民大学出版社,1990 年。

② 参考亚里士多德:《形而上学》,第八卷和第十二卷。

③ Cf. Gilson, É., *L'Être et l'essence*, deuxième edition, Paris: Vrin, 1962, pp. 74 – 78.

④ Cf. Gilson, É., *L'ésprit de la philosophie médiévale*, Paris: Vrin, 1969, pp. 50 – 54.

⑤ Descartes, *Les principes de la philosophie*, Partie I, Article 51.

笛卡尔直接把上帝和实体联系起来，但他在行文之中却并未特别凸显这个方面，反之，他依然认为思想和广延也是实体，①而且更多探讨的依然是这两种类型的实体。因此，在笛卡尔这里，实体也不是一个单义的概念，它可以在不同意义上被应用于上帝和受造物之上，甚至于实体依然属于"多"的领域。

然而，无论是相对于亚里士多德—经院主义传统，还是相对于笛卡尔，斯宾诺莎在实体观念上都展现出强烈的差异，其中首要的就是他提出了唯一实体的观念。而这个绝对的和唯一的实体不是别的，就是斯宾诺莎所说的神。"神即实体"是斯宾诺莎形而上学的核心表达。据此，斯宾诺莎确立了一个绝对无限的和统一的存在论体系。当然，恰如上面所言，《伦理学》并非直接以神为开端，也不是直接就把实体与神相等同，而是通过对实体及其属性的分析来达到神。所以，我们需要对他的这种分析做进一步的阐释。

首先，就其本性而言，实体是"在自身之内存在并通过自身而被领会的东西，换言之，实体的概念不需要依赖他物的概念就可以被形成"（E1Def. 3）。这条定义主要从两个方面来界定实体：首先，实体是在自身之内存在的，这相当于笛卡尔所说的"实体是唯独依靠自身而实存着的"；其次，这条实体定义添加了一个笛卡尔的实体定义中所不具备的因素，亦即实体是通过自身而被领会的东西，换言之，实体的概念不需要依赖他物的概念就能被形成。显然，斯宾诺莎把思想这个维度纳入到实体自身之中，实体本然地就具有思想属性。这个改变对斯宾诺莎后续关于实体和神的论述具有至关重要的意义。当然，无论从实体的实存还是从它的概念来看，斯宾诺莎的实体定义都以实体自在地存在而不依赖于他物为基础。恰是因为实体仅通过其自身就能够存在并且被领会，实体才是自因并成为其他一切存在物的最终原因。因为依照斯宾诺莎所给出的基本存在论结构，"一切存在的事物，不是在自身之内存在，就是在他物之内存在"。（E1A1）而在自身之内存在的只有实体，在他物之内存在的则是样式（modus），亦即"在他物之内并通过他物才能被领会的东西"，而这个他物从根本上来说就是实体。正因为如此，斯宾诺莎把样式称为"实体的情状"（E1Def. 5）。而且就实在本身而言，"在理智之外，除了实体（也就是实体的属性）以及实体的情状之外，没有其他任何东西"。（E1P4D）这也就意味着真正存在的只有实体及其情状或样

---

① 因为虽然思想和广延要通过上帝的创造才能实存，但是除了上帝之外，它们并不依赖其他任何东西，反之，其他任何东西必须依赖于它们才能实存，从这种意义上讲思想和广延也可以被视作实体（Cf. Descartes, *Les principes de la philosophie*, Partie I, Article 53.）。

式,而样式的实存则完全依赖于实体,它们是实体的变式(modificationes)或产物。

然而,无论是在《伦理学》第一部分的定义之中,还是在关于唯一实体的推导过程中,斯宾诺莎在实体与样式之间都安置了一个非常关键的因素——即属性(attributus),并形成了实体—属性—样式这种特定的建构与阐释路径。而所谓属性就是"理智就实体所觉察到的且构成实体之本质的东西"(E1Def.4)。因此,属性对实体而言是非常重要甚至是根本的东西。如果没有属性,也就不能有实体,因为实体之本质恰是由属性所构成的。[①]属性本然地就归属于实体,而非一种思想的附加物。同时,既然"任何事物所具有的实在或存在越多,则它所具有的属性就越多"(E1P9),那么,绝对唯一的实体就必然包含着无限多的属性。

然而,我们也必须注意到,尽管无限多的属性归属于实体并构成了实体之本质,但是属性本身却不是实体。相对于实体而言,属性乃是次一级的概念甚至是次一级的实在。故而,被笛卡尔视为实体的思想和广延,在斯宾诺莎这里只是属性,而失去了其实体的地位。而且,凡是由实体具有无限多的属性而推出实体可分的人,依然对实体和实体的属性没有达到真正的认识。(E1P12)既然属性都只能是自类无限的,而实体却是绝对无限的。所以,如果单个属性所构成的也是实体,那么就会与斯宾诺莎所界定的实体概念相冲突。同时,如果实体是可分的,那么它分成的部分或者保留绝对无限之实体的本性,或者失掉绝对无限之实体的本性。如果是前一种情形,则将有多个具有相同本性的实体,而根据《伦理学》第一部分命题五"根本不能有两个或多个具有相同本性或属性的实体",这是不通的。如果是后一种情形,则绝对无限的实体将会不再实存,这也是不通的。(E1P13D)所以,实体乃是唯一的和绝对无限的,是一个至大无外的大全。

正是在对实体、属性和样式的分析的基础上,斯宾诺莎于《伦理学》命题十一中提出了神的概念,并将其与实体等同。而依据斯宾诺莎的界定,神乃

---

① 然而,斯宾诺莎对属性的界定方式,尤其是其中的前半句"理智就实体所觉察到的",非常容易引起人们的误解,而由属性所产生的众多争论也正是围绕着这一点展开的。以沃尔夫森为代表的学者认为,斯宾诺莎所说的属性只具有思想的实在性(realitas rationis),却不具有形式的实在性(realitas formalis),因此,诸多属性,只是理智就实体所分辨出来的东西,在实体自身之中却并无分别。(cf. Wolfson, H. A., *The Philosophy of Spinoza*, Vol. 1, Chapter 5.)而以法国学者盖鲁为代表的研究者认为,属性不仅形式地存在于实体之中,而且诸属性之间所具有的完全是实在的区分(distintio realis),而绝不仅仅是思想的区分(distintio rationis)。(cf. Gueroult, M., *Spinoza*(I. Dieu), pp.48 - 56)盖鲁的这种观点逐渐得到学界的广泛认同,尤其是在法国斯宾诺莎学界更是成为主流的观点,马舍雷等学者都明显接受了这种看法(cf. Macherey, P., *Hegel ou Spinoza*, pp.97 - 122.)。

是"一个绝对无限的存在者,或者说由无限[多]的属性所构成的实体,其中每一属性都表现了[神的]永恒无限的本质"(E1Def. 6)。而这个由无限[多]的属性所构成的实体或神乃是必然实存着的。既然实体是唯一的和绝对无限的,那么作为实体的神也是唯一的和绝对无限的,"除了神以外,没有其他任何实体能够实存或能够被领会"(E1P14&C1)。既然实体或神乃是大全或绝对的总体,那么"一切存在的东西都在神之内存在;没有神,任何东西都不能存在,也不能被领会"。(E1P15)以往被视为实体的具体事物,相对于作为唯一实体的神而言,也只是样式,它们都是神自身活动的产物。

因此,随着神的概念在命题层面被引出并且与唯一实体建立了同一关系,《伦理学》第一部分的形而上学推导就从实体—属性—样式的结构转变为神—属性—样式这种结构。据此,斯宾诺莎力求确立起一种以神为核心的绝对肯定的和生产性的视域。① 对他而言,神首先是一个形而上学研究的对象,而不是传统启示神学所能完全把握的东西。神作为绝对无限的和唯一的实体具有无限的完满,因此我们对于神的认识和把握也必然要采取完全肯定的方式,而不能再诉诸传统的否定神学的进路。为了达到神,我们必须对神有着清楚明晰的理解,而不能再依靠似是而非的想象。② 作为绝对无限完满的存在者,神不是通过对有限存在物的否定就能够为人所认识的。为了达到神,必须从实体、属性等一系列肯定的概念来逐步演进到作为肯定之无限的神本身。

我们知道,肯定的无限乃是近代早期思想革命所确立的一个根本原则,"这种肯定的无限观念是大理性主义的秘密,只有这一观念处于有效状态,

---

① Deleuze, G., *Spinoza et le problème de l'expression*, Paris: Les Édition de Minuit, 1968, p.51.

② 在这个方面斯宾诺莎与笛卡尔有着非常重大的区别。对笛卡尔来说,他用上帝这个名称指代一个无限的、独立不倚的、无上明智的、无所不能的以及我自己和其他一切东西由之而被创造出来的实体而言的。上帝的观念乃是最为清楚分明的观念。可是,我们虽然能够触及或设想上帝的观念,但是我们却不能理解它,或者说在上帝里面有我所不能理解的、也许用思维绝对不能达到的无限多的东西。因为我的本性乃是有限的,不能理解无限。(笛卡尔:《第一哲学沉思集》,第 45—47 页)因此,虽然笛卡尔在存在论层面将上帝置于绝对肯定的层面,但是对于上帝本身,我们却无法达到绝对肯定的理解。而这种不可理解性不是源于上帝本身,而是源于我们的心灵和理智的有限性。但是,斯宾诺莎却认为,我们不仅能够设想神,而且我们完全可以通过自己的理智来理解神,从而神也具有完全的可理解性。斯宾诺莎虽然也承认人自身的有限性,但是他最终的目标是要冲破有限与无限之间的鸿沟,找到达到无限的途径。对他来说,神的完全的可理解性乃是事物及其本质的可理解性的关键所在。正因如此,斯宾诺莎与笛卡尔等人所持有的经典理性主义呈现了巨大的差异,而成为一种"绝对的理性主义"(le rationalism absolu)(Cf. Gueroult, M., *Spinoza (I. Dieu)*, pp.9–12; Rousset, *Le finale perspective de "l'Étique" et le problème de la cohérence de Spinozisme*, p.12.)。

大理想主义才能延续".① 笛卡尔、马勒伯朗士、莱布尼茨等人都归属于这种大理性主义传统,并对肯定的无限多有阐述和使用,而斯宾诺莎无疑对这种观念做了极大推进,并使之在他的哲学中处于拱心石的地位。而这种肯定的无限恰恰规定了一种从无限本身出发来进行演绎、构建和思考的途径。无限的观念必然先于有限,而《伦理学》总体的推演和阐述过程无不向我们昭示了这种思考和构建方式的现实意义。肯定的无限作为一种总体的视域和前提规定着神的观念,并引领斯宾诺莎形而上学的全部进程。所以,在此基础上,斯宾诺莎比笛卡尔等人更为彻底地以实体或神作为统一化的基本原则,并从根本上以实体或神作为一和统一。

而与这种作为肯定之无限的实体或神紧密相关的是,斯宾诺莎围绕着神构建了一种绝对的内在性视域,而绝对无限的实体或神以及一系列由之而展开的演绎也使得斯宾诺莎哲学成为一种绝对的内在性哲学。当然,内在性哲学在近代哲学中并非只为斯宾诺莎哲学所专有,实际上,依照黑格尔的观点,整个近代哲学都应当被视为一种内在性哲学,因为"[近代]哲学的原则是从自身出发的思维,是**内在性**……现在一般原则是坚持内在性本身,抛弃僵死的外在性和权威,认为站不住脚。按照这个内在性原则,思维、对立的思维、最内在的东西、最纯粹的内在顶峰,就是现在自觉地提出的这种内在性".② 对于大多数近代重要哲学家来说,"[哲学]是独立地从理性而来的,自我意识是真理的主要环节".③ 由此,近代哲学从根本上呈现为一种意识哲学,是一种以思维的内在性和肯定性作为理论探索之核心的哲学形态。

然而,依据斯宾诺莎哲学的基础性原则,他的哲学虽然也是一种内在性的哲学,也参与到近代的内在性哲学的构建过程之中,但是他所理解的内在性却不是以笛卡尔哲学为代表的那种意识和思维的内在性,而是唯独以神作为根本参照的绝对内在性体系。作为绝对无限的存在者,神把万有都意涵(comprehendere)于自身之中,亦即神实在地包含作为其自身之产物的万物,并且理解万物的客观本质或是其观念。因此,神乃是万物的内因,而不是其外因。(E1P18)神不仅把万物的本质产生出来,而且同时产生了事物自身的实存。所以,斯宾诺莎哲学的内在性原则不是一种单纯的思想或意识的内在性,而是一种建基于存在论层面的总体的内在性,是以神为基础和

①　梅洛—庞蒂:《哲学赞词》,杨大春 译,北京:商务印书馆,2000 年,第 128 页。
②　黑格尔:《哲学史讲演录》(第四卷),第 59 页。
③　同上书,第 5、59 页。

根本参照的绝对的内在性。①

　　而在这种绝对内在性的视域之下,斯宾诺莎所理解的神也就完全不同于犹太—基督教传统中的超越的上帝。按照传统启示神学的思路,上帝与世界之间乃是一种纯粹外在的甚至是超越的关系,而这种超越性也使得上帝与万物之间具有存在论上的差异。但是,斯宾诺莎所理解的神作为绝对无限的和唯一的实体乃是一个绝对的总体或大全,它将万物并合于自身之中,却又不会出离于世界万物之外,从而不是一种与世界万物具有不同存在层次和意义的存在物。斯宾诺莎放弃了经院哲学中的存在类比的传统,转而彻底地坚持存在的单义性原则,亦即他是在相同的意义上把存在应用于神和作为神的样式的具体事物之上。由此,亚里士多德主义传统所提出的月上世界和月下世界之间的区分,中世纪神学和经院哲学中以及文艺复兴哲学所提出的关于存在物之等级的理论在他这里都被彻底抛弃。在他所塑造的绝对内在性的存在论体系中,根本没有任何超越的存在可能,反之,一切存在物(包括人在内)都在自然所构成之绝对的内在性平面上滑动。而且这种内在性是只相对于它自身而言的,从而是一个为无限者的运动所穿越的平面,是为强度坐标所充满的平面。而斯宾诺莎或许是唯一拒绝与超越性相妥协并到处追逐其行踪的人。② 在这种绝对的内在性和存在的单义性的视域之下,也就不再有从存在的等级衍生出来的存在物的价值区分,就总体的存在论而言,存在物都被完全去价值化,而且根本不存在任何独立自存的价值可以作为对存在者进行评判的先天的和超越的标准。超越性的上帝观念的消除实质上也就意味着先验的价值观念和标准被彻底贬黜,而作为绝对无限之实体的神也没有接管这种超越的价值设定和价值评判功能,存在论视域作为一种总体的构建视域同样是超善恶的,所以,斯宾诺莎在开启他的形而上学构建和演绎过程之时就已经将一种伦理的建构及其意义涵盖于其中。

　　经由上面的论述,我们可以看到,无论是肯定之无限的观念,还是绝对内在性的存在体系,最终都落脚于作为绝对无限之存在者的神之上。虽然人们时常认为笛卡尔乃是近代哲学的缔造者,但是就这种唯一实体和绝对内在性视域的构建而言,斯宾诺莎更可以被视为近代西方思想的开拓者,因

---

① Rousset, B., *Le finale perspective de "l'Étique" et le problème de la cohérence de Spinozisme*, p.67; Negri, A., *L'anomalia selvaggia*, p.44.
② Deleuze, G. et Guattari, F., *Qu'est-ce que la philosophie?*, Paris:Éditions de Minuit, 1991, p.49.

为西方后续的一系列重大的哲学和科学思想的转变都与这种观念密切相关。也正是在这种背景下,黑格尔提出,"要开始哲学研究,就必须首先作一个斯宾诺莎主义者。灵魂必须在唯一实体这种元气里洗个澡"。①

然而,虽然黑格尔承认,斯宾诺莎的唯一实体观念作为一种总体的原则乃是"一种宏大的思想,但只能是一切真正的见解的基础。因为这是一种死板的、没有运动的看法,其唯一的活动只是把一切投入实体的深渊,一切都萎谢于实体之中,一切生命都凋零于自身之内"。② 因而,它也只能成为一种抽象的规定或抽象的普遍性,而区别与规定则被抛入空虚的无底深渊,故而沦于神爱其自身的无聊游戏。可是,"一切问题的关键在于:不仅把真实的东西或真理理解和表述为实体,而且同样应当理解和表述为主体",③"理解为自身活动的、活生生的,并从而把它规定为精神"④。这其中蕴含着黑格尔哲学最著名的原则之一,即"实体即主体"。但是,通过近一个多世纪对斯宾诺莎哲学的更为深入的研究,人们日益感觉到,黑格尔对斯宾诺莎的这种批判似乎并不公允,而且人们也日益感觉到应当把"实体即主体"这种发现归功于斯宾诺莎。为了厘清这里错综复杂的关联与分歧,最为重要的还是对斯宾诺莎的总体的存在论和宇宙论架构进行更深入的澄清,并在此基础上揭示出神与其产生的样式之间的关系。这种考察不仅具有形而上学和存在论意义,更是与斯宾诺莎的总体伦理规划具有密切关联。

当黑格尔把斯宾诺莎所说的实体理解为消弭万有的深渊之时,他在一定程度上依然把神与样式做了外在的理解,但是在斯宾诺莎的绝对内在性的存在论视域之下,神或实体将作为样式的万事万物都包卷和内化于自身之中,但是这种内化不是两个具有存在层次和区域之区分的存在者之间的并合。相反,诸样式都是神自身之活动的产物,或者说一切样式都只是神自身的情状(affectio)或变式(modificatio)。无限多的事物(亦即一切处在神的无限理智之内的事物)必然以无限多的方式从神的本性必然性推出。(E1P16)而这种推导就如同从三角形之本性必然推出三角形的三个内角和等于两直角和是一样的。故而,神与作为其样式的事物之间乃是现实的生产关系,万事万物都是作为唯一实体的神所进行之活动的产物。而且恰如三角形的诸多性质都本然地包含在三角形及其本性之中一样,无限多的样式也都本然地被包含在神及其本性之中。因此,作为实

① 黑格尔:《哲学史讲演录》(第四卷),第101页。
② 同上书,第103页。
③ 黑格尔:《精神现象学》(上卷),贺麟 王玖兴 译,北京:商务印书馆,1979年,第10页。
④ 黑格尔:《哲学史讲演录》(第四卷),第102页。

体的神与作为样式的事物绝不是外在的,也不能相互分离。样式对于神而言,并非可有可无,虽然神作为实体并不需要依靠样式,也不是通过样式才成为实体,但是神却不能没有样式,"脱离了样式而被考虑的实体仍然是一种抽象"①。

由此,在斯宾诺莎那里,作为世界万物的绝对第一因和最终本原,神本身就是一种活生生的生产力量,因为"神的力量就是神的本质自身"(E1P34),甚至从这种意义上说神就是一个生产的主体。在由神所构成的绝对的内在性平面上,一切都依循神的这种力量性生产原则而展开。一切都内在于神,都是神的产物。所以,"神不仅是万物之实存的动力因,也是万物之本质的动力因"。(E1P25)这同时也就意味着,作为样式,万物不仅有自身之本质,同时也有自身的实存。故而,不仅作为总体化原则和生产性力量的神是现实实在的,一切由神所产生的样式或事物也具有其自身的实在性。这种实在性不仅出于万物都被内涵于神自身之内,同时也出于样式现实地具有和表现着神的生产性力量。任何事物,无论其完满性程度如何,都总是能够依据它由之开始存在时所具有的同样的力量来保持其自身的存在。(E4Praef.)

因此,样式对斯宾诺莎而言并非无关紧要,也不是只有倏忽即逝的单纯现象的意义,更不是一种副现象,而是具有其自身的实在性和现实的存在论地位。而事物自身的这种实在性并非仅仅相对于其自身和其他事物才有意义,同样它们对于神而言也具有现实的意义,因为神的本质和力量并非一种抽象的存在,而是现实的和具体的存在,这种现实性和具体性恰恰要通过样式和事物的实存和活动才能得到表现,因此样式对神而言恰恰具有这种表现性的意义,从而也就成为神的本质和无限生产力量的表现。而以往关于神与样式之间关系的理解经常将这两个方面分裂开来,却没有看到二者之间,尤其是样式相对于神而言,所具有的重要性。如果我们仅仅从样式对实体的依赖性和后发性来着眼,那么神与样式肯定呈现一种外在的甚至是二元的关系,但是斯宾诺莎在说"实体按其本性必然先于它的情状"(E1P1)之时,这种先于乃是一种逻辑在先的关系,而绝非一种时间与价值上的优先,脱离样式或取消样式的神或实体终究没有现实意义,也无法得到切实的把握。所以,神与样式不可分离,样式也并非被消融于实体的深渊之中,而是始终以自己的实存和活动具体地表现着神及其力量。

对斯宾诺莎而言,神不是以外在的方式成为事物的构成和阐释的原则,

---

① Matheron, A., *Individu et communauté chez Spinoza*, p.21.

而是实在据之得以生成和展开的内在性视域。神不仅以其无限的力量将万物并合或包卷（complicare）于自身之中，同时也通过具体的样式来使自身绽开和释放（explicare），每个事物都阐明和暗涵神，都表现了神自身的本质或者说表现了神的无限的思想和行动之力量。正是并合与绽开之总体使内在性得到界定。[①] 这也就意味着，斯宾诺莎所确立起来的内在性不仅要从一切都在神之内、都为神所并合来着眼，而更应当从神作为生产的主体始终深入于样式之中并通过样式来展开和表现自身来理解。也只有通过后面这个方面，内在性才能成为一种现实的内在性，主体也才成为真正的主体，而绝对的内在性也真正得以成形。

在这种绝对的内在性视域之下并结合神与样式之间的关系，我们再回过头来分析斯宾诺莎关于神的生产过程的推导。而要理解这种生产进程，关键就在于理解作为生产的中介性因素的属性。作为绝对无限的实体，神由无限多的属性所构成，其中每种属性都表现了神的永恒无限的本质。因此，属性就是构成神之本质的东西。既然神的本质被明确地规定为一种现实的生产力量，那么属性就是构成和表现神的力量的东西，从而属性本身也必然要从力量的角度来得到界定和理解，亦即属性就是一种力量性的生产原则。神把万物产生出来并不是依照着它是一个绝对无限的存在者或就其作为一个绝对无限之总体而言，而是要诉诸更加具体的原则，这种原则恰恰是由属性所承担和体现。也就是说，神在生产万物之时，完全是在特定的属性之下将事物生产出来。而这种通过属性而进行的生产有一种特定的秩序："凡是从神的任何属性的绝对本性而出的东西必然一直存在并且是无限的，或者凭借这个相同的属性而是永恒的和无限的。"（E1P21）这实际上就是斯宾诺莎所说的"直接无限样式"。随后，"凡是出于神的某个属性的东西，就它为通过相同属性而必然存在的无限变式所改变而言，它必然存在且是无限的"。（E1P22）这相当于斯宾诺莎所说的"间接无限的样式"，亦即由直接无限的样式所产生的样式。最后是在间接无限样式之下产生出来的无限多的有限样式。而诸有限样式，其本质并不包含实存，反之，它们实存与否要由它们所处的自然的通常秩序并由其他的原因所决定。

按照斯宾诺莎的理解，虽然神是由无限多的属性所构成并且通过无限多的属性来产生事物，故而每个事物都被涵盖于无限多的属性之中，但是，由于人的心灵和理智是极为有限的，所以能够为我们所把握的只有两种属性，即广延和思想，因此，我们对神所产生的样式和事物，甚至对于神的生产

---

① Deleuze, G., *Spinoza et le problème de l'expression*, p.159.

过程本身,也只能通过这两种属性来审视和阐述。因此,理解这两种属性的内涵及其在生产过程中所发挥之作用将具有非常重大的意义。

首先,广延是神的一个属性,换言之,神是一个有广延的东西。(E2P2)既然属性是构成神的本质的东西,那么广延也必然构成神的本质,因此,神是一个有广延的东西,甚至可以被视为一个有形体的东西,当然这个形体不是那种可以切分的形体,也不是一种抽象的形体,而是一个无限的、作为总体的形体。(E1P13C)以往,人们一般都以神作为处在物质世界之外的、非物质的东西,甚至是存在本身,即便他们把神视为实体,但也绝对不是物质意义上的实体。而一旦说神是有广延的或有形体的实体,这对他们而言就意味着对神的贬低和亵渎。但是,斯宾诺莎却认为,传统上关于广延所形成的仅是一种想象的观念,他们把广延等同于有限的和可分的具体物质,但是作为真正的属性,广延乃是无限,尽管是自类无限的。这种无限的广延只能由理智来把握,亦如肯定的无限一样。广延之为神的属性并不意味着神的地位的降低,反之,作为绝对无限之存在者的神必然把一切属性都包含于自身之中。

与此同时,虽然斯宾诺莎是从传统哲学,尤其是从笛卡尔哲学那里取用了广延这个概念,但是,他对广延却有着完全不同的理解。对笛卡尔而言,广延完全是一种惰性的、没有任何生机和活力的物质团块,其自身不包含任何动力性原则。一切物质运动均需由外因和外力推动才能开启,而第一推动力就是超越的上帝,但上帝本身却是无广延的、不运动的。可是,对斯宾诺莎而言,广延绝非僵死之物,相反,既然神的本质就是神的力量本身,而神的力量又是一种无限的生产力量,那么,广延本身也必然是力量性和生产性的,它是神自身的生产原则的体现。广延本身虽是物质的,但它同时也是动力性的和活生生的。① 因此,即便是在被传统哲学,特别是笛卡尔哲学视为完全无生命、无运动的广延层面,斯宾诺莎都为之赋予了动力性原则。正因如此,运动与静止成为世界万物本身的根本规定,甚至广延事物之本质就是其自身的动静比例关系。(KV,2,Praef.2,8-9;E2P13,L5& 4P39D)因此,由广延物所构成的世界并不是一片死寂,而是始终处在动静变化关系之中的世界。

其次,思想也是神的根本属性,也是一种现实的生产力量;一切个别的思想样式都是由神通过思想属性产生出来。而思想属性的直接产物是观

---

① Zac, S., *L'idée de vie dans la philosphie de Spinoza*, pp. 83 - 85.

念,一切其他的思想样式(如欲望、意愿等)皆以观念作为前提。① 相对于其他思想样式而言,观念享有绝对的优先性。而在思想属性所产生的一切观念之中,有一个观念具有相对于其他观念而言的绝对首要地位,这个观念就是神的观念,亦即神所具有的关于他的本质以及一切从他的本质必然而出的事物的观念。(E2P3)这个观念处在神之内而且是唯一的和无限的(E2P4),它是由思想属性直接产生的直接无限样式(Ep. 64),也就是神的无限的理智(E2P4S)。由神的观念必然有无限多的事物以无限多的方式由之而出(E2P4),而神理解自身和万物之时,也同时把事物产生出来,这两种生产在神那里是同一的(E4Praef.)。所以,斯宾诺莎不仅通过思想属性把思想纳入神的本质之中,更是通过神的无限理智而使神具有了无限的思想力量。任何的观念和心灵(当然包括人的心灵在内)都是这个无限理智的组成部分(E2P11C),都是神的无限思想力量的表现。

综上所述,斯宾诺莎哲学中以力量为本质并始终通过对样式的生产而表现自身的神就不是一个死板的和抽象的实体,也不是一个仅仅将万物包卷和消弭于自身之中、以致没有任何东西可以逃逸其外的深渊。即便是通常被视为惰性物质的广延属性在他这里也成为一种动力性的生产原则。所以,神本身同样是一个活生生的存在者,甚至也具有自身的生命,而神的生命也正是由作为其自身之本质的力量所构型。② 同样,虽然斯宾诺莎特别凸显了唯一实体的原则,但是个体和具体事物也同样具有自身的实在性。无论从本质,还是从实存来看,事物都保有自身的实在,而这种实在恰恰源于神本身。由此,世界本身的实在性也没有被取消,世界也具有其现实的实存和活动。斯宾诺莎认为,除了通过其属性产生直接无限样式,神还通过直接无限样式产生间接无限样式,而这种间接无限样式就是他所说的“宇宙的全貌”。这种宇宙的全貌会以无限多的方式发生变化,从而现实地展现为一个运动的东西,而这无限多的变化并不影响宇宙的全貌保持为同一。(Ep. 64)

因此,大到宇宙的全貌,小到具体的事物,它们都不是仅仅从对神的绝对依赖性得到界定,而是应当同时被理解为神通过它们来使自身得到绽开和释放(explicare)。每个事物都暗涵和阐明神,并通过这种暗涵和阐明及其自身的活动而确证自身的实存地位。对斯宾诺莎而言,神与样式之间的层次划分并不是实在与显象的划分,更不是真与假的划分或价值上的区分。

---

① “思想的各个样式,如爱、欲望以及其他任何以心灵之情感为名的样式,除非在相同的个体中具有所爱、所欲[等等]之对象的观念,否则这些思想样式便不能存在。但是,即便没有其他思想样式,却依然可以有观念。”(E2A3)

② Zac, S., *L'idée de vie dans la philosphie de Spinoza*, pp. 23-28.

在神与样式的关系上，我们首先必须避开的就是传统的二元化的理解以及非此即彼的结构。事实上，对斯宾诺莎所使用的很多概念，我们最好以功能化的方式来予以理解和应用。虽然斯宾诺莎对神进行实体化，但是无论是他所说的神，还是他所说的实体都不应被固定化和单向化。斯宾诺莎的思维方式并不是我们所批判的那种传统形而上学式的思维，他所理解的神也不应从一种纯粹静态的状态被审视。神非但没有将万物吞没，反而是万物得以实现的前提和基础。同样，尽管斯宾诺莎始终站在绝对肯定的立场来立论，但是他并没有无视否定及其力量，相反我们倒是可以把否定视为他的发现："在一个被否定所折磨的世界上，他对生活、对生活之力量具有足够的信心以质疑人们的谋害欲，质疑善与恶、正与邪之规律。他有足够的信心去谴责揭露一切否定之幽灵。"[①]所以，问题的关键在于我们要理解这种否定，甚至要转化这种否定。

斯宾诺莎从来没有否定事物与世界，他也不认为否定具有任何内在的实在性，故而他也不相信否定的力量，正如神不能把事物从虚无（否定）中产生一样，神也不能使现存在的世界和事物反对或否定其自身，也不能使世界本身被彻底否定和消除，因为神完全按其自身的本性必然性将世界万物产生出来，甚至他本身也要完全服从和依循他的这种本性的必然性。（E1P33）正是在这一点上，斯宾诺莎彻底背离了犹太—基督教传统，对传统的上帝概念进行深刻的解构和变革，从而也激起了正统派的巨大愤怒，但斯宾诺莎却借此极大推进了近代世俗社会的进程。

在揭示了神的具体生产过程之时，我们同时也必须阐明神的基本的活动机制。在这一点上，斯宾诺莎认为，"神只是按照他的本性法则而行动，不受任何东西的强迫"。（E1P17）而在一个至大无外的存在体系之下，这一点也是理所当然的。

随着神的超越性维度被取消，神也就不再以君王的姿态临在于世界万物。他不是依照自由意志或绝对的任性将万物产生出来，而是依照着绝对的必然性来活动和展开自身。而神所依循的这种本性的必然性实质上乃是一种因果生产关系上的必然性，无论是作为自因的神本身，还是由作为原因的神所产生之事物，均处在这种因果生产的必然性机制之下。因此，神的实存和生产活动就不是由人们通常赋予给神的那种自由意志所决定，因为无论是理智，还是意志，都是神所产生的样式，却不构成神的本性或本质。

---

① 德勒兹：《斯宾诺莎的实践哲学》，第 14 页。

（E1P31）既然是神的活动的结果，那么它们也必然有自身得以产生的原因，也要服从支配一切的因果必然性法则。意志与理智跟神之间的关系正如运动与静止以及一切自然物同神的本性的关系是一样的。（E1P32C2）故而即便神有意志，但这种意志也不是随意的或自由的，神并不具有自由意志。虽然从神的意志和理智可以产生出无限多的结果，但是我们决不能因此就说神依据自由意志而活动。正如出于运动和静止的事物虽多，但我们却不能因此便认为神依据运动和静止的自由而活动。（E1P32）所以，神只能按照其本性的必然性而产生事物和世界，一切都是被决定的和必然的，而这同时也意味着事物只能按照神已经将它们产生出来的那种方式和秩序为神所产生。（E1P33）

　　由此来看，神不是在无限多的可能世界中把他认为最好的世界产生出来，神并不具有这种自由和选择，反之，神只为自身的无限完满性和力量所决定而产生出唯一的现实世界。在一个绝对肯定和必然的世界中，没有为可能性留有任何余地；可能性本身也不具有任何形式的实在性，而只能是人的一种特殊的思想样式或思想方式。事物的实存和活动并不遵循可能性的模式，而只是因为我们对事物的原因和活动进程没有明晰的把握，我们才将其认为是可能的或偶然的，而在神的本性必然性之中一切都是必然的。这样一个按照本性必然性而活动的神就绝对不是犹太—基督教传统中的人格性的上帝，而全知、全善等传统上赋予神的属性也被斯宾诺莎从神的本质之中彻底清除。这些所谓的属性非但不能规定和揭示神的本性，反而是将人所具有的或人所构想的性质归诸于神，它们不仅不能体现神的力量和主动，反而包含着软弱和无力。为了对神具有恰当的理解，我们就必须避免把神的力量与人的力量或国王的权力混为一谈。（E2P3S）而传统的上帝观念却更多地陷入了神人同形同性论的窠臼之中，甚至如笛卡尔一般的近代早期哲学家也往往承续了这种观点。例如，笛卡尔认为，人之所以被认为带有上帝的形象并且和上帝相似，主要是因为意志（尤其是自由意志），尽管意志在上帝之内显然比在人之内要大得无法比拟。[①] 而斯宾诺莎显然彻底放弃了笛卡尔这种观点。通过这种做法，斯宾诺莎的神也就绝对不会再以意志或任意作为其活动原则，同样，神也不再按照柏拉图在《蒂迈欧篇》中所描绘的造物主那样以永恒的理念为模型来创造宇宙万物，或者说神不是依据某种不为人知的目的而行动，而是只依照自身的本性必然性、通过一种内在的自发性来产生万物。

---

① 笛卡尔：《第一哲学沉思集》，第 60 页。

因此，作为万物之第一因或第一原理的神，也就不会将目的、善恶、美丑等观念或规范引入到其自发的生产过程之中。神根本没有任何目的，他的一切作为也都不是出于某种善良意志所选择的目的。同时，善恶美丑也不是神预先就具有的或通过其理智而构想的理念或评判标准。神的一切生产活动皆依必然性而行，却不会以价值的规定者和评判者之角色来从外部插手于世界的进程，更不会以这些价值观念和标准作为自身活动之规范。无论从神自身来看，还是从神所产生的万物之系统来看，都没有为自在的目的、价值和规范留下任何余地，更没有自在的价值存在于其中。

所以，从这种必然性和非意志化的角度，斯宾诺莎所构想的实体或神以至于宇宙的体系，完全呈现为非目的论的和超善恶的。目的和价值的产生及其存在并不源于神，而是另有其缘由，而这种缘由要在人的心灵及其认识之中来寻找。而在神的层面完全是一种与目的和价值无涉的绝对肯定性，是由神的完满的力量和必然性所确立的肯定性。由神所产生和构成的绝对无限的存在系统以及其中的任何一个具体存在物都负载着这种肯定性，但是显然这种肯定不是对于目的和价值的肯定，也不是由目的和价值所产生的肯定，而是完全由那种必然的因果生产机制而来的肯定性，它首先就是对存在物的肯定或对存在自身之肯定。而在这种绝对肯定的和必然的因果生产机制之下，世界万物不仅在本质和实存层面是被决定的，同样它们的活动及其结果也要为这种必然性所支配："一物被决定而产生某种后果，必然是如此为神所决定；那没有为神所决定的东西，不能自己决定自己产生某种结果。"（E1P26）而"一个为神所决定而产生某种结果的东西，不能使其自身不被决定"。（E1P27）

当然，这是在一般的层面来规定和阐释个别事物本身必然的实存和活动机制，但是其具体的生成过程也同样要遵循这种必然的决定机制：

> 任何个别的事物或任何有限的且具有明确实存的东西，除非有另一个有限的且具有明确之实存的原因决定它实存并产生某种结果，否则它就不能实存，也不能产生某种结果，而这一个原因，若非由另一个有限的且具有明确之实存的原因决定它实存和产生某种结果，否则它也不能实存，也不能产生某种结果，如此类推，以至于无穷。（E1P28）

整个宇宙就是由这种严格的因果链条所决定的必然性体系。任何具体事物和事件都处在这个无限的生产链条之中，从而为其他外物所决定。而决定论和必然性也就成为斯宾诺莎的形而上学的支配性原则。通常所谓的偶然性在这里也就不具有任何实在性。同可能性一样,偶然性也只是我们看待事物的方式,却不是事物的实存方式本身。探究宇宙万物的实存模式就是要揭示它们固有的必然的存在结构,以及它们的被决定的存在地位。斯宾诺莎的绝对肯定的哲学立场最终和这种必然的和现实主义的视角融合在一起,这不仅具有存在论意义,而且更为重要的是它将在斯宾诺莎对人的实存进行分析并构建其伦理体系时发挥关键作用。

而斯宾诺莎的上述观点,尤其是神本身也遵循必然性这种看法,无疑触动了正统教会(无论是天主教会,还是新教教会)最为敏感的神经。此种观点一出,立即遭到正统派宗教人士的围攻。如果神根本没有自由意志,神的一切活动皆遵循其本性必然性,而且世界万物也都由永恒的必然性所决定,那么自由——无论是神的自由,还是人的自由——不就被彻底取消了吗?人本身不是将陷入彻底绝望的处境之中吗? 那么,斯宾诺莎真的把自由彻底清除了吗? 任何阅读过斯宾诺莎著作的人都会清晰地看到,事实并非如此。斯宾诺莎不仅没有否定自由,反而在其著作中对自由大谈而特谈,而且自由正是他的哲学的最高目标。对于同时代人对他的攻击,斯宾诺莎有着高度的自觉;但是在他们的指责和攻击面前,他确信自己的清白无辜。不仅如此,他更认为,恰恰通过他的一系列崭新的论证,人们才能从以往一切关于自由的虚妄和幻象中被解放出来,而人们追求和享有真自由的切实途径才能被开辟出来。因为,把神和上述的本性必然性结合在一起,并没有使神的本性及其地位受到贬低和损害,反之,正是因为神始终依照其自身本性必然性而活动,神才是真正意义上的自由因,也只有神才能达到最高的真自由。这恰恰是源于神所服从的乃是其自身,他的一切行为也完全由他自身所决定,而这实际上正是斯宾诺莎对自由进行界定时所遵循的根本原则。

对斯宾诺莎来说,"凡是仅仅由自身的本性必然性而实存、其行为仅仅由其自身所决定的东西就叫作自由的(libera);反之,凡一物的实存及其行为均按某种确定的方式为他物所决定,便叫作必然的或受迫的"。(E1Def. 7)因此,一物之自由与它被规定或被决定并不矛盾,其中的关键并不在于它是否被决定,而在于到底被什么所决定。只有当事物为外在于自身的其他事物所决定时,它才是不自由的或受迫的,而如果这种决定或规定完全源于该物自身,或更准确地说是由它自身之本性所决定,那么它非但不是受迫的,反而是自由的。同样,自由与必然也不是相互矛盾的。尽管前述关于自由的定义似乎把自由与必然对立了起来,但是随着《伦理学》的论述的逐步展开,我们却看到,自由与必然之间的这种对照关系逐渐弱化,尤其是在与神的本性必然性以及神的自由相关的表述中,自由与必然逐渐呈现融合的态势,而真正与自由相对立恰恰是为他物所强迫和限制,而这一点显然不适用于神。

作为绝对无限的或至大无外的实体,神不受其他任何存在物的强迫和限制,因为在他之外根本没有任何东西能够实存,也没有任何东西可以对他发生影响或支配。神的一切活动均出于其自身本性的必然性或者说仅被其自身所决定,而且神也只是按照这种永恒的必然性来活动,而一切由神所产生的样式和事物也正是在这种必然性的机制之下生成和行动。正是在这重意义上,斯宾诺莎称神为"自由因",神也因此而成为自由的,而且只有神才在真正的和完全的意义上是自由的,因为在理智之外存在的实体和样式之中,只有作为绝对唯一之实体的神才是完全依照自身的本性必然性来实存和活动。因此,理解神的自由应当完全从这种服从于自身、从这种绝对的自决和自主的层面来进行。对斯宾诺莎而言,真正的自由恰恰正是这种源于自身、源于自身之积极主动的自由,这也就是以赛亚·柏林所说的那种"积极的自由"。而当柏林提出积极的自由这个观念之时,他首先参照的恰恰是斯宾诺莎对于自由的这种规定。① 对一个享有积极自由的行动者而言,他的一切活动都源于自决,而不取决于外在的强制。他要成为一个积极的主体,而不是一个客体或被利用的工具。因此,他的一切观念和行为都是源于自身的本性,他所服从的是其本身,亦即他的实存与行为之动机均源于自身的必然本性。不受外在的束缚和强迫,尽管可以为积极的自由创造有利条件,但却不是其决定性因素,因为一个人即使在被强迫之时依然能够成就一种积极的自由。因此,这种自由是要在自身的内在本性之中得到实现,从而赋有强烈的伦理意义。当然,斯宾诺莎并非第一个提出积极的自由或类似观念的人,但是他无疑为积极自由的观念给出了最为经典的陈述。当然,他的这种积极自由的构想并非首先在具体事物或个人的层面提出,而是首先依照着神本身来构建,或者更准确地说,恰是通过神及其本性的必然性,这种积极自由之念才能从根本上得到规定和彰显。

总而言之,从神的层面出发,自由绝不是自由意志的功能,也不是那种任意选择的自由,而选择也不是自由的首要规定性,神的自由也不反映为神可以做出随心所欲的选择、创造和更改。后面这种自由完全是一种神人同形同性论意义上的自由,是一种想象的或虚构的自由,却不具有任何现实性。由此而言,神的自由也就不是一种法权意义上的自由,而是现实的活动本身。无论是神的现实的生产活动,还是他对自身之活动的理解,均须依照

① 参考柏林:《自由论》,胡传胜 译,南京:译林出版社,2003年,第200、300—303页。

这种本性的必然性而做出并有序地展开。在一个由绝对唯一的实体所构成的总体的存在论视域下，笛卡尔等人所坚持的思想实体与广延实体之间的实在区分被斯宾诺莎彻底消除，取而代之的是思想实体与广延实体只是同一个实体，亦即作为绝对无限之存在者的神本身。思想与广延只是构成和表现神之本质的属性，而在不同属性之间根本没有价值高低之分，它们处在相同的存在层次，但各个属性之间又互不干扰、互不成为对方的原因，从而也就不会存在那种作为思想对物质之指令意义上的选择性的自由。但是，就各个属性都归属于神、都构成了神的唯一的本质而言，它们又是相互统一的，因此，神的实存和行动与神对其自身的实存与行动的理解乃是同一的。因此，作为思想之样式的意志与理智并不具有相对于神的广延层面之实存和活动的优先性，反之，神的实存与活动与他的理解行为完全是同一个过程。它们皆遵循着神的本性必然性及其内在的力量法则。从这种意义上讲，神乃是完全自主的和自决的，是完全以自身作为实存和行动之原因的存在者。正是因为神是自因，他才成为万物的自由因，而神的自由也正是在自因的层面得到最完满的表达和呈现。这种最高的、最完全意义上的自由也为斯宾诺莎在《伦理学》后续部分中对人的自由和人达到自由的途径进行规定和阐释提供了根本参照。

三、神即自然

在斯宾诺莎的形而上学体系中，神首先作为实体而呈现，亦即神是由无限多属性所构成的绝对无限的并且唯一的实体。因此，神与实体乃是同位的甚至是相互同一的概念（尽管它们各自的意义有所侧重）。可是，从斯宾诺莎全部著作来看，"神即实体"远没有穷尽他所理解的神的概念。虽然"神即实体"在《伦理学》中处在首要地位，但是斯宾诺莎所说的神却延伸到另外一个非常重要的维度，并且与后者建立了紧密关联，甚至同样具有同一关系，后面这个维度就是他特别强调的"自然"。就此，斯宾诺莎提出了他的哲学中另外一个非常著名的表达，即 Deus sive natura，按照字面的含义来说，这个短语可以被翻译为"神或自然"，但是这里所涉及的并不是一种析取关系，而是一种并列或替代的关系，亦即"神就是自然"或"神即自然"。

恰是通过"神即自然"这个独特的表达式，斯宾诺莎完成了他在神学一形而上学之中的激进变革，也使他在世俗神学和一元论的道路上更为彻底地前行，因为虽然笛卡尔等近代早期的哲学家，甚至是许多中世纪的经院哲学家也偶尔会使用"神或自然"这个表述，但是他们对自然的理解跟斯宾诺莎却有着天壤之别。对他们来说，无论从创世论的视角，还是从自然的内在构成和活动方式来说,这种自然都不是斯宾诺莎所理解的那种与神相同一的、作为实体的自然。虽然他们可能也会从普遍的和总体的自然层面来理解自然,但是这种普遍的自然依然不是神本身,而只能是神的产物并以最直接的方式与神相关联,却并不等同。因此,神或自然对他们而言不可能是同位的和同质的,而依旧处在析取的关系之中。

但是,当斯宾诺莎提出"神或自然"之时,他想要表达的不是两个不同的存在者,而是要使二者相同一。神不是处在自然之外的或超自然的存在物。同样,自然也不是外在于神或由神从虚无中创造的。同样,这里所说的自然与通常所说的由无穷多的物理事物所构成的自然也是不同的,因为"自然并不单纯意指着物质及其特性,还意指着物质之外的无限多的东西",(TTP,VI,4,note)即便是无限的宇宙也没有穷尽自然的全部内涵。因此,深入理解斯宾诺莎所提出的"神或自然"的观念及其自然概念的内涵,不仅有助于我们更为深入地把握他的形而上学,更是我们后续研究他的人类学、伦理学和政治哲学的基本前提。

总体而言,斯宾诺莎在《伦理学》中只是在第四部分的序言和命题四之中才以最明确的方式提出"神或自然"这个表达,但是他的这方面思想、他对自然本身的规定和应用自其哲学研究伊始就被提出来了。而且在他早期哲学思想,尤其是在他的形而上学研究中,自然最早发挥其规定和阐释的功能,这从《理智改进论》的行文就明显可见。

而就斯宾诺莎对自然这个词的理解和使用来看,我们可以区分出两个主要的意义层面。它的第一种含义是非常古老的,主要是指一物之本性,以便与该物的诸特性区分开来。从这个方面来说,自然与本质(essentia)有着紧密的关联。但是当自然意指一物之本质和构造时,它相比于本质具有一个优势,就是它较少逻辑的内涵。① 这种作为本性的自然总是某种现实存在物的本性,从而本性自身也总是现实的和具体的,无论是神的本性,还是作为有限样式的具体事物的本性,莫不如此。这种作为具体的和现实的本性的自然是斯宾诺莎自始至终(从《理智改进论》开始一直到《政治论》)都非常倚重并做出广泛运用的概念。神与事物之本性都共同属于"神或自然"这个表达式中所说的作为总体的自然。

而自然的第二种含义同第一种一样也是古典的,它主要表示一切实存

---

① Van Bunge, W., Krop, H., Steenbakkers, P., and van de Ven, J. (ed.), *The Continuum Companion to Spinoza*, London: Continuum, 2011, p.270.

物之总体。这个总体为其自身所内在固有的法则和规律所控制。① 这种自然相当于我们通常所说的无限宇宙之总体。在这个方面,斯宾诺莎完全接受了自文艺复兴以来逐渐兴起并为布鲁诺所确立的无限宇宙的传统,并对之做了极大推进。当笛卡尔认为宇宙乃是无定限的(indefinite)的时,斯宾诺莎则认为宇宙本身就是无限的。虽然这种无限的宇宙乃是一种样式意义上的无限,从而与作为绝对无限之实体的神的无限不同,但是,无论如何,作为一切实存物之总体的宇宙乃是属于神的,也是属于自然的。

　　但是对斯宾诺莎而言,自然的最高的和最全面的意义还是要由"神或自然"这个表达式中的自然所凸显,也就是那个与神相同一并且作为绝对无限之实体的自然。这个自然不仅仅包含着无限的宇宙,更是意指着一种最高的统一化原理,一种可以把无限的宇宙产生出来的动力性的生产原则。而这种全面意义上的自然就是斯宾诺莎所说的神。这种立场在《理智改进论》中已经有所体现。文中明确说过,人生的至善就是要尽可能与他人共同达到一种可分享的品格,而"这种品格就在于达到人心与整个自然相结合的知识"(TIE, 13)。这里所说的整个自然已经具有了那种作为总体的无限自然的意味,自然本身所具有的伦理意义也得到显现。而与神相同一的自然观念在《简论》之中表现得更清晰。该书以证明神的实存作为开篇,继而考察神是什么以及神所具有的特性。而在具体阐述过程中,斯宾诺莎却明显把神和自然做同质化和同一化的处理。他把神界定为"一个由所有的或无限多的属性所述谓的存在者,其中每个属性都是自类完满的"(KV, 1,2,12),并把神视为"自因"(KV, 1,1,10),而自然同样不是由其他原因所产生,实存就属于自然本身(KV, 1,2,17),"万物都包容于其中的那个无限的自然是一个永恒的统一体,它是无限的和全能的"。(KV, 1, Dialogue I)。而在《简论》附录一的结尾之处,斯宾诺莎对自然给出了一个总结性的描述,即

　　　　自然是通过其自身而不是通过其他任何东西被认识的。它由无限多的属性所构成,其中每一个属性都是无限的和自类完满的。实存属于自然的本性,以至于在自然之外根本没有其他任何的本质或存在。因此,自然完全与那唯一荣耀的、神圣的神的本质相一致。

这个定义与斯宾诺莎在《伦理学》中就神所给出的定义是非常相似的。因

---

① Van Bunge, W., Krop, H., Steenbakkers, P., and van de Ven, J. (ed.), *The Continuum Companion to Spinoza*, p.270.

此,从基础的存在论层面来看,自然与神也是完全同一的。同时,相比于实体而言,神或自然在《简论》之中是更为根本的存在论概念。所以,很多学者根据斯宾诺莎对神与自然之间关系的这种独特处理而将《简论》时期的斯宾诺莎视为一个泛神论者,如阿芬那留斯、盖鲁都持有这种观点。

而当斯宾诺莎在《伦理学》中以几何学的论证方式展开他的理论建构时,他转而从实体的观念出发,通过对实体之本性及其属性的分析来尽快地达到神的观念。此时,实体已经不再是辅助性的观念,而是成为他的形而上学思想的出发点和基础。正是在此基础上,斯宾诺莎逐步将神与自然的概念推导出来,并形成实体—神—自然这个三联体,也形成了他的形而上学中的这个三位一体的结构。当然,神或自然这个说法在严格的形而上学探讨的部分并没有出现,而只是在对人的本性及其情感和伦理生活的研究中才呈现,但是这并不意味着自然在形而上学研究中不再重要,反之,终其一生,斯宾诺莎始终将自然首先视为一个形而上学概念。虽然他在《神学政治论》和许多书信中也将自然作为自然科学的对象来予以探讨,但是这种意义上的自然并不是那个与神相同一并作为无限总体意义上的自然,而是我们通常所指的宇宙意义上的自然,甚至是由物体所构成的自然。但是,这种作为自然科学之对象的自然必然是在无限自然的观念之下被审视,而绝对无限之实体意义上的自然首先还是在形而上学的层面得到考察。神或自然这个表达式也明确地将自然规定为一种形而上学范畴。

而斯宾诺莎所提出的神或自然这种思想,就其发展历程来看,主要表现为两个互为补充的方面:一方面是自然的神化,另一方面就是神的自然化。当斯宾诺莎在《理智改进论》中提及人的心灵与整个自然相结合的知识时,他同样也提到了"自然之总体的根源和源泉"(TIE, 42),而这种根源和源泉显然就是神本身。故而,在《理智改进论》之中,斯宾诺莎似乎还没有完全达到神与自然之间的同一,至少还没有明确将这种立场表达出来。而在《简论》之中,他已明显将作为无限总体的自然提升到了神的层次,从而使自然不再限于有形自然,而是成为一个与神相同一的绝对无限的存在者。万物都内在于神,也内在于自然;说神把万物创造出来,实际上就意味着自然将万物产生出来。当《简论》大量使用基督教神学术语时,自然也同神一样赋有了神性,同样自然事物本身也具有了神性,这正是泛神论本身的一个根本要义。自然并非外在于神,也不是像犹太—基督教神学中那样作为由神所创造的东西而存在。反之,自然就是神本身,就是一个绝对无限的和神圣的存在者。《理智改进论》中所说的那种心灵与整个自然相结合的知识,实际上就是要达到与这种作为神本身的自然相结合,达到一种与最高的完满存在者相结合。而就这种意义来说,斯宾诺莎从一定程度上分有了新柏拉图主义的根本观念。而以自然为神本身也在一定程度上继承了布鲁诺等文艺复兴思想家的成果。①

但是,当斯宾诺莎进入到《伦理学》的构思和写作之时,他的这种泛神论的色彩被弱化了,而一种建立在实体概念之上的形而上学构建则以更为强烈的色彩展现出来。而神或自然这个表达所具有的涵义则在形而上学甚至是宇宙论的层面得到深化。在《伦理学》第一部分的形而上学思想中,决定论乃是围绕着实体和神的观念所衍生出的核心观点。虽然神具有无限的实存和活动力量,但是这种力量的展开却非任意的,而是完全遵循着神的内在的本性必然性。之所以说是内在的,主要是因为在神之外没有任何东西存在,也没有什么能够对神构成限制,神的一切活动均源于其自身的本性,而且源于其本性的必然性,神本身始终服从于这种必然性,甚至就是这种必然性本身。而从"神或自然"这个观点来看,作为绝对无限之实体或神的自然也遵循着相同的必然性而实存和活动。(E4Praef.)一切有限的自然物以及自然物之总体都是神或自然的产物,都按照神或自然的本性的必然性而产生。而且万物只能按照神已经将它们产生出来的那种方式或秩序为神所产生。(E1P33)既然万物据之而产生和实存、并据之从一种形式变化到另一种形式的自然规律和法则是永远和到处同一的(E3Praef.),所以神的本性的必然性与自然本身所具有的且始终要服从的那种普遍必然的规律和法则就是同一的。神同样要遵循自然的内在的规律和法则,而这与自然永远遵循其自身的规律和法则也是同义的。

正因如此,我们即可以运用普遍的自然规律和法则来理解由神所产生的一切事物及其本性。当然,在提出这种观点时,斯宾诺莎并非仅仅从普遍的或一般的层面来着眼,而是对之有着具体的应用。神依照着自身的必然性或自然按照永恒不变的自然法则将万物产生出来,这不仅指向有形的自然物,同样也指向了观念和心理的存在物,甚至仇恨、愤怒、嫉妒等情感也和其他事物一样,皆遵循着自然的同一的必然性和力量。(E3Praef.)神也不再作为一个立法者或君主,或是作为一个主人来发号施令,人们之所以会有这种看法完全是因为他的理解力的有限和他们知识的缺乏。事实上,神只是由其自身之本性的必然性和完满性而活动并统辖万物,"他的命令和意愿

①　Gentile, G., *Giordano Bruno e il pensiero del Rinascimento*, Firenze: Vallecchi Editore, 1920, p.126.

乃是永恒的真理并且永远包含必然性，"（TTP，4，10/中译本第 74 页）而这种作为永恒真理且包含永恒必然性的神的命令、意愿或天意不是别的，"只是从神的永恒的法则必然而出的自然的秩序"。（TTP，6，2/中译本第 90 页）神无论做出何种行为或产生何种事物都是依照其自身的本性必然性，而自然无论产生任何具体自然物都依据其自身永恒的规律和法则，所以神的本性必然性与自然的规律和法则的必然性乃是同一种必然性。据此，斯宾诺莎确立了一种绝对自然主义的存在视域。在这种视域之下，神实现了彻底的自然化，而一切具体的存在物也都被自然化，亦即一切都是自然的产物，从而都是自然的。

既然一切现实存在物都是自然的，那么包括人以及一切由人所产生和制造的东西也都是自然的，它们都是在自然之中并遵循着自然的规律和法则才产生出来的。因此，自古希腊以来，特别是在智者派那里，所提出的自然与人为的二分在斯宾诺莎这里是不存在的，至少不是首要的区分。同样，十九世纪后期在德国历史主义传统中所提出的自然与历史之间的对立，在斯宾诺莎的彻底自然主义的视域下也不是直接自明的。对斯宾诺莎而言，一切历史必然首先是自然史，[①]而且作为总体之自然乃是历史——尤其是人类史——得以形成和展开的背景，一切社会史、政治史和军事史也必须在自然的背景之下才能展开并得到考察。进一步而言，传统基督教神学以及由这种神学决定的思想文化所构建的那种神圣史观念，也在这种彻底自然主义的框架下被消解了。既然神的意愿及其一切活动都是自然本身的规律和法则的展开，那么由神意所支配的，尤其是以神迹为标记的神圣史就无法成立。通过对神圣史范畴的消解，斯宾诺莎也以他的彻底自然主义为近代的世俗化进程提供了巨大推动力。传统上以超越性和不可思议性为根本特征的神圣性也在这种自然主义的冲击之下失去了存在理由和基础，（TTP，12，5/中译本第 179—180 页）并在后续激进启蒙的进一步攻击之下逐渐退出历史舞台。相应地，传统基督教信仰和基督教神学要确证自身的合理性，就不得不应对斯宾诺莎等哲学家所发起的这场自然主义变革。通过这种自然主义的立场，斯宾诺莎也彻底解构了犹太—基督教的上帝观念。尽管他在一定程度上保留了传统上帝观念的一些特性，如神的唯一性、神的全知、全能等特性，但是这些特性并非对神的本质的规定。

---

① 然而，当斯宾诺莎提出自然史这个观念之时，他所说的并不是那种作为无限总体的自然的历史，因为这种自然乃是永恒不变的，不能被纳入到时间和绵延的考察范围之内，从而也不会有一般意义上的历史。因为历史就其根本内涵而言总是与变化、进程相关，而这些范畴都无法应用于实体、神和作为实体的自然之上。

神即自然这个观念的提出,使斯宾诺莎成为西方思想史上最大的异端。虽然教会和各国政府禁止其著作的出版和流通、禁止他的学说在公开场合(尤其是大学和学术机构)被传授和教导,但是他的观念却如同暗流一般在西方知识界流传。[1] 他的许多激进的观点在启蒙哲学家那里(如霍尔巴赫)有着深刻的反响,而德国的很多学者和哲学家(如莱辛、歌德、谢林、黑格尔等)更是从他的思想中得到启迪。[2] 甚至很多宗教思想家在构建他们自己的信仰和学说之时也不能不在斯宾诺莎对宗教和信仰的批判面前为自身提供合理性辩护。而所有这些都与斯宾诺莎所提出的神或自然这个表达相关。当然,不同的哲学家和学者对之有着不同的侧重。而这种侧重点上的差异,也决定了不同哲学家对斯宾诺莎思想有着不同的解读并形成完全不同的斯宾诺莎思想形象,同时也在一定程度上影响着各个哲学家自己的哲学思想风貌。

而斯宾诺莎就神与自然之间的关系并不是单纯地把神自然化,不是简单地使神融入于自然之中,而是从根本层面将神与自然相同一。作为绝对无限之实体的自然就是神本身。当我们说一切有限的自然物都内在于自然本身之时,也就意味着一切有限的自然物都内在于神自身之中,都是神的本性必然性的产物,是神的属性的样式或变式。借助于这种存在论规定,斯宾诺莎必然对近代早期的内在性哲学原则做出极大变革,也就是前面所说的,当笛卡尔等人把他们的哲学内在性奠基于心灵和思想的基础之上时,斯宾诺莎却以神或自然作为他的内在性哲学得以构建的前提和视域。

从这种视角出发,我们可以回过头来再对斯宾诺莎的泛神论问题做一个考察。如果说在《简论》中斯宾诺莎还或多或少地持有一种泛神论倾向的话,那么在他撰写《伦理学》之时以及之后,他的思想就不能再简单地被等同于泛神论了。因为他此时已经不是单纯地坚持自然万物被神产生,并分有神性,甚至他已经不再强调神对于样式和事物的内在性,而是更加强调万物内在于神、内在于自然。虽然神的本性被包含于个别的事物之内,但是却不构成事物之个别本质。因此也就不能再简单地将斯宾诺莎视为一个泛神论者,实质上我们更应当认为,他持有的是一种"万有在神论"(panentheism)。

---

[1] Cf. Vernière, P., *Spinoza et la pensée française avant la Révolution*, Vol. I, Paris: PUF, 1954, pp. 91 – 120; Van Bunge, W. and Klever, W. (ed.), *Disguised and Overt Spinozism around 1700*, Leiden: Brill, 1996.

[2] Cf. Lloyd, G. (ed.), *Spinoza: Critical Assessments*, Vol. IV, London: Routledge, 2001.

正是因为万物都内在于神,都是由神作为内因将它们产生出来,事物才成为神的力量和本性的表现。纵然斯宾诺莎并不排除,也没有否认万物以及我们关于万物的知识具有神性或者说是神圣的,(TTP,1,2/中译本第 19 页)但是这个神显然已经不再仅仅是那种弥漫于万物之中的神。只是因为神是一个至大无外的实体或绝对无限的存在者,他才会在具体的事物之上表现自身。对斯宾诺莎而言,"一"无论在存在论还是在认识论层面都必然先于"多",尽管一不能脱离多而存在。

当然,"神或自然"这个表达更多地是从一般层面对神与自然之间的关系以及自然本身的地位做出规定,但是斯宾诺莎显然从未止步于这个层面,相反,他在自己的著作中始终从不同的角度并通过不同的方式对自然本身展开探究。即便在形而上学层面,他已然对自然本身进行了划分。而在自然哲学和物理学层面,他更提出一种"自然的解释"。但是,既然当前我们主要关注他的形而上学,那么我们首先考察他的自然划分的思想。

就这种自然的划分而言,我们首先要明确,它所指向的乃是神或自然这种意义上自然,而不是那种作为万物之总体的自然。而既然这种意义上的自然乃是一个绝对无限的一或者统一体,那么这种划分就并不意味着这个绝对无限的自然本身是实在可分的或是由多种不同的且相互异质的部分组成的,这与斯宾诺莎的根本观点是相矛盾的。事实上,当他提及自然的划分之时,他只是在对自然进行形而上学考察之时从思想和观念的层面对自然本身进行划分式的理解和阐释——依照盖鲁等当代斯宾诺莎学者的观点,《伦理学》第一部分的形而上学研究的核心部分恰恰是遵循着这种自然划分的思路来进行的。[①]

当斯宾诺莎把自然的划分指向了作为绝对无限之总体的自然,亦即神或自然意义上的自然之时,他将这种自然划分为两个方面,即"产生自然的自然"(natura naturans)和"被自然产生的自然"(natura naturata)。而所谓"产生自然的自然"就是这样一个存在者,我们通过它可以清楚分明地领会它,而无需通过在它之外的任何东西,因此它就是神。(KV,1,8)在《伦理学》中斯宾诺莎又对之做出了进一步的界定:"产生自然的自然是指在自身之内并通过自身而被领会的东西,或表现永恒无限之本质的实体的属性,换言之,就是指作为自因的神而言。"而所谓"被自然产生的自然则是指一切出

---

① Cf. Gueroult, M., *Spinoza (I. Dieu)*, p. 19; Macherey, P., *Introduction à l'Éthique de Spinoza* (La première partie: La nature des choses), Paris: PUF, 1998, pp. 139 - 184; Mignini, F., *L'Etica di Spinoza*, Roma: Carocci editore, 2007, pp. 49 - 68; etc.

于神的本性必然性或神的任一属性之必然性的东西,换言之,就是指神的属性的全部样式,就样式被看作在神之内,没有神就不能存在也不能被领会的东西而言"。(E1P29S)在《简论》中,斯宾诺莎又把被自然产生的自然划分为两个层面,即普遍的和特殊的。所谓普遍的被自然产生的自然指的是直接依赖于神的所有样式。而特殊的被自然产生的自然则是由普遍的被自然产生的自然所产生的一切特殊事物,实际上也就是一切有限的自然物。(KV,1,8)而普遍的被自然产生的自然又包括两大类,二者分别对应于广延与思想两种属性,从而分别是物质之中的运动和思想物之中的理智。当然,无论是运动和理智都不是指具体事物的运动和理智,因为后两者均属于特殊的被自然产生的自然,而只能是神以及神的属性直接产生出来的运动和理智。因此,它们实际上就是由神的属性直接而出的两类直接无限的样式,它们都是永恒、无限和不动的。这种物质之中的运动被斯宾诺莎称为"神之子",是由神直接产生的产物或结果,只能通过广延属性本身才能实存和被理解,而不是通过其自身,也不是通过其他任何有限的事物。(KV,1,9,2)同样,思想物之中的理智也是神之子,是直接由神所产生的产物或结果,也就是前面所说的神的无限理智或观念,它唯一的特性就是清楚分明地理解万物。(KV,1,9,3)后来,斯宾诺莎又在普遍的被自然产生的自然(直接无限样式)和特殊的被自然产生的自然(有限样式)之间增加了间接无限的样式,亦即宇宙的全貌(Ep.64),从而使被自然产生的自然成为一个更为复杂的整体。

既然斯宾诺莎从总体上将自然划分为产生自然的自然和被自然产生的自然,那么自然是否因此就被实在地区分为两个组成部分,甚至于我们会具有两种不同的自然。但事实上,恰如前面所说的,这种划分乃是从思想和论述上所做的区分,而从根本上说只有一个作为永恒无限之实体的自然,也就是神本身。自然的两个方面的划分完全是从不同的理解视角上进行的区分。当斯宾诺莎说产生自然的自然是神或神的属性,被自然产生的自然是样式之时,这两种自然绝不是相互外在的,而只是同一个自然,就是神或自然本身。在说到产生自然的自然之时,斯宾诺莎强调神乃是生产性的本源和原则,就是绝对的主动性,而被自然产生的自然则体现了一种被动性,具有相对于产生自然的自然而言的依赖性。虽然斯宾诺莎没有说后者内在于前者并与前者相统一,但是从他以神作为自因,从神与自然的同一关系来看,这两者是同一个自然的不同表现侧面,最终都汇入同一个自然之中。之所以会有这两个方面的区分,从根本上说乃是视角的划分。被自然产生的自然如同一切样式一般都不会外在于神,也不是处在神之外的存在者,否则就与斯宾诺莎所确立的绝对的内在性原则相矛盾,也与他所提出的唯一实体的原则相矛盾。而且斯宾诺莎也明确地批判了某些托马斯主义者所坚持的那种以产生自然的自然或神为一个超越于万物的存在者的观点。(KV，1，8)

产生自然的自然可以在绝对的生产性原因和理由的意义上被理解，而被自然产生的自然则是前者直接或间接的产物。既然凡是彼此之间没有任何共同之处的事物，此物不能为彼物所产生；(E1P3)既然凡是相互之间没有任何共同之处的东西，此物不能通过彼物而被理解；(E1A5)那么，既然这两种自然之间存在生产性的因果关系，那么它们就不能相互区隔，而是必然严格遵循存在的单义性和同质性原则。这两种自然实质上只是唯一的神或自然表现自身的方式。因此，神或产生自然的自然由之被构成的诸属性同样是被自然产生的自然或诸样式被包含于其中并由之得到解释的原则。既然在无限多的属性之中能够为我们的有限理智所把握的只有广延和思想，那么被自然产生的自然或诸样式也必然被包含在这两种属性之下。被自然产生的自然或具体的样式就不仅从广延的层面表现了神及其属性，同时也包含思想。正是在这个方面，斯宾诺莎与笛卡尔等近代机械论者产生了重大分歧。自然并不是一个单纯由广延物所构成的总体，它也包含着观念和思想的因素，斯宾诺莎甚至认为一切个体事物都是有心灵的，都可以对世界和事物形成表象，只不过其清晰程度有所差异罢了。之所以如此，主要是因为就任何一个事物而言，在神之内都必然有该事物的观念，而这个处在神之内的观念恰是该物的心灵。(E2P13CS)而思想和心理层面的存在者所遵循的实存和活动机制与广延事物所遵循的实存和活动机制是完全一样的，都是自然本身的规律和法则。而且这种在被自然产生的自然层面发挥功能的规律和法则与产生自然的自然据之进行生产的原则也是完全一致的，而不会因我们对自然的划分而出现质上的差异。在这个方面，斯宾诺莎依然在贯彻他的彻底自然主义的立场。

此外，神通过自身的本性必然性将一切样式产生出来的力量实质上就是自然将一切自然物产生出来时所依据的那种力量。(E4P4D；TP，2，2)神力就是自然力，而且这种自然力并不局限于产生自然的自然，而是同样为被自然产生的自然所具有，甚至个别自然物据之得以产生和持存的力量也是同样一种力量。这种同质性的力量贯穿于斯宾诺莎所构想的各个存在论层次，充斥于他所构建的整个宇宙论体系之中。不仅神的力量是其自身的本质，甚至个别的自然物——乃至作为一切个别事物之总体的宇宙——借之竭力保持其自身之存在的努力(conatus)也是它们自身的现实本质。(E3P7)而事物保持自身存在的努力就是源于它由神或自然所产生时所具有的那种力量。努力、力量和权利等概念在斯宾诺莎这里具有本质性关联，从而对他的伦理学、政治学等方面的理论构建发挥着基础作用。

正是在这种统一的力量性原则的背景下,斯宾诺莎的自然概念,尤其是他所提出的被自然产生的自然概念,就与经院主义和笛卡尔式的机械论自然观拉开了距离。当后两者把被自然产生的自然或有形的自然界视为单纯由物质所构成的、没有任何内在动力的物理事物之时,斯宾诺莎所构想的却是一个富有生机、活力和力量的自然,即便是被自然产生的自然也有其自身的动力性原则。虽然这种自然乃是主动的自然的结果,要依赖于后者,并表现了一种被动性,但是它同时也因为自身所赋有的内在力量而具有主动性或变得主动。自然并不是僵死的存在物,而是活生生的,这从根本上源于其自身所具有的力量和动力性原则。这种动力性从根本上说体现为事物自身的生产性,亦即任何事物就其本性而言都必然要产生某种结果。(E1P36)在斯宾诺莎看来,一物的实在性和现实性并非仅从它在神或自然之中实存来规定,而是特别通过其自身的活动及其所产生的结果来得到确证。即便是被自然产生的自然也不是一种单调无力的持存物,而是始终在展现其自身的活力和效果。而所有这一切都必须通过自然和具体事物自身的力量才能得到实现。(E1P36D)所以,虽然斯宾诺莎对笛卡尔等人所提出的机械论物理学的诸原理多有吸收,但是他的自然哲学和物理学却不是机械论的,而他所构想的神或自然的力量也不是纯粹机械力,而是一种生机的甚至是生命的力量,也正是在这重意义上斯宾诺莎提出神、自然以及一切事物是有生命的。而为笛卡尔等人所推崇的机械论物理学以及相应的解释自然的方法并不完全适用于斯宾诺莎所构建的整个自然体系,不仅对产生自然的自然不适用,而且对被自然产生的自然也并不具有完全的解释效力。

既是如此,那么斯宾诺莎是否又重新沦于古老的万物有灵论,甚至是神秘主义的宇宙观之中了呢? 他是否在将自然神圣化的过程中重拾许多古代哲学的自然理论呢? 对于这种疑难,斯宾诺莎通过对奇迹的批判给予了否定的回应。

如果说斯宾诺莎所提出的"神或自然"的观念及其神与自然同一的立场在近代早期欧洲的思想中投掷了一颗炸弹的话,那么他对传统启示神学意义上的奇迹所做的激烈批判和否定比起他的哲学中的其他任何因素都更加激起了同时代人的惊愕和愤怒。[①] 如果说斯宾诺莎当年被犹太社区处以破

---

① Israel, J., *Radical Enlightenment: Philosophy and the Making of Modernity 1650 – 1750*, p.218.

门律是源于他对犹太教的基本教义（尤其是对摩西作为摩西五经之作者的地位）的怀疑和批判，并因这个事件而与犹太教彻底决裂，那么《神学政治论》则标志着斯宾诺莎对启示宗教传统的全面批判。尽管在这部书里他将主要的批判矛头和火力都对准了旧约圣经和犹太教中的基本教义，却对新教改革的基本原则和诸多教理多有借鉴，尤其是接受了新教所提出的信仰的首要性和圣经是其自身之解释者的原则，但是他在《神学政治论》的序言和前六章中对旧约圣经里的基本论题的批判考察同样可以运用于基督教之上，从而构成对启示宗教的一般批判。[①] 同时，他在《神学政治论》中对基督多有赞美和推崇，但是这里所塑造的基督的形象不再是传统意义上的先知，而是在很大程度上被视为一个哲学家，当然这里所说的哲学家乃是就基督教导了一种真道德而言的。[②] 而斯宾诺莎在《神学政治论》第六章里对奇迹所做的批判不仅是他的圣经批判的先导，同时也是他对启示宗教或体制化宗教所做之总体批判的柱石，而且这种批判无异于是对以犹太教和基督教为代表的传统启示宗教所做的釜底抽薪式的批判处理，这从该书在匿名出版之后所引发的口诛笔伐就可见一斑。

当然，在斯宾诺莎之前的西方思想界，宗教批判一直不绝于耳。早在古希腊时期，克赛诺芬就对传统的神人同形同性论展开了激烈攻击，而在希腊化时期，伊壁鸠鲁则依据他的原子论对传统宗教中的神的观念和形象进行了彻底的颠覆，并对当时宗教中通行的占卜和迷信进行了深刻的揭露和批驳。而在晚期文艺复兴时期和近代早期，欧洲学界对迷信的批判已经蔚为大观，博丹、利普修斯（J. Lipsius）、蒙田、培根等人都在不同程度上对之展开了批判。而古罗马史学家柯修斯（Q. Curtius）在他的《亚历山大大帝史传》中对迷信的批判更成为很多学者为了获取批判的灵感和举措而依赖的武库。[③] 而拉贝莱尔（I. La Peyrère）、霍布斯以及近代早期法国的一批自由思想家都纷纷对以基督教为代表的启示宗教中的许多基本教义提出了质疑和抨击，例如拉贝莱尔对摩西作为"妥拉"（即"摩西五经"）的作者身份提出

---

① 参考施特劳斯：《斯宾诺莎的宗教批判》，第 290—300 页。

② Cf. Matheron, A., *Le Christ et le salut des ignorants chez Spinoza*, Paris: Aubier-Montaigne, 1971, pp. 85 – 148, 249 – 261; Frankel, S., "The Invention of Liberal Theology: Spinoza's Theological-Political Analysis of Moses and Jesus", *The Review of Politics*, Vol. 63, No. 2, 2001, pp. 287 – 315.

③ "在十七世纪那些批判或怀疑传统的作家之间，柯修斯享有迷信之敌的盛名，而他专门探讨了明显与迷信相关的题材则使他更显如此。因此，斯宾诺莎选择柯修斯作为读者和他自己之间的中介，以便用前哲学的方式引入他的论题，也就不足为奇了。"（Moreau, P.-F., "Fortune et théorie de l'histoire", in *Spinoza: Issues and Directions*, ed. Curley, E. and Moreau, P.-F., Leiden: Brill, 1990, pp. 299 – 300.）

了质疑,同时他也质疑亚当是全人类之始祖的传统观点,转而提出"亚当之前的人"这个观念;而霍布斯同样对圣经中的许多表述做出了怀疑,其中最为重要的是他对圣经中的奇迹观念进行了批判,他认为许多奇迹并不值得人们大惊小怪——当然霍布斯在一定程度上还是承认奇迹的存在的。[①]

然而,在这个问题上,斯宾诺莎却有着史无前例的激进性。"自基督教兴起直至十八世纪为止,只有斯宾诺莎毫不含糊地否定了奇迹和由魔法造成的超自然事件的可能性。"[②]既然无论在旧约时期,还是在新约时期,人们的信仰最终都要通过奇迹来确证,那么否定奇迹实际上就是消除传统启示信仰的根源和理由。在圣经和众多启示宗教传统之中,正是为了激发大众的信仰和虔诚,经典宗教文本才使用了非常夸张而且能够激发大众之惊奇的话语,这不仅是为了适应当时民众的理解力,更是为了通过这种独特的叙事和修辞形式来激发乃至强化民众的恐惧、敬畏等情感,从而使他们能够绝对服从于祭司、先知以及掌握宗教权力的人。圣经从来都不是要教导关于自然的知识或科学,而是始终要教导和引发人们的服从。(TTP,13,3/中译本第 188—189 页)而奇迹式的叙事形式最能达到这种效果。历代的宗教权威和诸神的解释者都深知个中利害,凡是有人想探究奇迹的真正原因,像有学识之人那样热切地理解自然事物,而不是像愚人一般对之大惊小怪,那他就很难不被指斥为渎神的异端,因为"愚昧一经揭穿,则愚蠢的惊奇,也就是他们用来论证和维护他们的权威的唯一有效的手段就会被消除"(E1App.)。因此,对传统奇迹的批判必然成为启示宗教批判的核心。

一般而言,传统启示宗教的奇迹观念是以人格神作为根本前提。神不仅创造出那些遵循自然规律和法则的事物,神也可以依据其自由的意愿和选择来创造那些不遵守或者彻底违反自然规律和法则的事物,例如,神可以使太阳停止不动,从而延长白昼的时长;作为神子的基督可以在水上行走、使死人复活,等等。同样,神不仅可以创造自然秩序,也可以随心所欲地打破或改变自然秩序,甚至如果神愿意,他可以彻底更改他所创造之世界的面貌。因此,自然并没有穷尽存在的全部领域,在自然之外还有超自然的领

---

① 参考施特劳斯:《斯宾诺莎的宗教批判》,第 58—156 页;Jorink, E., "'Horrible and Blasphemous': Issac la *Peyrère*, Issac Vossius, and the Emergence of Radical Biblical Criticism in the Dutch Republic", in *Nature and Scripture in the Abrahamic Religions: Up to 1700*, ed. J. van der Meer and S. Mandelbrote, Leiden: Brill, 2008, pp.439-460; Morrow, J., *Three Skeptics and the Bible: La Peyrère, Hobbes, Spinoza, and the Reception of Modern Biblical Criticism*, Pickwick Publications, 2016, pp.54-103.

② Israel, J., *Radical Enlightenment: Philosophy and the Making of Modernity 1650 - 1750*, p.218.

域。奇迹本身就是这种超自然的领域以及神作为一个超自然存在物所具有之超自然能力的表现。于是,奇迹本身是不能通过自然的规律和法则来解释的,而只能通过超自然的神力和神意才能得到阐明。如果人们碰到了前所未见的且无法用既往的经验来解释的事件,他们就会认为那是一桩奇事,体现了神或诸神的愤怒,必须用献祭和祈祷等方式来予以抚慰。为此,他们发明了无以计数的祭祀仪式,而凡是不履行这些仪式的人都被指控为罪恶的渎神之人。此外,他们还构画了对自然的千奇百怪的解释,"就好像自然跟他们一起发了疯"(TTP, Praef., 2/中译本第 9 页)。在这种情境下,人们认为,只有通过奇迹和超自然的事物才能真正认识神。自然只是一面以非常不完满之方式表现了神的力量和意志的镜子(亦即中世纪时期特别强调的"自然之镜"的隐喻),而真正具有揭示和评判之价值的只能是超自然的奇迹或神迹,唯有它们才真正表现了神性,也只有超自然的存在领域才是真正表现神性的存在层次,而世间的自然物只是不完满的造物。因此,随着自然的贬值,作为自然物的人本身(尤其是作为具体物质存在物的人体)就同样受到贬低和压制。在奇迹面前,在一切超自然和反自然的事件面前,人所能体验到的只是自身的卑微和无力。因此,对传统启示宗教,尤其是对基督教而言,奇迹不仅具有神学—存在论的意义,更具有基础的伦理意义。从这个角度,我们也就可以理解,为何谦卑与懊悔在基督教教义中被视为信徒的德性而且是基本的德性。这一点在历经新科学和新哲学洗礼的十七世纪哲学家之间依然不乏拥者,例如作为近代早期著名的笛卡尔主义者和机缘论者,荷兰哲学家格林克斯(A. Geulincx)就在他的《伦理学》中把谦卑视为四种主要德性之一。①

　　正是基于奇迹在启示宗教中占据了如此重要的地位,斯宾诺莎对之展开了彻底的批判。为此,他首先对超自然的领域进行了清除。而这种清除过程实际上早在《简论》之中就已经开始,在《伦理学》的写作过程中得到强化,并在《神学政治论》第六章"论奇迹"之中得到具体的发挥和显现。而清除超自然的领域实际上也可以被视为斯宾诺莎关于神或自然的基本存在论规定的继续及其引发的后果。既然神与自然是同一的,一切样式都是由作为内因的神所产生,并且都内在于神,所以一切事物也都是自然的,都内在于自然之中。同时,既然万物都是神依照其自身的本性必然性而产生的结

---

　　① "在大众看来,主要的德性是审慎、公正、坚毅和节制。但是,在我看来,主要的德性乃是勤勉、公正、服从和谦卑。"(Geulincx, A., *Ethics*, trans. M. Wilson, ed. H. van Ruler, A. Uhlmann, and M. Wilson, Leiden: Brill, 2006, p. 7.)

果,那么一切事物也都是按照自然的规律和法则而产生的自然物。神产生事物的过程同自然产生自然事物的过程其实就是同一个过程,神也不会产生出任何超越或违反自然的规律的事物:"没有任何事物能够以违反自然的方式发生,反之,自然总是维持其自身的永恒的、固定的和不动的秩序。"(TTP, 6,2/中译本第 90 页)虽然斯宾诺莎将自然划分为产生自然的自然和被自然产生的自然,但是,前者并非超越于后者而存在,更不构成一个超自然的领域;相反,自然乃是一个统一体,并且时刻维持着自身的同一。一切存在的事物都处在自然之内,都是按照自然的方式而发生的。说有所谓违反自然规律和法则的事物发生,不仅违反了斯宾诺莎的自然的内在性和同质性原则,同时也造成了神自身的矛盾,是对神自身之本性必然性的否定。当我们说一切发生之事都是按照神的意志和永恒命令发生时,这也就是说凡是发生之事都是依照自然的规律和法则而发生,而自然的规律和法则都包含着永恒的必然性和真理,从而包含着固定不变的秩序。之所以如此,主要是因为自然的德性和力量实际上就是神的德性和力量,而自然的规律和法则就是神的命令本身。自然的力量本是无限的,它的法则如此广大,以至于可以拓展到为神的理智所意涵的一切。(TTP, 6,7/中译本第 94 页)因此,根本就不存在以违反自然规律和法则之物为核心的超自然领域,也不存在唯独由神所掌控并在其中展现神的无限权能的超自然的存在层次。反之,神只是将自身展现于一切遵循自然的规律和法则的事物之中,神所产生的一切都是按照神的本性必然性而产生并且遵循着自然的普遍而永恒的法则和秩序。

既然如此,传统上所谓的奇迹也就必然不存在。而以往关于奇迹的一切构思和叙述,不仅是出于宗教领袖——特别是圣经作者——的独特的叙事和修辞策略,同时也和古人的理解能力紧密相关。

> 奇迹这个术语只能相对于人的信仰才能被理解,它所意味的不是别的,只是这样的现象,这些现象的自然原因不能依照其他熟悉之物的方式来解释,或者至少不能如此为奇迹的叙述者和报道者所解释。因此,所谓奇迹也就是其原因不能为理性的自然之光按照已知的自然事物之原理来解释的事物。(TTP, 6,5/中译本第 92 页)

因此,对斯宾诺莎而言,根本不存在任何超自然或反自然的奇迹,有的只是那些其原因尚不能为人的自然理性所把握的事物或事件。但是,不能被理解并不意味着这些事物和事件就没有原因,从而必须诉诸超自然的原因才能成立。根本而言,一切被称为奇迹的事物或事件都是自然地发生的,也有其在自然之中的原因。一旦我们把握了它的自然原因,那么奇迹也就不再成其为奇迹。不仅如此,奇迹对斯宾诺莎而言只是一种隐喻式的、甚至是极端不准确的说法,因为奇迹本身实质上也只是自然的事物。即便它是神的产物,那也不属于超自然的领域,而只能属于被自然产生的自然。它在产生与运行的机制上,与其他任何事物根本没有任何不同。因此,任何奇迹都只能被归结为自然物,从而也不再有传统意义上的奇迹。我们之所以还有理由把某个事物称为奇迹,这只是因为我们还没有理解它的自然原因。

而就自然本身的实存和运行机制来说,一切都必然遵循自然的规律和法则,要遵循自然内部的因果性的关联和生产机制。经由人类理性能力的发展和自然科学研究的不断推进,圣经中的许多奇迹已经被证实根本不是什么反常的或反自然的事件,也不是奇迹。但是,我们也知道,圣经中所叙述的很多奇迹(如驴子说话,基督的复活,等等)时至今日依然无法通过科学做出自然的解释。对此,斯宾诺莎有着明确的意识。但是,对他而言,问题的关键并不在于我们是否能够依照现代自然科学的研究来解释圣经中的所有奇迹,这既不可能,而且也完全没有必要。因为圣经根本就不是一部依照科学精神来撰写的著作,也根本无意于对自然和事物做出科学化的解释。就其本性而言,圣经只是一部历史著作,而且是一部在多种历史条件下撰写并历经漫长流传过程的历史著作。这部最初作为历史被撰写下来的著作在犹太民族及其宗教的发展过程中逐渐神圣化,并成为不容质疑的宗教经典,但是圣经的神圣性却不是源于这种圣典的编辑和确立,而是源于其内在的教导。圣经的根本意图是教导人们以虔诚和服从,却不是在教导普遍的科学真理。既然是一部历史著作,撰写该著作的诸多作者就很难不受他们所处的历史处境及其本人的先入之见的影响。他们在对自己的所见所闻进行叙述时也很难不在其中掺杂自己的判断,从而使他们与其说在叙述现实的事件,倒不如说是在叙述自己的意见。同一事件在两个具有不同信念的作者之间得到完全不同的叙述,以至于他们似乎是在叙述两个不同的事件。这也就是为什么历史以及传统通常都是不可靠的,不能被认作为确定的知识。(TTP, 6,17/中译本第 101 页)而圣经之中叙述的许多奇迹都归属于此列。

一般而言,圣经的作者(尤其是旧约圣经的作者)都是希伯来国家的宗教首领或与官方有着密切联系的史官,他们撰写和编辑圣经的目的并不在于启发民智,推进科学,而是激发民众的虔诚和服从,从而为希伯来的神权政治统治服务。为达此目的,他们在圣经叙事之中把一切发生之事都与神相联系,并运用独特的修辞手段来修饰。正如古典时期的史家往往在其著作中添加虚构的名人演说并时常夸大其词一样,圣经作者也往往为了达到修辞目的而杜撰很多可以增强修辞效果的叙述,而这些叙述往往并不是在真实地叙述自然事件,而完全是为宗教和政治统治的目的来服务。真实性并不是他们所关心的首要问题,圣经中的许多奇迹或叙事也因此而形成。这种修辞格式在一定程度上也恰好适合于当时民众的心智状态,并易于为他们所接受。① 而这两个方面的因素最终汇合到一处。

其次,圣经作者的很多叙述都为他们自己的先入之见所左右,例如古人认为太阳绕着大地旋转,所以白昼的延长就只能被解释为太阳在中天静止不动。另外,圣经中的很多叙述都是以预言的形式表达而出的,而预言往往是先知通过自身鲜活的想象力而看到或构想出来的,其中自然会包含很多与自然不相符合的细节,例如驴子说话,但是这些事件只能归于想象。它们所遵循的是想象的机制,却不是理性的规则,从而也就不是自然科学的研究对象。正因如此,理性或者说哲学并不是圣经的解释者。即便在解释圣经的过程中理性可以发挥一定作用,但是无论如何,这种作用都是非常有限的。而就斯宾诺莎的圣经解释原则和方法而言,他所坚持和运用的完全是一种历史—语文学的圣经批判和解释方式。② 在这种解释方式中并不需要严格的科学理性,而只需通过人们通常所具有理性的自然之光就可以了;因此,圣经解释所达到的并非"数学的确定性",而只是一种"道德的确定性"。(TTP,2,3/中译本第35页)所以,要揭示圣经之中的奇迹以及在这些奇迹的叙述中所述及的事件是如何发生的,根本上就在于了解那些最初报道这些奇迹并将之诉诸文字的人所具有的信念,并把他们的信念与他们的感官向他们所呈现的东西区分开来。(TTP,6,19/中译本第102页)由此可知,尽管并非所有奇迹都能通过自然知识来解释,但这并不意味着真有所谓超越自然之外的、违反自然的奇迹或事情会发生。对斯宾诺莎而言,通过历史的批判,很多所谓的奇迹只是先知或圣经作者的想象,甚至是幻想。而这些幻想之中所呈现的事物完全是违反自然的规律和法则的,它们不可能在自

---

① 就斯宾诺莎对这种"适应性"原则的理解和使用,可以参考冯肯斯坦:《神学与科学的想象:从中世纪到17世纪》(毛竹 译,北京:三联书店,2019年)第267—293页,尤其是第290—293页。

② 就斯宾诺莎的圣经批判和解释的原则及其具体的方法,参考施特劳斯:《斯宾诺莎的宗教批判》,第199—203页;Preus, J. S., *Spinoza and the Irrelevance of Biblical Authority*, Cambridge: Cambridge University Press, 2001, pp.107‑153; Touber, J., *Spinoza and Biblical Philology in the Dutch Republic, 1660‑1710*, Oxford: Oxford University Press, 2018, pp.30‑75。

然之中实存,因而不可能是实在的存在者(ens realis),而只能是想象的存在物(ens imaginationis)。总而言之,奇迹是不存在的。

正因如此,斯宾诺莎认为,我们无法通过根本不存在的奇迹来认识神的本质和实存以及神圣天意;反之,"这些只能通过自然的固定不变的秩序才能得到良好把握"。(TTP,6,2/中译本第 90 页)对于我们生活于其中的自然,我们要通过对具体自然物的研究才能有所认识,并理解其中所包含的规律和法则。而既然神就是自然,神与自然一样均需遵循相同的规律和法则、遵循着相同的必然性,那么我们就需要通过研究和认识自然物、通过自然不变的秩序来认识神,或者换一个说法,我们越是理解自然事物,我们就对神具有更多更完美的知识。而且,既然通过原因而获得的关于结果的知识只不过是对原因的某些特性的认识,那么,我们对自然事物知道得越多,我们也就可以对作为万物之因的神的本质具有更多更完善的认识。(TTP,4,4/中译本第 68 页)而以往所谓的超自然或反自然的奇迹,作为一种与自然活动没有任何共同之处的东西,就根本无法向我们揭示神的本性和自然的内在规律,也无法将我们导向对神的真知和真爱,而只能激起人心之中的恐惧并使人陷入于迷信。

因此,奇迹在斯宾诺莎这里被剥去了一切反常和神秘的面纱,即便是那些出自宗教权威之口的奇迹也根本不具有任何神秘性。斯宾诺莎非但不是一个神秘主义者,反而时刻在追踪和揭露神秘性的一切行迹,要把一切所谓的奇事和奇迹置于理性光芒的照耀之下。虽然斯宾诺莎会认为人的理性具有自身的限度,甚至包含一种无力的处境,但是人的一切真正的知识和理解却必须建立在理性的基础之上,这完全是立足于他的自然主义的立场。所以,不但奇迹被他消解掉了,而且一切超自然的和神秘的领域也在他的批判之下隐退了。我们出身于其中并时刻面对的自然乃是一个永远和到处同一的自然,它始终按照自身的永恒的规律和法则来实存和活动。任何违反自然的事物都是不可能的。尽管有很多事件可能暂时无法为我们的有限理智所把握,但是在我们运用历史的和哲学的方法进行分析之后,很多奇迹和神秘之物实质上都不再成立,从而被否定和消除了;而有些则会随着科学研究的发展而最终得到自然的解释,从而不再包含任何神奇和神秘之处。由此,斯宾诺莎以其独特的自然观及其对奇迹的激烈批判极大地推动了近代早期所开启的去魅化进程;而这种独特的思想观点和态度也深刻地影响了近代启蒙的发展和深化,伊斯莱尔更是将斯宾诺莎视为"激进启蒙"的开创者和推进者,因为激进启蒙的核心特征恰恰在对宗教和奇迹的彻底批判层面得到凸显,后世的许多启蒙思想家(如狄德罗、霍尔巴赫等)都在不同程度上继承了斯宾诺莎的这种立场。同时，这种反奇迹、反迷信和反神秘之物的立场，或者说这种彻底地去魅化的进程，无疑深刻推动了近代欧洲的世俗化进程，而斯宾诺莎的身影在这个过程中始终闪烁着耀眼的光芒。他的彻底反对启示神学和体制宗教的立场对他自己的生活历程和他的伦理学理论体系的构建都产生了深远影响，尤其是，自中世纪以来，他在欧洲历史上第一次鲜明提出了一种与基督教的神学伦理体系相对立的世俗的伦理系统。

第三章　物理学与心灵理论

一、身体与形体的物理学

既然在《伦理学》中斯宾诺莎切实地把形而上学置于伦理学的视域之下并使之为伦理学发挥奠基作用，那么同样被他视为伦理学之基础的物理学又处于何种状况呢？《伦理学》是否利用了物理学的研究呢？如果有的话，后者又是如何来为伦理学奠基呢？就物理学与伦理学之间的关联，《伦理学》第二部分似乎并没有给出直接的支持，反且会造成一种困惑。因为这个部分的标题是"论心灵的本性和起源"，其核心的研究对象也是心灵和知识，那么物理学的研究如何在这种背景下得到展开呢？心灵与物理学之间如何能够建立起现实的关联呢？

但是，从《伦理学》第二部分的具体论述，我们看到在该部分命题十三的附释中包含了一篇简短的关于形体和身体的论述，人们通常称之为斯宾诺莎的"物理学纲要"。而在这篇纲要中斯宾诺莎依然遵循着他在该书第一部分中所采用的几何学的论证次序，从而形成了一种特定的数学—物理学的研究和论述方式，但是他的数学—物理学又与同时代的其他科学家（如伽利略、笛卡尔等）所持有的数学—物理学有着重大的不同，因为斯宾诺莎并不认为世界本身就具有数学结构，因而可以把数学直接应用到对自然的计算和解释之上。对他来说，他主要是在一种论述和解释的层面将数学（尤其是几何学）引入到了对形体以及其他物理现象的研究。而就这种研究的次序来说，斯宾诺莎依然在贯彻从较普遍的东西向较不普遍的东西（甚至是特殊的东西）进展的一般思路，也就是从实体和属性的层面进展到样式的层面，而在样式层面又从直接无限样式逐步向着有限样式进展。可是，我们同时发现，斯宾诺莎在考察形体时所采用的这种数学—物理学的研究思路同样在他考察人的心灵和观念时得到遵守和使用，从而形成了一种非常独特的"思想物理学"。而后者正是我们在这个部分着力予以论述的对象。

既然《伦理学》第二部分的标题是"论心灵的本性和起源"，那么它似乎应当从关于心灵和观念等心理现象的定义出发。但实际情况却是《伦理学》第二部分开篇的第一个定义不是关于心灵，而是关于形体（或身体）的；当其开始考察心灵的本性时，它也以身体作为根本的参照维度；随后在考察心灵的活动以及知识的不同形态时，更是时常提到身体和身体的感受（affectiones）；甚至《伦理学》后面几个部分讨论人的情感以及严格意义上的伦理学时也以对身体和形体的物理学作为参照。①

因此，无论在斯宾诺莎的心灵理论、认识理论，还是他的伦理学研究中，我们都发现了他的哲学中一个非常奇特的现象，即"身体的直接地位"。用德勒兹的话说，"斯宾诺莎向哲学家提供了一个新的模式：身体。他建议将身体设定为一个模式"。② 而斯宾诺莎之所以提出这个模式，不仅是因为身体占据了重要地位，也是源于人们对于身体本身的漠视和无知。

> 人们通常都相信，身体的动或静可以完全唯心灵之命令是听，并且相信身体之所以做许多事情只是依赖心灵的意志和思想的技艺。但是，身体究竟能做什么，以前还未曾有人规定过，这就是说，经验还未曾告诉我们身体只就它是基于自然的规律而言，能做什么（这是就自然被认作有形的东西而言）以及当身体只被心灵所规定时，它能做什么。因为没有人能够确切地了解身体的结构，以便说明身体的一切功能。（E3P2S）

正是出于这种无知，人们才会对身体及其功能胡侃一通。

从古典时期到中世纪时代，一部西方哲学史几乎可以被视为一部教导人们如何克服身体及其欲望并达到灵魂之飞升的历史。身体被认为本然地就负载着缺陷，甚至成为恶的根源和象征。这种倾向在禁欲主义的宗教思想领域更是被推至极端。而斯宾诺莎在将身体作为一个肯定的模式予以提出之时，他必然也是在对传统的哲学和宗教思想进行一种彻底批判。

不仅如此，即便相对于他的很多同时代人，甚至是那些把近代以来关于身体的科学研究成果引入哲学研究范围之内的哲学家而言，斯宾诺莎的身体模式也带有诸多反常特征。我们知道，笛卡尔在《灵魂的激情》一书中明确地以自然哲学家的方式来研究人的激情和道德生活，为此他大量使用当

---

① Cf. Lloyd, G., *Part of Nature: Self-Knowledge in Spinoza's Ethics*, Ithaca: Cornell University Press, 1994, p.24.

② 德勒兹：《斯宾诺莎的实践哲学》，第 20 页。

时人体解剖学的成果来对情感的生成机制进行物理学和生物学的剖析,从而使身体的重要地位得到彰显。① 但是,在笛卡尔关于心灵的形而上学和认识论的考察中,身体不仅不占据核心地位,反而是身体的现实实存需要被证明。而与笛卡尔相反,斯宾诺莎径直地说,"人的身体正如我们所觉察到的那样实存着"(E2P13C)。当以笛卡尔为代表的意识哲学为人的心灵或灵魂赋予直接性和自明性时,斯宾诺莎却为人的身体赋予了直接性和自发性。而这种直接性和自发性并非源于身体是实体,因为无论是身体,还是心灵,在斯宾诺莎那里都被彻底地消除了实体地位,它们都只是实体的样式。因此,斯宾诺莎不仅在唯一实体的层面对西方传统形而上学发动了革命,而且在心灵和身体的存在论地位及其实存结构上也引入了根本变革,并继而导致了人类学、认识论、心理学层面的重大变化。

在《伦理学》第二部分开头的第一个定义之中,斯宾诺莎就把他的基本立场表达出来。他认为,"形体(或身体),我理解为以某种确定的方式表现神的本质的样式,但这是就神被认作为一个广延物而言的(参看第一部分命题二十五绎理)"。(E1Def.1)因此,理解和阐释身体及其活动机制,就必须从神的广延属性出发,并以之作为基础。而在《伦理学》第二部分的前两个命题之中,斯宾诺莎明确地将我们的有限理智仅能把握的两种属性明确地确立起来,亦即

思想是神的一个属性,或者神是一个能思想的东西。(E2P1)
广延是神的一个属性,或者神是一个有广延的东西。(E2P2)

依照前面对构成神自身之本质的属性所做的叙述,正是通过属性,神将其样式产生出来。而这些样式,就其存在论层次而言,又可分为直接无限样式、间接无限样式和有限样式。所以,在明确思想和广延这两种属性的现实实存及其动力生产机制之后,我们就必须根据样式的层次结构来对之进行阐释。从斯宾诺莎的具体阐述策略来看,他首先是在属性的平行论模式下进行的。每个属性都是自类无限的,相互之间没有任何共同之处,因此它们相互之间也没有作用关系。它们不需要依赖别的属性而存在,也不能通过别的属性而被认识。既然我们的有限理智只能把握思想和广延两种属性,那么我们对世界和事物的实存与活动形态的阐释也必须在这两种属性之下

---

① 当然,在《第一哲学沉思集》中,身体和广延物体的地位也很突出,但是相对于灵魂或心灵而言,它们的地位肯定是大打折扣,而且身体和物体的突出地位往往是以负面的形式出现的。

独立进行。思想属性只能产生思想样式,而广延属性只能产生广延样式,而且在样式层面,不同属性所产生的样式也必须遵循范畴一致的原则,亦即思想样式与广延样式之间也不存在任何相互作用关系,前者不能产生后者,也不能通过后者而被认识,反之亦然。

在将广延属性确立起来之后,我们可以进入斯宾诺莎对形体(身体)所展开的一般探讨,这主要是围绕着《伦理学》第二部分命题十三所包含的那篇物理学纲要来展开。而从这篇纲要本身的构建进程来看,斯宾诺莎遵循了广延的直接无限样式——间接无限样式——有限样式这种论述次序,同时他又在这条总体论述次序之间穿插了最简单的形体——复杂的个体——人的身体这条路线。

在这篇物理学纲要的开头,斯宾诺莎提出"一切形体或是运动着或是静止着。"(公则一)[1]和"每个形体的运动,有时快些,有时慢些"。(公则二)而这里所谓的动静快慢实质上就是前面所说的由广延属性而出的直接无限样式,它们是永恒不动的、自类无限的,或者说,既然它们是从广延属性的绝对本性而出,就必然是一直持存而且是无限的,或者凭借这个属性而是永恒的和无限的。(E1P21)因此,这种作为直接无限样式的动静(快慢)就不是我们在个别存在物层面所观察到的那种具体的和可度量的动静(快慢),不是由想象所把握的,而只能由理性所认识,从而也就是被自然产生的自然之中最普遍的东西。当然,尽管有这种把握方式的差异,但是作为直接无限样式的动静(快慢)与我们通过经验所知觉的动静(快慢)并不具有本质上的差异,相反,它们依然具有同质性。正因为如此,动静(快慢)才能成为作为无限总体的宇宙和作为具体样式的形体由之得以产生并得到规定的原则。而作为总体的宇宙,亦即间接无限样式或宇宙的全貌,虽然会以无限多的方式发生变化,但是由于它始终保持相同的动静比例关系,所以它永恒地保持为同一个东西。同样,每一个别的形体(尤其是复杂的形体)都是通过特定的动静比例关系而得以形成和实存,凡是我们称为形体的那些广延属性中的样式莫不如此。(KV, 2, Voor Reeden,〔2〕,7)因此,动静(快慢)作为直接无限样式贯穿于整个被自然产生的自然,也是我们理解和解释自然以及个别形体时必须参照的最普遍的原则。一切对自然的经验性探究和一切关于自然的先天的分析最终都是为了达到这种最为普遍的动静规律及其法则。当斯宾诺莎说"一切形体必定在某些方面是彼此一致的"(补则二)时,不仅

---

① 　为了区别起见,我们在引用《伦理学》第二部分命题十三附释中的"物理学纲要"中的公则、补则、定义、公设之时,皆以中文标出。

是因为所有形体都包含着广延的属性,同时也是指一切形体都或动或静、或快或慢。一切关于自然物的数学—物理学研究都必须以这种最普遍的东西作为根本的视角和原则。而这种最普遍的动静(快慢)原则首先是在斯宾诺莎所谓的"最简单的形体"①层面得到应用。

所谓最简单的形体就是单纯处在运动或静止状态且具有自身或快或慢之速度的形体。之所以说它是最简单的,完全是因为它在动与静之间只具有一种状态。正是动或静决定了它的实存形态。它们之间的区别也只以动静快慢为准。因此,"形体之间之所以能够相互区分开来,不是根据实体,而是根据动静快慢"(补则一)。故而,动静快慢不仅是个别形体本身的构成性原则和同一化原理,也是诸形体之间的差异化原理。但是,既然作为直接无限样式的动静快慢乃是最普遍的东西,它并不直接构成形体自身之本质,亦如广延属性不构成形体之本质一样。(E2P37)那么,作为个别形体之本性规定性的动静快慢又是如何生成和实现的呢?斯宾诺莎认为,"一个形体之动或静必定为另一个形体所决定,而后面这个形体的动或静又为另一个形体所决定,而第三个形体的动或静也是这样依次被决定,如此类推,以至无穷"。(补则三)所以,一个最简单形体的动或静总是在一个无限延展的动静关系的体系之下被决定。② 实际上,不仅是这种动或静的状态,甚至最简单的形体以及个体事物都是依照这种因果生产原则而被产生。因此,在具体的物理学层面,斯宾诺莎始终贯彻这种由无限的因果链条所决定的生产原则。任何形体都不是孤立的,也不是绝对自主的,而是始终处在决定论的机制之中。

在此基础上,当斯宾诺莎进而研究具体形体时,他首先确立一条根本原则,即"一个形体在运动时将继续运动,直至为其他形体所决定而静止,反之,一个形体在静止时将继续静止,直至为其他形体所决定而运动"。(补则三绎理)这条绎理所昭示的是近代早期物理学中所特别强调的"惯性原理"。事物及其运动或静止等状态,就其本质而言,总是肯定其自身;而事物消亡的原因并不源于其自身,而是源于外在于它的原因。而就一物的现实本质而言,它总是会竭力保持自身之存在。(E3P7)所以,物理学意义上的惯性

---

① 就这种最简单的形体是什么,斯宾诺莎并未给出明确说明,但是从他的论述来看,最简单的形体不能等同于德谟克利特、伊壁鸠鲁等人所说的原子。实质而言,最简单的形体就是单纯处于运动或静止状态之中的形体,从是具有或快或慢之速度的形体。而由最简单之形体所构成的个体则是具有特定的动静比例关系的形体,从而是复杂的个体。这是最简单的形体和复杂的个体之间的根本区别。我们在自然界中所接触到的无一不是复杂的形体。

② 实际上,作为直接无限样式的动与静与具体事物的动静状态之间的根本区别恰是在这里,亦即它们各自的实存的理由和原因的差异。

定律同时也负载了强烈的伦理学意义。究其根源,这种物理学和伦理学意义上的定律最终还是源于斯宾诺莎在形而上学层面所确立的那种绝对的肯定性。无论在实体层面,还是在个别样式层面,它都现实地发挥作用。

既然无论是运动和静止的产生,还是事物自身的消亡均须由外因来决定,那么,它们就是一物在他物的影响之下产生的相应变化和结果。可是,这种作用过程并非是单向度的,反之,受影响的事物对这种影响过程亦有所作用,这也就是近代物理学中特别强调的作用和反作用的原则。

> 一个物体据之为另一个物体所影响的一切方式,既出于发生影响之物的本性,同时也出于受影响之物的本性,所以,同一个物体可以根据使其运动的诸多物体之间的差别而做不同的运动,反之,不同的物体可以被同一个物体以不同的方式所推动。(公理一)

这就意味着,一物在他物的作用之下产生特定结果时,并不是单纯地接受,它也通过自身之本性参与到该结果的产生之中。这不仅适用于最简单的形体,同时也适用于复杂的形体和人的身体。而且这种理论的要点在于受影响并不只是一种纯粹被动的过程,反之,任何受影响之物都具有其自身的受影响之性能或能力,也就是说任何影响都要在受影响之物的受影响性能的范围内才能发生,超出或不及这个影响范围,事物就被毁灭或者根本不会受到任何触动。当然,毁灭本身也是一种受影响的方式,但是在对形体的研究之中,最重要的乃是它与其他事物之间的作用关系,是其自身的情状和状态的变化。理解一个形体或自然物就是要探究它在一个无限的广延结构中的生产和运转之机制,要探究广延样式或形体在一个无限序列中的位置和配置关系,亦即它们相互之间的遭际以及组合或消解之关系。这一点对于复合形体而言更为重要,因为整个自然实际上就是由复合形体所构成的一个统一体。

在对自然之中最普遍的东西(即动与静)以及最简单形体的实存与活动之法则进行叙述之后,斯宾诺莎继而对复杂形体展开讨论。这种复杂形体同样也是一种个体,而且是最为常见的个体。而所谓个别事物或个体就是指"有限的且具有一种确定之实存的事物。如果许多个体共同参与了同一个活动,以致它们同时是某一结果的原因,就此而言,这些事物之总体将被视为一个个别事物或个体"。(E2Def. 7)在"物理学纲要"之中,复杂形体又得到进一步说明:

> 当许多具有相同或不同体积的形体为其他形体所挤压而相互紧密

联结在一起时,或者当许多形体具有相同或不同的速度在运动,因而依照一定的比率彼此传达其运动时,这些形体便可以说是相互结合;而且它们共同组成一个形体或个体。后者通过这种形体的结合而与其他形体或个体区分开来。(定义)

借助这条定义,斯宾诺莎解释了作为复合体的个体得以形成的原因及其实存形态。同样也是通过这条定义,他介入了近代早期哲学中一个重要的问题,即个体化的问题。当经院哲学家们以及部分近代早期哲学家在形而上学层面来处理个体化问题之时,斯宾诺莎则将其纳入物理学的视域下来考察。对他来说,数学—物理学和自然的解释总是指向了处在被自然产生的自然之中的个体,而且自然所产生的永远只是个体。(TTP,17,26/中译本第 245 页)虽然斯宾诺莎提出最简单之形体的概念,但是这种最简单的形体毋宁说是一种理论上的假设,而不具有独立的实在意义,它只是一种解释性原则。而真正实在的并且可以成为物理学和自然哲学之讨论对象的永远是作为复杂形体的个体。

从斯宾诺莎对个体的界定方式来看,他主要通过运动之传递的固定比率或者确定的动静比例关系来进行,同时也正是这个方面决定了一个作为复合形体的个体的形式和本性。不同于最简单的形体在特定时刻总是或者运动或者静止,一个复合式的个体由于其自身是由不限定的诸多形体所组成,而其中的每个形体或是运动、或是静止,那么每个个体自身内部的各个形体之间就具有了特定的动静比例关系,"每一个特殊事物都是通过运动和静止而开始实存。我们称为形体的一切广延样式莫不如此"。(KV,2,Voor Reeden,[2],7)只要一个个体总是保持固有的动静比例关系,它就总是其自身,就一直持存。[1] 而一旦它所特有的动静比例关系被破坏,则这个个体的形式或本质也就被破坏,这也就意味着此个体的死亡。正因如此,斯宾诺莎才会认为诸形体之间的差别乃是源于它们各自所具有的不同的动静比例关系。

当然,仅凭日常经验,我们就可以察觉到,自然万物总是处在不断的运动变化过程之中。既然如此,它们又是如何能保持自身确定的动静比例关系,从而维持自身的同一性呢? 就此,斯宾诺莎说道:

---

① 斯宾诺莎所说的这种作为复合形体的个体,不仅指无机物或无生命的物体,同样也意指生物体。而一个生物体从出生到成熟,再到死亡,其形体的各个组成部分一直都在发生变化,有些部分在变大,有些部分则消失,但是只要他的形体总是在总体上保持着既定的动静比例关系,则这个生物体就一直是其自身,就一直生存。

　　一些形体如果从多数形体所组成的物体或个体中分裂出来,而且其地位为相同数目且具有相同本性的其他形体所代替,则此个体将仍保持其固有的本性,而其形式也没有任何变化。(补则四)

　　如果组成个体的各部分或变大些或变小些,但是仍然保持其原来彼此之间同样的动静比例,则这一个体也将仍然保持其从前的本性,而其形式也没有任何变化。(补则五)

　　如果组成一个个体的若干形体被迫改变其原有运动方向,而转向另一方向,但是它们仍然能够继续运动,并且能够以与从前相同的比率将运动相互传递,则这个个体将仍然保持从前的本性,而其形式也将没有任何变化。(补则六)

　　如此构成的个体,无论就全体而言或动或静,或循这个方向而动,或循那个方向而动,只要它的各个部分能够保持其自身的运动,而且能够像从前一样将其运动传递给其余的部分,则这个个体将仍然保持其本性。(补则七)

上述这些公理和补则在很大程度上向我们呈现了由彼此之间按照动静快慢而有所区别的若干形体所组成的个体,换言之,由最简单形体所构成的形体以及由后面这些复杂形体所构成的更为复杂的形体。但是,斯宾诺莎并不认为作为复杂形体的个体就仅止于此,反之,他将这种复合形体逐步向着更高的层面推进,因为一个个体也可以由其他具有不同本性的复合形体所构成,而这种为许多不同形体所构成的更大的和更复杂的个体也具有其自身之本性,而这种本性同样取决于那些构成它的诸个体之间的动静比例关系。因此,

　　虽然这个个体可以在多种不同方式下被触动,但仍然可以保持其自身之本性,因此每一个部分能够较快或较慢地传递其运动于其余部分。假如我们设想一个由第二种个体所组成的第三个个体,则我们可以发现,它可以在多种方式下被触动,但是它的形式却不会改变。如此无穷地推演下去,我们不难理解整个自然(被自然产生之自然意义上的自然)就是一个个体,他的各个部分,换言之,即一切物体,虽然有极其多样的转化,但是整个个体却可以不致有什么改变。(补则七附释)

因此,在整个自然之中,个体并非如散沙一般孤立地实存,反之,自然之中的个体不仅处在平行的相互关联之中,同时也形成一种环环相套的结构。

这种结构也使整个自然成为一个最高的个体,甚至是一个有机的个体。而这个作为最高个体的自然实质上就是斯宾诺莎所说的"宇宙的全貌"或作为总体的宇宙。虽然这个最高的个体的组成部分始终都在相互作用并发生无限多的变化,但是由于这个最高个体总是保持着自身固有的和确定的动静比例关系,所以它始终是自身同一的、永恒的和不变的。

沿着从直接无限样式到有限样式和从最简单的形体到作为复合形体这两条相互交织的路线,斯宾诺莎进而对作为特定个体的人的身体展开了讨论。这种讨论以六个公设的形式进行。首先,"人的身体是由许多本性不同的个体所组成,而其中每个个体又是高度复合的。"(公设一)因此,人体就其本性而言乃是一个高度复合的个体,是一个统一体。这个统一体由许多作为个体的部分所组成,而这些作为人体之部分的个体也由众多本性不同的个体所组成。这些处在不同层次并具有不同本性的众多个体之间由于总是保持着固定不变的动静比例关系,从而使得身体具有自身的同一性,并据之与其他物体以及其他人的身体区分开来。虽然我们每个人在一生之中总是经历着身体中各种成分的变化,但是因为身体总是保持相同的动静比例关系,所以这个身体总是同一的,总是我们自己的身体。而就人体的组成成分,斯宾诺莎认为,有些是液质的,有些是柔软的,有些是坚硬的,(公设二)就如同他前面界定物体的不同实存形态时一样。这些不同的组分不仅具有相对于身体而言的构成性功能,同时也是身体的其他功能由之得以发生的前提。

而作为一个广延样式、作为被自然产生之自然中的一个个体,人的身体也同其他形体一样处在无限多的自然物体之间并与之发生各种各样的关系,亦即"组成人体的各个个体以及人体自身以多种方式为外界形体所触动"。(公设三)无论从其产生,还是从其现实的实存和活动来看,人体都不能离开其他物体,并且总是要遭受其他物体的作用和影响;而且人体也不能离开外物而单独实存,因为"人体需要许多别的形体,以资保存,也就是说借以不断地维持其新生"。(公设四)人体总是不停地处在变化(亦即新陈代谢)的过程之中,需要各种各样的能量和养料,从而使得人的身体处于依赖性和被动性之中。作为自然的一部分,人的被动性首先就体现在身体的被动性或受影响的层面。

然而,同其他任何形体一样,人的身体并非仅仅具有被动性,并不仅仅具有受影响的性能,同样,"人的身体能以多种方式移动和支配外界的形体"。(公设六)故而,人的身体也具有其主动性,也有对外部形体产生作用和影响的性能。但是无论是被动性或受影响之性能,还是主动性或发挥影响之性能,都必须严格遵循属性或范畴的一致性,也就是说只有外界的形体才能对人体发生影响，同样人的身体也只能影响外界的形体。而在广延样式与思想样式之间则不能发生任何相互的决定或作用："身体不能决定心灵，使它思想；心灵也不能决定身体，使它运动、静止或处在其他的状态之下（如果有任何其他状态的话）。"（E3P2）在这一点上，斯宾诺莎的观点构成了对笛卡尔的身心交感论的反动。

以上即为斯宾诺莎在《伦理学》中关于形体和人的身体的简短的物理学研究。由于这些内容更应当放在自然哲学和自然科学的框架之下来探讨，而《伦理学》的目标并不在此，所以这种讨论在其中非常简短。（E2P13S）但是这种简单的讨论却具有重大意义。首先，它特别突出了人的身体的现实地位，凸显了身体的积极的构建价值，而不再将身体视为一个附带的或受轻视的要素。恰如我们应当按照人在自然中的本然面目来审视人本身，作为人的重要组成部分的身体，仅就其自身的现实实存状况而言就具有肯定的地位。其次，人的身体具有非常复杂的结构，但是长久以来，由于不知道一件如此精妙之作品的原因，人们便断言人体的结构不是机械一般造成的，而是由一个神圣的或超自然的技艺创造而成的，所以才使其中各个部分互不妨碍。（E1App.）但是，这种无用的惊奇和神圣创造之构想，非但无益于我们正确地认识身体，反而使人误入歧途。而我们真正要做的则是确切地了解身体的结构，以便说明身体的一切功能。（E3P2S）因此，在斯宾诺莎这里，不仅有关于身体的数学—物理学式的研究，而且也有关于身体的解剖学研究。在这一点上，他与笛卡尔等人的观点是一致的。虽然斯宾诺莎在著述过程中不像笛卡尔那样对解剖学研究具有诸多鲜明的应用，但是他对当时人体解剖学的进展和研究成果却有着深刻的关注和把握。①

但是，在对待解剖学的态度上，斯宾诺莎与笛卡尔等人又有着重大差异，这集中体现在他所理解的解剖学不是一种单纯机械论意义上的解剖学，而是向着一种生物学意义进展。身体对斯宾诺莎而言并不等同于一架没有生机的机器，他也不像笛卡尔一般单纯从热的角度来界定身体的活力和生命，相反，身体本身就是一个富有生机和活力的生命体，是通过其内在的力量而展开活动的有机体。身体的生命固然不是由灵魂所赋予，但是同样也不是通过单纯

---

① 在斯宾诺莎的藏书中有多本当时非常流行的解剖学著作，其中包括 *Veslingii Anatomicum*（Patavii, 1647），*Riolani Anatomica*（Paris, 1626），*Kerckringii Specilegium anatomicum*（1670），*Bartholini anatomia*（1651），etc. 就斯宾诺莎藏书中的解剖学著作的更详细信息以及斯宾诺莎与十七世纪的解剖学之间的关系，可以参考 Freudenthal, J., *Die Lebensgeschichte Spinoza's*, pp. 160 - 162; Andrault, R., "Spinoza's Missing Physiology", *Perspctives on Science*, Vol. 27, No. 2, 2019, pp. 215 - 219。

的机械力就可以被界定。所以,机械论对斯宾诺莎来说是不充足的。对身体之结构的研究固然不能脱离机械物理学,但是关于身体的生物学研究同样而且更加重要。解剖学不是对无生命之形体的解剖,其更重要的意义是通过对机体的解剖来推导出生命的原则、机体的结构法则及其运动的规律。因此,处在无限的形体关系网之中的身体,不仅与其他形体有排列和配置关系,更有组合与消解之关系。而这种组合与消解的关系更多的是在生物学和生命运动的层面实现的,是新陈代谢的运作,也是生殖活动的展开。因此,身体不仅可以接受外物的影响和作用,同样具有其自发性,而且这种基于自然规律和法则并由身体自发做出的行为往往会使人的心灵感到无比惊讶。(E3P2S)从这种意义上讲,身体也有权被视为一部具有内在动力原则的"自动机"。

二、心灵与思想的物理学

依照《伦理学》的总体进程,斯宾诺莎在构建起一般的形而上学原理和总体的存在论框架之后,他要进而考察从神的本质必然而出的那些东西,核心就是那些足以引导我们犹如手牵手一般达到对于人的心灵及其最高幸福的知识的东西。他的严格意义上的伦理学研究恰恰是围绕着人的心灵以及与心灵密切相关的自由和幸福而展开的。但是,为了达到关于心灵的知识,就离不开身体,因为心灵之本性恰恰是需要参照人的身体才能得到全面深入的规定;关于身体的数学—物理学研究也为关于心灵的研究提供了相关项或参照维度,而且是非常重要的阐释线索甚至是原则。

既然依照它们的根本存在论规定,人的心灵和身体只是同一个东西的两种不同的表现方式,(E2P7S)所以应用于身体的数学—物理学研究方式同样可以被应用于对心灵的研究之上。作为自然活动的结果和样式,人的心灵本然地属于被自然产生之自然的领域,同样要遵循自然本身永恒的和到处同一的规律和法则,而这些同时也是身体以及一切物体所必须遵循的规律和法则。[①] 况且斯宾诺莎一再强调,他所理解的自然绝不是仅仅由形体事物所构成,思想的东西同样也是自然的组成部分。所以,作为观念的心灵同样隶属于自然,它不是违反和脱离自然,而是要服从自然的规律和法则,而这种自然的规律和法则实质上也就是广义上的物理学的规律和法则。故而对于身体的物理学研究方式同样可以被应用到心灵和思想之上,从而形成一种思想的物理学,

---

① "观念自思想属性而出与观念的对象自其所隶属的属性而出或推演而出,其方式是相同的,且遵循同样的必然性。"(E2P6C)

或者更准确地说是一种关于心灵或思想的数学—物理学。①

　　《伦理学》第二部分将神的思想属性明确确立起来之后,它也像关于形体的物理学纲要之开篇所做的那样,首先引入了所谓最普遍的东西,也就是由神的思想属性所产生的直接无限样式:"在神之内必然有一个观念,它既是神的本质的观念,同时也是一切由神的本质必然而出的事物的观念。"(E2P3)既然由神的思想属性最初产生的是观念,所以观念就是思想属性的首要的和核心的样式。而从神的思想属性最初产生的直接无限样式就是"神的观念"(idea Dei)。这个所谓的"神的观念"乃是神所具有的观念,是神对其自身之本质以及一切由其本性必然而出的事物所具有的观念,所以,这个观念是无限的和唯一的(无限多的事物以无限多的方式由之而出)(E2P4)。而斯宾诺莎又明确地将神的观念称为"神的无限理智"(E2P4D)。但不管是神的观念,还是神的无限理智,实质上就是神的思想属性直接产生的"直接无限样式"。实质而言,这种神的观念或神的无限理智乃是一个总体,它负载着自身由之得以活动和展开的规则。它是永恒不动的,其唯一的特性就是一直清晰地理解万物。(KV,1,9,3)因此,这种神的观念或无限理智就不是我们日常生活中所具有的那种观念或理智,但是后者必须经由前者才能得以产生并得到说明,而且后者总是前者的部分,始终无法脱离前者而独立存在。(E2P11)神的观念或无限的理智将一切有限的观念和理智包涵于自身之中。当然,究其实质,这依然源于神的思想属性及其现实的生产能力,亦即

　　　　观念的形式存在以神为原因,只是就神被认作为能思想者而言,而不是就神为别的属性所解说而言。这就是说,神的各种属性的观念以及个别事物的观念都不以对象本身或被知觉的事物为其动力因,而只以作为能思者的神为其动力因。(E2P5)
　　　　每一种属性的诸多样式以神为原因,只是就神通过这些样式所隶属的属性看来而言,而不是就神通过任何别的属性看来而言。(E2P6)

　　观念——无论是无限的,还是有限的——都是由作为能思者的神所产生,都是由神的思想属性而来,而且仅仅以神的思想属性作为动力因,而不以对象或被知觉的事物为动力因,这实际上依然源于并体现着斯宾诺莎所说的观念和事物之间不能发生任何相互作用之原则。据此,斯宾诺莎也抛

---

①　Cf. Lloyd, G., *Part of Nature: Self-Knowledge in Spinoza's Ethics*, p.16.

弃了以外物刺激感官和心灵作为观念产生之根源的经验主义立场和解释模式。对于观念的阐释,亦如对形体的阐释一样,都必须严格遵循范畴的一致性。

然而,既然真正现实实存着的只有实体及其样式,那么同个别形体一样,我们也必须探究个别观念的生产过程。在这一点上,斯宾诺莎明确遵循着前述的解释方式。

> 一个现实实存的个别事物之观念——亦即一个个别的有限的观念——以神为其原因,不是就神是无限的而言,而是就神被认作为另一个现实实存着的个别事物之观念所分殊而言,而后一个观念之以神为原因,乃是就神为第三个观念所分殊而言,如此类推,以至无穷。
> (E2P9)

所以,斯宾诺莎对个别观念之生产进程的阐释依然遵循相同的因果性机制。每个个别观念都处在无限的观念链条或网络之中,而因果生产机制就贯穿于其间。而观念也不因为是思想的样式,就遵循完全不同的法则;反之,它所遵循的同样是自然本身的规律或法则。而观念所处的无限的生产链条或网络,恰是在这种自然的规律和法则的作用之下形成的,因此,它们必然是无限的,是无始无终的。任何时间意义上的绝对开端或起点,对于我们有限的理解力而言,都是无从寻觅的。所以,对于观念,斯宾诺莎着意探究的不是其内在的深度或起点,而是它在无限的内在思想空间中生产与运转的机制,是诸观念在一个无限序列中的相互影响和配置关系。[1] 但是,观念之间的组合与消解关系并非数学里的加减,而是一种复杂的组织关系,它们不仅包括机械式的排列组合,同时也有生物学意义上的吸收与分解。

既然在形体之间,有所谓最简单的形体与复合的形体之分,那么在观念的领域中是否也有这种区分呢? 既然在形体的层面,斯宾诺莎以动静比例关系作为个体化的基本原则,那么在观念的层面上个体化原则又是什么呢? 就这些问题,我们首先要对斯宾诺莎所理解之观念的一个特殊性质有所把握。

对斯宾诺莎而言,观念总是对于……的观念,或者说观念总有其对象(ideatum)或相关项(correlative)。因此,一谈到观念,就必然有与其相对应

---

[1] Cf. Balibar, É., " A Note on ' Conscientia/conscience ' in the *Ethics* ", in *Studia Spinozana* (8), Könighausen & Neuman, 1992, p.37.

的观念对象。而作为思想样式的观念的首要对象就是自广延属性而出的样式或物体。[①] 任何物体，就其在神之内而言，必然在神的无限理智之中具有它的观念。因此，当斯宾诺莎开始论述观念时，他首先指向的是神的无限理智之中的观念，而不是人心中的观念。但是，神产生任何观念与他产生这个观念的对象完全是同时的和相对应的，神对他所产生的一切物体都具有观念，或者说神产生一切物体的过程与他产生这些物体的相应观念的过程完全是同时的和同一的。因此，一切观念都必然具有特定的对象或相关项。同样，"在每一个观念的对象之中无论发生了什么，在神之内也必然对所发生之事具有观念，这是只就神具有该对象的观念而言的。"（E2P9C）

与此同时，如同在形体层面有所谓最简单的形体和复杂的形体之分，在观念层面也必然会具有简单观念和复合观念之分。但是，正如最简单的形体更大程度上乃是一种理论假设，是为了担负特定的解释功能，却不具有绝对的独立实在性；同样，最简单的观念也有类似的性质。而且我们发现，斯宾诺莎只是在早期的《理智改进论》中曾提及和使用了"最简单的观念"这个表达，而在《伦理学》等成熟的作品中就基本没有再提及这个概念了。这主要是因为，既然在自然之中现实实存的只有个体，而每个个体都是高度复合的形体，所以处在神或自然之中的现实实存的观念必然都是复合的或复杂的观念，亦即由许多观念所组成的观念。正如我们无法把每个形体分解到终极的组成部分一样，我们同样无法把观念分解到其终极的组成部分。就观念的现实地位而言，每个观念同样也是个体并始终被斯宾诺莎当作个体来看待。

既然如此，那么观念的个体性来源于哪里呢？既然广延样式与思想样式都遵循着相同的规律和法则，那么当物体的个体化原则是动静比例关系时，观念的个体化原则是否也应当是它由之组成的诸多观念之间的动静比例关系呢？如果从推论的角度来看，我们似乎可以得到这个结论。可是，斯宾诺莎在行文过程中却从未这样说过。当然，他在《伦理学》中曾经多次提到思想本身的速度和强度，但是他却从未以观念之间的动静比例关系作为观念的个体化原则，而且这种机械类比的方式也不合乎斯宾诺莎对属性之间的实在区分。

实质上，从斯宾诺莎对观念与其对象之间关系的规定来看，观念的个体

[①] 当然，观念之对象并不局限于广延样式。一个观念同样可以成为别的观念的对象，但是这是一种衍生意义上的观念对象。对斯宾诺莎而言，首要意义上的观念对象乃是一个现实实存的广延样式或物体。

性乃是源于其对象的个体性。正是由于不存在没有对象的观念，而且每个对象总是有与其相对应的观念，所以观念对象的个体性恰恰正是观念的个体性，二者是内在一致的。我们不必在对象之外再去寻找观念之个体性的来源和标志。虽然复合的或复杂的观念是由许多观念所构成，但是它依然是一个个体。与形体领域中个体的层级结构一样，在观念领域中也有类似的层级结构，亦即作为理论假设的最简单的观念构成了初级的复杂观念，而这些复杂观念又构成更复杂的观念，如此类推，以至无穷。最终，我们可以说，无限多的观念也构成了一个作为总体的个体。这个无限个体的各个部分，即一切具体的观念，虽有无限多的变化，但是这个总体却不会有任何改变。这个总体实际上就是思想属性的间接无限样式。斯宾诺莎虽然没有为之赋予任何特殊的名称，但是"宇宙的全貌"这个名称同样涵盖了思想层面上的间接无限样式。所以，宇宙之全貌或者说无限的宇宙也是一个由无限多的观念所构成的思想的宇宙，我们甚至可以将思想层面的间接无限样式视为"无限宇宙之观念"，也就是一切从神的本质必然而出的事物之总体的观念。这也恰恰证明了斯宾诺莎所说的"被自然产生的自然"或无限的宇宙应当是有思想的，是一个无限思想的宇宙。任何一个具体的观念都是这个无限的宇宙观念或无限思想宇宙的组成部分，正是无限多的个别观念共同构成了这个无限思想的宇宙。

当然，这并不意味着在宇宙之中有一个独立的宇宙之心，作为无限多个别观念的处所和产生之地；反之，宇宙本身就是一个思想之物，就是由无限多的观念所构成的无限思想物。因此，无限多的个别观念相互之间是连续的、紧密关联在一起的。正如物质宇宙之中没有真空而是无限多的物体或无限广延的连续体，同样，无限的思想宇宙之中也没有"真空"，而是无限思想的连续体。① 而这样的理解并不是源于任何单纯的外在类比，而是源于一种内在的同一，因为根本来说只有唯一的一个无限的宇宙，这个宇宙既是物质的，也是思想的；也可以说它把自身同时表现为物质的宇宙和思想的宇宙。②

---

① 在斯宾诺莎这里，无论是物体的个体性，还是观念的个体性，都必须被置于这种无限的连续体之下来理解，并不存在绝对意义上的、与其他个体分离的个体。而这一点也使得斯宾诺莎与近代的个体主义或个人主义有了重大的差异。根本而言，斯宾诺莎虽然没有否认个体的实在性，甚至明确地为个体赋予了实在性，但是个体的实在性却始终要在总体之中才能实存并得到理解。所以，斯宾诺莎绝对不是现代意义上的个体主义者或个人主义者。这一点对于我们理解他的伦理学和政治哲学具有异常重要的意义。

② 当然，这个宇宙还可以把自身表现为其他属性形式下的宇宙，但是由于我们只能把握思想和广延这两种属性，所以宇宙对我们来说也就只能表现为思想的和广延的。

在确立上述的一般语境之后,斯宾诺莎进入对具体的和特殊的观念的讨论,但是正如他在《伦理学》第二部分前言中所说的那样,他所关注的主要是人的心灵,所以他的探讨主要围绕着人的心灵而展开,因为人的心灵对他来说就是一种特定的观念。心灵必须通过观念而得到界定,却不是通过官能或机能,更不能通过实体来得到规定。既然神对万物都具有观念,所以万物都具有心灵。(E2P13S)由此,斯宾诺莎就不是在物活论的意义上来谈论心灵。心灵与生命并不是一回事。例如,说石头有心灵,并不意味着石头有生命,而是说在神之内有这块石头的观念,只不过这块石头的观念是异常微弱和模糊的。

因此,当我们理解斯宾诺莎所说的心灵之时,最重要的是我们必须始终从观念的层面来着眼。观念乃是构成心灵之形式存在的最初的东西,或者说心灵的本质就是观念。而所谓观念就是概念,而不是知觉。(E2Def. 3)因此,心灵不是实体,也不可以被理解为任何具体的实在物,甚至我们可以在思想之流的层面来理解心灵。据此,斯宾诺莎对西方传统的心灵概念进行了彻底的变革。

此外,既然心灵是一种观念,那么它必然也有其对象,而"构成人的心灵的现实存在的最初的东西不外是一个现实实存的个别事物的观念"。(E2P11),更具体地说:"构成人的心灵之观念的对象只是身体或某种现实实存着的广延样式,而不是别的。"(E2P13)所以,人的心灵之对象或相关项乃是人的现实实存的身体,而人心只是以它的现实实存之身体作为对象的观念,这是斯宾诺莎关于人的心灵之本性的根本规定。而"在构成人的心灵之观念的对象之中无论发生什么,必定为人的心灵所觉察;换言之,在人心中必然有关于所发生之事的观念。这就是说,假如构成人心之观念的对象是一个形体,则绝没有在这个形体中发生了什么而不为心灵所觉察的"。(E2P12)对于上述关于人心的规定,我们依然需要通过神来进一步予以阐释。人心之所以能够觉察作为它的对象的身体之中所发生的一切变化,主要是因为神对一切所发生之变化具有观念。当神构成了人心的本性之时,人心必然觉察到它的身体上的变化;若神并不构成人心之本性,或者说神不仅构成人心之本性,还构成其他事物之本性,那么人心就不能觉察到人身上的变化,或者说人心不能清楚分明地觉察到身体上的变化。(E2P11C)

与此同时,既然人心以人的身体为对象,而人体又是复杂的个体,那么人的心灵必然是一种复合或复杂的观念,亦即"构成人心之形式存在的观念不是简单的,而是由许多观念所组成的"。(E2P15)人的心灵就其以人体为对象而言,也是一个总体,同时也是一个个体,但是心灵本身也像身体一样由许多不同层次并具有不同复杂程度的个别观念所构成。诸多不同观念之间只要保持着一种固定的关系，则人心就总是保持为同一个心灵，从而具有自身的统一性，尽管它的瞬间感受会发生各种变化。而且，既然人的心灵与其他任何事物的观念或心灵一样，总是处在无限的因果生产链条或网络之中，所以，组成人的心灵的各个观念以及人的心灵本身，会以无限多的方式为其他观念所影响，而且仅为其他观念所影响，故而，人的心灵具有相对于其他观念而言的被动性。而这种被动性突出地表现为人的心中会有各种各样的被动的情感或激情（passiones）。当然，同人的身体能够以多种方式移动和支配外物从而具有主动性一样，人的心灵作为一种观念也会对其他观念造成影响，从而体现出它自身的力量和主动性。所以人心的主动性就必然是在思想和观念之间来实现。

因此，无论从心灵与身体之间的对象性关系，还是从心灵与身体的主动性和被动性的规定，斯宾诺莎都与笛卡尔等人的理论形成了鲜明的对照。在笛卡尔的身心二元论与身心交感论的框架下，当身体主动之时，心灵是被动的，因为心灵通过动物精气和松果腺之运动而接受了身体的作用；而当心灵主动之时，身体是被动的，因为心灵通过自由意志的决定对肢体发出指令，从而使其运动。[①] 但是，依照斯宾诺莎的原则，心灵和身体分别属于不同的属性，二者之间没有任何相互作用。心灵与身体各自的主动或被动均需要通过自己所隶属的那种属性之下的其他样式才能形成并得到解释。这种理解策略明确否定了身心之间的任何因果作用关系。同时，斯宾诺莎也不承认身体和心灵之间任何一方会高于另一方。

如果说斯宾诺莎否定心灵对身体的任何优势，这倒不是为了确立身体对心灵的优势。后一种说法不会比前一种说法更可理解。平行论之实践意义表现为对传统原则之颠倒。按照传统原则，道德作为以意识控制各种激情之举而创立，而这种激情往往由身体作为其承担者和表现者，故而道德就表现在以心灵（尤其是善良意志）对身体和激情的宰制，心灵（特别是理性）可以具有相对于激情而言的绝对权力。但是，按照《伦理学》的说法，心灵内的主动必然也是身体内的主动，而身体内的被动必然也是心灵内的被动，此一系列并不高于彼一系列。[②]

---

① Cf. Descartes, *Les passions de l'âme*, Partie I, Article 2. in *Oeuvres de Descartes* (AT), T. XI, Paris: Vrin, 1974.

② 德勒兹:《斯宾诺莎的实践哲学》，第21页。

　　然而,斯宾诺莎在身心关系上并不止步于平行论,反之,他坚持彻底的一元论立场,也就是人的身体与心灵其实只是同一个东西。当然,斯宾诺莎也曾说过,"人是由心灵与身体所组成,二者形成一种结合或统一",但是这种结合或统一并不是两个相互有别并相互分离的个体通过某种外在的媒介而达成的结合或统一。实质上,人本身乃是一个有机的整体,作为广延样式的身体和作为身体之观念的心灵只是这个统一体的两种不同的表现形态或实存方式,故而就其本身的存在论规定和实存结构而言,身体与心灵完全是同一的,这是一种"身心同一论"。

　　既然如此,斯宾诺莎又是在何种意义上说身体是心灵之对象或心灵乃是一个以身体为对象的观念呢? 既然他排除了身心之间的任何作用关系,那么身体肯定不是在刺激反应的机制下成为心灵的对象,不是身体以及身体的诸感受对心灵产生直接的触动之下而使心灵具有关于身体的观念。同时,心灵之为身体的观念,并不意味着心灵纯凭一己之力就主动地对身体形成观念,因为作为一种有限的样式,"心灵本身并没有绝对的权能来对某个对象形成观念"[①]。事实上,心灵之为身体的观念是不能唯独通过心灵本身来解释的,而是要参照着神才能得到阐明。心灵之所以是它的身体的观念,这首先是因为在神之内有关于它的身体的观念。而在我们说神具有身体的观念时,并不意味着神先把人的身体产生出来,然后再对人的身体形成观念;反之,人的心灵与人的身体在神之内只是同一个东西,或者说是同一个东西的两个不同侧面,所以,神产生人的身体的过程与神对人的身体具有观念的过程实质上就是同一种过程或同一个活动,因为神的思想力量就等同于神的现实活动力量。(E2P7C)一个现实的物质事物从神的广延属性而出,与这个事物的观念自神的思想属性而出乃是同时的,是同一个活动结果的两个方面。这也就是斯宾诺莎所说的"广延的一个样式与这个样式的观念乃是同一的东西,不过由两种不同的方式表现出来罢了"(E2P7S)。而且只有在神之内或者只有与神相关联时,广延属性的样式与该样式的观念才是真正同一的。比如,自然界中的太阳与处在神之内的太阳的观念就直接是同一的,而某人心中的太阳的观念与自然之中的太阳本身并不直接就是同一的。同样,人的心灵与人的身体就它们处在神之内并与神相关联而言是同一的,而不是就某人的具体的观念而言的。因此,思想和广延这两种属性的样式之间的同一乃是一种现实的动态生产过程的同一,而不是一种静

---

① Mignini, F., "Spinoza's Theory on the Active and Passive Nature of Knowledge", in *Studia Spinozana* (2), Walther Verlag, 1986, p.47.

态的还原或同化意义上的同一,后者始终以外在性为前提。因此,当神把人的身体产生出来时,他也同时把身体在思想属性中的相关项——亦即心灵或身体的观念——产生出来,身体之为心灵的对象首先就是在这种意义层面得到规定。

其次,身体不仅是指处在神之中的作为观念之心灵的对象,它同时更是某个具体的人的心灵的对象,而这是就神构成了人的心灵之本质而言的,亦即就神被个别心灵所分殊而言的,因为"人的心灵乃是神的无限理智的一部分,所以当我们说,人的心灵觉察到这物或那物时,我们不过是说,神具有这个或那个观念,但不是就神是无限的而言,而只是就神为人心的本性所阐明或就神构成了人心之本质而言"。(E2P11C)所以,个别人的心灵之所以以其身体为对象也是由神所决定的。恰恰是因为神将自身"凝缩"或"映现"为个别的心灵并构成该心灵之本质,心灵才能以身体为对象并对身体有所知觉。而且不仅是对于作为总体的身体,就是对于身体之中的任何具体的感受或变化,心灵也可以将其作为对象并对之有所知觉,其过程与心灵对身体之知觉是完全一致的。具体而言,在构成人心之观念的对象中,无论发生了什么,都必定为人心所觉察,换言之,在心灵中必然有关于此发生之事的观念。因为在任何观念的对象中,无论发生什么,在神之内都必然有关于所发生之事的观念,但这是就神被认作为同一对象的观念所分殊而言,也就是说只就神构成某种事物的心灵而言。所以,在构成人的心灵之观念的对象中无论发生了什么,在神之内必然有关于此发生之事的观念,这是就神构成了人的心灵之本性而言,换言之,在心灵之中必然有关于此发生之事观念,或者说,心灵觉察到了它。(E2P12&D)正是因为在神之内有关于人体之中所发生之一切情状或感受(affectiones)的观念,所以,当神将自身分殊为个别的心灵之时,个别的心灵才能知觉到身体之中所发生的这些情状或感受。然而,相比于身体而言,对于身体之情状或感受的知觉具有更为根本之地位,因为对斯宾诺莎而言,身体虽然是心灵之对象或心灵是身体之观念,但是心灵并不能直接知觉作为整体的身体本身,反之,只有通过对人体之感受的知觉以及对这些感受之观念的觉察,人的心灵才能知觉人体以及人体的实存。(E2P19&21)所以,人心所能直接知觉和把握的只有人体的诸情状及其观念。只有通过后面这些方面,我们才能知觉到身体本身。

然而,由于人体之情状及其观念总是纷繁芜杂并充满无穷多的变化,所以,通过人体之情状及其观念,人心无法完整地把握作为整体的人体,而只能对之具有不完整的、片段的和模糊的观念。但是,无论如何,人体之情状及其观念才是人心所能把握的根本对象。正是在此基础上,斯宾诺莎继而提出,"人心除非凭借其身体之情状的观念,否则就不能将任何外界物体知觉为现实实存着的",因为"假如人体不以任何方式为外物所触动,则人体的观念,亦即人心,也将不以任何方式为该物体之实存的观念所触动,或者说,它不以任何方式知觉外界物体的实存。但是,只要人体以某种方式为外界物体所触动,则人心便在此范围内知觉到外界物体"。(E2P26&D)因此,我们对任何外界物体的认识皆以它们对我们身体的触动为限,这也就意味着人心不能直接知觉外物,不能直接以外物为知觉的对象。我们之所以能够知觉外物之实存并对之具有观念,只是因为我们知觉到了外物刺激我们的身体之后在身体上所产生的情状和感受,因此,人心所具有的一切知觉和认识都是关于我们的身体之情状的知觉和认识。身体不仅标画出我们自身之实存的界限,同时也标画出我们的知觉或认知活动之界限。(Ep. 64)因此,虽然人的心灵能够知觉无限多的事物,但是它的知觉范围则以身体所具有的受影响之性能为限。[1]　在其现实的绵延之中,"身体越是能够以更多的方式受到影响,则心灵就越是能够知觉到更多的事物"。(E2P14)所以,无论是对心灵之本性与起源的规定,还是对知识之性质和分类的考察,乃至随后对心灵中各种情感的分析,都必须首先参照身体,甚至以身体作为根本的出发点。

由此可见,作为人体之观念的心灵,无论是它对人体和人体的诸感受所具有的观念,还是它对外物所具有的观念,都必然通过对人体的诸感受的觉察才能实现,但是归根结底,还是必须通过神才能得到解释。人心之所以能够知觉身体及其诸感受,并非因为人心可以对身体及其诸感受具有直接的觉察,而是必须以神及其无限的理智作为根源。所以,从根本上说,并不是人心在认识,而是神在认识。只有通过神,人心才能认识身体、身体的感受和外物。通过对心灵和身体之本性、心灵与身体之间的关系,以及心灵的认识途径的分析,斯宾诺莎避开了笛卡尔以心灵作为绝对认知主体的道路;他的哲学不是一种意识哲学或认识论意义上的主体性哲学,而是表现出了强烈的非主体和反主体的倾向。[2]　对斯宾诺莎而言,人心具有其自身的复杂性和不透明性,但是探究心灵绝不是简单地探究心灵的内在深度,而是要考察心灵在整个观念网络中的位置和遭际,要揭示心灵由之构成的诸观念之间的配置关系。而且关于心灵的阐释以及心灵自身的确定性也不是唯独由心

---

① Cf. Deleuze, G., *Cosa può un corpo? Lezioni su Spinoza*, a cura di Aldo Pardi, Verona: Ombre Corte, 2013, p.55.

② Balibar, É., "A Note on 'Conscientia/conscience' in the *Ethics*", p.37.

灵来决定,而是要时时参照身体才能进行。

　　既然作为观念的心灵,就其根本的实存结构而言,总是处在无限的观念网络之中,因此,个别的心灵就不是一种第一人称的观念,而是与其他观念处在同一内在的存在平面之上,与其他无限多的观念共同纳入到无限的观念宇宙之中,并构成了这个无限的思想连续体的一部分,也就没有绝对孤立的存在地位。而处在这个无限观念网络之中的心灵必然与其他无限多的观念相关联。当神构成了个别心灵的本质之时,此心灵甚至在一定意义上可以被视为映现了自然或宇宙之全体,从而也消除了心灵本身的唯我论的品性,因为一切都可以被视为神自身的映现,是作为唯一真正主体的神自身的活动和表现,而唯我论和个体中心主义的一切向度必然在这种总体视域下被涤荡净尽,这乃是作为个别观念的心灵的源初处境。

　　斯宾诺莎哲学,尤其是他的《伦理学》,从未采纳第一人称的立场。尽管"自我"(ego)时常出现于他的笔端,但更多地发挥着语法和修辞的功能,却不是作为一个独立的哲学范畴而出现。① 在笛卡尔那里作为体系之基础并发挥公理之功能的"我思",在斯宾诺莎这里也付之阙如。当笛卡尔说"我思"(cogito)的时候,斯宾诺莎只说"人思"(Homo cogitat.)(E2A2)。② 当笛卡尔以"我思"来规定"我在"(sum),并通过上帝的诚实无欺来从思想上确证我的身体的现存在时,斯宾诺莎却直言"人的身体恰如我们所感觉到的那样实存着"(E2P13C),但人体之实存却决不以思想或感觉为前提。

　　既然如此,我们又当如何对心灵自身的同一具有确定性呢? 或者说,心灵如何才能返回自身、意识到自身,并进而形成自我意识呢? 心灵如何才能成为"我"的心灵呢? 如果心灵确实具有这种意识的话,那么这种意识到底是一种幻觉,还是有其自身现实的生成机制呢? 纵观斯宾诺莎的全部作品,他几乎从未提及"自我意识"这个概念,而作为名词的意识(conscientia)也很少出现。即便他经常使用与意识相关的词语,但是这些词语更多地以形容词或分词的形式被使用。正如斯宾诺莎不承认有所谓实体化或物化的心灵一样,他也不承认有类似的意识。可是,这并不意味着在他那里没有关于意识的考察。反之,他确实在一定程度上对这种自返的或反思式的意识有所论述,而这种论述主要是围绕着"观念的观念"而展开的。然而,即便是这种分析和论述依然是以身体之情状的观念为切入点。

------

① Cf. Moreau, P.-F., "La terminologie du 'Je' dans le *Traité théologico-politique*", in *Spinoza to the Letter: Studies in Words, Texts and Books*, ed. F. Akkerman and P. Steenbakkers, Leiden: Brill, 2005, pp.125 – 139.

② Cf. Moreau, P.-F., *Spinoza: l'expérience et l'éternite*, p.518.

对斯宾诺莎而言,人体是一个由许多个体所组成的复杂形体,而组成身体的诸多个体之间有一种固定的动静比例关系,正是这种关系固定了身体之形式,使之个体化并维持其存在。但是,随着斯宾诺莎对人的实存分析的进一步深入,他不再单纯着眼于组成身体的个体之间固定的(甚至是静态的)动静比例关系,而是将身体纳入到一种动态的活动过程之中,亦即他愈益将身体视为由无限多的情状所构成的个体。由于身体处在无限多的物体所构成的因果链条和网络之中,那么身体总是处在与其他物体的作用与反作用的关系中,所以身体必然经历无限多的感受和变化。此一刻的身体已经不同于前一刻的身体,尽管这个身体由于保持着相同的动静比例关系而维持自身的同一,但是它却始终处在由感受所引发的变化之中。当斯宾诺莎借助个体化原则确立一种不变之时,他也通过情状与感受而引入了一种变化,这实际上就是不变之中的变。对于人的现实实存而言,这种由情状和感受所展现的变化十分重要,因为正是它们所昭示的变化及其所引发之结果才使身体之现实实存得到规定。一物之形式或本质固然对其有决定作用,但是只有在活动中所展现的实存才是个体生活的核心意蕴之所在,这是斯宾诺莎所坚持的特殊的生存论或实存主义(existentialism)。《伦理学》始终以永恒作为终极视角并以追求永恒作为根本旨趣,但是永恒并不是一种近在手边或俯拾即是的东西,反之,达到永恒必经对绵延的实存分析并诉诸视角的转变。永恒并不能脱离绵延而自存,而必须依托于绵延才能显现。身体的现实实存乃是处在绵延和时间之中的实存,而这种实存恰恰与不停流变的身体的情状和感受不可分离,甚至身体的现实实存正是由诸情状和感受所决定。

同样,作为现实实存之身体的观念,心灵也如身体一般是一个复合体,是一种复杂的观念。这种观念从形式上看是整个身体的观念,但是由于身体是由许多个体所构成,所以心灵也是由这些个体之观念所构成。这是斯宾诺莎对心灵之本性所做的根本规定。但是,既然身体总是处在不停的作用和反作用的关系之中,故而身体总是具有各种各样的情状与感受,所以作为身体之观念的心灵同样具有这些情状与感受的观念。恰如这些情状与感受总是处在绵延的变化之中一样,这些情状和感受之观念也同样处在绵延的变化之中。因此,身体通过不变的动静比例关系而始终保持自身的同一,从而也使得作为身体之观念的心灵也保持其自身之同一。但是,身体因情状和感受的变化而变化,那么作为身体之观念的心灵也因这些情状和感受之观念的变化而变化。所以,心灵同样是一种不变之中的变。因此,心灵不应当被视为固化的存在者,就其本性而言,它始终处在一种不断的流动之中,应当被视为一种"思想流"或"观念流",这是身体各部分所发生之感受的观念之间所形成的联结和流动。正是由于构成身体的各部分总是有所感受、总是具有不同的情状,才使得作为身体之观念的心灵不会成为一个固化之物,而总是在绵延过程中不断地变化。也正是通过这种关于身体之情状和感受的观念,心灵才会对身体有所知觉。

既然心灵本身是一种"观念流",总是处在变化的过程之中,那么它又如何对自身形成一种自返的意识呢? 就此,斯宾诺莎写道:"在神之内有人心的观念或知识,此观念或知识与人体的观念或知识一样,皆依相同的方式由神而出并与神相关联。"(E2P20)在一定程度上说,这里所谓的"心灵的观念或知识"就类似于我们通常所说的自我意识或心灵对于其自身的自返意识。可是,这个命题也向我们展现出,意识对斯宾诺莎而言并不具有笛卡尔为之所赋予的那种直接性和自明性。反之,意识本身总是一种结果,它有其自身得以产生的原因和前提。① 而这个前提就是作为观念的心灵自身的实存,从而也是作为心灵之对象的身体的现实实存。当然,意识之为结果,并非心灵独立自主地以自身为对象而主动反思自身的结果,而是依然要参照神才能得以生成并得到解释,因为心灵作为思想属性的一个样式现实地在神自身之中实存,从而可以成为神的无限理智的对象,也就是说心灵这种观念也有其自身的现实实存,并且是一个现实的存在者,从而可以为神所理解,恰如一个广延样式可以为神所理解一样。而这个观念之所以成为这个或那个心灵的观念,并非就神是无限的而言,而是就神为一个个别事物(即人体)的观念所分殊而言,由此个别的心灵才能对其自身具有观念。因此,意识作为一种结果仍然是以神的思想力量作为根本的动力因。意识同其他任何一种观念一样,也处在一种无限的观念生产链条之中。而既然观念的次序和联系与原因的次序和联系相同,则人心的观念和知识之在神内及其与神的关系跟人体的观念和知识之在神之内是相同的。(E2P20D)这也就意味着,"心灵的观念和心灵相结合,正如心灵自身和身体相结合是一样的"。(E2P21)既然心灵乃是一种观念,则心灵的观念实质上就是观念的观念。那么,如果不先有观念,就不会有观念的观念。(TIE,38)所以,以观念的观念为自身之形式规定性的意识,也必须始终以观念为前提,并以之作为近因。

而依据斯宾诺莎的一般存在论规定,在神之内,观念与观念的对象乃是

---

① "对斯宾诺莎而言,充分地界定意识就必然将其重新置于万物之构成皆受其掌控的因果次序之中。这就是把意识理解为一种结果,并展现出那些将它产生出来的原因。因此,意识与其说是一种原则,倒不如说是一种结果。"(Jaquet, Ch., *Les expressions de la puissance d'agir chez Spinoza*, Paris: Publications de la Sorbonne, 2005, p.112.)

同一的,亦即人的心灵与人的身体在神之内只是同一个东西;同样,人的心灵(亦即观念)与人的心灵的观念(亦即观念的观念)本身也是同一个东西。尽管我们说观念的观念必须以观念自身的实存为前提和原因,但是这并不是说观念会在时间序列中享有相对于观念之观念的时间上的优先性。事实上,观念与观念的观念二者始终是同时的,或者更准确地说,观念的观念总是伴随着观念本身;只要有观念,就必然有观念的观念。只不过相对于观念而言,观念的观念始终以结果的形式出现或存在,而且在逻辑意义上成为一种结果。所以,心灵的观念或观念的观念,不是别的,只是观念的形式,这不仅就观念被认作思想的一个样式,而且是就其与对象没有关系而言的。所以,依斯宾诺莎之见,观念的观念作为一种与观念相伴随的反思式的观念并没有给观念添加任何内容性的东西,而只是对其自身具有形式上的确定性,亦即"一旦某人知道一件事,那么他就知道他知道这件事,且同时他就知道他知道他知道这件事,如此递进,以至于无穷"。(E2P21S)因此,在斯宾诺莎这里,意识并不具有人们通常为之赋予的那种不同凡响的地位,反之,相对于观念和思想而言,意识(乃至自我意识)总是伴随性的和从属性的。

但是斯宾诺莎的意识分析并不止于此,他更从具体的生产机制对人的意识展开了进一步探讨。他认为,"人心只有通过知觉身体之情状的观念,才能认识其自身"。(E2P23)这也就是说,从具体的生成机制上看,人心的意识,乃至人的自我意识,必须通过对人体之情状的观念有所知觉才能实现。由于人只能通过对人体之情状及其观念的知觉,才能对人体有所知觉和认识,但是却不能对作为整体的人体具有清楚分明的认识;同样,人心对于其自身也没有直接的认识,而必须通过知觉人体之情状的观念,才能知觉心灵自身。而既然人的心灵包含身体的诸多情状之观念,而心灵对这些情状的观念只具有个别知觉,所以心灵必然无法直接把握其自身之全体,人心对其自身的认识或者说意识本身总是不完整的、片段的,甚至是混杂的。所以,就其源初的生成与存在机制而言,意识虽然不是幻觉而是确实有其形式的存在,但是就其本性而言,意识并不构成人心之本质,也并不直接构成清楚分明的知觉。既然人心只能通过知觉身体之情状的观念才能认识其自身,才能具有意识,而人体之情状的观念总是无穷多样且处在不断地变动之中,所以对于某个身体情状之观念的清晰知觉就总是沉潜在大量不清晰的知觉里,亦即意识总是为更广大的无意识区域所包围,故而意识具有相对于思想本身而言的贬值。[①]

------

① 参见德勒兹:《斯宾诺莎的实践哲学》,第 22 页。

那么,意识是否仅仅局限于这种否定的维度呢? 事实并非如此。虽然斯宾诺莎在《伦理学》中关于意识的最初叙述很大程度上确实是在否定的视域下进行的,但是随着《伦理学》的进一步展开,意识却逐渐负载并发挥了肯定的功能,尤其在《伦理学》第五部分结尾之处,意识更是"转变为在智者与无知者之间进行区分的原则"①。当然,《伦理学》第一部分附录中所提及的意识与第五部分末尾所提到的意识,具有不同的内涵,但是,从第二部分开始,当斯宾诺莎提到意识的时候,他已经为之赋予了很大的正面价值,因为既然我们知道什么是观念的观念,那么我们就可以理解,"凡是具有真观念的人就不会不知道真观念包含最高的确定性,因为具有真观念并没有别的意思,只是以最好的方式完满地认识一个对象"。(E2P43S)所以,意识本身就代表着观念自身所负载的确定性,而这就是《理智改进论》中所说的,"确定性不是别的,只是客观本质自身","确定性与客观本质乃是同一的"。(TIE,35)如果通过观念之观念得到本质规定的意识只是否定的,那么确定性也将没有着落。所以,对斯宾诺莎而言,纵然意识的原初规定是不完满的,但是这并不妨碍意识本身可以逐步转化并达到一种确定性状态。而从斯宾诺莎后续对情感、欲望以及伦理生活的考察来看,如何达到意识的充分性并使之发挥积极的功能恰是《伦理学》所要实现的一个目标。

三、知识与意志

(一) 真理理论

在对人的心灵之本性及其基本运作机制进行了探究之后,斯宾诺莎逐步进入对知识之形态的考察。但是,在对他的这方面理论进行具体叙述之前,我们需要对他的真理理论做出先行的考察和说明。

就此,我们首先需要注意,斯宾诺莎在其哲学生涯中并未对真理给出严格的定义,甚至真理的名词形式都很少出现在他的笔端,相比而言,他更喜欢使用其形容词形式——"真的"(verum)。② 虽然斯宾诺莎以求真作为哲学的根本旨趣,但是他却拒绝将真理具象化,而真之为真总是某种事物的真,例如他在叙述之中不停地说"真善""真观念""真自由""真宗教"等等。即便他明确使用名词式的真理概念,那也始终依托特定的语境和语段,例如"永恒真理""事物的真理""真理的标准"等。而当他说"事物的真理"或"观

---

① Jaquet, Ch., *Les expressions de la puissance d'agir chez Spinoza*, p.110.

② Cf. Macherey, P., *Introduction à l'Ethique de Spinoza* (la deuxième partie: la réalité mentale), Paris: PUF, 1997, p.250.

念的真理"时,他所指的不是别的,只是"真的事物"或"真观念"。

因此,斯宾诺莎始终秉持和贯彻他的唯名论立场。真理并非一个外在于或超越于我们而独立存在的东西,这种外在于事物和心灵的真理实质上只是一种虚构,而且即便是样式或个别事物之意义上的真理对他来说也不能成立。一切真理都是关于……的真理,或者是……的真理。离开个别的事物来探讨真理是毫无意义的,世间更无共相意义上的"普遍真理"或"一般真理"。

所以,真或真理首先是跟存在的事物联系在一起而得到界定,它们首先是一种存在论意义上的概念,而斯宾诺莎所秉持的也首先是一种存在论意义上的真理观。真理与存在不可分离,真乃是建立在存在的基础之上的。而这完全奠基于斯宾诺莎所着重强调的"思有同一原则",亦即思想实体与广延实体的同一,以及广延样式与该样式的观念在神之内的完全同一。思想的逻辑与存在的逻辑也是完全一致的。正是在这种总体原则之下,存在论意义上的真理观念才能成立。真之为真首先是以存在或"是"为基础,凡是存在着的就都是真的。而一切后续的真理观念和真理之标准也必然由此衍生而来。①

当然,在斯宾诺莎那里,这种存在论意义上的真理观最集中的还是在作为特定存在者的观念层面,尤其是在一切与神相关联的观念层面表现出来。恰如上文所言,观念对斯宾诺莎而言也具有其自身的形式存在,也是具体的存在者。它们作为特定的思想样式都在神之内并由神的思想属性所产生。而一切观念就它们都与神相关联而言,亦即就它们都在神之内存在而言,就都是真的。很显然,这种观念的真恰是在存在论意义上而言的,并因之才是真的。② 这种意义上的真或真理所表现的乃是神以及处在神自身之内的东

---

① 这种将存在和真理紧密联系在一起或者以存在来规定真的做法,在西方哲学史上为众多哲学家所支持。阿奎那曾提及,许多异教哲学家都认为"一切知识都只探讨存在者,因为只有真的东西才能被认识,而凡是存在着的就都是真的"(Aquinas, Th., *Summa Theologica*, I, q.1, a.1, literally translated by fathers of the English Dominican Province, London: Washbourne, LTD, 1911.),而意大利文艺复兴时期的哲学家费奇诺同样认为,"一切存在的东西,就它们存在而言,就都是真的"(*The Portable Renaissance Reader*, ed. J.B. Ross and M.M. McLaughlin, New York: Penguin Books, 1977, p.390);十七世纪法国哲学家伽桑狄则认为,真理可以被界定为"现实存在的东西或现实实存的东西"(*The Selected Works of Pierre Gassendi*, ed. C. B. Brush, London: Johnson Reprint Corporation, 1972, p.288.)。

② 在这个方面,斯宾诺莎显然与笛卡尔有着很大的相似性,因为后者也曾明确地说过,"至于观念,如果我们只考虑它们自身而不把它们与其他东西相关联,那么,严格说来,它们就不能是假的;因为不管我想象的是一只山羊还是一个怪兽,我其实是同等真实地在想象它们"。(笛卡尔:《第一哲学沉思集》,第 37 页)

西所具有的绝对肯定性,而一切不具有肯定性和实在性的东西也不可能是真的,一切包含内在矛盾的观念既无内在的肯定性,也根本不能成真。同时,存在论意义上的真乃是(包括观念在内的)一切事物所内在具有的性质,是纯粹肯定的性质,所以一切观念就其在神之内现实实存着而言,就不包含任何肯定的东西使它们据之被称为错误,也不可能包含任何错误。(E2P33)在由神的本性必然性和绝对生产力量所构成的绝对内在的和肯定的视域中,根本不可能为任何负面的、消极的或否定的东西留下实存余地,而错误本身所负载的否定性使得它们不可能具有任何现实的实存地位。(E4P1)所以,绝对肯定的视域也必然意味着绝对为真的视域。

此外,这种存在论意义上的真或真理还通过斯宾诺莎所提出的"永恒真理"这个概念得到清晰体现,因为神的本质和实存对斯宾诺莎来说就是永恒真理(E1P19S)。这里我们需要注意,斯宾诺莎说的并不是"神的本质或实存"这个表达是永恒真理,而是说神的本质和实存本身是永恒真理;同理,当斯宾诺莎说,"自然的规律和法则乃是永恒真理或包含着永恒真理"(TTP,6,4/中译本第 91 页)时,这不是说"自然的规律或法则"这个表达是永恒真理,而是说自然的规律和法则本身是永恒真理。由此,斯宾诺莎并不会接受笛卡尔关于永恒真理之创造的观点。实质上,永恒真理与神的永恒实在是完全同一的,即便是神也不能更改或消除永恒真理自身,这也正是斯宾诺莎对其存在论意义上的真理原则的贯彻。也正是在这种意义上才会有"真的事物"或事物自身之真理。

由此可见,斯宾诺莎关于真理的思考和论述完全是建立在他的总体存在论的基础之上的,真或真理首先就是在存在论的意义上而言的。但是,我们同时也看到,斯宾诺莎关于真理的叙事并不仅仅局限于神或无限理智的层面,他同样要在作为思想属性之样式或无限理智之一部分的人心层面对之进行考察。正是在人的心灵及其具体的认知层面才会产生具体的真理与错误,因为作为有限的思想者,我们经验到自己可以具有真理,但是也会犯错误。那么,在这种具体认知的层面,到底是什么使真成为真,又是什么使错误成为错误呢?而真理的标准又处在何处呢?

就此,我们首先需要明确,我们确实可以具有真理或者达至真理,但这同样必须联系于我们具有真观念(亦即狭义上的真观念)而言,而这种真观念实际上就是斯宾诺莎更喜欢使用的"充分观念"。"在我们心中,每一个绝对的或充分完满的观念都是真的。"(E2P34)真理对我们而言只能凭依真观念或充分观念才能成立,即便在我们心中也根本不存在独立自存的真理或那种抽象的主观意义上的真理。而与真理一样,在我们心中也不存在独立自存的错误。既然任何一种观念都不是因为自身包含了任何肯定的东西而成为错误的,那么错误就不具有独立的实在,用斯宾诺莎的话说,错误就其实质而言只在于知识的缺乏,而不充分的观念或片断的、混淆的观念就包含这种缺乏。(E2P35)即便在我们心中,错误也不具有任何肯定的实在性。我们之所以会犯错误,乃是因为我们有错误的观念,例如太阳本来距离我们很远,但是我们的身体感官却把它表象得似乎离我们很近,而我的心灵之中同时具有了太阳离我们很近这个观念,从而我们就具有了错误的观念。所以,就错误的观念在我们心中具有其自身的形式存在而言,它也具有了肯定的东西,但是这绝不是说错误本身具有任何肯定的东西,因为错误完全是一种缺乏,是知识的缺乏,而不具其自性,从而只能在一种衍生的意义上来理解,根本上还是在于错误的观念。而这种错误的观念其实就是斯宾诺莎所说的片断的、混淆的或不充分的观念。错误之为错误并不因为错误本身,而正在于观念自身的不充分和不完整,在于观念自身缺乏使它完整的东西。

既然错误本身不具有任何实在性或肯定性,那么错误也不能规定其自身,而只能由肯定的东西所规定。相对于错误和错误的观念而言,真观念和充分观念始终享有优先地位,因而真和真理也同样具有优先性。对于真和真理,斯宾诺莎始终持有一种内在标准的原则。除了真观念之外,没有什么更明白更确定的东西足以作为真理的标准。"正如光明之显示其自身并显示黑暗,所以真理即是真理自身的标准,又是错误的标准。"(E2P43S)换言之,"真理是自明的,而一切别的观念都会自然地流归到它那里去"。(TIE,44)

> 要达到真理的确定性,除了我们具有真观念之外,无需别的标记……只需具有事物的客观本质,换言之,只需具有事物的观念就足以去除任何怀疑。所以,真的方法不在于寻求真理的标记于真观念既已获得之后,而真的方法乃是教人依适当的次序去寻求真理本身、事物的客观本质或事物的真观念的一种途径(因为所有这些都是指同一的东西)。(TIE,35)

因此,在关于真理标准的问题上,斯宾诺莎要拒斥一切外在的标准,因为这种寻求外在标准的方式会陷于无穷倒退。真理之为真理并不取决于外在的和反思式的规定,而是始终取决于真观念自身的本质规定。因此,斯宾诺莎反对经验主义的符合论的真理观。虽然他在《伦理学》第一部分公理六之中曾说"真观念必定符合其对象",但是,"符合"不能成为斯宾诺莎关于真理标准的终极理论,也不可能成为真理的切实标准,因为符合只是一种结果,是一种反思的操作,但是这种符合却不能使真观念成为真观念,也不能使真理得以生成。真观念相对于它的结果而言,总是在先的,恰恰是因为一个观念是真观念或充分观念,它才会与其对象相符合,而且必然相符合,但是却不是因为这种符合而使其自身成为真观念。① 与其对象相符合并没有给真观念增添任何新东西,而只是使我们对之具有了一种形式上的确认,却并不决定观念自身的真理性或充分性。符合论的真理观只是一种经验反思式的确认,只具有说明和阐释之意义,却根本不具有任何构建性的功能和价值。

即便在个人心灵的认知层面,斯宾诺莎也不是从经验式反思的维度对真理进行阐释,因为真和真理不是在考察真理得以呈现的方式,而是在探究真或真理本身的生成根源和运作方式。这些同样要在神的无限理智和神的观念层面才能成立,而不是取决于主观的和主体的反思。这其实也意味着要在观念系统本身之中来寻找人心之中的真理的根源,而斯宾诺莎所说的真理标准也恰恰处在这个层面之上。而这同样是由充分观念来揭示和标画出真理自身的标志,人心所具有的真观念实质上就是它所具有的充分观念。我们说心灵把握了事物的真理事实上就是说人心对事物具有充分的知识。而"所谓我们心中具有一个充分完满的观念,实无异于说在神之内有一个充分完满的观念,这是就神构成我们心灵的本质而言的"。(E2P34D)当一个观念处在神之内或者神为这个观念所分殊,同时这个观念所分殊的神又构成了某人心灵的本质,那么这个观念在人心之中就是充分的或真的,因为这个观念在神之内必然与神所具有的其他观念联系在一起,是一个完整的观念;而当为这个观念所分殊的神构成了个别人心之本质时,那么这个观念在观念系列中所处的位置及其所具有的全面联系,在人的心灵之内也会得到完整的呈现和反映,则这个观念就是完整的和充分的,而心灵对此观念之对象也就具有了充分知识。充分观念所体现的是观念在神之内的完整的联系和观念之间全面的生产关系。所以,它就不取决于人心的附加和外在的操作,反之,心灵之所以具有充分观念和知识,恰恰因为为这个观念所分殊的神构成了人心的本质。也正是在这种意义上,具有充分观念的人心才具有了其自身的主动性和生产性,从而"在人心之中,凡是由心灵之中的充分观念所推演出来的观念也是充分的"。(E2P40)所以,心灵所具有的充分知识

---

① Cf. Dijn, H., *Spinoza: The Way to Wisdom*, West Lafayette: Purdue University Press, 1996, p.79.

及其主动性皆以神作为其根源和理由。即便是个体心灵的认识和思维过程同样必须通过神才能得到根本的阐释。

与充分观念相反,不充分的观念就不是严格意义上的真观念,而是片断的和混淆的观念,因为为这个观念所分殊的神并不单独构成个别人心的本质,而是同时构成了其他心灵和事物之观念的本质。此时,具有这种观念的心灵没有完整把握这个观念的前因后果,无法将其置于观念的完整链条和配置关系之中,而只能对这种关联具有片断的和混淆的把握,因此这个观念在人心之中就是不充分的,或者说人心只具有不充分的观念,而错误正是通过这种不充分性而发生。但是,需要注意,不充分的观念并不直接等同于错误的观念,因为有些不充分的观念可以在一定程度上表现出真观念的某些方面或者表达出某种事实,但是它并不具有内在的确定性。而凡是具有真观念或充分观念的人,必然同时知道他具有真观念,而决不能怀疑他所知道的东西的真理。(E2P43)而这与真观念或充分观念所具有的内在的确定性是一致的,甚至是其结果,因为我们在具有充分观念之时就同时把握了它的一切内在特性和他在观念系列之中的生成关系。所以,真或真理就是充分观念自身之生成及其内在确定性的显现,而把握真理就是把握真观念或充分观念本身。真或真理并不具有别的存在层次或领域,也不具有另外的认识途径。由此,严格说来,真或真理并不是证明的对象,而是自行显示的。

此外,当斯宾诺莎说错误是知识的缺乏时,我们也不能把错误理解为绝对的缺乏,更不是绝对的无知,因为无知与犯错误不是一回事。错误就在于不充分的、片断的或混淆的观念所包含的知识的缺乏。当然,这并不是要为错误正名并对之予以肯定。事实上,当斯宾诺莎说错误不是绝对的缺乏时,他所意指的乃是错误的观念或不充分的观念。这种错误的观念具有自身之实存,从而也内在地包含肯定的东西,而"一个错误的观念以肯定的方式所包含的东西,不会仅仅因真观念(就其为真观念而言)的出现就被消除"。(E4P1)因为错误的观念所具有的肯定的东西也在神之内现实实存着,从而是真的和肯定的。如果它能够为真观念所消除,则真观念将会消除其自身,这是矛盾的。所以,错误的观念所具有的肯定的东西实质上是与人体的感受及其观念相关,从而与人心的想象相关。

因此,当斯宾诺莎说真理是自明的或真理是其自身之标准时,他并非在打哑谜或做同语反复的无聊游戏,反之,他的这种观点是由他的总体的存在论以及他关于真观念和真知识的根本生成机制所决定的。既然观念(无论是充分观念,还是不充分观念)都是在思想属性之下并依照观念自身的内在逻辑(当然这种观念的逻辑与实在的逻辑是一致的)而在一种无限的因果链条之中产生的,那么真或真理就不取决于观念与其对象之间的符合或不符合——即便是在个人心灵的观念与在人之外的现实实存的物体之间的符合或不符合也不决定观念自身的充分或不充分——,而只取决于观念之间的配置、组合与消解等关系。所以,真观念须以观念自身的存在为条件,以存在论意义上的真为前提。而一切认识论上的真或与个人心灵相关联的真观念都必须在真观念的系统之中,并因其与其他真观念的关联才成为充分的观念,从而成为严格意义上的真观念。因此,真观念之真是在一种体系融贯的意义上成为真、成为充分的,从来没有任何一个孤立的观念可以成为真观念或充分的观念,而且也绝不可能有这样的观念。而处在完整体系中的真观念必然因其映现和表现了总体才成为真观念或充分观念的(亦即就神构成了人心之本质而言的),所以任何一个真观念或真理必然具有总体性。也正是沿着斯宾诺莎的这种思路,黑格尔后来提出"真理乃是全体","真理只有作为体系才是现实的"。① 当然,对斯宾诺莎而言,这种全体不仅意味着一切处在神之内的真观念之总体,它们共同构成了绝对的真理,而且这种全体也意味着那种构成个别心灵的充分观念或个别心灵所具有的充分观念完整地映现了作为总体的神自身。斯宾诺莎所要彰显的恰恰是这种意义上的真理。这既是他关于真理之叙事的出发点和真观念的构建逻辑的基本立足点,同时也是他的知识理论甚至是他的伦理理论所欲达到的最高目标。

(二)知识之种类

在考察了斯宾诺莎的真理理论之后,我们可以着手考察他关于知识的理论,尤其要关注他对知识的种类及其生成机制所做的论述。当然,斯宾诺莎的这个方面的理论研究在《理智改进论》就已经开始,在《简论》中得到深化,并最终在《伦理学》中以最完整的形式呈现出来。

然而,虽然斯宾诺莎对知识问题有着如此广泛持久的关注,但是依照阿尔都塞观点,在斯宾诺莎这里并没有一种系统的知识论,尤其是不存在从笛卡尔到康德这条路线上的知识论,因为在斯宾诺莎这里根本没有先验主体主义的"真理"概念和知识概念;同时,在他这里,也没有真理的先天保证之理论和关于真理的科学的、社会的、道德的和政治的效果的理论;而在笛卡尔那里,任何知识和真理之保证的理论皆以神圣保证的形式呈现出来,而在康德那里,一种司法式的知识理论在先验主体的"我思"和任何可能经验的

---

① 黑格尔:《精神现象学》(上),第 12、15 页。

先天条件之下被产生出来。① 正是因为斯宾诺莎对任何认识论意义上的主体(特别是先验主体)的拒斥,使得他避开了近代以来的意识哲学意义上的主体性哲学,从而没有提出一种与这种哲学的内在理论相连的知识论。此外,依据前面对斯宾诺莎的观念理论的考察,我们看到,他所说的观念不是一种纯粹简单和孤立的表象,而是一个复合体,内在地赋有肯定或否定,从而发挥了判断的功能。而在传统知识论中,知识总是与判断密切联系,所以斯宾诺莎关于知识的考察必然不会延续传统知识论的探讨思路。

上述这种看法确实具有其相当的合理性,但是这不意味着斯宾诺莎关于认识和知识的探讨没有其自身的重要性;恰恰相反,他对知识的考察和论述不仅对他考察人的认知活动非常关键,而且对他展开后续关于伦理学的具体研究也是非常重要的。虽然他没有在笛卡尔所开创的知识论道路上前行,但是他关于知识也有一套非常独特的看法。

一般来看,斯宾诺莎对知识的探讨同样是在观念和概念的层面进行的。在《伦理学》中,他明确说过,"我们可以知觉许多事物,并且形成许多普遍概念(notiones universles)"。(E2P40S2)而知识的界定和划分恰恰依循普遍概念而展开。从斯宾诺莎对知识所做的最成熟的阐述来看,他将知识区分为三种,即

> 首先是从泛泛经验和记号得来的知识,我们可以将其称为**第一种知识、意见或想象**;
> 其次是从对事物的特性所具有的共同概念和充分观念得来的观念。这种认识事物的方式可以称为**理性或第二种知识**;
> 最后是由神的某些属性的形式本质的充分观念出发进而达到关于事物本质的充分知识,这是**第三种知识**,也称"**直观知识**"(scientia intuitiva)。(E2P40S2)

第一种知识、意见或想象乃是不充分的观念或由不充分的观念所构成,而第二种和第三种知识则是充分观念或由充分观念所构成。因此,"只有第一种知识是错误的原因,而第二和第三种知识必然是真知识"。(E2P41)因此,"只有第二和第三种知识,而不是第一种知识,才能教导我们辨别真理与错误"。(E2P42)而随着斯宾诺莎把知识彻底观念化,他也不再像培根那样

---

① Cf. Althusser, L., "The Only Materialist Tradition", in *The New Spinoza*, ed. W. Montag and T. Stolze, Minneapolis: The University of Minnesota Press, 1997, p.5.

依据心灵之不同的官能（即记忆、想象和理性）来对知识进行划分，更何况无论是想象、还是理性和理智，根本就不是官能，而只是不同形式的观念，或者说是心灵不同的实存与活动形态。因此，这种关于知识或观念的划分就不是对心灵自身的静态的分解，而是对心灵本身之活动的动态考察，甚至是对人的现实实存过程的分析，因为对斯宾诺莎而言一种特定的知识形态实质上就意指着一种与之相对应的生活方式。[①] 对知识本身的形态学考察实际上就是对我们的在世生活方式的形态学考察。[②]

　　而这种关于知识之种类和形态的考察就是对各种知识本身的生成论上的构建和阐释，亦如斯宾诺莎在考察人的心灵之时着眼于心灵自身由神的思想属性而出所依赖的动力机制。这也就意味着，各种知识也如同心灵本身一样，都是作为结果而出现，也都有其自身得以形成和存在的原因。理解知识实际上就是要理解知识自身的生成根源或根据。不仅如此，斯宾诺莎对各种知识的前后排列和叙述也是依照一种动力式的模式进行。他所说的三种知识并非毫无关联的并置，而是具有内在的相关性，甚至是一种逐次递进和演化。有学者甚至将一种历史进步的维度引入到斯宾诺莎关于知识的三种形态的演化之中。[③] 但是，这种进展和进步维度的引入并不意味着后一种知识形态的出现必然导致前一种知识形态被完全取代或被彻底消除，因为斯宾诺莎认为，每一种知识都在人的现实实存，特别是在人的身体层面（或者是身体的实存，或者是身体的本质）具有其相关项。既然这种肯定的东西不能被消除，那么与之相关的观念或知识就同样不能被消除。而且在知识的演进过程中，最为重要的不是替换或摧毁，也不是超越，而是转化，是思想视角和思维方式的转化。

　　知识作为一种观念，始终处在流转变化的过程之中。即便我们达到了更高层次的知识，我们依然可能受前一种知识形态的影响，甚至会返回前一种知识之中。所以，求知的过程并不是在达到最高知识形态之后就一劳永逸了，反之，人生之历程就是在不断陶冶和铸就我们心灵的认识力量，并不

---

① Deleuze, G., *Spinoza et le problème de l'expression*, p.268.

② 人是一个由身体和心灵所组成的总体，而就其基本的存在论规定而言，身体和心灵又只是同一个东西的不同表现方式。人的身体以及在身体之中所发生的一切在人的心灵之中都有相应的观念，这是建立在身心同一性的基础上的一一对应。反过来说，当人体现实实存时，人心所具有的任何一个观念（无论此观念充分与否）都必然在人体之中有与之对应的相关项，亦即人心的观念与身体的情状之间有着严格的对称性。(Cf. Matheron, A., "La vie éternelle et le corps selon Spinoza", *Revue philosophique de la France et de l'Étranger*, T.184, No.1,1994, pp.27 - 30.)

③ Cf. Tosel, A., "Y-a-t-il une philosohie du progrè historique chez Spinoza", in *Spinoza: Issues and Directions*, pp.311 - 313.

断获得更好的认识视角和习惯。就此而言,斯宾诺莎与希腊化时期的哲学家所提出的精神修炼具有异曲同工之处。而这种精神的修炼不仅具有认识和知识上的价值,更具有一种伦理生活的价值。因此,具体地把握斯宾诺莎关于知识种类的划分以及各种知识形态之间的关联和转化的思想就具有重要意义。

1. 想象

斯宾诺莎在《伦理学》中以数学—物理学方式分析了人心的起源和本性,而在这种分析过程中,他却不是从心灵自身开始,而是从人的身体开始;而在笛卡尔等人那里为心灵所赋予的直接性也为人体的直接性所取代。同理,在笛卡尔等人那里,理性所占据的那种直接的和首要的地位,在斯宾诺莎这里则为想象的直接性所取代。而且,即便是想象的这种直接性,也不是以自明的方式被给出,相反,对想象的分析也要参照身体,要在想象与身体的关系之下得到展现。① 所以,斯宾诺莎的心灵理论和知识框架依然要建立在身体的直接性之上。正是在这种背景下,人的想象活动得到阐明,并通过这种关联而在人的认识活动和生存方式之中占据相应的地位。

作为一个有限的样式,人只是自然的一个部分,且是一个有限的部分。他不仅要依赖作为万物之最终因的神或自然,也时刻依赖于外物才能生存和活动,从而就与无限多的外物处在相互关联之中。正是这种联系和依赖使得人总是受到外物的触动和影响,而这种被动性也成为人最初的和最直接的实存方式。人生的这种被动性则首先在身体层面得到展现。人总是首先以身体的实存来与自然相照面,而作为他者的他人也首先作为身体向我们呈现,故而人在宇宙之中的地位最初就由身体的受影响之性能来界定。而身体特有的实存结构决定了身体必然受到外物的冲击和影响(特别是在人刚刚出生、还很稚嫩的时候,这种受动性表现得更为明显),而外物的冲击和影响必然会在人的身体上留下特定的痕迹并引发特定的感受,这样形成的身体的感受或情状就被斯宾诺莎称为"事物的形象(imago)"(E2P17S)。但是,这里所谓的形象并没有复制外物的形状,不是物体静止的图像,不是印章在蜡块上所留下的印记。实质上,形象只是身体本身的一种情状或变化,"[它]本质上由形体的运动所构成,而不包含思想的概念"(E2P49S)。所以,形象并不是思想性的东西,而是形体性的或身体性的。即使我们说人

---

① Cf. Steenbakkers, P., "Spinoza on the Imagination", in *Imagination in the Later Middle Ages and Early Modern Times*, ed. L. Nuata and D. Patzold, Leuven: Peters, 2004, p. 176.

的大脑之中有关于事物的形象,这也不意味着形象是思想性的,因为大脑同样是一种形体性的存在物,它属于身体。虽然斯宾诺莎承认大脑具有思想功能,但是大脑的活动本身依然是身体性的,而不是观念或概念性的。

这种关于形象的界定使得形象本身并不直接就是作为思想活动的想象本身;同样想象也不是身体的功能,而是心灵的活动。就此而言,如果人体之中具有了事物的形象,那么这种形象必然会在心灵之中有其相应的观念;而一旦这种观念肯定了引发这种形象的事物的现实实存,或认为它即在当前,那么以此方式来考察事物的心灵就是在想象。(E2P17S)所以,"假如人体以某种包含外物之本性的方式为外物所触动,则人心将以为这个外界物体是现实实存着的或即在当前,直至人的身体被另一个足以排除此外物之实存或现存在的情状所触动为止"。(E2P17)而且,即便以前曾刺激人体的外界物体现在并不实存或并不在当前,但是人的心灵依然能够认为此外物似乎即在当前,(E2P17C)因为这个外物以前对身体的刺激在身体上造成了痕迹,而这种痕迹在人体上会保留下来。当身体重新为这种痕迹所刺激时,心灵就会把引发这种痕迹的外物视为似乎就在当前。而这实质上就是心灵中的记忆。此外,"假如人体曾同时为两个或多个物体所触动,那么当人心后来想象其中之一时,它也将回忆起与该物相关的其他物体"。(E2P18)这实际上就是记忆的另一种形式,或者说是人心进行的一种记忆式的联想。所以,记忆从本性上看就是一种特殊形式的想象,它不是别的,只是一种观念间的联系。就其根源来看,这种在人心中的观念间的联系就是人体之情状或感受之间的次序或联系。(E2P18S)

因此,虽然想象乃是人心的活动,但是它必然跟人体、人体的感受或事物的形象、以及外界的物体紧密相关。而其中最为关键的就是身体的感受或事物之形象,因为人心恰恰是通过身体之感受或事物之形象的观念来知觉身体、外物以及心灵自身。而"人体据之为外物所触动的任何方式的观念必然既包含人体的本性,同时也包含外物的本性"。(E2P16)故而,"我们对外物所具有的观念表达我们身体的情状要多于表达外物的本性"。(E2P16C2)于是,"人体之中的任何一个情状的观念就不包含关于外物的充分知识"(E2P25),因为,虽然这种情状的观念包含了外物的本性,但是它更多地包含和表明了我们身体的本性,所以这种情状的观念就没有充分地包含外物的本性。同理,"人体的任何一个情状的观念都不包含对人体的充分知识"(E2P27),因为,既然人心只能通过人体之情状的观念来知觉人体,而人体的任何一个情状的观念不仅包含人体之本性,同时也包含外物之本性,所以任何一个身体之情状的观念都不包含对人体的充分知识。而且我们也知道，人体会有无限多的情状或感受，人体也正是由这些无尽变化的情状所构成，所以人体的任何一个情状的观念都不包含人体之本性的充分知识。所以，人心也不包含对于人体之各部分的充分知识。（E2P24）此外，人心不仅无法通过人体的任何一个情状之观念来获得关于人体自身的充分知识，甚至人体之情状的观念，就其仅与人心相关联而言，也不是清楚分明的，而是混淆的，（E2P28）因为这种情状之观念既然只与人心相关联，那么它就被从它由之而产生的观念联系之中被分割出来，不能将其原因完全包含于自身之中，从而只能是片断的和混淆的。与此同时，既然人心只能通过人体之情状的观念才能认识其自身，那么作为不充分观念的人体之情状的观念就不包含对人心的充分知识。（E2P29）换言之，凭借身体之情状的观念或借助于想象这种特定的认知方式，人心就无法对其自身形成充分观念，这也就印证了作为心灵自身之反思和复制的意识最初也是不充分的。意识或自我意识最初只是依想象的机制而生成和运作，这种意识也不是清楚分明之观念的诞生地，因为它内在地就包含不充分性。

于是，只要人心依照自然的通常秩序来知觉事物，则人心对它自身、它的身体以及外物就都没有充分知识，而仅有混淆的和片断的知识。（E2P29C）同样，对于我们的身体的绵延和在我们以外的个别事物的绵延，我们也不具有充分的知识，而仅有不充分的知识。（E2P30&31）这也就是说，只要我们的心灵在想象，那么它就不会对上述各个方面具有充分的知识。而依照自然的通常秩序来知觉事物实际上就是在想象事物。这里所谓的自然的通常秩序并不是自然永远和到处同一的规律和法则。这种秩序不具有永恒不变的特征，却为偶然和运气等反复无常的因素所影响，需要在时间和绵延的过程中显示，甚至是被构建出来。所以，人心以自然的通常秩序来知觉事物就意味着，人心因其偶然与事物相遭遇而外在地被决定着去考察此物或彼物。（E2P29）因此，在想象的知觉模式下，事物都呈现为偶然的，都是要消亡的，因为我们对事物的绵延并无充分的知识，而我们必须以此来理解偶然性和事物消逝的可能性。（E2P31C）而自然的永恒不变的规律和法则却不受绵延之中的偶然性和不稳定性所影响，所以不能为想象所把握。因此，依照自然的通常秩序来知觉事物的心灵就是进行想象的心灵，而想象也由其自身的不充分性而成为错误的唯一根源。

既然如此，为了求取真知并达到真善，斯宾诺莎是否会对想象给予彻底的否定呢？事实并非如此。虽然作为第一种知识，想象是不充分的，但是想象却不会因此而成为可有可无的，更不会被消除（这也是不可能的）。因为想象总是与我们身体的实存和感受紧密相联。它与我们的身体共同分有了实存的直接性,也正是身体之实存决定了想象的实存。只要我们的身体现实实存着(或者说只要我们具有绵延),只要我们的身体时刻处在外物的作用之下并形成事物之形象,那么我们的心灵之中就必定有相应的观念,也必然会进行想象。所以,想象对于现实实存或绵延着的人而言,就是不可避免的,也是不可或缺的,因为不仅在我们具有理性或第二种知识之前,我们要依靠想象以及由之而来的情感而生活,而且,即便是我们具有理性或者过一种理性生活,只要我们通过身体而实存,那么我们就依然会具有想象,依然会通过想象来与外物打交道。想象乃是我们最初的和最直接的生存方式,正因如此,阿尔都塞认为,

> [想象]并不简单地是一种知识(想象不是知识),而就是如我们所知觉到的那样的直接的世界,是我们在想象的支配之下生活于其中的世界(知觉本身乃是被从生活中抽离出来的一个要素)。或者更准确地说,不是在想象支配下的而是为想象所浸润的世界,以至于我们所知觉的那个直接的世界,严格地说,是不能与想象相分开和分离的。想象构成了直接世界之本质,构成了直接世界的所有规定的内在联结。或许,我们可以强迫斯宾诺莎认为,第一种知识,亦即想象,就是直接的生活世界(Lebenswelt)。[1]

当然,想象的直接性和必然性并不能掩盖其自身的不充分性。但是,正如上文所言,想象的不充分性并不意味着想象本然地就是错误,想象也不完全就是负面的或毫无积极意义的,反之,

> 心灵的想象,就其本身看来,并不包含错误,而心灵也并不由于想象而陷于错误;心灵之所以会犯错误,只是因为心灵被认为缺乏一种观念,此观念足以排除心灵想象着呈现于它面前的那些事物的实存。因为,如果当心灵把不实存的事物想象为即在当前,而同时又知道那些事物并不现实实存时,则心灵反将这种想象的力量作为其本性的德性,而非缺陷,尤其是当这种想象能力单独依靠它自己的本性或者说心灵的想象能力是自由的时候。(E2P17S)

因此,即便从认知层面对想象进行静态的剖析,我们也可以看到,纵然

---

① Cf. Althusser, L. , "The Only Materialist Tradition", p. 6.

想象内在地具有不充分性,但是这并不足以排除想象具有内在的肯定的性能或德性。当然,在此阶段,想象的能力或德性还是隐而不彰的,而随着斯宾诺莎的知识分析的进展,特别是在他关于人的情感和伦理生活的讨论过程中,想象的内在肯定性将会得到明确展现。

2. 理性

既然想象乃是我们源初的知觉方式和实存方式,甚至就是我们置身于其中的直接的生活世界,而我们也因此处在被动的生活方式之中,那么人就不是天生就具有理性,或者说人并非天生就是理性的动物。而且,同心灵一样,理性在斯宾诺莎这里也不再是一种独立的思维官能,更不是具体的存在物,而只是一种观念或知识,是从对事物的特性具有共同概念和充分观念而得来的观念。"理性的本质不是别的,只是我们的心灵本身,这是就心灵可以清楚分明地理解而言的"。(E4P26D)当心灵清楚分明地理解时或者当心灵具有清楚分明的观念时,心灵就具有理性或者说心灵此时就是理性自身。

同时,既然理性是一种观念,而且是在思想属性下得到阐明的观念,所以它也是一种结果,也有其自身生成与演化之过程。而这种过程并非局限于单纯的概念层面(语文学层面),而是直接处在人的生存与活动的层面,亦即理性的发生学层面。就此而论,"在斯宾诺莎那里,理性、力量或自由都与变化、形成以及教养不可分离"。[1] 所以,理性的实存本身并不是一种永恒真理,而是必须通过具体的原因才能获得实存和解释(因为观念总是以另一个观念作为自己产生的原因)。而理性必然在变化和绵延之中形成和展开完全是由它的区位性的实存形态所决定的。《伦理新》在很大程度上正是要向我们揭示理性自身的这种生成过程及其构造的逻辑,同时作为观念的理性所具有的本性也要在这种生成的层面得以展现。

既然如此,我们该从何处寻觅理性的生成起源呢? 这种起源不是别的,就是我们上面所论述的想象。对斯宾诺莎而言,人并非注定处在由想象所营造的、通常是残缺不全的知识以及被动的生活状态之下。反之,我们有能力从被动的状态转变为主动的状态,也有能力从想象变得具有理性。这个过程并不是通过意识作用来消灭想象而实现的,而是完全处在一种自发的机制和进程之中。想象虽然不是理性的形式因,但却是理性得以生发和形

---

[1]　Deleuze, G., *Spinoza et le problème de l'expression*, p.241.

成的契机;换言之,"即便是充分知识也是在可能性这个范畴之下得到构想的"①。理性不是通过任何外在的驱动力才能形成,而是遵循一种自发的生产逻辑。只要人具有正常的身体和生理机能,人就能够变得具有理性,尽管每个人各自所具有的理性会有量或程度上的区别。

就人的理性的具体生成过程来看,斯宾诺莎的分析还是从想象开始的。当人处在想象的生活方式之中时,他所具有的大部分是被动的感受。而这些感受主要是由外物对人的刺激和触动所引发。根据人的实存与活动力量在现实世界中的展开过程,有些事物会对人产生有利的影响,而有些事物会对人产生不利的甚至是有害的影响。当事物对人的身体产生有利的影响时,人就会感到舒适,而他的实存与活动之力量也会由之得到提升。此时,人所体会到的是他与外物之间的相互契合,而他所知觉到的是自己与外物之间的共同之处;反之,当事物对人产生不利或有害的影响时,人的力量会因之受到限制或削弱,他所体会到的是自己与外物之间的差异与对立。而当我们在身体层面感受到自己与外物的共同之处和相互组合的关系时,我们的心灵之中就具有了与此共同之处相对应的概念,或在人心之中对这种共同特性或契合关系形成一种表象和观念,斯宾诺莎将其称为"共同概念"。这种共同概念正是理性的基础,(E2P44C2D)而理性的生成也正导源于此,因为理性恰是从对事物的共同特性所具有的共同概念和充分观念而形成的观念(E2P40S2)。

而从想象与理性各自的本性及其生成过程来看,理性奠基于其上并着力追求的乃是"同",而想象最初置身于其中并体会到的乃是"异"。在斯宾诺莎这里,日常生活世界首先向人的心灵呈现为一个差异的世界,但是这是一种"自在的差异",心灵最初对之只能具有不充分的把握,而人际之间的分歧甚至是冲突也与此紧密相关;而理性的生成及其努力的方向则是要通过对差异本身的认识和克服而达到相同,达到普遍。

与处在想象之中的不充分观念不同,共同概念乃是充分的;"与对绵延中的实存事物的特殊知觉相反,共同概念乃是普遍的、必然的(或永恒的)和真的。"②而共同概念所具有的这种充分性根本上源于其对象本身的共同性,换言之,作为共同概念之对象的共同特性同等地处在事物的部分和总体之中;而"当某种东西为一切事物所共有,且同等地处在部分和全体之内时,它

---

① Mignini, F., "The Potency of Reason and the Power of Fortune", in *Spinoza on Knowledge and the Human Mind*, ed. Yovel, Y., Leiden: Brill, 1994, p.227.

② Guéroult, M., *Spinoza (II, L'âme)*, p.326.

就必然充分地被构想"(E2P38)。因为,首先从共同概念的起源上我们可以看到,它绝不是出自于人心的虚构或随意的创造,而是对一种在现实的交往和遭遇过程中展现出来的共同特性的反映。"共同概念之得名并不是因为它对所有的心灵而言是共同的,而是首先由于它们表现了对物体而言是共同的东西。"①所以,"它是具体的概念而不是传统的抽象概念"。② 而传统意义上的共相以及"超越的名词"却都是抽象概念。这些抽象概念的起源乃是由于人的身体是有限的,只能同时明晰地形成一定数目的形象。如果超越了这个限度,则这些形象就会混淆起来。此时,心灵就没有能力去想象确定数目的事物以及它们彼此之间的差别,而只能明晰地想象事物所共同具有的——亦即身体为之所影响的——那些方面,从而用一个一般的概念去指代这些事物,如"人""马"等等。这些都是共相,但共相给予我们的不是关于事物的明晰知识,而只是一种抽象。如果人体能同时明晰形成的形象之数量超过太多,则所有形象就将完全混同起来。这时,心灵将混淆地想象一切物体而不分彼此,"存在者""事物"等超越的名词就是如此产生的。(E2P40S1)

其次,从斯宾诺莎的平行论原则着眼,既然"观念的次序和联系与事物的次序和联系是相同的"(E2P7),那么事物之间的共同的东西,在观念之中当然也应当是共同的,

> 相应于所有形体的共同特性——自然的一致性的基本条件——也就有充分观念,后者是所有人共同具有的、是科学的普遍性的基本条件。原则上讲,这些概念应当同时处在人和其它存在者之中,因为既然这些概念以属于所有形体的特性为其对象,那么它们就应当出现于所有被界定为形体之观念的心灵之中。③

所以,由共同概念所体现的应当是自然之中的普遍性,当人心具有共同概念时,它就不再是从事物的个别性来考察事物并形成特殊的观念,相反,它乃是从事物之间的共同之处来看待事物乃至整个世界。但是,共同概念本身具有普遍程度上的区别,这种区别导源于作为共同概念之对象的共同特性在普遍性程度上的差异。最初,人只能体验到自己跟少数物体具有共

---

① 德勒兹:《斯宾诺莎的实践哲学》,第113页。
② Gueroult, M., *Spinoza (II, L'âme)*, p.327.
③ Ibid., p.333.

同之处,特别是只能体验到那些与自己相契合的事物具有共同之处,这时他所具有的就是较不普遍的共同概念,或者说只为少数人具有的共同概念。而当人的活动范围和受影响的性能得到极大发展之后,他就可以体验到自己与许多事物——甚至是那些对自己有害的事物——都有共同之处,这时他所具有的就是所有人都共同具有的普遍的共同概念,甚至是最普遍的共同概念(如广延、运动和静止)。[①] 因此,以共同概念为基础的理性首先把握的乃是较少普遍性的那种契合或组合关系,随着共同概念的增多及其普遍性范围的增大,它所把握的契合或组合关系也逐渐扩大,直到最终把握了整个自然的契合或组合关系,也就是认识到了整个自然的一致性。这一点只有在理性知识的层面才是可能的。由此可见,每一个人只要具有正常的身体状态,只要他能够参与到与世界和他人的交往关系之中,那么他就必然会形成共同概念,并在此基础上具有理性,同时,由于每个人所具有的共同概念在数量和普遍程度上互有区别,也就导致每个人所具之理性会有高低之分。

与此同时,斯宾诺莎特别强调,以共同概念为基础的理性有一个非常重要的特质,就是它不是对事物自身之本质的认识,因为"凡一切事物所共同具有的且同等地处在部分和总体之中的东西,并不构成任何个别事物的本质"(E2P37)。因此,理性就不以认识个别事物和事物之全体的本质为目标,更不是要在事物自身的绵延之中把握事物及其诸多的变化。反之,"理性的本性就在于它要在某种永恒的形式之下(sub quadam aeternitatis specie)来考察事物",因为"理性的本性就在于认为事物是必然的,并且能够真实地认识事物的这种必然性或者说能够认识事物本身。而事物的这种必然性就是神的永恒本性自身的必然性。并且理性的基础是说明事物的共同特性的概念,而这些概念并不说明个别事物的本质,所以必须不要从时间的关系去认识而要在某种永恒的形式下去认识事物"。(E2P44C2&D)如果说想象是从绵延、时间和变化的角度去把握其对象,那么理性则是以非时间的方式去认识其对象,因此它就不再以偶然的尺度而是要从一种必然的形式来考察事物,由此理性本身也就成为一种必然为真的知识。而理性在某种永恒形式下进行认识时,它所要认识的乃是自然本身永恒不变的规律和法则,是要把握宇宙的全貌。当理性以这种方式来活动时,它就是在完成近代自然科学的一般理想。同时,对于斯宾诺莎而言,这里还有一个更重要的任务,就是要通过对自然的永恒法则的理解来达到作为第一原理的神的观念。

---

① 德勒兹:《斯宾诺莎的实践哲学》,第 113 页;Gueroult, M., *Spinoza (II, L'âme)*, p.328.

而既然神的观念包含了神自身的本质,那么神的观念就不是共同概念,但是为了领会神的观念,我们就必须首先达到对自然之总体以及自然本身的规律和法则,这正是理性所要完成的任务。

由此可见,"既然共同概念是两个或多个物体之间的组合之表象,而且是这个组合之一体性",那么"理性首先就是为选择与组织各种良好的遭遇机缘之努力,这些遭遇机缘应该是与我们互相组合,使我们产生被动的快乐情感(与理性契合的情感)的一些样式的遭遇机缘"。[①] 这些遭遇机缘首先是我们在第一种知识中体验到的,它们在发生的层面和形态上带有偶然性,但是就其本质而言,又是必然的。当心灵在想象之下通过比较来组织事物之间的共同之处时,它就是在向理性的转变准备条件。[②] 既然人在想象之中总是要有特定的感受,并因其自在的差异性而总是引发比较,那么人心就有形成共同概念的必然性,从而具有形成理性并达到理性知识的必然性。当然,这种必然性从根本上依然来源于斯宾诺莎哲学中观念本身所具有的那种自主性,因此,共同概念和理性的形成并不是通过外在的推动,而是依靠一种内在的参与过程。它们是在共同特性的基础上对一种契合和组合关系的反映和组织,这是按照观念自身的必然联系而形成和展开的。整个斯宾诺莎的理性知识理论就表现了我们如何从不充分性向充分性过渡的过程,而理性本身就是按照观念自身那种几乎是自主性的衍生机制,在共同概念的基础上逐渐形成。

但无论如何,理性并不是一个固定不变的体系,它始终都是观念,更确切地说,它始终都是共同概念或充分观念。当我们形成理性知识,或说当我们在理性的视角下来看待事物和世界之时,我们所把握到的就不再是世事的无穷变化,而是在一个普遍框架下来理解事物借之发生和变化的规律与法则。此时,我们所体验到的就不再是那种变幻不定的被动的快乐,而是一种主动的快乐,这种快乐来自于我们对(包括我们自身在内的)万物据之存在和活动的法则的理解。也正是在这种总体的框架之下,斯宾诺莎实现了现实实存的绵延过程与永恒的视角在理性自身之内的切实结合。

因此,就其源初的生成结构和实存形态来看,理性完全植根于绵延之中。它要在某种永恒的形式下来认识事物并把事物视为永恒必然的,但是

---

① 德勒兹:《斯宾诺莎的实践哲学》,第 113、115 页。

② Cf. Moreau, P.-F., *Spinoza: L'expérience et l'éternité*, pp. 254 - 256; Malinowski-Charles, S., "Le salut par les affects: la joie comme resort du progès éthique chez Spinoza", *Philosophiques*, vol. 29, N.1, 2002, p.78.

理性本身却与经验和感受密切相关。没有人的具体体验,就不可能有理性。而这也向我们展现了斯宾诺莎所特有的"经验的理性主义"①。当然,这里的关键还是作为理性之基础的共同概念始终要在人的经验活动和具体体验过程中才能形成并得到阐明。共同概念既确保了理性自身的经验根源,同时也使理性能够不为绵延和偶然性所干扰,从而可以在必然性的视域之下来考察事物。

3. 直观知识

通过对理性观念的剖析,我们看到,斯宾诺莎以其独特的理性生成论而与笛卡尔等十七世纪哲学家形成了鲜明对照,但是当斯宾诺莎规定理性去认识自然的规律与法则并完成自然科学之理想时,他又与他的同时代人分有了共同之点。理性是我们能够对世界和事物形成真知识所不可或缺的途径。然而,斯宾诺莎在其致思的过程中也明确意识到了理性和自然科学本身的局限。尽管在《简论》和《伦理学》等著作中,斯宾诺莎已经不再如《理智改进论》中那样认为理性并不必然是充分的,而是认为理性本身就是充分的观念或知识,(E2P40S2)但是他并没有为理性赋予绝对的权能,也不认为理性就是我们的知识所能达到的终点和完成,因为理性就其本性而言总是指向了事物之间共同具有的和普遍的东西,而理性也确实可以对这些东西形成充分的认识,诸如公理、普遍概念都可以归入其范围之内。然而,这种具有普遍性和一般性的认识却不能把握事物自身之本质,对个别事物之本质的把握也不在共同概念和理性的范围之内。

可是,对斯宾诺莎而言,无论就知识,还是就事物的完满或其他方面的特性而言,一切都与本质相关。所以,要获得关于事物的最完满的知识就必须把握事物的本质。为了达到对人生而言最为重要的知识并获得最为完满的生活,我们就不能仅仅满足于理性或第二种知识,而且第二种知识也无法使我们达到知识与人生的最高理想,相反,我们应当朝着更高的知识迈进。而这种更高的知识就是斯宾诺莎所说的第三种知识或直观知识,亦即"由神的某些属性的形式本质的充分观念出发进而达到对事物之本质的充分知识"(E2P40S2)。既然我们只有通过理性才能达到关于神或自然的观念并达到对神的属性的充分观念,所以这种知识必然以理性或第二种知识为基础,亦即"依据第三种知识来认识事物的努力或欲望不能出自于第一种知识,而是出自于第二种知识"。(E5P28)一个达到第三种知识并据之来认识事物的人必然已经具有理性或第二种知识,所以理性对直观知识而言是不

---

① Negri, A, *L'anomalia selvaggia*, p.52.

可或缺的基础,或者更准确地说直观知识以理性认识所达到的神的观念为基础。① 正是在此背景下,德勒兹才特别强调,

> 当共同概念必然把我们引向神的观念时,它们把我们带到这一点,此时一切都发生蜕变,同时第三种知识向我们揭示出神的本质以及诸实在存在者的个别本质跟神的观念的新意义和由第三种知识所构成的新情感的新意义之间的关联。②

第三种知识的重要地位也由此得到彰显。因此,在第二种和第三种知识之间实际上并不存在完全的断裂,而是有着一种前后的连续性。③ 既然"从心灵中的充分观念推出的一切观念,在心灵中都是充分的",(E2P40)所以,以第二种知识为基础的直观知识必然也是充分的,它和第二种知识一样"必然是真知识"(E2P41)。

当然,尽管这两种知识都是充分的知识,但二者还是有着鲜明的差异:首先,它们认识的对象是不同的,因为理性知识所指向的是神的本性的必然性或自然的普遍规律和法则,是关于神的某些属性的形式本质的充分知识。而第三种知识则指向了神与事物的具体的和个别的本质;其次,理性知识乃是一种演绎性的知识,是从前提出发进行推理而得到的知识,几何学的论证方式恰恰是理性及其认识方式所要求的,并展示了其内在的进程。而第三种知识则是直观的,当然,这不是指感性的直观,而是一种心灵的直观,或者更准确地说是理智的直观,是心灵对事物自身之本质的直观把握。

然而,尽管第三种知识诉诸心灵和理智的直观,但这并不意味着它跟演绎或推理没有任何关系,更不意味着直观与演绎是完全对立的。如果是这样的话,斯宾诺莎就不会说第三种知识以第二种知识为前提和基础,也不能说第三种知识的动力源于理性知识。而就直观与演绎之间的关系,我们看到斯宾诺莎与笛卡尔有着完全不同的理解。当笛卡尔在《探求真理的指导原则》一书中把直观和演绎作为两种相互区分甚至对立的认识原则并以直

① Cf. Gueroult, M., *Spinoza (II, L'âme)*, p.425.
② 德勒兹:《斯宾诺莎的实践哲学》,第117页。(译文有改动)
③ Cf., Matheron, A., *Individu et communauté chez Spinoza*, p.571.

观作为演绎的前提和基础时,[①]斯宾诺莎则将这种关系倒转过来,亦即"直观并不与演绎相对立,更没有给演绎提供出发点,相反,直观包含着演绎"。[②]这其实就意味着,虽然斯宾诺莎所说的心灵的直观也是在刹那之间一下子完成的行为,可是这种直观知识并不排除基础和过程,而这种基础恰是由作为演绎和推理性知识的理性所提供的那种普遍性的原理和原则,也就是那种关于神的属性之形式本质的充分观念。而理性在展开这种演绎和构建的进程时,它主要依靠证明,或者说理性提供了证明。而第三种知识则是必须借助着证明才能进行的,[③]因为斯宾诺莎明确说过,"心灵借之观看和观察事物的眼睛,或者说心灵的眼睛,就是证明本身"(E5P23S)。

当然,既然心灵或理智都只是观念,而非具体事物,那么斯宾诺莎也必定在隐喻的意义上说心灵具有眼睛。之所以说心灵具有眼睛并借之来观察和观看事物,这主要是说心灵以证明作为自己观看事物的眼睛,正是证明为心灵提供了通达事物之本质的途径。虽然证明实质上属于理性层面,是一种理性的活动,可是在第三种知识层面,证明所指向的不再是普遍之物,而是个体与特殊,而直观实质上就是"对于个别事物的认识"[④]。既然证明本身乃是理性活动,从而具有普遍性,那么当心灵通过证明来观看事物之时,它就是通过普遍来把握特殊,通过普遍概念来把握事物的具体本质,所以作为第三种知识的直观知识最终要达到的是"一种具体的普遍性或者说一种具有普遍性的个体"[⑤]。在构成第三种知识的诸观念之中包含着最为普遍的规

---

① "所谓直观,不是指变动多端的感觉见证,也不是胡乱将事物组合起来的想象所做的错误判断,而是纯粹而专注的心灵的概念。这种概念简易分明,使我们不致对我们所理解的事物产生任何怀疑;换言之——这是一样的——就是纯粹而专注的心灵中产生唯一光芒(即理性的光芒)的不容质疑的概念。"而"所谓演绎,指的是从某些已经确知的事物必定推演出的一切"。"因此,心灵的直观与确定的演绎之间的区别就在于:我们意识到演绎中包含着运动或某种前后相继的关系,而直观中则没有;另外,直接的自明性在演绎中并不像在直观中那样必不可少,倒不如说,演绎是从记忆中以某种方式获得确信的。由此可见,凡是直接得自起始原理的命题,在不同的考察形式下,有时通过直观被认识,有时则通过演绎而被认识;但是,第一原理本则仅仅通过直观而得知,相反,较远的结论则仅仅通过演绎而获得。"(笛卡尔:《探求真理的指导原则》,原则三。)(译文有改动)

② Manzini, F., "D'où vient la connaissance intuitive? Spinoza devant l'aporie de la connaisance des ginguliers", in *Spinoza et ses scolastiques: Retour aux sources et nouveaux enjeux*, F. Manzini (dir.), Paris: PUPS, 2011, p.69.

③ Cf. Mignini, F., "In Order to Interpret Spinoza's Theory of the Third Kind of Knowledge: Should Intuitive Science be Considered Per causam proximam Knowledge?", in *Spinoza: Issues and Directions*, pp.143-146.

④ Manzini, F., "D'où vient la connaissance intuitive? Spinoza devant l'aporie de la connaisance des ginguliers", p.70.

⑤ Althusser, L., "The Only Materialist Tradition", p.7.

律和法则,或者说包含着神的本质,因为"一个现实实存的物体或个别事物的观念必然包含神的永恒无限的本质"。(E2P45)而"对每一个观念所包含的神的永恒无限之本质的知识都是充分的和完满的"。(E2P46)所以,在第三种知识中首要的是达到对神的本质的认识,是要在关于神的本质的知识之下来对事物自身之本质具有充分的和完整的理解。因此,虽然第二种知识要把握神或自然的最为普遍的东西,达到自然的规律和法则以及神的本性的永恒必然性,从而还没有达到神的现实本质自身,但是这种在理性层面上通过推理和证明而获得的知识却为我们达到关于神的本质的知识奠定了现实基础。因为把握神的本质实质上就是对构成神的本质的诸属性的形式本质具有充分观念,而"人的心灵确实具有神的永恒无限本质的充分知识"(E2P47)。

就此而言,斯宾诺莎明确地与笛卡尔拉开了距离。对笛卡尔而言,我们仅能领会神却不能理解神,"因为我们的本性是有限的,不能理解无限,这是由于无限的本性之故",但是,我们只要"使上帝观念在我们心中的一切观念之间是最真实、最清楚分明的就够了"[①]。反之,斯宾诺莎却认为,人心虽然是有限的,但是由于它包含了神的永恒无限的本质,所以它就不仅可以设想神,而且能够对之具有充分的观念和知识,也就是理解神。尽管普通大众因其自身的理性程度及其理解能力的限制而更多地在想象神,对于神的本质亦无充分观念,但是这并不意味着神及其观念与他们完全绝缘,相反,既然人们都有达到理性的自发性,那么经由理性知识,人们——至少是那些具有更多理性的人——就能够达到关于神或自然的最普遍的东西的认识,并在此基础上达到关于神的本质的充分知识。而且,既然万物都在神之内并通过神而被认识,那么我们可以从关于神的知识而推论出许多充分的知识,从而形成第三种知识(E2P47S)。此时,我们就达到了对心灵、物体和人的个别本质的认识。因此,只有在获得第三种知识之时,我们才能达到最高的知识形态,才真正做到以神观物。第三种知识也同时表达了斯宾诺莎的一般知识理想,即知神、知人和知物。

依据第二种知识之本性,它力求从普遍的层面把握宇宙之全貌和神的总体性,其中至为根本的是获得关于自然的普遍规律和法则的认识,但是恰恰因为这种知识是普遍的,从而也使它在一定程度上依然是抽象的,而这种抽象则源于这种知识与它所欲把握之对象是相互外在的;而第三种知识所欲摆脱的恰恰是这种外在性,它要达到的是作为真正有机总体的自然,是活

---

① 笛卡尔:《第一哲学沉思集》,第 47 页。

生生的神的本质,并透过神的本质来直观和洞见人的心灵、身体和物体的本质。而且这种理解和把握绝对不是外在的主体—客体之间的对象性认识,而是要实现一种结合,亦即《理智改进论》中所说的"人心与整个自然相结合的知识",或者《简论》中所说的对于事物自身的直接的觉察和享有(KV,2,2,2)。因此,认识者与被认识之对象在这种知识中乃是合一的,也正是在这种意义上斯宾诺莎说这种知识是直观的:直观知识并非仅仅是在心灵和理智的观看和观察的意义上说的,它也是就这种知识的直接性而言的。因此,第三种知识就不是反思的知识,而是体现出观念或理智本身的直接把握能力,是理智自身的主动性的体现。

而就斯宾诺莎对第三种知识之本性的规定及其在《伦理学》中对这种知识进行探讨的位置来看,这种知识显然与人的理智是联系在一起的。[①] 直观知识乃是一种理智知识,或者说就是完满意义上的理智本身。在《伦理学》中,斯宾诺莎为理智赋予了完全肯定的意义和功能,这一点和《理智改进论》有所不同,这主要是因为他在《理智改进论》中对理智的理解和使用比较含混,理智和心灵在其中基本上没有得到明确的区分。有时候,他如培根一样认为理智有内在的不完满之处(TIE,17,18,etc.),但是在该书的结尾之处,他又如笛卡尔一般提出了一种纯粹理智的概念并为理智赋予了肯定性(TIE,108)。[②] 然而,在《简论》,特别是在《伦理学》中,理智代表了心灵的最高知识形态,从而负载了绝对的肯定性和主动性。同理性一样,理智也是在永恒的形式下来考察事物,而且当理性是在某种永恒形式下考察时,理智则是在绝对永恒的形式下来考察。理智所把握、所享有并与之相结合的东西不是绵延变化的,而是永恒的。具体而言,理智所把握的乃是永恒不变的本质。而这种对事物之永恒本质的认识,作为最高的知识形态,就是斯宾诺莎所说的智慧,而具有这种知识的人就是智者。

在第三种知识和智慧的范围之内,真正得到解释的不再是规律和法则,而是这种规律和法则在其中实存并得到彰显的个体。真正有效的知识是对个别和特殊的把握。当然这种把握乃是在普遍的背景之下得到的个别的和具体的认识,但是这种个体也不再像想象所把握的那样是具有自在差异的个体,而是一种将普遍性包涵于自身之中的个体。而这种内在于个体之中

---

① 斯宾诺莎对直观知识的探讨,除了在《伦理学》第二部分命题四十附释二和命题四十五、四十六和四十七之外,主要集中于该书第五部分,而这个部分的标题正是"论理智的力量和人的自由"。

② Cf. Mignini, F., "Per la datazione e l'interpretazione del *Tractatus de Intellectus Emendatione* di B. Spinoza", *La Cultura* 17,1979, pp.117 – 125.

的普遍性也不再以抽象的一般法则为依归,而是为重复的或恒常的不变量或常量所贯穿的个体性。个体是归属于特定的种属之下的个体,但是真正构成个体之普遍性的却不是种属规定或合规律性,而是在这种一般性中得到考察和衡量的常量。[①] 所以,第三种知识所把握的事物之本质就不是抽象的一般本质,不是传统意义上作为共相而存在于现象背后的那种本质。这种本质对斯宾诺莎来说并不存在,而只能是一种想象的存在物。真正的本质总是现实实存的个别事物的特殊本质,是在事物的个别实存中浮现出来的生成论上的常量或不变项。自然之中现实实存的永远是个体,即便是实体、神或自然也可以在一种引申的意义上被视为个体,或者更准确地说是无限的总体和一。普遍的法则都要依托于个体才能实存并引发后果。

在自然中现实实存的个体总是千差万别的,根本没有两个事物是完全一样的,而这种差异性源于它们的本质都是特殊的和互不相同的,甚至常量与不变项也要在这种背景下才能得到把握。正因如此,第三种知识也是非常困难的,唯有智者才能把握和享有。然而,第三种知识的艰难并不在于其本性的艰难,而在于达到这种知识的道路和途径异常艰难。大多数人更多地依靠想象而生活,虽然人们具有达至理性的自发性并多多少少具有理性,但是要达到理性的更高程度并对世界、自然和神形成充分的认识却并非人人都能实现,而要在理性认识的基础上达到第三种知识则更是难上加难。然而,正是因为其艰难和稀少,第三种知识才显得难能可贵。它不仅具有最高的认知价值,更具有根本的伦理意义,因为人的救赎、自由和至福恰恰就处在第三种知识之中。(E5P36S&42S)

对斯宾诺莎而言,对知识的考察乃是他的伦理理论的关键环节。既然一种知识就构成或代表着一种独特的生活方式,而伦理学正是对人的行为和正当生活方式的研究(E4App.),那么知识就必然构成伦理学研究的必要线索。虽然斯宾诺莎并不坚持苏格拉底所开创的伦理理智主义传统,也不把知识与美德直接等同起来,但是若没有关于心灵之本性的数学—物理学分析、没有关于知识的种类及其生成与活动机制的考察,就无法真正构建起严格的伦理学理论。正如关于形而上学的考察乃是在伦理学的总体视域之下进行的一样,关于心灵和知识的物理学分析也不具有脱离或独立于伦理学的意义。知识要为我们的生活和行为来服务,对于知识的分析与对我们的生活方式的分析具有内在的关联和一致性。知与行并非属于不同的实存层次,反之,斯宾诺莎的目标就是要实现二者的合一,是要通过对最高知识

---

① Cf. Althusser, L., "The Only Materialist Tradition", p. 9.

的追求而达到真正的知行合一。

（三）对自由意志的批判

斯宾诺莎对心灵和知识的分析所具有的伦理意义还有一个非常重要的表现方面，那就是他对传统哲学中突出强调的自由意志做出了彻底批判。这种批判研究主要是在《伦理学》第二部分最后一个命题（即命题四十九）的附释之中进行的。我们可以把它视为第二部分的一篇附录，就如第一部分那篇批驳目的论的附录一样。而《伦理学》第二部分的诸多研究最终都不同程度地汇聚于这篇较长的附释之中。

在《伦理学》第一部分对神的本质及其理智进行分析之后，斯宾诺莎对神的意志给出了全新的理解和阐释。在他看来，虽然我们可以说神具有意志，但是神的意志并不构成神的本质，意志从根本上说只是属于被自然产生的自然，而不属于产生自然的自然，同样是神的活动的结果，所以神并不是依照意志的决定来行动，他的行动也不基于任何目的，而只是依照自身本性的必然性而活动。而所谓的神的命令并不是神由其自身之喜好而随意安排的，反之，神的命令实质上就是神的意志本身。（E1P33S）意志与命令皆遵循神的本性的必然性，因此都是必然的和不可移易的。这也就意味着神的理智、神的意志以及神的现实活动完全是同一的，甚至我们根本没有必要在神的理解行为之外再为神安置一种意愿或决断行为，因为神理解事物与产生事物其实只是同一种过程。所谓神的意志与其说是神的活动的缘由和动力因，倒不如说就是神的生产与活动过程本身。

同样，《伦理学》第二部分依照着相同的逻辑对人的意志展开了分析。首先就意志本身而言，斯宾诺莎认为人确实具有意志，但是"在人的心灵之中没有绝对的或自由的意志"。借助于这种观点，斯宾诺莎对他所面对的并且在欧洲思想中流传久远的自由意志传统做出了深刻批判，并以他独特的意志理论开启了新的理论方向。

我们知道，就其渊源来看，自由意志乃是基督教思想传统的产物，尤其是奥古斯丁在综合古代异教哲学和基督教神学的基础上所提出的一项重要理论，并对后世西方哲学的发展产生了根本影响。在奥古斯丁等人看来，上帝在为人安置了特殊的存在地位之时，也为人赋予了自由意志或自由选择和决断的能力，从而使人可以优越于其他造物。这种自由意志在其源初的实存形态之下乃是好的，是一种求真和求善的意志，但是由于原罪，人的天赋灵明受到了玷污，从而也失去了对自由意志做出良好使用的能力。人不再能借助他的自由意志而向善和行善，自由意志也不再是善良意志，反而与恶紧密联系在一起。人通过自由意志所选择的往往是恶。自由意志本来是作为人的优越性因素而被赋予给人,但是却反转为恶的根源。而人自身却没有能力依靠自身的力量来摆脱这种困境,而只能通过神的恩典和协助才能被导向善。所以,意志和自由意志乃是人的道德性以及人的道德行为的根本规定因素。这种关于意志的理论在奥古斯丁的权威影响下深刻渗入了中世纪经院哲学之中,引发了后续的阿奎那和司各脱关于理智优先还是意志优先的激烈争论,并通过奥古斯丁主义在宗教改革之中的巨大影响而成为近代哲学中的一个关键论题,其中最为典型的就是笛卡尔的自由意志理论。

对笛卡尔而言,意志乃是人的心灵所具有的特殊官能,是作为思想实体的心灵的一部分。人的意志正是心灵的主动性之来源,并与心灵的被动(或激情)有着根本区分。当我们的心灵主动时,就是我们的意志发出命令从而驱使我们的身体展开活动之时,所以意志就其本性而言就是自由的,而自由也就是运用意志进行选择和判断的自由。[①] 虽然我们在运用自由意志对理智所把握的观念做出判断时,可能会陷入错误,但是这并不妨碍也无损于自由意志本身的地位。人之所以带有上帝的形象并与上帝相似,主要是凭借意志。[②] 但与人的有限的理智和理解能力不同,自由意志或意志却是非常广大的,什么界限都限制不住它。在心灵的其他一切之中,没有一个能比它更大、更完美了。[③] 所以,意志不仅具有知识和真理方面的功能,也具有道德的意义,因为既然幸福就在于克服心灵之被动或激情而达到心灵的主动与内心之平静,那么我们就必须完善和强化心灵的主动由之而出的自由意志本身,或者使自由意志在良知与道德行为中发挥支配作用。

可是,斯宾诺莎对于上述这些关于意志的规定却予以全面否定,因为在他看来,人根本就不具有绝对的或自由的意志。当然,这并不意味着他彻底否定人具有意志,反之,他认为人确实具有意志,只是他否定人的意志是绝对自由的。而这种否定则根源于他对人的意志所给出的全新的规定。如同人的心灵、理性和理智一样,意志也不是一种独立自存的官能,而只是一种思想样式,是一种观念或者更准确地说是一种普遍概念。根本而言,“意志只是一种肯定或否定的能力,而不是欲望……[它]是一种心灵借以肯定或否定什么是真、什么是错误的能力,而不是心灵借以追求一物或避开一物的欲望”。(E2P48S)而作为一个普遍概念,意志只是一个通称,并无绝对的实

---

① 笛卡尔:《第一哲学沉思集》,第 60 页。

② 同上。

③ 同上书,第 59 页。

在意义。人的心灵之中只具有个别的意愿,意志就是作为一个普遍概念来指代个别的意愿。所以,理智和意志与这个观念和那个观念或这个意愿和那个意愿的关系,就如同石性与这块或那块石头、又好像人与彼得和保罗的关系一样。(E2P48S)脱离个别的意愿,也就没有意志,而意志也总是以个别意愿的形式在人的心灵之中存在。可是,人的心灵之所以具有这个或那个意愿,并不是因为心灵具有绝对的自由或能力可以独自产生这个或那个意愿,反之,心灵作为一个有限的思想样式,它不是自己行为的自由因,而是必定为一个原因所决定以具有这个或那个意愿,而这一原因又为另一个原因所决定,而后面这个原因又为别的原因所决定,如此递进,以至无穷。(E2P48D)所以,依据意志与意愿之间的关系,既然任何一个意愿的产生都有其自身的原因,都是被决定的,那么意志本身也必然是被决定的,而不是随意的。意志本身并不是自由的,因而也就不存在所谓的自由意志。

与此同时,当斯宾诺莎说意志乃是一种肯定或否定的能力之时,他并非要为心灵单独留出或安排一种意愿能力或肯定与否定之能力,反之,"在心灵之中,除了观念作为观念所包含的意愿或肯定与否定之外,就没有意愿或肯定与否定"。(E2P49)所以,既然观念作为观念内在地就包含了肯定与否定,从而已然是一种判断,所以意愿之为意愿也就不需要观念之外的任何东西作为自身的形式因。意愿并不外在于观念,而是观念之作为观念的一个内在的规定。所以,作为肯定与否定的意愿或意志就不会区别于观念内在包含的肯定与否定,反而与后者相合一,从而也就没有必要在理智之外再安排一个独立的判断与选择之官能。因此,斯宾诺莎认为,对人而言,"意志与理智是同一的"(E2P49C)。意志或意愿并不能脱离理智的领会和理解行为而外在地存在,而只能内在地包含于后者之中。由此,意志并不发挥认识功能,因为无论意志对于领会与理解所包含的真理与错误做出肯定与否定,这种真理或错误都不会因这种肯定或否定而发生任何变化。一个人不会因为他对错误的肯定而使错误成为真理;反之,人们也不会对真理予以否定,因为具有真观念的人必定同时知道他具有真观念,而决不会怀疑他所知道的东西的真理性。同理,凡是具有充分观念的人,他的观念或知识必然是清楚分明的,而清楚分明本身就内在地包含着肯定,一个人不可能在肯定一物之时又同时否定该物,否则他将陷入自相矛盾。所以,意志并不对真理与错误之生成发生任何实质性影响,反之,意志或具体意愿,也就是具体的肯定与否定,总是已经包含于具体的观念之中,从而也成为观念的必然的伴随物。而在这种伴随的意义上,意愿确实又有认识上的意义,但它并不是领会与理解,尤其不是真理与错误的构型性因素。

　　总而言之,斯宾诺莎消除了意志在理智之外的独立自存的地位,并将传统上作为独立官能存在的意志归结为个别的意愿,同时个别的意愿又被他归结为个别的观念所内在包含的肯定与否定,所以,意志以及自由意志在他的哲学中也就失去了它们在传统道德哲学和伦理学之中的支配地位。这最终也导致斯宾诺莎的伦理学不会是一种关于意志或意愿的伦理学,也不会是一种建立在意志和意愿之基础上的伦理学。意志并不是他构建自己的伦理理论的基础,相反,这种基础要在他的形而上学和物理学的研究中来获取。既然人的意志并不是绝对的或自由的,人也不具有自由意志,那么它们也就不能成为人克服自己身上的恶劣情感和行为的手段。凡是建立在自由意志基础上的道德和伦理教导,在斯宾诺莎看来都无异于无源之水,无本之木。真正的伦理学必然建立在神或自然所内涵的并据之得以确立的普遍必然性或必然的决定论视域之中。作为一种幻觉,自由意志非但没有使我们进入本真的生活,反而使生活被异化。而建立在神或自然之本性必然性基础上的真正的伦理学正是要揭露这种幻觉,使人们摆脱一种关于天赋的绝对自由的迷思,而看到真正的生活本身,并通过对生活所做的彻底的甚至是无情的剖析而看到生命的本然面目,并找到达到自由和幸福的途径。

第四章　伦理学研究的切入点：本质与力量

　　在进行了关于神或自然的形而上学研究以及对心灵之本性与起源的考察之后，或者说在切实贯彻了形而上学和物理学对于伦理学的奠基功能之后，斯宾诺莎在《伦理学》第三部分开始进入了他关于伦理学的具体探讨。在该书由之构成的五个部分中，后三个部分形成了他的伦理理论的构建和展开过程，从而也就成为他的伦理体系的三个逐步演进的环节。而就这种进程来看，它们分别与《伦理学》第二部分所说的三种知识形态相对应，或者说大体上相对应，因为恰如前文所言，在斯宾诺莎这里，一种特定的知识实际上就代表着一种特殊的生活方式或实存形态。① 所以，斯宾诺莎的伦理理论的构建以及人们达到伦理上的德性和幸福的过程与人的知识的演进过程具有内在的一致性，并遵循着相同的节奏和次序。求真与求善也就成为同一个过程的两个方面。

　　因此，在斯宾诺莎的伦理学构建过程中，知识是非常重要甚至是不可或缺的，但知识显然不是他的伦理规划的全部，而且知识也根本不是排他的，因为伦理学终究要与人的现实生活和行为紧密联系在一起。伦理学并不以达到关于德性和幸福的真知识或真理为终极目标，而是始终指向人的生活方式和行为本身。真正有意义的伦理学研究决不应当是一种纯粹反思意义上的学说体系，而应当在我们的现实生活中得到具体体现，要对我们的生活发挥效用，甚至应当就是我们正当的生活与行为方式的构建过程本身。诚如斯宾诺莎所言，"没有任何实存的东西，不会由其本性而引发某种后果"。（E1P36）真正实存的或真正具有现实性的东西必然是引发具体效果的东西，这一点同样适用于伦理理论本身。

　　作为一部"生命之作"②，《伦理学》可以被视为斯宾诺莎的哲学生活的构

---

① Cf. Deleuze, G., *Spinoza et le problème de l'expression*, p. 268; Zweerman, Th., *L'introduction à la philosophie selon Spinoza*, p. 96.

② Cf. Smith, S., *Spinoza's Book of Life: Freedom and Redemption in the Ethics*, New Haven: Yale University Press, 2003.

建过程本身，为学与为人、求知与践履在他那里是合一的。因此，真正的伦理学并不是单纯反思性的和外在形式化的知识，而应当是我们自己的德性修养和人格养成的过程。《伦理学》并不是一部知识论意义上的伦理教科书，它首要关心的是引领读者进入一种现实的思考、修习和教养的过程。它就如一个向导，也如一面透镜，时刻帮助读者克服各种偏见和迷误所导致的误区或偏离。因此，伦理学必然始终与人的现实生活、与人的现实实存或行为相关联。尽管斯宾诺莎在从事哲学探究之初就强调人的完善之本性就在于达到心灵与自然相结合的知识(TIE, 13)，尤其是要关注那犹如手牵手一般引导我们达到对人心及其最高幸福之知识的东西(E2Praef.)，伦理学也因此在本质层面与心灵相关联；但是，根据斯宾诺莎对心灵之本性及其与身体之关系的界定，我们可以看到，伦理学不是仅仅与心灵相关，而是与完整的个人相关。无论是对伦理理论的探讨，还是对我们的自由与幸福的关注，都不是唯独依赖人的心灵，而是时时与作为心灵与身体之结合体的人相关。严格意义上的伦理学关注作为个体的人，但是个体的人乃是一个有机统一体，对心灵及其各种思想形态的探讨始终不能脱离对身体及其实存的参照和分析。①

　　而在开启严格的伦理学研究时，斯宾诺莎延续了《伦理学》前两部分的

---

①　在《伦理学》第五部分的序言之中，斯宾诺莎写道："至于理智须以何种方式得到完善，或身体应以什么途径得到照料，以便它可以恰当地发挥其机能，则不属于此处讨论的范围，因为前者属于逻辑，而后者属于医学。"(E5Praef.)这种说法似乎将身体排除于严格意义上的伦理学研究之外。但是，我们必须注意，斯宾诺莎是在《伦理学》第五部分的语境之下才这样说的，因为这个部分，尤其是从命题二十一到命题四十二，主要是讨论与身体及其绵延没有关系的心灵及其特性，以及从这个角度来说的心灵如何通过第三种知识和对神的理智之爱来达到自由和至福。但是，这并不意味着身体对斯宾诺莎总体的伦理学理论无关紧要。相反，就他的一般哲学规划及其普遍伦理学的方案来说，身体始终占据着重要地位。例如，早在《理智改进论》中，斯宾诺莎就明确说道："健康既然对于达到我们的目的不是一个不重要的手段，所以不可不讲求医学。"(TIE, 15)而该书所制定的"临时生活规则"的后两条都与身体及其健康相关，即"二、享受快乐须以能保持健康为限度；三、对于金钱或其他任何物品的获得，必须以维持生命与健康为限度"。(TIE, 17)尽管这两条规则并不以健康为最终指向，但是身体健康显然是其中一个重要的衡量标准和规范。而在《神学政治论》中，斯宾诺莎也说道："我们热烈追求的一切大体可归为三类，首先是通过万物的第一因来理解万物；其次是控制激情，亦即取得德性的习惯；最后是安全而健康地生活。"(TTP, 3,5/中译本第53页)而为了安全健康地生活，"最为可靠的手段就是建立一个具有稳定之法律的社会、在世界上占据一个固定的区域并把所有人的力量合为一体，也就是社会体"。(TTP, 3,5/中译本第53页)显然，这种从身体和生命的安全健康之角度来展开的探究已经进入到政治的范围，甚至与政治和国家的根源及其基础相关，政治与身体也由此建立了不可分割的联系。而依据斯宾诺莎的普遍伦理学规划，这种对政治的探讨属于他的普遍伦理学的讨论范围。因此，身体对于斯宾诺莎的伦理学而言绝对不是无关紧要的。也正是因为他对身体的特殊强调，他的伦理学思想与传统的甚至是很多同时代的伦理学具有了许多深刻的差异。

一贯思路,把人置于绝对自然主义、必然主义以及决定论的框架下来进行规定和审视。人只是自然的一部分,而不是王国之中的王国,人与其他自然物一样,皆须遵循自然的普遍而永恒的规律和法则。(E3Praef.)人之所以在日常生活中出现过失,受到各种恶劣情绪的支配,并不是源于人性自身的缺陷,更不是源于自然本身的缺陷,因为自然之中根本就没有任何无序或混乱,相反,从根本上说,一切在自然之中实存的事物和活动都是完满的。(KV,1,6,8)而且自然本身是永远和到处同一的,自然的德性与活动力,以及万物据之而出并从一种形式转化到另一种形式的自然规律和法则,也是永远和到处同一的。因此,人的愚昧、仇恨、愤怒等情感,正如其他个别事物一样,皆遵循自然的同一的必然性和力量。所以,它们也有一定的原因,通过原因可以理解它们。它们也有一定的特性,值得我们通过沉思加以认识,正如考察任何别的事物的特性一样,这些沉思同样可以使我们得到快乐。正因如此,斯宾诺莎才采取了考察神和心灵时的那种方式——亦即几何学的次序——来考察情感的本性和力量,亦即人心征服情感的力量;而考察人的行为和欲望,也正如考察线、面和体一样。(E3Praef.)

但是,在斯宾诺莎切入并展开严格意义上的伦理学探究时,他在研究视角方面却发生了一些转变。《伦理学》前两部分大体上是以神为总体背景而展开的,但是,在《伦理学》第三部分开始对人的情感和激情进行分析时,考察视角却从神转向了自然。在第三和第四这两个部分中,神这个概念很少出现,而真正发挥阐释功能的是自然(natura)以及人的自然或人性(natura hominis)。正是通过在自然之下来审视人性,并通过对人性自身的分析来阐释人的情感与行为,斯宾诺莎的伦理探究得到更为具体的奠基。虽然形而上学和物理学是伦理学的基础,但是严格意义上的伦理学研究却有一个再奠基的环节:《伦理学》第三部分并不是在前面两个部分的叙述基础上直接进入对具体伦理学说的考察,而是重新在自然主义的视域之下对作为样式和个体的人做出阐明,要对人的本性或本质做出更具体的规定。这种规定构成了伦理学研究,尤其是情感理论研究的直接前提。当然,这种再奠基的过程并不意味着先前之基础的贬值;相反,只有在先前的基础上,这种再奠基才有可能,或者说关于形而上学与物理学的探讨可以衍生出这种再奠基的过程。因此,形而上学和物理学并不是在发挥了奠基性作用之后就可以束之高阁了,反之,它们对严格意义上的伦理学的探讨始终是不可或缺的。而这也就解释了为什么在《伦理学》后三个部分中,每个部分的开头总是会提出一些相应的形而上学的原理或认识论意义上的原则。

此外,既然人只是自然的一部分,与其他自然物遵循相同的自然规律和法则,所以,在对人的情感和行为展开探讨时,斯宾诺莎都会从对存在物或者个别事物的一般规定出发,并以之作为具体的伦理理论研究的直接起点。这一点首先在《伦理学》第三部分的几个初始命题得到表现,而其核心就是那条适用于人以及其他所有自然物的根本法则,亦即"一物据之竭力保持其自身之存在的努力不是别的,即是那物的现实本质自身"。(E3P7)这是斯宾诺莎关于人的全部伦理理论的直接基础,也是他从自己的绝对自然主义视域所推出的首要原则。从更深的层面上说,这条原则完全是生存论性质的。在此原则之中,处于核心地位的乃是两个基本概念,即本质和事物保持自身存在的努力。而为了理解这条根本原则,同时也是为了更好地呈现斯宾诺莎的伦理理论的总体构建思路,我们必须从分析他的这两个基本概念开始。

一、本质与个别本质

本质在斯宾诺莎哲学中是一个举足轻重的概念。在他的两本体系化著作——《简论》和《伦理学》——的开篇,本质一词就直接出现,同时在斯宾诺莎的思想体系的构建以及具体行文过程中,本质都发挥着重要作用。我们甚至可以说,没有本质以及关于本质的探讨,就不会有斯宾诺莎的哲学体系;没有对本质及其特性的认识,也就不会有对于真理的认识。[1] 而依据斯宾诺莎对三种知识的划分和排列,作为第三种知识的直观知识,完全在于对事物自身之本质的认识,也只有关于事物之本质的知识才是最高形态的知识。对斯宾诺莎而言,真正值得我们关注的不是语词和语言上的争辩,而是事物的本原或本质。(TTP,1,4/中译本第20页)因此,理解斯宾诺莎哲学——无论是他的形而上学和自然哲学,还是他的伦理学——根本不能避开对他的本质观念的考察。

依据斯宾诺莎的一般理解模式,尤其是依照《伦理学》所采用的几何学论证次序的内在要求,我们会期待斯宾诺莎对本质这个具有核心意义的概念给出一个具体的定义。这种定义化的规定和阐释模式对我们的考察和理解非常重要,因为"如果我们不具有关于本质的定义,则我们就不能期望着认识本质,甚至我们可以说,如果我们不具有关于本质的定义,我们也就没有本质的观念"[2]。而从实际情况来看,斯宾诺莎确实在他的著作中给出了

---

① Cf. Di Vona, P., "La definizione dell'essenza in Spinoza", *Revue internationale de philosophie*, Vol.31, N°.119/120(1/2),1977, p.40.

② Ibid.

关于本质的定义。①

在《简论》中，斯宾诺莎首次对本质做出了明确的界定。他认为："这样一种东西属于一物的本性②，亦即没有它，则该物既不能实存，也不能被领会；但是，不仅如此，该命题还应当以下述方式是可逆的，即没有该物，上述谓词（亦即属于一物之本性的东西）就既不能实存，也不能被领会。"（KV，2，Voor Reeden，5）而在《伦理学》中，他基本上延续了《简论》中所提出的本质定义，并对之进行了更进一步的精确化。就此，他说道："我把这样一种东西认作为属于某物的本质，即这种东西被给出，则该物必然被确立；而这种东西被取消，则该物也必然被取消。或者说，没有这种东西，则该物既不能存在，也不能被领会，反之，没有该物，则这种东西同样既不能存在，也不能被领会。"（E2Def. 2）

然而，如果从外在表达层次来看，无论是《简论》还是《伦理学》，它们就本质所给出的定义似乎都不能被视为完全意义上的或严格的定义，因为斯宾诺莎在这两条定义，尤其是在《伦理学》的定义中只是说"……属于某物的本质"，而不是按照定义的标准形式说"……是某物的本质"。而我们也确实应当注意到这里面所包含的差异，因为某物属于一个东西，这更多地意味着它在一定程度上构成了这个东西，但是还不能等同于这个东西，也不是后者的全部。③ 所以，斯宾诺莎在这里所给出的并非通常意义上的"实在的定义"

---

① 可是，无论在《简论》，还是在《伦理学》中，虽然本质一词从一开始就被提及并在行文过程中得到广泛运用，但是斯宾诺莎却不是一上来就给出关于本质的定义。相反，这种定义在《简论》中出现在第二部分的"序言"之中，而在《伦理学》中则于第二部分的定义（二）中被给出。这种做法在一定程度上与斯宾诺莎的一个看法相关，即"语词只有根据它们的用法才能具有特定的意义"（TTP，12,5/中译本第179页）。正是在对本质这个概念的使用的基础上，关于本质的界定和理解才能真正落到实处。实际上，即便是《伦理学》第一部分开篇就对之做出界定的自因、实体、神等概念，它们最初"仍然是抽象的概念、简单的语词和自然的观念，只有从它们在证明中发挥功能的时刻起，它们才通过产生实在的效果并且把它们最初还不能支配的力量表现出来，才真正获取自身的意义"（Macherey, P., *Hegel ou Spinoza*, p.65.）。但是，从更根本的层次上说，斯宾诺莎的这种做法还是出于他对本质所持有的特殊观点。对他而言，本质总是事物之本质，总是具体的本质，这一点尤其在具体样式或事物层面得到彰显。所以，正是在进展到对具体样式和事物的考察时，斯宾诺莎才对本质给出具体界定，这一点随着本章论述的展开将会变得更加明显。

② 一般而言，在斯宾诺莎这里，本质（essentia）与本性（natura）乃是同位的概念，甚至可以互换使用。（cf. Rivaud, A., *Les notions d'essence et d'existence dans la philosophie de Spinoza*, Paris: Alcan, 1905, p.11; Hübner, K., "Spinoza on Essences, Universals, and Being of Reason", *Pacific Philosophical Quarterly*, volume 97, Issue 1, 2016, p. 83, note.45.）

③ Cf. Matson, W.: "Body Essence and Mind Eternity in Spinoza", in *Spinoza: Issues and Directions*, p.85.

或"实质性定义"，而更多地呈现为一种描述性的定义。而斯宾诺莎之所以采取这种定义形式，在很大程度上是源于他对本质与定义之间关系的看法。

斯宾诺莎认为："任何事物的定义都肯定该物的本质而不否定该物的本质。这就是说，它的定义确立它的本质，而不取消它的本质。"（E3P4D）既然事物的定义肯定和确立了事物的本质，那么，当被定义的对象是本质时，则本质的定义所确立的就是本质的本质，但是这样的话，我们就陷入了一种无穷的倒退，即我们力图依靠定义来揭示的是本质的具体内涵，但是我们通过定义所进行的却是对本质的无尽追逐，而本质自身却总是不能为我们所得到和把握。所以，用定义的方法来阐释本质并不是恰当的选择。从根本上说，定义与本质乃是同一意义层次上的概念，（E1P16D）因为一物的真实定义，"除了包含或表现那物的本性外，绝不包含别的东西，也不表现别的东西"（E1P8S2），换言之，定义和本质应当处在一种可互换的层面上。对斯宾诺莎而言，

> 明智地领会任何一种实在，就是对之形成一个生成论式的定义（une définition génétique）：既然心灵只能真正地理解它所构建的东西，那么一物的真实定义必须阐明这种构建的过程，或者说要阐释它的"近因"；而在这样做的时候，我们就可以从内部来认识该物，就好像我们是在该物的内在本质之中，而不是仅仅通过它的某些外表的侧面，才把它构建出来的。①

因此，形成定义的过程与事物自身之本质的构建过程应当是同一的。那么，定义本身就无法对本质做出反思式的阐释，也不能以一种外在的方式来揭示本质的具体内涵，所以，斯宾诺莎避开了关于本质的实指定义，而更多地诉诸描述式的定义手法，并通过对本质概念的使用、通过把本质与其他相关的概念联系起来而揭示本质的内在规定性。

当然，就本质而言，上述方面并非关键的问题。更为重要的则是斯宾诺莎通过关于本质的特殊规定和叙述所揭示的本质的独特内涵。根据法国学者盖鲁的解读，斯宾诺莎主要从下面三个方面来界定本质，

> 1)没有它，则一物既不能存在，也不能被领会，2)通过它，一物的概念和存在必然被给出，3)没有事物，则它也不能存在，不能被领会。因

---

① Matheron, A., *Individu et communauté chez Spinoza*, p.11.

此,本质的定义不仅指出,没有本质,事物既不能存在,也不能被领会,而且本质使事物必然存在,最后,没有事物,本质既不能被领会,也不能存在。[①]

而斯宾诺莎对本质的这三个条件的陈述主要是在对笛卡尔的本质定义进行修正。

根据笛卡尔在《第一哲学沉思集》和《哲学原理》等著作中对本质所做的说明,斯宾诺莎在《笛卡尔哲学原理》一书中对笛卡尔所理解的本质给出了一个定义,亦即"如果从一物中取消某种东西,但该物仍保持自身之完整,则这种东西就不构成该物之本质;反之,如果某种东西从某物中被取消,则该物也被消除,那么这种东西就构成了该物之本质"。(PPD2A2)从这个定义来看,笛卡尔对本质的理解和界定主要包含了斯宾诺莎的本质定义中的第一个方面。而就后两个方面而言,盖鲁认为,笛卡尔的本质定义包含了对第二方面的否定(亦即他不认为有了本质,事物就一定存在),同时采纳了第三个方面(即没有事物,也就没有本质)的反面。[②] 例如,笛卡尔认为,广延乃是物质实体的首要属性并构成其本质或本性。同时,广延也构成了运动和形状之本质,因为没有广延,也就没有物体的运动和形状。但是,我们却可以领会没有运动和形状的广延,或者说,没有运动或形状,广延依然能够存在并被领会。但是,有了广延却并不一定就有物体、运动或形状;广延虽构成了它们的本质,但却不是它们存在的充分条件。[③]

但是,对斯宾诺莎而言,作为神的属性,广延只是构成神之本质,却不构成个别物体之本质。尽管没有广延,个别的物体既不能存在,也不能被领会;但是个别事物却不能仅仅通过广延就能存在和被领会,因为个别事物之本质并不由广延所构成,而是由一种特定的动静比例关系所构成,以至于如果这种比例关系被取消,则该物也将被取消;而这种比例关系存在,则该物也就存在;而且如果该物存在,则这种比例关系也必然存在。

此外,对斯宾诺莎而言,笛卡尔的定义将会导致他所不能接受的一种结果。如果本质乃是这样一种东西,即没有它,则事物既不能存在,也不能被领会,但它并不同时是那种使事物必然存在并被领会的东西,那么我们就必将承认属性和实体,甚至是神,都构成了包括人在内的具体事物的本质。由

---

① Gueroult, M., *Spinoza (II, L'âme)*, p. 20.
② Ibid.
③ Cf. Descartes, *Les principes de la philosophie*, Partie I, Articles 53&56;Partie II, Articles 4&11.

此，人和其他事物将具有共同的本质。但是，斯宾诺莎也非常明确地说过：
"实体的存在不属于人的本质，换言之，实体并不构成人的形式"。（E2P10）

之所以会出现这种严重的分歧主要缘于斯宾诺莎对本质的理解或他对本质的定义中特别强调的第三方面。对他而言，本质不能与事物相分离，而且任何本质都必须是具体事物的本质。既然如此，则斯宾诺莎所理解的本质就绝非普遍或一般的本质，而总是具体的本质。从这个方面来看，斯宾诺莎的本质定义不仅是一种正面的规定，同时也构成了对传统哲学中的本质概念的批判。这种批判不仅是针对笛卡尔，更是针对着古代和中世纪哲学中对本质的一系列规定和使用，尤其要批判那种超越性的或隐藏于事物背后的本质以及那种既在个别事物中存在同时又具有普遍性的本质。这两种本质类型分别可以追溯到柏拉图主义和亚里士多德主义。

一般而言，本质（essentia）这个概念最初是由阿维森纳等中世纪哲学家所引入，①而在古希腊时期还没有严格与之相对应的概念。对于柏拉图、亚里士多德等希腊哲学家而言，追问事物之本质通常表现为探讨"事物是什么"或者说要去探究"事物自身之所是"，而从更根本的层面来说，这是在追问什么是真正的存在。对此，柏拉图认为，可感世界中的各种事物，由于始终处在流转变化的过程之中，所以它们并不是真正的或真实的存在，因为真实的存在应当如巴门尼德所说的那样是永恒不变的。因此，柏拉图将真实的存在安置于超感官的领域之中，只有永恒不动的理念才满足这种要求，从而是真实的存在。而一切具体的存在物之所以是其本身并不是因其自身之故，而是唯独由它们所从属的理念来决定。因此，用本质的话语来说，事物之本质皆由其所属之理念来规定。于是，一物之本质就不在其本身，而是处在超越的理念领域，从而与事物自身相分离。而且因为一切同类的事物都分有唯一的理念，所以它们都具有共同的和普遍的本质。② 而在柏拉图所确立的思路之下，中世纪的唯实论者们认为，在具体的和个别的事物之外，还存在着由共相所构成的实在领域。共相本身可以和具体事物相分离，是完全意义上的实在物，甚至比具体事物或殊相具有更高实在性。而一物的本质或者它究竟是什么，最终都要由共相来决定。③ 所以，这种共相实在论可以被视为柏拉图的理念论在中世纪时期的特殊表现形态，而本质也在这种

---

① Cf. Gilson, É., *L'Être et l'essence*, pp.124－125.
② 就柏拉图的理念论以及理念与具体事物之间的关系，可以参考《理想国》（郭斌和、张竹明译，北京：商务印书馆，1986 年）475E—480D，484B，509D—511E。
③ Cf. Copleston, F., *A History of Philosophy*, Vol.II, New York: Image Books, 1993, pp.136—155.

思路之下成为一种超越的和普遍的存在物。

正是在理念与具体事物相分离这一点上,亚里士多德对柏拉图展开了激烈的批判。虽然亚里士多德在一定程度上接受了柏拉图所坚持的理念或本质之普遍性的观点,但是他却不认为,它们可以和具体的事物相分离,可以成为超越的存在物。对他而言,事物之所以存在,或者说事物之所以是其自身之所是,完全取决于它的实体,而实体对他来说最终可以归结为形式,因此一物之本质最终是由它的形式所决定。但是,决定一物是什么的形式却不是像柏拉图所说的理念那样处在与可感事物相分离的超越性领域,而是处在事物自身之中。任何事物都是由形式和质料结合而成,因此形式并非以外在的方式对事物进行规定,而是在事物自身之中发挥其规定作用。①但是,当亚里士多德把形式作为事物之本质的决定因素而纳入到事物自身之中时,他并没有否定形式本身的普遍性,相反,他始终认为同一种类的事物具有共同的形式,例如所有的马都内在地具有马的形式,这种形式构成了马的本质,后来阿维森纳在亚里士多德的这种思想的引领下,以“马性”(equinitas)作为规定马的本质的专门术语。②既然所有的马都享有共同的马的形式,那么具体的马之间的差异又从何而来呢?在亚里士多德看来,这种差别不来自形式,而是来自质料。可是,既然质料是完全无规定性的基质,唯有接受了形式的规定之后,它才呈现出各种差异,所以亚里士多德的这种回答并未从根本上解决问题。③

但是,无论从柏拉图主义和亚里士多德主义,还是从受他们影响的后世哲学传统来看,本质通常都被视为普遍的,不管本质是否具有独立的实存,它却始终具有相对于个别事物而言的独立存在层次。因此,本质或者可以绝对地独立于个别事物而存在,或者虽然不能绝对脱离个别事物,但是却不会依赖于某一个事物。因此,本质总是具有普遍性,而一个具有本质的事物是否实存并不影响本质自身的实在性和规定作用。

但是,恰恰是在这一点上,斯宾诺莎对本质的理解和界定表现出了极大的差异。根据他的本质定义的第三个方面,他所说的本质并不是普遍的本质,他也不接受共相或普遍形式意义上的本质。而人们通常为之赋予实在

---

① 参考亚里士多德:《形而上学》第七卷,尤其是1038b—1041b。
② Cf. Gilson, É., L'Être et l'essence, p.126.
③ 为了解决亚里士多德所遗留的这个形而上学难题,阿奎那沿着亚里士多德主义的思路提出了“有标记的质料”(materia signata)这个概念。但是,质料自身的这种标记究竟是从何而来或如何被规定的,阿奎那同样没有给出最终的解答。(Cf. D'Aquin, Th., L'Être et l'essence (De ente et essentia), texte, traduction et notes par C. Capelle, Paris: Vrin, 1982, pp.24-25.)

性的种属本质或类本质，对他而言也不是真正的本质。这些所谓的本质根本不具有实在性，而只是我们心灵之中的思想存在物（ens rationis）。依据他的对本质的定义，不仅事物不能脱离本质而存在和被领会，而且本质也不能脱离事物而存在和被领会。因此，在事物与其本质之间有着一种可互换性。而且，既然本质一被给出，则个别事物就必然存在，①那么本质自身就成为个别事物能够存在和被领会的充分原因。因此，任何本质实质上都应当是某个事物的本质，本质本然地就已经与个别的事物联系在一起。个别事物之所以能构成其为自身并且存在完全取决于本质自身，而不取决于偶性、质料等其他因素。因此，本质也不是抽象的、普遍的或一般的，而应当是具体的本质，甚至是一种个别的本质（une essence singulière）或特殊的本质（une essence particulière）。②

本质无需依靠个别的事物或其他区分因素而使自身具体化和个别化，相反，具体和个别完全是本质自身所负载的内在规定性。一个事物之所以成为个别的事物或者说事物所依赖的个体化原则完全就在于这种具体的本质或个别的本质。正是这种本质使得事物成为一个具体的或个别的事物。因此，斯宾诺莎不仅在关于本质的基本规定方面彻底修订了传统观念，而且也在个体化原则层面实现了一种剧烈的变革。而这种具体的和个别的本质之观点贯穿于他的思想之始终，并且对其多方面的理论构建发挥了重要作用。其中，他所构想的作为最高知识形态的第三种知识或直观知识正是关于事物之本质的知识，而这里所说的本质恰恰正是每个事物本身所具有的特殊本质。这种本质不仅指向事物的本质，也指向神的本质，因为第三种知识的最核心的和最高的认识对象就是神，就是要认识神的本质，并通过这种对神的本质的认识而达到对神的理智之爱。因此，无论在神的层面，还是在个别事物层面，斯宾诺莎始终坚持的都是具体的本质和个别的本质。

既然斯宾诺莎将这种具体的和特殊的本质贯穿于从神到个别事物的全部存在领域，而且既然"在理智之外，除了实体及其情状，就没有别的东西"

---

① 我们需要特别注意，这里说的是本质一经被给出，则个别事物就必然存在，而不是说个别事物必然实存，因为如果是后者的话，那么具有本质的个别事物就会像自因、实体或神一样，其本质就包含实存，从而个别事物就会是实体了，而这显然不符合于斯宾诺莎的基本原则。就其根本的意义而言，存在并不等同于实存，或者至少并不直接等同于实存，尤其是不等同于那种在绵延中的具体的实存。存在就其首要的意义而言指向了事物是其自身之所是，亦即事物自身的实是，而本质恰是揭示了这种实是。

② Cf. Rivaud, A., *Les notions d'essence et d'existence dans la philosophie de Spinoza*, pp. 70–83; Matheron, A., *Individu et communauté chez Spinoza*, pp. 18–23.

(E1P4D)，那么我们就需要从神和个别事物这两个层面来分别考察它们各自的本质，并将其本质的内涵揭示出来，以便使斯宾诺莎关于本质的形式定义充实化和具体化。

既然在本质与定义之间存在着紧密关联，那么考察神的本质首先也需要重新从的神的定义来入手。斯宾诺莎关于神的定义是，"神，我理解为一个绝对无限的存在者，亦即一个由无限［多］的属性所构成的实体，其中每一属性各自表现了［神的］永恒无限的本质"。（E1Def. 6）所以，理解和把握神的本质，就无法脱离对实体或属性的理解，因为属性正是理智就实体所知觉到的并构成实体之本质的东西，因而也就是构成神之本质的东西。

既然属性构成了神的本质，所以属性就绝不是从神之外的东西而来——这种外在于神的东西根本就不存在，因为一切都在神之内存在。所以，属性本然地就为神所具有，神的本质也由它们所构成。在神和属性之间并不具有实在的区分，而是仅具有一种思想的区分。只是从人的有限理智来看，属性才与实体区分开来。就此而论，作为神的本质之构成者的属性绝非一种思想存在物，而是实在的存在物，否则它们如何能够实在地构成神的本质呢？ 在神自身之中，属性享有其自身的实在性，各属性之间则有实在的区分，而且每个属性都是自类无限的（Ep. 64）。理解神的本质首先就必须从神与属性之间的关系来进行。而相对于神的本质而言，属性主要发挥着两个方面的功能，即构成与表现，换言之，属性不仅构成了神的本质，而且也表现了神的本质。

而就斯宾诺莎对属性的界定和使用来看，每一种属性实质上都是一种特定的"存在方式"（genre d'être），[①]无限多的属性作为不同的存在方式共同构成了神的本质。因此，属性不能被简单地理解为实体的性质，也不是在简单的叠加或聚集的意义上构成了神的本质。根据斯宾诺莎的实体定义，每一种属性实际上是一种独特的生产力量和生产方式，而属性的构成性功能恰恰源于它"是动力的和主动的形式"[②]。由此可知，由无限多的属性所构成的神的本质，绝对不是一种静态的或单调的持存，而是在一种动力性的构建活动中的实存，而这种动力性的活动恰恰是通过属性而进行并得到实现的。而且属性并不是仅仅以动力性的形式构成了神的本质，它同时也表现了神的本质。但是，这种表现并不是神向着一个与之相对的他者来表现或

① Macherey, P., *Introduction à l'Ethique de Spinoza* (la deuxième partie: la realité mentale), p.54.
② Deleuze, G., *Spinoza et le problème de l'expression*, p.36.

显示自身，这在斯宾诺莎的绝对内在性的存在论体系中是不可能的。神通过属性而进行的表现实际上是一种生产性的表现，亦即神通过属性将作为样式的无限多的事物产生出来，作为神的生产形式的属性和作为这种生产结果的样式共同表现了神的本质。

　　既然如此，那么从更具体的层面上说，神的本质究竟是什么呢？就此，斯宾诺莎首先批驳了传统神学和哲学以神的全知、全能、全善作为神之本质的做法。对他而言，这些都只是神的特性，却非神的本质。没有它们，神的确不能成为神，但是它们却不能就神的本质给予我们任何知识，而且神的本质也根本不是由它们而来或由它们所构成。（KV，1，3，note.1 & 2，2）我们对神的本质的把握必须从他的定义着手，既然神是绝对无限的存在者，那么他的本质应当首先从这种绝对无限性的角度来理解，甚至就在于这种绝对无限。而这种无限就是我们一直都在强调的那种肯定的无限。它不是通过对有限的否定而得到，后者只不过是思想存在物，而不是实在存在物。作为存在本身的肯定的无限乃是近代早期哲学中的一个关键点。它是伴随着库萨的尼古拉和布鲁诺的天才的哲学直觉以及近代自然科学的进展而呈现于近代哲学家的视野之中的。[①] 肯定的无限可以是一个神学上的主题，即与上帝直接相关的思想样态，也可以是自然、世界和宇宙自身的一种样貌。而这两者在斯宾诺莎的总体化的哲学中融合为一了。这种绝对的和肯定的无限就是总体性自身。这种总体性乃是实在自身的自发表达。而"作为总体的存在之自发性就是实存本身"。[②] 于是，由绝对无限这个角度得到考察的神的本质必然与存在和实存这两个概念联系在一起。

　　据此，斯宾诺莎继承了一直延续到笛卡尔的中世纪哲学传统，即存在——本质——实存（existentia）这样一种特定的探讨结构。[③] 无论中世纪的基督教哲学家对于本质与实存具有何种看法，但他们大都同意上帝即是存在本身，都肯定存在具有形而上的优先性地位。而且唯有在上帝自身之中本质与实存才是同一的。[④] 从这个侧面来看，斯宾诺莎的确深受中世纪的影响，并彻底地将神的存在、本质和实存视为同一。尽管在他的哲学表述中，没有出现神即是存在（Deus est esse）这样的语句，而是更多地把神称作

---

① 就这种肯定的无限以及与之相关的无限宇宙观念在近代早期欧洲的兴起，可以参考柯瓦雷：《从封闭世界到无限宇宙》，张卜天 译，北京：商务印书馆，2016 年。

② Negri, A., *L'anomalia selvaggia*, p.70.

③ Cf. Wippel, J.F., "Essence and Existence", *The Cambridge History of Later Medieval Philosophy*, ed. N. Kretzmann, A. Kenny, J. Pinborg, Cambridge: Cambridge University Press, 1982, p.385ff.

④ Cf. Gilson, É., *L'ésprit de la philosophie médiévale*, pp.50 - 51.

存在者(ens),但是,既然神是绝对无限的总体或大全,一切具体的实存之物都通过神而产生并在神之内存在,那么神本身就可以被看作存在之原理(principe d'être),而以神为存在本身似乎也应当是斯宾诺莎主义的应有之意。同时,由于斯宾诺莎严守存在的单义性,所以,他拒斥了中世纪哲学中上帝所具有的那种与受造物的存在有别的超越性的存在,而是将存在严格地应用于一切存在者之上,即存在可以在相同的意义上述说一切存在者,无论它是有限的还是无限的。而单义的存在就变得与唯一的和无限的实体相同一。

但是,我们同时也必须注意到,斯宾诺莎并不是一上来就将神与存在本身相等同,相反,神首先是作为一个存在者来呈现。即便对于神而言,言说存在也必然是言说神的存在,而就神的存在本身,斯宾诺莎则是通过对属性的分析,亦即通过将属性作为构成神之本质的一种存在方式而将神的存在揭示出来。所以,对斯宾诺莎来说,存在不是一个超越性的谓词或超越者,而是实在本身(E1P9)。并且因为存在乃是实在本身,所以存在才能具有一种直接的和自发的生产性。而这种自发的生产性则对应于实存本身。就此而言,斯宾诺莎将他的理论焦点逐步引向了实存,并以之作为其形而上学和伦理学的核心构建概念,并最终表现为一种**实存哲学**。当然,就神而言,他的实存并不后于他的存在和本质。任何运用于有限物之上的本质与实存之间的后天结合都不能被应用到神或实体之上,反之,"神的实存与神的本质是同一的"。(E1P20)

既然构成神之本质的属性乃是动力性和活动性,那么神的本质和实存就应当是一种活生生的实在,而"肯定神是一种活动的本质,这就意味着神是生命"。[①] 但是,神的生命并非一种类比或神人同形同性论意义上的生命,事实上,神的生命就是神的存在本身。根本而言,这种生命就在于神的存在及其本质的生产的自发性。作为自因,神产生其自身;而作为无限多的具体样式的绝对第一因和动力因,神又生产出具体事物。实际上,神产生其自身的过程与神产生万物的过程完全是同一的。因此,"生产属于实体之本质,任何可以从这种本质推演而出的特性都与一种确定的结果之生产相对应"。[②] 神不受他物的限制和驱迫,而只是依照其本性的必然性展开自身的生产过程。自然之中没有任何偶然之物,一切都根据神的本性必然性而实存和行动。正是通过其本性的必然性,神产生自身并同时产生万物,而神或

---

① Zac, S., *L'idée de vie dans la philosophie de Spinoza*, p. 18.

② Matheron, A., *Individu et communauté chez Spinoza*, p. 16.

实体本身就是这种纯粹的活动性或生产性。①

所以,单是从神的本性必然性,或从神的本质的必然活动,我们就可以看到,"神的力量(potentia)就是神的本质自身"(E1P34),正是这种绝对的生产力量构成了神的终极本质。神以及由神而出的万物借以实存和活动的力量都源于作为神的本质的力量。(E1P34D)一切实存的事物莫不以某种确定的方式表现了作为万物之因的神的力量。(E1P36D)所以,斯宾诺莎所营造的其实就是一个力量的存在论体系,而力量是神的最实在的本质,而他的整个存在论和认识论系统也都立足于力量的基础之上。因此,力量构成了斯宾诺莎哲学的核心范畴,而这不仅是在一种还原的意义上而言,更是在一种生动的阐释和表现过程中得到揭示。作为神之本质的神的力量,既是神自身的绝对无限的实存力量,也是他以无限多的方式分殊和表现自身的力量,同时也是一切实在物借之得以产生和实存的力量。从这个角度来看,神的本质、实存和力量也就融合为一了。

与此同时,这种作为神的本质并与神的实存相同一的力量,始终是一种具体的和现实的力量。我们知道,无论是在对亚里士多德著作的翻译,还是在经院哲学的传统用法中,potentia 一词同时还具有"潜能"的涵义,而基督教神学家和哲学家通常会特别强调,除了现实地创造和维护世界的力量之外,神还具有无限多的没有行使的力量或潜能。在他们看来,如果神的全部力量就在于他把现实的世界万物产生出来并加以维护的力量,那就会对神的力量和潜能形成了限制,而这有损于神的崇高的地位和他的全能。这种立场在晚期中世纪的唯名论传统和近代早期的新教的预定论教义中得到了突出强调。② 但是,斯宾诺莎明确地抛弃了这种观点。对他而言,神的力量完全就在于他的现实活动的力量,根本就没有处在这种力量之外的无限潜在的力量。神本身以及由神所构成的绝对无限的存在体系也是一种绝对的现实性,而神的生产过程也不是从潜能到现实的目的性的进展过程。一切存在的东西都源于神的绝对现实的力量及其展开,它们也必然在神的本质自身之中有其现实实存的理由和原因,并绝对遵循神自身的本性必然性,要按照神的绝对命令和法则而运行。而神的无限的力量实际上就是自然的必然的生产力量。"只要人们清楚地理解了自然的整个秩序,他们就会发现万物就如数学中探讨的对象一般是必然的。"(CM,2,9)斯宾诺莎自始至终都遵循着一种绝对现实的逻辑来构建整个存在体系。与神的力量和实存相同

---

① Matheron, A., *Individu et communauté chez Spinoza*, p.13.
② 参考冯肯斯坦:《神学与科学的想象:从中世纪到 17 世纪》,第 170—192 页。

一的神的本质在他这里也始终是现实的本质,而以神为核心的存在视域始终是一种现实的和必然的视域。当然,这种具体性并不是有限存在物意义上的具体性,不是一种经过规定的具体性,因为作为绝对无限的存在者,神不经受任何的规定和否定;之所以说神的本质是具体的,这依然是在现实性的层面,特别是在神通过其现实的生产活动而存在并产生无限多的样式而言的。在这种现实的本质视域之下,一切超越和潜在都被从神的本质之中排除掉了。所以,即便是在神的层面,传统哲学中的普遍本质和超越的本质也都无法成立。

在讨论了神的本质之后,我们现在可以进而讨论样式——尤其是有限的样式或事物——的本质。首先,无论从斯宾诺莎对本质的界定,还是他对本质概念的使用,我们都可以明确地看到,他认为一切样式(包括有限的样式)都有其本质。因为他明确说过:"神不仅是事物之实存的动力因,而且是事物之本质的动力因。"(E1P25)这种为个别的样式或事物所具有的本质正是我们前面所说的每个事物内在都具有的特殊本质。

当然,并不是所有传统的哲学思想都否认事物具有自身的本质,但是我们通常还是会感觉到在它们所构想的普遍的和自在的本质与个别事物的本质之间存在着断裂——即便不是断裂,至少也有着根本的距离。如果我们从关于本质的传统观念出发,也会认为在斯宾诺莎的绝对无限的神的本质与有限事物的本质之间具有存在论上的差异或异质性。虽然神作为实体具有现实的永恒无限的本质,但是个别事物是如何从神产生出来并具有其特殊的本质,这一点始终不是非常清晰。

就这个问题,我们首先需要明确的是,斯宾诺莎已经不再按传统神学的思路认为神从虚无之中来创造万物,仿佛虚无是事物由以产生的某种物质似的。(CM,2,10)反之,一切有限的自然物都是从神的本性必然性而出,都是由神所产生。但是,这里面又有所区分。

由于某些事物必定直接为神所产生,这就是说从神的绝对本性必然性而出;而其他事物则需要以第一类事物为中介才能产生,尽管没有神,它们既不能存在,也不能被领会。由此可以推知,第一:神是由他直接产生之事物的绝对的近因(causa absolute proxima),而非人们通常所说的那样是自类中的(in suo genere)近因。因为神所产生的结果,若没有其原因,就既不能存在,也不能被领会。由此又可以推知,第二:严格来说,神不能认作个别事物的远因(causa remota),除非是为了把它们与那些直接由神所产生的事物或由神的绝对本性而出的事物区分开来。因为我们通常总是把远因理解为与其结果不相联属的。但是，一切事物都存在于神之内，都依赖于神；如果没有神，它们就既不能存在，也不能被领会。（E1P28S）

　　因此，神就不能被视为有限样式或具体事物的远因，而是根本的内因和动力因。我们有限的心灵乃是神的无限理智的一部分，具体的形体则是物质自然的一部分，一切都处在神之内，从而也就是神的本质的一部分。（E2P11S；Ep.32）所以，理解具体事物的本质就是理解这些本质如何从作为无限力量的神的本质产生出来。但是，既然是被产生出来的样式，那么具体事物的本质就并不必然包含实存。（E1P24）任何一个具体事物既可以实存，也可以不实存。无论是它的本质，还是它的实存都是被产生的结果，而这个生产活动的最终根源就是作为无限力量的神的本质。而且既然任何事物的本质都应当由其最根本的规定性表现出来，因此，神的本质只能由属性所构成和表现，而个别事物作为神的活动的产物也应当由属性来阐释。虽然属性并不构成个别事物的本质，但是属性却涵盖着个别事物的本质。作为活动性的形式，神自身的生产力量正是通过属性的表现过程而得到实现。个别事物的本质能够产生就是因为它们也以自身独特的形式表现了神的本质和力量。

　　既然如此，我们该如何阐明具体事物之本质呢？在关于事物之本质的定义中，斯宾诺莎明确提出事物与其本质之间具有可互换性。当然，这种可互换性并不意味着事物可以替代本质或本质可以替代事物，而只是说，没有本质就没有具体事物，没有具体事物也就没有本质。正如事物应当是实际存在的事物一样，本质应当也是现实的。而就任何具体的事物而言，它的本质、实存以及它自身都互为相关项。神在产生事物时并不是先产生一般本质，然后再把实存作为一个性质或规定附加到本质之上，从而形成个别的事物，也就是说，事物并不是因为它们自身的实存而获得个体化，不是通过自身的实存而相互区别开来；相反，具体事物的个体化原则完全出自其本质自身，而这也就意味着事物就其本质而言就是个别的、特殊的，亦即事物所具有的永远是个别的本质。这种个别本质不再是隐藏在现象背后的存在，也不是诸多同类个体所共同具有的类概念；诸如人性等一般性的范畴都被斯宾诺莎排除于本质的范围之外，它们作为抽象的概念并不能构成本质的任何具体要素。任何超越的精神实体、任何去除具体规定性的抽象物都不再具有本质的地位。本质之为本质应当是实在的、具体的，每个事物所具有的都是不同于其它事物的个别本质。事物正是通过自身的个别本质而相互区分开来，所以，个别本质就其源初的规定性来看，就是事物得以具体化、得以差异化的根本原理。由此，本质也就不再属于相同的领域而是属于差异的领域。由这种个别的本质所产生的就是一种**差异哲学**。本质也不再首先以其归类与并和的功能而显现，反之，本质或个别本质的首要功能却在于区别与划分。因此，就每个事物都具有个别本质而言，它们的本质并非自在地相互符合。作为本然的差异化原则，个别本质所凸显的恰是个体之间的差别。

而既然个别事物都具有其个别的或特殊的本质，那么个别本质就绝不是普遍本质在接受特殊的外在规定之后所形成的个体化的本质（l'essence individualisée）。个别事物所具有的本质也不是借助这些外在的标志而成为个别的，而应当首先以内在的方式得到规定。即便我们从神的本质来着眼也是如此：个别事物之所以能够包含和表现神的本质，完全是神通过自身的本性必然性将事物产生出来，从而具体地生产个别事物之本质。由此，每个事物得以具有区别于其他事物的个别本质。[①] 用我们今天的话来说，每个个体都具有独特的生命基因或特殊的 DNA 结构。当然，斯宾诺莎在他那个时代还不可能具有这种观念，但是无论如何，他所谓的个别本质应当是一种源于个体自身的内在差异。无论从神的层面，还是在个体事物的层面，斯宾诺莎都竭力反对那种脱离事物而被抽象出来的一般本质或普遍本质。本质总是某个事物的本质，我们不能在事物之外去设想其本质。而这也再次证明，斯宾诺莎并没有因其强烈的总体化倾向而消解活生生的个体。

事物既然都具有个别的或特殊的本质，那么这种个别的本质又是什么呢？既然特殊的事物只不过是神的情状，也就是以某种确定的方式表现神的属性的样式，而神之所以能够将事物产生出来乃是在各个具体属性的生产力量之下进行的，那么我们就应当从每个样式所隶属的属性来揭示其本质。既然我们所能领会的只有广延和思想两种属性，那么对事物之个别本质的探讨也应当从这两个属性来切入。

首先，从广延属性来看，它所产生的是自然界之中的个别物体，也就是具体的形体。而在自然之中根本没有两个完全一样的形体，各个形体之间

---

① 这个方面将斯宾诺莎与中世纪晚期以来的唯名论传统紧密地联系起来。依据奥卡姆等唯名论者的观点，上帝创造的只是个别事物，而真实事物总是能够无需对方而存在。而人们在解释个别物体之时也不需要通过任何个体化原理。（参考冯肯斯坦：《神学与科学的想象：从中世纪到 17 世纪》，第 177、185 页。）当然，即便在这个方面，斯宾诺莎与唯名论者之间也有着重大的分歧，因为后者在凸显个体事物与上帝之间的直接联系之时，他们着意凸显的是上帝的全能以及上帝在创造和维持万有之时的绝对无限的意志，但是这些显然不为斯宾诺莎所接受。

总是有着特殊的差别,而决定形体之间的差别的则是每个形体本身所具有的固定的动静比例关系。(E2P13Def.)正是这种固定的动静比例关系决定了个别形体的本性和形式,从而也就是这个形体本身所具有的个别的或特殊的本质。只要这种动静比例关系保持不变,则具有此关系的形体就始终保持自身之本性和形式。(E2P13Lem4 - 7)而一旦这种动静比例关系被破坏,则形体就被摧毁了,也就失去了其本质。

其次,就思想属性来看,既然万物都有心灵,而心灵不是别的,就是由神的无限的思想属性所产生的思想样式,也就是观念,而且这种观念则以现实实存的广延样式作为对象或相关项,亦即广延属性的任何样式必然在神之内有关于它的观念;因此就其本性而言,心灵就是与其相对应的广延样式的观念。只要这种广延样式实存着,那么在神之内必有关于它的观念。而人的心灵实际上就是它的现实实存的身体的观念。而作为一种思想样式,心灵之本性就在于思想,是一种现实的和具体的思想活动。当然,最重要的还是它是一种以身体和身体所具有的各种感受为对象的思想活动。

但是,这是否意味着个体事物以及由身体和心灵所组成的人会有双重本质呢? 对于这种观点,斯宾诺莎必然予以否定。正如神是由无限多的属性所构成,但是无限多的属性最终都汇聚为神的唯一的本质,也就是神的无限的力量;同样,虽然每个个体事物都被涵盖于神的无限多的属性之中,从而表现了神的无限多的属性,但是无限多的属性乃是同时通过神的唯一的生产活动而将同一个个体事物产生出来的。正如无限多的属性并不产生无限多的实体一样,无限多的属性的同一的生产行为也不会产生出多个不同的个体,反之它们总是产生出同一个体,并且这个唯一的个体也只具有唯一的本质。而这种本质最终要由作为神的无限的生产力量和作为神的生产活动的属性所规定。

作为神自身之活动的产物,每个事物都是神的属性的表现,是神的力量的一部分。既是神的思想力量的一部分,也是神的实存力量的一部分。自然物据之得以实存和活动的力量正是神的永恒无限的力量,而不可能是别的。(E4Praef.; TP, 2,2)既然神的本质正是从力量的角度得到揭示和阐明,那么由神的属性所涵盖的个别本质也应当从力量这个维度得到阐释。德勒兹认为,这种个别本质就是特定属性之中的强度的量或力量的程度。所以,个别本质的根本规定就是力量。而这种本质之所以是个别的,主要是因为它们被涵盖于神的属性之中时就各自具有了特定的强度,亦即它们已经是个别的和特殊的了。例如,在一面白色的墙上,各个不同区域的白色从色调、深度等侧面都具有强度的差别,而这个白色的性质却到处一样,同样,属性之中的个别本质也在这种意义上具有不同的强度或力量程度,从而个别本质也便通过这种力量的程度而区别开来,但它们又同时都属于这个属性。[1] 然而,即便如此,我们也不能再次将属性视为一般本质,因为属性并不构成个别事物的本质。属性在本性上属于"产生自然的自然"(natuara naturans),也就是它们与作为世界的根本产生原理的神处在同一个层次上,而事物的个别本质则属于"被自然产生的自然"(natura naturata),所以,在属性和个别本质之间具有根本的差别。属性涵盖个别本质实质上就是神通过动力性的本质生产出事物以及事物的本质。

作为一种特殊的强度的量或力量之强度,事物的个别本质同时在广延与思想这两个属性之下表现出来,分别呈现为实存之力量和思想之力量。具体而言,当作为个别本质的力量强度与形体相关联时,它表现为形体自身在固有的动静比例关系之下的实存与行为之力量,或者说这种力量就表现为形体自身的动静比例关系。而这种于形体层面所表现的力量,不仅是一种作用力,同时也是一种接受影响之性能(pouvoir d'être affecté)。这种力量需要从这两个方面得到界定,而非持守于一种单级的结构。(E2P13Lem1)从一定意义上说,这种受影响之性能具有非常重要的作用。[2]而人体自身的统一性也往往是在身体受影响时能够维持其固有的动静比例关系而实现的。由此,个别本质、特定的动静比例关系和具有此本质或关系的形体之间并不具有实在的区分。同样,心灵作为神的思想属性之产物,也被涵盖于思想属性之中,从而是神的无限的思想力量的一部分。所有那些作为观念的心灵都是以思想属性作为生成之因,要从思想属性所负载的力量而出,但是思想属性并不构成心灵的本质。任何一个具体的心灵都具有其不同的思想力,从而也就具有不同的能力等级和表现形态。而这种思想的力量或明晰程度与作为它们各自之对象的身体的实存力量或者身体的接受影响之性能是一致的。因此,事物自身之个别本质完全要从力量方面来得到根本的规定。

二、永恒本质与实存

正是凭借个别本质的观念,斯宾诺莎对西方传统的本质观念,尤其是以柏拉图为代表的那种超越的和普遍的本质观念,进行了彻底的变革。本质不是抽象的普遍物,而永远是具体的和现实的本质。它不能跟事物相分离。

---

[1] Cf. Deleuze, G., *Spinoza et le problème de l'expression*, pp. 179 - 181.

[2] "人体越是能够以更多的方式受到影响,则心灵就越是能够知觉更多的事物。"(E2P14)

这一点无论对于神，还是对于个别事物都是适用的。但是，斯宾诺莎对抽象的一般本质做出变革之时，却同时保留了传统上关于本质之规定的一个普遍的看法，即本质是永恒的。也正是在这个层面，他的本质观念对我们提出了一个巨大的挑战，尤其是他所提出的永恒本质与事物的实存之间的关系更是构成了一个解释上的难点。

当然，就神的本质是永恒的或神具有永恒本质而言，我们不会有太多疑议。《伦理学》第一部分命题六已经明确地肯定了神的本质是永恒的，而神也本然地具有永恒本质。作为一个绝对无限的存在者，神的本质的永恒性必然得到肯定。而神的无限性、必然性和永恒性从根本上说完全是合一的，而神的本质也以无限、必然和永恒作为其自身的表现形态。一切具体的时间、空间、绵延等界限性的规定都无法应用于神及其本质之上，更不是其本质的构成形式。因此，神的本质的永恒乃是绝对意义上的永恒，它不是通过对时间或绵延的否定而得到的，即便是被设想为无始无终的绵延也根本和永恒不着边际。（E1Def. 8Exp.）正如无限不是通过对有限的否定而得到的，而是一种肯定的无限一样，神的本质的永恒也不是通过对有限的时间或绵延的否定而达到的，反之这种永恒乃是绝对肯定的和直接的。当斯宾诺莎提及神的本质的永恒或神的永恒本质之时，他根本没有将这种永恒独立或分离出来。实际上，从神的层面来看，永恒总是神的本质的永恒，甚至可以说永恒就是神的本质自身。故而，永恒绝不是一种抽象的存在物，也不是我们的思想或理性的存在物或我们的思想方式。

而从斯宾诺莎对永恒的界定来看，"永恒，我理解为实存（existentia）本身，就实存被理解为唯独从永恒之物的定义就必然被推出而言"（E1Def. 8）。但是，这里用来界定永恒的实存并非通常意义上的那种处在流变之中并由时间来度量的实存，或者说并非那种不确定的绵延意义上的实存（E2Def. 5），而是那种与神的本质相同一的、绝对必然的实存。用斯宾诺莎的话说，"这种实存，正如事物的本质一样，也可以被设想为永恒的真理，因此不可以用绵延或时间去解释它，即使绵延可以被设想为无始无终"。（E1Def. 8Exp.）而这种作为永恒的实存与神作为自因的地位密切相关。既然"自因是这样一种东西，即它的本质必然包含实存，换言之，它的本性只能被设想为实存着"。（E1Def. 1）所以，当我们说神具有永恒无限的本质之时，这主要是指神的本质具有必然的实存或者神必然实存着。而神的本质必然实存着也就意味着神的本质乃是永恒的。这种实存亦如神的本质一样是绝对无限的，因而它可以被视为永恒真理，或者说神的实存恰如神的本质一样是永恒真理。因此，神的本质的永恒，只能从神的本质必然实存这个角度来理解。

神以及神的本质的永恒实际上就是其自身必然的实存,而这种必然的实存也就是永恒的实存,因为在神自身之中必然与永恒实质上是同义的。①

　　然而,如果说神的绝对无限的本质是永恒的,这一点比较容易为我们所认可,但是,说有限的样式或事物的本质也是永恒的,却会引发激烈的争论。既然斯宾诺莎认为事物的本质总是个别的或特殊的本质,而且这种本质总是某个事物的本质,那么这种本质如何又是永恒的呢?而且根据上述关于永恒的定义,永恒乃是必然的实存本身。但是,《伦理学》第一部分也曾明确说过,"凡是由神所产生的事物,其本质不包含实存"(E1P24),因为一切由神所产生的样式或具体事物都不是在自身之内存在并通过自身而被领会,反之,它们都是在他物之内存在并通过他物才能被领会的。它们的个别本质并不是它们能够实存的原因。如果事实相反的话,那么样式就成为自因,这是自相矛盾的。所以,虽然神是事物之本质和实存的原因,而且神不仅是事物开始实存的原因,也是事物继续实存的原因,(E1P24C)但是,神之所以是有限样式或具体事物之实存的原因,并非就他是无限的而言,而是就他为另一个具体的样式所分殊而言,而后一个样式之以神为原因,是就神为第三个样式所分殊而言,如此类推,以至于无穷。这也就是说,

　　　　任何个别事物或任何有限的且有确定之实存的事物,除非有另一个有限的且具有确定之实存的原因决定它实存并产生某种后果,否则它就既不能实存,也不能产生某种后果,而这后一个原因若非有另一个有限的且具有确定之实存的原因决定它实存并产生某种后果,便不能实存,也不能产生某种后果,如此类推,以至于无穷。(E1P28)

所以,任何有限样式或具体事物之所以能够实存就不能从神的永恒无限之本质,也不能从其自身之本质来解释,而只能由作为其近因的其他具体事物所产生,并由之获得解释。而且我们通过经验就可以察觉到,任何有限样式或具体事物总是在由有限样式所构成的世界中实存,每个事物的实存有其开端,也有其终结,或者说事物总是为外因所决定并且会经历死亡,故而这

---

① 斯宾诺莎在《伦理学》第二部分讨论理性之时就把必然与永恒之间的关系明确突显出来了,亦即"理性的本性在于从某种永恒的方面来考察事物"。(E2P44C2)之所以如此,是因为"理性的本性在于认为事物是必然,不在于认为事物是偶然的。并且理性真实地认识事物的这种必然性,或者能够认识事物自身。但是,事物的这种必然性就是神的永恒本性自身的必然性。所以,理性的本性在于从这种永恒的方面来考察事物"。(E2P44C2D)这里,必然和永恒明显被联系起来,甚至被相互等同。

种实存就是一种绵延化的实存，是处在时间进程之中或通过时间来度量的实存，从而也就不是必然的实存。① 对于任何有限的存在物，我们都可以设想它不实存，而不会导致任何矛盾，也不会与其自身的本质相冲突，因为它的本质并不包含实存。（E1A7）

　　之所以出现这种情形，主要还是在于斯宾诺莎明确区分了两种不同类型的实存，或者更准确地说，他区分了实存自身的两种不同形态或表现形式：其中一种就是我们通常所构想的那种实存，亦即绵延意义上的实存，这是从抽象的眼光来看待或当作某种量来审视的实存。（E2P45S）这种实存依赖于外因的决定，并具有其特定的时空范围，无法从事物的定义或本质直接推出。② 而与这种实存不同，还有另外一种形态的实存，亦即因无限多的事物以无限多的方式从神的本性的永恒必然性而出，从而为个别事物所具有的实存。这是就个别事物在神之内而言才具有的实存。因为，即便任何个别事物都为另一个别事物所决定而以确定的方式实存，可是每一个事物借以保持自身之实存的力量（vis）却是从神的本性必然性而出的。（E2P45S）这样的实存就不是受时空限制的、绵延意义上的实存，而是事物自身之个别本质的实存，甚至就是一种永恒意义上的实存。当斯宾诺莎提出事物的个别本质是永恒的之时，他也正是在这个角度上说的。

　　当斯宾诺莎说事物的本质不包含实存之时，这里的实存指的正是那种不确定的绵延意义上的实存，是受特定时空关系限制的实存。事物的个别本质既然是永恒的，那么该本质就不包含这种实存，而且从逻辑上讲，事物的本质与它的绵延性的实存是可以分离而不会产生矛盾的，这与二者的生成原因紧密相关。因为事物的本质是以神的本性必然性为原因，而当斯宾诺莎说神的属性涵盖了事物之时，他首先是从属性涵盖了事物的本质而言的。所以，任何样式或事物的本质都必然被包含在神的属性之中，也是其永恒本质的产物，所以，事物的本质也是永恒的。而事物的绵延性的实存虽然也以神为其原因，但却是在神为另一种样式或事物所分殊并以这种分殊为

---

① 但是，说个别事物的实存不是必然的实存，并不意味着它只具有偶然的实存，因为在斯宾诺莎的严格的决定论的存在体系中，一切都是必然的。说个别事物的实存不是必然的，这是相对于它的本质而言的，也就是它的本质并不直接决定它具有时空绵延意义上的实存。但是，一个事物是否具有绵延性的实存同样处在一种必然性的决定机制之中，它的生与灭也必须依赖原因。就此而言，它的实存也是必然的，这是一种因果决定意义上的必然。但是，我们从事物的本质却不能推出它必然实存，也不能推出其时空绵延意义上的实存。后面这种实存对事物而言也不是永恒真理，而只能处在一种不确定的绵延之中，会有中断和结束，从而不是必然的。

② 例如，斯宾诺莎在《伦理学》第一部分中明确提出，特定数目的人（如二十个人）之实存必然有使其实存的外在原因，但是这二十个人的实存本身却非永恒真理。（E1P8S2）

其原因的意义上而言的。因此,事物的这种实存的原因就在于那些外在的事物,从而必然处在由外因的实存而导致的生灭变化的进程中。这种实存也就必然处在变化的领域,从而成为一种绵延性的实存,或者也可以说这种实存就是绵延。但是,作为事物之实存原因的另一个有限事物却不能是该物之本质的原因。既然一切本质都是永恒真理,所以本质也只能由永恒的东西所产生,而个别的有限事物就其具体的实存而言总是不断变动的,所以它就不可能是个别本质之原因。

而理解事物的个别本质就是要理解它如何从神的永恒无限的本质产生出来。这种个别本质虽然不是无限的,但却是作为神的本质的神的绝对无限力量的一个区位,也就是在特定属性之中的强度的量或力量的强度。这种意义上的个别本质尽管也处在样式的领域,但却是神的力量的直接产物,甚至可以说是神的无限力量的一种特定的存在方式或表现形态。作为绝对无限的存在者,神的永恒无限之本质并不由这些个别本质所构成,但是它也不会脱离这些个别本质而存在。只要神现实地实存着,这些作为神之本质的直接产物和表现形态的个别本质就必然存在,它们本然地就属于神。可是,个别本质的这种存在只是就它们被包含在神之内并必然为神所产生而言,而不是就个别事物的绵延性的实存而言的。我们甚至可以说,不管具体事物是否在物理世界中实存,它的个别本质总是存在着的,甚至是实存着的,尽管后者主要是就神而言的那种必然的实存。

事物的个别本质以及必然的实存都是永恒的,而它的绵延性的实存则不是。例如,苏格拉底作为一个具体的人曾经实存过并且具有个别的本质;而随着苏格拉底饮鸩而死,他的绵延的实存就终结了,但是他的个别本质却并没有随着这种实存的消亡而一并消失,反之,作为一种特殊的力量强度,他的本质被永恒地包含在神的属性之中,从而也就被永恒地包含于自然之中,但是它是否具有绵延性实存对个别本质而言却不是主要的。因此,斯宾诺莎写道:"非实存的个别事物或样式的观念必定包含在神的无限观念之内,正如个别事物或样式的形式本质被包含在神的属性之内一样。"(E2P8)这里所说的非实存的个别事物或样式所指的正是事物的个别本质,而这里所说的非实存实质上指的是它不在绵延的意义上实存。[①] 但是,当斯宾诺莎说非实存的个别事物时并不是说个别本质没有实存,而只是就它不在时空规定的绵延意义上实存来说的。而个别本质作为一种实在总是实存着的,

---

① Cf. Mignini, F., *L'Etica di Spinoza: Introduzione alla lettura*, pp. 84 – 85; Scribano, E., *Guida alla lettura dell'Etica di Spinoza*, Roma: Laterza, 2008, pp. 54 – 56。

这种实存乃是就其必然被包含在神的属性之中而言或由神的本性必然性而出来说的。而个别本质或者如这个命题中所说的个别事物或样式的形式本质就其被包含在神的属性之中或由神的本性所产生来说就享有必然的实存，从而也就是永恒的。不仅是个别事物或样式的形式本质是如此，它自身的客观本质同样被包含在神的无限观念或无限理智之中，从这个角度来说，它的客观本质，也就是它在神的无限理智之中的观念同样是永恒的。因此，永恒最终都必须通过神的本质和实存的永恒性和必然性才能得到根本规定。于是，斯宾诺莎又进一步明确地说：

> 只要个别事物，除非它们被包含在神的属性之内，否则就不实存，那么，它们的客观存在，亦即它们的观念，除非神的无限观念实存，否则也不实存。而如果个别事物不仅就它们被包含在神的属性之内而言是实存的，而且就它们具有绵延而言也是实存的，那么个别事物的观念也包含着它们据之被认为具有绵延的那种实存。（E2P8C）

由此可知，当斯宾诺莎说"凡由神产生的事物，其本质不包含实存"时，这里的实存乃是那种作为不确定之绵延的实存；但个别事物或样式所具有的个别本质却具有其在神之内并由神的本性必然性而出的那种必然的实存。绵延式的实存并不能规定和述说事物的个别本质，而是指向了在时空之中现实实存着的具体事物，但本质却不受这种绵延的规定和约束。那么，这种与具体的绵延无关的永恒的个别本质应当如何来理解呢？对此，我们可以借助下面图1的坐标系来说明。

假设有一个由 X 轴和 Y 轴所组成的坐标系。我们选取这个坐标系的右上部区域。在这个区域中包含着无限多的点，而每个点都由 X 轴和 Y 轴上的数值所决定并与之相对应。这无限多的点可以比作斯宾诺莎所说的被包含在神的属性之内的个别本质。这里，我们画出 A、B、C 三个点，它们分别由 X 轴和 Y 轴上的相应数值所决定，并代表着具有绵延性实存的个别本质。但是，除了这三个点之外的其他无限多的点也是实存着的，而且是必然地实存着的，因为只要 X 轴和 Y 轴实存着，那么它们就永恒而必然地实存着，尽管我们并没有将它们标画出来，或者说它们没有通过这种标画而进入到绵延的实存形态之中。而且，虽然 A、B、C 这三个被标画出来的点具有绵延性的实存，但是从根本上说它们也具有源于 X 轴和 Y 轴的规定性而来的永恒的实存。而这个例子也在一定程度上向我们指出，只要神的本性或者说由神的属性所构成的神的本质永恒实存着，那么一切由之所决定的或由之所包含的个别事物或样式的个别本质也就永恒地实存着。当然,任何一个实例或类比都会有其自身的不严格之处,尤其是我们所画出的这个坐标虽然可以拓展至无穷,但是它却不是绝对的无限。可是,这个坐标系以及它所规定的无限多的点又确实在一定程度上向我们揭示出,神的本性的必然性可以在何种方式上来理解,而个别事物之本质又是如何从神的本性的必然性而出并成为永恒的。

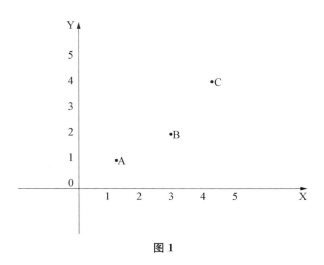

图 1

既然如此,这种不依赖于事物自身之绵延甚至在一定程度上可以与这种绵延相分离的个别本质不就与前面对事物的具体本质以及事物与本质之间的可互换性产生矛盾了吗? 我们由此不是要面临着两种不同的实存,即必然的实存和绵延的实存了吗? 而这与斯宾诺莎所坚持的存在的单义性原则不也在一种延伸的意义上构成冲突吗? 如果只有在脱离甚至超越了绵延的实存之时才有所谓永恒,那么斯宾诺莎又为什么会说“我们感觉和经验到我们是永恒的”(E5P23S)? 感觉和经验不是只能在我们的身体持存着或者当我们处在时空的绵延之时,才是可能的吗?

就上述这些疑难,我们必须首先明确,无论是神的本质,还是具体样式或事物的本质,都不是由绵延的实存所决定的,它们的本质自身也不会内在地包含着这种实存。但是,斯宾诺莎却从未将本质与绵延式的实存对立起来。当斯宾诺莎说神的本质就包含着实存时,这种实存肯定是实存本身,亦即那种作为永恒本身的实存,故而这种实存最终与神的本质是同一的,是绝对无限的、必然的和永恒的,所以这种本质和实存就不依赖于绵延,也不为时间、空间、尺度等方面所规定。然而,从另一个方面来说,神的本质及其永恒的实存却不会脱离于个别事物的绵延式的实存,更不会超越和否定后者。

反之，一切样式都由神所产生并以特定的方式被包含在神之内，没有神，它们就既不能存在，也不能被领会，而这里所说的个别事物不仅指个别本质，也意指着一切处在时空之内并具有自身之绵延的自然物。所以，神的永恒无限的本质，并不因其是永恒的，就外在于事物及其绵延；相反，具体事物都以特定的方式表现着神的属性，而这种表现的过程实质上就是在表现着神的本质和力量。所以，永恒无限的神的本质必然会在表现着其本质的具体事物的绵延中临在或露面，尽管总是以特殊的分殊形式显现。但是，不管怎么说，神的本质并不与事物的绵延性的实存相对立，而是以具体的方式，尤其是以生产性力量的形式在事物的绵延中得到彰显。

当然，在这样说的时候，我们也必须注意到，神的本质虽然通过事物的具体的绵延来显示，但是他的本质却不依赖于具体事物及其绵延，而无限也不依赖于有限。作为绝对无限的生产力量，神依照其永恒不变的本性必然性将一切样式或事物产生出来，并通过这种生产和构建的过程而展现自身的永恒无限的本质。尽管作为永恒无限的本质和绝对统一性，神不会在有限的和具体的时空关系中获得自身的本质规定，但是世界万物的变迁以及社会历史之流变却都是在神所确立的绝对无限的存在视域中展开。既然包括人在内的一切事物得以产生和实存的力量就是神的力量本身，那么作为神的本质自身的力量就在具体事物的现实实存，甚至是绵延的实存中得到展现，因为这种绵延恰恰是通过事物自身的力量得到实现的。所以，就上述观点来看，神的永恒本质并不与个别事物的绵延相矛盾，反而在后者之中得到特殊的表现。①

既然如此，那么在具体事物的个别本质、该本质的实存以及该物自身的绵延之间又存在何种关系呢？正如上文所述，事物的个别本质就其由神的本性必然性而出或就其被包含于神的属性之中而言就是永恒的，也就是必然实存着。这是归属于本质自身的实存。这种实存与时空关系无关，也不是抽象的，而是直接地和永恒地处在神的属性之内，从而在具体的属性之下构成了作为神的生产力量之属性的区位：在广延属性下就是一种表现了广延之生产力量的特定的动静比例关系；在思想属性下就是一种表现了思想之生产力量且具有特定之强度和速度的观念，如此等等。而所有这些从不同方面共同构成了一个事物的个别本质。而这种本质的产生和实存只以神的本质和属性作为动力因和形式因，同样也不依赖于事物的绵延。而决定

---

① Cf. Rousset, B., *Le finaleperspective de "l'Étique" et le problème de la cohérence de Spinozisme*, pp. 93 - 95.

着一物之为其自身的根本标准或准则就是该物的个别本质或特殊本质,而不是其外表的性状或其他的特性,从而也不取决于事物自身的绵延。既然如此,那么个别本质是否可以脱离具体事物、无需事物之绵延就可以实存着呢?诚然,斯宾诺莎在他的著作中始终说个别事物之本质不包含实存(即绵延性的实存),这种本质也不依赖事物的绵延,而事物之绵延也不是事物之个别本质的产物,而是取决于它所关涉到的各种具体的原因,要处在因果的生产链条之中,但是个别本质都具有出于神的本性的那种必然的实存。因此,决定事物之本性与存在的乃是它的个别本质,这种个别本质无需依赖任何量化的绵延和时空关联,它永恒地被包含在神的属性之中。而事物的具体的实存或绵延则取决于外因的作用,一个事物之所以实存或不实存,之所以能够以这种方式而非另一种方式实存,都必须有其原因和理由。而斯宾诺莎的这种观点实际上可以被视为莱布尼茨后来所说的"充足理由律"的原型表达。①

由此可见,事物自身的个别本质与他的绵延式的实存从想象的观点来看是可以区分开来的,甚至具有一定的可分离性。但是,这种分离却不是实在的区分,也不意味着事物的个别本质最初只是一种潜在的本质或是一种潜能,需要通过时空关系和具体的绵延来实现,因为斯宾诺莎明确地抛弃了亚里士多德式的从潜能到现实的生成逻辑与阐述路径。对他而言,一切在神之内存在的东西都是现实的。既然事物之个别本质总是在神之内存在并且由神的本性必然性而出,所以个别本质就是永恒的和现实的。而这种现实地处在神之内的个别本质是否进入到绵延之中,从神的无限理智来看或者从神所包含的必然的生产链条而言,也是必然的,因为决定着个别本质之绵延的那些外因也都必须依照必然的和固定不变的秩序而出。只是因为我们的理智的有限性,我们才会认为这是一种偶然的事物或现象,从而以从潜能到现实的模式来对之进行解释。但从实质上说,事物自身的绵延式的实存根本没有为事物的个别本质添加任何新的东西,因为决定事物自身之所是的始终是它的本质。因此,无论从事物自身的个别本质,还是从事物的绵延来看,它们都遵循神的绝对必然的生产逻辑,都是从现实到现实的生产与转化,只不过它们各自所遵循的是不同的秩序或序列,从而表现为两种不同的实存形态,即个别本质的永恒的实存与事物的绵延式的实存,但是从神的绝对无限的本性和他的无限理智来看,事物的个别本质和它

---

① 就斯宾诺莎哲学中的"充足理由律"问题,可以参考 Della Rocca, M., *Spinoza*, London and New York: Routledge, 2008, esp., pp. 4 - 11, 45 - 56。

的绵延却不会分离开来，而事物自身的有限的绵延在绝对无限的存在体系中实际上是微不足道的，而只有从我们的有限理智来看，它们才具有特殊的意义。

既然如此，那么事物自身的绵延是否就变得可有可无或无关紧要了呢？如果从神的绝对无限及其永恒的方面来看或者从事物的本质的角度出发，情况似乎确实如此。《伦理学》第五部分的后半部分确实引导人们从一种绵延式的实存转向对心灵之永恒部分的知识。可是，每一个处在现实宇宙之中的事物都是同时具有本质和实存的事物。它们的本质实存着，同时，它们也在时空关系中现实地绵延着。而这种绵延化的实存却是它们的现实生存中的重要因素。这一点无论对于具体的自然物，还是对于作为神的有限样式或自然的一部分的人而言，都非常紧要。正是在时空关系和具体的绵延之中，我们才具体地实存着，并与周遭的世界打交道。我们的生活在原初的意义上就在于这种处在具体时空之中的或世间的生存。它所体现的是我们的生命和实存的直接性。尽管不是这种实存决定了我们的本质和本性，但是恰恰是这种世间的生存给予我们自身以具体的规定性。我们的想象和记忆都源于这种实存，我们的喜怒哀乐由这种生存所引发，而我们的永恒的个别本质也只有在这种具体的实存中才能得到展现。没有具体的绵延与实存就没有我们对事物和自身的意识，也就没有生活，尽管这种意识和观念在我们直接的实存形态下总是支离破碎的和不充分的；可是，一个现实的在世之人总是要以这种形式现身于世界之中，并依照这种特殊的方式生活。人之为人不是仅仅因为他的本质，而总是一个全面完整的人，是一个在绵延式的实存中具有并表现其自身之本质的人，也是一个在其绵延和身体活动中现实实存着的人。

尽管这种直接的绵延式的实存以及与之相对应的知识和情感总是不充分的，但是对人而言，它们都是不可避免的，是我们最初能够生存并向着更为完满的生存方式前行的前提——尽管它们并不提供绝对肯定的因素。即使在《伦理学》第五部分中认为心灵具有其永恒的部分，而这种永恒的部分或知识乃是对身体的永恒本质的认识，(E5P23&29)但是这种认识终究是不能脱离人的现实的绵延，依然需要在人的具体的绵延之中才能实现。我们总是要在生命的绵延与展开的过程中才能达到关于身体之永恒本质的把握，并达到心灵的永恒部分。正因如此，斯宾诺莎才会说，我们感觉和经验到我们是永恒的。

因此，对斯宾诺莎而言，绵延或实存并不会因其特殊的存在论地位而被吞噬，也不会沦于彻底的否定。虽然斯宾诺莎说绵延式的实存往往是从抽象的角度或被当作量来考虑,但是,我们同时需要特别注意,在他这里,否定、错误、不充分等方面虽然不以任何肯定的东西作为自身的确定根基,但是这并不意味着它们毫无意义。实际上,如果从绝对无限的存在视域来看,即便是否定的或错误的观念,就其在神之内存在而言,也都以肯定的方式包含着某种东西,而对后面这种东西我们同样需以肯定的方式予以审视。所以,绵延式的实存,并不会因为其时空层面的和来自其他原因的规定,就被完全消除,因为绵延式的实存既然也在神之内,它也是肯定的。而更为重要的是,斯宾诺莎的总体的伦理叙事和对德性的考察根本不能脱离人的现实的实存和行为,因为伦理学所要考察的恰是人在世间的恰当行为方式及其前因后果。因此,事物的个别本质虽然不包含绵延,但却同样不会与绵延构成内在矛盾,相反,个别本质也是在绵延之中来显现自身的实存,尽管这种实存是永恒的和必然的。

三、现实本质、努力与欲望

既然人是由神所产生的有限的样式,是自然的一部分,那么上述关于本质与实存的规定同样也适用于人。人也有其自身的个别本质,也有其自身的实存。但是,从具体的内容来说,斯宾诺莎又如何界定人的个别本质以及这种本质与人的绵延式实存的关系呢?

对于这个问题,斯宾诺莎在《伦理学》第三部分开篇就从一种普遍性层面展开讨论,并逐步进展到对人的本质的规定。既然一切事物仅就其自身来看,或者说仅就其自身的定义来看,都肯定该物的本质,而不会否定其本质,亦即它的定义确立它的本质而不取消它的本质,那么,“只要我们唯独考察一物自身,而不涉及它的外因,我们将绝不能在其内部发现如何足以消灭它的东西”。(E3P4D)这实质上就是事物之本质相对于其自身而言具有绝对的肯定性。[1] 而这种肯定性也正是存在本身的肯定,是对此时此地的现世生存的肯定。尽管斯宾诺莎在其现实生活中备受艰辛并深刻体会到了否定及其力量,但是他依然没有把否定视为一种自为的构建力量。当黑格尔认为事物自身的生成和运动之动力来源于事物自身所包含的矛盾及其辩证发展之历程时,斯宾诺莎却唯独将生产性的根源置于肯定的实在之上,并以神的永恒无限的肯定性力量作为最终的生产性根源。斯宾诺莎哲学的方法不是辩证的,而是一种“肯定的和公理式的方法”[2]。

---

① Cf. Macherey, P., *Hegel ou Spinoza*, p.244.
② Negri, A., *L'anomalia selvaggia*, p.144.

在这种总体的肯定视域之下，斯宾诺莎将矛盾与否定排除出事物自身的构建与实存之机制。在他看来，凡是彼此相互矛盾和对立的两种因素决不能同时共存于一个主体之中："只要一物能够消灭另一物，则它们便具有相反的本性，根本不能在同一主体中共同实存。"（E3P5D）同时，任何包含内在矛盾的事物也不能存在，更不可能具有肯定的本性。因此，任何事物只能由外在于它且具有与它相反之本性的事物所消灭，都只能通过外因而被消灭。如果不考虑任何外在因素，而唯独就事物是自在的而言或就其自身之本性来看，则任何事物都莫不尽其所能来保持其自身的存在。（E3P6）虽然自然物都是由不同的部分所组成，但是它的本质却不是由这些不同的部分所构成的总体，①反之，本质只能是唯一的。所以，单一事物之中的诸多不同部分之间不能在本性上相互矛盾、相互否定，而是通过一种内在的协同共同肯定了唯一的本质。而肯定这种本质也就是肯定事物自身之存在，肯定事物本身的实存力量。

对斯宾诺莎而言，这种对自身之实存的肯定就是事物保持其自身存在的努力（conatus），而"一物据之竭力保持自身之存在的努力不是别的，就是该物的现实本质（essentia actualis）"。（E3P7）至此，斯宾诺莎完成了关于事物之个别本质或特殊本质的内在规定的推导，并最终将事物的个别本质与作为它的现实本质的保持自身存在的努力联系在一起。而这里我们注意到，斯宾诺莎特别引入和强调了"现实本质"这个表达。那么，他借此是否又引入了另一种完全不同的本质呢？既然有现实本质，那么是否同时存在着"潜在的本质"呢？上面对斯宾诺莎所说的本质与实存以及二者之间的关系进行分析时，我们已经强调，在他这里，一切都是现实的，根本就没有任何潜在或潜能的维度。无论是对神，还是对具体的样式而言，都是如此。

即便斯宾诺莎引入了"现实本质"这个表达式，他同样也没有确立潜在本质的实在性和可能性。同样，当他说到现实本质之时，他也没有将这种本质理解和设定为与事物的个别本质完全不同的东西，就如当他说到事物的形式本质之时，他也没有把形式本质理解为一种不同于个别本质之外的某种东西。② 当斯宾诺莎提及和使用形式本质这个概念时，他所意味的是事物

---

① Cf. Macherey, P., *Hegel ou Spinoza*, p.218.

② Cf. Laerke, M., "Aspects of Spinoza's Theory of Essence: Formal Essence, Non-Existence, and Two Types of Actuality", in *The Actual and The Possible: Modality and Metaphysics in Modern Philosophy*, ed. M. Sinclair, Oxford: Oxford University Press, 2017, pp.11－44, esp. pp.33－36.

本身或者它的本质乃是实际地在理智之外实存着，并被形式地包含于神的属性和本质之中。而与这种形式本质形成对照的是事物自身的客观本质，后者实际上就是事物或事物的形式本质的观念，这种观念从根本上讲是处在神的无限理智之中，同时也在一定程度上存在于人的理智之中。但是，根据斯宾诺莎的广延属性的样式与该样式的观念只是同一个东西的两种不同表现方式，那么客观本质与形式本质实质上依然是同一种本质，只是通过不同的方式或从不同的方面表现出来。而当斯宾诺莎使用现实本质的时候，他也不是要把它从事物的个别本质自身分离出来，或使之成为一种不同的本质。相反，现实本质同样也是个别本质自身，只不过这种本质须从事物竭力保持自身存在的努力这个方面来被审视的。而无论是从必然实存意义上的个别本质，还是处在绵延之中的实存之物，它们无不尽可能地保持自身的存在。因此，这种保持自身存在的努力就使事物的个别本质呈现为一种现实本质，是本质自身的特殊表现形式。而现实本质这个概念，因其同时涉及了本质的必然实存的层面和事物的绵延式实存的层面，就成为斯宾诺莎从一般存在论向着他的伦理学和实践哲学过渡的一个关键环节。据此，他将存在（être/being）与良好的存在或幸福（bien-être/wellbeing）切实地联系在一起。

而当斯宾诺莎说一个事物是"现实的"时候，他主要从两个方面来理解，即"或者就其在特定的时空关系中实存而言，我们把它认作现实的；或者就它被包含在神之内并从神的本性必然性而出，我们把它认作现实的"。（E5P29S）而这种对现实的界定和解释与斯宾诺莎对实存的界定和理解是完全一致的。正如没有两种完全不同的或具有实在区分的实存，而只有实存本身的两个方面或两种不同的表现方式一样，根本上说也只有一种现实，只不过这种现实可以从两个不同的方面来表现。[1] 当斯宾诺莎说到事物的现实本质之时，我们可以从这两个方面来理解：或者是就其被包含在神之内并从神的本性必然性而出来说，事物的本质是现实的，或者就事物的本质在特定的时空关系中实存而言，这种本质是现实的。但是，这两种本质归根结底仍然是同一种本质，只不过是从不同的视角或不同的方面审视罢了。而从斯宾诺莎的阐释来看，他之所以将它们都称为现实本质乃是因为仅就其自身而言，这两者无不竭力保持自身的存在，从而也就天然地和直接地具有了保持自身存在的努力。而"任何事物，无论其完满程度如何，总是能够

---

① Cf. Laerke, M., "Aspects of Spinoza's Theory of Essence: Formal Essence, Non-Existence, and Two Types of Actuality", pp. 36–39.

依据它由之开始实存时同样的力量以保持其实存"。（E4Praef.）而"个体事物（人当然也被包含在内）借以保持其存在的力量就是神或自然的力量，不是就此力量是无限的而言，而是就此力量可以通过人的现实本质而得到说明而言。所以，人的力量，就其可以通过他的现实本质得到说明而言，就是神或自然的无限力量的一部分，亦即是神或自然的本质的一部分"。（E3P4D）由此可知，恰恰是这种源于神的无限力量的保持自身的努力，使得事物的本质成为现实的本质。而且，从斯宾诺莎所做的一系列界定以及他的后续使用来看，这种现实本质与事物在绵延之中的具体的实存活动具有更为紧密的关联，从而也成为斯宾诺莎后续关于人的行为以及整个伦理学考察的直接出发点。由此，保持自身存在的努力也成为他的严格意义上的伦理学探讨的核心概念并为后续探讨奠定了基础。

　　现实本质、保存自身以及努力等概念对于时下流行的哲学术语而言可能相当陌生，但是在十七世纪的欧洲思想语境中，它们却是根本的要素。而且，就这些概念本身来看，它们也并非十七世纪哲学家的发明或创造，而是有着悠久的历史。尤其是自我保存的理论在古代斯多亚派哲学中就已经得到了广泛运用，并对于他们的宇宙观念和伦理构想具有关键作用，[①]在文艺复兴哲学，尤其是布鲁诺、博丹等人的哲学中，也处于非常显要的位置。[②] 而以笛卡尔、霍布斯和斯宾诺莎等人为代表的近代早期哲学家直接继承了这项思想遗产，并将其作为构建自己的形而上学甚至整个哲学体系的基本原理。这种对于概念的选取和应用，不仅与当时西欧资本主义社会发端时期风起云涌、激荡不安的社会状况有关，也与当时人们就世界和人自身所形成的特定图景有关，而且我们还可以将其与整个西方文明的基本原则联系在一起，甚至径直将其视为这个原则本身。[③]

　　在《利维坦》一书中，霍布斯把保存自身上升到自然法的层次，即"自然法是理性所发现的诫条或一般法则，这种诫条或一般法则禁止人们去做损毁自己的生命或剥夺保全自己生命的手段的事情，并禁止人们不去做自己

---

① Cf. Debrabander, F., *Spinoza and the Stoics: Power, Politics and the Passions*, London: Continuum, 2007, p.13.

② 参考克利斯特勒：《意大利文艺复兴时期八个哲学家》，姚鹏 等译，上海：上海译文出版社，1987年，第122页；Bodin, J., *Method for the Easy Comprehension of History*, trans. B. Reynolds, New York: W.W. Norton & Company, 1969, p.15.

③ 参考霍克海默、阿多尔诺：《启蒙辩证法》，渠敬东、曹卫东 译，上海：上海人民出版社，2003年，第26页。

认为最有利于生命保全的事情"。① 所以，保存自身就是保全自己的生命，这对于霍布斯和斯宾诺莎都是一样的，而且这个生命是一个包含身体、精神等要素在内的完整统一体。自然赋予事物（尤其是动物）的首要的东西就是它的生命。在斯宾诺莎那里，这种生命植根于神的生命，是神自身力量的产物和表现，由此它们也共同分有了神的力量本身所负载的那种肯定性。当然，自然界中的具体事物总是有生有灭，但是如果我们单就一个事物以及它的本质来考察，那么它总是竭力保持自身并肯定自身，这不仅是一种状态上的保持（如运动的事物若无外在的因素干扰，就总是倾向于运动，而静止的事物也总是倾向于静止），更是事物自身之整体的保持。一支燃烧着的蜡烛的确是在毁灭着自身，但是在它燃烧时它已经受到了外界原因的作用，也就是必须有一个外因将它点燃，而就一支自在的蜡烛来说，它却总是努力保持着自己的实存；一架机器由于多年的使用也会磨损、直至毁坏，但是开启、使用等一系列的活动也都需要外因来实现；如果我们把人体亦视为一架机器，它在岁月的流转过程中会不断老化，直至死亡，但是它也总是在与外界环境进行能量交换，接受外物的影响，其身体的各个器官也在相互消磨，而更为极端的形式则是人在致命的外在伤害之下死亡，所以，在斯宾诺莎看来，一切毁灭性的打击都具有不可避免的外在性，即使是自杀的人也并不像我们通常所想象的那样是在实行着一种自我毁灭的行为，而总是在外因的作用之下实施了自杀的行为。事实上，凡是自杀的人总是在此前的某个时刻就已经死去。究其实质，自杀乃是心灵软弱的表现，在自杀者结束自己的生命之前，他的心灵已经死亡，他的肉体也已处在另外一种特定的比例关系之下，这种关系与他此前所具有的关系已然不同。自杀只不过是最后的一个步骤而已。而心灵先前的死亡必然是他在生活中遭遇的诸多沉重的外在挫折和打击所造成的。所以，"任何行为，无论它如何得到实现，都只能由外因所决定"。② 而事物就其是自在的而言就只是倾向于保持自身的存在，而这种保存直接根源于事物从神那里取得的存在力量，也就是努力。事物保持自身之存在正是依据这种努力而得到展开和实现的。进一步说，保持自身之存在其实就是这种努力，更多的时候，斯宾诺莎将"事物保持自身之存在的努力"视为一个总体，亦即当作一个统一的概念或表达。而被界定为与神的本质相同一的神的无限活动力量也在这种努力之中得到表现。事物也以绝对肯定的方式依循这种内在的力量原则而保持自身的存在。从力量这个角度

---

① 霍布斯：《利维坦》，第 97 页。

② Cristofolini, P., *Spinoza per tutti*, Milano: Feltrinelli, 1993, p.61.

出发,事物保持自身存在的努力也就构成了它的现实本质。任何一个具体事物,就它现实地实存着而言,本然地就具有这种肯定性的努力,后者体现了事物自身的一种力量的自发性。

毫无疑问,就事物始终保持和延续其自身的存在这个角度来看,斯宾诺莎与笛卡尔有着密切关联。在《哲学原理》一书中,笛卡尔说道:"第一条自然律就是,每个特殊事物都会尽其所能保持在相同的状态,而且除非通过与他物相遭遇,否则它就不会改变自身的状态。"①例如,静止的事物若非被外因所推动,则它将永远保持在静止状态;而运动的事物,除非有别的事物阻碍它运动,否则它将一直运动下去。在《笛卡尔哲学原理》一书中,斯宾诺莎把笛卡尔的这条原则归纳为一条命题,即"任何事物就其是简单的和未分化的而言,如果按其自身来考察,则将永远处在同一的状态之中,这种状态取决于该物"。(DDP2P14)而"物体一旦进入运动,如果不为外因所阻止,则将永远继续运动"。(DDP2P14C)当然,从笛卡尔的论述,我们可以看到,他更多探讨的是事物之状态的保存,但是斯宾诺莎所说的保存不仅是状态的保持,更多的是事物自身、事物的本质和力量的保持;虽然他也如笛卡尔一般将 conatus 应用于一切事物(既包括无生命的物体,也包括有生命的生物),但是,斯宾诺莎所理解的努力已经超出了单纯的物理学范围,而进展到生理学和生物学的层次,从而更多指向事物自身的生命和力量的保存。

在这一点上,斯宾诺莎明显吸收了霍布斯的思想成果。在霍布斯关于生命运动和自觉运动的论述中,努力也具有核心作用。他认为,"人体中的这些运动的微小开端,在表现为行走、说话、挥击等可见的动作之前,一般被称为努力(conatus)。当这种努力朝向引起它的某种事物时,就被称为欲求或欲望"。② 所以,就努力与欲望等情感之间的生成关系,霍布斯与斯宾诺莎的思路有着很大相似性。但是,斯宾诺莎对霍布斯的思想也有着相应的批判,因为在他看来,霍布斯与笛卡尔一样太过于倚重机械论的法则,尤其是在阐述心理运动和情感变化时,霍布斯太过注重不同情感之间的机械的类比与组合,而没有真正探究到它们的第一因,从而无法就这些情感给出真确的知识。虽然机械论作为一种特定的解释模式可以使我们从特殊的角度进入对世界以及事物之间关系的认识,机械论者力图通过形状与运动来告诉我们物体之中发生了什么,但是什么又是形状和运动呢? 所以,"机械论并不排除关于个别物体之本质或本性的观念,反之它却需要这种观念以作为

---

① Descartes, R, *Les principes de la philosophie*, Partie II, Article 37.

② 霍布斯:《利维坦》,第 36 页。

既定之形状或既定之运动的充足理由,或作为既定之动静比例的充足理由,……甚至机械论也需要自身的充足理由"。① 而这种理由首先牵涉到的就是一种动力论(une théorie dynamique)。这一点在斯宾诺莎主义的力量观之下很容易为我们所把握。

个别事物的特殊本质完全是由神的本质所规定的一种力量的程度,它从根本上构成了事物保持自身之存在的努力,并且以事物自身特有的形体上的动静比例关系为表现,而保持自身之存在的努力实际上就是事物的力量本身。当一个事物开始实存之时,它也就同时具有了自身的本质和力量,从而也就具有了作为其现实本质的保持自身存在的努力。所以,事物保持自身存在的努力与事物自身的绵延式的实存完全是同一的。事物自身的实存正是这种努力及其具体的展开,反之亦然。因此,努力更多指涉的是本质的实存功能,是本质在样式之实存中的肯定。② 也就是说,个别本质作为神的无限力量的产物,它自身亦必须是活动的,即它自身也必然产生特定的结果,而不是单纯地局限于既有的存在状态之中。所以,无论是本质还是努力都必须与事物的活动力量相关,相应地,与努力的机械论相联系的就是努力的动力性特征。

正因如此,斯宾诺莎所理解的努力并不局限于自我维持或自我保存,而是同时包含着提升自身的实存和活动力量的维度,从而与单纯维持自身之实存、与保持在相同的力量和活动性等级的消极性状态形成了对照。我们现实地追求的是生命中更多的活力、更高的活动性,更大的快乐和自我肯定,而不是仅仅延续那种单调的持存。③ 在这一点上,斯宾诺莎把霍布斯的观点做了很大推进。而就霍布斯关于欲望、特别是人的权势欲的观点来看,他认为人出于其本性总是得陇而望蜀,因为如果人们不事多求,那么他们连现有的权势以及取得美好生活的手段也保持不住。也正是在这种恐惧心理的推动下,保存自身的努力和倾向才不断地提升和扩张。这也就意味着,人们保持和提升自身之力量的肯定性努力总是包含否定性的向度。但是,对斯宾诺莎而言,以恐惧作为自身之预设的努力,非但不是力量的显现,反而是缺乏力量的表现。而他所构想的努力是一种绝对肯定的原初规定,他总

① Deleuze, G., *Spinoza et le problème de l'expression*, p.208.
② Ibid, pp.209 - 210.
③ Cf. Curley, E., *Behind the Geometrical Method: A Reading of Spinoza's Ethics*, Princeton: Princeton University Press, 1988, p.115; Yovel, Y., "Trancending Mere Survival: From Conatus to Conatus Intelligendi", in *Desire and Affect: Spinoza as Psychologist*, ed. Yirmiyahu Yovel, New York: Little Room Press, 1999, pp.48 - 49.

是以肯定的视角来审视努力自身,审视处在具体现实之中的个别事物的本质。

具体事物的努力,作为神在其中肯定其自身力量的样式,必然承载着肯定性,而"结果的力量为其原因的力量所规定,这是就结果的本质为其原因的本质所解释或规定而言的"(E5A2)。既然一切自然物及其努力都是神的力量的产物,都是神的无限力量的一部分,它们也莫不以某种确定的方式表现了作为万物之因的神的力量,那么,任何实存的事物都必定会产生某种结果。(E1P36D)因为它们作为结果也分有了神的主动的力量,从而自身也是一种活动的性能或力量——尽管不是在绝对的意义上而言的。努力作为一种主动的原则,既表现了神,也是事物自身之实存力量的根源,或更确切地说,就是万物生生不息、滋长生发的那种力量,而借用柏格森的术语来说,就是事物自身的生命力(élan vital)。

自然万物互不相同,它们具有不等的力量程度,但是就万物都通过它们所特具的力量而竭力保持自身之存在来说,万物莫不等同。(E4Praef.)努力、力量或本质的领域不是一个等级化的体系,只是由于我们通过对事物进行经验性的对比并由此虚构出一种完满的模型或衡量的尺度,事物才会被安置到不同的层次并被赋予不同的完满性,但是如果从自然本身来看,万物都是相等同的,人在自然之中并不占据特殊的地位,也不拥有任何特殊的权力(potestas),因为万物都是根据自然的同一种永恒必然性而获取自身所特有的力量和能力,并据此而维持和提升自己的活动力量。"如果我们对人有特殊的关注,那只是因为我们自己是人,除此并无别的缘由"。① 力量或努力虽然隶属于差异的范畴,但是却不隶属于等级的体系,因为提到等级,我们必然会有价值的投射或赋予;然而,在斯宾诺莎的自然主义的一元论体系中,诸如善恶、美丑等价值范畴并不是自在的存在者,而只是我们心中的思想样式,都是被构建出来的。我们固然可以对事物的力量进行比较,但是这只是一种外在的审视。可是,自然物并不需要这种外在的比较,只有当它们遇到了那些阻碍或毁灭它们保持自身存在之努力的外物时,它们才会意识到这种力量之间的差异。而就它们是自在的,或就它们的本性而言,它们具有一种特殊的、唯独肯定的存在力量,也就是构成它们的个别本质的那种保持自身之存在的努力。正是通过努力所保有的动力机制,事物维持着自身,提升自身的活动力量,并在此过程中感受到自身力量的变化。

因此,事物保持自身存在的努力所体现的正是事物自身之力量的直接

---

① Cristofolini, P., *Spinoza per tutti*, p. 65.

性和自发性,它构成了包括人在内的一切事物的现实本质。同时,由于"一物竭力保持自身存在的努力,并不包含任何有限的时间,而是包含不确定的时间"(E3P8),所以,由努力所规定的事物自身的现实本质更多地与事物的绵延式的实存相关联,从而在更根本的层面将由现实本质和努力所构成的基本存在论原则推向更为具体的实存机制,也就是推向了更为严格的伦理领域。

作为一条基本的存在论原则,保持自身存在的努力具有相对于一切事物而言的普遍适用性和无关差异性。它既可以应用于广延之物,也可以应用于思想之物。而在诸多的思想之物或观念之间,既可以应用于清楚分明的观念之上,也可以应用到混淆的观念之上。因此,"无论心灵具有清楚分明的观念,还是具有混淆的观念,它都努力在不确定的绵延中保持自身的存在,并且意识到它的这种努力"。(E3P9)而既然我们的心灵只是它的现实实存的身体的观念,所以,"我们的心灵中不能有消除我们的身体之实存的观念,因为这种观念是与心灵相对立的"。(E3P9)借此,保持自身存在的努力这条一般性的原则延伸至更为具体的层面并发挥其切实的作用。既然这种努力乃是事物和人的现实本质,那么它就总是与具体的实在相关联;而作为一种构成和表现性的力量,它也必然通过不同的形态来表现自身。在对人的行为和生活进行伦理考察的开端之处,斯宾诺莎特别将保持自身存在的努力与人的心灵和身体关联在一起,并由此开始了对人的本质的进一步揭示和规定。循着这条进展路径,他提出了对其哲学和伦理理论而言至关重要的另一个概念,即欲望。对斯宾诺莎而言,欲望既以努力作为生成的原因和前提,同时也是对人的行为和生活展开进一步考察的解释原则,故而具有一种承前启后的作用。

而就欲望本身的生成和构建机制来说,斯宾诺莎认为,人保持自身存在的努力,

> 当其唯独与心灵相关联时,便叫做意志。当其与心灵和身体同时相关联时,便称为欲力(appetitus)。所以,欲力不是别的,即是人的本质自身,从人的本质自身必然产生足以保持他自己的东西,因而他就被决定去做那些事情。其次,欲力与欲望(cupiditas)之间只有一个差别,即欲望一般只是就人们对自己的欲力有所意识而言才与人相关联,所以,欲望可以被界定为我们对之有所意识的欲力。(E3P9S)

凭借这种关联，保持自身存在的努力转变为或表现为人所具有的欲望。既然努力因其与神的力量的紧密关联而呈现为一种形而上学概念，那么欲望因其与努力的内在联系也具有根本的形而上学维度，但是它与斯宾诺莎的情感理论、伦理学和政治学联结得更为紧密。欲望不仅是人的实存之基，也是人的首要的和最基本的情感，正是欲望决定了人的实存结构和生存方式，因而也就成为人的最为根本的规定。用斯宾诺莎的话说，"欲望是人的本质自身，这是就人被认作为本质的任何既定情状所决定而去做某事而言的"。(E3Aff. Def. 1)正是以此为基础，斯宾诺莎对传统哲学中关于人的本质的看法做出了进一步变革。

自古希腊以降，西方哲学家大多以理性作为人的本质规定，而西方哲学也以理性主义作为核心精神，这一点甚至在中世纪的经院哲学中也有着特殊体现。① 这种理性主义精神在近代早期的西方哲学中被推向了新高度，特别是随着数学的研究方式被引入到哲学的研究过程中，这种倾向更是得到了极大推进。但是，我们同时也看到，虽然理性构成了传统哲学绕之而旋转的轴心，但是欲望等非理性的因素却总是时而不时地在哲学家的思想中闪现，从柏拉图哲学中的"爱欲"（eros）经由经院哲学中的"欲望"（appetitus）直至布鲁诺哲学中的"自我保存"（conservarsi），这些概念都是欲望在不同时期所获得的命名和表现。② 当然，即便欲望在古典哲学文本中时常出现，但更多时候，一提起欲望之名，人们便会不由自主地想起柏拉图在《斐德罗篇》中所描述的那个被理性—驭者以嚼铁勒得满口鲜血却仍然奋争不已的欲望之劣马的形象。这种形象也伴随着柏拉图对整个西方哲学的构型作用而流传后世。总体而言，欲望在传统哲学的大部分时间里总是代表着人自身之中最为低劣、最不受约束的部分，总是与恶、堕落等范畴相结合。以几近否定的尺度来对待欲望也成为人们审视欲望的主导方式。由此，欲望在西方思想史上始终被边缘化并受到压制，也不是哲学思想构建的核心环节。相应地，人们在对待欲望等情感时总是将其置于特定的道德和宗教的律令之下，总是在既定的价值评判尺度下对之做出定位：讨论和思考欲望也就是在压抑和消解欲望。

然而，这种状况在文艺复兴哲学中却发生了深刻变化。无论在当时的

---

① 法国哲学史家吉尔松就明确指出，中世纪的经院哲学虽然以权威作为其致思的出发点并且最终为神学和信仰来服务，但是就经院哲学家的思考、研究和著述方式来说则体现着强烈的理性主义。

② Cf. Lacroix, J., *Le Désir et les désirs*, Paris: Presses Universitaires de France, 1975, p. I.

文学和艺术的创作,还是在当时的哲学和政治学的探讨之中,我们都能够发现欲望的身影及其所发挥的构建作用。欲望主题也成为文艺复兴人文主义成就的特定的哲学表现。依照内格里的看法,文艺复兴的革命思想"以力量、欲望和爱作为自身的生产性母体",而近现代时期更是"把人道和欲望置于历史的中心"。[①] 这就是说,在十七世纪哲学中,欲望从一种受排斥的边缘地位转为哲学思考的中心,或者说欲望在十七世纪哲学中实现了主题化,并得到严肃的对待和处理。[②]

在《灵魂的激情》一书中,笛卡尔提出了六种基本情感,即惊奇、爱、恨、快乐、痛苦和欲望。其中,欲望乃是其他五种情感发挥作用、产生活动的必要中介,所以,"我们尤其应当小心控制的就是欲望;道德的首要用处也正在于此"。[③] 而在关于欲望和情感的问题上,笛卡尔在一定意义上承袭了斯多亚派的道德哲学立场,但是又与之有所区别,因为他"并不是要像演说家或道德哲学家那样阐释激情,而是要像自然哲学家那样来对之进行处理"[④]。他的这种做法为整个十七世纪哲学,特别是伦理学的探讨提供了典范。

而霍布斯则认为,"[人]没有欲望就是死亡"[⑤],只有首先具备了欲望的动力机制,生命才能存续。而在诸多情感之间,欲望占据着首要地位,其它情感或激情都可以由欲望推导而出,并获得相应的阐释。诸如希望、失望、恐惧、贪婪、野心等激情都要通过欲望得到界定。[⑥] 不仅如此,甚至人的知识、思想和智慧也都和欲望息息相关。[⑦] 因此,欲望在霍布斯哲学中成了一种根本的构建和解释模式。在他看来,"今生的幸福不在于心满意足而不求上进……欲望终止的人,和感觉与映象停顿的人同样无法生活下去。根本而言,幸福就是欲望从一个目标到另一个目标不断地进展,达到前一个目标不过是为后一个目标铺平道路"。[⑧]

而在欲望的问题上,斯宾诺莎明显从笛卡尔和霍布斯那里获得了思想灵感。在《简论》这部早期的文本中,他更多地参照笛卡尔的欲望观念,但是在其成熟哲学体系中,他却明显转到了霍布斯一边。与霍布斯一样,斯宾诺

---

① Hardt, M. and Negri, A., *Empire*, Cambridge, Mass.: Harvard University Press, 2000, pp. 78, 74.

② Cf. Alquié, F., *Signification de la philosophie*, Librairie Hachette, 1971, p. 200.

③ Descartes: *Les passions de l'âme*, Partie. II, Article. 144.

④ Ibid. Preface, p. 326.

⑤ 霍布斯:《利维坦》,第 54 页。

⑥ 参考霍布斯:《利维坦》,第 36—40 页。

⑦ 参考霍布斯:《利维坦》,第 13—14、40、54 页。

⑧ 同上书,第 72 页。

莎也将个体自发地保存自身的努力（也就是欲望）视为人的最基本的情感，而其他的情感都来源于欲望，都是欲望的实存形态的转变。但是，这种欲望并不是指向了超越性价值之实现，也不是为了获得某种外在的终极目的，而是指向了个体自身之存在的保持及其力量的增长。然而，虽然斯宾诺莎坚持了霍布斯对欲望所做的总体定位，"但是，他的形而上学前提和他的伦理需求是不同的，故而他的观点并非纯粹地和简单地与霍布斯的观点相重合。他的欲望理论（至少在他看来）深化并超越了英国哲学家的欲望理论"。① 也正是这种差异使他的欲望理论的独特之处得到彰显。

既然欲望从根本上与保存自身的努力相关，而这种努力又是事物在产生和实存之时从神的力量而来，那么欲望就其本性而言也是一种力量，并且必然以力量作为原初的规定。只有从力量出发，欲望才能得到真正的理解。所以，从一定意义上说，欲望、努力和力量在斯宾诺莎那里并无根本分别（E4App. 1），欲望在本质上就是一种**力量性的欲望**。它体现着力量本身的直接性，同时也是对力量本身的欲望。藉此，斯宾诺莎按照有别于传统的方式对欲望展开了新的语义学分析，而这种分析之所以能够成立主要源于他在一种单义的存在空间中对力量所做的崭新的界定和使用。

人的努力和欲望首先是由力量的直接存在形态来规定，它们首先体现为人的自我保存的努力或欲望。而既然人的欲望直接源于保存自身存在的努力，而且其强度也要由后者来决定，所以，如同斯宾诺莎对努力所做的规定一样，欲望之力指向了事物自身之生命和整体存在的保存。努力和欲望也不是单纯由外物所推动的倾向，而总是现实的和活动的，是本质在样式的实存中的肯定，②并且必然会产生特定的结果。所以，欲望直接就是人自身的本质和力量的表现，而人或其它具体事物作为样式又各自以不同的方式表现了神的力量和本质，那么欲望从根本上则是神的力量或本质的表现。努力或欲望，作为事物的现实本质，从其存在伊始就一无所缺，就是其自身之所是。"任何事物无论其完满程度如何，总是能够依据它由之开始实存时的那种力量来保持自身的实存。"（E4Praef.）这种力量或努力本然地就负载着一种直接的肯定性，由这种力量得到规定的欲望也就应当是肯定的、直接的，它自身并不是缺乏，不是我们通常所谓的那种因缺乏或不足而引起的作为缺乏的欲望。实质上，欲望就其源初的生成与实存机制而言应当是一种丰盈的力量的显现和展开。正是在这一点上斯宾诺莎体现出自己在欲望问

① Matheron, A., *Individu et communauté chez Spinoza*, pp. 85–86.
② Cf. Deleuze, G., *Spinoza et le problème de l'expression*, pp. 209–210.

题上与传统哲学的巨大差异。当后者更多地关注欲望本身所内含的缺乏时，斯宾诺莎所关注的却是欲望自身所具有的力量的维度；当后者更多地关注被欲望的对象（desideratum）时，斯宾诺莎首先关注的却是生产性的欲望活动（desiderare）。借此，斯宾诺莎开启了另一条欲望阐释路线。而尼采的"权力意志"概念和德勒兹的"欲望机器"概念都是这条欲望阐释路线的延续。①

虽然在西方哲学传统中，以欲望作为一种缺乏曾经甚至现在依然得到了很多哲学家的认同，但是在斯宾诺莎看来，就欲望构成了人的现实本质而言，它并不缺乏什么，而是以一种展开和活动的形式揭示了个人自身之努力，显示了努力所关系到的动力机制，而缺乏力量却是一种否定，这与事物自身及其努力所保有的绝对肯定的特性是相矛盾的。实质上，欲望首先并不是对某个被对象化的事物的欲望，更不是对某种超越的存在者或超验的价值的无尽追逐，反之，欲望首先是人所保有的力量围绕着其自身而展开的一系列表现和活动机制，它并不需要任何外在的事物作为它得以产生和运作的启动装置。

此外，斯宾诺莎的欲望观念还道出了一个十分本原的真理。姑且不说欲望自身并不缺乏什么，即便我们承认这种缺乏，承认我们确实需要某个外在的对象来满足我们自身之中的某种匮乏，但是，为了占有该物和消耗该物，我们首先必须具有一种占有和消耗该对象的能力或力量。若是没有这种能力或力量，非但欲望无法得到满足，甚至欲望自身都不会产生。没有力量的活动和表现也就没有欲望，所以，从根本上说欲望应当是力量性和表现性的。

既然从努力与力量这个角度而言，欲望并不预设匮乏为自己的前提，那么欲望也就不会首先以主体与客体之间的意识—反思结构作为最初的规定，也就是说欲望在其始源之处并非如人们一般所说的那样，包含着一种复杂的形而上的意向性（intentionalité）②。这里，问题的关键乃是欲望与意识之间的关系。若假定欲望是对于所缺乏之物的欲求，那么欲望必须以对所缺之物的意识为前提，意识以及意识对象也就成为欲望的不可或缺的前提条件。但是，依照斯宾诺莎对欲望之本性的规定（即作为力量之表现的欲望），这种外在对象以及对它的意识相对于欲望不能占有优先性。其实，无

---

① Cf. Schrift, A. D., "Spinoza, Nietzsche, Deleuze: An other Discouse of Desire", in *Philosophy and Desire*, ed. Silverman, H. J., London: Routledge, 2000, p. 176.

② Cf. Mancini, R., "Godimento e verità: La vocazione metafisica del desiderio", in *Metafisica del desiderio*, a cura di Claudio Ciancio, Milano: Vità e Pensiero, 2003, p. 3.

论是笛卡尔意义上的一般的先验认识主体，还是由这种主体所预设的自在的意识，都被斯宾诺莎所排除。

虽然斯宾诺莎明确提到"欲望乃是我们对之有所意识的欲力"，但是这里所说的意识并不是对被欲望之对象的意识，而是对于欲力本身的意识。既然欲力和欲望并没有差别，那么意识的介入并没有为欲力增加什么。根本而言，同人的其它心理现象和情感现象一样，意识也要以努力为自身的基础。[1] 意识也就是对于人自身之努力的意识，尤其是对于心灵自身之努力的意识，而这种意识与情感的产生过程一样，都是人自身的努力在其活动和展开过程中所遭遇之特殊状况（即提升或受阻）的表现，这种状况不仅包括身体的感受（affectio），也包括心灵的情感（affectus）。这些不同的感受不仅向我们展现了外物的实存，更体现出我们自身的努力和力量在此过程中所经受的变化。正是在此变化过程中，人作为一个由身体和心灵所构成的整体经受了在不同感受之间的过渡（transitio），而既然"在构成人的心灵之观念的对象中无论发生了什么，都必定为人的心灵所察觉；换言之，在心灵中必然有关于所发生之事的观念"（E2P12），所以"只有在感受之观念明确规定了努力的情况下，我们才意识到这些感受"，[2]或更明确地说，我们便意识到了努力自身的过渡性形态。在这种视角下，欲望就是得到特殊规定的努力，即已经被意识到的努力。所以，"意识看来好像是这个从大到小或从小到大的过渡之持续的感觉，好像是按照其它一些形体或其它一些观念的努力进行变化与确定的见证"。[3] 于是，作为特定情状观念之结果的过渡性的意识就不再是人的心灵的本质规定性。我们的意识是一种构建，其范围十分有限。正是从这个角度出发，斯宾诺莎实现了对传统哲学、甚至是其同时代哲学的倒转。意识不再是作为控制各种激情的道德手段而被设定为一种基础。作为派生物，意识不再是欲望的首要的构成要素，而意向性也就不是欲望的原初构成结构。这种意向结构的清除也就使欲望不再首先被视为一种简单的精神现象。

除此之外，传统哲学在意志和欲望之间所设定的关系，在斯宾诺莎这里也不再成立。对于以往很多哲学家而言，意志首先是一种在善恶评判的基础上推动着人们去进行选择的官能，我们在欲求某物之前首先通过一种判断功能将该物视为善的，继而意志再推动着人们去选择该物，而凡是我们判

---

[1] Cf. Zac, S., *L'idée de vie dans la philosophie de Spinoza*, pp.120-128.
[2] 德勒兹：《斯宾诺莎的实践哲学》，第71页。
[3] 同上书，第25页。

断为恶的东西,我们都会竭力避开,这在很大程度上就肯定了意志对于欲望的优先性和决定性,而欲望也会在意志这种选择取舍的过程中呈现善恶之别。但是斯宾诺莎认为,"我们追求、愿望、寻求或欲求某种东西,并不是因为我们认为它是好的,而是正与此相反,我们判断某种东西是好的,乃是因为我们追求、愿望、寻求或欲求它"。(E3P9S)这也就是说,根本没有任何所谓先天的意志可以决定着我们去欲求某种东西,而是恰好相反,如果有所谓的意志存在的话,它也必须首先从欲望本身获得其实存的形式因。对此,斯宾诺莎明确说过:"当(事物保持自身存在的)努力仅仅与心灵相关联时,便叫做意志"。(E3P9S)毋庸置疑,这里所确立的正是努力或欲望相对于意志的优先性。相反的情形之所以会如此顽固地占据我们的内心,完全是因为我们只是意识到自己的行为和欲望,却不知道其中的原因。(E1App.,E4Praef.)但意志和意识一样也有其形成和活动的原因,这种原因同样是人自身的努力和欲望。往昔的哲学家力图通过作为心灵之官能的意志去控制人的欲望和激情,但这种想法只是一种空虚的假设,因为它颠倒了因果次序。而且,过去的哲学家在认识欲望时为之设置了太多的前提,甚至负载了太多的偏见,其中最为突出的就是对于欲望自身的善恶评价尺度的设定。

在西方传统哲学中,尤其在柏拉图主义和基督教思想的视域下,欲望首先是在善恶等道德评价范畴内得到考察的。善恶等价值范畴被当作既定的存在物而被应用到欲望之上,道德秩序就是我们通过运用意志和意识而设立起来的各种控制激情的手段。在此过程中,意识和意志就转变为一种评价取舍的机制,甚至是善恶价值的裁定者。然而,斯宾诺莎却对此提出了尖锐的批判。善恶等价值范畴在他的唯名论的视域中根本不是自在自为的存在物,而只是抽象的观念或思想样式。(KV,1,6,9;E4Praef.)作为普遍概念,善与恶只是理智进行比较所得到的思想存在物,它们的存在和意义都有其产生的原因,而不是自在不变的。此外,善恶等价值范畴通常会转化为一种控制和压迫的手段。善恶、怜悯、同情以及其它在基督教道德体系中得到确认和推崇的传统价值与美德,都在发挥着这种控制作用。但是,对斯宾诺莎而言,哲学家不应该急于认可这些非实在的东西,而是要去追问和理解这些所谓的善恶评判尺度是如何产生、如何被构建出来的,(E4P8)它们自身又是如何从一种抽象的概念转变为一种具体的意识形态的。(E3P31)因此,善与恶等既定的价值评判范畴也就不能直接被应用到欲望之上。既然欲望首先从力量和努力的角度得到规定,那么它就总是肯定的、自发的和直接的,这也就意味着欲望就其原初的产生根源而言应当是好的。只有当这种努力或欲望在某种身体之感受的观念下得到规定,也就是当它与人在绵延中的实存状态和行动方式相关联时，才会产生好与坏的区分。因此，善与恶非但不能对欲望预先做出性质的规定，它们本身却正是在努力和欲望的基础上产生出来的。欲望就其源初的形成和实存机制而言应当是超善恶的。

综上所述，我们可以看到，斯宾诺莎对欲望形成了相当独特的理解。他有意跟古典传统拉开了距离，并通过力量、努力、欲望等一系列概念确立了他自己的"新哲学"的内涵和革新性氛围。对他而言，欲望并非简单地被局限在人类学、心理学和伦理学的范围之内，而首先是一个形而上学概念，是一个相对于人而言的存在论概念。这种特质的确立从根本上就导源于欲望和力量、努力之间所具有的内在衍生关系。欲望就是我们所意识到的努力，或者径直说，欲望就是力量或努力。

同时，欲望还是斯宾诺莎哲学中一个过渡性环节和枢纽。正是借助努力和欲望等观念，我们得以从斯宾诺莎的总体性的形而上学构想过渡到他的人类学和伦理学的探讨，欲望也成为一个核心的伦理范畴和构建要素。与霍布斯一样，斯宾诺莎也以欲望作为其哲学中一种特定的解释模式，亦即欲望的解释模式。斯宾诺莎后续关于情感、道德和伦理学的叙述和探讨都肇始于努力和欲望所发挥的直接奠基作用和阐释功能。欲望同快乐、痛苦一起被斯宾诺莎视为三种基本情感，其它的情感均须由这三种基本的情感来解释。[①] 其中，欲望更是因为它与人的生存机制的根本关联而处在了比其他两者更为首要的地位。不惟如此，斯宾诺莎整个伦理体系的构建，甚至是它的最高伦理目标和哲学理想的达成都跟欲望自身的演化机制以及人对欲望本身所做的一系列操作相关。他的政治哲学理论在很大程度上也是以欲望在人的社会生活中所发挥的作用（尤其是盲目的欲望对人所造成的影响）为根本背景和出发点。

因此，斯宾诺莎对于欲望的独特界定并不简单地是对概念的标新立异，而是有更为深刻的考虑。这首先就在于他力求通过对欲望等哲学范畴的新理解来破除传统哲学加诸大众身上并在他们心中扎根的价值定见，特别是要消除以基督教为代表的神学体系所营造出来的超验的价值规范、由启示宗教所标画出来的超越的目的，以及由世俗或教会之权威所塑造和倡导的对人构成奴役的道德，从而在新的视角和地层上确立起足以将人导向幸福和救赎的真正的德性，使人达到真实的生活。

斯宾诺莎自始至终都是一个现实主义者。他厌恶一切幻想，摈弃一切

---

① 参考《伦理学》第三部分附录中以欲望、快乐和痛苦为基本手段对其他情感所给出的界定。

超出理性和理智能力的虚构。在他看来,无论是具体的有形事物,还是我们心灵中的观念,都必须在一个内在性的总体之中存在和活动,这个总体就是神或自然。而这个神并不是犹太—基督教传统中超越的、人格化的上帝,而是成了万物都由之而来并被包容于其中的唯一实体。除了我们生活的这个无限的宇宙之外,不可能再有其它的世界,更不会有由完全不同的质料所构成的其它自然。我们的一切思考和一切活动都必须面对我们现实的世界和处境才得到构建和展开。一切所谓先天的规范和准则,在他看来都是没有根据的,它们充其量也只是通过泛泛的经验和记号而得到的知识,而且经常会陷于错误。以前人们为欲望所赋予的善恶属性、为意志所赋予的自在的实在性,实质上都可以被归入到这些偏见之中,而人的真实生活在这些幻象和偏见中是无法得到构建和表现的;相反,真实的生活乃是人自身所赋有的力量的展开,而这种力量就是人保持其自身之存在的努力或欲望,真实的生活就是充满力量并表现力量的生活,是一种充满生机和活力的生活。正是在这种意义上,尼采将斯宾诺莎视为自己思想上的先行者。[①]

当然,以上我们唯独从肯定的方面揭示出斯宾诺莎对欲望的阐释,或者说我们只是涉及斯宾诺莎从欲望自身的原初生成机制和实存结构出发对欲望所做的正面规定。从这个角度来看,原初的欲望都是好的和肯定的,因为它们直接体现了存在本身的肯定性和力量。但是,这并不意味着斯宾诺莎认为现实生活中人所具有的一切欲望都是好的或都足以推动我们达到快乐和完善。相反,当人保持自身存在的努力跟人的现实生存结构和活动状态相关联时,也经常会产生对其自身的原初肯定的偏离,从而产生出坏的欲望,后者通常就表现为我们在生活中所具有的并为之所制的盲目的欲望和虚假的欲望。这些欲望不是完全以人自身及其保存自身之存在的努力为原因,而是更多地为外在的事物所左右。处在这种欲望状态下的人,他的一切思想和行为就不是完全由他自己的本性来决定,而是处在一种被动的状态下,所以这种欲望就是一种被动的欲望,是一种激情,而我们在激情状态下体验到的不是自身力量的肯定,而是自身力量的缺乏。这种力量的缺乏就导致了痛苦,使人失去了生命的活力和生活的勇气。而斯宾诺莎伦理学的核心追求以及他的哲学最终目标就是通过特定的途径使人们摆脱盲目的欲望、痛苦和各种激情,从而具有主动的欲望和快乐,并最终达到自由和至福。这里面的关键环节就在于通过形成理性的知识并遵循理性的命令来节制被

---

① Cf. Moreau, P-F., "Spinoza's Reception and Influence", in *The Cambridge Companion to Spinoza*, p.425.

动的和盲目的欲望，并将其转化为主动的欲望，这也就是使人从被动状态转化到主动的状态，从激情的奴隶转变为自己的主人。但是，这种转变的发生并不是按照传统的模式——即借助具有绝对权力的理性来消灭盲目欲望的模式——来实现的，而是通过理性自身的生成以及理性对盲目的欲望和激情形成清楚明晰的理解来达成的。理性相对于欲望并不能施行专制君主式的外在统治，而是只具有理解的力量；从被动的欲望到主动的欲望之间只有过渡和转变，而不存在外在性的消灭。因此，斯宾诺莎的伦理规划就从根本上就呈现为一种"欲望的教化"，他的伦理学也就在一定程度上表现为一种"欲望的教育学"。① 借助这种理解和教化的力量，人的努力和欲望一方面向着其原初的肯定本性回归，另一方面则是向一种更高的力量和生命活力进展。而这些方面恰恰构成了斯宾诺莎的伦理学理论构建的基本架构和核心内容，也是我们在分析他的普遍伦理学思想时必须予以深入考察的。

---

① Lacroix, J., *Le Désir et les désirs*, p.19.

第五章 想象、激情与奴役

一、情感的首要性及其本性

斯宾诺莎以《伦理学》前两个部分中的形而上学和物理学研究为后续的伦理学研究奠定了必要的基础。而当他在第三部分开启了严格意义上的伦理学探讨之时,他又在这个部分的几个初始命题(尤其是命题四至九)之中从现实本质、努力和欲望等方面为他的伦理学进行了一种再奠基,并通过这几个概念为后续的伦理学研究确立了基本座架。而这些方面与他的形而上学和物理学的一般原理是内在地关联在一起的。① 但是,就严格伦理学的考察进路而言,斯宾诺莎的真正的起点则是对于情感的分析和研究,亦如《伦理学》第三部分的标题,即"论情感的起源和本性"所标示的那样。

而以情感,特别是以作为情感之特殊表现形态的激情,作为伦理学研究的起点和关键环节,这在十七世纪伦理学研究中并不鲜见,甚至可以被视作为一种通常的做法,当时涌现出的大量专门探讨情感和激情的著作也可以为证。而且,这些著作并不局限于伦理学领域,同时也受到众多具有不同倾向和专长的人文学者的重视。"对十七世纪哲学家而言,激情可不是装饰品,仅仅在一本著作本身完成之后聊附骥尾,或仅仅在勘探和测量竣工之后添于图侧。相反,激情是整个地貌的一部分。在人们对自己本性的哲学认知中,在人们对自己理解和应对周围的自然环境和社会环境的能力的哲学认知中,激情是不可或缺的成分"。②

当然,凡是对西方哲学的发展历程有所把握的人都会看到,自古希腊以降,情感和激情一直都是哲学家们关注的问题。亚里士多德在《尼各马可伦理学》和《修辞学》等著作中对情感做了大量探讨,并以情感作为考察和阐释

---

① 实际上,《伦理学》各个部分的初始定义和命题都或多或少地具有特定的形而上学或物理学的意涵。

② 詹姆斯:《激情与行动:十七世纪哲学中的情感》,管可秾 译,北京:商务印书馆,2017 年,第 24 页。

他的德性理论的一个重要途径。而在以伦理学作为哲学之核心部分的希腊化哲学中,各主要哲学流派都对人的激情以及控制激情的手段给予了极大关注,其中尤以斯多亚派的观点影响最为深远。总体而言,斯多亚派哲人视激情为违反理性之命令的过度冲动,同时也是人生之不幸和过失的根源,其中尤以快乐和痛苦、恐惧和欲望这四种基本激情的影响为甚。故而,他们认为,人的主要德性以及伦理修养的主要目标就在于通过理性来控制甚至是消灭激情。① 而在深受古希腊哲学影响的中世纪哲学家那里,尤其是在阿奎那的哲学里,亚里士多德对情感的分类和分析得到了继承,而情感本身也得到更精细的处理。② 此外,"阿奎那的分类在十七世纪则被继续沿用,并为大量论文提供了组织性的分类体系"。③

同时,我们也注意到,虽然情感或激情在古代和中世纪哲学中占据了特殊地位且具有重要作用,但是,以欲望为核心的各种激情在当时却往往被贴上了否定的标签,并成为恶的象征。然而,如同欲望自身之形象在文艺复兴时期发生了巨大变化一样,关于激情的叙事模式也随着文艺复兴运动的兴起而有所变化。按照布克哈特的看法,"文艺复兴于发现外部世界之外,由于它首先认识和揭示了丰满的完整的人性而取得了一项尤为伟大的成就"。④ 然而,这并不单纯是我们今天所理解的科学主义的成就,而更是一项人文主义的成就。此时,人们心中的世界图景已经极大地扩展,大宇宙已经从一个封闭的世界拓展至无限,而作为小宇宙的人也揭示了其自身无限的深度。"个体并不简单地是一种限制,毋宁说,它代表了一种不能被取消或消除的价值"。⑤ 而丰富完整的人性本身正是这种价值的体现。

但是在历经新的思想图景和文化氛围的激荡之后,揭示完满的人性、揭示人的高贵与尊严已经不能完全遵循传统的模式、以理性作为根本的规定

---

① Cf. Long, A. A. and Sedley, D. N., *The Hellenistic Philosophers*, Vol. 1, Cambridge: Cambridge University Press, 1987, pp. 410 – 419;努斯鲍姆:《欲望的治疗:希腊化时期的伦理理论与实践》,徐向东、陈玮 译,北京:北京大学出版社,2018 年,尤其是第十一章"斯多亚主义者论根除激情",第 367—410 页。

② 阿奎那主要在《神学大全》第二集第一部分第 22 题至第 48 题(*Summa theologica*, 1a. 2ae. 22 - 48.)对激情的本性和分类进行了细致考察。就阿奎那的激情理论和道德哲学,可以参考 Gilson, E., *Le Thomisme: Introduction à la philosophie de Sanit Thomas d'Aquin*, Paris: Vrin, 1979, pp. 335 – 351;詹姆斯:《激情与行动》,第 67—92 页。

③ 詹姆斯:《激情与行动》,第 10 页。

④ 布克哈特:《意大利文艺复兴时期的文化》,何新 译,马香雪 校,北京:商务印书馆,1979 年,第 302 页。

⑤ Cassirer, E., *The Individual and the Cosmos in Renaissance Philosophy*, trans, Mario Domandi, Oxford: Basil Blackwell, 1963, p. 28.

因素。① 尽管费奇诺、皮科等人归属于文艺复兴的伟大潮流,但是他们的哲学和伦理学思想依然在很大程度上处在柏拉图—亚里士多德以及中世纪基督教的传统框架的剧烈影响之下。其实,新时期对于完整人性的揭示更应当到薄伽丘、拉伯雷笔下的故事和人物中去寻找,应当到达·芬奇和拉斐尔的绘画中那些匀称、丰美和充满着鲜活面容的形象中去寻找,应当到米开朗基罗的健美有力的雕塑中去寻找,也应当到艺术家笔下的异教之神的形象中去寻找。在这些人物和形象中有着人性最为丰盈和完整的投射,有着喜怒哀乐之情的展现,有着欲望自身的神秘踪影和召唤。中世纪在将探究的目光指向人的时候,他们所发现的是人的悲惨和苦难,但是文艺复兴的学者和艺术家却通过重新找回古希腊罗马的神话和视角而凸显了人的尊严、力量和快乐。人并不是一个拖着不洁之肉体在尘世间完成朝向上帝之旅的堕落的灵魂,反之,人是一个有血有肉的整体,有其自身的价值。尽管在一个依然处在强烈的神学语境之下的时代,人不能脱离上帝来获得生存的意义,但是人已然不是一个任由上帝随意支配的玩偶,用黑格尔的话来说,文艺复兴的重要成果就是一种"人的自我意识的觉醒"②。人不再是一个干瘪的模具,他有着自身的多重向度,有着内在的深度,而文艺复兴的人文主义者在这个深度中突出了激情的维度。

而且,这里不仅是在凸显激情,更是从正面来审视激情在人生之中发挥的积极意义。例如,荷兰人文主义者伊拉斯谟在他的《愚人颂》一书中让各种各样的官能和情感以人格化的形式分别登场并展现它们的力量与活动。一反往昔的理性中心论的道德说教,他为愚蠢和无知献上了自己的颂词。在此,他首先将矛头指向了源自柏拉图和斯多亚派传统的理性(或理智)与情感的对立:

> [他们]把理智限制在头脑的狭小角落里,而让感情囊括身体的其余部分。接着,把两个狂怒的暴君拿来和孤零零无力的理智相对比:愤怒支配着胸膛,因而控制着心脏,也即生命的源泉所在,而贪欲则将其帝国领土扩张得既远且宽,直达下腹。到底理智能比这两股联合力量占有多大的优势,看看人类的日常生活就会十分清楚。理智只能做一件它办得到的事,那就是力竭声嘶,敦促人们要按道德准则行事,可另

---

① Cf. Kraye, J., "Moral philosophy", in *The Cambridge History of Renaissance Philosophy*, ed. C. B. Schmitt, Q. Skinner, E. Kessler, and J. Kraye, Cambridge: Cambridge University Press, 1988, p. 308.
② 黑格尔:《哲学史讲演录》(第三卷),贺麟、王太庆译,北京:商务印书馆,1959 年,第 336 页。

外那两个却叫理性别管闲事,并不断喊叫吵闹,最后弄得它们的统治者精疲力竭,只好认输,投降了事。[1]

由此,在伊拉斯谟看来,理智对激情的统治无异于一场幻梦,它不仅误认了自身,也错看了激情和情感。古往今来,贤人受理智的指导,而愚人则为感情所支配,似乎已成为人们区分贤愚不肖的基本标准。这也正是为什么斯多亚派哲人把一切强烈的情感当作瘟疫一样从智者身上隔离出去的原因。但是,在伊拉斯谟笔下,这类情感不但起到指导作用,引导人们迅速地驶向智慧的港湾,而且"举凡实行美德之处,这类情感就会成为强大的刺激物,激发人们去做好事"。[2] 而且,生活在愚蠢、幻想、欺骗和无知之中也并非是一种痛苦,因为那才是人的生活,而且完全合乎人的天性。[3] 因此,情感并不是外在于人性本身,反而是人之为人的一个应有之意。包含欲望、疯狂等形式在内的情感恰恰是我们的生命力之所在,也是获得幸福所不可或缺的关联项,它们不应像斯多亚派学者所认为的那样是完全否定的、应该被消灭的对象。当然,我们在阅读《愚人颂》时,不免会感到伊拉斯谟的论述有夸张、甚至有哗众取宠之嫌,但是在一个需要重新肯定人的尊严和完整的人性、重新确立生活与评价之准则的时代,这也是可以理解的。

同伊拉斯谟相比,十六世纪另一位重要的人文主义者,即法国思想家蒙田,则在突破往昔的道德和价值判断框架,为欲望等情感之正名做了同样重要的工作,也对后世怀疑精神的发展产生了深远影响。作为一种特定的思想形态,怀疑主义包含着多个向度,而且一般而言,它主要与我们的知识、与我们关于外部世界的认识相关,但是,它同时也具有特定的道德内涵,也就是"它怀疑一种普遍有效的道德的可能性"[4]。这些不同的侧面在蒙田那里都有所体现。而传统怀疑论的"悬搁判断"以及我一无所知等信条,在蒙田这里则转变为"我知道什么"的格言。一切被认作普遍有效的道德判断和价值标准在面对我们内心情感及其活动的不稳定性、不一贯性之时似乎都失去了人们为之所赋予的效力。我们所拥有并遵之而行的只是既定时代的特定伦理准则和行为框架,任何权威之见都会因时空的变迁而遭受挫败,善与恶、对与错的界限也并不像道德家和宗教人士所说的那样具有普适性,我们

---

[1]　伊拉斯谟:《愚人颂》,许崇信 译,沈阳:辽宁教育出版社,2001 年,第 16 页。
[2]　同上,第 31 页。
[3]　同上,第 35 页。
[4]　Larmore, C., "Scepticism", in *The Cambridge History of Seventheenth-Century Philosophy*, p.1146.

不仅会遇到不同视角的转换，也会遇到时代之风气和人们思想世界的不同景象的影响。我们所面对和接受的也只是暂时的伦理行为信条。而这种怀疑论的伦理正是蒙田对怀疑主义的贡献，[①]同时，也是后世哲学家在探讨情感等问题时所面对的一项遗产。

此外，蒙田在为我们提供这样一个特定的思想进路和视角的同时，也为我们展现了另一个重要主题，即对于自我的探讨。蒙田"创造了无与伦比的文学形式，其间，他摆脱了那些辩证的、具有一致外形的思想，径直走向了事物和人本身"[②]。而自我正是他集中考察的令他着迷的对象。这种追问是人文主义精神的继续，是人的深度的内在展开。在《随笔集》里，蒙田本着高度的虔诚之情，毫不虚饰、毫不做作地将他的自我展现出来。这里不仅有智慧和真理的显示，也有内心之波动和行为之纷乱的叙述；不仅有精神寻求宁静的努力，也有欲望、激情与爱意的告白；不仅有对好的欲望的赞颂，也有对坏的欲望的揭露。当然，从其思想基调来看，蒙田并未完全抛弃他早期从斯多亚派那里所习得的特定的理想："人的感情和欲念最终要由人的理智去控制与驾驭，这并没有什么不妥"，而且"能够用理念抑制自己的欲念，强迫自己的器官循规蹈矩，那是很了不起的"。[③] 但是，他并未将自己束缚在这种构型之内，相反，他也认为，"野心可以让人学到勇敢、节制、自由甚至正义；贪婪也可以使躲在阴暗角落偷懒的小学徒奋发图强，背井离乡，在人生小船上听任风吹浪打，学得小心谨慎"。[④] 而在《随笔集》几近尾声之时，蒙田甚至说道，"判断力听任我的各种欲望各行其事，包括仇恨和友情甚至包括我对自己的恨和爱，它从不因这些感情和欲望而变质和腐败"，而"善于忠实享受自己的生命，这是神一般的尽善尽美"。[⑤] 因此，在蒙田看来，幸福的生活不应当仅仅是精神在明净的理想境界中的享受，也应当是我们作为一个完整的人在满足自身的各种欲望之时所感受到的快乐。

正是在上述的巨大思想变革的影响下，对情感的考察成为十七世纪思想中的一个非常重要的论题。而探讨情感的著作在当时也大量出现并且成为一股强劲的思想潮流。但是，在此过程中，人们对情感的看法依然呈现出惊人的含混性："一方面，情感是一批对我们的生存和繁荣不可或缺的功能性特征；而

---

① Larmore, C., "Scepticism", in *The Cambridge History of Seventheenth-Century Philosophy*, p. 1150.

② Bréhier, E., *Histoire de philosophie*, 2e edition, Paris: Presses Universitaires de France, 2012, p. 688.

③ 蒙田:《蒙田随笔全集》(中)，潘丽珍等译，南京:译林出版社，1996年，第445、450页。

④ 同上书，第10页。

⑤ 《蒙田随笔全集》(下)，第352、406页。

另一方面,情感也是一些令人痛苦的破坏性的冲动,它们驱使我们去追求必定对我们有害的目标。"①因此,情感就不能再作为简单的口号或立场而被看待,反而需要得到严格的探索,从而形成一门系统性的情感科学。

这种科学首先要求研究者放弃以往诸多的价值定断和偏见,要对以往被指斥为邪恶和荒诞的情感进行去善恶甚至是去价值化的处理。就此,霍布斯在《利维坦》中明确地说道:"人类的欲望和其他激情并没有罪。"②这就是说,情感并非先天地、本然地就是恶,我们不能以一种独断化的方式将善与恶的评价范畴应用于情感。同样,笛卡尔在撰写《灵魂的激情》时,他的意图"并不是要像演说家或道德哲学家那样阐释情感,而是要像自然哲学家那样对之进行处理"③。而斯宾诺莎则更为直白地说:"我将采取我在前面两个部分中讨论神和心灵所用的相同方法来考察情感的本性和力量,以及心灵控制情感的力量;而且我将考察人的活动和欲望,如同我在考察线、面、体的问题一样"。(E3Praef.)由此可见,近代早期的哲学家们不仅继承了人文主义怀疑论对于善恶之价值判断的怀疑精神,在对情感进行哲学探讨时将善与恶的预设进行了悬置的处理,而且他们的讨论思路和方式也发生了根本转变,其中核心就在于近代早期哲学掀起了一场从"传统道德哲学概念向几何学式的道德哲学概念"④的转化。近代早期哲学家们不再满足于对人的道德和伦理生活做出貌似真实的甚至是似是而非的探讨,而是对道德和伦理探究提出更高的严格性和精确性要求。他们纷纷放弃了传统道德哲学的研究策略,转而提出要构建出一种崭新的科学的道德哲学或伦理科学。⑤

而就西方传统的伦理学和道德哲学的探究模式来说,亚里士多德所塑造的范式长期发挥了支配性影响。我们知道,在关于学问的划分中,亚里士多德明确区分了理论科学、实践科学和创制科学,⑥而伦理学和政治学被他置于实践科学的范围之内。与理论科学追求严格的知识不同,在实践科学领域,

关于行为的全部原理,只能是粗略的,而非精确不变的。正如前面指出的,原理要和材料相一致。在行为以及各种权宜之计中,正如健康

① 詹姆斯:《激情与行动:十七世纪哲学中的情感》,第22页。
② 霍布斯:《利维坦》,第95页。
③ Descartes: *Les passions de l'âme*, Preface, p.326.
④ Kraye, J., "Conceptions of Moral Philosophy", in *The Cambridge History of Seventeenth-Century Philosophy*, p.1300.
⑤ Ibid. p.1279.
⑥ 亚里士多德:《形而上学》1025b1—1026a34。

一样,这里没有什么经久不变的东西。如若普遍原理是这样,那么,那些个别行为原理就更加没有普遍性。在这里既说不上什么技艺,也说不上什么专业,而只能是对症下药,顺水推舟,看情况怎样合适就怎样去做,正如医生和舵手那样。尽管当前的原理这样无精确性,我们还是要加以补救,尽力而为。①

因此,在伦理学和政治学的研究领域,我们就不能达到与数学等理论科学相同的精确性,而只能满足于近似精确的状态。由于亚里士多德主义在后续西方哲学发展过程中的重大影响,这种观点为很多哲学家所接受并演化为一种传统。在中世纪时期,这种观点更是得到了特殊的强调。后来,为了廓清伦理学等实践科学与数学等理论科学之间在精确性和严格性之间的差别,十四世纪的法国学者让·热尔松(Jean Gerson)特别提出了一个重要的区别性概念,即"道德的确定性"(certitudo moralis)。当然,热尔松在使用这个术语时主要针对那种对于行为而言具有充分意义的确定性,而不是首先对准亚里士多德意义上的实践科学的确定性。② 但是,无论如何,他的这种观点依然可以被视为亚里士多德就伦理学等实践科学所具有之精确性的评判的延续。③

但是,上述这种看法在近代早期却受到了巨大挑战。对笛卡尔等哲学家来说,作为一种体系化的知识,哲学具有自身的统一性,而这种统一性也决定了哲学的不同分支之间应该按照同样的方式得到探讨,并且不同的知识应该处在相同的精确性层面之上,而不是像亚里士多德所说的那样不同

---

① 亚里士多德:《尼各马可伦理学》1104a1—8。

② cf. Schüssler, R., "Jean Gerson, Moral Certainty and the Renaissance of Ancient Scepticism", in *The Renaissance Conscience*, ed. H. E. Braun and E. Vallance, Wiley-Blackwell, 2011, p.19.

③ "道德确定性"这个术语和相关的观点在欧洲思想的后续发展中得到了普遍的应用。斯宾诺莎对之有着明确接受和使用。在《神学政治论》中,他认为,诸如先知所发之预言以及民众所具有之信仰都只具有"道德的确定性",而不具有"数学的确定性",因为预言、信仰等只与人的道德行为有关,却不是理论科学和数学论证的问题。(TTP, 2,4&6/中译本第36—37页)然而,不仅在与实践科学相关的领域,甚至在物理学等领域,这个概念也得到了使用,例如,与斯宾诺莎同时代的荷兰科学家惠更斯就认为,物理学的确定性无法和数学的确定性相等同,"因为当几何学家用毫无争议的和确定的原理来证明他们的命题时,物理学的原理却只能通过我们由之获得的结论来证实"。(Huygens, Ch., *Traité de la Lumière*, Paris, 1920, p.X.)卡西尔认为,惠更斯所说的确定性类似于一种道德确定性,但"这种确定性可以达到如此高的可信度,以至于就所有实践目的而言,它与严格的证明一样有效"(Cassirer, E., *The Philosophy of the Enlightenment*, trans. J. Petegrove, Princeton: Princeton University Press, 1951, p.60.)。

的材料对应不同的原理和探讨方式。而且由于数学对笛卡尔、霍布斯、斯宾诺莎等人所产生的根本影响,也使得近代早期哲学在各部分的研究中都以数学真理的精确性作为衡量标准。与此同时,近代早期的哲学家不再把人的情感、道德行为、日常的习俗等视为与自然事物处在不同的存在层次,相反,他们将这些与人的生活和行为直接相关的因素同样置于自然的存在空间之中,并且运用与研究其他自然事物相同或相似的方式来对之展开探讨。

恰如上文所言,在《灵魂的激情》中,笛卡尔不再像以往的修辞学家和道德学家那样以约定俗成的标准来对情感进行分类并对情感予以赞扬或谴责,不再以单纯的主观好恶来对情感进行定位,而是以新科学(尤其是生理学和解剖学)的研究成果为基础,在科学的研究方法的指引下对心灵和身体之功能、激情的基本生成和运作机制以及各种激情的功用进行了深入分析,并力求达到他所构想的那种科学性和精确性。因此,在笛卡尔那里,我们看到了近代早期对道德哲学和伦理学进行科学化的早期尝试。他的这种做法完全改变了过去对情感和道德生活的研究手法,为后续研究指出了新的方向。

同笛卡尔一样,霍布斯对道德哲学和政治学问题的探讨也有类似倾向。他也把对人的情感和道德行为的研究建立在对人的物理和生理机制的研究之上。他的体系化著作《哲学原理》(*Elementorum Philosophiae*)共分为三个部分,即《论物体》(1655年)、《论人》(1658年)和《论公民》(1642年),这恰好反映了他的总体构想。而在他的经典之作《利维坦》里,他也是在对人的基本的生理和心理机制(如感觉、想象等)进行探讨之后,才进而讨论人的情感、自然权利、自然法和社会契约等问题。而在近代早期的机械唯物主义世界观的构型过程中,霍布斯为之添加了最重的砝码,因为他明确把生命(包括人的生命)视为肢体的运动;他甚至认为,"人的心脏就如发条,神经形如游丝,而关节则不过是一些齿轮"[1]。因此,对人及其生命活动的研究与对其他自然事物的研究几无二致。同样,对人的情感和行为的探讨虽然归属于道德哲学,但却具有与自然哲学同样的精确性。哲学就是真实的推理,我们据此由果推因或由因推果。而所谓推理,不是别的,就是计算。而计算或是把加在一起的东西集合成一个总数,或是求知从一件事物中取走另一件事物后还剩下的东西。因此,推理与加减就是一回事。[2] 但是,我们不要以为计算(亦即推理)只能应用到数学之上,实际上,大小、物体、运动、时间、性

① 霍布斯:《利维坦》,第1页。
② 参考霍布斯:《论物体》,段德智 译,北京:商务印书馆,2019年,第16—17页。

质的程度、作用、概念、比例、言语和名称都能加减。而人的情感和行为同样也可以用这种方式得到考察，从而我们也能达到关于它们的精确知识。《利维坦》的探究恰恰遵循着这种逻辑而逐步展开。

而在笛卡尔和霍布斯等前代学者对情感和道德哲学之精确性做出崭新的界定之后，以斯宾诺莎为代表的一代哲学家（其中还包括洛克、普芬道夫、昆伯兰[R. Cumberland]等）都时而不时地或者将道德数学化，或者把道德呈现为一个演绎的体系。[①] 斯宾诺莎在这个方面做得最为彻底。他认为人的情感和行为同样是自然存在物，与自然之中的其他事物没有什么区别，它们都遵循着到处而且始终不变的自然法则。即便是那些使人陷入痛苦和绝望的情感和处境也不是人性和自然之中的缺陷所导致，而是同样从自然的必然性而出。因此，对人的情感和行为，我们不应当简单地对之表示悲哀、嘲笑或蔑视，相反，既然它们与其他个体事物一样，皆遵循自然的同一的必然性和力量。所以，它们也有一定的原因，通过这些原因可以了解它们；它们也有一定的特性，值得我们通过沉思加以认识，正如我们考察任何别的事物的特性一样。（E3Praef.）因此，我们在考察人的情感和行为的时候，同样也可以达到数学和物理学领域之中那种相同的严格性和精确性，因为它们都共同遵循着因果性的生产和活动规则，都可以通过这种因果律而得到理解和解释。这种因果性原理在近代哲学和科学中是核心的，并确保了各种研究和知识的科学性。因此，在传统道德哲学向几何学式的道德哲学转变的过程中，斯宾诺莎无疑是最具代表性的人物，同时也是他在思考和著述方面将这种思想范式做了最为彻底的发挥。

虽然斯宾诺莎继承了很多前辈尤其是他的同时代人的看法，以考察情感作为他的严格的伦理学探讨的直接起点，但是在这一点上，他同样对前人有所批评，因为在他看来，以往就人的情感和生活方式撰文立说的人，似乎并不是在讨论遵循自然规律的事物，而是在讨论自然之外的东西。当他们发现人所犯的软弱无常、变化不定等错误时，他们将之归于人性之中的某种缺陷，并对之进行嘲笑或挪揄。但是，之所以会出现这种偏颇，主要还是在于人们根本没有深入地认识情感的本性和力量，以及人心如何能够克制情感。（E3Praef.）在这个问题上，无论是对近代早期思想产生深刻影响的斯多亚主义和新斯多亚主义哲学家，还是以笛卡尔为代表的新哲学的奠基者

---

① Cf. Garret, A., *Meaning in Spinoza's Method*, Cambridge: Cambridge University Press, 2003, p. 9.

和支持者,都未曾取得良好的成果。而对斯宾诺莎来说,哲学的根本议题之一就在于彻底地理解人的情感和行为,并通过这种理解来找到克制情感并达到人生自由的途径。

在理解人的情感这个问题上,斯宾诺莎实际上比他的同时代人提出了更高的要求。他力求用几何学的方式来考察人的缺陷和愚昧,以理性的方式来对人们指斥为违反理性、虚幻、荒谬和谵妄的事物进行探究。他之所以持有这种观点,根本上是因为在他的绝对自然主义的视域之下,人作为一个有限的自然物,他的一切思想和行为都必须遵循永远和到处同一的自然规律和法则。而诸如仇恨、愤怒、嫉妒等情感,就其本身而言,正如其他自然物一样,都是自然的产物,也都必须遵循自然的规律和法则。(E3Praef.)因此,我们用于解释其他自然事物的原则和方法同样可以被应用到对情感的研究之上。而且即便是对于情感,我们也能够达到一种数学的确定性。

与此同时,既然情感和其他自然物一样皆遵循着普遍的自然规律和法则,要由自然的必然性而出,那么情感就其源初的生成机制和实存结构来看,就完全是自然的存在物。因此,情感并不赋予人以任何超脱和违反自然的能力;就其本身而言,情感也并不天然地负载善恶等价值特性,反之,它们源初地是无关善恶或价值无涉的。[①] 一切所谓的完满或不完满、善或恶都只是我们所具有的思想样式或理性存在物,而不具有任何自然的和形式的实在性。而且善恶等观念并不表象事物自身的性质,而只是与我们的心灵相关联,(E4App. 6)所以,探讨情感非但不能以既定的价值定见作为基础和框架,反而应当通过对情感之生成及其形态的探究来把握情感之本性,并借此来揭示善恶等价值的生成谱系,这是斯宾诺莎关于情感的考察及其总体伦理框架的一个重要特色。

既然情感与其他自然物一样可以得到精确的探究,那么依照斯宾诺莎的一贯思路,尤其是依据《伦理学》的一般做法,他必然会以生成论定义的方式对情感进行深入的界定和阐释,而这也是《伦理学》第三部分的核心任务。为情感下定义,不仅是为了达到概念和术语上的严格性,同时也是为了能够揭示出情感之内在本质。虽然《伦理学》第三部分开头才明确提出情感的定义(E3Def3),但是实际上,该书前两个部分已经对情感有了明确的提及和使用。在《伦理学》第一部分中,斯宾诺莎写道:"现实的理智,无论是有限的,还是无限的,都同意志、欲望、爱等等一样,必须只与被自然产生的自然相关,而不与产生自然的自然相关。"(E1P31)而在第二部分中,他又明确说

---

① 参考雅斯贝尔斯:《大哲学家》,第 732—735 页。

道："就爱、欲望以及其他以心灵的情感之名得到命名的样式而言,除非在相同的个体之中有所爱、所欲(等等)之对象的观念,否则就不会有这些思想样式。相反,即便没有这些思想样式,却依然可以有观念。"(E2A3)由此,我们首先可以看出,欲望、爱等情感本质上归属于"被自然所产生的自然"领域,从而也就被从作为原因或作为"产生自然的自然"的神之中排除出去。作为绝对无限的实体和生产性原则,神根本不具有任何情感,情感也不构成神的特性。而这与斯宾诺莎关于神的阐释是完全一致的,或者说这种规定恰恰服务于他对神的论述。同时,这种对情感的规定也直接将情感与其他的自然物置于相同的存在领域。情感完全是自然的,它同其他任何事物一样都是自然的产物。而这与斯宾诺莎关于情感的基本思路和探究路径完全吻合。其次,从这些具体的规定和使用来看,斯宾诺莎把情感与思想属性相关联,或者更准确地说,他把情感直接置于思想样式的层面。就其本性而言,情感直接与我们的心灵或思想活动相关,或者说就是我们心中所具有的观念。这似乎就意味着,斯宾诺莎所持有的恰恰就是我们通常所具有的一般情感观念。情感对我们而言首先是一种心理状态。

然而,从斯宾诺莎的情感定义本身来看,问题却并非如此之简单。无论就其本性,还是就其特性而言,情感都是一个相当复杂的现象。为此,我们首先来看一看他的情感定义:"情感(affectus),我理解为身体的感受(affectiones)——这些感受使身体的活动力量提升或降低、增长或受限——和这些感受的观念。"(E3Def. 3)由这条定义来看,虽然情感是一种思想样式,但是它却并非单纯是一种心理现象,反之,同其他任何观念一样,情感也有其身体上的对应物或相关项,而后者就是身体上的诸感受,因此情感也同样具有其自身的物理—生理维度。而且,情感并不是简单地以身体的感受作为一种隐而不显的相关项,而是实在地将身体的感受包含于自身之中。

在斯宾诺莎的平行论的视野下,尤其是对于他的实在论和现实主义的体系而言,人并非唯独由心灵得到其全部规定性。反之,无论在讨论心灵的本性和起源,还是在论述情感之本性时,他总是从身体出发。所以,情感就其根本构造来说,既有其身体的和生理的前提,也有其思想层面的规定或"身体之感受的观念"。这种界定和理解方式也表明,情感对于斯宾诺莎而言具有一种明显的存在论上的双极性结构(une structure ontologique bipolaire)。所以,作为一个整体的现象,情感同时是身体的感受和这些感受的观念。它既不是单纯的身体性的,也不单纯是心理性的,而是无关差异的(indifferent);或者我们也可以说,情感并不单纯属于心灵,而是同时也属于身体或者也同时与身体相关涉。① 此外,既然我们的心灵乃是它的现实实存的身体的观念,所以一切心灵之中的观念乃至心灵本身都必然有其身体层面的相关项,所以,即便我们唯独从观念或思想样式的层面来界定情感,上述关于心灵和观念之本性的规定就决定了,作为人心之中的特定观念的情感也必定会有其身体层面的对应项,亦即身体之中的诸感受。情感总是同时与身体和心灵相关联:从身体来考察时,它体现为一系列的感受,而从心灵的形式来看时,它表现为观念。

既然如此,那么人为什么会具有情感呢,或者说情感的发生学机制是什么呢? 对斯宾诺莎而言,人之所以必然具有情感,或情感之所以必然会产生,从根本上源自于人在宇宙中的地位及其基本的存在机制。就存在者的基本存在论机制,斯宾诺莎明确说过,"一切存在的东西,或是在自身之中存在,或者在他物之中存在"(Omnia, quae sunt, vel in se, vel in alio sunt)(E1A1)。实体、神或自然都是在自身之中存在;样式则必须在他物之中存在,根本而言就是要在神或自然之中存在。而这种"在……之中存在"的结构,首先彰显了一种因果性的生产机制。作为在自身之中存在的东西,实体、神或自然都以自身为原因,也就是自因(causa sui)。它们的本质和实存都是绝对的。而在他物之中存在的东西则是由他物所产生,其本质和实存都由他物而来并为他物所决定。作为一种有限的样式,人必然在他物之中存在,或更确切地说,人必然在自然之中存在。人的本质和实存都以自然作为最根本的原因和理由,自然也构成了人的基本生存视域。人只是一种由自然所产生的结果,是一种有限的自然存在物。同其他自然物一样,他必然具有相对于自然而言的依赖性,却不具有绝对独立的存在地位。因此,斯宾诺莎认为,人只是自然的一部分,而且是极为微小的一部分。(KV, II, 18, 9;E4P2;TTP, IV, 1/中译本第 66 页;Ep. 30;TP, 2,5)一切关于人的解释都必须从自然出发并始终以自然作为基本的视角和构建环节。

既然人是自然的一部分,那么人就不能脱离自然,不能断开他对自然的依赖关系;这一点不仅是从作为总体的自然而言,同时也是就人与其他具体自然物的关系而言的。对斯宾诺莎来说,人绝对不是一个孤立的和孤独的

---

① 除了上述的情感定义之外,斯宾诺莎还在《伦理学》的许多表述中明确把情感和身体联系在了一起,例如,"nostri corporis affectus"(我们的身体的情感)(E3P14D),"corporis constitution seu affectus"(身体的构造或情感)(E3P18D),等等。因此,情感必然同时与人心和人体相关联,应当被视为关于人的总体现象。(cf. Beyssade, J.-M., "Nostri Corporis Affectus: Can an affect in Spinoza be 'of the Body'", in *Desire and Affect: Spinoza as Psychologist*, ed. Y. Yovel, New York: Little Room Press, 1999, pp. 193 – 209.)

个体,反之,人始终要与自然的其他部分相关联并依赖它们才能够实存,而且自然之中的一切事物都是相互联系的,并通过它们相互之间的因果作用关系而形成了复杂的系统。(Ep. 32)人从来都不是也不可能是一个独立的自存者,他的现实的存在地位已经把他和其他存在物绑缚在一起。作为一个有限的存在者,"人不可能只经受那些以他自身为充分原因并且仅通过他自己的本性就能被理解的变化"。(E4P4)而且,人在实存过程中总是首先通过身体而与其他事物和整个世界相照面。日常经验就告诉我们,"人体需要许多别的事物,以资保存,亦即借以不断地维持其新生"(E2P13Post. 4)。同时,个人的力量非常有限,"他需要他人的帮助并与他们结合起来,以便安全而幸福地生活"(TTP, 16,5/中译本第 214 页)。所以,人在自然之中的生存首先就表现为一种关联性和依赖性,这既是对自然的依赖,也是对其他自然物的依赖,人天然地就与自然的其他部分联系在一起。因此,人就其源初的本性和实存而言必然是"一种关系性的存在"①,从而就必然与其他存在者共存。人的实存形态亦须在这种共存结构中得到规定和解释。

但是,人与他物的共存并非静态的并置,而是处在动态的过程中。正是在与其他存在者的现实遭遇和相互影响过程中,这种共存得以实现和展开。因此,人本然地就处在一种生态学的结构之中,而对人进行伦理研究首先就呈现为一种"行为生态学"②。既然人首先直接以身体之形式而实存,那么人也总是直接通过身体而与其他事物相遭遇,而共存也首先通过外物对身体的影响而呈现:"我们感觉到身体以多种方式受到[外物的]影响(affici)"(E2A4),这种影响引发了人体的各种感受。同时,既然"人心是其现实实存的身体的观念"(E2P13),并且"在构成人心之观念的对象中无论发生了什么,都必定为人心所觉察"(E2P12),那么人心对人体的任何感受都具有相应的观念,而这两个方面共同构成了斯宾诺莎所说的"情感"。因此,从人的基本存在论地位和实存方式来看,情感对于人而言决不是一种附带的或可有可无的现象,更不是偶然的和外在的因素;相反,情感对人而言是不可或缺的,甚至是人的基本生存方式。而人的现实实存也必然呈现为一种情感性实存。

但是,上述对于情感之本性和起源的思考,与前面关于观念和心灵之本性和起源的界定,从形式上看并没有根本区别。它们都是遵循着观念与观

① Fischbach, F., *La production des hommes: Marx avec Spinoza*, Paris: Vrin, 2014, p.42.
② 德勒兹:《斯宾诺莎的实践哲学》,第 31 页。

念对象之间的逻辑关系而展开的。可是,在斯宾诺莎的情感定义中,我们同时看到,他在其中添加了一个特殊因素,即"这些身体的感受使身体的活动力量提升或降低、增长或受限",而这个附加的规定因素对我们理解他说的情感具有至关重要的意义,因为它从更深层面揭示了情感的内在本性。具体来说,情感对斯宾诺莎而言不仅是一种静态的感受以及对于这些感受的观念,它更加体现为一种过渡性的感受及其观念。而这种过渡不是别的,完全是我们的身体的活动力量在身体遭受之触动的影响下所发生的变化,亦即身体之活动力量的变化。与此同时,我们的心灵对这种身体力量的过渡或变化也同时具有特定的观念,或者说就是这种变化或过渡的观念,而心灵的思想力量也会随着这种过渡性的观念而发生改变。所以,要理解情感的本性,就必须从这种力量的变化和过渡的方面来切入,而这种力量不是别的,恰是作为人的现实本质的保持自身存在的力量或努力。

在斯宾诺莎的伦理学中,"作为神的生命之表现的努力奠定了人的同一性的基础"[①]。所以,努力本身就是一种统一化的本源。万物莫不因其分有了神的无限力量而具有保持自身存在的努力或力量,人也同样如此。正是依据这种努力,人不断维持自身的存在,并在具体的时空关系中或者在与其他事物的遭遇或配置中展开自身的实存。作为一种动力性的本源,保持自身的努力在构成人的现实本质之时,也使人在绵延之中展开自身。正是因为这种努力必然处在与他物的关联结构中并通过不确定的绵延来展开,它必然会在此过程中因不同的遭遇而呈现为提升或受阻、上升或下降。因此,相比于身体在外因作用下所具有的具体感受而言,身体的活动力量在这种感受的作用下所产生的变化要更加重要,也正是这种变化为身体之感受注入了实在的内容。而作为情感之心理表现的观念不仅是关于身体之感受的观念,更是对于身体之活动力量的变化或过渡的观念,而这实际上也造成了心灵自身之思想力量的变化或过渡。用斯宾诺莎的话来说,"凡是提升或降低、促进或阻碍我们身体的活动力量的事物的观念都会提升或降低、促进或阻碍我们心灵的思想力量"。(E3P11)而情感最为根本的规定实际上正是体现于这种过渡的感受及其观念。斯宾诺莎关于情感的阐释也正由此开始。就此,他明确写道:

> 心灵可以经受巨大的变化,一时可以过渡到较大的完满,一时可以过渡到较小的完满;这些感受形式可以给我们说明快乐与痛苦的情感。

---

① Zac, S., *L'idée de vie dans la philosphie de Spinoza*, p.128.

> 所以,我把快乐理解为心灵由之过渡到较大完满的激情;另一方面,我把痛苦视为心灵由之过渡到较小完满的激情。(E3P11S)

所以,就情感自身的产生根源、基本结构和内在特性来看,它并非一种先天的和超验的现象,相反,它总是与人自身的具体的实存或绵延紧密相关,尤其是身体的现实实存对于人的情感而言始终处于根本的地位。而情感的生成在很大程度上也恰恰取决于我们身体的受影响的性能。正是这种性能使得身体的感受得以形成,而身体保持自身存在的努力也会在这种受影响的过程中经历一系列的转化。这些转化也必然在心灵之中有其相应的观念,而情感之生成的关键之点正在于此。依据前面关于心灵和知识的阐述可知,情感本身的生成与人所具有的想象或第一种知识的生成处在相同的层面并遵循着相同的机制。

根本而言,斯宾诺莎并不认同柏拉图和笛卡尔所持守的认识论上的先验主义。人并非生而知之,更不先天地具有清楚分明的观念。即便他在有些著作中提出了一种类似于天赋观念的说法,但是这种天赋观念并不是就内容而言,而是就我们的心灵本身是一种观念而言的,或许我们可以说这是一种形式层面的天赋观念。而且,即便就这种作为天然的观念的心灵,斯宾诺莎也不认为我们可以对之具有直接的意识和把握,它并不具有笛卡尔式的我思所具备的那种直接性和自明性。相反,"人的心灵,除非通过人体为之所触动的感受的观念,否则它就既不能认识人的身体,也不能知道身体的实存"(E2P19),同样,"人心只有通过知觉身体之感受的观念,才能认识其自身"。(E2P23)此外,"除非通过人的身体之感受的观念,否则,人心就不能将任何外物知觉为现实实存着"(E2P26)。因此,只有通过外物影响人体而形成的诸感受之观念,人心才能认识外物。所以,身体之感受乃是我们最初所具有的知识的根本构成要素。

于是,人心之中的情感与知识在其生成的层面具有根本的关联和一致性,或者说,人心的知识和情感具有相同的基础并遵循着相同的生成机制。虽然斯宾诺莎特别强调观念相对于情感所具有之逻辑上的优先性,但是这也只是一种逻辑上的优先;而在现实的绵延层面,情感与观念(或知识)实际上是无法分离的,情感也始终必须以观念作为本质的规定。而从另一个方面来看,情感不仅与观念不可分离,而且任何一种观念都必然会引发相应的情感或者说必然有相应的情感与之相伴随。这不仅是因为观念之对象,亦即身体以及身体之感受,必然表现着保持自身存在的努力,而观念本身也会映现心灵保持自身存在的努力,而绝大部分的观念都会展现出心灵自身之力量的提升或降低,从而也必然会有苦乐之情。① 依据这种理解模式,知识与情感必然密切相连。几乎每一种知识都会有特定的情感与之相伴随,甚至作为特定的知识形态的理性和理智也是如此。

总体而言,斯宾诺莎关于知识的看法也贯彻了他的现实主义立场。任何知识,如果是真知识或现实的知识,那么它就必然会引发特定的效果。如果知识与人的生活毫无关联或者人们只是作为一个旁观者对知识进行鉴赏,那么这种知识就不是真知识,因为"任何东西,若无法由其本性产生某种后果,那么它就不是实存着的"。(E1P36)所以,实存着就是具有实在的活动并产生现实的后果。任何现实的或实存的知识也必须有某种后果,而在这些由知识所产生的后果之间,情感乃是一个非常重要的方面。在这一点上,斯宾诺莎无疑与传统哲学中关于知识的看法相去甚远,尤其是古希腊哲学中那种"为知识而知识"的态度显然并不为他所接受。他在展开关于情感的叙述之初就把知识与情感相联系,而以往被视为与情感(特别是激情)毫无关系的理性在他这里也深深植根于情感之中。这一点,我们将在下一章里进行深入的讨论。

综上所述,就其本性和基本的生成机制来看,一切情感皆以人保持和提升自身之存在的努力为基础,而情感也正是对这种努力或力量在现实展开过程中经受的提升或降低所具有的过渡性的体验。作为人的现实本质的努力或欲望,绝不会仅仅维持于简单的直接性,而是必然处在人的具体实存结构和现实活动过程之中,由此也就会在人的生活之中表现为提升、压抑或衰减等不同的形态。努力本身的变化或过渡恰是情感在存在论层面的规定。而且心灵也会意识到它自身的努力及其所遭受的诸多变化,同时这种意识不仅属于欲望,而是内涵于一切情感现象之中。任何一种情感都是带有这种意识的情感,尽管这种意识在很多情况下都是不充分的。

---

① 当然,这也不能排除有些例外,比如,一首钢琴曲对于一个耳聋的人来说不会引发任何身体之感受,也不会引发任何快乐或痛苦之情感,而对于一个不懂乐理或不懂得欣赏音乐旋律的人来说,这首钢琴曲会在他的身上造成影响,但是这种身体感受在一定程度上既未提升,也未降低其身体的活动力量,也就是我们通常所说的对牛弹琴。因此,归根结底,一切都取决于人的身体的受影响之性能及其知觉的敏感度。当然,在身体正常的受影响的范围或知觉程度内,即便是上面这种对牛弹琴的例子,也是很少见的,因为人体基本上会对触动它的任何一种刺激做出相应的反应并形成特定的感受,而这些感受必然会提升或降低身体的实存和活动力量。例如,一种刺耳的噪音会使人的身体和心灵都极不舒服,而人的活动力量也必然会因之而受阻,不管听到这种噪音的耳朵是否具有音乐的鉴赏能力。

二、情感的类别

（一）基本的情感与衍生的情感

依照上文所述，情感构成了人的基本实存机制，是人生的基本存在现象。只要人在世间生存，他就必然具有各种不同的情感，而且这些情感会对人的生存产生直接的影响。这种影响不仅表现为人具有各种不同的心情和心境，同时也体现在人的现实行为之中。而在人体验到的所有情感之间，斯宾诺莎认为它们对我们的生活和行为的影响有程度上的差别。有些情感具有相对于其他情感而言的更为基础的地位，而别的情感则是以这些情感为生成的基础。前面那种情感，斯宾诺莎称之为"基本的情感"。在情感的目录中能够处在基本情感地位的只有欲望、快乐和痛苦。而基本情感之得名，一方面是因为这些情感在时间和生成序列上是最先的，另一方面则是因为其他的情感都是从这三种情感衍生出来的(E3P11S)，因此这三种基本情感规定着其他一切情感。

而就欲望、快乐和痛苦这三种基本情感而言，把快乐和痛苦作为基本的情感似乎不会产生太多的质疑，而把欲望纳入到情感，甚至是基本情感之列，则与我们今天的看法有严重的分歧，因为我们现在通常会把欲望和情感分开，以欲望作为一个独立于情感的存在层次。然而，在传统的哲学中，尤其是在十七世纪的哲学中，欲望却被大多数哲学家直接归入情感之中，而且将其视为一种重要的情感。在斯宾诺莎这里，欲望更是占据了至关重要的地位。他把欲望置于人的本质的层面，以欲望作为人的本性的构建因素。甚至在三种基本情感之间，欲望相对于快乐和痛苦而言，要更为根本，甚至可以说是绝对意义上的首要情感。

欲望作为首要情感与它的生成基础和所处的地位密切相关。恰如上文所言，人的欲望直接导源于人保存自身存在的努力，或者说就是这种努力与人的身体和心灵同时相关联所产生的结果，并且人们对这种努力具有意识。而就欲望的这种生成方式来看，它与人的存在论结构直接相关联，也就是我们前面所强调的"欲望本身具有其形而上学维度"。作为人的本质，欲望乃是人的生命和生存的根本规定因素，或者恰如霍布斯所言，"没有欲望就意味着死亡"。正是出于这种内在特性，欲望成为斯宾诺莎向着伦理学和情感理论进展的真正的联结性环节，也成为他的伦理学中的核心概念。欲望一词在《伦理学》中出现的位置也证明了这一点。[①] 当斯宾诺莎以欲望作为人

---

① Cf. Misrahi, R., *Le désir et la réflexion dans la philosophie de Spinoza*, Paris: Gordon & Breach, 1972, pp. 14, 19.

的本质之时,他直接将人规定为一个欲望的存在者,而人也必然以此种方式在世并与其他存在物相照面。这种关于人的本质规定所凸显的正是人原初具有的肯定力量,而人也借此首先是一个肯定的存在者。这种理解和阐释的模式同样是对传统上关于人的界定的一种革命。斯宾诺莎无疑是第一个在完全哲学的意义上对"欲望是人的本质"这个命题给予完全正面规定的哲学家,而他的哲学事业的核心精神也必须通过欲望才能得到清晰的阐明。

因此,就其原初的生成与实存之机制而言,欲望无疑是人最基本的生存形式,同时既然欲望本身作为人的在世的基本情态,它必然在人的绵延式的实存中有其自身的活动和表现,从而也必然会经历各种过渡和变化,也就是说欲望本身必然在人的具体生活之中表现为积极主动的欲望或空虚的、虚假的欲望等。故而,欲望本身也必然被纳入情感的范畴和序列之中,从而成为人最初具有的基本情感,并且因为它所处的这种地位而成为其他一切情感的基础。① 而在欲望的基础上最初产生出来的两种情感,或者说与努力和欲望直接相关的两种情感就是斯宾诺莎所说的快乐(laetitia)和痛苦(tristitia),后两者乃是另外两种基本情感。

在斯宾诺莎看来,所谓快乐就是"心灵由之过渡到较大完满的激情"(E3P11S)或"一个人从较小的完满到较大的完满的过渡"(E3Aff. Def. 2);而所谓痛苦则是"心灵由之过渡到较小完满的激情"(E3P11S)或"一个人从较大的完满到较小的完满的过渡"(E3Aff. Def. 3)。而这种在完满程度上所发生的过渡或变化正是人自身所具有的力量或努力的变化,从而也就是人所具有的欲望力量得以实现或者受到阻碍的变化。所以,即便在基本情感的范围内,其他情感都必须以欲望作为直接的根基,甚至可以说就是欲望的变形。因此,欲望对斯宾诺莎而言也成了一种解释的模式,成了阐释人的情感以及更为广泛的心理现象的解释模式。虽然斯宾诺莎的很多同时代人,尤其是霍布斯同样以欲望作为一种基本的模式来对伦理和政治等方面问题展开探讨,但是他们"在很大程度上满足于向人们指出,对于我们自身利益的审慎关照将会引导我们去实践大部分传统的社会美德……如果霍布斯拒绝了其中任何传统的美德,他也会谨小慎微地避开直率的表述"②。就霍布斯对欲望的使用来看,他也多有闪烁其辞之处。相比而言,作为阐释之原则的欲望在斯宾诺莎这里得到了一贯而彻底的发挥。

---

① Cf. Mignini, F., "Impuissance humaine et puissance de la raison", in *Spinoza: puissance et impuissance de la raison*, ed. Lazzeri, Ch., Paris: Presses Universitaires de France, 1999, p.45.

② Curley, E., *Behind the Geometrical Method*, p.107.

当然,尽管快乐和痛苦这两种基本情感具有相对欲望而言的依赖性,但是,我们也不能忽略它们自身的独立性,因为就它们的实存形态和意义而言,快乐和痛苦从更加细致的层面向我们揭示了情感的过渡性本质,而且二者对很多具体情感的阐释发挥了更为直接的形式规定作用。虽然欲望比快乐和痛苦要更为根本,但是同为基本情感,三者具有各自的独立性和特定的阐释功能。而理解斯宾诺莎关于情感的总体叙述逻辑以及他的总体的伦理构建进程,正是在逐步揭示这三种基本情感在人的认知和行为中所占据的关键地位及其发挥的作用。

当然,在斯宾诺莎的前辈和同时代人之间,找寻和规定基本情感乃是一个非常流行的做法。笛卡尔认为,惊奇、爱、恨、欲望、快乐和痛苦乃是人的全部情感之中的六种基本的情感。[①] 而霍布斯则认为,欲望、嫌恶、爱、恨、快乐和痛苦是最基本的情感。[②] 而就斯宾诺莎对基本情感的选择和规定来看,他确实是在对笛卡尔和霍布斯所论列的基本情感的框架中进行的。但是,很明显,在他把欲望、快乐和痛苦视为基本情感的时候,笛卡尔和霍布斯所说的其他基本情感则被他排除了。例如,爱和恨这两种情感在他看来并非基本情感,而是在快乐和痛苦的基础之上产生的,或者说就是由快乐和痛苦衍生而来的。就此,他写道,"爱是为外因的观念所伴随着的快乐。而恨则是为外因的观念所伴随着的痛苦"。(E3P13S)被霍布斯视为与欲望并列而且与欲望相对的"嫌恶",在斯宾诺莎这里却不被视为与欲望相脱离的单独的情感,而是被纳入欲望自身之中,或者说嫌恶本身也是一种欲望,是一种躲避或逃离的欲望。

而在这三位哲学家对基本情感的规定中产生最大分歧的则是惊奇。对笛卡尔而言,惊奇不仅是基本情感,而且是所有情感之中首要的情感,因为我们所具有的大多数情感都是在我们知道某个对象对我们有利或有害之后才会出现,可是,在知道某个对象是否于我们有利之前,我们就会对之感到惊奇。我们首次遇到的事物总是使我们感到奇怪,我们认为它是新的或者与我们以前所认识的东西或我们设想必然存在的东西完全不同,这时我们就会对之感到惊奇或惊讶。[③] 而从惊奇本身产生的根源和基本形态来看,它的意义和价值首先表现在认知层面:正是惊奇激发了心灵的注意和反思活动,它使我们察觉到自己以前不知道的东西并将其保持在记忆中。当某个

---

① Descartes, R., *Les passions de l'âme*, Partie. II, Article. 69.

② 霍布斯:《利维坦》,第 39 页。

③ Descartes, R., *Les passions de l'âme*,, Partie II, Ariticle, 53.

我们不知道的东西最初出现在我们的理智或感官之前时,若不是我们对之形成的观念在我们的大脑中为某种激情所强化,那么我们就不会将此观念保持在记忆中,已出现的事物也会稍纵即逝。① 概言之,惊奇的用处就在于它强化和延续了心灵中的思想,若无惊奇之感则这些思想很容易模糊了。②而那些对惊奇没有任何自然倾向的人通常都十分无知。③ 所以,惊奇可以被视为我们求知的根本动力。笛卡尔的这种立场得到很多近代哲学家的赞同,而惊奇感也是近代早期哲学的根本特征之一。④

尽管霍布斯没有提到惊奇,也没有将其置于基本情感之列,但是他却明确地论及了"好奇心"(curiosity)。在他看来,

> 想要知道为什么及怎么样的欲望可称为好奇心。这种欲望只有人才有,所以人之有别于其他动物还不止是由于他有理性,而且还由于他有这种独特的激情。其他动物身上,对事物的欲望以及其他感觉的愉快占据支配地位,使之不注意探知原因。这是一种心灵的欲念,由于对不断和不知疲倦地增加知识坚持不懈地感到快乐,所以便超过了短暂而强烈的肉体愉快。⑤

因此,对霍布斯而言,好奇心也是一种情感,它通过欲望而得以生成并得到界定,尽管它并不属于基本情感。

然而,斯宾诺莎却对惊奇给出了完全不同的规定。首先,他不再把惊奇视为一种情感(更不是基本情感),而是视之为我们关于某物的**想象**。由于这种个别的想象和其他想象没有任何关联,所以心灵就一直被固定在此想象之中,而不会想到或过渡到关于其他事物的想象。就其产生机制来看,惊奇总是与新奇或反常之物的出现相关。当一种新事物的形象出现时,我们的心灵无法把它跟其他事物的形象按照次序彼此联系起来,心灵无法进行连续的和有次序的思想,所以,惊奇所表现的是心灵的分神,这并非起于一种将心灵的注意力从别的事物转移出来的积极原因,而只是由于没有任何原因可以决定心灵从对一物的考察过渡到对他物的考察。(E3Aff. Def.

---

① Descartes, R., *Les passions de l'âme*,, Partie II, Ariticle, 75.

② Ibid., Partie II, Article, 74.

③ Ibid., Partie II, Article, 75.

④ Hans Blumenberg, *The Legitimacy of the Modern Age*, trans. R. Wallace, Cambridge, MA.: The MIT Press, 1983, p.380; Daston, L., and Park, C., *Wonders and the Order of Nature, 1150 - 1750*, New York: Zone Books, 1998, pp.303 - 316.

⑤ 霍布斯:《利维坦》,第 40 页。

4&.Exp.)因此，

> 作为一种突发事件，惊奇就像是心灵活动中的死亡时刻。我们之所以感到奇怪，是因为我们不能为所发生之事赋予意义。在惊奇中没有内在的绵延，这仅仅因为它自身没有力量。当心灵惊呆了、愚蠢了并似乎被剥夺了认识力量时，这个惊奇的心灵就被拘禁在自身之中，停滞了思想，我们也因此陷入了一种僵化状态。①

如此产生的惊奇打断了心灵本身的因果性的联想机制，除非有其他原因（亦即其他的想象）的介入，否则它本身无力使心灵摆脱这种状态。因此，"笛卡尔为惊奇所赋予的力量，在斯宾诺莎这里，恰恰是它所缺乏的。除了心灵在感受惊奇之前所使用的力量之外，惊奇并不具有其他任何力量"。② 这种作为心灵之停滞状态的惊奇也并非人的认知动力的真正来源。

其次，惊奇不仅引发了心灵的停滞、导致了因果性思想序列的断裂，而且它本身及其引发的结果往往成为我们求取真知的障碍。这一点由惊奇与迷信之间的紧密关联得到鲜明体现，而斯宾诺莎也着重在这个层面对惊奇展开批判。在《神学政治论》的序言里，斯宾诺莎描述了"迷信"在人的心理层面的生成史。他认为，人天生就易于迷信，而导致迷信的根本原因是人心之中的恐惧。

> 由于人们时常陷于异常艰难的处境而无以形成任何行动规划，同时由于他们贪恋运气所给予的不确定的好处并对之做毫无节制的渴求，以至于他们总在希望与恐惧之间徘徊……如果他们看到有某种不同寻常的事情发生，却又无法用寻常的事物对之进行解释，他们便会对之充满惊奇，并相信那是一桩奇迹。它展现了神灵的愤怒，须用祭祀和祷告来使之平息。（TTP, Praef.1 - 2/中译本第 9 页）

在这种情况下，惊奇非但没有引发大众去求知，反而使他们感到强烈的恐惧，陷入盲信和对权威的依赖，并最终放弃对反常之物的自然原因的探究。而相比于探究奇迹的自然原因，大众更愿诉诸神的意愿和超自然的力量。

---

① Cf. Vinciguerra, L., *Spinoza et le signe: la genèse de l'imagination*, Paris: Vrin, 2005, p.44.
② Ibid.

在看到人体的精妙构造时，人们会感到一种可笑的惊奇。由于不知道一件如此精美之作品的原因，他们就断言人体的结构不是如机械一般造成，而是由一种神圣的或超自然的技艺创造的，于是各部分才能不相妨害。因此，要是有人想探究奇迹的真正原因，像有学识的人一般热切地理解自然事物，而不像愚人那样对之大惊小怪，那么他就很难不被大众所信赖的自然和诸神的解释者指斥为渎神的异端。（E1App.）

因此，以无知作为根源和标志的惊奇不但不是求知的动力，反而因其引发的恐惧使人陷于迷信之境，从而导致人进一步的无知和无力。①

当然，在把惊奇从基本情感之中排除，甚至否定惊奇作为情感之地位的时候，斯宾诺莎并未完全否定惊奇的实在意义，因为惊奇作为一种特殊的想象活动是具体地存在于人的心中的。而且在《伦理学》第三部分末尾之处，斯宾诺莎也把关于惊奇的定义包含于他的情感总定义之中。而他这样做的原因主要在于，虽然惊奇本身不是一种情感，但是它却对我们命名和界定其他情感发挥着作用。尽管任何通过惊奇得到规定的情感并不以惊奇为基础，而是通过惊奇的附加性的限定和描述才得以成型。

而从惊奇自身的性质及其在人心中引发的后果来看，斯宾诺莎彻底剥除了以往人们为之所赋予的认知价值。对于惊奇之意义及其与基本情感之间关系的重估也向我们展示出，斯宾诺莎与笛卡尔在伦理学探究的出发点和核心精神方面的差异。当笛卡尔以惊奇作为首要的情感并在惊奇的认知价值的基础上展开关于情感和道德的考察之时，他也就在很大程度上凸显了理智主义的道德态度。伦理学和道德哲学的核心就是要用理性的绝对力量来控制人的行为，而且笛卡尔对此深信不疑。但是，当斯宾诺莎以欲望作为人的首要情感并以之作为其他的情感甚至是人的理性和合理生活的根基之时，他就提出了一种与笛卡尔完全不同的思路。据此，斯宾诺莎也就放弃了他在《理智改进论》等早期文本中所持有的那种与笛卡尔非常接近的理智主义的伦理立场。②

既然斯宾诺莎彻底放弃了直到笛卡尔之时为很多哲学家所持有的以惊

---

① 就斯宾诺莎对惊奇及其与奇迹、迷信之间关系的进一步探讨，可以参考 Rosenthal, M. A., "Miracles, wonder, and the state in Spinoza's *Theological-Political Treatise*", in *Spinoza's Theological-Political Treatise: A Critical Guide*, ed. Y. Y. Melamid and M. A. Rosenthal, Cambridge: Cambridge University Press, 2010, pp. 236 – 245。

② Cf. Sangiacomo, A., "Fixing Descartes: Ethical Intellectualism in Spinoza's Early Writings", pp. 356 – 359。

奇作为哲学之开端的看法,那么他又把什么作为我们切实的求知动力呢?对于这个问题,斯宾诺莎在《伦理学》第二部分关于三种知识理论的探讨之中并未明确地提及和探讨,而之所以会出现这种状况,主要是因为《伦理学》第二部分主要是在形式层面对三种知识进行了分析,而对认知的动力机制的具体考察则是在《伦理学》后三个部分关于情感和伦理生活的讨论过程中进行的。只是到了《伦理学》第三部分的开头,斯宾诺莎才把他的伦理理论的直接前提,即保持自身存在的努力,明确提出。对于事物和人的具体生存和活动的阐释从根本上依赖于这种前提,而关于人的认知动力、知识的生成以及人的情感的分析同样立足于这种自我保存之上,而这些方面实质上乃是同一个过程。对斯宾诺莎而言,知识不仅不能与情感相分离,而且知识的生成和展开的根本前提和动力机制也必须在情感的视域之中才能得以成型并得到切实的解释。与此同时,知识也会对情感发挥规定作用和特殊的影响。斯宾诺莎的总体伦理规划恰恰也正是在他所确立的知识类型的基础上得到构型,人生的自由和幸福等伦理目标的达成最终也需要通过理智的知识和理解才能到达,但是由于知识与情感之间的紧密的关联,使得斯宾诺莎的总体的伦理进路已然不是传统的纯粹理智主义进路。

因此,当斯宾诺莎在把欲望、快乐和痛苦这三种基本情感确立起来之后,他从《伦理学》第三部分命题十二就开启了对其他情感的推导和演绎,但是这个命题在完成其首要的任务之时,也向我们昭示了斯宾诺莎关于认知动力的理论。在他看来,人的认知活动的根本动力就处在人保持自身存在的努力或欲望之中,尤其是处在想象之中,而他后续关于情感的构建也正是建立在想象的基础之上。因此,作为第一种知识的想象不仅具有认识层面的意义,它同时也具有情感和道德层面的意义。

具体而言,依照斯宾诺莎对保持自身存在的努力所做的分析,无论是人的身体,还是人的心灵,乃至作为由心灵和身体组合而成的人,都会竭力在不确定的绵延中保持自身的存在。虽然人的心灵并非自在自为的实体,也不具备绝对的自明性和自主性,但是由于人心是由神的思想属性所产生并分有了神的思想力量,从而也具有了自身的生命、活力或肯定性——只不过这些必须在一定的限度之内来理解。因此,"无论心灵具有清楚分明的观念,还是具有混淆的观念,它都努力在不确定的绵延中保持自身并意识到这种努力。"(E3P11)既然心灵的努力或力量就是它的本性,并且同其他任何事物一样,"心灵的本性只确认心灵自身之所是和心灵自身之所能为,而不确认心灵自身之所不是与心灵自身之所不能为,所以心灵仅仅肯定或努力想象足以确认它的活动力量的东西"。(E3P54D)在这种肯定的过程中,心灵亦不断地追求自身力量和完满性的提升。与此同时，既然人的身体实存着，则构成心灵之本质的观念就必然包含身体的实存，而且我们心灵的当下实存也唯一依赖于身体的现实的实存，所以，

> 只要心灵停止肯定身体的当下的实存，则心灵的当下的实存及其想象的力量也就被消除。但是，导致心灵停止肯定身体之实存的原因，决不能是心灵本身，也不是由于身体停止实存，因为心灵之所以肯定身体之实存，并不是因为身体已经开始实存。因此，基于相同的理由，如果心灵停止肯定身体之实存，这也不是因为身体停止了实存，相反，这种否定只能出于另一种观念，后者排除了我们身体的当下实存，并因之排除了我们心灵的当下实存，从而与构成我们心灵之本质的观念是相对立的。（E3P11S）

因此，依据心灵自身之本性以及心灵与身体之间的独特关系，"我们心灵中不能有消除身体之实存的观念，因为这样的观念与心灵相对立"，而"我们的心灵之努力的首要的和基本的倾向就是要肯定我们身体之实存。任何否定我们身体之实存的观念都与我们的心灵相对立"。（E3P10D）而且，既然"任何提升或降低、促进或阻碍我们身体之活动力量的事物的观念都会提升或降低、促进或阻碍心灵的思想力量"（E3P11），所以，"我们的心灵总是努力想象一切肯定身体之实存的东西，也总是尽可能努力去想象足以提升和促进身体之活动力量的东西"。（E3P12）正是通过这种途径，心灵肯定和提升自身的实存与思想之力量。而这里的努力是以想象的形式切实地实存和展开，但这里的想象是什么呢？实质上说，就是斯宾诺莎在讨论三种知识之时所说的作为想象或意见的第一种知识。所以，在斯宾诺莎这里，认知的最初的动力机制不是别的，正是作为我们自身的现实本质的保存自身存在的努力，或者更严格地说是心灵保持自身存在的努力或欲望。这种努力的直接存在形态就是想象和追求一切足以肯定和提升身体之实存和活动力量的东西，心灵由之也将具有更高的思想力量，从而不断地提升自身的认识能力。而既然"心灵的力量仅仅由知识来决定"（E5P20S），亦即心灵的力量完全在于它的知识和理解，所以，说心灵努力保持和提升自身的力量，也就意味着心灵总是不断渴望着提升和扩大自己的知识和理解。求知之欲本质上就源于求取力量的欲望，甚至就是这种欲望本身。而求知的原初动力机制也必须在这种求取力量的欲望之中来寻找。

由此可见，作为第一种知识的想象，就其生成的根源来说恰是基于人的

实存本身,它既以人(尤其是人的心灵)保持自身存在的努力为基础,同时也是这种努力和欲望本身的表现形态。正是为了肯定身体及其实存,心灵才会进行想象,才会尽可能努力去想象足以提升或促进身体之活动力量的东西。在这一过程中,心灵的思想力量也得到提升或促进。因此,虽然想象首先是以直接知识的形态而呈现,但是这种知识的规定性相对于它作为身体与心灵保存自身存在的努力的产物而言应当处在次要地位。所以,想象的介入虽然向我们明确地昭示了人的最终的认知动力源自哪里,但是这种对认知动力机制的纯粹理论阐释并不具有独立的意义,因为它更加注重于情感如何在欲望、快乐和痛苦这三种基本情感的基础上或者说如何在人的身体和心灵保持自身存在的努力的基础上,如何遵循想象的机制而逐步衍生的过程。这不仅与斯宾诺莎哲学的根本旨趣相一致,(TIE, 16)也与想象作为人的基本生活方式相一致,同时更向我们呈现了想象本身所负载的情感维度,从而也可以展现知识本身所负载的强烈的情感意义和伦理功能。

因此,正是以保持自身存在的努力作为最终的基础和统一的原则,我们最初具有的知识——即想象——才得以产生,而对一切足以肯定我们的身体和心灵之现实实存的东西的肯定和追求也成为我们追求更多知识的动力,甚至以理性为代表的更高知识形态实际上也都是在想象的基础上生成。与此同时,正是在保持自身存在的努力的基础上,我们的基本的情感得以赋形,而它们又成为后续的情感得以生成的前提,例如在欲望的基础上,我们产生了渴望这种情感,而"渴望是想要占有某种东西的欲望或愿望,这种欲望由于对那物的回忆而加强,但同时由于对别的足以排斥那所欲之对象的东西的回忆而被阻碍"(E3Aff. Def. 32)。同样,在快乐基础上,我们具有了爱、偏好、希望等衍生的情感,而在痛苦的基础上,我们具有了恨、厌恶、恐惧等衍生的情感。此外还有很多的情感是由一些基本情感组合而成的,例如感恩、仁慈、忿怒等等。

(二)被动的情感与主动的情感

除了按照情感生成的逻辑次序和基本机制将其划分为基本的情感和衍生的情感之外,斯宾诺莎还对情感给出了另外一种非常重要的而且对于他的总体伦理理论之构建至关重要的划分,那就是被动的情感(或激情)与主动的情感之间的划分。而所谓被动的情感主要是就人是被动的而言才与人相关的情感,而所谓主动的情感则是就人是主动的而言才与人相关的情感。

当然,早在斯宾诺莎之前,笛卡尔在《灵魂的激情》一书中已经对情感做出了主动和被动的区分。而笛卡尔的这种区分主要围绕着灵魂自身的功能而展开。对他而言,

　　我们能为我们的灵魂所赋予的只有思想。而思想可以分为两大类，即灵魂的主动与被动。而所谓灵魂的主动就是我们所有的意愿，因为我们体验到，它们是直接源于我们的灵魂，而且似乎唯独依赖于灵魂；反之，凡是显现于我们心中的各种各样的知觉或知识形态则在一般意义上被称为灵魂的被动或激情，因为它们并不是因我们的灵魂而成为自身，相反，灵魂总是从事物那里接受了这些知觉，而且这些事物正是由知觉所表象的。①

而构成灵魂之主动的诸意愿又可以分为两种：

　　一种是那些止于灵魂自身的灵魂的主动，例如我们爱上帝的意愿或者一般而言就是我们把心灵应用于非物质对象之上的意愿；另一种是那些止于我们身体的灵魂的主动，例如只要我们具有行走的意愿，那么其结果就是我们的腿开始移动。②

对笛卡尔而言，这种灵魂的主动也对应于一种情感，他将之称为"内在的情感"。这种情感完全源于灵魂本身，我们的幸福主要依赖于这些唯独由灵魂在其自身之中所产生的内在的情感。正因如此，它们才有别于其他的激情。

　　而作为灵魂之被动的知觉，笛卡尔将它们也分为两类，即"以灵魂为原因的知觉和以身体为原因的知觉。以灵魂为原因的知觉是对我们的意愿、所有的想象以及其他依赖于它们的思想的知觉"。但是，"凡是以我们的意愿或由灵魂所形成之想象或其他思想为原因的知觉，通常并不被视为被动，而是被视为灵魂的主动，因为它们只是相同的东西而且我们总是通过最卓越的东西来给出命名"。③

　　而以身体为原因的知觉，则又可分为两大类，即"不依赖于神经的知觉"和"依赖于神经的知觉"。凡是不依赖于神经而又确实由身体所引发的知觉就是"梦境中的幻觉以及白日梦之类的东西"。④ 而依赖于神经的知觉又包含三种，即"与外在于我们的对象相关联的知觉"（例如我们的感官受外物刺激形成了感觉并通过神经传到大脑而形成了关于外物的知觉）；"与我们的身体或身体的某些部分相关联的知觉"（例如饥渴和其他自然欲求，以及痛

---

① Descartes, R., *Les passions de l'âme*, Partie I, Ariticle, 17.
② Ibid. Partie I, Ariticle, 18.
③ Ibid. Partie I, Ariticle, 19.
④ Ibid. Partie I, Ariticle, 20.

苦、冷热和其他肢体感觉状态）；最后是"与我们的灵魂相关的知觉，这些知觉的结果，我们感觉到就处在灵魂自身之中，但是就其近因，我们却并不清楚"。①

最后一种知觉也就是我们通常所具有的快乐、愤怒等情感：

> 它们有些是为刺激我们神经的对象所引发，有些则由其他原因所激起。所有那些与外在对象相关或与我们各种各样身体状态相关的知觉，之所以能够相对于我们的灵魂被称作激情，主要是在激情这个术语最一般的意义上而言的。一般情况下，我们把激情这个术语严格限制于那些与灵魂自身相关联的知觉。②

而笛卡尔所说的"灵魂的激情"也正是在这种最严格的意义上来说的。

由此，笛卡尔为灵魂的激情下了一个定义，即"灵魂的激情就是特别与灵魂相关的知觉、感觉或情感，它们是由惊奇的某种运动所引发、维持和强化的"③。从这条定义以及上述关于激情的一般论述可知，灵魂的激情特别与灵魂相关，但与意愿不同，它们是以精气的运动作为最终的原因和最近因。所以，灵魂的激情作为一种被动也是由灵魂之外的因素所引发的。尽管这些近因不是身体和外物，但却无法与它们相分离。所以，笛卡尔对于灵魂之激情的界定依然是在他的身心二元论的总体框架下进行的。灵魂的主动与被动在很大程度上就是相对于灵魂与身体（甚至是外物）的关系而言。灵魂的主动或内在的情感完全源于灵魂本身，要以灵魂的自主意愿为范型。而灵魂的被动或激情虽然特别与灵魂相关，但恰是灵魂之外的原因以及作为近因的惊奇对松果腺的作用才最终导致了灵魂之激情的产生、维持与强化。

也正是在笛卡尔就灵魂的激情所做之探讨的框架下，斯宾诺莎切入了关于被动情感和主动情感的考察。虽然他从总体上拒绝了笛卡尔对灵魂的基本界定和使用，代之以作为身体之观念的心灵，但是就心灵具有主动和被动这两种存在状态或两种情感而言，他明显继承了笛卡尔甚至是笛卡尔之前的传统。然而，正如他对笛卡尔所坚持的身心二元论以及松果腺理论提出了尖锐批判一样（E5Praef.），他对笛卡尔就灵魂的主动和被动的划分方

---

① Ibid. Partie I, Ariticles, 23,24,25.
② Ibid. Partie I, Ariticle, 25.
③ Ibid. Partie I, Ariticle, 27.

式也提出了批判并进行了重构。

依照笛卡尔的一般观点，人的灵魂作为一个思想实体本然地具有内在的意愿和意志活动，从而也必然具有主动的能力或主动的情感。与此同时，既然人是一个由身体和心灵两个实体所构成的总体，并且通过松果腺来实现这两个实体之间的沟通，那么人的灵魂也就同时具有了被动的方面并具有激情。但是，斯宾诺莎显然并不认同笛卡尔的基本立场，因为在他的总体存在论框架下，作为一个有限的样式，人的存在及其活动都不是唯独源于其自身，而是在特定的原因作用下而产生的，而人心之中的情感也遵循着相同的因果性生产机制。所以，就其原初的存在地位而言，人根本不具有绝对主动的或完全源于其自身的能力，人的心灵也不天然地具有主动的情感，相反，人最初只能处在被决定的地位，从而也只能感受到被动的情感或激情。

在我们对斯宾诺莎哲学中情感的产生原因和机制进行分析之时，我们已经指出，人作为自然的一部分以及人与其他自然物的共存结构使得人必然具有情感，因为人始终通过其身体而处在与他物的相互影响的机制中。这种影响必然在人的身体之上造成感受并在人心灵之中有其观念，并且二者共同构成了情感的内在规定性。而依照斯宾诺莎的规定，"只要我们是自然的一部分，是不能离开别的部分而通过自身被设想的一部分，那么我们就是被动的"。（E4P2）就其本然的实存地位和实存方式而言，人所体现的是一种对自然和他物的依赖。而在个人的整个生命进程中，他也无时无刻不受到外物的作用和影响；而斯宾诺莎所说的人的被动性首先就是在这个层面得到界定和体现的。这是由人在宇宙中的地位及其基本的生存论结构所决定的。

虽然人依据他的永恒本质具有自身的肯定性，而保持自身存在的努力或欲望也体现着人的实存的直接性和自发性，但是依照斯宾诺莎的一般规定，"天地之间没有任何个体事物不会被别的更强而有力的事物所超越。对任何一物来说，总是必然有另一个更强有力的东西可以将它毁灭"。（E4A）而作为一个有限的样式，"人借以保持自身存在的力量总是有限制的，而且无限地为外因的力量所超过"。（E4P3）这种情况在人的早年生活中表现得尤为明显。一个孩童自身的力量非常微弱，要靠父母的抚养才能生存和成长，而且他在很长时间里都不具备完善的理智，需要通过不断的学习和教养才能变成一个心智和体力成熟的人。因此，我们原初的处境使得我们只能处在被动的状态，并依靠激情或欲望来生活。即便是随着人的不断成熟，他的力量和理智得到了极大提升，从而变得成熟并具有理性，但是他依然不能改变既定的实存处境，始终是自然的一部分，总是要受外物和外力的影响。

因此,被动性乃是一种与人的现实实存始终相伴随的事实,也是人自身不可逾越的因素,或者说被动性乃是人生的一个常量。被动与激情才是人生之最大的实际。斯宾诺莎在关于伦理学研究的开端就对人的被动状态做了生成论的描述和分析,对我们自身受影响的性能做了域限性的考察。[①] 相比而言,人心以及人生之主动则只是一种变量,它必须在被动或激情的背景下通过人的不断努力才能达到,却不是一种源初的事实。按照人的本来面貌来认识人,就是要首先洞察到人最初的被动的处境和实存方式。

当然,以上所述主要是在一般存在论背景下来规定被动性的内涵和地位,而且从一定意义上说,笛卡尔以及其他很多近代哲学家也都对此有着比较清晰的意识,尤其是从人作为自然的存在物而言,上述观点基本不会引发太大的争议。但是,与笛卡尔等人不同,斯宾诺莎对人的被动性的分析并不唯独着眼于身体,也不是单纯从身体对心灵的作用来说明,因为这种作用关系在他这里是不存在的,反之,"我们身体的主动或被动的次序,就性质而论,与心灵的主动或被动的次序是相同的"(E3P2S)。这也就是说,"人心的主动同时也意味着人体的主动,而人体的被动同时也就意味着人心的被动"。[②]

然而,斯宾诺莎对人的主动或被动,或者他对人的主动情感与被动情感的规定,从严格的意义上说,并不是从人的一般存在论处境出发来进行的,而是特别围绕着人心所具有的观念和知识而进行的,而在人心的观念和知识层面这种划分所依据的标准则是观念或知识的充分性与不充分性。就此,斯宾诺莎在《伦理学》第三部分命题一中就明确说道:"我们的心灵有时主动,有时被动;只要具有充分的观念,它必然主动,而只要具有不充分的观念,它必然被动"。(E3P1)而且,"心灵具有不充分观念愈多,它便愈是被动,反之,心灵具有充分观念愈多,它便愈是主动。"(E3P1C)所以,严格而言,"心灵的主动只是起于充分的观念,而心灵的被动则只是基于不充分的观念"。(E3P3)[③]

那么,当斯宾诺莎通过充分的观念和不充分的观念来界定主动和被动的时候,他所依据的原则以及他所要表达的意思是什么呢? 对于这一点,斯宾诺莎在《伦理学》第三部分开头的两个定义之中给出了初始的理由。首先,他说道,"通过原因可以清楚分明地认知其结果,则这个原因就被称为充

---

① Cf. Moreau, P.-F., *Spinoza et le spinozisme*, p.80.

② 德勒兹:《斯宾诺莎的实践哲学》,第21页。

③ 当然,在这种叙述的过程中,我们也必须意识到,虽然斯宾诺莎是唯独从心灵的层面来规定主动和被动的成因与实存形态,但是依据心灵的本性之规定以及心灵与身体之关系,心灵的主动或被动实际上也同时就意味着身体的主动或被动。尽管斯宾诺莎没有将后面这层意思直接表述出来,但是在我们对他的命题和意思进行理解的时候,我们却需要把这种意思始终保持在自己的思想视域之中,从而避免因片面的理解而导致偏颇和错误。

分原因;反之,仅仅通过原因不能理解其结果,则这个原因便被称为不充分的或部分的原因"。(E3Def. 1)实际上,早在《伦理学》第二部分讨论观念和知识之时,我们就已经接触到了充分和不充分这两个概念,其中主要是联系着观念本身而言的。所谓充分的或不充分的观念主要是指完整的和不完整的观念,而这种完整或不完整其实也主要是指观念是否将其自身之原因完整地包含于自身之中。而在《伦理学》第三部分定义一里,斯宾诺莎则侧重于从原因到结果的生产次序上来理解和使用充分和不充分。而所谓充分的原因乃是就唯独从这个原因本身就可以产生相应的结果,或者说它本身就是所产生之结果的全部的或完整的原因,反之,则是不充分的原因。当然,严格说来,这种意义上的充分或不充分可以同时应用于广延和思想——亦即行为与认识——两个层面,因为二者遵循着相同的生产性逻辑。

在上述这个定义的基础上,斯宾诺莎在随后的第二条定义中更进一步阐释了主动和被动的涵义。他认为,

> 当我们内部或外部有什么事情发生,而我们就是这件事情的充分原因,那么我们便是主动的,这就是说,所谓主动就是当我们内部或外部有什么事情发生,其发生乃是出于我们的本性,唯独通过我们的本性,对这事便可得到清楚分明的理解。反之,假如有什么事情在我们内部发生,或者说,有什么事情出于我们的本性,而我们只是这事的部分原因,则我们便是被动的。(E3Def. 2)

所以,人的主动或被动也完全由充分或不充分这两个概念所界定。人之所以处在被动的状态,不仅是就人必然为他物所决定和影响而言,不是单纯就人必然在身体和心灵上有所遭受而言,甚至在那些处于我们内部并由我们的本性而出的事情上,我们同样可以是被动的,只要这些事情不以我们自身为充分的和全部的原因。此时,虽然我们以自己的力量参与其中,但是我们并不是所发生之事的全部原因,而我们的本性自身也不足以单独将此事产生出来,而是需要其他因素的介入,由此,我们对所发生之事也就不具有充分的观念或理解,那么我们就不是主动的,而是被动的。我们对于所发生的事情也就没有充分的观念和知识,从而我们的心灵也依然是被动。由此可见,斯宾诺莎对于主动与被动的规定和阐释从根本上是通过一种生产性的次序来进行的。只有就着那种唯独从我们自身本性而来并以这种本性为完整和充分之原因的事情而言,我们才真正是主动的;同时,这种主动也表现为我们对由我们的本性而出的事情具有清楚分明的或充分的理解上。而

且，从更深的层次来看，只有那些唯独从我们的本性而出或只需我们的本性就能产生的事情，我们才能对之形成充分的观念和理解，从而达到主动。①

因此，人的主动和被动跟他的行为及其本性之力量密切相关，而这种情形在情感的层面同样有其表现。当我们是某种因我们的本性而起之事件的全部的或充分的原因时，我们就对该事件有充分的观念，从而我们就具有主动的情感；而当我们只是某件事情的部分原因之时，我们就对之仅有不充分的观念，从而我们就只有被动的情感，亦即激情。而从前面关于斯宾诺莎的知识理论的叙述可知，当我们对某个事物和事情仅有不充分的观念时，我们就是在想象。所以，被动的状态实质上就是一种想象式的生活状态，而处在这种状态中的心灵必然具有激情。"被动的情感，或者激情，只是就心灵具有某种否定的东西而言，才与心灵相联系。换言之，激情只与这样的心灵相联系，即这种心灵被认作自然的一部分，但就其自身，而不与其他东西相联

---

① 由此可知，虽然斯宾诺莎对近代早期的新的自然科学及其最新研究成果有着广泛而深入的了解，并对之进行了彻底的应用，(Moreau, P.-F., *Spinoza et le spinozisme*, p.1)但是就这种自然科学究竟在多大程度上可以深入到自然的本质，以及对自然的经验知识究竟具有多大的可能性和确定性，他却持保留态度。(cf. Spinoza, Ep. 32; Schliesser, E., "Spinoza and the Philosophy of Science: Mathematics, Motion, and Being", in *The Oxford Handbook of Spinoza*, ed. Michael della Rocca, Oxford University Press, 2018, pp.163 - 167.)实际上，早在撰写《理智改进论》之时，斯宾诺莎就明确说过，我们只须在必要的范围内认识事物之本性，而且这种认识以完善我们自身之本性为限。(TIE, 25)因此，这种关于自然和事物的认识就必然有其相应的范围，而无法将自然万物之全体都包含在内。而在致奥尔登堡的一封信中，斯宾诺莎写道："当您问我在自然的每一部分如何与整个自然相一致以及如何与其他部分相联系这一认识问题上做何考虑时，我认为您的意思是问我们根据什么理由相信自然的每一部分与整个自然相一致并与其他部分相联系。因为在我以前的信中我说过，我不知道各个部分是如何真实联系起来的，每一部分是怎样与整体相一致的，因为要知道这一点，我们就必须认识整个自然及其所有部分。"(Ep. 32)显然，斯宾诺莎在这里否认了我们可以认识整个自然和所有的自然物。而他的这种看法固然与人的心灵和理智的有限性有关，但是我们也可以从他关于充分和不充分、主动和被动的论述看到，恰恰因为自然万物是处在我们自身之外，要通过身体以及其他中介才能与我们相关联，而不能单纯由我们的本性所做出和推出，因而我们很难对之具有充分的认识。而在这个问题上，意大利哲学家维科所提出的观点可以为我们理解斯宾诺莎的观点提供一定意义上的参照。维科认为，"民政世界确实是由人创制(fatto)出来的，因此，它的原则能够在我们人类心灵本身的各种变化(modificazioni)之中被找到，因为这些原则必然只能在这些变化之中来寻找。而凡是对此有所思索的人都必然会惊讶于所有的哲学家竟然不遗余力地探索关于自然世界的科学。可是，既然自然世界乃是由神所创制的，那么唯有神才掌握这门科学。过去的哲学家们都忽视了对民族世界或民政世界的探索，可是，既然它们是由人创制出来的，那么人们就能够具有关于它们的科学"。(维科：《新科学》，朱光潜 译，北京：人民文学出版社，1986 年，第133—134 页；Vico, G., *La scienza nuova giusta l'edizione del 1744*, Parte Prima, a cura di F. Nicolini, Bari: Laterza, 1911, pp.172 - 173.)所以，对维科而言，只有出于人自己的创制或行为的东西才能真正为人所认识和把握，而关于自然和事物的科学则最终只有神才能全面地把握。他的这种创制论的知识观念可以在一定程度上帮助我们理解斯宾诺莎的观点。

系，便不能清楚分明地被知觉。"(E3P3S)

　　既然人在出生之后很长的时间里，他的认识能力和活动能力都十分有限，所以人最初具有的只能是片断的、混淆的和不充分的观念，所以他就必然按照想象的方式生活，要依照心灵之中的激情来生活。而斯宾诺莎在《伦理学》第三部分考察情感的起源和本性时，他首先确立了一切情感和知识，甚至是人的实存本身的根基，也就是保持自身存在的努力；随后他解释了作为人之本质的欲望的自发性和肯定性，并将欲望、快乐和痛苦纳入基本情感之列。在上述几个方面的基础上，他继而对情感的衍生机制展开了推导。从该部分命题十二开始，他就已经在想象的层面来考察后续情感的衍生机制，因此《伦理学》第三部分所考察的情感大部分都是被动的情感，也就是激情。而这也是一切关于激情的构建和推演过程的必然起点和进路，因为这些正是人的最初的生存事实。

　　不惟如此，即便是前面的三种基本情感，也都可以被直接纳入激情的范围。首先，虽然欲望就其源初的生成和实存机制而言是好的和肯定的，但是一旦欲望进入到现实的展开过程，它必然会受到其他事物和观念的影响，换言之，既然人最初的实存是一种被动的实存，那么作为力量之表现的欲望也必然要进入到这种被动之中并成为一种激情。而且，欲望也因其自身所负载的意识结构而与他人、他物联系起来。此时，欲望不再仅仅对保存自身之存在的努力有所意识，不再仅仅是对自身之力量和实存的欲望，也成为对于他物的意识和欲望。虽然斯宾诺莎在关于观念的原初规定层面就明确凸显了观念的意向性结构，即任何观念都是"对……的观念"或"关于……的观念"，同时就欲望是一种情感而言，它也总是"对于……的欲望"，但是，相对于欲望自身的原初结构，这也在一定程度上意味着欲望本身的异化，尤其是在人最初的被动的生存方式或想象式生活的背景下，欲望避开了其最初所内涵的丰盈与肯定，反而被纳入被动或激情之中。尽管这种欲望依然以力量作为核心——因为只有那种有力的欲望才是真正的欲望——可是，人作为一个有限的存在者，他不仅为总体的自然力量所限制，而且也总是受到其他更有力量的事物的约束。加之我们最初所具有的观念和意识都是不充分的，所以我们的现实的欲望也进入并体现着我们自身的被动性。而被动和激情也就本源地与我们的现实实存相关联。由此可见，欲望一旦进入绵延的过程之中，就摆脱不了与作为错误之原因的想象产生或多或少的关联，而且必然会如此，因为人的本质和现实实在性始终要在现实的实存和活动过程之中才能成其为自身，正如斯宾诺莎始终坚持具体的和现实的本质，而批判和消除了一切作为超越之共相的抽象本质。而一切背离其原初规定的欲望也必然由此转变为一种被动的欲望,从而也就成为一种激情。特别是欲望本身所负载的意向性一旦与外物以及人体的感受相关联并以后面这些为对象,它必然使欲望逐步脱离其最初的规定性。而欲望本身所负载的意识结构在想象的层面也总是不充分的意识,甚至是一种足以导向幻觉的意识。① 在这种意识结构的作用之下,人的欲望本身也必然沦于一种不充分的和异化的状态。所以,被动的欲望根本就源于想象本身的不充分性。

当我们对事物未获得真知,而只是对之具有意见的时候,当我们只是直接意识到它们却不了解想象的内在法则的时候,我们的欲望就为一种盲目性所引导,也就是说,"一切欲望,就它们由作为激情的情感在我们心中所产生而言,都是盲目的"。(E4P58S)"当万事顺遂之时,我们便欢欣鼓舞,自命不凡,把自己想象为世界上最幸福的人;而在命运多舛、横遭不幸之时,我们便不知所措,恐慌无助。在后面这种情况下,我们会想象很多可怕的因由和结果,四处奔走求助。许多日常被我们视为荒诞不经之事,此时却成为救命的稻草"。(cf. TTP, Praef.2/中译本第 9 页)此时,诸多事物的形象以及杂乱无章的想象成为欲望的根本特征。这种欲望使人陷于反复无常的波动之中,心中只有游移不安,而没有任何内在的平静和确定性,犹如大海上的一叶孤舟,任凭风浪之驱策,却不知何去何从。(E3Aff. Def. 1Exp.)此时,想象也就成为一种败坏的想象,而与之相关的欲望则成为走向野蛮和奴役的欲望。② 而背离了其源初本性的欲望,也不再是人自身之力量的表现,反而呈现为一种无力的欲望,它往往是对超出我们能力范围的事物的欲望。而就人最初的实存机制和状态来说,他们所具有的欲望基本上都是被动的欲望,从而也就是作为激情的欲望。

同欲望一样,人所具有的其他两种基本情感,即快乐和痛苦,在我们的实存之初,也是作为激情而出现并为我们所体验。就其内在本性而言,快乐和痛苦都是一种过渡性的体验,是我们自身所具有之完满性的上升或降低。而这里所谓的完满性并不是一个价值评判的范畴,它直接指向了实在本身。而人与物的实在性实质上就是由它们现实的实存和活动的力量所决定,甚至就是这种力量本身。因此,说一个事物具有更大或更小的完满,就是说该物具有更大或更小的实在性或活动力量。而这种完满或不完满完全是就该物自身而言,却并不以某种模范作为比较对象。快乐或痛苦所揭示的乃是人自身的完满性和实在性的变化以及对这种变化的知觉。因此,它们并不

---

① 参考德勒兹:《斯宾诺莎的实践哲学》,第 23—24 页。
② Cf. Negri, A., *L'anomalia selvaggia*, p.152.

是静态的事实,而是在人的现实实存过程中的一种经历,从而必然处在绵延之中,也必然将时间的因素考虑在内。而依照人的最初的实存形态和处境,我们最初所具有的快乐和痛苦也必然是被动的,从而就是激情。它们是我们在与外物交接的过程中,因受外物触动而形成的,同时也是对我们保持自身存在的努力所经受的提升或降低的体验。而它们之所以是激情恰恰是因为我们并非这些力量变化的全部原因,而且我们对造成此类变化的诸多原因以及这些激情的内在生成和活动机制也只有片断的把握。所以,快乐和痛苦在我们直接的想象式的生活中必然以激情的形式向我们显现。而诸多其他的激情同样也是在作为激情的欲望、快乐和痛苦的基础之上衍生或组合而成的。

但是,对斯宾诺莎而言,我们并非仅仅具有被动的情感或激情,相反,他明确地提出,"除了作为激情的快乐和欲望之外,还有其他种类的快乐和欲望的情感,而此时它们是就我们是主动的而言才与我们相关的"。(E3P58)这就是说,除了作为被动情感的快乐和欲望,我们也能够具有作为主动情感的快乐和欲望,但是这种作为主动情感的快乐和欲望并不是我们天然就具有的,也不是一种给予,而是要通过一种艰苦的追求和转变的过程才能达到或获得的。而作为以被动或激情为最初的生存标志的人,又是如何能够具有主动的快乐和欲望呢? 就此,斯宾诺莎给出了一个简要的证明。他认为,

> 当心灵考察它自身和它的活动力量时,它将感到快乐。但是,当心灵考察一个真观念或充分观念时,它必然考察它自身。所以,就心灵考察充分的观念而言,换言之,就心灵是主动的而言,它必然感到快乐。再则,不论心灵具有清楚分明的观念,还是具有含混不清的观念,它总是努力保持自身的存在。但这种保持自身存在的努力,我们认为就是欲望。所以,就我们能理解的而言,或者就我们是主动的而言,欲望也与我们相关联。(E3P58D)

然而,从这段论述可以看到,在三种基本的情感之中,只有欲望和快乐可以是主动的,而痛苦则不可能是主动的,因为作为一种向更小完满的过渡,作为人自身之实存力量和思想力量的降低,痛苦并不源于人性自身,也不是人性自身的产物。没有人会出于本性去追求痛苦,而一切痛苦以及由痛苦衍生出来的其他激情都是对生命自身的贬抑。而人生之目标乃是在于追求更大的肯定性和力量,同时也要获得更大的快乐。因此,斯宾诺莎认为,"就心灵是主动的而言,在所有与心灵相关联的情感中,没有一个情感不

是与快乐或欲望相关联的"。(E3P59)反之,任何主动的情感都不能与痛苦关联在一起,痛苦也不可能转变为主动的情感。没有主动的痛苦,只有痛苦的激情。

而从《伦理学》第三部分关于情感之本性及其生成机制的探究,我们可以清晰地看到,斯宾诺莎主要是依托或联系着想象而进行的。而想象就其本性而言乃是一种片断的、混淆的和不充分的知识,以想象为基础衍生出来的情感必然是被动的情感或激情。所以,总体而言,《伦理学》第三部分关于情感之生成的推导以及对情感之本性的论述基本是在激情的层面进行的,其中所探讨的大多数也都是激情。而在该部分结尾之处再次给出情感的定义,则完全是对激情的定义:

> 那种被称为心灵之激情的情感,乃是一种混淆的观念。通过这种观念,心灵肯定身体或身体的一部分具有比以前较大或较小的实存力量,而且由于有这种混淆的观念,心灵被决定着更多地思考此物而非彼物。(E3Aff. Gen. Def.)

所以,斯宾诺莎在《伦理学》第三部分中关于情感的考察和讨论最终落脚到作为被动情感的激情上来,而他所呈现的情感的起源和本性也更多地是在讨论激情的起源和本性。而且,从这条关于情感的总定义来看,斯宾诺莎主要考虑的是心灵的激情。当这部分开头的情感定义表达了情感的双极性结构之时,结尾处的激情的定义则是唯独指向了心灵的激情。

三、对激情及其引发之奴役的批判

在对斯宾诺莎关于情感的界定和分类,尤其是对他关于激情的论述进行了考察之后,我们继而可以进入到他对人的其他各种激情的构建以及他对人的激情生活的阐明。但是,在进入到这种论述之前,我们还需要对另外两种重要的情感,即爱与恨,做出更为深入的说明。虽然斯宾诺莎不像笛卡尔和霍布斯那样将爱与恨纳入基本的情感之列,但是这两种情感却发挥次一级意义上的枢纽作用,它们对《伦理学》中关于激情的构建和阐释之逻辑也非常重要。

事实上,在提出快乐和痛苦这两种基本情感之后,斯宾诺莎就已经在想象的机制下开始了关于激情的推导,但是他还是用两个命题和绎理来把爱与恨单独提了出来,然后才继而解释其他情感的构建机制。而他关于爱与恨的探究基础则是由《伦理学》第三部分命题十二和十三奠定的。

心灵总是尽可能努力去想象足以提升或促进身体之活动力量的东西。（E3P12）

当心灵想象到足以降低或阻碍身体活动的力量的东西时，它将尽可能努力回忆那些足以排除这些东西之实存的东西。（E3P13）

心灵总是避免去想象足以降低或阻碍其自身的力量和身体的力量的东西。（E3P13C）

上述这两个命题及其绎理实际上就是以几何学的演绎方式将爱和恨这两种情感推导出来。当然，斯宾诺莎只是在命题十三的附释之中才把爱和恨的定义明确给出，但是这个特点并非为爱与恨这两种情感所独具，实际上包括欲望、快乐和痛苦在内的大多数情感都是在附释中被提出并得到考察。而每一个与特定情感相关的命题都是严格按照几何学的次序被推导和构建起来的。这恰与激情作为人生的特定体验有关。而情感的这种本性也决定了情感的命名和阐述都在发挥经验性证明和阐释之作用的附释中进行的。[①]

依据斯宾诺莎的一般推理机制，爱与恨是在快乐和痛苦的基础上最先生成的两种情感，它们通过快乐和痛苦就可以得到界定。具体而言，"爱不是别的，只是为外因的观念所伴随的快乐。而恨也不是别的，只是为外因的观念所伴随的痛苦"。（E3P13S）所以，爱与恨都与外因或者说与所爱或所恨的对象相关。世上并不存在无缘无故的爱，也不存在无缘无故的恨。我们之所以会爱某人或某物，只是因为它使我们感到快乐；反之，当一物引发了我们的痛苦之时，我们就必然恨它。所以，作为激情的爱与恨，就其实质来看，乃是由外因或他物所引发的，而不是由我们自身的本性或力量直接而出的，也不能由之得到理解。实际上，任何一种作为激情的情感都必然以外因的刺激和影响作为其产生的根源。而"任何激情的力量和增长，以及激情之实存的保持，都不是由我们努力保持自身实存的力量所决定，而是由与我们的力量相比较的外因的力量所决定"。（E4P5）这也是激情自身之本性使然。事实上，不惟激情如此，甚至是主动的情感都无法与对象的观念相脱离。只不过在激情之中，这种外因的观念及其力量远远超过了我们自己的力量，从而导致我们具有激情。而我们对激情的原因以及激情的生成和实存之机制，也只能具有不充分的认识，从而处在一种被动的状态中。正因如此，我们克制激情的根本方式和手段也必须在这种现实境况中来筹划和

---

① 就《伦理学》中的附释所发挥的作用，可以参考 Steenbakkers, P., *Spinoza's Ethica from Manuscript to Print*, Assen: Gorcum, 1994, p.160。

实施。

在考察了欲望、快乐和痛苦这三种基本情感以及爱与恨这两种直接由基本情感衍生出来的情感之后，斯宾诺莎继而展开了对其他情感或更为准确地说是其他被动情感的推导。而从总体层面来看，他主要是依照两种基本的机制来进行的，二者分别是"情感的联想机制"和"情感的模仿机制"。①

就情感的联想机制，斯宾诺莎提出了下述几个命题："假如心灵曾一度同时为两种情感所激动，那么此后当心灵被其中之一所激动时，它也将被另外一个所激动"。(E3P14)"单就我们对某种事物曾经根据快乐或痛苦的情感加以考察的事实来看，虽则那物并不是引起快乐或痛苦的动力因，我们却能够爱那物或恨那物"。(E3P15C)而且，不仅那些与某种具体情感直接相关的情感或事物可以成为该情感的原因，而且"仅仅因为我们相信某物与平常引起心灵快乐或痛苦的对象具有相似性，而且尽管此物与此对象具有相似之处，但它并不是这些情感的动力因，我们却仍然会爱此物或恨此物"。(E3P16)反之，"若我们想象着一个常常引起我们痛苦情感的东西，与一个常常同等地引起我们快乐情感的东西有相似之处，则我们对于那物将同时既恨且爱"。(E3P17)而且，即便我把时间因素考虑在内，也不会有所不同，因为"一个人为过去或将来的东西的形象所引发之快乐或痛苦的情感所激动，与为一个现在的东西的形象所引发之情感所激动，是一样的"。(E3P18)以上这些方面都是建立在相近或相似的基础之上的情感联系。由这种机制所产生的情感主要包括同情和反感、偏好和厌恶、敬爱和嘲笑、希望和恐惧、信心和失望、欣慰和惋惜，等等。

除了上述建立在相近或相似的基础上的情感联想机制之外，斯宾诺莎还提出了立足于相反或对立之基础上的情感联想机制。例如，"当一个人想象着他所爱的对象被消灭时，他将感到痛苦，反之，如果他想象着他所爱的对象被保存时，则他将感觉快乐"。(E3P19)而"当一个人想象着他所恨的对象被消灭时，他将感觉快乐"。(E3P20)"当一个人想象着他所恨的对象感到痛苦时，他将感觉快乐；反之，如果他想象着他所恨的对象感到快乐时，则他将感觉痛苦。而他所感觉的快乐或痛苦的情感之大小，将依他所恨的对象所感到的相反的情感的大小为准。"(E3P23)"假如我们想象着某人使我们所恨的对象感觉快乐，我们将因此恨他；反之，假如我们想象着他使我们所恨的对象感觉痛苦，则我们将因此爱他。"(E3P24)以这种方式推导出来的情感主要包括怜悯、嘉许、义愤、过许、轻视、嫉妒、自满、卑谦、懊悔、骄

---

① 参考洪汉鼎：《斯宾诺莎哲学研究》，第643页。

傲,等等。这些以联想为基本衍生机制的情感主要是与个人的内心状态和个体生活紧密相关的情感,是隶属于个人生活的情感,也就是依据环境从爱与恨衍生出来的情感。[①]

除了上述的情感联想机制之外,斯宾诺莎还就情感的衍生和构建提出了另外一种机制,即情感的模仿机制。这种机制在一定意义上说比情感的联想机制发挥着更重要的作用。就这种情感的模仿机制本身,斯宾诺莎说道:"如果我们想象着一个与我们相同、但我们却对之没有任何情感的对象感受到某种情感,那么我们亦将随之感受到相同的情感。"(E3P27)所以,情感的模仿机制首先建立在有一个与我们相似的存在者的基础之上。而所谓与我们相似的存在者当然首先指的是人。所以,由情感的模仿机制所衍生出的乃是人际之间的情感,是对我们的生存和生活具有巨大塑造作用的人际情感,从而也就是一种社会性的情感。[②]《伦理学》第三部分命题二十七至命题四十九就是依照着这种模仿的机制对各种人际之间的情感进行逐步的推导和论述。这类情感主要包括荣誉、耻辱、渴望、好胜、感恩、仁慈、忿怒、复仇、残忍、懦弱、勇敢、好名,等等。

从总体上说,斯宾诺莎对这些人际之间的情感也基本上是从被动的情感或激情的角度来予以缕述和分析的,因为他的推导和论述过程主要还是依托着想象来进行的。事实上,不仅在我们不成熟的阶段,我们要依靠想象和激情来生活,即便在我们已经成年并具有理性思考和行为能力时,我们依然受想象的影响。因为只要我们是人并且要在世间生存,那么我们就必然具有身体,也必然具有身体上的感受。也正是因为想象与身体及其诸多感受之间的关联使得想象必然始终伴随着我们的世间实存和生命的整个绵延过程。因此,我们的一切观念,甚至是理性和充分的观念,始终都沉浸在想象和不充分观念所构成的广阔背景之中。既然想象总是与激情纠缠在一起,那么我们终生都不能避开激情在我们自身之中的产生,也总是要受其作用,我们最初所具有的那种被动性也始终伴随着我们的现实的实存和生活。

因此,斯宾诺莎对人的伦理生活的考察切实地依循情感的逻辑来进行。他对激情的内涵、作用机制等方面进行了更为全面也更为科学的考察。他就像一个解剖师一般对人的激情以及一般情感进行了抽丝剥茧式的处理。在这一点上,他始终贯彻他的基本信条,即"不哭、不笑,而是要去理解"。(Ep. 30)

---

① Cf. Matheron, A., *Individu et communauté chez Spinoza*, p.82.

② Ibid.

事实上,如果仅就其自身的本性及其生成的机制而言,上述各种激情都遵循着人性自身的基本法则。它们都是人作为一个自然物和一个现实的存在者而必然具有的东西。所以,就它们是人性和整个自然的必然产物而言,它们都具有自身的实在性。而作为现实的存在者,激情也有其自身的原因,从而也是一种结果。因此,从纯粹自然主义的视角来看,任何激情都按照自身的机制和完满性而在人心之中存在,而就此而言,激情本身也无所谓善恶,更不是善恶自身。我们一直都在强调,斯宾诺莎首先将善恶视为一种思想存在物,是一种思想样式。如果它们有所谓实在性的话,那也只有观念层面的实在性。因此,善恶并非自然的度量和尺度,也不是现成的东西,它们自身也是一种结果,而且是与我们的实存,尤其是与我们的情感相关的结果。就此,斯宾诺莎总结说,"所谓善是指各种快乐和一切足以导致快乐的东西,特别是指能够满足任何愿望的东西。而所谓恶是指各种痛苦,特别是一切足以阻碍愿望实现的东西"。(E3P39S)或者按照斯宾诺莎的定义来说,"所谓善是指我们确知对我们有用的东西"(E4Def.1),而"所谓恶是指我们确知的那些阻碍我们占有任何善的东西"。(E4Def.2)所以,善恶在斯宾诺莎这里被相对化了,甚至可以说被主观化了。它们被从存在论层面完全排除出去,而只具有一种观念性的实存形态。[①] 从这个角度来说,斯宾诺莎确实如尼采一般持有超善恶的立场。排除作为实体和既定事实的善与恶,是为了使情感乃至整个道德理论摆脱一切既定传统和偏见的左右,也是为了将人的道德和伦理生活建立在自然的和最本真的基础之上,从而切实地对人的情感进行探究并把人的现实实存确立起来,由此构建一种切实有效的伦理理论。为此,我们就必须对善恶以及一切价值定见进行谱系学式的考察。而情感的谱系学和解剖学实质上正是在进行这样一种批判和清除的工作。

然而,从另一个层面来看,虽然斯宾诺莎没有为情感直接赋予善恶的品质,但是他却以另外一对概念来直接介入到对情感的审视,这对得到深入应用的概念就是好与坏。用德勒兹的话说,斯宾诺莎是要"贬低善与恶,以利于好与坏"[②]。而这里所说的好与坏并不同于善与恶,因为后者乃是价值评判的范畴,是与我们的观念和情感以及由之而生成的评价尺度相关;反之,

---

① 虽然善与恶不具有任何形式的实在性,但是它们作为一种思想样式却依然为斯宾诺莎所保留,但是它们的作用也被限定在特定的范围之内,尤其是从斯宾诺莎对它们的使用来看——特别是从他对善和至善的保留和使用来看——是与理性的运用相联系的。只有在理性的层面,人们才能真正理解和把握善与恶,才能对之做出恰当的使用。

② 德勒兹:《斯宾诺莎的实践哲学》,第25页。

好与坏则是就着事物自身之功能及其实在性或完满性来看,是完全指向事物在自然之中的现实的实存和活动而言的。

> 所谓好就是指一个物体把它的关系直接与我们的关系相组合,而且,以它的力量之全部或一部分,增益我们的力量。一个实例就是食品。在我们看来,所谓坏就是指一个物体消解我们的身体关系,即使它还与我们的诸部分相组合,但却是以不符合我们的本质的方式,如破坏血液的毒药。因此,好与坏具有第一个意义,即客体的,但是相对的和偏向一方的意义:有的符合我们的本性,有的不符合。因而,好与坏还有第二个意义,即主体的和样式的,形容人之存在的两种类型、两个样式。在其可能的范围内,一个人努力安排他的遭遇,联合适应他的本性的一切、与可以结合的诸关系组成他的关系,从而增强他的力量,那么,这个人就被称为好的(或自由的,理性的,强有力的)。因为,良好就是指有活力,指力量和诸力量之组合。如果一个人听天由命,逆来顺受,即使每次都抱怨和指责所遭到的结果于己不合而且显示他自己的无能为力,这个人就被称为坏的(或卑屈的、软弱的、愚蠢的)。①

而依照这种划分好坏的原则,激情就并非都是坏的,其中也有好的激情。以此为根据,我们可以对上述的激情做出一种新的划分。

既然好与坏首先是从是否能够使身体具有一种良好的遭遇并进入良好的组合,从而使身体能够提升自身之实存和活动的力量而言,那么,"凡是能支配人的身体,使身体能够以多种方式受到触动,或使身体能够以多种方式影响外物的东西,即是对人有用之物。而一物愈是使身体能够以多种方式受到触动,或影响外物,则该物将愈为有用。反之,一个使身体愈不能以多种方式受到触动或影响外物的东西,即是有害之物"。(E4P38)总体而言,"凡是足以保持人体各部分彼此间动静比例关系的事物就是好的;反之,凡是足以改变人体各部分彼此间的动静比例关系的事物就是坏的"。(E4P39)而这样一种划分方式也恰恰反映出身体在人的实存与生活之中所占据的首要地位,同时也正是在此基础上斯宾诺莎才具体地展开了关于情感之好坏的划分。

首先,斯宾诺莎认为,作为基本情感的痛苦以及直接从痛苦衍生而出的其他一切情感都是坏的(E4P41),因为痛苦本身就意味着人自身的完满性

---

① 德勒兹:《斯宾诺莎的实践哲学》,第 26—27 页。

或者说人的身心的实存和活动之力量的降低。而且就痛苦的本性而言,它永远是被动的,从而只能是激情。诸如抑郁、仇恨、嫉妒、嘲笑、失望、忿怒、过奖、漠视、骄傲、贪婪、淫欲等等都是坏的激情。(cf. E4P45, P48, P49, P55)而在传统的思想,尤其是在基督教伦理体系中被视为美德的怜悯、谦卑和懊悔,同样被斯宾诺莎归入到痛苦一类的坏的激情之中,并予以激烈的批判。因为"怜悯是为我们想象着我们同类中别的人遭受灾难的观念所伴随着的痛苦"。(E3Aff. Def. 18)既然是一种痛苦,那么怜悯从根本上就是坏的,它足以降低和削弱我们的实存和活动的力量,或者更严格地说,对于一个遵循理性的命令而生活的人而言,怜悯本身就是坏的和无用的。(E4P50)同样,"谦卑是由于一个人省察他的无能或软弱无力而引起的痛苦"。(E3Aff. Def. 26)而"懊悔则是为我们相信出于心灵的自由命令而做的事情的观念所伴随而引起的痛苦"。(E3Aff. Def. 27)这两种情感根本不是德性,也不是出于理性,而只能是归属于痛苦的激情。

斯宾诺莎之所以不认同怜悯、谦卑和懊悔,甚至对它们进行了激烈的批判,一方面是在批驳在他撰写《伦理学》之前,荷兰笛卡尔派哲学家格林克斯的观点,因为后者恰恰把谦卑视为人的四种根本的伦理德性之一;[①]另一方面则是在批判基督教的传统道德体系,因为怜悯、谦卑和懊悔构成其中的核心德性和理论支柱。在斯宾诺莎看来,基督教在将这些被认作德性的激情提升至道德的核心之处时,正是在对人性进行压抑和贬低,是在降低人自身的实存与行动之力量,甚至是在毒化人的生活本身。这种德性和道德体系使信徒和大众在自抑和悔恨的涤荡之下变得愈益软弱,变得毫无进取的勇气和抵抗之力。而宗教领袖和统治者经常会携手将这种压抑的机制贯彻到日常生活之中,使人沦为可以随意控制和摆布的对象。相应地,痛苦、禁欲、贞洁等方面也纷纷被冠以美德的标签而成为统治的手段。但是,这与斯宾诺莎的根本原则完全相悖。当他以保持自身存在之努力和欲望作为人的现实本质之时,他已经指明了人生不应是悲戚的和痛苦的朝圣之旅,而应当是生命自身及其活力的追求、表现和释放。斯宾诺莎所推崇的完全是人的力量和实存的肯定,是人性本身不断的完善和丰满,并使人体会到人生的快乐和美好。因此,他必然会对基督教所提出的那些贬低和抑制人性的价值定见和道德规范做出深刻批判,并唯独以人生的实存和行动之力量的增长以及在此增长过程中所体会到的快乐作为人生的真正目标。就此,他明确说道:

---

① Cf. Geulincx, *Ethics*, p.7.

只有残酷而愁苦的迷信才会禁绝欢乐。为什么缓解饥渴比起消除忧郁更为恰当呢？我的根本看法是，除非心存妒忌，否则无论是神，还是任何人，都不会从我们的无力和不幸中取乐，也不会把我们的涕泣、叹息、恐惧以及其他类似之物——也就是所谓的心灵薄弱的标记——认作德性。反之，我们所感到的快乐愈大，则我们过渡到的完满性就愈大，换言之，我们分有的神性就愈多。所以，能以物为己用，且能尽量善自欣赏，实为智者分内之事。如可口之味，醇良之酒，取用有节，以资补养，他如芳草之美，园花之香，可供赏玩。此外举凡服饰、音乐、游艺、戏剧之属，凡足以使自己娱乐，而无损他人之事，亦为智者所应为。因人体由许多本性不同之部分所组成，诸部分须藉多种新鲜之物以得滋养，身体方可尽依其本性而应对一切，心灵也才能同等地理解许多事物。（E4P45S）

由此可以推知，在人所具有的诸多激情之中，有的激情因其对生命自身之保存和实存力量之提升发挥了积极的作用，从而就是好的。这也就是前文所说的，一切未经异化的欲望和快乐以及以它们为基础而衍生出来的情感，都可以是好的。具体而言，"快乐直接地并不是坏的，而是好的"。（E4P41）而"愉快绝没有过渡，所以永远是好的"。（E4P42）同理，诸如爱、敬爱、欣慰、合理的自满和荣誉、仁慈、仁爱、感恩、勇敢、和蔼等激情，就它们可以提升人的实存和思想之力量而言，就它们乃是对人自身之本性和生活的肯定而言，也都是好的。

但是，既然这些好的激情无论如何依然还是激情，它们所体现的是人的被动而非人的主动，所以它们也像其他激情一般总是处在不稳定的状态之中，换言之，它们的内在规定并非一成不变的，相反，它们总是有转变为坏的激情之虞。而它们之所以同样会转变为坏的激情，主要原因就在于它们会有**过度**。而一种超过自身之限度的激情实际上就是坏的激情，因为它们非但不会有利于人的自我保存和力量的提升，反而对人的生存构成威胁和损害。例如，我们时常所说的乐极而生悲，过度放纵口腹之欲所导致的身心的毁伤，等等。对于这个方面，斯宾诺莎明言："爱与欲望都会有过度"（E4P44），"欢乐可以有过度，从而成为坏的"（E4P43），等等。

当我们为一种过度的激情所控制时，"它的力量超过了其他行为或力量，以至于我们被牢牢束缚在这种激情及其对象之上"（E4P6），于是"心灵也就只能唯独观察这个对象，而不能思想他物"（E4P44S）。一个为某种激情所束缚的人很难再将他的目光转向其他对象，其内心只为那些决定着激情的不充分观念所充斥和束缚,却无法从中摆脱出来,更加无法去思考别的事物并做出其他行为。此时,人的心灵就如同处在疾病之中,亦如心灵在感到惊奇之时,几乎处于僵化甚至是死亡的状态一样。当心灵为唯独一种激情——尤其是那种过度的激情——所控制时,它所感受到的是自身的无力。它无法将这种激情与其他的激情联系起来,也无法意识到这种激情的前因后果,而只能在此激情的控制下孤独地徘徊,并使之成为其思想和生活的全部。斯宾诺莎所说的心灵的疾病首要的就是在这种意义上说的,尤其是那些暴虐的激情更是如此。

为激情所奴役的心灵始终执着于引发这种激情的对象,而对此对象的考察和思索却总是向人展现出其自身的无力,他的内心也因之更加感到无助和无力。这种回返性的考察又会强化这种激情本身,使得激情的力量及其对心灵的控制进一步加剧,从而陷入一种恶性循环。可是,在现实的生活中,我们却时常陷入这种循环。我们的心灵在此过程中日益受到激情的控制,并陷入更加萎靡不振的状态。即便是快乐和爱等好的激情也会在这种机制下沦为引发心灵之无力的坏的激情。一个纵情于声色犬马之乐的人,如果一直陷溺于其中,就不会再想到其他事物,也不会想到可以摆脱这种状态的途径。这种周而复始的感官之乐成了他的生活的全部,甚至变为生活的意义本身。而这种单调的重复又必然会使他产生无聊、乏味,甚至是厌恶,可是由于他的心灵已经深陷其中,无法自拔,也没有其他对象的观念可以转移他的注意力,那么他只能通过在这种享乐生活中寻求更大的刺激来避开这种无聊和乏味,直至耗尽他自己的生命。而激情对人的控制由此也可见一斑。

同时,既然快乐或痛苦等激情一般都"只是与身体的某个或某些部分相关联,而不是与身体的所有部分相关联,那么它们就决不能照顾到整个人的利益"(E4P60)。在此情形下,人被牢牢束缚在激情之中,不仅不能自知和自主,反而会在自卑与傲慢之间不停地徘徊。而"人是自然的一部分也必然意味着人为激情所奴役的意义上的被动性,而只要这种情况一直延续,那么我们就会始终如此"。① 即便是那些好的激情,只要它们是在想象和不充分观念的基础上衍生出来,那么它们就不具有真正的确定性和恒定性,故而人生的至善和幸福就不能建立在它们之上。

此外,通常被我们视为较好的或有益的激情,如希望、信心等,就其自身而言,也不能是好的;而那些相反的情感,如恐惧、失望、悔恨等直接就是坏

---

① Matheron, A., *Individu et communauté chez Spinoza*, p.230.

的,因为这两方面的激情都表现了人的知识的缺陷和心灵的软弱无力。同时,希望、恐惧、信心和失望还有一种特殊的性质,即它们都与心灵自身的波动或游移不定的状态有关。虽然信心、欣慰等可以被视为快乐的情感,但是它们却必须以痛苦,亦即以希望和恐惧为前提,(E4P47S)而希望与恐惧恰是心灵缺乏知识或力量的表现。因此,在斯宾诺莎的现实主义的思想视域下,"他并不相信希望,甚至也不相信勇敢"①。

透过斯宾诺莎对各种激情之本性和意义的阐释,我们可以体会到,他对一切联系着激情得到界定和表达的传统价值观念进行了彻底的清算和重估。而这种重估一切价值的尝试显然是在他的纯粹自然主义的存在论和世界观的视角下进行的。而重估传统价值,尤其通过对善恶进行追根溯源的研究,就为关于人的现实生存处境的分析以及对人的恰当行为方式的构建奠定了基础。

人所具有的各种各样的激情,作为人的现实实存之情态,均有其得以产生和存在的必然性,同时它们在人的现实生活中也有其实在性和现实意义。它们都是人为了保持自身之存在而对其生存处境做出的应激反应,同时也是其保持自身存在之努力所经受的一系列变形。凡是依靠想象的方式来生活的人都必然具有激情,而激情也是人最直接的生活方式,就此而言,激情亦具有其自身的肯定性。不仅那些与欲望、快乐相关联的情感是如此,而且在人们很少遵循理性的指引而生活时,懊恼、希望、恐惧等不好的激情对于人也是利大于弊。(E4P54S)②

可是,尽管我们可以承认激情在一定程度上确实发挥着积极的功能,对我们的实存具有肯定的价值,但是这并不是从绝对的意义上而言的,而且这种单纯依靠激情的生活或者纯粹为激情所维持的生活根本不是好的生活,更不是幸福的生活。不管激情在我们的生活中发挥何种正面作用,它们依然不是我们达到恰当的行为和良好的生活的可靠基础。一般而言,激情是不在我们的控制范围之内的,或者说不是人在控制和引导着激情,而是激情在控制着人并将人导向不由自主的境地。而人在控制和克制情感上的软弱无力,其实就是**奴役**,因为一个为情感——尤其是为变化无常的激情——所

———————

① 德勒兹:《斯宾诺莎的实践哲学》,第16页。
② 斯宾诺莎的思想具有一种突出的激进性和彻底性,但是这并不意味着他一味地走极端,他也不会为了标新立异,而只看事物的某一方面而不顾其他。实际上,斯宾诺莎对任何实在物之分析在力求彻底之时,他也会对其多方面的原因和内在特质进行综合考量,力求做到全面和充分。但是,他的综合式的分析和构建并不是一种毫无原则的调和,而是要在他的总体存在论视域下为事物自身及其各种因素安排适当的层次和地位。

支配的人不是受自己而是受命运的控制;他不是自己的主人,而是命运和外因的奴隶。(E4Praef.)处在这种生活方式之下的人,就不是自律和自主的,而是处在他物或外因的轨范之下。

而激情之所以对人产生全面的支配并使人陷入不由自主的奴役状态,首先正是源于人作为自然之一部分的基本地位。作为自然的一部分而且是一个极为微小的部分,人不能离开作为其生存视域和基本处境的自然,也不能脱离自然的其他部分,反而必须与自然的其他部分共存,也要通过它们的支撑和补给才能生存。但是,人与他物的共存并不总是和谐的,相反,许多与我们共存的事物并不与我们相一致。但是,我们却依然会受其影响,我们的存在力量也因之持续处在不稳定的均衡中。[①] 而且"天地之间没有任何一个事物不会被别的更强有力的事物所超过。对任何一物来说,总必有另一个更强有力之物可以将它毁灭"。(E4A)所以,在自然之中,"诸力量关系通常是通过激烈的对立和为生命利益而斗争的形式发生的"[②]。作为一个有限的自然物,"人借以保持其存在的力量是有限的,并无限地为外因所超过"(E4P3)。由此,人必然会与他者处在紧张的关系中,并体会到相互争竞的痛苦激情。人不仅在其未成熟之阶段是这样,即便他已经成人,这种情况依然如故。所以,被动性在人生之中乃是一个常量。人的生存实际上首先通过他的受影响之性能以及他的被动性而得到体现。既然人不可能不是自然的一部分,也不可能只经受那些以他自身为充分原因的影响和变化,所以,"人必然常常受制于激情,顺从并遵守自然的共同秩序,并且要使自己尽可能适应事物之本性的要求"。(E4P4C)

与此同时,既然人自其实存伊始就总是直接以身体的形式实存并与外物相关联,从而必然形成身体之感受并进行不充分的想象;既然当心灵进行想象之时,它总是具有不充分的观念,而"当心灵具有不充分的观念时,它必然是被动的"(E3P1);同时,既然想象乃是人最直接的认识和生活方式,那么人最初必然处在激情的权能之内。此时,人非但不能意识到自己是自然的一部分,反而会把自身想象为一个总体,甚至是独立的总体。这种总体之念恰是目的论、自由意志等幻觉得以产生的温床,而这些幻觉及其所支配的行为在现实生活中遭受的挫败又强化了激情及其对人的控制。处在这种被动机制之下的心灵所体会到的不是自身的力量,而是外因对它的支配。此

---

① Cf. Jaquet, Ch., *Affects, Actions and Passions in Spinoza: The Unity of Body and Mind*, trans. T. Reznichenko, Edinburgh: Edinburgh University Press, 2018, p.42.

② De Cuzzani, P., "Une anthropologie de l'homme décentré", p.17.

时,我们的行为不是出于清晰的意识,而是处在他律的机制之中。心灵也不是按照激情由之得以生成的必然性的机制来考察和认识激情,反而认为激情不受必然的因果法则的决定,从而只能归结为命运的掌控和摆布。虽然"任何激情的力量和增长以及激情的存在的保持不是由我们努力保持存在的力量所决定,而是由与我们自己的力量相比较的外因的力量所决定"(E4P5),但是,人的心灵的理解能力的限制,尤其是当人唯独依靠想象来认识和把握外因之时,它完全无法领会外因与激情之间的关联,也无法意识到各种激情之间的相互衍生机制和相互作用规则。而激情与想象之间的内在相关性也使激情呈现出异常的不稳定性。过着激情生活的人实际上正是处在这种不稳定之中,也就是他总是处在一种心灵的波动状态之下。但是,这种处境却正是人生之常态,再加之人们总是对运气所给予的好处有着无度的欲求,而这些好处又总是不确定的,故而人们总是在希望与恐惧之间无助地徘徊。这也就是人们为什么在深处困境之时总是很容易相信任何东西。

　　处在激情生活状态之下的人,或者说依靠想象的方式来生活的人,他们对世界、事物和自身并不具有充分的观念,而始终只具有片断的、混淆的或不充分的观念,因而他们的心中就不具有关于事物和自身的真正的确定性。而且,

　　　　大多数人在身处顺境之时,无论多么不谙世事,都会觉得自己富有智慧,若是有人提出建议,他们就认为是受到了侮辱。但是,当遭受逆境之时,他们却又不知去何从,因而会向任何人寻求指教。无论多么不智、悖理和荒谬的建议,他们都会照单全收。哪怕是最微不足道的理由都足以使他们时而对未来抱有良好的期望,时而又陷入极度的恐惧。如果他们在感到恐惧时看到有某事发生,而这件事又足以使他们回想起以往的祸福,他们就夸张地说此事预示了他们的事业会有幸运或不幸的结局,因而就把这件事称为吉凶的预兆,虽然经验曾无数次地证明这种预兆是无效的。若是他们惊讶地看到有某种不同寻常的事情发生,他们就相信那是一桩奇迹,它展现了诸神或无上神明的愤怒;既然他们已成为迷信的奴隶和[真]宗教的敌人,他们就认为若不用祭祀和祷告来平息这桩奇迹就不算虔诚。于是,他们虚构了无数类似的东西,并以极为荒诞的方式解释自然,就好像整个自然也像他们一样发了疯。(TTP, Praef.2/中译本第9页)

　　因此,在激情支配下生活的人,尤其是那些欲求无度的人,就很容易陷

入恐惧之中。而"恐惧恰恰是迷信由之得以产生、维持和滋长的原因"。(TTP, Praef.4/中译本第 10 页)而既然人们天然地而且经常会感到恐惧,那么人天生就屈从于迷信。同时,从迷信的这种起源,我们可以看到,"它同一切心灵的错觉和强烈的冲动一样,必然极端地变化无常,而且迷信只能为希望、憎恨、愤怒和欺骗所维系,因为迷信并不源于理性,而是唯独出自情感,而且是来自最猛烈的情感,也就是我们一直所说的激情"。(TTP, Praef.5/中译本第 10 页)而在惊奇、无知、激情和迷信之间有着紧密的内在关联,众多的启示宗教或体制宗教恰是在这种关联的基础上建立起来的。但是,在斯宾诺莎看来,这些建立在恐惧和迷信之上的宗教并非真宗教,而只是宗教权威和机构控制和压迫民众的手段。通过激起信众的惊奇和恐惧,掌握宗教权力的人为宗教信条和法规寻求合理性的基础,而在他们取得统治地位之后,他们又利用这些教条把民众紧紧地束缚在迷信和无知之中,以便进一步巩固自己的地位。

由此可以推知,作为启示宗教之核心的信仰对斯宾诺莎而言就不可能是一种清楚分明的认识,相反,信仰从根本上乃是想象的结果,或者说是一种想象的知识。具体而言,信仰完全是建立在启示、奇迹、外在的见证和神迹(signum)之上的。因此,信仰不具有任何数学或哲学意义上的确定性,也不具有任何真理价值。自始至终,信仰总是与我们身体的感受、与社会文化氛围密切相关,从而体现着特定时代的意识形态的物质性实存。因此,想象恰是启示宗教得以构建和维持的核心支柱。而在启示宗教体制中占据中心地位的先知,也不像人们通常所认为的那样具有异乎常人的卓越理智。他们之所以能够发预言只是因为他们具有更为生动鲜活的想象力。而各种各样的启示也都只是想象的结果。(TTP, 2,1/中译本第 34 页)与此同时,众多的宗教法规和仪式也只是特定历史条件下的产物,都与当时的社会历史状况以及人们的理解水平和生活方式相适应,但是却不具有普世的效用和价值。(TTP, 5,5/中译本第 79—81 页)

从这几个方面来看,启示宗教从严格意义上说并非将人引向真正的德性和幸福的向导。尽管这些宗教控制形式在达到社团内部的秩序和稳定、节制人们的暴烈情绪和行为方面发挥了重要功能,但究其实质,它们始终还是通过利用民众的无知、恐惧和迷信来对大众进行控制的手段,甚至是一种压迫的工具。曾几何时,教士等一干神职人员不再是诚挚善良之人,而是成了达官显贵,尤其是在那种腐化堕落的宗教体制中,教士职位变成了牟利的手段;而担负神职的人员所关心的并不是信徒的幸福和救赎,而只是他们自己的钱袋,他们不再以仁爱出众,而是以憎恨而闻名;他们不再关心教导众生，而是要激发他们的崇拜并调动他们的暴虐之情，以便迫害那些与他们持有相反见解的人。(TTP，Praef.9/中译本第12—13页)犹太教中的法利赛派、中世纪时期的天主教会以及十七世纪在荷兰大兴宗教压迫之风的加尔文派都被斯宾诺莎纳入这种批判的范围之内。而这些宗派之所以能够对人们产生如此之大的控制和压迫，核心原因就在于人自身所具有的各种激情以及这些宗派对人的激情的操控和利用。

此外，激情对人的奴役在人际激情中有着更为深刻的体现。正如上文所言，无论是主要与个人相关的激情，还是人际激情，都以人保持自身存在的努力作为前提和基础，而一切激情最初都是在为人的自我保存来服务。所以，一切能够促进我们欲望的展开和满足并带给我们快乐的东西，以及由之而产生的激情，都被认为是好的，反之则是坏的。我们的善恶评价之尺度也由此得以形成。而"凡是我们想象着足以导致快乐的东西，我们将努力实现它，反之，凡是我们想象着违反快乐或足以引起痛苦的东西，我们将努力避开它或者消灭它"。(E3P28)这种源初的情感反应是建立在我们的本性的基础之上的，从而也是自然的，激情对人生之意义也首先在此层面得到彰显。但是，激情对人的奴役也与此紧密相关，因为依据情感的模仿原则，[①]我们不仅爱己之所爱、恨己之所恨，而且我们会通过模仿或移情的方式体验到他人的快乐和痛苦、爱与恨。当我们想象着与我们相似的他人爱或恨某物时，我们也会爱或恨该物；这就是说如同该物就在我们面前，我们也将感觉到快乐或痛苦。因此，我们将努力做一切我们想象着他人将用快乐的眼光来关注的事情，并且避开我们想象着他人厌恶的事情。(E3P29)而这必将导致我们在日常生活中会特别在意他人的目光，在意他人对我们的评价，而这种评价往往是人们按照通行的习惯和习俗做出的。[②] 由此也就产生了前面所说的野心、通人情、称赞与责备、荣与辱等激情。当然，如果这些激情处在适度的范围之内，则它们对人格的养成和行为的塑造将发挥有益的作用，使人们具有荣辱、羞恶之情，而不会沦为一个无耻之徒。但是，由于激情的一个根本特征就在于它很容易过度，所以这种情感的模仿或移情作用常常会沦为纯粹地取悦他人，并陷于追名逐利之境。而当我们如此热切地为了取悦他人而做或不做某些事情之时，我们往往会导致损害自己或他人的后

---

① 就斯宾诺莎哲学中情感的模仿机制，可以进一步参考 Moreau, P.-F., "Imitation of the Affects and Interhuman Relations", in *Spinoza's Ethics: A Collective Commentary*, ed. M. Hampe, U. Renz and R. Schnepf, Leiden: Brill, 2011, pp.167 - 178。

② Cf. Bove, L., *La stratégie du conatus: Affirmation et résistance chez Spinoza*, Paris: Vrin, 1996, pp.77 - 82.

果,而其中尤以对我们自己的损害为甚,因为当我们以他人的爱憎作为行为之准则时,我们同样不再是自己的主人,而成为他人的附庸,这实质上也是人的异化。① 我们的各种激情不是以我们自己的心灵及其力量作为充分的原因,反而使我们处在一种被塑造的机制之下,欲望他人的欲望,乐他人之所乐,恨他人之所恨。此时,我们不仅不再是本真的自己,也完全失去了独立思想和判断的意识,甚至失去了这种能力,变得随波逐流,人云亦云,几乎沦为一种群体假象甚至是集体无意识的俘获物,受到了一种未经批判和考察的总体意识形态的支配,而这也是斯宾诺莎所说的奴役的重要方面。

如果说上面所述乃是在模仿和刻意讨好他人之时所导致的奴役状态,那么还有另外一种由强迫他人与自己具有相同的情感和心意而导致的冲突和奴役。这与上面所说的情形恰好指向了不同的方向,而两者恰好成了对照和补充。而后面这种激情之奴役的产生,不仅是以情感的模仿为基础,它更是以我们各自的情感本然就具有的差异性为前提。在斯宾诺莎看来,"触动我们的对象有多少种类,则快乐、痛苦和欲望就有多少种类,从而由这三种情感组合而成的情感(如内心的波动)或由这三种情感派生出来的情感(如爱、恨、希望、恐惧等)也就有多少种类"(E3P56),而且"一个个体的情感与另一个个体的情感互不相同,正如一个个体之本质与另一个个体之本质互不相同"。(E3P57)因此,情感与激情,亦如想象一般,本然地属于一个差异之领域。这种差异之形成既源于刺激和影响我们的外物和对象之不同,同时也源于我们个人自身的本性的差异。而人的本性之差异首要地源于我们各自的身体所具有的不同本性,亦即不同的动静比例关系。正是由于每个人的本性上的差异,所以他们各自对同一个对象会有不同的感受和情感,人与人的差别也就在他们不同的情感体验上表现出来。甚至,一个人在不同的时刻对同一个对象也会有不同的情感,(E3P51)这主要视其所处的环境条件以及他在特定时刻的心灵状态而定。也正是这种情感体验的变化,使得人们在想象的层面时常具有物是人非之感。

但是,尽管人们因想象和情感而源初地处在差异的领域,差异也是人最直接的实存情态,但是人们却几乎很难容忍差异。就想象而言,人们总是不满足于对个别事物的知觉,总是要从个别的知觉达到普遍的观念(idea universalis),也就是要从特殊达到一般,这是我们在认知层面具有的一种天然的冲动和需要;而在情感,尤其是在激情的层面,这种对差异的规避来得更加猛烈,人们无法容忍他人与自己具有不同的激情和心意,反而总是欲求

① Cf. Matheron, A., *Individu et communauté chez Spinoza*, pp.154 - 155.

他人爱己之所爱、恨己之所恨，也就是说，"每个人天生都想要别人依照他的心意来生活；但是，如果人人都这样做的话，那么人人都同样会相互妨碍，并且如果人人都想要为其他所有人所称赞和爱悦，那么所有人都会陷于相互的仇恨"。(E4P31) 由此，人与人之间因激情的差异和强求激情生活一致而导致了人际之间的冲突和对立。而这也正是激情生活所内涵的一个悖论。

　　每个人都力求以自己的感受和激情为标准去寻求一种摆脱差异和达到一致的出路，并力求在此基础上建立起一个共同生活的团体。但是，恰恰因为当人为激情所控制时，他们唯独以保持自身存在的努力及其引发的个别激情为基础，以一种纯粹生物学意义上的利己主义为依归，同时人的激情之间有着根本的差别，因而根本无法在激情生活的基础上达成共识和一致，却因为相互的抵抗而造成了矛盾和斗争。在这种以激情为诱因的对抗状态下生活，人们就不能得到内心的平静和生活的安宁，却时时处在相互防备、内心不安甚至是恐惧之中。因此，激情非但没有将人与人联合起来，反而导致人际之间的相互分离和对抗。人际之间的激情生活也就成为一种分裂和冲突的状态，这也就是斯宾诺莎所说的自然状态。对他来说，自然状态并不是一种与社会政治状态彻底分离的状态，也不是霍布斯所说的那种前社会的状态。自然状态之得名也不是通过与政治状态的对照，而是从根本上源于激情的支配。因此，这种状态所凸显的是人受激情的束缚和控制而不由理性所指引的状态。即便是在政治和国家生活之中，如果人们完全放任自己的激情或完全按照激情来生活，而不顾理性的命令和国家的法规，那么他就依然生活在自然状态之下。

　　而斯宾诺莎之所以把处在激情的支配机制下生活称为自然状态，主要是因为人一生下来首先就是依靠欲望等激情而生活，而且欲望恰恰构成了人的本质。所以，从一定意义上说，依靠欲望来生活，对人的现实实存而言，就是自然的。同时，正是因为人们总是受盲目的欲望和无度的激情的操控，再加之人们无法忍受相互之间差异的情感，从而必然导致激烈的冲突，因此由激情所界定的自然状态也如同霍布斯所说的前社会的自然状态一样是一种敌视、冲突和不安的状态。虽然有很多人由于非常孔武有力而迫使很多人屈服于他，被迫接受他的好恶之情，并围绕这种强人形成一个群体，但是这种以武力和强权为基础的共同体必然是不稳定的，因为它始终以变化无常的激情为支柱。同时，这样的共同体也根本不是一个有机的共同体，而只能是一个虚构的或想象的共同体。其中每个成员之间并未建立真实的联系，而只是通过一种外在的约束而被拼凑在一起。他们如同畜群一样被强权者驱赶到一起并随意宰杀，而这个强权者实际上就是激情的物化形象，而处在其治下的人必然遭受着奴役。

四、激情、道德与宗教

既然人天生就受激情的控制并且过着一种激情式的生活,从而必然会陷入相互冲突和对抗,那么处在这种生活状态之中的人是否永远只能过一种朝不保夕的生活,而无法享受到宁静和便利,甚至因为相互之间的征战杀伐而最终走向毁灭呢?日常经验和人类历史的发展进程都否定了这一点。但是,处在非理性的激情之中的人又如何能够节制激情,从而达到相对稳定的生活呢?就此,斯宾诺莎首先以道德作为一种解决之道。

可是,我们前面在考察斯宾诺莎关于情感及其衍生机制的理论时,不是特别强调他对传统道德和价值的彻底颠覆吗?我们不是也援引过德勒兹的观点,即把斯宾诺莎视为同尼采一样的"非道德主义者"吗?既然如此,斯宾诺莎难道不是消除了道德本身的肯定价值了吗?他又如何能够为道德赋予积极的和正面的功能呢?但是,我们必须注意到,虽然他对传统的道德学说和价值偏见进行了深刻批判,并对传统的善恶、奖惩等范畴进行了彻底的观念化和相对化,从而呈现出强烈的超善恶的倾向,但是,这并不意味着他完全抛弃了这些道德范畴。相反,他对这些范畴予以了保留,并在对人的行为和伦理生活进行分析和构建的过程中做出了相应的使用,其中最为鲜明的表现就是他把达到真善和至善作为人生的最高的幸福,只不过他对这些范畴做了新的规定和理解。①

如果我们将目光投向《神学政治论》,我们会更为清晰地看到斯宾诺莎对道德——甚至是在《伦理学》的视域下受到激烈批判的传统宗教所提倡之道德——做出了特定的正面评价和使用。而他之所以会对道德重新进行定位和使用,主要是与他的这本著作的受众和核心论题相关的。因为在这本书中,斯宾诺莎并非意在教导一种哲学的生活,而是要对那些处在现实的直接生活机制之下,亦即按照想象和激情的机制来生活的人来讲话的,尤其是针对那些具有基督教信仰的人。而道德之为用也恰恰是针对着他们而言的。

但是,斯宾诺莎所说的道德却并不完全等同于通常意义上的道德。一般所谓的道德主要是建立在我们的观念和感受的基础之上,其中"同情"会被视为道德得以产生的根源。休谟就认为,我们的一切道德情感和道德行为都是建立在同情之上,正是同情产生了我们对一切人为的德性的道德感,

---

① Cf. Jaquet, Ch., *Les Expressions de la puissance d'agir chez Spinoza*, pp.77-89.

或者说广泛的同情是我们的道德感所依靠的根据。[①] 通过对他人的苦乐产生同情，我们会具有相同的情感状态，并推动我们去帮助和安慰他人。所以，一般意义上的道德应当是主观的，它更多地取决于道德主体的内在意识。然而，正是因为是一种主观的感受或行为，所以道德并不具有绝对的指导意义和支配力量。虽然我们在同情的基础上可以去扶助他人，但是一旦出现其他变故或遇到其他的约束变量，则我们就有可能不再具有道德的动机和倾向，也可以不做出道德行为。就如斯宾诺莎援引的奥维德的诗句所云："我目正道兮，心知其善；每择恶而行兮，无以自辩"。（E4P17S）当然，斯宾诺莎援引这句诗的原意是要强调人们受想象和意见支配的时候多，而受真正的理性指导的时候少，而且关于善恶的真知识往往引起内心的纷扰，且每每为情欲所降服。（E4P17S）但是，他同时也是要揭示出纯粹主观的道德意见总是变动不居的，它们无法成为人的良好生活的真正向导，也不能真正起到约束作用。

因此，斯宾诺莎所提到的道德，一方面确实要引导为想象和激情所控制的人去克制自己的激情、建立和谐的人际关系并过一种有情操的生活，而另一方面，这种道德却又并非是一种主观意义上的道德，而是通过特定的外在机制而赋予给人或者通过特定的手段而塑造起来的道德。在谈论这种道德时，斯宾诺莎最常提及和使用的是道德教训或道德教导（documentum morale），后者不以人的内心情感为生成和存在的基础，也不是人在遭受某种挫折之后所进行的内在思想总结，而是通过规约、训诫和教化被赋予人的。所以，就其生成的根源而言，这种道德恰恰不是主观的道德感或道德意愿，而是一种对人的生活进行约束和引导的机制。它需要通过这种规约的方式使一系列的价值规定和情感反应深入人心，特别是要渗透到生活与行为之中，使之成为构建人的生活和行为方式的准则。所以，在依照想象和激情而生活的人之间，道德恰恰源于外在的因素，是人们需要将之内化于心并付之于行的规范，并最终将其作为一种实践的志业。所以，一旦提到道德，斯宾诺莎总是在一种与实践和行为紧密相关的维度上来理解和使用。在《神学政治论》中讨论预言和启示所具有的确定性时，斯宾诺莎并不认为它们具有**数学的确定性**，而是只具有道德的确定性。而所谓道德的确定性，就是指启示或预言可以对我们的实践生活本身产生良好的影响，使我们在生活中有所行动和取舍，不致处在毫无决断和不知所措的境地。道德的确定性也就是一种在实践和行为中所体现出来的确定性。它不是科学论证和证

---

① 参考休谟：《人性论》，关文运 译，郑之骧 校，北京：商务印书馆，1980 年，第 620—634 页。

明之事,而是我们的生活本身特别需要追求的确定性。(cf. TTP, 2, 4 & 15, 7/中译本第 36,208 页)

既然道德总是与教化、训诫和规范相关,那么它就不是人天生就具有的东西,或者说道德并非出自人先天就具有的良知或良心。正如斯宾诺莎不接受认知层面上的天赋观念论一样,在道德的层面,他也不接受所谓的天赋的良心、先天的道德意识和道德规范。尽管依据情感模仿的原则,人们会对他人的苦乐具有一种想象或联想意义上的感同身受,但是他们却无法使之转化为自己可以稳定地予以遵循的行为准则和规范,从而还不能算作是道德,因为斯宾诺莎借道德所欲凸显的正是一种可以对人的激情和行为发挥指引和规范作用的东西。

既然如此,那么道德又源于何处呢? 究竟是什么人或何种机制把道德教导作为约束激情的手段而加诸于人的呢? 对此,斯宾诺莎并未给出明确的解答,但是从他的一系列论述,我们可以看到,这种道德教导并非源于人自身的理性,因为道德首先指向的恰是依靠想象和激情而生活的普通大众,而在斯宾诺莎看来,大众通常并不是依靠理性的指引来生活的。而从一般层面来看,道德可以通过习惯或习俗而形成并传达给人,也可以通过代际之间的口耳相传而为人所知,但是从更根本的层面上说,道德乃是教化的产物,或者更确切地说,道德是作为极为重要的教化手段而形成并得到贯彻和传播的。从人类历史的发展进程来看,任何一个人类群体在发展到特定的阶段都会有教化的需要,而这种教化与其说是一种科学知识的教化,毋宁说是关于风俗、习惯,尤其是关于道德的教化。远古初民,智识未开,对周边的事物和现象并不具有科学的认识或充分的知识,而只能通过想象来调节自己与自然之间的关系并借之来生活。处于这种生活状态之中的人也必然具有恐惧等激情,并依照激情而生活。为了不致因激情的支配而进入混乱与冲突,就有必要对人进行教化并以此来规范人际之间的关系。而这种教化本质上就是一种道德式的教化。在没有完善的政治法规来规范人的情感和行为的时代,道德的教化和规范恰恰发挥了这种政治的功能。而最初发挥这种道德教化和约束功能的正是宗教。

当然,从一定意义上说,人类社会中出现的各种宗教都或多或少地包含并发挥道德教化的功能,但是肯定有程度上的区别。处在蒙昧时代的古人,主要遵行原始的宗教崇拜,甚至是一种原始的拜物教。由于他们还无知无识,面对着由自然而来的各种灾祸以及各种不同寻常的现象,他们无从给予明确的解释,内心产生了极大的恐惧,从而把很多自然之物视为神明,并通过牺牲、献祭等形式来予以崇拜,力求驱灾避祸。而随着人类社会的发展,原始的偶像崇拜和图腾崇拜逐渐转化为多神教，这种宗教在古代埃及、希腊和罗马非常流行。虽然多神教不再把自然物神圣化，而是以想象为基础构造了复杂的诸神体系，但是他们所构想的神依然具有自然事物和自然力的特征，同时也具有人的许多的特性，例如，神也会嫉妒、撒谎、欺骗，也像人一样具有各种情欲并且相互争斗。这样的神实际上就是克塞诺芬所批判的神人同形同性论意义上的神，他们与人处在共同的存在空间之中，并且直接插手于人类事务。因此，为了得到神的眷顾，人们也必须通过祭祀、牺牲、祈祷等形式来取悦于神，以便得到神明的庇佑。虽然这些祭祀和崇拜的仪式往往被证明是无用的，但是人们在恐惧的驱使之下依然照行不误。（TTP，Praef.2/中译本第 9 页）因此，原始拜物教和多神教也在一定程度上约束着人们的激情。然而，依照斯宾诺莎的标准，它们并不能被视作真宗教，或者说不是完全意义上的宗教，因为这些宗教形态基本上都是建立在迷信的基础上，甚至它们本身就表现为迷信，而真宗教应当是建立在内心对神的真诚的信仰之上，或者说，"真宗教应当是由神镌刻于人的内心之上"（TTP，12，1/中译本第 177—178 页），而且只有"就我们具有神的观念或我们认识神而言，我们所欲求或所做的一切以我们为原因的事情，我们才将其与宗教相关联"（E4P37S1）。而在原始宗教和多神教中，人们对于神并不具有清楚明晰的观念，而只具有混淆不清的观念，甚至就是人的内心观念和意识的一种投射。而在这种状态下，人们对神所具有的并不是信仰，而只是一种外在利益方面的考量；人们敬神不是因为对神的理解和爱，而只是出于对神或自然的恐惧。

斯宾诺莎熟谙卢克莱修《物性论》中对以迷信为基础的古代宗教的批判，并对之多有借鉴。事实上，在批判迷信这一点上，斯宾诺莎与晚期文艺复兴时期以来的很多思想家具有一致的立场。而从他对迷信的批判来看，他尤其借鉴和倚重古罗马史家柯修斯（Curtius）的著作，而"在十七世纪那些归属于批判或怀疑传统的作家之间，柯修斯享有迷信之敌的盛名，而他专门探讨了明显与迷信相关的题材则使他更显如此。因此，斯宾诺莎选择他（即柯修斯）作为读者与他自己之间的中介，以便用前哲学的方式引入他的论题，也就不足为奇了"。[1] 而批判迷信也就是对以迷信为基础的古代宗教的批判。因此，尽管古代宗教在节制人的激情和调节风俗的方面曾发挥过特定作用，但是它们离斯宾诺莎所构想的真宗教还相距甚远，而真宗教始终被

---

[1] Moreau, P.-F., "Fortune et théorie de l'histoire", in *Spinoza: Issues and Directions*, pp. 299 - 300.

他规定为并切实地表现为一种以公正和仁爱为核心的道德宗教。[①]

而从西方文明的后续发展历程来看,多神教纷纷为一神论所取代,现今世界上的几大主要宗教,如犹太教,基督教和伊斯兰教,都是一神教,它们都是在古代多神教的废墟上创立和发展起来的。相比于古代的多神论而言,一神论最大的特点就是不再以有限的自然物为神,排除了偶像崇拜,而唯独崇拜唯一的、无限的和不可见的神。这个神不再是神人同形同性论意义上的神,不是人通过感官所能触及的神,而是一个需要被信仰的神。由此,个人与神之间不再直接照面,而是必须通过祭司、先知等宗教领袖或权威为中介。实质上说,这种宗教就是一种启示宗教,而启示就是对神向人所揭示的事物具有确定的知识,但是这些知识是由先知或神职人员向民众传达和解释的,因为民众自己无法取得这种知识,因此他们只能通过单纯的信仰来把握神启示的东西。(TTP,1,1/中译本第 19 页)而这样做出的启示或预言大多数都被记录到各种启示宗教的核心典籍之中了。唯一的神、启示和宗教经典构成启示宗教不可或缺的要素。

而对斯宾诺莎而言,各种启示宗教的经典之中所包含的各种启示及核心教义,就其根本来说,都是道德的教训或教导。启示宗教的目标就是要导人向善、帮助人们克服无度的欲望和暴虐的激情,并引导人们过虔敬和平的生活,从而构建一个和谐有序的共同体。就此而言,犹太教的核心经典《旧约圣经》中有"摩西十诫",基督教的核心文本《新约圣经》中有基督的"登山宝训",而伊斯兰教的《古兰经》中则记述了先知穆罕穆德的一系列"圣训",而它们的核心基本上都是道德教导。[②]

当然,这些宗教典籍中所包含的诫命,不仅具有道德意义,同时也具有政治功能:例如"摩西十诫"同时也是希伯来国家的国法,伊斯兰教的一系列教义也是如此。这种情形在政教合一的国家中是非常普遍的,因为这两个方面同时隶属于一个神权政治的体制之下,这也就意味着神律即法律,同时也是道德戒律;而基督的一系列训诫同时也是指导基督徒的团体生活的规则和规范。所以,这些具有政治和团体生活之意义的戒律对民众进行了道德的教化和规约,使他们能够克制和约束自己的激情,减少人际冲突的发生,并在一个团体或共同体之中安定地生活。这时,宗教就发挥了一种非政治的政治功能。在国家和政治制度非常不健全的时代,各种人类群体能够得到维持和运作,在很大程度上要归功于宗教所发挥的这种教化和约束的作用。

---

① Cf. Matheron, A., *Le Christ et le salut des ignorants chez Spinoza*, pp. 108 – 109.

② Ibid. pp. 38, 70.

因此,宗教的道德教化功能在启示宗教的范围内得到了鲜明体现。当然,斯宾诺莎在对宗教的道德功能展开探讨时,他所凸显的不是国法或社团规范这个层面,而是先知通过自己的言行所表现的内心的高尚、他们的信仰的诚挚以及他们的行为的公正对教众所产生的感化和典范作用。而先知之所以具有卓越的预言才能和高尚的人格,并不在于他们有异乎常人的理智或非同一般的人性,而只是在于他们更为鲜活的想象力和高度的虔诚与坚毅。(cf. TTP, 2, 13/中译本第 42 页)正是通过追随和模仿先知,教众才能在他们的道德和行为上得到提升,而宗教的道德教化也由此得到实现。

但是,在启示宗教之中,既然启示和各种规范唯独通过祭司、先知和宗教权威才能为教徒所知晓,那么,一旦这个阶层的人不再履行自己的职责,反而把自己的职位作为满足一己私利的手段,那么不仅他们自己腐化堕落,整个宗教体制本身也随之一同败坏。而各大启示宗教往往都沦于这种境地,特别是,一旦它们演化为一种体制化的或实证化的宗教,这种过程似乎就不可避免。(cf. TTP, Praef.9/中译本第 12—13 页)在斯宾诺莎看来,随着犹太教的逐步体制化,特别是随着法利赛派逐渐占居领导地位,这一派的拉比们就开始以权威自居,他们逐渐变得保守和封闭,不断地排斥和打压异己,以便谋取个人私利,并将宗教权力日益转化为他们控制民众的手段。(cf. TTP, 18, 6/中译本第 255 页)

这种情形在基督教里也有鲜明的体现。基督和使徒在创教之初力求传播普世的福音和教导,力求使信徒达到对上帝的敬爱和信仰,尤其是要推出一种爱人的宗教。而教会最初也只是信徒之间一种精神上的共同体,使徒、主教等教会执事并不具有超过其他教徒的特权。教会和教士只是信徒的引领者和教导者,但个人的得救并不通过他们,而唯独源于上帝的免罪和救赎的权能。但是,随着基督教在西方世界中地位的上升,随着它日益体制化,尤其是随着大公教会的教阶制度日益严密,教会也逐步从属灵的共同体而蜕化为一个日益物质化和世俗化的团体,甚至在中世纪很长的时间里,教会将世俗的政治权力和功能纳入自身之中,直接染指了人世的利益酬酢和政治纷争。在这种历史背景下,教皇、主教以及其他教会人士往往不再以精神领袖的形象出现在信徒面前,而是成为掌握生杀予夺之权的权力象征。教会职位成为有利可图的目标,而教士所关注的也不再是信徒的信仰的坚定、道德的纯洁及其来世的救赎,而只关心自己的尘世利益和权力,只关心如何能够把信徒和大众牢牢控制在他们的手中。为此,他们僭越了很多原本并不属于他们的权力,并以之作为发财致富的手段。例如,中世纪后期,天主教会大肆兜售赎罪券,欺骗民众说只要向教会和教士购买赎罪券,他们在尘世所犯的过错就能够得到赦免,就能在上帝面前称义。然而,无论是圣经,还是原始基督教会的教导,都从未说过教会、教皇和主教具有免罪的权力,而唯有上帝才具有这种权能,所以这完全是天主教会的僭越和欺骗。而十六世纪初,马丁·路德正是以批判赎罪券为契机掀起了轰轰烈烈的宗教改革运动,力求对罗马教会的腐败和世俗化予以彻底的批判和扭转。

而除了上述的僭越和欺骗之外,天主教会和教士为了巩固自己的地位并掌控民众,还不遗余力地在信徒之间激起相互的敌意和对立,并肆无忌惮地强化民众的无知、传播各种各样的迷信,他们为很多殉教者封圣,并宣称他们的遗骨和遗物具有神圣的价值和神奇的治疗功能,并且逐步使偶像崇拜在教堂之中和民众之间盛行开来。在这种情境之下,信徒的心智无从开启,理性与科学之精神无从养成和发扬,从而使他们只能任由教士操控,只能在为各种迷信所激发的恐惧、怨恨和内心的动荡不安之中生活。而这也就意味着,基督徒作为个人所具有的各种激情被教会和教士进一步强化,从而在既有的情感奴役的基础上又被增添了一重奴役。因此,以中世纪天主教会为代表的教会和教士已经背离了基督和使徒在创教和传教之初的初衷,使教义和教会全面异化。教会和教士也不是信徒的人生导师和正直生活的典范,却完全为权力和物欲所虏获,也败坏了教会和社会的风气。正是在这一点上,斯宾诺莎对天主教会进行了激烈的批判。(cf. Ep. 76)

而对于另外一种作为一神教和启示宗教的伊斯兰教,斯宾诺莎亦未做出更多的正面评价,而且他的批判火力来得更加猛烈,因为上述启示宗教的各种异化的结果和弊端以更为极端的形式在伊斯兰教中表现出来,而这从根本上源于伊斯兰教国家所推行的神权政治的体制。当然,古代很多国家都曾实行过神权政治,尤其是旧约圣经中所叙述的希伯来国家更是这种神权政治的最早代表,但是依照斯宾诺莎的观点,伊斯兰国家把这种体制发挥到了极致。而这种体制所导致的弊端在伊斯兰国家中也变得无以复加,其中核心之处就在于伊斯兰国家彻底消除了民众的思想和言论的自由,即便是对宗教进行讨论也是渎神之举。"他们以大量的偏见来削弱个人的判断能力,以至于人们的心中不再为健全的理性留有任何余地,怀疑的能力更是无从谈起。"(TTP, Praef. 6/中译本第 11 页)在这种体制之下,民众的心智和理智之光被彻底窒息了,而信仰也完全沦为轻信和偏见,无知、迷信与欺骗成为宗教和政治权威统治和控制民众的手段。在这种状态下生活的人无异于就在遭受着根本的奴役,这一点和中世纪天主教会对教徒的奴役是相

同的。(cf. TTP，Praef.9/中译本第 13 页；Ep.76)

　　然而，对斯宾诺莎而言，宗教不应当堕落为争权夺利的工具，不应异化为控制民众的手段，而应当以教人以德作为安身立命之根本。宗教的意义和功能应当在道德教化的层面上体现出来，唯有这样的宗教才是真宗教。正是因为持有这种立场，斯宾诺莎才对古代的多神教以及偶像崇拜式的信仰进行了激烈的批判，并将他的立足点置于一神论的基础之上，而这也是他从自己生于斯长于斯的犹太教传统继承而来的。一神论最大的长处就是它不以具体的有形物作为神灵和信仰之对象，而是转而信仰唯一的和绝对无限的神，一个无法由感官经验把握而只能信仰的神。当然，这个神还不是斯宾诺莎在哲学的意义上所说的神。事实上，他在《简论》《伦理学》等著作中明确抛弃了犹太—基督教传统神学中的那个超越的和人格化的上帝。但是，对于普通大众，尤其是对无知无识的平民百姓而言，斯宾诺莎所说的那个作为绝对无限的和唯一的实体的神是很难被理解和把握的，然而，他们又确实有宗教的需求和获得救赎的渴望。因此，斯宾诺莎认为，对于那些没有清楚分明的知识，并且不依靠理性而只是依靠激情而生活的大众来说，为了他们能够安定和睦地生活并达到内心的宁静，就必须为他们保留传统的宗教和上帝观念以及他们在这种唯一的上帝的指引下生活的权利。

　　正因如此，斯宾诺莎在一定程度上保留了一神论的启示宗教在大众生活中的实存地位，并为之赋予了特定的功能。但是，这种保留并不意味着全盘接受，相反，他对之进行了深刻的改造，有所损益。就此，他首先利用了宗教改革运动的思想成果：他所理解的那种能够为无知者带来救赎的宗教，并非堕落的启示宗教，而是回到其源初形态的启示宗教，在这个方面，他特别推崇基督及其所创立的原始基督教的形式。这种宗教是一种真正的普世宗教，而作为这种普世宗教的创立者，基督乃是真正的人生典范，是人们应当模仿的对象，因为唯有基督能够"与神进行心与心的沟通和交流"(TTP，1，19 译本第 25 页)。真正的普世宗教也不以外在的仪式和制度为核心，而应当是一种内心的宗教或者说应当被内在化。[①]　就此，斯宾诺莎认同新教改革所提出的"唯独通过信仰"(sola fide)这条原则。

　　信仰是人们能够变得虔诚并服从于神的前提条件。正是通过信仰，人们才能接受神所启示的并由先知所传达的关于神的知识。(cf. TTP，I，1/中译本第 19 页)根本而言，"信仰就是相信神和崇拜神"。(TTP，XIV，3/中译本第 195 页)这种对神的信仰并非由外部的权威或制度所强加；反之，

---

　　①　Cf. Matheron, A., *Le Christ et le salut des ignorants chez Spinoza*, p.40.

信仰乃是个人的私事,它取决于个人内在的自决,①"每个人都应当被允许自由地运用自己的判断,并根据自己的心意来解释信仰的基础"(TTP, Pref. 12/中译本第 15 页)。"神的永恒之道、神约和真宗教都以神圣的方式被镌刻在人的内心之上和人的心灵之中"。(TTP, XII, 1/中译本第 177 页)"每个人对神的内在的崇敬、虔诚以及其他类似的东西都处在个人的裁判范围之内"。(TTP, XIX, 3/中译本第 259 页)相比于人的内心诚挚的信仰,一切外在的意识、一切教阶制度和宗教法规,以及一切偶像崇拜,都变得毫无意义。也正是由于宗教和信仰乃是个人的和内在的,斯宾诺莎才会说,

> 宗教与其说是在于外在的行为,不如说在于内心的淳朴和真挚,它不隶属于公法或权威之领域。因为内心的淳朴和真挚不是由司法权力或公共权威确立起来的。任何人都绝对不会因受暴力或法律的强制而获得至福。反之,为达至福,所需要的是虔敬而友好的建议、良好的教育,尤其是个人的自由判断。(TTP, VII, 22/中译本第 128 页)

而这也就意味着,斯宾诺莎从根本上坚持一种政教分离的原则。作为内心信仰之事,宗教属于个人;而各种宗教仪式、集会和活动则归属于国家的管辖范围。但是,如果说普世宗教隶属于个人的良知和信仰的层面,那么人们如何能够达到信仰上的普遍一致呢? 在现实生活中,人们更多面对的是信仰的分歧和宗教的纷争,以及由之而引发的旷日持久的宗派争斗和宗教战争,而这些恰恰是与普世宗教背道而驰的。而在斯宾诺莎看来,以往人们之所以在信仰问题上莫衷一是,主要是因为人们太过执著于信仰和教义上的许多细枝末节的问题了,反而对宗教和信仰的本质问题没有形成清晰的理解。为了纠正以往的弊端,斯宾诺莎认为,一个非常重要而且有效的方式就是将普世宗教的信条予以简化,只保留那些在内容上是简单的和普遍的因素。同时,通过这种简化,普世宗教的本质也可以得到展现。由此,斯宾诺莎引出了他所理解的普世宗教由之构成的"最简化的信条"(credo minimum)②,其中包括:

1. 神存在,或他是最高的存在者,无上公正和仁慈,亦即他是真生

---

① Cf. Kolakowski, L., *Chrétiens sans Église: La conscience religieuse et le lien confessionnel au xviie siècle*, trad. A. Posner, Paris: Gallimard, 1969, pp.206-225;纳德勒:《斯宾诺莎传》,第 254—262 页。

② Matheron, A., *Le Christ et le salut des ignorants chez Spinoza*, 1971, p.98.

活之典范；

　　2. 神是唯一的；

　　3. 神无处不在，或者说没有什么可以避开他；

　　4. 神对万物拥有最高的权力并统治万物，但他不是因被某种法则驱使才有所作为，而是借着绝对的善意和个别的恩典而行动；

　　5. 敬神和服从神仅在于公正与仁爱，也就是关爱邻人；

　　6. 凡是据此生活规则而服从神的人就能得救；反之，其他那些沉溺于逸乐的人注定要遭受惩罚；

　　7. 最后，神赦免悔过之人的罪。（TTP，XIV，10/中译本第 198—199 页）

　　上述信条就是普世宗教的基本教义，同时也是普遍信仰的核心内容。为了具有真信仰，尤其是为了在信仰领域达到一致，这种普遍的信仰条款至关重要。而它们之所以能够成为普遍的或普世的，就在于它们可以为每个人所把握和实行；反之，任何在诚挚之人中间产生争端的教义都不属于真正的普遍信仰。（TTP，XIV，9/中译本第 198 页）诸多历史教训都证明，教义和信条之体系越是复杂，产生矛盾和冲突的几率就越大；而信仰的条款越是简明，就越少引发分歧。

　　即便是这些最简化的信条，依然可以进一步凝练。在斯宾诺莎看来，最为基本并且对所有人都具有最高价值的永恒普遍的教义应当是，"只有唯一一个全能的神，只有他能够为世人所崇敬并照料世人，凡是崇拜他并爱邻如己的人就最为他所喜爱"（TTP，VII，6/中译本第 112 页），或者说"有一个喜爱公正和仁爱的至高无上的存在者，任何人若想得到救赎，都必须通过行公正和仁爱而崇敬和服从他"（TTP，XIV，10/中译本第 198 页）。这实际上就是斯宾诺莎心目中最为普遍的信仰，它"唯独以公正和仁爱为基础"（Ep，76）。神的命令之核心就在于公正与仁爱，甚至神本身也应从这两个方面来理解。（cf. TTP，XIII，3–4/中译本第 188—189 页）所以，真宗教就是关于公正和仁爱的道德宗教，也只有它才是真正的普世宗教。①

　　然而，对斯宾诺莎而言，这种作为普世宗教之根本因素的信条，并不仅仅是在心灵层面认同神的公正和仁爱，不是单纯具有善良的心，甚至信仰也不是单纯由"对神的觉察"就可以得到完整界定的，相反，信仰还需要对神的服从才能得到成全。（cf. TTP，14，5/中译本第 196 页）。只要有对神的服

――――――――――

① Cf. Matheron, A., *Le Christ et le salut des ignorants chez Spinoza*, pp.108–109.

从,就必然有信仰;若没有对神的服从,也就必然没有信仰。(cf. TTP, 14, 9/中译本第 198 页)。于是,在信仰与服从或信仰与事功的关系上,斯宾诺莎与新教原则明显有别。当路德等宗教改革家提出"因信称义"的原则时,斯宾诺莎却把事功和服从提升到同等重要的层面。"信仰仅依靠自身,无法导致救赎,而只能通过服从"。(TTP, 14, 6/中译本第 196 页)而这里,斯宾诺莎显然更加重视"因行称义"这个由使徒雅各所提出的原则。义与不义不是一个单纯的观念问题,反而与事功相系,并通过事功来得到确认。人是否能在神面前被称作义人,不仅取决于信仰和信心,更取决于与信心相伴随的行为。若唯独有信仰却没有与信仰相关的行为,则无人能够得救,因为"没有事功,信仰是死的"(《新约·雅各书》, 2:25)。信仰单凭本身并不具有导向称义和救赎的现实力量。但是,从斯宾诺莎对普世宗教的最简化信条的阐释,我们也看到,信仰对他同样具有重要作用,没有信仰,也就没有救赎。①信仰与事功都有自身的地位。而斯宾诺莎也力求在"因信称义"与"因行称义"这两条原则之间达到均衡,并将二者结合起来。② 但是,即便如此,斯宾诺莎依然更加强调服从与事功。他并不认同那种单纯局限于心灵内部的、作为纯粹观念或意愿的信仰,而是强调信仰必须始终与行为相关联:只有见诸行动的信仰才是真信仰,而且唯有表现了真信仰的服从才能将人引向救赎。(cf. TTP, 14, 11/中译本第 200 页)

既然事功或服从如此之重要,那么斯宾诺莎所说的服从的具体内涵又是什么呢? 事实上,这种服从就是在现实行动的层面切实履行神的命令。只有通过这种履行命令的行动,人的信仰才能真正被成就,人也才能说自己具有虔诚的信仰。而神为人所规定的命令根本上是道德命令,它们是非常简单的——"服从于神仅在于爱邻如己"(TTP, XIII, 3/中译本第 188 页)。只要奉行这条道德命令,人就能说自己对神具有真诚的信仰。正如"我们只有通过一个人的事功才能认识此人"(TTP, V, 20/中译本第 88 页),同样,"一个人信仰的虔诚与否,只能通过他的事功来评判"(TTP, Pref. 12/中译

---

① Cf. Cook, Th., "Did Spinoza lie to His Landlady", in *Studia Spinozana* (11), ed. H. De Dijn, F. Mignini, and P. van Rooden, 1995, p.23, n.16.
② "因信称义"与"因行称义"这两条原则之间的结合,也鲜明地向我们揭示出斯宾诺莎思想的综合性特征。在诸多不同的甚至相互对立的观点之间,斯宾诺莎不仅不走极端,反而会将各种观点和立场之中的有益的因素予以吸收和利用,并将之有机地结合起来。而他对"因行称义"这个原则的肯定和接受也可以在一定程度上向我们揭露斯宾诺莎思想中的犹太因素所发挥的重要作用。虽然斯宾诺莎在对犹太教的归纳和提炼中有将犹太教过于物质化的嫌疑,但是在他看来,这种物质的和具体化的倾向却有助于救治纯粹理智主义和观念主义所引发的偏颇,尤其是在伦理学领域,这种作用表现就更为明显。

本第 15 页)。如果一个人因相信真理反而不服从,那么他就不具有虔诚的信仰;反之,如果一个人因相信错误而变得服从,那么他就具有虔诚的信仰。实际上,"除了对神的正义和仁爱的认识,神不要求人具有其他任何知识;而且这种对正义和仁爱的认识所要求的不是理智的理解,而是对道德法则的服从"。(TTP,XIII,9/中译本第 193 页)这也进一步印证了斯宾诺莎所说的普世宗教完全是一种道德的宗教,他力求使这种宗教成为人的一种生活方式,同时也使之成为人们克制各种暴虐激情的手段,成为可以使人的受奴役状态在特定范围内被弱化的方式。而这种普世宗教就其实质来说就是基督和使徒所推崇和传播的那种"爱的宗教"。

我们的一切激情都是建立在想象和不充分知识的基础之上的,我们越是对事物和世界无知,我们就越是感到无力。而痛苦的激情以及一切建立在痛苦之上的仇恨、嫉妒等激情也由之被引发。而就这类激情,斯宾诺莎提出一条根本的抑制原则,即"恨由于相互的恨而增加,但却可以为爱所消灭"(E3P43),我们受其支配的激情必须通过与之相反的激情才能被抑制和消灭。在现实生活中,痛苦、仇恨、懊悔等坏的激情对我们的生活有着极大的影响,而我们在激情生活中所遭受的冲突和波动也往往与它们相关。为了克服这些恶劣激情,尽可能摆脱它们所造成的冲突和痛苦的状态,我们就不能通过以眼还眼、以牙还牙的方式,因为这只能使痛苦和仇恨进一步增加,如同火上浇油。哪怕我们通过暴力的手段暂时抑制了仇恨或使对方恐惧,但是一旦条件反转,这些激情又会死灰复燃。因此,克制和消除仇恨等激情的最佳手段就是基督在传教时特别强调的爱。但是,这种爱却不是利己的小爱,而是一种大爱。人必须爱神,同时也要爱邻人。同时,这种普遍的爱绝对不是一种纯粹主观的和抽象的情感,而是要诉诸行动,要在行动之中有其实在的体现。而这种爱的行为从根本上说就是爱神并服从神的命令。人在信仰层面所具有的道德确定性始终必须在行为与实践的层面得到表达和确认。它引导着人们以"唯有服从才能达到救赎"作为基本的信条,并以众先知所做的见证为自己的确据。① 即便是在通过和异族异教相敌对来确认和保存自身的犹太教里,斯宾诺莎都看到了这种普世的教义以及先知通过内心的纯正和仁爱而表现的道德典范作用。

那么,这种以普遍之爱为核心教义的普世宗教及其道德教导是如何生发和确立的呢? 它们是在人的内心情感和高尚的人格的基础上产生的吗?显然不是。从斯宾诺莎关于道德和善行等方面的讨论,我们可以看到,它们

---

① Cf. Matheron, A., *Le Christ et le salut des ignorants chez Spinoza*, pp.209-225.

从根本上源于外在的教导,这种教导基本上是通过宗教权威和领袖,亦即祭司、先知、教士等人对民众的教化和引导而传达给民众,并对他们的思想和言行发挥了根本的塑造作用。但是,从更根本的层面,尤其是从他所推崇的普世宗教来看,能够传达这种根本教义和信条的乃是圣经,也就是说斯宾诺莎承认圣经在给予人们以道德的教导和教化方面所具有的权威。普世宗教由之构成的最简化的信条正是由圣经而来。对斯宾诺莎而言,以批判的方式来阅读和解释圣经,不是为了从圣经中得出科学的真理,而只是为了达到圣经最根本的教义,即"只有唯——一个全能的神,只有他能够为世人所崇敬并照料世人,凡是崇拜他并爱邻如己的人就最为他所爱,等等"。(TTP,7,6/中译本第 112 页)而圣经之所以能够发挥这种功能,其主要的原因就在于,随着宗教改革运动的展开和深入,阅读和解释圣经早已不是为教会和教士所垄断的权力,相反,每个人都有权阅读圣经,也有权依照自己的理智之光来解释圣经。

但是,虽然普世宗教及其最简化的信条在很大程度上可以对人进行道德的教化,并使人们可以在一定程度上约束他们的暴虐无度的激情,尤其是那些引发冲突的激情,从而使人们可以和谐地生活,但是这种道德意识和行为就其起源来看依然是外在的或外来的。它们同样立足于情感的模仿机制,甚至可以被视为神所颁布的律法。道德的教导虽然以内在的和主观的形式为人所意识,并对其具有内在的约束力,但是从根本上说它们对人而言依然是一种他律,而且人们往往是在想象的机制下对之进行吸收和施用的,因而也就总是有违反和抛弃这些原则的情形出现。人们在这种机制下依然不是自己的意识和行为的主人,不是完全意义上的施动者,从而依然时常处在一种极不稳定的状态之下。因此,就宗教究竟在多大程度上能够约束和克制人的激情并产生道德上的确定性,斯宾诺莎始终有所迟疑和保留,而肯定宗教及其所发挥的道德教化功能在很大程度上依然还只是一种权宜之计,因为现实世界中的芸芸众生或普通大众,由于缺乏充分的知识,缺乏理性的认知,必然始终受外在于他们的规则的约束,无法达到真正的自由。

第六章　理性、理解与自由

一、想象、激情与理性的生成

被动和激情作为人生之常态，对我们的生活产生了异常重大的影响。而人在节制和控制自己的内在激情上的无力也就造成了人生之奴役。尽管通过宗教的道德教化及其准-政治作用，人们的激情可以在一定程度上得到弱化和约束，并使人们可以在一个相对安定的共同体中生活，但是通过这种方式对激情的控制以及由此而形成的共同体结构都具有外在性和不稳定性，从而也无法给予人们以真正的自由。

既然如此，那么，人生是否必然会在因激情所造成的奴役状态中永远沉沦下去呢，或者像萨特所说的那样，使人彻底沦为一种"无用的激情"①呢？激情的奴役和人的实存之异化是否使人的原初肯定的存在沦于一种不复具有自性的假象呢？而被动的生活以及外在因素的支配是否就成为人的宿命呢？作为一种纯粹肯定的力量哲学，斯宾诺莎主义绝不会认可这种结论，更不会止步于此。实际上，斯宾诺莎在关于情感的总体类型的划分中已经明确地说过，人不仅具有被动的情感或激情，同样也具有主动的情感，而这也就意味着人生可以达到主动的境界。但是，无论从人的基本的存在论地位还是从主动的内在规定性来看，主动的情感都不是一种先天的和直接的给予，而是在作为直接的实存事实的被动情感或被动性的基础上通过**转化和生成**而达到的结果，是人通过一系列的努力而赢获的东西。因此，我们不仅要对激情的内在本性及其对人生的影响进行深刻的剖析，也要寻找摆脱被动并达到主动的途径。后者对人来说更为重要，而伦理学的首要功能也正在于此。

从斯宾诺莎的总体策略来看，为了克服激情对人的奴役并达到人生的

---

① Sartre, J-B., *L'être et le néant: Essai d'ontologie phénoménologique*, Paris: Gallimard, 1943, p.662.

主动和自由,我们必须诉诸理性或理性知识。正是理性因素的介入使得被动的情感向主动的情感的过渡成为可能,同时也使斯宾诺莎的理性主义得以完整并获得现实的运用。但是,也正是在这个方面,斯宾诺莎与传统的思想产生了深刻分歧。

我们知道,在斯宾诺莎之前很多的哲学家都曾就激情对人的影响和压迫进行过分析,柏拉图在对人的灵魂及其德性进行分析之时,特别凸显了欲望在灵魂的堕落以及恶的产生过程中所发挥的作用;在伊壁鸠鲁和斯多亚主义那里遭受激情侵袭的灵魂就是处于病态之中的灵魂,甚至激情就意味着灵魂的疾病。而在基督教哲学的范围内,各种各样的激情,尤其是那些与人的肉体紧密相关的激情更是令很多哲学家和神学家闻之而色变。因此,如何控制和克服激情及其对人所造成的不利影响,始终是思想家们时刻萦绕于怀的问题。

为了达到这个目标,哲学家们曾经诉诸多种不同的途径和手段,其中最广泛地受到关注并得到深入探讨的就是如何以理性来克制和消灭激情。在这一点上,柏拉图所提出的灵魂马车的隐喻无疑产生了深远影响。在这个隐喻中,柏拉图将灵魂划分为三个部分,即驭马者和两匹飞马,其中一匹是良马,一匹是驽马。其中,驭马者代表灵魂中的理性部分,良马代表激情,而烈马则代表欲望。[1] 正是理性统领和控制着激情和欲望,尤其要对时常违反理性命令的欲望进行约束。哲学生活的关键就在于如何达到理性对欲望的教化,甚至使灵魂摆脱欲望的沾染。所以,柏拉图提出做哲学就是要练习死亡。这种意义上的死亡就是灵魂摆脱肉体和肉欲,获得新生,从而构成一种独特的"生死辩证法"。[2]

斯多亚派哲学家同样特别强调,在克服和清除作为灵魂之疾病的激情的过程中,理性发挥着最为重要的作用,因为在他们看来,理性是人自身之中最好的东西,同时也是人的真正力量之所在。[3] 对人而言,好的生活就是按照自然而生活,或者说就是按照人的本性而生活,而人的自然或本性首先是由他的理性来规定。[4] 但痛苦、欲望、快乐等激情却是对人的本性的违反,故而必须对之予以约束和消灭,而这也正是幸福生活的一个必备条件。[5] 为

---

[1] Plato, *Phaedrus*, 246A - 248E, trans. A. Nehamas and P. Woodruff, in Plato: *Complete Works*, ed. J.M. Cooper, Inianapolis: Hackett, 1997.

[2] 柏拉图:《裴洞篇》66B—68C, 80D—84B,辑于《柏拉图对话集》,王太庆 译,北京:商务印书馆,2004年。

[3] Cf. Long, A.A. and Sedley, D.N., *The Hellenistic Philosophers*, Vol.1, pp.323,326.

[4] Ibid., pp.352,366.

[5] Ibid., p.418.

达此目的,人们必须依赖于理性,而且大多数斯多亚派哲人都认为,人们可以通过自己的理性以及各种相应的训练来对激情具有绝对的统治权和控制力,从而可以驾驭各种激情并成为斯多亚派所推崇的人生的强者。而一旦人们能够成功地控制了自己的激情,他们就能达到内心的宁静,而伦理学探究的最终目标也正在于此。①

在晚期文艺复兴时期,伊壁鸠鲁主义、斯多亚主义等希腊化时期以伦理学为核心的哲学流派重新复兴,并对随后哲学的发展产生了深远影响,尤其是斯多亚派的伦理理论更是深刻影响了近代早期哲学家们对哲学的理解以及他们处理伦理问题的态度和方式。依照斯宾诺莎的看法,笛卡尔就对斯多亚派所提出的克制和驾驭激情的观点深表赞同。总体而言,笛卡尔认为,灵魂的激情是因生命精气对松果腺的作用而使我们的灵魂产生了被动的知觉。而心灵的主动则完全源于我们心中的自由意志,后者乃是绝对主动的,是人的一切主动的情感和自由的根源。

> 既然我们能够使松果腺的某些运动以及生命精气的某种运动与某个意愿相结合,并且既然意志的规定完全依靠我们自己的力量,那么只要我们依据指导我们生活行为的确定的判断来规定我们的意志,把我们所意愿有的那些激情活动与这些判断结合起来,便会获得控制我们激情的绝对权力了。(E5Praef.)

但是,在笛卡尔这里,虽然意志乃是决定我们的主动性的根本原则,但是意志却不能脱离理性和理智而单独运作,反之,它必须以理性为前提,并与理性相结合。因为只有理性才能向灵魂揭示真假、对错之标准并做出相应的区分,也只有知晓对错并把握真理,人们才能识别善恶。所以,在理性或理智跟意志所具有的关系问题上,笛卡尔依然坚持理智优先的立场。而且只有我们具有了清楚分明的观念,意志才能做出准确的判断,而不致陷于谬误。故而我们对于善恶的真知识也成为我们控制激情并达到幸福生活的前提。②

由此可见,在斯宾诺莎之前的哲学家们都为理性安置了节制和克制激情的关键地位。理性的一个重要功能也正表现为对激情的控制和驱逐,于是,理性本身也负载着一种深刻的伦理功能,或者说"理性主义也具有一种

---

① 参考努斯鲍姆:《欲望的治疗》,第381—407页。
② Cf. Descartes, R., *Les passions de l'âme*, Partie III, Articles 211-212.

道德的价值"①。然而,在斯宾诺莎看来,尽管以往的哲学家们以理性作为克制和统治激情的核心手段,而且他在一定程度上也承继了这种传统,但是就人们过去所构想的理性控制激情的具体方式,他却并不认同。因为在柏拉图、斯多亚派以及笛卡尔等哲学家那里,理性就像一个斥候兵,甚至像一个法官那样,从激情之外来审视激情并对之发号施令,力求在此基础上发挥控制和消除激情的功能。虽然理性与激情共存于人的心灵之中,但二者却是完全异质的。理性作为对永恒和必然之物的认识乃是一种合理的知识,而激情乃是非理性的,总是处在变动不居的状态之中并以偶然性作为其根本特质。而日常的经验一再证实,尽管哲学家们宣称理性具有控制激情的绝对权能,但是面对激情所掀起的强烈的内心风暴,理性往往表现得十分孱弱无力。一般情况下,理性总是满足于对激情胡侃一通,却很难真正实施节制和统辖激情的作用,最终也只能在激情面前投降了事。

而在斯宾诺莎看来,人们之所以对理性与激情之间的关系,尤其是理性克制激情的力量方面犯错误,既是因为人们误解了理性的本性,也因为人们根本没有把握理性克制激情的真正途径和方式。就事物之间的根本作用机制,斯宾诺莎始终坚持,"凡是彼此之间没有共同之处的事物,此物不能成为彼物的原因"(E1P3),也就是说这两个事物之间不能发生任何实在的作用和关联。这不仅对于物理存在物有效,对于精神存在物同样有效。具体到情感和激情而言,一种情感只能通过另一种情感才能被限制或消灭,更准确地说,"一个情感只有通过一个和它相反并且比它更为强烈的情感才能被限制或消灭"。(E4P7)而人们以往就理性与激情之本性、它们的相互关系以及理性克制激情的方式所持有的观点之所以会陷入无力甚至是错误的境地,恰恰是因为人们违背了这条基本原则。作为纯粹理论知识,特别是作为科学知识的理性被他们置于与激情不同的存在平面之上并依照不同的机制而活动。因此,即便理性向激情发号施令,那也总是一种言辞与形式的限制,却根本不能深入激情的实存和运作机制之中,从而也无法对激情产生实质性的约束。传统的伦理学探究恰恰因为执着于这种纯粹理论的考察而往往劳而无获,甚至陷入窘境。而斯宾诺莎的伦理学不仅要探究更为切实有效的克制激情的方略,更是要对理性本身进行全新的审视和界定,从而在理性与激情之间建立切实的内在关联。

早在斯宾诺莎对知识进行分类和论述时,他对理性的本性之规定就表现出深刻的差异。对他而言,理性并非天赋的和具象化的官能,而只是一种

---

① Alquié, F., *Le rationalisme de Spinoza*, p.240.

观念或知识,或者更准确地说是充分的知识。所以,"理性的本质不是别的,只是心灵本身,但这是就心灵清楚分明地理解而言的"(E4P26D),换言之,当心灵具有清楚分明的或充分的观念时,心灵就具有理性或它就是理性本身。既然人的原初的实存结构决定了他最初只能具有不充分的观念而且要依靠想象和激情来生活,所以,正如人不是天生就是主动的而只能是被动的一样,人也不是天生就具有理性,相反"在斯宾诺莎那里,理性、力量或自由都与变化、形成及教养不可分离"①,个人所具有的理性也有其自身的生成过程,要作为一种结果而出现和实存。

虽然在斯宾诺莎之前很多哲学家也不会否认理性需要有一个教养和提升的过程,但是当他们在对理性的本性进行考察时却又忘记了理性所具有的发生学和生成论特性,而径直把理性视为一种既与,甚至直接将理性当作永恒真理,以致将其与人的实存割裂开来。这种现象在十七世纪所推崇的数学的理性观念中有着非常突出的表现。虽然斯宾诺莎对这种数学式的理性观念同样具有肯定的态度并对之进行了多方使用,他也承认理性和理性知识所具有的普遍性和必然性,甚至他也持有永恒真理之念,但是他的独特之处就在于彻底抛弃了直接的和天赋的理性,不再将理性视为一种既定之物,而是把理性置于人的实存活动之中来考察和讨论。因此,斯宾诺莎的理性理论中一个关键点就是要揭示个体所具有的理性的生成基础及其形成的过程。

在探讨理性或第二种知识之时,斯宾诺莎明确说过,"理性的基础是说明事物之共同特性的概念"(E2P44C2D),亦即"共同概念"。因此,要说明理性的本性及其形成过程就必须说明共同概念的本性及其生成过程。《伦理学》第二部分命题三十七至命题三十九正是在处理这种生成问题。依据其中的论述,我们可以体会到,

> 共同概念之得名并非由于它们对一切心灵都是共同的,而首先是由于它们表现了对诸物体而言都是共同的某种东西,这可能是对一切物体而言,亦即为一切事物所具有并且同等地存在于部分及全体之内的东西(如广延、动与静),也可能是对某些物体而言(至少是两个物体,如我们与另一个人的身体)。而在这个意义上,共同概念就不是抽象观念,而是普遍观念;而且根据它们的外延,根据它们适用于一切物体,又

---

① Deleuze, G., *Spinoza et le problème de l'expression*, p.241.

适用于某些物体,它们在一定程度上是普遍的。[①]

而"如果某种东西为人体和通常触动身体的外物所共有,并且它同等地存在于每一物体的部分和全体之内,那么它的观念在心灵之中也将是充分的"。(E2P39)作为理性之基础的共同概念本质上就是充分的,而理性和第二种知识也是充分的知识。所以,

> 共同概念乃是两个或几个物体之间的组合之表象,而且是这个组合的一体性。它的意义与其说是数学上的,不如说是生物学上的;它表明诸物体之间的契合或组合关系。如果说共同概念对心灵是共同的,那只是次要的,因为共同概念只是对于其身体与所说的组成或组合之整体有关的心灵是共同的,所以在某种程度上可以这样说。[②]

因此,作为一种组合关系,共同概念所表象的就不是物体之间单纯的外在遭遇,而是指事物在相互遭遇和联系的过程中,通过共同具有的特性或相同之处而组合一致,甚至彼此相互对立、相互毁灭的事物之间也有着共同的东西。但是,以事物的共同之处来界定和阐释共同概念相对比较容易,而问题的关键在于我们如何才能经验和体验到我们的身体与物体之间的共同之处。

既然共同概念之得名并非首先参照着心灵而言,而是根源于我们的身体与物体之间的契合或组合的一致性,那么共同概念以及事物之间的共同之处就不能从知识论的层面去寻求,而只能源于人自身的实存活动,源于我们在自身的生活过程中与各种物体之间的遭际。尽管与哪些物体相遭遇具有偶然性的外貌,但是作为自然的一部分,我们必然处在与外物的遭际之中并受其影响。同时,我们也必须注意到,既然人的现实实存和具体行为都只是人保持自身存在之努力或力量的现实表现,那么与人的其他行为或实存一样,保持自身的努力或力量也是共同概念或理性得以生成的终极基础,除此之外不能再有第二种基础。当然,我们曾一再强调,人保持自身存在的努力最初的表达和展开是在想象以及与想象紧密相关的激情的层面进行的,所以共同概念以及理性之生成也不能与想象和激情相脱离,反而以想象和

---

① 德勒兹:《斯宾诺莎的实践哲学》,第 113 页。
② 同上书,第 113—114 页。

激情作为不可或缺的条件。^①如果没有人体的受影响之性能，人就不能有想象和激情，也不能具有共同概念和理性。

　　而作为共同概念和理性生成之基本背景的想象和激情本然地属于差异的领域。人们在想象之下所体察到的是自己与外在的人和物之间的区别，而由想象所引发的各种激情也同样千差万别。但是，人总是有一种自然的倾向和冲动，即脱出差异而达到相同和一致。这在作为知识的想象之中就导致了共相的形成，但共相却只是通过抽象的过程而达到的抽象观念，其自身不具有充分性，而总是模糊的和混淆的。（E2P40S1）而当我们在激情的指引下生活时，我们就要求他人按照我们的心意而生活并力求与他人结合成一个共同体，但是这样形成的共同体只是想象的共同体，而非真实的和有机的共同体。在这个共同体中，人们只是达到了一种抽象的一致，却缺乏稳定性之基础，也无法实现人际之间有效的关联与结合。

　　然而，尽管有这些不足或不利之处，斯宾诺莎却从未说过第一种知识、想象和激情是无关紧要或毫无意义的，他更不认为它们是可以被消灭的，因为从人的本性及其现实的实存结构来说，这是完全不可能的。只要人是自然的一部分，只要人现实地实存并以身体作为自己在世和与他物相照面的直接途径，那么想象和激情就不可避免。而从另一个方面来说，正是因为我们具有想象和激情，我们才具有达到共同概念和理性的现实可能性。而且想象和激情之所以能够导致共同概念完全遵循自然内部的同样的必然性。只要人们进入到自然的因果生产机制之中，只要人的身体及其各个部分都处在健全的状态之下，那么人们就具有达到理性的必然性。而这种必然性的基础恰恰处在我们的感受之中，更确切地说就处在我们所具有的欲望和快乐的情感之中。而共同概念以及我们对自己身体与外物之间的共同之处的体验也在这些情感之中有其根源。

　　既然我们在实存之初就必然遭遇到无限多的外物和各种事件，必然受到它们的作用和影响，那么我们就相应地具有各种感受和激情。其中有些感受会带给我们痛苦，使我们的实存、活动以及思想之力量都因之而削弱；有些感受则令我们感到快乐，使我们的实存和思想的力量得到提升。那些痛苦的感受和情感使我们体验到的是我们与外物之间的差异和不相契合，从而使我们力求摆脱该物及其对我们的影响，因此，我们也就很难有认识它们的意愿。而当我们具有快乐的感受之时，我们就会体验到我们的身体与

---

① Cf. Gilead, A., "The Indispensability of the First Kind of Knowledge", in *Spinoza on Knowledge and the Human Mind*, pp.209-222.

外物之间的一致和契合之处，并体会到一种组合关系。我们的心灵此时就会对这些共同之处或组合关系形成相应的观念，而这些恰恰是共同概念。当然，人在幼年和稚嫩的阶段，他的身体的活动力量和受影响的性能还非常有限，故而他所具有的共同概念就比较少，而且他只能对那些带来快乐的事物形成共同概念。而随着人的成长和成熟，他的身体的活动力量和受影响的性能也随之得以壮大，此时他的思想力量也同时得到提升。人们不仅会体验到那些带来快乐的事物与他有共同之处，而且对那些带来痛苦的事物，他也能够体验到这种共同之处，这实际上也意味着人的理性得到了极大的扩展。因此，正是在我们的身体与外物的相互遭际的过程中并在快乐情感的基础上，我们具有了共同概念，从而也具有了理性。而就自身的实存而言，理性也就有了其生成的过程，而且这种过程并非局限在单纯的概念层面（语文学层面），而且直接处在个人的生存和活动层面，这就是理性的发生学层面。因此，就个人而言，理性自身之实存并非永恒真理，而是必须通过原因和理由来获得实存，并对其自身的绵延给出具体的限定。斯宾诺莎在很大程度上也是要向我们揭示理性自身的这种生成过程及其构建的逻辑。

而依照对于理性之本性的一般描述，似乎就会产生一种内在的矛盾：处在变化领域之中并有其自身之生成过程的理性如何能与必然真理建立联系呢？换言之，根据斯宾诺莎关于理性的真理性的论述，理性可以为我们形成公理并向我们昭示出公理，但是斯宾诺莎又不把理性本身当作传统意义上的自明公理；理性的本性在于从某种永恒的形式下来考察事物，但是就理性自身的生成结构和实存形态而言，它却又属于绵延和历史变化的领域之中。历史之物如何发挥永恒的功能呢？然而，依照斯宾诺莎的思路，这种矛盾并不存在，其中的缘由依然是在共同概念这里。因为共同概念就其本性而言乃是对一切事物共同具有的且同等地存在于部分和总体之中的东西所形成的表象，而对这些共同之处，心灵能够充分地进行构想。而所谓充分的构想或充分的知识完全是在因果作用的机制之下完整全面地把握某种东西，理解这种东西如何在神的本性的必然性之下或者如何遵循自然的普遍必然的法则而产生。因此，理性或理性知识既然以共同概念为基础，那么它也必然是充分的。用斯宾诺莎的话说，理性必然是在永恒的和必然的方面来看待事物。理性本身也就负载着普遍必然的特性。

但是，以此方式生成和运作的理性并不以认识事物及其本质为目标，更不是要在事物的绵延中把握事物的诸多变化，反之，理性力图从普遍性和必然性的维度来把握整个自然，更准确地说，理性力图把握的乃是自然本身永恒不变的法则和规律,而这种把握和认识必然从事物之间共同具有的且同等地处在部分和总体之中的东西出发。这也就意味着我们在论述理性的本性时所提到的那条根本论题,即理性并不是从绵延和偶然的方面来把握事物,而是在某种永恒的方面并从必然性的视角来看待事物和自然本身。当理性和理性知识以这种方式活动时,它就是在完成近代自然科学的一般理想,亦即把握自然本身不变的法则,而且对于斯宾诺莎而言这里还有一个更为重要的任务,就是要通过对自然的永恒法则的把握来达到对作为第一原理的神的观念的把握。既然神的观念包含了神自身的本质,那么神的观念就不是共同概念,但是为了把握神的观念,我们却必须首先达到对自然事物之本性以及自然本身的一般规律的理解。在斯宾诺莎看来,"既然没有神,任何事物都既不能存在,也不能被领会,那么任何个别的自然物都确实会在其本质和完满所允许的范围之内包含和表现了神的概念;相应地,我们越是理解更多的自然事物,则我们也就能够对神具有更多和更完满的知识"。(TTP, 4, 4/中译本第 68 页)而这恰是理性力图完成的任务。

但是,我们同时也必须注意到,尽管我们对理性的本性及其目标做出了上述规定,但是在斯宾诺莎这里,正如没有作为共相的存在或存在一般,同样也没有作为共相或普遍存在物的理性。所谓理性指的永远是每个人所具有的理性或理性知识。因此,理性的生成论根本上就是指每个人变得或逐步具有理性或理性知识的过程。

然而,这种在个体层面生成和获得的理性,却不会因为其生成与实存的个别性而沦于一种任意,因为作为理性之基础的共同概念以及理性自身之本性都指向了神或自然之中永恒的、普遍的和必然的东西,也就是神的本性的必然性和自然之中的普遍必然的规律。它们不仅是理性的认识对象,同时也是理性自身得以生成的前提。而斯宾诺莎关于理性的论证也正是要达到这两个方面的统一。

当然,我们在考察理性的生成论的面向时也不能忘记想象和激情所发挥的重要作用。当然,相比于自然之中为事物所共同具有的共同特性而言,想象和激情并不构成理性得以生成的本质和形式层面的原因,而是为之提供了机缘和动力。但是,这也不是说,想象和激情对理性的生成和运作而言只具有偶然的作用和价值,因为我们前面说过,情感乃是观念自身的一个必然的伴随因素,同时也是观念必然引发的结果。作为一种观念,理性也必须遵循这种机制。尽管在规定理性的基础和本性时,斯宾诺莎并未凸显情感的因素,但是在涉及理性的生成过程,尤其是在《伦理学》第四卷对理性克制情感的力量进行细致的考察时,他却特别强调理性与情感的紧密关联,甚至理性自身就负载着情感的维度。正是在想象以及由想象所引发的情感的基础上,理性才真正得到孕育和生发。因此,理性就绝非是与想象和情感相异质的存在物。恰是在人保存自身存在的基础上,并以想象和情感作为机缘和条件,理性才能现实地生成。当以笛卡尔为代表的哲学家在理性与意志之间、在纯粹理论知识与道德实践之间划出泾渭分明的界限时,斯宾诺莎却力求弥合这种分裂,并从根底之处展现出这两种思想情态之间的连续性和关联性。而理性之所以能够控制和克制激情正是源于这种内在的关联。

例如,我们可以对善与恶具有真知识,但是"就关于善恶的真知识仅仅是就真知识而言,它们绝不能克制情感,唯有就善恶的真知识被认作一种情感而言,它们才能克制情感"(E4P14)。因为如果关于善恶的真知识只是纯粹的理论知识,那么它们与情感就依然有着异质性和外在性,而这正是传统哲学的弊端所在。但在斯宾诺莎看来,关于善恶的真知识不仅是知识,而是同样可以被认作情感,甚至它们本身就是情感,因为"关于善恶的真知识不是别的,只是我们所意识到的快乐与痛苦的情感"(E4P8),而

> 所谓善或恶是指对我们存在的保持有助益或有妨碍的东西而言,亦即是指足以增加或减少、助长或阻碍我们的活动力量的事物而言。因此,只要我们知觉到任何事物使得我们快乐或痛苦,我们便称该物为善或为恶。所以,关于善恶的知识不是别的,只是由快乐与痛苦的情感必然而出的快乐与痛苦的观念而已。但是,这种观念与情感结合的情形,正如心灵与身体结合情形一样。这就是说,这种观念与情感自身的区别,或这种观念与关于身体之感受的观念的区别,其实只是概念上的区别①。因此,关于善恶的知识不是别的,只是我们所意识到的情感自身。(E4P8D)

这种情形不仅适用于我们关于善恶的真知识,也适用于我们对任何情感的知识,甚至适用于理性自身,因为理性就其生成的基础和根源来说必然与我们身体的感受和心灵的情感密切相关。理性不仅是纯粹理论思维的过程和结果,它同时也是人的情感活动的产物,理性本身就具有情感的品质和

---

① 这就是说,这种区分只是我们通过概念而进行的思想上的区分,却不是实在的区分。

特征。唯其如此，理性才能实现与情感的结合并对情感发挥特定的作用。反过来说，情感也能对理性发挥特定的影响。既然情感总是与人的实存活动或生存实践不可分离，所以，理性本身也同时具有其实践的性质和内涵。换言之，理性必然同时是理论的和实践的，而且理性的理论维度始终以理性自身的实践性起源和规定为基础。理性固然以获取真知识或充分知识作为根本的目标，但是这并不意味着理论理性或理性的理论维度要先于或高于理性的实践维度。事实上，在斯宾诺莎这里，后者相对于前者而言更具原初的意义和地位。当然，斯宾诺莎并没有像康德那样，对理论理性和实践理性（或理性的理论应用与理性的实践应用）做出严格的区分，相反，从他对理性的生成论分析以及理性的现实运用来看，他与严格意义上的理性主义之间有着一定的差异和距离。其中最为重要的就是他对理性与激情之间关系做出了全新的规定和调整，而理性本身所具有的情感的和实践的品性对他所理解的理性无疑具有非常重要的意义。[①]

二、理性的力量与理解

既然作为第二种知识的理性乃是充分的知识，那么从情感的方面来看待的理性或作为情感的理性就不再是被动的情感或激情——因为激情始终是一种不充分的观念或必然由不充分的观念而出的观念——，而应当是一种主动的情感。而就理性的生成的基础来看，它又必然与努力或欲望以及快乐相关联。首先，就我们的求知的根本动力而言，不论心灵具有清楚分明的观念，还是具有混淆不清的观念，它总是努力保持自身的存在。而这种保持自身存在的努力就是欲望。而心灵努力保持自身存在就是要具有更多的思想力量，就是要获得更多的观念和理解，这恰恰是理性能够生成的根本前提。所以，就我们能理解而言，或者就我们是主动的而言，欲望必然与我们相关联。同时，当心灵考察它自身和它的活动力量时，他将感到快乐。但是，当心灵考察一个真观念或充分观念时，它必然会考察它自身。而且心灵确实具有一些充分的观念。所以，就心灵具有充分观念而言，换言之，就心灵是主动的而言，它必感到快乐。而且从更根本的层面而言，心灵向着理性

---

① 实际上，早在斯宾诺莎之前，霍布斯就已经对理性与激情之间的关系先行进行了一种革新。传统上被认作对立的两个概念，即激情和理性，被他结合到一起。"对他而言，不仅理性是一种服务于激情的计算，而且计算的合理性也要由激情在引导想象并识别出为达到所欲之目标而需用的手段时所具有的能力来界定。"（Coli, D., "Hobbes's Revolution", in *Politics and the Passions, 1500 - 1850*, ed. V. Kahn, N. Saccamano, and D. Coli, Princeton: Princeton University Press, 2006, p.75.）

转变的最初的原动力恰恰是在心灵所感受的快乐情感之中。因此,"就心灵是主动的而言,在所有与心灵相关联的情感中,没有一个情感不是与快乐或欲望相关联的"。(E3P59)

之所以如此,一个重要的原因就在于,作为基本情感的痛苦非但不能推动人们去认识造成痛苦的事物,反而会使人避开它,从而也就无从体察到人与该物之间的共同之处并形成共同概念,这也就使得人们失去了形成和具有理性的契机。同时,痛苦本身就意味着人自身的活动力量和思想力量的降低,无法为人们提供求知的推动力,甚至使人失去了求知的动力和兴趣。所以,理性的生成及其展开决不能建立在痛苦的情感的基础上。作为充分观念和知识的理性必然在具有内在肯定性的感受和情感的基础上才能形成,而作为充分的知识和主动的情感,理性也会使我们感受到快乐和自身之力量(实存力量和思想力量)之肯定。因此,对斯宾诺莎而言,理性和理性知识就是一种"快乐的知识",这不仅是指理性以快乐作为生成的动力并以快乐作为其伴随的性质,同时也意味着理性知识必然会带来快乐。而且,理性所达到的以及由之而导致的快乐显然不是作为激情或被动情感的快乐,而是主动的快乐,这是由理性作为充分知识的性质所决定的。正是因为理性作为主动的情感所具有的力量,它才能对痛苦、仇恨等被动的情感和恶劣的情感发挥克制的功能。

然而,虽然从一般理论层面上说,上述的观点可以为我们所明了,但是原来的问题依然存在,即作为主动之情感的理性又是以何种方式和途径来具体地发挥克制激情的功能呢?尽管斯宾诺莎明确说过,"一个情感,只有通过一个与它相反并且比它更强有力的情感,才能被抑制或消除",(E4P7)但是作为主动情感的理性是否也像一个暴君或主人那样,以胁迫的方式对其臣民或奴隶进行控制呢?对斯宾诺莎而言,显然不是这样。

依照理性的生成和活动之机制,人具有形成理性的自发性和必然性——只要他具有健全的身体和正常的受影响之性能。而从这个角度出发,我们就可以进一步理解,人们之所以会形成和达到理性,其源初的目的和机制并不是压制和消灭激情。事实恰好与此相反,只是在达到和具有理性之时,人们才会对激情的奴役形成清晰的意识并力求克制激情,或者说,恰是在逐步形成并具有理性的过程之中,人们才能对激情具有认识,从而克制激情。所以,理性形成的过程与我们克制激情的过程其实是同一个过程。由理性知识所体现的人生之主动并不是单纯通过抑制情感和消除激情而达到的,而主动的欲望和快乐也同样不是通过抑制被动的欲望和快乐而实现。"《伦理学》的目标就在于找到我们可以借之将自己的情感生活导向自身之充分展开的途径,但是,只有在人的身体和激情不被贬抑和扭曲的情况下,我们才能实现这个目标"。① 因为斯宾诺莎认为,"人由之被称为主动的欲望和人由之被称作受动的欲望,乃是同一种欲望"。(E5P4S)如果消灭了被动的欲望,那么,我们非但不能达致主动的欲望,甚至我们自身的实存都将被取消,这与人自身的现实本质,即竭力保持自身存在的努力相矛盾,也不符合人作为一个有限的个体在总体自然之中的实存地位。

而且,与斯多亚派、笛卡尔等哲学家不同,斯宾诺莎并不认为理性对情感具有绝对的权威和统治力。即便是我们关于善恶的真知识以及由这种知识所产生的情感也"很容易为许多由折磨我们的情感而产生的欲望所抑制或消除"(E4P15)。同样,"由关于善恶的真知识——就这种知识与未来相关联而言——所引起的情感和欲望,很容易被那种对当前逸乐的欲望所抑制或消除"。(E4P16)而且,"由关于善恶的真知识所引起的欲望,就这种知识与偶然的事物相关联而言,尤其容易为对当前事物的欲望所抑制"。(E4P17)借助这三个命题,斯宾诺莎力求向我们展现出理性自身相对的无力,也就是相对于激情的暴烈和奴役而言所体现出来的无力。在斯宾诺莎看来,尽管理性可以作为情感而出现,并且可以被视为主动的情感,但是这并不意味着理性本然地就享有对激情的绝对的特权和管辖。仅就理性自身来看,或者仅就理性的孤立的实存而言,它绝对不是一个可以进行判决并发号施令的法官。而传统哲学中所推崇的纯粹理论式的理性和自由意志在克制激情方面就更加无能为力了,它们更多的时候只是枯燥的说教,但是对于激情生活却难着边际。因此,探究理性在克制激情方面所具有的真正作用,就必须首先确认理性的力量究竟在那里。

就此,斯宾诺莎曾在一般的层面给出了说明。他认为,"除了思想和形成充分观念的力量之外,人的心灵没有其他的力量"。(E5P4S)而作为心灵的一种特殊实存形态,理性的力量也只能从思想和形成充分观念的层面来得到规定,既然理性的本质不是别的,只是我们的心灵,就心灵可以清楚分明地理解而言。所以,理性的本质规定就在于理解

① Cristofolini, P., *Spinoza per tutti*, p.53.

（intelligentia），①用斯宾诺莎的话说，"没有理解，就不会有理性的生活；事物之所以是好的，只在于它们能够帮助人们享受一种为理解所规定的心灵

---

① 除了 intelligentia 及其动词原形 intelligere 之外，斯宾诺莎哲学中表达理解的还有 comprehendere 一词。而在这两者之间还是有着比较明确的区别的。comprehendere 是一个集"包含"和"理解"于一身的概念。就其内涵来看，它首先指向了一种实在的包含，而且特别与实体或作为绝对无限之实体的神相关联。具体而言，"实体包含一切属性，而诸属性则包含一切样式……这样，斯宾诺莎恢复了中世纪和文艺复兴的整个传统，即通过'并合'（complicatio）来界定神：神并合万物，同时每个事物阐明和暗含神"。（德勒兹，《斯宾诺莎的实践哲学》，第 91 页）这里所体现的正是 comprehendere 的形式意义，即它是一种具体实在的包含。除此之外，comprehendere 更是一种理智作用，具有一种思想层面的意义。"现实的理智，无论它是有限的，还是无限的，都必然理解神的属性及神的情状，而不理解其他东西。"（E1P30，E2P4D）而"所谓理解（包含），总是去把握某种必然存在的东西。按照斯宾诺莎的看法，理解（包含）反对设想某物为可能的：神不设想可能的东西；像他存在那样，他必然理解（包含）自身；像他理解（包含）自身那样，他产生诸事物；而且他产生形式，在这个形式下他理解（包含）自身及万物（诸观念）"。（德勒兹：《斯宾诺莎的实践哲学》，第 91 页）根本而言，comprehendere 的思想的或客观的意义其实来自其形式意义，"凡客观地包含在理智中的东西，一定必然存在于自然之中"（E1P30D）。理解总是包含式的理解，而包含也总是理解式的包含。斯宾诺莎通过 comprehendere 这个概念所要陈示出的是西方哲学中绵延久远的思有同一原则，但是在他的体系中，必须以神的永恒无限性以及神的观念的唯一性作为根本的前提。理解（包含）所依循的是贯穿于斯宾诺莎主义始终的必然的因果性生产法则和认识法则。作为唯一的实体，神是自因，他理解（包含）自身就是产生其自身，而万物作为神的属性的变式都必然存在于神内，没有神它们既不能存在，也不能被设想。而既然对于结果的认识有赖于并且包含了对于原因的认识，那么，神的无限理智在理解（包含）了诸样式之时，就必然包含了对于其自身本质和力量的认识。理解（包含）所阐释的正是斯宾诺莎哲学中这种总体性的维度。实体的定义（即在自身之内存在并通过自身而被领会的东西）、心灵与身体的同一性以及观念自身同时具有的客观本质和形式本质，无不分别从特定的层面表现了由包含—理解所规定的总体性的思有同一原则。

相比于 comprehendere 而言，intelligere/intelligentia 更多地是与人的心灵、或更确切地说是与人的理性或有限的理智相关。在一定意义上讲，后者并不具有前者本然就具有的理解—包含的结构，也不直接体现出它所阐明的总体的思有同一原则。作为思想属性之样式——即心灵——的活动，这种理解并不实现那种实在的包含过程，也就是说，这种理解首先显明的乃是其客观意义。它是观念自身的展开和生产，是观念之间的动力性关联。但是这种理解已然不同于想象，更加不是那种反映或记录式的意识。它所强调的不是人的受动，而是观念和人的理智的活动。同理，它也不再是人以不充分的、混淆的观念而进行的认识，而是心灵依据清楚明晰的观念或充分的观念去把握事物以及人本身。斯宾诺莎哲学中的一个根本主题就是把那种使人陷入受动状态的想象与代表心灵之力量和主动的理智区分开来。早在《理智改进论》一书里，斯宾诺莎就将其作为核心探讨的论题之一，而且是他当时构想自己整个方法论体系的一个重要步骤。在《伦理学》中，斯宾诺莎对于完善理智和理性并加强人的理解依然有着重的观照。（E4App. 4, E5Praef.）此时，这种理解所意味的不再是真观念的既与性和直接性，而是与第二种知识相关，也就是说，这种新的理解形态本身就是充分的，而不是片断的。它以之为依据来展开自身活动的观念，就是共同概念，所以，理解是一种构建与形成的过程。这种构建和形成本身是一种综合，是由原因走向结果，因此，理解既是一种结果，同时也是对于原因的认识。从这个角度来看，理解（intellegere）也蕴含着一种包含的过程。心灵作为一个观念，只有在它将其它观念包含于自身之中的时候，才能够理解它们。（cf. Matheron, A., *Individu et communauté chez Spinoza*, p.64.）

生活;反之,凡是阻碍人们完善自己的理性并阻碍人们享受理性生活的事物就是坏的,而且唯有这些事物才可以被称为坏的"。(E4App. 5)而"我们依据理性去追求的,不是别的,只是理解。而就心灵使用理性而言,除了可以把它引向理解的东西之外,它也不会把别的东西判定为对自己有用的"。(E4P26)所以,"为理性所指导的人的最终目的,亦即他据之努力节制其他所有欲望的最高的欲望,就是能够指导他充分地理解自己并充分地理解一切足以成为他的理解对象的事物的欲望"。(E4App. 4)上述这些方面足以表明,理性就其本性而言,其全部的力量就在于理解,而且只能是理解。除了理解的力量之外,理性并不包含也不具有其他任何力量。同样,理性之所以能够克制激情,也只能源于它自身所具有的理解的力量。而心灵或理性所具有的这种理解的力量,实质上就是充分观念本身的力量,从而也就是充分观念的生成与展开之过程的体现。

相较于知觉、认识等对心灵活动进行表达且意义更为宽泛的概念,理解的意义范围要更为明确,内涵也更为严格。与想象和意见等第一种知识不同,理解就其本性而言就是充分的知识。作为理性或理性知识的实存模式,理解建立在共同概念的基础之上,它是对事物自身之生成和实存的原因及其展开过程的全面把握,是依照事物所处的必然的因果生产机制来对事物形成完整的认识。因此,理解就不同于欲望本身所负载的内在的意识以及人们在想象的基础上形成的自由意识,因为这些意识只是满足于对结果本身的简单的记录和描述,却没有把结果置于它由之得以产生的因果生产链条及其完整的活动系统之中予以把握。(E1App.)故而它们只能是片段的、混淆的和不充分的观念。而这种意识与无知并没有实质上的区别。它只能是一种抽象的反思意识,却无法带给我们真知,也无法为我们克制激情和摆脱奴役提供原动力。

但是,由理性所体现并为之所追求的理解却力求将结果纳入其自身的产生链条之中,甚至将其置于神或自然的必然的生产机制之下。通过这种认识和理解,理性所欲把握的正是自然本身由之活动的普遍必然的规律和法则。所以,理解首先要达到的就是对于普遍必然之真理的认识或者说就是要达到这种普遍必然的真理。但是,很显然,理解所欲把握的真理却不是反思意义上的真理,而是一种在生成和构建过程之中的真理,而理解恰恰就是这个过程本身。而这也同时告诉我们,斯宾诺莎哲学不能被视作"反思的哲学",相反,随着他的思想进程和理论体系的逐步展开,理解的地位和作用愈益凸显,并在他的伦理理论和整个思想体系的阐述之中发挥了更为根本的作用,从而使他的哲学更为鲜明地呈现为一种"理解的哲学"。

毋庸讳言,理解之中确实包含了反思和意识,法国学者米斯拉伊在阐释斯宾诺莎哲学的构建逻辑之时,尤其是在对欲望和情感的生成结构进行分析时,特别将反思作为其中一个关键环节,甚至将其作为斯宾诺莎伦理理论的关键因素。[①] 然而,斯宾诺莎自己就曾明确说过,"不论一个人是否意识到他的欲力,其为欲力还是一样的"。(E3App. 1Exp.)所以,尽管欲望被界定为"我们对之有所意识的欲力",但是意识因素的介入并未给欲望自身的内容添加任何东西,而且就欲望原初的和直接的实存形态而言,这种意识总是不充分的。但是,理解根本不同于反思,它乃是一种动力式的构建和包含过程。相比于意识和反思而言,理解在斯宾诺莎哲学中占据着更为重要的地位。在思想运动、概念推演和体系推进的进程中,理解始终是一个联结和构建的基点。理解的形成和运作过程实际上就是哲学生活本身的构建与展开过程。正因如此,斯宾诺莎所说的理解就不同于传统理性主义意义上那种由理性自身所进行的反思和反省。作为构建进程之结果的理解总是从原因走向结果,要通过原因自身的运动而达到结果,从而理解也就是一种结果。正是通过把原因以及原因的生产活动包含于自身之中,通过发现诸观念的结构并将这些观念以合理的方式串联起来,我们才能形成真正的理解。而"心灵或作为理性的心灵,只有在将其他观念包含于自身之中并赋予它们以有意义的结构时,它才能理解它们"。[②] 事实上,理性和理解也正是斯宾诺莎对其哲学的基本理论进行探究和阐述时所依赖的方式,因为几何学的次序恰是理性的运思和证明的方式,《伦理学》也正是在理性层面进行和展开的。

上面关于理性和理解之关系的论述,也从特定侧面向我们揭示出理性与情感之间的紧密关联。正如斯宾诺莎所言,为理性所指导的人的最高的欲望乃是理解的欲望,(E4App. 4)而这其实也就意味着一种出自理性的欲望,一种合理的欲望。所以,理性本身内在地具有欲望的维度,它也通过这个层面而与情感联系在一起,甚至成了一种情感。而作为情感的理性的根本标志就通过理解的欲望而得到表现。培根曾经说过,"人的理智并不是一种干燥的光,而是为意志和情感所浸透"。[③] 虽然斯宾诺莎认为,培根对人的心灵和理智之本性的认识是错误的,(Ep. 2)他也不会像培根那样认为意志和情感会浸透到理智之中,但是,他所理解的理智无论如何也不是那种纯粹理论式的存在物,因为理性本身就具有情感的维度,或者他竟至把理性视为

---

① Cf. Misrahi, R., *Le désir et la réflexion dans la philosophie de Spinoza*, pp.378 – 381.

② Matheron, A., *Individu et communauté chez Spinoza*, p.64.

③ 培根:《新工具》,第一卷第49节。

一种特定的情感。此外,当培根认为"情感以无数的而且又是觉察不到的途径来沾染和败坏理智"①之时,斯宾诺莎却认为理性和理智所具有的乃是主动的情感或者说理性和理智自身就是主动的情感,这是为理性和理智的本性所决定的。我们不是通过清除理性之中作为杂质的情感才得到了纯净的和有力的理性,相反,理性在其生成之初就是主动的情感。

由此可以推知,虽然心灵必然在保持自身存在的努力和想象中有其原初的认知动力,但是这种认知动力不仅适用于具有充分观念的心灵,同时也适用于具有不充分观念的心灵,因而这种认知动力本身具有相对于知识而言的无差别性。这种认知动力也是在想象的机制下得到表现。人为了保持自身的存在总是努力想象那些有利于自身或与其身体之本性相符合的东西。但这种机制可以将人导向充分的观念,或导向不充分的观念。所以,求知并不是人的基础的和首要的欲望,人也不是首先以"理论人"的姿态来实存并与他物相照面。反之,求知之欲在一定意义上乃是人保持其自身存在的努力和欲望的连带之物或副产品,并且要在努力或欲望的基础上才能得以生发。而这种处在想象范围之内的求知之欲也不是求取真理的欲望和意志,甚至并非对知识本身的追求,而是首先指向了自身的肯定和存在的保存。同时,在激情的背景之下,知识也不是真正意义上的德性。

只有到理性和理解层面,斯宾诺莎才将他的认知动力理论落实到了实处,或者说我们对于真理和真知识的认知动力只有在理性的层面才能真正实现并得到表达。只有在人的理性的生成和实存的层面才能产生一种作为真正求知动力的**理解之欲**。就其生成和构成之本性而言,理性以共同概念为核心;但是,就其现实的实存和表现形态而言,理性则以理解为核心。只有达到了理解,我们才能具有求取真知的动力,才会具有达到和面对真理的勇气。也只有在理性和理解之中,求取真知和真理的动力才真正活动起来,甚至作为最高知识的第三种知识或直观知识,以及依据第三种知识来认识事物的努力或欲望,也只能出自于第二种知识或理性。(E5P28)对斯宾诺莎而言,充分知识不能从不充分的观念而来,而只能从充分的观念而来。所以,作为充分知识之最高形态的第三种知识只能从作为充分知识的第二种知识或理性而出,要以后者作为基础和前提。而人之所以能够从第二种知识过渡到第三种知识正是依靠在理性层面才能真正形成和表达出来的理解之欲。而且这种动力不是源于理性或心灵之外,而是为理性自身所内在具

---

① 培根:《新工具》,第一卷第 49 节。

有,或者说理性本身就是这种理解的欲望,而理解亦成为欲望的对象。正是因为理性总是要寻求更多的理解和力量,它才能现实地实存并且达到更多的真理或真知识。

既然理性的力量唯独在于理解,所以,理性之所以能够克制和抑制激情也正源于理性的理解力量。天生就处在不充分的知识和激情的控制之下的人,为了能够摆脱激情的奴役并从被动转变为主动,一个重要因素就是要具有理性,要达到由理性而来的理解,却不能依靠我们所幻想出来的那些外在的命令。充分的知识或理解之所以能够发挥克制激情的作用,并不在于它们可以消灭激情,而且我们一再强调这种做法是完全不可能的。实际上,理性克制激情的方式也正在于理解,这也是斯宾诺莎所构想的以理性来克制激情的总纲。

而这种基本的立场也就决定了要克制激情并不在于消灭激情,而是在于使激情本身发生**转变或转化**(transformation/conversion),亦即从被动的情感转变为主动的情感,从被动的状态过渡到主动的状态。我们的情感以及我们的实存方式之所以会发生这种转变与过渡恰恰就在于理性在激情的基础之上的生成以及由之而产生的理解。既然在现实生活中人们总是必然或多或少地具有理性,那么原初过着被动生活的人也就可以转变为具有理性并过一种理性的生活。因此,过渡与转化乃是我们从被动走向主动的关键。从这种意义上说,在斯宾诺莎这里,人也可以被视为一座桥梁,但是只是一座相对于他自身而言的桥梁,或者更严格地说,个人对其自身是一座桥梁。他不会向某种超越的存在或意义过渡,后者是斯宾诺莎竭力反对的。这种过渡意义上的桥梁就是人从被动向主动的转变,而且人也现实地具有这种能力。当然,这里所说的过渡只是就其特殊的意义而言的。实际上,不仅存在着从被动向主动的过渡,而且那些作为激情的情感,无论自身是好是坏,也都包含着一种过渡。正如我们在考察情感之本性时所特别强调的一样,情感本身就是一种过渡性的体验。心灵通过这种过渡而具有了比以前更大或更小的活动力量;当心灵肯定其身体或身体的某一部分的某种东西具有比从前较大或较小的实在性时,心灵便过渡到较大或较小的完满性。但是,这种过渡、较大或较小,并不同于情感在其绵延中的不同状态或不同情感之间的那种比较,而只是说"构成情感之形式的概念肯定身体具有某种东西,而这种东西实际包含比从前较多或较少的实在性"(E3 Aff. Gen. Def. Exp.)。所以,无论是作为激情的情感本身所包含的过渡,还是由被动的情感向主动的情感的过渡和转化都不是比较的功能和产物,而只是我们自身的实存和思想力量本身的变化以及对这些变化的体验。①

　　经由上述分析可见，理性的生成过程与理性克制激情的过程乃是同一个过程。克制激情的基本模式正在于，随着人们形成理性或理性知识，他们

---

① 斯宾诺莎哲学从来都不是一种"比较的哲学"，恰如他不喜欢指斥他人的谬误一样，他也不轻易进行比较。(Ep. 2)在他的笔下，比较大部分时候并不发挥肯定的构建功能，而是更多地与我们的想象活动相关，是在想象之中展开的活动。而且，"正是通过比较，想象才得以完成其'划分'与'结合'的功能"。(Bertrand, M., *Spinoza et l'imaginaire*, Paris: Presses Universitaires de France, 1983, p.103.)而这种功能首先就体现于人们在想象领域所形成的共相和各种抽象的观念，善恶等概念就包含于其中。但是，按照斯宾诺莎的知识理论，这种共相和一般观念只是混淆的概念，却无法给我们提供充分的知识。除此之外，在斯宾诺莎看来，比较在人的日常生活中也具有道德层面的意义，而且他对比较在想象层面之运作的考察很大程度上是为他探讨比较在道德之中的作用来服务的。而在道德生活中，比较往往以负面的形态出现。就此斯宾诺莎说过，"我一直认为，人必然受制于诸种激情，因为这是肯定无疑的。在我的《伦理学》中也证明确实如此。人性大都同情失意者而嫉妒得意者；多倾向报复，而少有悲悯为怀者；此外，我还说过，每个人总想要别人依照他的心意而生活，赞同他所赞同的东西，拒绝他所拒绝的东西。结果，既然人人都想胜过别人，他们便互相争吵，相互努力压制对方。对于胜利者而言，引以为荣的并不在于自己得到什么好处，而在于损毁对方。人人都清楚地知道，这样做是违反宗教教义的，因为按照教义，每个人都应该爱邻如己；应该维护他人的权利，犹如维护自己的权利一样。但是，如我已经论证的那样，这种信条对于克制情感没有什么作用。老实说，只有在人之将死，疾病压倒诸种激情，奄奄一息之际，或在教堂里，人们无需勾心斗角的时候，宗教教义才起作用。但是，在那些似乎更需要宗教教义的地方，如法庭上或宫廷里，它却丝毫不起作用"。(TP., 1,5)由上述这段话可知，比较对催生和强化我们的恶劣激情有着重大的相关性。当我们看到他人独占某物，而我们自己被排除在外之时，我们内心的比较就驱使我们打击和伤害他人，以便满足我们自己的占有欲。(E3P32)而当我们看到与我们类似的人没有我们孔武有力或没有我们财运亨通之时，我们就会产生傲慢和虚荣，可是个人的这些优势总有被超过之虞，以致我们会陷入恐惧和焦虑之中，(E3Aff. Def. 28)如此等等。因此，我们通过比较所看到的更多的是自己的无力，而不是自身力量的肯定。于是，由比较所产生的就不是主动的快乐和欲望，而是始终为焦虑和痛苦所伴随的情感。这也就导致我们不是在肯定自身的力量，却使这种力量被削弱。虽然我们有时也会因为自身的比较性优势而感到巨大的愉悦，但是这样一种快乐并不是建立在我们对自身力量和能力之清楚明晰的认识的基础上，而是为那些与我们自身的力量相比较的外因力量所决定，所以，比较更多引发的是激情，而人们往往会因之而变得狂妄专横，不仅不了解自己，更会藐视他人。对斯宾诺莎而言，凡是陷入这种境地的人都可以被称作无知之人。同时，整个人类社会也会因这种比较所引发的激情而陷入不安和纷争；社会的动荡和争斗，政治上的暴行和宗教上的战争时常与此相关。所以，斯宾诺莎对于这种由比较而产生的激情和价值持有强烈的反对态度。在他看来，"每一个人真正的幸福和至福仅在于享受善，而不在于自夸只有他自己享受这种善而别人都被排除在外。任何人，若因为只有他享受幸福而别人都不得分享，或因为他比别人更为幸福或幸运，就自夸更为有福，那么他就还没有认识真正的幸福和至善。他由此得到的快乐，如果不是幼稚的话，那也只是出于嫉妒或恶意。例如，人的真正幸福和至福只在于智慧和认识真理，而不在于他比别人更有智慧，或别人缺乏知识，因为这种比较对于他的智慧，也就是他的真正的幸福，并不能增添任何东西。因此，凡是以此为乐的人，就是幸灾乐祸，因而是妒嫉不仁的，他也就不了解真正的智慧和正直生活的宁静"。(TTP, 3,1/中译本第50—51页)因此，比较在斯宾诺莎的伦理学体系中并不是一个可以发挥积极构建功能的肯定性概念，他的伦理学也不是一种比较的伦理学。

会在一定程度上对自己原初的被动状态以及他们所遭受的各种激情形成充分的观念和认识。而理性在理解这些激情之时，它必然会考察其自身，从而会以自身为有力并进一步体会到快乐，而这种快乐则不再是被动的快乐，而是主动的快乐。在这种机制下，人的心灵必然从被动过渡到主动，从具有被动的欲望和快乐转而具有主动的欲望和快乐。当然，更确切地说应该是人所具有的被动的情感转变为主动的情感。也正是在这里，**"转变"**作为斯宾诺莎哲学的另一个关键概念呈现在我们面前。① 依照法国哲学家阿多的观点，"在古代哲学的基础上成长出来的斯宾诺莎哲学，教导人们如何激进而彻底地转变他自身的存在，如何达到幸福"，"哲学就是人的存在和生活方式的转化和转变，是对智慧的追求"。② 在斯宾诺莎这里，这种转变就是从想象的生活方式转化为理性的生活方式。所以，理性从来都不只是一种纯粹理论知识，而是具有深刻的实践意义，甚至是我们的一种在世方式和具体的实存形式。通过理性的生成，人们才得以使自己绝对被动的生活状态和生活方式转变为以积极主动的姿态来生活。

事实上，大体在理性层面得到构建和展开的《伦理学》，与其说是斯宾诺莎的理论阐述，倒不如说是他自己生活的构建和展现，或者说就是理性和理智生活之转变和构建的进程。在这个意义上讲，《伦理学》可以被视为一个对真理和智慧有所洞见的人对如何转变自己的生活形态并构建自己的存在方式的表达。③ 其中的核心议题始终在于我们如何从想象的生活方式转而享有理性的生活方式，如何从受激情的奴役转变为具有理性并达到由理解而来的主动和自由。这种关于知识、情感和生活的观点也表明，为了从奴役过渡到自由，我们"不应当首先参照斯宾诺莎的认识理论，然后再进展到他的情感理论，反之，我们首先应当考虑的是情感理论，然后才是认识理论"④。虽然在《伦理学》中斯宾诺莎关于心灵和认识的理论是先于情感理论而出现的，但是这并不意味着，情感必须以知识为前提，或知识必然在时间上先于情感；反之，关于情感——尤其是被动的快乐——的理论却为斯宾诺莎的知识论的构建和展开提供了必需的基础，或者如前文所言，人首先是作为一种情感的存在者而实存的。

当然，情感理论相对于认识理论而言的优先性基本上只是一种阐释上的优先性，而在现实生成与实存之中，二者根本不可能截然分开。更为重要

---

① Cf. Misrahi, R., *L'être et la joie*, p. 347.

② Hadot, P., *Exercices spirituels et philosophie antique*, p. 227.

③ Cf. Negri, A, *L'anomalia selvaggia*, pp. 179 - 185.

④ Misrahi, R., *L'être et la joie*, p. 348.

的是,我们从被动的情感向主动的情感的转变事实上就是我们认识方式的转变,是我们看待世界、审视事物和考察我们自身之视角的转变。当然,这种视角的转变绝非一种外在操作的结果,更不是某个卓越的存在者的赋予,而只是我们自身的认识方式和生活方式的转化本身,也就是我们从第一种认识方式向第二种认识方式的转变。而我们所要做的就是努力地创造一切可以使我们摆脱被动达到主动的条件,亦即"安排良好的遭遇,组合真实的关系,形成力量,进行实验"①。获得自由、达到主动的境界对于每个人来说都是一个自我追求、自我认识和自我转变的过程,而绝对不是仅仅取决于外在的安排和配置。因此,斯宾诺莎撰写《伦理学》同他磨制镜片一样,只是为了给人们提供明亮的光线,使人们可以透过更清晰的视角来审视世界。达到主动、获得自由只能依靠个人自己的努力,这是一种自我的教化和转化。同理,这种努力和教化的力量就是我们所具有之观念的力量,是我们对激情形成清楚明晰之观念的力量。而无论是这种认识、还是这种视角的转变最终所依靠的依然是我们的欲望。它既是我们在日常经验领域中所具有的那种被动的欲望,也是我们由之而被称为主动的那种欲望,一切认识和视角的转变皆以这种欲望、以我们追求快乐和认识的那种欲望和力量为基础。这种视角的转变乃是力量自身之特性的显现,是人所具有的德性。

三、理性的命令、德性与快乐

在斯宾诺莎这里,人具有理性知识或者说人转变为具有理性乃是至关重要的一步。而在他的体系中,"思想具有一种量的表现,而在样式之中也是这样"②;同理,具有理性对于作为有限存在者的个人而言,在很大程度上也是一个量的问题或者说具有量上的区别。每个人所具有的理性及其所具有的充分知识都具有量上的差异,而且每个人所具有的思想力量也与其身体的受影响之性能一样处在波动状态之中。所以,具有理性对人而言并不是一个静态的或一劳永逸就完成的事实。相反,我们在生活的过程中总是力求获取更多的充分知识,始终要保持和提升我们自身的实存和思想的力量。而且,只有在理性知识的层面,我们才具有获得真知的动力,因为理性在为我们带来理解的快乐和主动性之时,也持续推动我们去达到更多和更高的理解。而在逐步具有理性并从被动转变为主动的过程中,人们也在逐渐获取或培养自身的德性(virtus)。尽管斯宾诺莎的伦理理论并不以德性

---

① 德勒兹:《斯宾诺莎的实践哲学》,第 145 页。
② Hubbeling, H. G., *Spinoza's Methodology*, Assen: Van Gorcum, 1964, p. 25.

作为出发点,而且严格来说,他的伦理学也不同于传统的德性伦理学,但是,德性在他的伦理思想中依然是一个关键范畴,并贯穿于他的伦理体系的后续构建进程。当然,在提及德性概念的时候,他并非在这个词的传统意义上来对之进行使用,而是为之赋予了非常独特的内涵和规定性。

在《伦理学》中,斯宾诺莎对德性下了一个明确的定义:

> 德性和力量,我理解为同一个东西,这就是说,德性,就其与人相关联而言,就是人的本质或本性自身,这是就人具有可以做某些唯独根据他的本性法则就可以被理解之事情的能力而言的。(E4Def. 8)

由这条定义可见,斯宾诺莎不是在通常的道德意义上来界定德性,更与当时依然具有强大影响力的基督教的德性概念有着根本分歧。在前两者的道德哲学中,德性总是需要借助于善恶、评判等价值范畴才能得到确立和理解,从而总是具有一种外在的指向。但是,这种意义上的德性,与其说是我们自身之力量和才能的体现,倒不如说是在展现我们在多大程度上符合于众所公认的价值尺度和定见。

而斯宾诺莎显然抛弃了这种理解德性的方式,也没有接受矗立在这种德性观念之上的伦理传统。总体而言,他的德性定义可以从两个部分来审视,而这两个部分分别代表了德性概念在他思想中浮动的两个端点。从该定义的前半部分出发,我们可以对德性做一种广义上的理解,或者说,这是斯宾诺莎在其总体的存在论背景下对德性所给出的界定,也是他的自然主义立场的延续。对他而言,德性首先就是力量,这种力量就是每个样式或个别事物在由神产生出来之时从神那里所获得的力量,甚至就是神或自然本身的力量。斯宾诺莎在很多地方直接将德性与神或自然联系起来,并多次明确使用了"神的德性"(virtus Dei)或"自然的德性"(virtus naturae)这类说法。(TTP, 1, 25;5, 10;6, 3&4;20, 2;E3Praef.)而在使用这些术语之时,他所指的并不是一种道德的和人格意义上的德性,因为在他的绝对自然主义的思路下,神或自然根本不具有人格的意义维度。而所谓神的德性或自然的德性,完全是指神或自然本身所具有的绝对无限的存在与活动之力量,也就是它们遵循自身的本性必然性或普遍必然的法则将万物产生出来的那种力量,因此,对神或自然而言,德性直接就是其力量本身。

与此同时,斯宾诺莎在行文之中,不仅就神或自然而言以这种方式理解和使用德性,而且就一切现实实存的有限样式或个别事物而言,他也将事物自身之德性理解为它们借之实存和活动的力量,亦即事物据之竭力保持自身存在的力量。由此,德性与力量就是相同一的。(E4Praef.)如此规定的力量实际上也正是事物本身所具有的自然力量,同时也意指着事物能够做某事的特定能力或权能(potestas),例如,想象、理智、心灵也具有自身的德性(TTP,2,11;5,14;TP,5,5),而这里的德性完全是在一种与想象、理智或心灵相适应的能力意义上而言的。所以,事物所具有的一切能力、权能及其对其他事物所具有的权力归根结底都来自它本身所具有的力量,正是力量决定了事物本身的能力以及它所具有的权利(jus)。而所谓自然权利就是

> 万物据之得以产生的自然法则或自然规律,以及自然的力量本身。因此,整个自然的自然权利以及每个个体的自然权利,都同它的力量所及范围一样广大。所以,一个人按照自己的本性法则而行动就是按最高的自然权利行动,而且他对其他自然物具有同他的力量一样大的权利。(TP,2,4;TTP,16,2/中译本第212页)

对德性的理解和界定也应当首先在力量的背景之下进行,德性也必然以力量为基础,只有拥有力量才能拥有德性。显然,这种对德性的界定首先是在一种宽泛的意义上进行的,并且与西方古典时期对德性概念的理解和使用具有相似性。

在希腊古风时代,德性(ἀρετή/areté)概念就首先是在一种非常宽泛的意义上被使用的,它不仅指人的优点,也意指着那些非人存在物的卓越之处,例如神的力量、勇气、一匹马的精气神及其飞快的速度。所以,这种德性就不仅局限于一种道德品质,而是更加凸显力量和勇气的涵义,甚至与物理的和身体的力量相关联。[①] 尽管在最初阶段,德性概念已经负载了道德意涵,但只是在随后的希腊文化的发展过程中,这种道德意涵才逐渐变得显明和重要。然而,即便在柏拉图和亚里士多德发展出与德性相关联的更高的伦理理性和行为准则时,他们依然在一定程度上保留了德性在希腊古风时代所具有的力量和卓越等方面的内涵,并将他们的观点建立在这个背景之上。[②]

柏拉图在其著作中曾多次使用"眼的德性""耳朵的德性"等表达,[③]而眼睛与耳朵之德性显然是就它们的功能而言。如果它们能够良好地发挥自身之功能,亦即眼睛可以看,耳朵可以听,那么它们就拥有并实现了自身的德

---

① Cf. Jaeger, W., *Paideia: La formazione dell'uomo greco*, Vol. I, traduzione di L. Emery, Firenze: La Nuova Italia, 1967, pp. 32–33.
② Ibid. pp. 43–44.
③ 柏拉图:《理想国》,353B。

性,展现了自身的力量和能力。从这个意义上说,人就有人的德性,而马也有马的德性,这些都是由它们各自的本性所决定。① 正是在这种德性概念的基础之上,柏拉图逐渐展开了他关于伦理和道德的论述,而他所说的好与坏、善与恶等概念也必须参照这种德性观念才能得到全面的理解。当然,从柏拉图的道德哲学来看,他在论述人的德性时逐渐向着灵魂的德性进展,后者占据了更为核心的地位。而灵魂的德性则取决于其各部分的功能。如果各个部分都能各司其职,完满实现自身的功能和任务,那么灵魂本身也就实现了其完整的德性,亦即达到了智慧、勇敢、节制和公正这四种主要的德性。② 所以,作为力量和功能的德性也就构成柏拉图构建其总体德性观念的出发点。

亚里士多德对人的德性之起源及其活动机制的分析则更为复杂。在他看来,

德性可分为两类:一类是理智的德性,一类是伦理的德性。理智的德性大多经由教导而产生和发展,为此它需要经验和时间;而伦理的德性则源于习惯,只需对习惯(ethos)一词稍加改动,我们就取得了伦理德性的名称。由此可见,没有任何一种伦理德性是经由天性而在我们身上产生的……我们的德性既非出于天性而生成,亦非反乎本性而生成。实际上,我们是出于天性而接受了德性,并通过习惯而使之得到完满。③

所以,亚里士多德并不把德性视为一种从潜能到现实的过程,人也不是天然地就具有德性的基质,相反,"我们之所以具有德性,乃是因为我们首先实施或运用了这些德性,恰如其他技艺的情形一样"。④ 虽然德性不能脱离人的天性,因为正是天性使得人能具有德性,但是德性的产生和运用却与人的行为和习惯密切相关。这样理解的德性,尤其是伦理的德性,就总是与我们的感受、能力以及活动相关,却又不是其中的任何一个,而只是人所具有的稳定的品质。正是出于这种品质,一个人才会变好并出色地发挥其自身的功能。⑤ 更确切地说,既然德性总是与感受和行为相关,那么它就必然会与过度、不足和中间状态有关联,因为感受和行为总是会陷入这三种状态之中。

---

① 柏拉图:《理想国》,335B—C。
② 同上书,435B—443C, 444E。
③ 亚里士多德:《尼各马可伦理学》,1103a24。
④ 同上书,1103a30。
⑤ 同上书,1106a11—a21。

而真正的伦理德性，必然与中间状态相关，因此，"德性就是一种可以指引我们进行选择的品质，它完全在于一种相对于我们而言的中道，并且要由理性来决定……这样，德性就是一种处在两种恶——即过度和不足——之间的中间状态"。① 由上述几个方面可知，亚里士多德虽然不把人的德性归结为天性，也不简单地等同于人的灵魂的能力，但是，人的德性却依然需要以天性和天生的容受力为必要的条件，因为恰是通过我们的天性或自然，我们才具有接受和造就德性的能力。

而同古希腊时期一样，在古罗马的拉丁文化中，德性（virtus）最初也是从力量、能力等方面得到规定和应用的。拉丁文的 virtus 一词的词根是 vir，后者的词义主要是男子、战士、力量、勇敢等，由其而出的 virtus 一词的首要意思也正是力量、能力、勇气、卓越的品质等，而且它尤其要凸显一种男子气概、阳刚之气以及勇猛精进地做事的能力。而美德、道德品质等涵义则同希腊时期的 areté 概念一样，只是逐步演化出来并被加诸于 virtus 的词义之中。而在其原初的涵义和使用中，相比于力量、勇气等涵义，怜悯和仁爱意义上的美德则是后续衍生出来的并处于从属地位。对罗马人而言，所谓德性或美德首先就要从孔武有力这个意义上来理解。后来，马基雅维利在使用意大利文中的 virtu 一词时，也是在上述这个意义层面上来理解和界定的。他的重要目标之一就是以这种作为力量和勇气的德性来对抗基督教所推崇的谦卑、懊悔、忍耐等品德，也就是要反对后来尼采所批判的以基督教为代表的"奴隶道德"。

作为文艺复兴时期的重要的思想家，马基雅维利对古人的思想十分珍视和尊重，他更加推崇古人所持守的德性观念及其实践。但是，这种德性并不是亚里士多德所说的那种建立在习惯基础之上的伦理德性，也不是由哲学思辨所引向的理智德性，而是一种非道德式的原初的德性，是作为力量和权力之表达的德性，或者就是战争与政治行为之中所展现的德性。② 德与力（力量和权力）之间密不可分，而具有和实现德性就是充分地培育和表现自身的力量和能力。③ 正是因为德性具有这样的品性，马基雅维利以之作为人据之对抗运命的手段。一个具有德性的人可以将言行控制在自己的手里，使自己的事业和际遇能够为自己所支配，而不致为外因和运气所左右。拥有德性的人实际上就是可以自主的人，是可以将命运控制在自己手中的人。

---

① 亚里士多德：《尼各马可伦理学》，1106b36—1107a3。

② Cf. Mansfield, H.C., *Machiavelli's Virtue*, Chicago: The University of Chicago Press, 1996, p.11.

③ 参考马基雅维利：《君主论》，潘汉典 译，北京：商务印书馆，1985 年，第 35 页。

而斯宾诺莎对于德性和运气之间关系的看法与马基雅维利的立场多有相似之处,甚至我们可以说他对于德性的理解和界定具有马基雅维利渊源。[①]

当然,尽管斯宾诺莎的德性概念可以追溯到上述这些渊源,但是这并不意味着他径直把古代的德性概念照搬到他的思想之中。实际上,他的德性观念更多地还是从他的存在论基础上衍生和发展出来的。就一切现实实存的事物而言,他都将其德性与力量相同一,而这种力量又具体化为每个事物保持自身存在的努力,因为这种努力实质上就是力量的时刻。一个事物越有力量,它就越能够保持自身的存在,从而也就越是有德性。这种与力量的同一也为斯宾诺莎的德性概念赋予了最原初的意义,也是这个概念后续得到展开和运用所依赖的前提,并构成了斯宾诺莎伦理学的枢纽。[②]

而上述这种德性与力量的同一尤其适用于人。当斯宾诺莎真正介入对人的德性的讨论时,他正是从这种同一出发的。对他而言,德性的基础甚至唯一的基础,"就是保持自身存在的努力,而一个人的幸福就在于他能够保持自己的存在"。(E4P18S)我们根本不能设想有其他任何德性可以先于保持自身存在的努力这种德性,因为保持自身的努力乃是人的现实本质,没有其他任何的本质可以先于这个本质;没有它,我们也不可能设想其他任何德性。(E4P22&C)既然保存自身的努力或欲望就是人的现实本质,那么人也必然会追求和喜悦于一切有利于其自身保存的东西,也就是与其自身之本性和利益相符合的东西。而"一个人愈努力且愈能够寻求他自己的利益,即保持他自己的存在,则他便愈具有德性,反之,就一个人忽略他自己的利益,也就是忽略他自己的存在之保存而言,他就缺乏力量"。(E4P20)故而,人的德性同样是建立在保持自身存在的努力或力量之上,也始终是对这种努力或力量的肯定、保持和促进。人的有力就体现于这种保存自身的努力,而人的无力则源于缺乏这种努力或力量。后者不仅是指他无力节制和克制自己的激情,更在于不充分的知识或外因的左右使之忽略了对自身存在的保持以及他的利益。因此,具有德性实质上就是具有力量,就在于能够更好地保持和追求个人的存在和利益。而有德性的人实质上就是能够追求自身利益的人。

上述这种联系使斯宾诺莎的伦理学在力量与德性的原初层面或许表现出一种突出的个体主义和利己主义的色彩,这正是由人的保存自身存在的

① Cf. Calvetti, C. G., *Spinoza: lettore del Machiavelli*, Milano: Vita e pensiero, 1972, pp. 118 - 146.
② Cf. Boscherini, E. G., "Sul concetto spinoziano di virtú", in *La Ética de Spinoza: Fundamentos y Significado*, p. 322.

努力所导致的必然结果。对此,斯宾诺莎并未否认,反之,他明确地强调,"一个人除非同时具有对存在、活动和生活——亦即对现实实存——的欲望,否则他就不能有对于幸福、良好的行为和良好生活的欲望"。(E4P21)而且这个命题完全是自明的。人只有首先存在,必须首先现实地实存着,他才能活动和生活;也只有在此基础上,他才能更好地活动和生活,才能谈及幸福。所以,保持自身存在的努力或欲望,作为人的现实本质,必然是他的一切后续活动和生活的基础,也是其他一切德性的前提条件。正因如此,每个人都必然首先追求一切有利于保存其自身存在或保持和提升其自身力量的东西;一切与之相符合的东西对他而言必然是好的,这也是他的根本利益之所在,一切其他的利益均以此为基础和衡量标准。所以,德性不仅与力量相同一,不仅是力量的表现,更是对力量本身的保持与追求,是对一切有利于保持和提升自身力量的东西的追求。

在此背景下,我们很容易联想到,人们在追求自身之利益、在竭力保持自身之存在时必然会产生相互的矛盾和冲突,就好像在受激情的机制控制时人与人之间所产生的矛盾和冲突一样。这种在广泛意义上被理解的并与力量同一的德性似乎也跟激情有着千丝万缕的联系,因为它们同样都是建立在个人保持自身存在之努力的基础上的,共同体现人的力量、努力和欲望的直接性和自发性,都内在地遵循着力量本身的表现和构建之逻辑。而为了保持自身的存在并实现个人的德性,我们就必须获取各种利益,占有特定的资源。从这个角度来说,斯宾诺莎所提出的广义的德性可以被纳入"占有性个人主义"的范围之内。

> 个人主义的占有性可以在它的个人概念中找到,这种概念认为个人实质上是自己人身或能力的所有者,为此他对社会无所亏欠。个人既不被视为一个道德整体,也不被视为更大的社会整体的一部分,而被视为他自己的所有人。所有权关系——对越来越多的人来说,它已经成为极端重要的关系并决定着他们的现实自由以及他们实现自己的全部潜力的现实前景——被附会到个人的本性中。人们咸信,个人就他是自己的人身和能力的所有者而言,就是自由的。人的本质在于摆脱对他人意志的依赖,而自由取决于占有。①

---

① 麦克弗森:《占有性个人主义的政治理论:从霍布斯到洛克》,张传玺 译,王涛 校,杭州:浙江大学出版社,2018 年,第 3 页。

恰是因为这种追求个人利益的德性与人为其所制的激情皆以保持自身存在的努力为基础，故而这种体现了努力之自发性与肯定性的德性似乎必然会陷入与激情生活相似的境地。当人只具有不充分的知识并受制于激情时，他们对自己、对世界和事物都只有不充分的和混淆的观念。他们并不了解自己在世界上的现实存在地位，也认识不到自己与世界的关联和统一，而是视自己为"王国之中的王国"，是一种具有绝对权利和独立性的个体。他人对于他而言只是他保存自身存在的手段，甚至经常会构成障碍，因为人们对各种物质资源的占有是具有排他性和竞争性的。"假如我们想象着某人享受着只有他一个人能占有的东西，则我们将努力使他不占有该物"。(E3P32)人际之间的嫉妒、争竞和斗争也由之而起。这一点在资本主义生产方式和生产关系得到初步确立的荷兰社会有着鲜明的体现。因此，斯宾诺莎对人际关系和社会交往形态的理解，虽然在很大程度上基于他对人的本性和激情的分析，但是这并不意味着他仅以纯粹观念作为理论构建和阐释的唯一原则。这一方面是因为他对思想与实在、思想的力量与实存的力量之间关系的处理始终遵循同一性的模式，同时也是出于他们自己早年的商业实践以及他对人际之间就财物的占有观念及其所引发之冲突的考察。

然而，尽管我们可以从这种以保持自身存在为基础并以追求个人利益为目标的德性引出与受激情控制的人际生活相类似的结果，但是斯宾诺莎显然在《伦理学》中并没有将二者等量齐观，也没有仅限于这种关联，更没有将这种与力量和能力同一的德性视为人性的缺陷。事实上，这种理解方式与他对德性的界定有着内在的矛盾。正如人保持自身存在的努力或力量乃是人的受影响之性能以及激情得以生发的基础，但努力或力量并不因此就被他视为否定的，同样，与力量相同的德性也不会因为它是我们对个人利益的追求而被视为否定的或被视为人的缺陷。相反，同力量一样，德性对斯宾诺莎而言始终是肯定的。不仅神或自然的德性或力量是如此，人的力量和德性也是如此，因为恰如他所言这种广义上的德性乃是其他一切德性的前提。人的无力与奴役，乃至人际之间的冲突，并非因为力量或努力跟德性具有内在的同源甚至同一关系，而是源于外因的作用和激情的影响。

从斯宾诺莎思想体系的总体构建和展开，特别是从《伦理学》的进程来看，在他探讨作为伦理学之基础的形而上学和认识理论时，甚至是在讨论一般情感理论时，他已经多次提及德性概念，但是，从这些部分的用法来看，他始终在力量或能力这种最广泛和最基础的层面来理解和使用德性。然而，正如《伦理学》第四部分定义八所示，他对德性的理解并不停留于这种基础的层面,而是有着变化的幅度,或者说,德性在他那里有一种意义逐步提升和提炼的趋势。而这种提升过程的至高点就是人因为具有理性或在理性的指引下生活而具有的那种德性。事实上,这恰是斯宾诺莎所理解的严格意义上的德性,从而也是德性的最高的或最完满的形式,或者就是他所说的真德性(TTP,3,10;4,12;7,4,14,1)。所以,理性因素的引入是斯宾诺莎的德性概念得以精确化和确定化的关键,这也是为什么只是在《伦理学》第四部分引入理性的命令等概念之后,他才对德性概念展开具体的阐释和使用。也只有在这些因素出现之后,伦理学的正面构建才真正得以实施并转入快速的进展之中。

当此之时,理性和德性,这两个在斯宾诺莎伦理学中处于关键位置的概念真正紧密地结合起来。而就理性与德性之间的关系,首先从一般层面上看,理性就是在广义的德性以及与之相同一的保存自身存在的力量和努力的基础上生成的;而严格意义上的德性则是在理性的生成和运作的过程中一同得到塑造。所以,理性在一定意义上可以被视为力量与德性的一种特定的时刻或表现形态,而且是其较高的形态。[①] 依照我们关于理性之生成过程的阐释,这一点是比较明显的。

而以理性作为规定德性的根本因素则与斯宾诺莎关于德性的定义的后半部分紧密相联。在这个部分中,斯宾诺莎说道:"与人相关的德性,就是指人的本质或本性,这是就人具有可以做那些唯独依据其本性的法则就可以被理解的事情的能力而言的。"相比于德性定义的前半部分的广泛的意义幅度,后半部分将德性限定在人的范围之内。当然,人的因素的介入并不意味着人的德性就可以跟神、自然以及其他事物的德性具有本质上的区别。事实上,斯宾诺莎自始至终都从未违反德性与力量的同一,因为即便是人的德性也必须从神或自然的力量或德性而出并以之为基础。由此可以说,我们所具有的一切努力或欲望都出于我们本性的必然性,而这种本性的必然性恰恰建立在神的本性必然性或自然的普遍必然的法则之上。在此背景下,人的努力或欲望可以通过两种方式来得到表现或理解,即它们或者只须通过人的本性——就像通过诸欲望的最近因——就可以得到理解,或者可以根据人作为自然的一部分而得到理解,但若是仅通过其自身而脱离其他的个体,则人作为自然的一部分就不能得到充分的理解。(E4App.1)

自我们的本性而出,从而可以单纯通过人性本身得到理解的欲望,

---

① Cf. Boscherini, E.G., "Sul concetto spinoziano di virtú", p.325.

即是与心灵相关联的欲望,这是就心灵被认作为充分的观念所构成而言的。而其余的欲望则并不与心灵相关联,除非就心灵不充分地认识事物而言。因此,这种欲望的力量及其增减就不是由人的力量所决定,而是被外界事物的力量所决定。所以,前一种欲望可以正当地被称为主动,而后一种欲望则只能被称为被动。因为前者总是指示人的力量,相反,后者仅表示人的软弱无力和残缺不全的知识。(E4App. 2)

而从德性定义的后半部分来看,人的德性恰是从人具有可以做那些唯独依据其本性之法则就可以被理解的事情的能力或力量而言的,所以德性并不是简单地从力量和欲望而得到界定,而是从主动的力量和欲望来得到界定,因此严格意义上的德性应当就是以人的主动的力量和欲望为基础,或者它本身就是主动的力量和欲望。而从这个角度来看,斯宾诺莎将德性与人的本质关联在一起,并将德性提升到人的本质的高度。

但是,当斯宾诺莎以欲望来规定人的本质之时,这种本质乃是同时与人的身体和心灵相关联的。所以,它会同时在人的身体和心灵的层面得到反映。但是,从《伦理学》对德性的规定和使用来看,斯宾诺莎此时更加强调了德性与人的心灵——特别是理性——之间的紧密关联。德性特别凸显了人在心灵层面的本质。实际上,斯宾诺莎曾经明确说过,"人的本质是由神的属性的某些样式所构成,亦即由思想的样式所构成"。(E2P11D)由此可知,虽然人的本质应当同时包含身体与心灵两个方面,但是它首先还是应当从作为思想样式的心灵层面来得到规定。尽管万物都有心灵,但是其他事物的心灵只涵盖十分微弱的和含混的知觉。只有人才能达到清楚分明的观念,由此人的心灵较其他事物的心灵包含更多的完满,也就包含更多的实在性。而说一个心灵具有更多的完满性和实在性也就意味着它具有更多的思想力量。但是,人的心灵之所以具有比其他事物的心灵更多的完满性和实在性,依然不是因为人的心灵本身比其他事物的心灵具有本质上的优越性,而是源于人的身体比其他事物之形体在构造方面具有更高的复杂性。这也就是说,

相比于其他的形体,人体更能够同时做许多事情或以多种方式受到影响,而依照同样的比例,作为身体之观念的心灵也必定较其他心灵更能够同时知觉许多事物;并且正如人体的活动单独依赖它自身愈多,需要别的形体的协助愈少,则人体的心灵就越是能够更清晰地理解。人的心灵胜过其他心灵的地方也正在于此。(E2P13S)

而随着斯宾诺莎对于德性的规定和使用的全面展开,严格意义上的德性就愈益从心灵,尤其是具有理性的心灵这个层面得到界定。人的德性固然不能脱离他的身体,要在身体的层面存在和表现,或者说身体也有广义上的德性,但是人的思想和理解之力量对于规定德性却愈益发挥更重要的作用。一个具有德性的人,或一个人"之所以能够被认为依照德性而行,不是就他被自己具有的不充分的观念所决定而行动来说的,而是就他为自己的理解所决定而行动来说的"(E4P23)。这里所说的理解就是与不充分观念相对立的充分观念,是以充分观念为基础和内容的认识。理解实质上就是对事物具有清楚分明的或充分的观念。当人的心灵具有理解时,它实际上就是具有了理性或为理性知识所规定,从而也就具有了严格而精确意义上的德性。所以,这种意义上的德性的生成与理性的生成遵循着相同的逻辑和进程,而且要由理性来规定和体现。拥有这种德性的人就不再为激情所困扰,也不再处于被动状态,而是通过理解而变得主动。他的行为可以唯独从他自己的本性而出并得到理解,这与德性定义的后半部分是完全一致的。因此,一个唯独由其理解所决定而采取行动的人就是一个具有德性的人。真德性不再简单地以力量或努力作为基础和规定因素,更是以心灵的理性认识或理解之力量作为其直接的动力因。

但是,当斯宾诺莎以此方式对德性进行规定时,他是否又回返到亚里士多德以理智德性来规约和引导伦理德性或笛卡尔以意志作为克制激情的绝对力量的传统进路了呢?尤其是,他是否又把理性作为一种与人的激情甚至与人的情感本性相对立的呢?对此,斯宾诺莎肯定会予以否定。这种否定首先源于前述关于理性之本性及其生成过程的叙述,但是,《伦理学》第四部分命题十八则包含了进一步的理由:

> 理性根本不要求任何违反自然或违反本性的东西;相反,理性真正要求的在于每个人都爱他自己,都寻求自己的利益——寻求对自己真正有用的东西,并且追求一切足以真正引导人们达到较大完满的东西。一般而言,就是每个人都应尽可能努力保持自己的存在。而这也必然是真的。(E4P18S)

因为理性就其本原来看同样是人保持自身存在的努力,它所寻求的也是人的存在的保持和完善,要获得更大的实在性和力量。理性与德性均出于人的本性,并在此基础上不断地扩展和表现其自身。所以,具有真德性也正是具有理性认识,二者具有完全一致的目标。理性并不能违反人的自然或本性,它同样要展开和促进这种本性。理性是心灵的思想力量或理解的力量,但是这种力量正是人所具有的努力意义上的力量。所以,"绝对遵循德性而行,不是别的,就是在寻求自己利益的基础上,以理性为指导而行动、生活和保持自身的存在"。(E4P24)而且"任何人都不会为了其他什么东西而努力保持自己的存在"。(E4P25)因此,当斯宾诺莎说到理性的命令或理性的引导之时,他所指的不是具有超越性来源的规范,也不是理性作为一个法官或权威向人的心灵和激情所颁布的法规或命令。理性根本就不具有这种能力,也不具有这种实存和活动之形态。无论是心灵,还是理性,它们作为观念,都只具有认识和理解的力量。而所谓理性的命令或理性的引导完全源于心灵或理性所形成之理解,或者说就是这种理解本身。除此之外,我们根本不能找到其他任何根源和理由。

而理性的这种理解实质上就是要理解自然本身普遍的规律和法则以及事物在自然之中实存和活动的必然机制,并在此基础上真正认识人在宇宙之中的地位和处境,亦即要认识到人只是自然的一部分并且要始终依赖于自然万物,如此等等。而且,这种理解完全是依照《伦理学》所规定的那种因果性的生产机制和认识机制进行的。所以,理性所理解的并非事物与行为之目的,而是去理解它们生成的原因、原则和过程,从而也就不是对万事万物之结果的简单记录。从这种意义上说,理解就完全不同于不充分的意识,而是一种充分的意识,是在把握原因的基础上形成的充分知识。而在人的理解范围之内,最为根本的依然是对其自身之本性的活动机制和法则的把握,因为这是其生成基础,也是一切后续的认识甚至是人的一切主动行为的根源。以理性和理解为其核心规定的严格意义上的德性,同样是在追求由人的本性而出的东西,只不过此时是在一种清楚分明的或充分的意识之下去追求,而且是在追求真正于我们自身有益的东西,而不再受激情和假象的支配。所以,真德性必然就建立在理解的基础之上,要在理性的指引下来活动并在严格意义上表现了人的主动,因为"唯有当我们理解时,我们才能主动"(E4P24D)。

在上述层面得到规定的德性就是心灵的德性,而且是心灵在主动状态下所具有的德性,而主动也正是真德性的核心性质和表现形态。此时,我们感受到的并且现实具有的就不再是被动的情感或激情,而是主动的欲望和快乐以及一切以它们为基础的主动的情感,因为这种欲望、快乐和主动的情感乃是完全由我们的本性自身而出,并且单独通过人的本性就能够得到理解。它们都由人自己的力量所规定,而不再受制于外物和外因的力量。心灵越是具有充分的观念和知识,越是能够理解,它就越是具有德性,也就越能感受到快乐,从而也就愈为主动。因此,"我们根据理性所追求的,不是别的,只是理解,而就心灵使用理性而言,除了可以把它引向理解的东西之外,它也不会把别的东西判定为对自己有用"。(E4P26)"除了那些真正能促进理解或阻碍我们理解的东西之外,我们并不确知什么是善或恶。"(E4P27)由此,指向理解的那种努力,不仅是德性的首要的和唯一的基础,不仅是德性的根本规定,也是从理性角度得到审视的德性必然追求的目标,甚至是善与恶的区分标准。德性不仅与主动的欲望和快乐相结合,也成为善与至善的根基和构建活动。心灵的德性或者一般而言人的德性恰恰在于理解。人生的至善和至福就在于尽可能完善我们的理智和理性,而为理性所指导之人的最终目的,亦即他据之努力节制所有别的欲望的最高的欲望就是能够指导他充分理解自己并充分理解一切足以成为其理智对象之事物的欲望。(E4App. 4)正是理解使人具有了真正严格意义上的德性,并使人达到和享有理性的生活;同时,也正是在理解的基础上,人才具有最为本真的求知动力,亦即使人能够追求更多的充分知识和更高的理解。

　　正是在这种以理解作为德性和善恶之根本规定的背景下,斯宾诺莎旋即提出,"心灵的至善乃是对神的知识,而心灵的最高的德性就是认识神"。(E4P28)这不仅是斯宾诺莎对作为德性的理解所指向之最高对象的说明,更是他的第二种知识过渡到第三种知识以及从理性的生活向着绝对主动的生活过渡的关键。这不仅是因为神乃是最高的和唯一的实体,是我们能够得以实存和活动的前提,而且也是因为只有认识神,我们才能对一切自然事物以及我们自身具有真切的认识,我们的恰当的行为和生活方式才能得到构建。但是,在理性的层面上,认识神并非要认识神的本质,因为理性的基础乃是共同概念,而共同概念并非关于本质的观念,因为"一切事物共同具有的且同等地存在于部分和全体之内的东西并不构成任何个别事物的本质"。(E2P37)所以,关于神或自然的理性知识,并非指向了它们的本质,而是指向了神自身的本性必然性或自然的普遍必然的法则。这种对于神或自然所形成的总体性把握也要把一切有限的事物和活动都纳入自然总体的规律和法则的体系之下来审视。所以,理性总是要在"某种永恒的方面来考察事物",要将事物置于它们所处的那种必然的因果生产的链条之下来理解。理性知识本质上是一种普遍知识,并且是一种推理的知识,而具有理性或理性知识的人也必须从这种角度下被看待。

　　但是,我们知道,神或自然乃是绝对无限的存在者,自然之中也包括了无限多样的事物,而且自然的普遍规律和法则,无论在广度和深度上,都是异常复杂的。而人的心灵只是一种有限的思想样式,它很难将无限多的知识都容纳于自身之中,或者说人对神或自然的必然性和普遍的规律很难完全把握。同时,人与人之间在取得这种知识的程度上也有非常大的差异,这就导致了人在理性知识的能力和范围上有巨大区别。这种在认识和理解上的差异也表明,人们在真德性方面亦有重大差别。尽管在作为与力量同一的广义的德性层面,斯宾诺莎认为一切事物都具有德性,但是在以理解为核心的德性层面,这种趋同就被愈益强烈的差异所取代,甚至很多人在这个层面只能具有十分微弱的德性。这也就是斯宾诺莎常说的,大多数人并不是依靠理性生活,而是根据欲望和激情而生活。因此,培养和达到理性,对个人而言乃是一个需要投入巨大的努力和精力才能实现的任务。尽管从理性的起源和基础来看,人具有达到理性的自发性,但是这种自发性并不意味着人会自然地具有完善的理性并达到理性的绝对高度。无论是理性以及由理性而来的理解,还是以理性和理解作为核心规定的真德性,都必须在保持自身存在的努力和追求自身利益的基础上得到精心的培育和良好的培养。因此,德性与我们的习惯养成相关联,也正是在此意义上斯宾诺莎提及和使用了"德性的习惯"(TTP,3,5/中译本第53页)这个表达,因为无论是理性还是德性都不是一劳永逸地给予,而是必须通过将自己置于与世界和他物的良好的遭遇机缘之中并通过自身的不断努力和转化才能够达到的。

与此同时,既然理性真正要求的是每个人都爱他自己,都寻求自己的利益,从而要求每个人都尽可能保持自己的存在,那么即便是在以理性为主导的德性层面,我们所具有的依然是私德,依然是在个人主义和利己主义的层面所具有的德性,那么这是否意味着我们永远只能处在一种封闭的个人德性之中,甚至因此而陷入相互的疏远、分离和冲突之中?事实并非如此,而其中的原因依然要到理性自身之本性中去寻找。就其本性而言,理性乃是对一切事物所共同具有的且同等地存在于部分和全体之内的东西所形成的表象,亦即共同概念。而以共同概念为基础的理性显然就有公共性和普遍性的维度。具有理性或理性知识的人从一开始就不是简单地在孤立和封闭的视域下理解事物,反之,它要求人们从普遍必然的和一般的视角来进行认识和理解。所以,经由理性出发,人们察觉到,自己与他人甚至与他物所具有的契合与共同之处,乃是诸个体之间的组合与一致的关系。通过理性和理解,个人所把握到的是个体在普遍之中的实存处境。而按照理性的命令或理性的指引而生活的人恰恰要达到这种在理解和行为层面的公共性,要达到对个体所依赖的共同体的意识。

所以,以理性和理解为核心的真德性就绝不仅仅是一种私德,而是同样具有其公德的品性,或者说是可以为每个人所享有的德性——尽管在现实生活中并非每个人都按理性来生活，而即便在依照理性而生活的人之间，他们的理性以及相关的德性也有程度和强度上的差异。就此，斯宾诺莎曾经说过，"那些遵循理性的人的至善是人人共同的，而且是人人皆可同等地享有的"。（E4P36）之所以如此，其原因就在于"遵循德性而行，就是遵循理性的指导而行，而我们依照理性所追求的不是别的而只是理解。因此，遵循德性的人的至善就是知神。换言之，所谓至善就是人人共同的善，就人人皆有这种相同的本性而言，就是人人同等具有的善"。（E4P36D）正是因为遵循德性而行或依理性指导而行的人皆以理解作为至善，而这种作为理解的善或至善并非排他的，不是为某个人所独具，而其他人被排除在外，换言之，理解是每个遵循理性指导而生活的人共同分享的。

　　因此，人们对这种由理性和德性所界定之至善的追求和享有并不会在人际之间引发对立和冲突。相反，因为对这种以理解为核心的至善的追求和享有，人们会体验到相互之间的一致和共同之处，从而使人们进入一种相互的组合和一致的关系之中。由激情所导致的差异和冲突也会随之被削弱或消除，因为真正能够克制激情的力量，正是理性所具有的理解力量。正是这种理解或理性知识使人们能够超出由激情所刻画的那种自然状态，并结成一个真正有机的共同体。这个共同体据之得以构建和维系的基础绝对不是假象、幻觉和外在的强制，而是完全建立在个体相互之间本性的一致性之上。人因受激情的支配而陷入由激情所塑造的差异和冲突的领域，但是却可以因理性和理解而进入到一种同一与和谐的处境。理性所追求和塑造的是同的领域，因为理性所把握的乃是共同的东西。

　　同时，理性也不是简单地从自然的通常秩序来审视世界和事物，而是从某种永恒的方面来对之进行把握，这种永恒就是神的律令和自然的法则所彰显的那种必然性。这种必然性是包括人在内的一切存在物都必须遵循的，而且人们可以通过理性来对之形成充分的认识。而这种对神或自然的必然性的认识也从更严格的意义上构成了人心的本质，或者说这样的人心之本质必然把对神的知识包含于自身之中。

　　正是在上述条件下，斯宾诺莎认为，人可以达到相互的符合和一致。这种符合与一致恰恰通过理性而实现："唯有遵循理性的指导而生活，人的本性才会必然地永远相互一致"。（E4P35）也正是这种本性上的一致以及由理解所规定之至善的公共性使得人们不再仅仅局限于一种利己主义式的利益追求，反之，"每个遵循德性的人为自己所追求的善，他也愿为他人而去追求。而且，他对神所具有的知识愈多，则这种欲望就愈是强烈"。（E4P37）既然遵循理性和德性而生活的人所追求的至善正是理解，而理解不会引发任何人际之间的冲突,反而能带来人际之间的一致,所以每个具有理解的人必然欲求他人也具有理解以及相应的德性。由此,斯宾诺莎找到了一条由单纯的利己主义式的德性通往利他主义的德性或更确切地说是普世主义的德性的通路,找到了由私德通往公德的道路。这种公德是任何力求生活在和平与安宁的社会之中的人都必须着力追求的,同时也是他们可以在不同程度上具有的。但是,严格来说,这里实际上并不存在私德与公德之间的实在的区分,也没有从私德向公德的转化和过渡,因为就斯宾诺莎的界定和阐释来看,理性原初地就具有这两个方面,而德性本身也直接具有这两个维度。

因此,真正的和严格意义上的德性必然与理性不可分离,这是在我们的心灵具有了理解的意义上而言的。既然如此,理解必然是真德性的核心。可是,无论如何,理解并非简单地就是德性本身,相反,斯宾诺莎对于德性的具体实存和表现形态有着更严格的规定。对他而言,从与能够理解的心灵相关的情感而出的一切行动都可以被称为心灵的力量(fortitudo),它是与理解相关的真德性的统称。而心灵的力量又分为坚毅(animositas)和高尚(generositas)这两种。所谓坚毅就是指"每个人唯独基于理性的命令就努力保持自身存在的欲望",而所谓高尚就是指"每个人唯独基于理性的命令以努力扶助他人并赢得他人之友谊的欲望"。(E3P59S)故而"一切行动,若其目的仅在于为行动者自己谋利益,便属于坚毅",因而它便属于私德;反之,"一切行动,若其目的在于为他人谋利益,便属于高尚",因而是属于公德。这两个方面乃是斯宾诺莎所理解的严格意义上的德性的类别,诸如节制、清醒、行为机警等都属于坚毅一类,而诸如谦恭、慈惠等则属于高尚一类。(E3P59S)而对这两类德性进行区分的根本原则就在于它们究竟是止于个人自身,还是止于他人;是以个人的善和利益为指向,还是以他人的和共同体的善和利益为指向。当然,虽然有这种划分,但是恰如上面所言,这两类德性之间并不是截然分离的,相反,由于它们都与心灵的理解相关,都由理解而来并得到规定,那么它们在本性上乃是一致的。事实上,它们都是作为德性之普遍形式的心灵力量的不同表现形态,而且它们之间内在地就相互联系。正是因为人们具有了理解并在理解的基础上追求自身的利益,他们才会为他人追求利益。

所以,一般而言,严格意义上的德性恰是心灵之理解力量的表现。而且,就理性和理解的原初本质而言,这种意义上的德性并未与保持自身存在的努力和欲望相割裂,而是这种努力所具有的最高形式,是一种更为充分和完满的力量强度,而且更准确地说就是一种被充分意识到的努力。因此,"努力、欲望和心灵的力量乃是同一种原初力量的诸多形式……而人作为一个有理智的存在者,他特有的德性就是依据理性并与理性相一致的方式来行动"。① 而且,这种行动唯独出于其自身的本性以及由理解而生的力量,却无需依靠外物和外在的机缘。在这种处境中生活的人实际上就是主动的。他的一切感受和行为均由其自身之本性和力量所决定。因此,由理性和理解的力量所规定的德性就成为对抗运气的力量,而人的坚韧和刚强也恰好在应对运气和变化无常之处境的过程中得以展现。尽管人作为自然的有限部分根本没有能力直接改变运气及其所造成的情境,但是通过培养自身的德性,我们却可以更加坚定从容地去面对外因和运气所造成的各种后果,而不再唯独被这些外在的因素所牵绊,不再是外因和激情的奴隶,也不会在外部压迫之下失去自身的力量,而是始终保持坚强和坚定。如果能够达到这种境界,那么我们实际上就转而成为自己的行动和感受的支配者,从而也就成为自身的主人。德性之生成和使用恰好在这些方面得到真实的展现。其中,我们尤其需要强调的是,我们并不是因为克服或消除了激情才具有真正的德性并变得主动,相反,我们之所以能够克制激情并摆脱奴役状态完全是因为我们变得具有理性,拥有了理解和德性。对斯宾诺莎而言,从否定的东西根本无法生成任何肯定的东西,而只有当我们具有了作为肯定性力量的理性与德性,我们才能克制那些具有否定性质和影响的激情。因此,至关重要的还是理性自身的生产和德性习惯的养成,从而也是我们的理解视角和生活方式的转化。

可是,既然人所具有的严格意义上的德性始终以心灵的力量作为其一般的表现,而且完全由理解和充分的观念所界定,那么这样的德性是否仅只是一种观念形态的存在物,从而将身体排除在外呢? 它是否只是一种心灵的行为和德性,从而无需身体层面的表现,或者说没有身体的主动和行动与之相伴随呢? 依据斯宾诺莎的一般原则,肯定不是这样。我们知道,斯宾诺莎始终强调,"观念的次序和联系与事物的次序和联系是相同的"(E2P7)。所以,心灵主动时,身体也是主动的;而心灵被动时,身体也是被动的。总而言之,无论心灵处在何种状态,在人的身体层面总会有其相关项与之相对应,亦即心灵的观念与身体的情状之间有着严格的对称性,因为无论心灵具有充分观念,还是具有不充分的观念,心灵总是现实实存之身体的观念,而心灵也会将身体之本质包含于自身之内。② 心灵本身的思想逻辑与身体本

---

① Cf. Dominguez, A., "La théorie des vertus chez Spinoza", in *La recta ratio: Criticiste et spinoziste?*, ed. L. Bove, Paris: Presses de l'Universitaire de Paris-Sorbonne, 1999, p. 107.

② Cf. Matheron, A., "La vie éternelle et le corps selon Spinoza", pp. 27 – 30.

身的活动逻辑具有内在的一致性。这种一致性也决定了,当心灵具有充分的观念、形成理解并达至主动之时,在身体层面也必然有其相关项。身体此时也应当是积极主动的,可以做出唯独由其自身之本性和力量而出的行为,而且这些行为本身也应当是主动的。

所以,当斯宾诺莎说依照理性和德性生活的人可以具有积极的行为举止和生活方式时,他绝不是唯独意指着心灵的主动,而是必然把身体的行动包含于其中。虽然《伦理学》第五部分的序言曾说,身体应当以什么途径来得到照料,以便它可以恰当地行使其机能,并不属于《伦理学》的范围,而是属于医学;但是,他在这里只是从照料和医治身体的具体技术层面来立论,却绝没有贬抑身体在人的伦理生活以及正当的行为之中所占据的重要地位。同样,虽然他在界定严格意义上的德性时始终以理性和理解为核心,以心灵的力量作为德性的一般名称和表现形态,并以是否有利于促进心灵的理解作为区分善恶的根本标准,但是这并不意味着他完全忽略了身体的作用,相反,由于他所持有的身心关系理论以及身体在决定人的本性和现实实存之时所发挥的特殊功能,使得身体同样在德性领域占据着重要地位,或者说德性在人的身体层面也必然有其相关项或具体的表现。事实上,在斯宾诺莎看来,

> 凡能支配人的身体,使身体能够以多种方式受到影响,或使身体能够以多种方式影响外界物体之物,即是对人有用之物。一物愈是使身体能够以多种方式受到影响或影响外界物体,则那物愈将有用。反之,一个使身体愈不能以多种方式受到影响或影响外物之物,即是有害之物。(E4P38)

当身体具有更大的受影响之性能或者更能够以多种方式影响他物之时,我们的心灵就愈是能够认识事物,就具有更大的思想力量,从而也就愈加具有德性,而从这种意义上讲,我们的身体也就具有更高的力量和能力。所以,是否有利于身体之保存以及身体之活力的提升同样也成为事物之善恶的评判尺度。因此,"凡是足以保持人体各部分彼此之间动静比例的事物就是善的;反之,凡是足以改变人体各部分彼此之间动静比例的事物就是恶的"。(E4P39)而这与前面通过是否促进理解来对事物之善恶进行评判是完全一致的。

可是,如果事实果真如此,那么这似乎会与斯宾诺莎对人的本性,尤其是人体之本性的规定产生冲突。人就其实存地位而言只是自然的一部分,

而人的身体把这个方面直接表现出来。人体总是要依赖于无穷多样的外部事物，始终要受到外物的作用和影响，从而原初地就处在被动状态之中。同时，人心对人体及其感受总是具有不充分的观念，故而人体所具有的也只是被动的感受。那么，我们究竟在何种意义上说人体可以主动，可以做出充分的行为呢？依照斯宾诺莎的总体思路，我们的身体确实总要受到外界物体的作用，从而形成具体的感受。这种感受正是"事物的形象"。一切发生于我们身体之上的事件也总是负载着世界的标记。由此，我们的身体感受不仅包含我们的身体的本性，同时也包含外物之本性，从而呈现为一个混合体，而我们心灵之中关于事物和身体的观念也总是不充分的。可是，斯宾诺莎的共同概念理论则证明，

> 在所有不充分的观念中总有某种充分的东西，这是因为在我们的身体的全部感受之中总有某种东西可以唯独通过我们（身体）的本性而得到解释。因此，我们的充分观念实际上就是由我们的不充分观念之中的充分观念所形成。一个充分观念并不是一种轻而易举地就可以唯独通过我们的本性得到完整解释的、我们身体的某个感受的观念，因为这种感受并不存在；实际上，一个充分观念乃是我们的身体的某个感受之中所包含的且唯独通过我们的本性得到解释的东西。[①]

所以，与具有理解或充分观念的心灵相对应的不是身体的感受，而是身体的感受中那些共同的东西，亦即人体与外物所共同具有的东西。虽然人心对身体的感受无法形成充分观念，但是在这种不充分的观念之中却包含着充分的观念，在身体的感受之中也确实包含这种共同的东西。后者不仅是共同概念以之为基础的共同特性，更是指向了身体的诸感受内部以及诸感受之间的特定秩序。在人的心灵之中就有关于这种秩序的充分观念，而身体的行动和恰当的行为恰恰基于这种秩序。

虽然斯宾诺莎特别从心灵的理解层面对严格意义上的德性做出了阐明，但是身体的德性并没有完全被排除在外。反之，斯宾诺莎时常提醒人们要时刻关注我们的身体究竟能够做些什么。（E3P2S）即便是理性和理解的力量占据了显著地位，我们依然需要时刻关注和考虑我们的身体。人不仅要照料他的心灵，也要照料他的身体。尽管斯宾诺莎在行文过程中未曾使用过"身体的德性"这个概念，但是他却时常提及人体的实存与活动之力量，

---

① Matheron, A., "La vie éternelle et le corps selon Spinoza", p.29.

也始终在关注我们的身体之活动性能。在他看来,从身体自身之本性出发来考虑身体究竟能够做些什么也必须得到规定。就此,我们可以从两个方面来进行考虑,亦即身体只基于自然的通常秩序,它能够做些什么;身体只被心灵所规定时,它能做些什么。前者乃是就自然被认作有形的东西而言,就身体处在自然之中并处在与他物的影响与被影响的关系之中而言来考察身体的力量和能力。此时身体更多具有的是被动的感受,它的实存力量也更多地通过与外物之力量的对比而得到规定。这时心灵所具有的关于身体及其感受的观念就大部分是不充分的;心灵此时也就是被动的,它所体验到的是激情。而当身体唯独由心灵所规定时,尽管它始终要遵循自然的规律和法则,但是这种规律和法则却更多地通过身体自身之本性而表现出来,身体的行为和活动也主要由其自身之本性所规定,从而是其自身之实存力量的表现,而不是在外物的决定之下并通过与外物之力量的对比来规划和做出其自身的行为。在这种意义上,身体所感受和表现的是其自身的主动性,从而成为真德性在身体层面上的对应形态。而对身体进行规定的心灵此时也不再是依想象的方式进行认识和活动的被动的心灵,而是具有充分观念并达到理解的心灵,是依据理性的命令而生活的心灵。

但是,这里所说的心灵对身体的规定又是什么意思呢?这是否又意味着心灵对身体发号施令,从而对身体施加影响呢?理性的命令是要对人及其身体施加外在的约束吗?如果是这样的话,那么斯宾诺莎不就又回到了他激烈批判的笛卡尔式的身心二元论以及心灵主动而身体被动的解释模式了吗?但是,显然不是如此。斯宾诺莎一直不遗余力地破除身心之间的交感和作用关系,尤其要批驳我们能够依靠心灵的命令对身体强加作用和影响的观点,因为在他的身心同一论的基本框架之下,这种作用关系根本不存在。

身体的一切行为并不是在心灵的指引之下进行,而是遵循其自身的行为逻辑,心灵也根本不具有规定和决定身体之活动的能力。在就身心关系进行阐释之时,斯宾诺莎始终遵循他的一贯立场。对他而言,

> 心灵的命令不是别的,只是欲力本身,因此诸欲力也会随着身体状况的不同而改变。因为每个人都是根据情感来管辖一切事宜。凡是为相互对立的情感所困扰的人,都不知道自己想要什么;而凡是不为任何情感所动之人,都很容易陷入左右摇摆的境地。所有这些都足以清晰地指明,心灵的命令、欲力和身体的规定,都依其本性而同时出现,或更确切地说,它们是同一种东西。当我们通过思想属性来对之进行考察

和解释时,我们称其为命令;当我们通过广延属性来对之进行考察并将其从动静的规律推导出来之时,我们便称其为规定。(E3P2S)

这实际上也就是斯宾诺莎所说的"心灵之中的观念的次序与联系与身体的情状或事物的形象在身体之内的次序与联系是同一的"这个命题的另一种表达方式。因此,当斯宾诺莎把命令这个因素引入到心灵之中或将其与心灵相联系时,他并未借之为心灵增加任何新的因素,也不会引发身心的内在同一性的改变。所以,心灵的命令与身体的规定(亦即身体的特定的情状)乃是同一的,二者并非是外在的,也不是通过任何外在的手段而被联系起来。而心灵所包含的理性的命令或指引与在这种情形下得到规定的身体的状态之间的关系,同样遵循着上面的这种机制。当人心依据理性的命令而活动时,它就是在依照德性而行,同时也就是按照充分的观念和理解而行。此时,心灵的行为皆出于其自身的本性和积极主动的力量。在这种机制下,我们的身体也是主动的,是依据其自身的本性的力量及其必然性而行。理性并不是通过外在的方式对身体发号施令,理性的命令实际上同时就是身体的主动的规定,是身体自身所具有的良好的遭遇机缘以及它与自然事物之间的组合一体性,同时也就是身体自身之主动力量的展开和表现。理性的命令乃是,就心灵是身体及其诸感受的观念而言,才成其为一种命令,后者依然处在观念层面。而通过观念层面的规定,人的心灵昭示了身体的现实实存和活动的情态,也正是从这个侧面,斯宾诺莎始终特别在理性的命令和理解的层面来界定德性。

由此还可以推知,虽然斯宾诺莎在对德性和人达到主动的过程进行界定时尤以理性的命令和指引作为核心,但是,这种观点并没有使他成为规范论伦理学的支持者。即便他在文中大谈理性的命令,但是自始至终他却没有给出任何一条具体的理性的命令。而从他的伦理学的基本构建机制和主要倾向来看,他与规范论和义务论伦理学之间始终有着非常明显的气质差异。作为近代规范论伦理学的代表者,霍布斯同斯宾诺莎一样也把理性的命令置于显著位置。对霍布斯而言,自然法实际上就是恰当的理性命令,是每一个人都必然具有并且必须遵循的基本原则和指针。虽然早在斯宾诺莎之前霍布斯就明确地将欲望和激情视为人的思想和行为的根本动力,人际之间的纷争也多半与激情生活相关,从而使自然状态成为一种战争状态,但是这种战争式的自然状态之所以没有导致人类的毁灭,恰是因为理性的自然性对人的行为构成了约束、规范和指引:

自然法是理性所发现的戒条或一般法则。这种戒条或一般法则禁止人们去做损毁自己的生命或剥夺保全自己生命的手段的事情，并禁止人们不去做自己认为最有利于生命保全的事情。①

依照着这种原则，霍布斯提出了一系列具有规范意义的自然法原则，例如最为普遍的理性戒条或一般原则就是，"每一个人只要有获得和平的希望，就应当力求和平；在不能得到和平时，他就可以寻求并利用战争的一切有利条件和助力"。② 而他所说的第一条基本的自然法就是"寻求和平、信守和平"，而第二条自然法就是"在别人也愿意这样做的条件下，当一个人为了和平与自卫的目的认为必要时，会自愿放弃这种对一切事物的权利，而在对他人的自由权方面满足于相当于自己让他人对自己所具有的自由权利。因为只要每个人都保有凭自己想好做任何事情的权利，所有人就永远处在战争状态之中"③，如此等等。由此可见，霍布斯显然把理性完全赋予了生活在自然状态之下的人。虽然他不一定持有天赋理性之念，但是他确实把理性视为在自然状态中生活的人所不可或缺的要素。正因如此，理性的自然法才能成为规范性的命令并发挥其作用。只有严格遵循这些理性的命令和规范，人才能在自然状态之下生活，但是由于自然法只是理性的法则，它的遵行和实现需要诉诸个人的自决和自愿，所以，它始终有被违背的风险，而且这种情形在霍布斯所描述的图景之下现实地且频繁地发生，而这也正是他所理解的国家得以产生的根本前提。

而处在霍布斯和斯宾诺莎之后的康德，则为这种以理性的命令为核心的规范论伦理学提供了一种最为完备的版本，康德的伦理立场也通常被称为义务论。对康德而言，一种行为之所以能够被称作是道德行为，并不取决于其过程和结果，而只源于行为自身的动机。只有动机才是决定行为是否具有道德性的根本标准。但是，并非一切动机都能将人引向道德行为。如果人们是出于某种经验福利之诉求或出于迫不得已，那么行为者所做的行为即便呈现出道德外貌，也还不是真正意义上的道德行为；反之，只有出于义务的行为才具有道德价值，只有人们依据内心的绝对道德律令而行，他的行为才是道德行为。因此，"一个出自义务的行为具有自己的道德价值，并不在于由此应当实现的意图，而是在于该行为被决定时所遵行的准则，因而

① 霍布斯：《利维坦》，第97页。
② 同上书，第98页。
③ 同上。

不依赖行为对象的现实性,而仅仅依赖该行为不考虑欲求能力的一切对象而发生所遵循的意欲的原则"。[①] 因此,一切道德行为都必然负载着"你应当……"这种根本的义务论形式。这种义务或绝对命令不是外在的强加,也不是经验推导之产物。它们并不具有内在的质料原则,而是依理性的原则和法则而出,而这里所说的理性的道德原则完全是先天的,由之而来的义务和命令也是由实践理性先天为自身所确立的。人之所以能够达到自治和自主恰是源于这种基本的法则。但是,无论如何,康德这里所说的出于理性的道德原则和命令,从根本上说就是一种规范论意义上的法则和命令。它们是行为本身的规范性指引与规定因素,要起到命令和约束的作用。康德伦理学的核心也就表现为一种关于伦理义务的分类法。[②]

但是,我们却很难看到斯宾诺莎对理性的命令做出规范论和义务论意义上的规定与使用,而且"他无意确立一种义务理论"[③]。对他而言,理性的命令并非出于先天的理性法则或准则,也不是理性依照先天的和既定的目的而做出的设计;相反,就理性的生成与实存机制而言,

> 当斯宾诺莎提及"理性的命令"时,他并非指向任何特殊种类的实践原则。进一步说,他所指的只是心灵为理性或充分观念所决定。在斯宾诺莎看来,只是就充分观念规定其他充分观念及相关情感之实存而言,理性才对行为做出命令。[④]

而这正是斯宾诺莎在界定德性时特别强调的"理解",从而是建立在共同概念和充分观念之上的知识。而依照理性的命令来进行认识其实就是"依照理性的指引来认识",或者就是"从永恒的方面来进行认识"。(E4P62D)理性的命令并不呈现为法则,也不把任何法则和目的作为自己的基础。实质上,理性的命令与其他任何观念和知识一样,皆以人保持自身存在的努力为基础,而最为根本的理性命令就是每个人都追求自身的利益,或寻求对自身有用的东西,并追求一切足以真实地引导人达到较大完满的东西。(E4P18S)这不仅是理性的命令的基础和指向,同时也是努力和德性的指向。所以,理性的

---

① 康德:《道德形而上学奠基》,李秋零 译,辑于《康德著作全集》(第四卷),北京:中国人民大学出版社,2005 年,第 406 页。

② Cf. Wood, A., *Kant's Ethical Thought*, Cambridge: Cambridge University Press, 1999, p.324.

③ Danio, Ph., *Le meilleur ou le vrai: Spinoza et l'idée de philosophie*, p.67.

④ Rutherford, D., "Spinoza and the Dictates of Reason", *Inquiry*, Vol.51, No.5,2008, p. 495.

命令除了在形式上对之有所改易之外，并未从实质上对之有所改变。

就其本性而言，理性的命令同理性自身一样也只是心灵的一种规定，是理性的或具有了理解的心灵的一种实存方式。因此，理性的命令也只是一种结果，它与理性自身的生成过程保持着相同的逻辑和节奏，或者更严格地说，理性的命令乃是与那种由理性或充分观念所做出之规定相关联的结果。既然理性本身所反映的是人自身所处的因果性的生产机制，是通过原因而取得的充分理解，那么理性的命令也就处在这种因果机制之中。当然，依照斯宾诺莎的阐释模式，无论是从总体上说的保持自身存在的努力，还是人的理性所具有的理解力量都不会处在一种单调的持存之中，而是始终处在对更高的力量和活跃性的追求过程中，所以，理性或者规定了理性自身之本性的充分观念总会向更高的理解进展。理性的命令事实上就是这种向着更多的充分观念和更高的理解逐步进展的机制。我们越是达到清楚分明的认识和理解，我们就越是寻求更多的理解。理性的命令就是对更高的理解的欲求，其实也就是作为人的最高欲望的理解的欲望。它们共同处在努力和力量所具有的直接的和自发的展开机制中。因而，这种作为理性之命令而出现的欲望本身也就是合乎理性的欲望，是对于理解和合理性本身的欲望。

与其他一切由想象和激情所孕育而生的欲望相比，这种源于理性的欲望的最大特点就是"它决不会过度"（E4P61），因为这种欲望总是由理性之本性而出，是理性力所能及之事。而且唯有在这个层面，人才能达到真正的满足（acquiescentia）。一切建立在激情之上的自我满足总是因为受不充分观念的左右而呈现内在的偏差或倒错，总会有陷于虚幻和自欺之虞；但是，自我满足同样可以起于理性，而且"唯有起于理性的自我满足才是最高的满足"（E4P52），因为

> 自我满足是由于一个人考察他自己和他的活动力量而引发的快乐。但是，人的真正的活动力量或德性就是理性自身。而理性就是人所能清楚分明地考察的对象。所以，自我满足起于理性。而且当一个人考察他自己时，他所清楚分明地或充分地觉察到的只是从他自己的活动力量而出的东西，或从他的理解力量而出的东西。所以，唯有从这种考察才能产生人所能具有的最高的满足。（E4P52D）

综上所述，理性的命令或理性的指引对斯宾诺莎而言并非规范性的，而同样是动力性与生成性的。当规范论或义务论始终从禁止和约束的意义上揭示理性的命令时，斯宾诺莎却着意从构建和生产的意义来对之予以呈现。

理性的命令或理性的指引推动着人具有更高的德性和理解的力量，从而具有更高的实在和完满。而心灵之本性和力量就在于理解。除了理解之外，心灵不具有其他的德性。通常所谓的发号施令的意志以及主动借之得到界定的意志力，在斯宾诺莎这里并不具有独立的实在性和功能领域；反之，意志与理智总是同一的。(E2P49C)从这个意义上说，规范论和义务论式的理性命令就不能涵盖斯宾诺莎所说的理性的命令，更不能与之相混同。根本而言，理性的命令在斯宾诺莎看来就是理解以及理解的欲望。当斯宾诺莎对理性的命令、理解和德性做出本性之规定后，他也未曾在此基础上给出任何具体的行为规范，反之，他依然是以陈述的命题形式对遵循理性的命令和德性所引发的结果进行说明。① 正是在此基础上，善恶等价值范畴才重新发挥了作用，但是，它们此时已经不是传统的和外在的价值定见，而是在理性和理解的维度得到重新界定和使用。由此，诸激情得到了新的审视和评价。总体而言，斯宾诺莎的伦理叙事始终是在理性的层面来展开的，所以它对于激情的处理和定位也是基于理性的视角。唯有达到理性和理解的人才能追随斯宾诺莎的步伐，并对激情以及由激情向理性的转变具有充分而完整的观念。

达到理解并遵循理性的命令而行乃是斯宾诺莎所说的严格意义之德性的核心要素，同时也是斯宾诺莎对他的伦理理论展开正面构建的核心维度。正是由于理解、理性的命令和德性，人们才能摆脱受激情奴役的状态，也才能摆脱心灵的无尽的波动和无力，并转而具有心灵的力量（这恰恰是由理解所规定的），从而具有分别与个体和全体相关的两种主要的德性，即坚毅和高尚。就此而言，理解、理性的命令和理性的指引必然对我们的行为和生活方式产生根本的影响，会在我们的生活之中有许多重要的表现和结果。

这种由人心的思想力量之自发性和活动性所产生的结果最初并非直接体现在情感的层面，而是首先与人对其在宇宙之中的地位的认识相关，这也就是说人清楚分明地或充分地认识到自己只是自然的一部分。这种认识恰恰是通过理性认识才能到达，它本身也就是一种合乎理性的知识。当人仅具有不充分的观念，亦即当人依照想象的机制并在激情的牵制之下生活时，他非但不能意识到自己是自然的一部分，反而会把自身想象为一个总体，甚至是独立的总体。

在致奥尔登堡的一封信中，斯宾诺莎以一个血液中的寄生虫为例来比拟人对自己的实存处境的具体意识。

---

① Cf. Rutherford, D., "Spinoza and the Dictates of Reason", pp. 500 - 503.

假定有个寄生虫生活在血液之中。它的视觉相当敏锐,足以区分血液的颗粒、淋巴颗粒等等,并且也有理性,可以观察每一部分在同另一部分相碰撞时,是怎样失去或增加它自己一部分运动的,等等。这个寄生虫生活在这种血液里,就如同我们生活在宇宙的这部分中一样,它将会把血液的每一微粒认作是一个整体,而不是部分,并且不能知道所有的部分是如何为血液的一般本性所支配,彼此之间如何按照血液的一般本性的要求而不得不相互适应,以便相互处于某种和谐的关系中。(Ep. 32)

因此,虽然这个寄生虫耳聪目明,但是它却因自身始终寓于有限的角落,而难窥血液的总体环境之堂奥,也很难对自身的地位和本性有真实的把握。同样,人心由于其自身的有限性,也很难对人在宇宙中的地位及其内在本性具有清楚明白的知识。由此也可以推出,当我们依靠想象而生活并据之来认识事物的时候,我们对情感并不具有充分的观念和知识,我们只是把情感的产生和活动置于自然的通常秩序下来审视。但是,"只要我们在自然的通常秩序之下来考察,则我们对事物就不具有充分的观念,而只能具有不充分的和混淆的观念"。(E2P29C)此时,事物只是以外在的方式被决定,总是处于外在的遭遇机缘之中,而心灵也总是把人与事物之间的遭遇视为偶然的,人的情感也因此处在一种变幻无常的状态。(E2P29S)心灵的许多病态和不幸,究其根源正是出于过度地爱恋那些变化多端且超出我们控制范围的东西。若非执着和爱恋这种东西,人们就不会感到焦虑和烦恼。若不是因为爱恋一个没有人能够真实而完全地把握的东西,则一切过犯、猜疑和敌对也就不会产生。(E5P20S; TTP, Praef.1)正是因为我们始终在自然的通常秩序之下生活,激情才如影随形地控制和支配我们。我们也就在由想象和激情所塑造的惯常的见解和习俗之中来审视自己,判别我们的情感,并依照外在的和约定俗成的标准来进行评价。

为了克服上述因人的不充分的认识而产生的各种恶劣激情及其导致的各种不利处境,我们就必须尽力走出这种管窥蠡测和井底观天的状态。我们不能再仅仅以习惯和习俗作为思考和判断的准则,不能依据约定俗成的意见和想象来确立我们自己的本性和宇宙论地位,不能把自己的目光唯独局限在自身并虚幻地把自身作为孤立的整体甚至把自己提升到宇宙和自然的中心之处。这是人生的诸多假象之一,而且是产生最恶劣结果的一种假象,因为它不仅曲解了我们的存在地位,也无形之中在思想层面将我们自身与自然分裂开来,并将我们与其他的存在者分开,也与其他与我们相似的人分开。

　　与此相反,一旦我们具有了理性并达到理解,斯宾诺莎所保留的善恶、好坏等范畴就具有了切实意义并发挥其功能,或者说可以成为对我们而言并在我们自身之中的真观念。只有达到理解,人才能依据这种真实的思想样式来对情感形成切实有效的认识、划分和评判。正是在这种背景下,理性的命令和指导会使我们将一切与痛苦相关的情感都视为坏的或恶的,而那些被依照激情生活的人当作德性的情感,如谦卑、懊悔、怜悯等,也就不再具有德性的价值,反而直接被视为恶,因为它们都削弱和降低了人的活动力量和人的完满性。德性也不应当是损害生活的德性,而应当成为渗透于生活中并与生活相结合的力量。① 因此,甚至是希望、勇敢等激情都不再具有以前人们为之赋予的肯定价值,反而具有内在的缺陷并引发人的内心波动。

　　与上述这些被动的情感相反,欲望和快乐的情感,就它们原初地与人保存自身的力量相关并使人过渡到更高的完满性和实在性而言,就必然是好的。但是,当这两种基本的情感以及由它们衍生的情感,如爱、荣誉等,在激情的机制下运行时,它们却可以走向自身的反面,从而成为坏的,其中一个重要的原因就在于它们很容易过度。在我们依照自然的通常秩序并通过公共的见解而生活时,我们会产生对某个对象的过于强烈的欲望,也会对很多貌似美好却对我们的生命之保存有严重危害的事物产生有害的欲望,会在各种外在因素的刺激和误导之下产生虚假的欲望,等等。同样,作为激情的快乐也很容易过度,从而成为坏的。(E4P43)尤其是,当一种快乐唯独与人体的某个部分相关联时,它会在依激情和想象而生活的人那里不断地被强化并顽固地纠缠其身体,从而使身体无法以其他的方式受到触动。由此,人的身体的某个部分会因这种极度的兴奋而受到损害,同时也使身体的其他部分被忽视,这些情感也就根本不能照顾到整个人的利益。(E4P60)而在欲望和快乐的基础上衍生出来的爱以及其他情感,就它们使人感到快乐并提升人的实存力量而言,也是好的。但是,同欲望和快乐一样,作为激情的爱也会有过度,而过于强烈并且唯独专注于某个对象的爱同样会使人的身体无法为其他事物所影响。而且,在激情的支配下,我们所爱的基本上都是变化无常且无法被我们完全占有的东西。因为过分地爱恋一个对象,我们就会担心失去它,也会担心它不接受我们的爱,从而产生烦恼、焦虑和不安;同时,他人对该物所具有的爱也会引发我们的疑虑和敌对。(E5P20S)因此,本来是作为快乐的爱却产生了痛苦甚至是仇恨,从而也就成了恶。

---

　　① 　参考德勒兹:《斯宾诺莎的实践哲学》,第 16 页。

上述对作为激情的情感所做的分析,虽然看似简单,却不是依靠激情而生活的人所能直接领会的。而且,即便他们对之有所觉察,但是这种觉察也不能对人的生活产生真正的影响。反之,只有在我们具有理性并达到理解之时,这种认识才能够为我们所获得。此时我们是从理性的视角对激情具有真知识或充分的观念,而这一点对我们克制和转化激情是非常重要的,或者更准确地说是其中首要的一步。这种对激情的充分认识,正是理解所引发的重要结果,是遵循着理性的生成与展开的机制而实现的结果。正是在理性知识的基础上,斯宾诺莎将善与恶重新确立起来并予以使用。但此时善与恶依然是一种思想样式或概念。除了思想层面的实在性,它们并不具有其他任何实在性。而就其实存和使用来看,善与恶首先要发挥一种划分或区分的功能。同时间等其他作为思想样式的范畴一样,善恶也具有度量或尺度之作用,而它们核心关注的正是情感。因此,与理性的命令一样,善恶也不属于规范性范畴,它们同样是在一种动力性的生成机制之下得以产生和运作。发挥着划分之功能的善与恶恰是在向人解释情感的活动与作用之机制,并有助于人们避开和克制坏的激情,寻找良好的遭遇机缘和感受之配置。正是在理性的命令、德性、理解和善恶的真观念的背景下,通过对激情的本性及其运行机制具有充分知识,人才尽可能努力用爱或高尚来回应别人对他的怨恨、忿怒或侮蔑,(E4P46),才会避开怜悯、懊悔、谦卑、骄傲等不良的情感,才会在两善之中取其大,两恶之中取其小,(E4P65)才会追求将来较大的善而不取当前较小的善,并宁取当前的较小之恶而不取将来较大的恶(E4P66)。

除此之外,当人们具有理性并按理性的命令或出于德性而行的时候,他们所追求的至善就是共同的且人人可以同等具有的。而这种至善的核心就是理解,亦即我们的心灵所具有的充分观念或知识。而共同概念则是对一切事物所共同具有的且同等地存在于部分和全体之中的东西的表象。这些共同的东西同样为人的身体所具有,所以共同概念也必然是对我们的身体和万物所共同具有的东西的表象。如此一来,根据斯宾诺莎对身体与心灵之间的同一关系的规定,共同概念以及由之而来的充分观念实际上是可以从我们心灵的本性推出的,而无需外物的中介,更不需要从外部来给予。当心灵具有这样的观念和知识时,它就感受到自身的力量和能力,亦即"当心灵考察它自身和它的活动时,它将感到快乐。假如它想象它自身和它的活动力量愈明晰,它便愈加快乐"。(E3P53)所以,"心灵只努力想象那些足以肯定它的力量的东西"(E3P54),同时也竭力避开那些它想象着足以否定和制约它自身之力量并带给它痛苦的东西。不仅当心灵受想象和激情的机制支配时,它会遵循这种快乐和力量的原则,而且在理性层面,这种快乐和力量之原则表现得更为强烈。

当人具有理性并依照理性从某种永恒的方面来充分认识事物时,心灵会清楚分明地觉察到这种观念或知识只是由其自身的本性而来。它在审视自身时所感受到的恰恰是自身的力量,而无需依赖他物,更不会陷入偶然和变化无常的外因的纠缠之中。由此,心灵体验到一种高度的肯定,同时也感受到强烈的快乐。理性在其生成伊始就为一种快乐的情感所伴随,但这种快乐不再是作为激情的快乐,而是一种主动的快乐,是由心灵自己的理解的力量而来的快乐,是建立在充分的观念和知识之基础上的快乐,同时也是唯独通过我们自身之本性(这种本性应当理解为由理性所规定的那种本性)而出并唯独通过我们的本性就可以得到解释的快乐。因此,无论如何,只有当人们转变得具有理性并通过理性而生活时,他们才能具有主动的情感,亦即具有主动的欲望和快乐以及其他一切与主动的欲望和快乐相关联的主动的情感。以前由想象和意见所产生的赞许和荣誉也就可以为那些由理性所产生的赞许和荣誉所取代。(E4P51&58)此时,由于赞许和荣誉是建立在充分观念的基础之上,它们就不会包含任何虚假和欺骗。

由此可见,理性在人从被动向主动转化的过程中恰好处在一种枢纽地位,它承接着激情,并通过自身的主动的本性而使人走上自主的道路。理性就其本性和产生的机制本然地就与快乐结合在一起,或者说理性和理性的知识本身就是一种快乐的知识,是由我们的理解力量和肯定性的能力而引发的快乐。因此,快乐并非简单地是理性的附属品和衍生物,实际上,理性与快乐不可分离,无论从其产生,还是从它的展开的机制来看,快乐总是内在于理性。在这一点上,斯宾诺莎彻底扭转了传统上的愁眉苦脸的沉思者和哲学家的形象。知识和理性并不以痛苦为根由,也不应导致痛苦,反而要以更高的快乐和力量作为自己的目标和标志,甚至生活的实质内涵也应当以快乐为核心和依归。人生不应当是一场苦旅,而应当以快乐和更高的积极主动性为鹄的。斯宾诺莎始终推崇生活中的强者,而刚强或坚毅之德也始终是他高扬的德性。真正的强者决不会随波逐流,也不会悲天悯人,而是始终追求生命力量的提升和展现,始终追求更多的积极的快乐,能够从容应对自己所遭遇的一切变故,具有坚毅之人格。

一个依照理性的命令和德性而生活的人所达到的主动性,同时也可以对抗运气和内心的波动。当人受激情的控制时,他并不是自己的主人,而是更多地为外因的力量所决定。在人心依照自然的通常秩序来考察事物之时,这些外在因素往往呈现为偶然的和变幻无常的。在它们的支配下,人根本无法达到确定性,更不能具有内心的平静和坚定,而是始终处于一种绝对的他律状态之下。反之,当人依照理性的命令和德性而行的时候,他就不再通过混杂而凌乱的身体感受来面对事物,而是对事物与自身之间的共同之处形成共同概念。他所把握到的是身体及其诸感受与外物之间的联系、组合和一致。当然,这种共同之处以及组合与一致的关系并非就物理实在或感受自身而言,也不是指感受与物体之间的组合与一致,因为对于人体的感受以及通过这些感受而为我们所察觉的外物,人心并不具有、也不能形成充分的观念。(E2P16&25)而人心之所以能够具有共同概念或充分观念乃是这些不充分的感受之中所包含的充分的东西,也就是其内在具有的或者说是诸感受与外物之中共同的秩序。所以,理性所认识的并不是某个具体的或个别的情感或感受,而是对于秩序的认识和把握。

这种秩序并不等同于自然的通常的秩序,而是自然的普遍的规律或法则。所以,从这个层面来看,理性知识就是对于自然的规律和法则的认识,是一种普遍的知识,但却是充分的知识。由于理性的基础是共同概念,而且它始终出自于并遵循自然的普遍的规律和法则,所以,理性依其自身之本性就会把事物认作必然的,而非偶然的。(E2P44)依照理性来认识和考察事物,既不会将这种认识唯独局限于我们的心灵或身体之感受,也不会仅仅关注一个对象并将其从它所处的背景分离出来,相反,它始终把事物置于它们所处的秩序和联系之中来认识。以理性的方式来考察和理解事物就是要把事物置于它们由之得以产生和活动的因果秩序之中,或者说就是将它们置于以因果作用为核心的普遍的自然规律和法则之中。由此,任何事物和实践就不再呈现为偶然的,而是必然的,是在一系列原因的作用之下产生的结果。与此同时,既然这种为理性所认识的次序或法则就是神的永恒的必然性本身,所以理性的本性就在于从这种永恒的方面来考察事物。当然,这并不意味着绵延中的实存的事物变成了永恒的,而是说每个事物都能在这种永恒的方面来被考察。通过这种考察,理性所把握的也就不再是事物的变动不居之处,而是它们在这种永恒方面下的实存。

正是因为我们把事物视为必然的,因为我们理解了事物都是在自然的因果作用机制下产生和活动,所以,我们就不会因对事物和我们自身之感受的不充分的觉察而陷于内心的波动之中。对事物的必然性的认识就是一种充分的认识,这种认识必然带给我们以内心的安宁,而我们的心灵也就获得了更大的理解力量,从而感受到由这种理解所带来的快乐。因此,这种对必然和永恒的认识就不仅具有认知价值,更具有伦理价值。正是通过理性的认识,我们才能摆脱内心的游移不定,才能向着自然和事物所遵循的普遍的规律和法则迈进。我们会认识到,包括我们的行为和情感在内的一切世间存在者都必然遵循和服从这种规律和法则,而且这种规律和法则在很大程度上是通过我们的本性的力量和法则来表现的。所以,只有在理性层面,只有当我们达到理解时,我们才能真正认识到人通过遵守自然的规律和法则而成为自然的一部分,人也必然遵循自然的内在机制。

与受激情的支配并按照道德的要求来活动不同,当我们具有理性和理解并遵循理性的命令和德性而行的时候,我们不再根据外在的规范和他律的机制而生活。由于我们的情感和行为都是建立在充分观念的基础上,并且我们也明确认识到我们的行为均出于我们的本性必然性,那么,我们的一切行为都是自主的,或者更准确地说,就是处在一种由理性和理性的命令所引发的自律的机制之下。此时,我们不是服从外在的强制性规范,而是在服从我们自己,就是在展开和实现自己的合乎理性的欲望,并在这种合理的欲望的基础上追求更高的力量和德性,要获取更为完满的实存和幸福。我们之所以能够实现这种建立在主动性基础上的自律,完全是因为我们充分地理解了我们自己以及事物的实存和活动的必然性,并且我们的行为完全出于这种由理性所规定的本性。由此,我们也就达到了斯宾诺莎在《伦理学》第一部分定义七中所规定的那种自由,亦即达到了那种唯独通过自身本性的必然性而实存并且唯独由自身决定而活动的意义上的自由;或者也可以说,这种自由乃是对于我们自身之本性必然性的理解并由这种必然性所决定而行动。因此,只有在我们具有理性并依靠理性而生活的时候,我们才能成为真正的自由人,也只有达到理性和理解的人才能真正享有并践履他的自由。

事实上,正如我们一直所强调的那样,人们达到自由的过程与人克制激情的过程乃是同一个过程。我们并不是出于克制激情的目的才力求形成和达到理性,反之,正是因为我们变得具有理性,我们才能克制激情并达到真正的自由。因此,我们从依靠想象而生活转变为依靠理性而生活的过程就是我们从受激情的支配和奴役转变为自由人的过程。正是因为我们具有了共同概念和充分观念,正是因为我们达到了理性和真理,并对我们自身的本性具有了清楚分明的或充分的认识,我们才成为自由的。所以,一个自由人并不是一个没有情感体验的人,也不是一个离群索居的隐士。自由人首先是不再受激情奴役的人,是一个对自己的情感形成了真知识并使情感能够处在良好的调配状态之下的人。正是由于理性和理解,我们才能达到这种认识,也正是因为我们的德性和理解的欲望,我们才能具有更大的力量,体验到积极主动的快乐,并成为生活中的强者。对斯宾诺莎来说,生活中的强者并不取决于人的生物性的力量,而是取决于理解的力量。正是因为我们具有坚强的内心力量,我们才不会因自己所处之困境而悲观失望,也不会因未来的不确定而徘徊不定,更不会因生命的危险而惊恐万状,因为我们知道,一切事态的发生都有其前因后果,都遵循着必然的因果生产机制。在我们已经尽了最大的努力之后,如果我们依然没有力量来避开生命之中的不幸,那么我们也能平静地接受。因为我们不仅意识到了万事万物之发生的必然性,也意识到了我们的力量的有限性。这种力量会无限地为外因的力量所超过,因此,我们并没有绝对的力量使外物为我们所用。我们也清楚地知道自己只是自然的一部分,必然遵循它的秩序。但是,意识到自己的有限和外力的强大并不意味着我们因之变得沮丧和自失,并随波逐流,反之,正是因为这种认识,我们才能使激情不再对我们构成困扰,并达到自由,因为自由正是基于理解。而就我们理解了而言,我们就只去追求必然之物,而且除了真东西之外,我们也绝不会对其他任何东西感到满足。所以,只要我们充分地理解了这些事情,则由我们较好的部分(亦即理性)所规定的我们的本性就会与整个自然的必然的秩序相一致。(E4App. 32)

一个自由人正是一个依靠理性的命令和德性而生活的人,而依靠理性的命令或德性而生活的人,他所追求的不是虚幻的泡影,而是真实的东西;不是否定的东西,而是肯定的东西。他直接欲求的就是存在、行动和快乐,亦即一切对生命和生活具有肯定意义的东西。所以,"自由人最少想到的就是死亡;他的智慧不是死的默念,而是生的沉思"。(E4P67)也正是因为自由人始终依真实和真理而行,所以他不会自欺欺人,而是始终真诚地生活和行动。(E4P72)而具有这种积极主动之自由的人因其强大的内心力量及其所具有的理解,他在躲避危险和征服危险方面所表现出来的德性和力量就同样强大。(E4P69)但是,就自由之本性及其与人的生活的关系来看,自由人的力量更多地表现在他克服与征服危险的方面。正是因为自由人始终坚毅不屈,始终以快乐和积极的心态去面对和投入生活,所以他就应当是一个同样富于行动力的人。虽然自由的生活取决于理性和理解的力量,但是这种理性并不是单纯的理论理性。斯宾诺莎自始至终都没有将理性局限于这个层面。理性本然地就负载着情感与活动的维度,而自由人也必然是一个勇于生活和实践的人。因此。理性本身就负载着实践的意义。这与理性和情感之间的关系是一致的。同时,也只有自由人所展开的那种生活才是斯宾诺莎所说的真实的生活。这种生活不为任何的假象所欺骗,也不为自怨自艾所毒化,而始终以积极进取和奋发有为作为生活的目标。尽管要做到这一点并不容易。斯宾诺莎从未否认物质和各种具体的社会处境对人的生活所发挥的基础性作用,但是这些因素总是与人生的初步的或较低的阶段相关联；它们虽然是人获得自由的必要条件，但却不是自由的决定性因素。对斯宾诺莎而言，自由的首要的意义始终要从人摆脱激情的奴役或对激情的克制和转化来理解，要从人对其自身之本性的必然性以及单纯从他的本性而出的行为的理解来界定。这种自由始终以我们达到理性和理解为前提，也要通过这种知识或理解而得到表现。一个自由的人就是始终遵循由理性而来的理解和理性的命令而生活的人，因而也就是一个真正自律的人。

四、政治、理性与自由

然而，从前述对不同类型之激情的分析可以看到，人并非仅仅具有个体性的或以他自己为原因的激情，而是同时也具有那种由于与他人的交往和互动而引发的人际之间的激情。与前者相比，后者对人造成的影响和困扰同样强烈，甚至更强。我们在现实生活中遭受的很多痛苦往往与这类激情相关，它们也由此成为现实生活的重要规定因素，诸如仇恨、嫉妒、野心等都归属于这种激情之列。

既然这种人际之间的激情在其产生机制中包含很多不为个体激情所包含的生成要素——尽管它们在一般生成机制上并无根本差别——所以，在节制和克制人际激情时，尤其是为了摆脱那些对我们的实存造成危害并弱化行动力量的恶劣的人际激情方面，我们所需要的手段就会有所差别；或者更准确地说，为了克制和摆脱这类激情，我们固然需要理性因素的介入并遵循理性的命令，但是既然并非每个人都能按照理性来生活，相反，大多数人都以非理性的方式来生活并更多地受欲望的支配，所以，个人的理性生活及其对自己内在激情的约束并不能使这种人际激情完全受到制约，也不能对之进行转化并将其纳入良好的行为之中。也正是在这里，政治和国家的问题介入进来。《伦理学》第四部分在讨论如何通过理性来克制激情时，也以该部分命题三十七的两个附释来讨论国家的基础以及法律、公正、不公正等政治概念和相关的政治问题。

当然，我们知道，除了在《伦理学》的这个地方，斯宾诺莎还以《神学政治论》和《政治论》这两部重量级的政治著作来讨论他的政治理论或政治哲学，而这两本书在他的著作中占据了最大的篇幅。因此，许多当代斯宾诺莎研究者特别突出了政治在斯宾诺莎哲学中的核心地位。例如，内格里就明确认为政治理论在斯宾诺莎思想中异常重要，甚至"斯宾诺莎的真正的政治学就是他的形而上学"。[1] 而詹姆斯则认为，"斯宾诺莎撰写《伦理学》的诸多目

---

① Negri, A., *L'anomalia selvaggia*, p.145.

标之一就是对政治概念所依赖的诸观念进行严格的分析并揭示其政治自由的理想只能为一个力求更全面地追求理解和更广范围之自由的共同体所完全实现"。① 这也就在一定程度上认定《伦理学》的相关研究是在为政治理论服务。

可是,无论从《伦理学》中为政治所安排的位置,还是从《神学政治论》中对政治学的定位来看,政治问题在斯宾诺莎这里都不是独立自为的,而是被他置于普遍伦理学的框架之中,甚至以政治学或政治哲学作为普遍伦理学的内在组成部分,并为普遍伦理学及其最高的伦理目标服务。正如前文所言,斯宾诺莎在其哲学研究伊始就明确地以政治学来服务于他对最高伦理目标的追求,亦即我们"必须形成一个令人向往的社会,以便尽可能多的人能够十分容易和安全地达到这种本性"(TIE, 15)。所以,政治学在一开始就被他归入伦理体系之中,并从他的总体思想框架得到审视和规定。简而言之,政治学要参照以实践为旨趣的普遍伦理学来得到理解。② 由此出发,《神学政治论》完全可以被视为《伦理学》的"导论",要为后者的出版及其被接受准备相应的前提和基础。与此同时,

> 斯宾诺莎在《伦理学》第四部分命题三十七附释一中宣称要解释国家的基础是什么。但是他在《伦理学》中对政治的处理非常简略。这或许部分上是因为他已经在《神学政治论》中部分地展开了他关于政治的观点,部分上是因为他希望在一部专门的政治论文(即他生前未完成的《政治论》)中更为详尽地对该论题进行研究。③

就此而言,《政治论》可以被视作《伦理学》中与政治相关之论题的延伸,是斯宾诺莎的普遍伦理学规划的延续,也是其既定的政治观点的进一步深化和科学化,因为斯宾诺莎亦如霍布斯一样想要构建"一门关于国家的科学"④。这也在一定程度上说明,关于政治的探讨乃是出于斯宾诺莎思想的内在的必需。

---

① James, S., "Freedom, Slavery, and the Passions", in *The Cambridge Companion to Spinoza's Ethics*, ed. O. Koistinen, Cambridge: Cambridge University Press, 2009, p. 241.

② Cf. Zac, S., "La philosophie politique de Spinoza", in Zac, S, *Essais Spinozistes*, Paris: Vrin, 1985, p.129; Geismann, G., "Spinoza-Beyond Hobbes and Rousseau", *Journal of the History of Ideas*, Vol.52, No.1, 1991, p.40.

③ Curley, E., "Notes on a Neglected Masterpiece (II): *The Theological-Political Treatise* as a Prolegomenon to the Ethics", p.110.

④ Cf. Balibar, E., *Spinoza et la politique*, Paris: PUF, 1985, p.63.

　　然而,从斯宾诺莎对实在本身的构建和阐释的进程来看,他的政治研究也具有其内在的必要性甚至是必然性;换言之,虽然斯宾诺莎在一定程度上也像霍布斯等人那样认为,国家乃是人的现实活动的产物,但是,它却不是通过一种有意的设计和构造而产生的,相反,他把这种产生国家的活动纳入到一般的自然生产序列之中,使之成为一种自然的产物。故而,国家具有其绝对自然主义的存在论基础,同时也在人的本性之中有其根本的缘由;所以,要消灭国家,我们就必须改变人性本身,或者具有一种与现实的人性完全不同的人性。只要自然和人性本身是不变的,那么国家就具有其必然性,而关于国家的理论探讨也就有其必然性,并需要在整个自然(尤其在人的自然/本性)的视域下被理解。斯宾诺莎的政治理论核心就是围绕着国家来展开的,从而呈现为一种特定的国家学说。

　　而就其具体的研究进程来看,同近代的许多政治思想家一样,斯宾诺莎也是从个体或个人开始的,因为"自然并不创造民族,它只创造诸多的个人;而个人只是通过语言、法律和道德习俗上的差异才区分为不同的民族的"。(TTP, 17, 26/中译本第 245 页)既然作为神所产生的有限样式或作为自然之产物的个人,始终是"自然的一部分"并据此获得其在宇宙之中的地位,那么人必然始终在一种与他者的相互关系和关联之中实存,并处在一种关系性存在物的地位。而在诸多关联对象中,不仅有无穷多样的且与人在本性上有着重大差异的自然物,同时也有与每个人具有相同本性的其他个人。这种关联也决定了人天然地处在一种关系性的,甚至是社会性的状态之中。

　　所以,虽然斯宾诺莎对人的理论考察,尤其是关于政治理论的研究同样从个体开始,但是这种个体或个人却不是一个孤立的和孤独的个人,而是本然地处在一种原型社会关系之中的个人。在这一点上,他与近代契约论传统有着内在差异。当契约论的理论家通过剥离一切政治的和国家的因素而把人抽象地置于一种自然状态之中的时候,人就被置于孤立的生存状态,人与人之间的关系要通过偶然的遭遇而产生,但是这种遭遇对于人的生存以及政治社会的产生而言乃是外在的因素。但是,对斯宾诺莎而言,即便我们把人的一切政治的和国家生活的因素排除掉,我们也不能将人彻底置于一种孤立的和隔离的状态,相反,人源初地就处在一种关系性的生活状态之中,或者说斯宾诺莎在这一点上承继了亚里士多德的"人是社会的动物"①这

---

①　亚里士多德明言,"人类自然是趋向于城邦生活的动物(人在本性上也正是政治的动物)"。(亚里士多德:《政治学》1253a3—4,吴寿彭　译,北京:商务印书馆,1965 年)在中世纪哲学中,托马斯·阿奎那直接继承了亚里士多德的观点。(cf. Aquina, Th., *Contra i gentili*, III, 85(10), 117(3), ect., a cura di T. S. Centi, Torino: UTET, 1975.)

一古老的观点。(cf. E4P35C2S; TP, 2, 15)

而斯宾诺莎就人的原初实存处境所持有的这种看法,从他对圣经中"第一个人"的故事所做的批判性分析也能得到明晰的印证。在他看来,圣经对上帝创造人类始祖亚当的叙述并不能被视为真正的历史,而只能被当作一个故事,甚至只是一则寓言,从而根本不具备信史的价值,更不具备真理价值。(TTP, 4, 11/中译本第 75 页)而且仅从圣经的文本自身,我们就可以发现,亚当并不是全人类的祖先,而只是犹太人的祖先,因为在亚当之前就已经有其他人和其他民族存在了。① 虽然自然直接产生的是个人,但是自然并不是把人逐个地和孤立地产生出来,相反,自然总是同时产生众多的人并使他们处在相互有着紧密关系的群体中,并使其过一种群体的生活。所以,"在人自身之中就有一种天然的社会性"②,而且即便在剥离了一切政治要素的自然状态之中,社会依然存在。③ 这种原始的和基本的社会性可以被视为"一种非社会的社会性"④,它与我们在政治社会中所认识的社会具有很大差异,但毕竟是一种由人际之间的相互关联和关系所决定的社会性。这也是斯宾诺莎与契约论就人在自然状态中的生活所做的规定中一个重要区别。

当然,这种关于人的社会性及其生存状态的规定也与斯宾诺莎对自然状态所持之看法有关。众所周知,在近代政治哲学,尤其是在以霍布斯为代表的契约论的政治哲学中,自然状态乃是基本的理论构成要素,是他们对政治社会进行一种抽象操作从而去除其中的政治和法律因素之后所得到的结果。因而,自然状态对他们而言所具有的纯粹是一种理论价值,而不具有历史实存的意义。就这一点,霍布斯等人都曾有过明确的提及。因而,自然状态完全以抽象理论的形态存在,是在思想层面从政治社会进行回溯而达到的理论结果,并与社会状态有着根本的区别。当人们通过签订契约而进入

---

① 在近代早期欧洲学界,《圣经·旧约》中以亚当作为第一个被创造的人和全人类之始祖的看法受到了一些学者的激烈批判,其中最具代表性的无疑是法国思想家拉贝莱尔(I. de La Peyrère)。后者在其所著之《亚当之前的人》(Prae-Adamitae)和《神学体系》(Systema theologicum)两本著作中对这个传统观点做出了批判。通过对圣经文本的考察,通过援引各种古典历史著作,尤其是通过对地理大发现所提供的新材料的使用,拉贝莱尔反驳了以亚当作为第一个现实存在的人的传统观点。而斯宾诺莎的藏书中就有拉贝莱尔的《亚当之前的人》这本书。他的思想与拉贝莱尔之间也多有相近之处。就这种观点在圣经和宗教研究方面所具有的批判意义,可以参考施特劳斯:《斯宾诺莎的宗教批判》(第 96—130 页)。但是,就拉贝莱尔的观点及其对斯宾诺莎的影响所含有的政治哲学意义则有待更深入的研究。

② Zac, S., "Société et Communion chez Spinoza", *Revue de métaphysique et de morale*, 63, 1958, p. 275.

③ Cf. Matheron, A., *Individu et communauté chez Spinoza*, p. 347.

④ Tosel, A., *Spinoza ou le crépuscule de la servitude*, p. 278.

政治社会和文化状态之时，他们就完全摆脱了自然状态。因此，"对霍布斯而言，在自然状态与文明状态之间有着一种真实的断裂。文明世界对他而言恰如'一个王国中的王国'"。[1]

但是，对斯宾诺莎而言，自然状态并不是我们通过理论上的假设和回溯而得到的结果，相反，它首先是以"神或自然"为核心的绝对自然主义的存在论的必然产物。既然一切作为有限样式而存在的事物都是神依其本性必然性而产生的结果（E1P16），或者说是作为无限实体的自然按照其内在的规律和法则而产生的产物（E3Praef.），那么，任何事物就其本源和原因来看都是自然的，而每个事物就其处在直接由自然而出的状态之中时，就都处在自然状态，[2]它们唯独受自然的规律和法则的支配，并在这种支配之下与他物相互关联和相互作用。既然人只是自然所产生的无限多的事物中的一种并从根本上依赖于自然，也始终在自然之中生活，那么，人的一切活动的产物也都必须以自然为基础并以自然状态为前提，政治社会和国家同样在这种自然状态的基础上生成和实存。这也就意味着，自然状态对于政治社会和国家而言享有生产和逻辑上的优先性，后两者始终要以自然状态作为根本的实存视域。在考察国家以及组成国家的个人之时，我们就不能遗忘这种根本的自然主义前提。这种意义上的自然状态也就不是单纯的理论假设，而是具有一种非历史的实在性。

因此，在这种自然状态中，我们在政治社会里必须遵从的法律尚不存在。（TTP，16，19/中译本第222页）即便我们把"法律"（lex）应用到自然事物之上并明确提出自然的规律和法则，我们更多是在一种隐喻的意义上为之。（TTP，4，2/中译本第66页）当然，虽然规律或法则本身乃是我们从语言层面给出的一种指称，但是它们决非单纯的思想存在物，因为它们有着现实的事态与之相对应，因为"普遍的自然法就是万物据之被决定而以某种特定的方式实存和活动的法则"（TTP，4，1/中译本第66页）；"自然的德性及其活动力量，亦即万物据之而生成并据之从一种形式转化为另一种形式的自然规律和法则乃是永远和到处同一的"。（E3praef.）因此，自然的规律或法则，或者更简单地说自然法，就不像格劳秀斯、霍布斯等人所理解的那样是由理性所规定的法则。尽管自然法必然是与理性相符合的法则，并且可

---

① Zac, S., "Etat et nature chez Spinoza", *Revue de métaphysique et de morale*, Vol. 69, No. 1, 1964, p. 24.

② Cf. Bartuschat, W., "The Ontological Basis of Spinoza's Theory of Politics", in *Spnioza's Political and Theological Thought*, ed. C. De Deugd, Amsterdam: North-Holland Publishing Company, 1984, p. 34.

以为人的理性所认识,但是它却并不以理性作为其生成与实存之条件。因此,同自然状态一样,自然法在斯宾诺莎这里也不是通过回溯式的理论抽象和还原而得到的结果,而是具有其自然的实在性。

从自然法的这种本性规定也可以看出,自然法所体现的乃是作为总体的自然内在具有的力量以及每个自然存在物所具有之力量的相互作用关系。"斯宾诺莎的自然法理论首先是其一般的自然理论和在自然之中发挥作用的必然规律的组成部分。它所关注的不是由自己强加给自己的规则所控制的理性行为,而是关注依据神的永恒的命令而出的必然的行为,而神的命令则被描绘为'每个个体的本性的规则'。"①既然每个自然个体之本性或现实本质就是其竭力保持自身存在的努力或力量(E3P7),那么,作为个体之本性规则的自然法根本上就是诸力量之间的关联和作用关系的法则。而这种意义上的自然法则就本然地保持着其自然特性,并不负载任何超越的价值规定,因此,自然法并不具有任何规范论或义务论的色彩,因为后者并不存在于自然及其活动之中。② 于是,自然法实质上只能是存在的法则,而不包含价值的规定,也不对行为本身进行价值的评判。

与上述关于自然状态和自然法的规定密切相关的则是斯宾诺莎在自然权利(jus naturale)方面所做的重大革新。同前两者一样,自然权利也不是通过回溯式的理论抽象和还原而得到的结果,相反,每个事物的自然权利皆源于其直接的自然存在地位和本性。既然神的本质就是其力量本身,而一切事物都是由神或自然的力量所产生的结果,同时"既然整个自然的一般力量不是别的,只是所有个体事物之力量的总和,由此可以推知,每个个体事物都有最高的权利来做它所能做的一切,或者说每个个体事物的被决定的力量延伸多远,它的权利就延伸多远"。(TTP,16,2/中译本第212页)所以,自然权利本质上就是"每个自然事物的本性的规则;依据这些规则,每个自然事物被决定着以某种明确的方式自然地实存和活动"(Ibid.)。

据此,斯宾诺莎对自然权利与自然法之间的关系进行了一种重构,甚至是一种倒转。③ 当霍布斯于《利维坦》等著作中在自然权利的基础上把作为理性法则的自然法推论出来时,

---

① Laerke, M., *Spinoza and the Freedom of Philosophizing*, Oxford: Oxford University Press, 2021, p.200.

② Cf. Walther, M., "Elementary Features of Spinoza's Political Philosophy", in *Spinoza's Ethics: A Collective Commentary*, p.217.

③ Cf. Lazzeri, C., *Droit, pouvoir, et liberté: Spinoza Critique de Hobbes*, Paris: PUF, 1998, p.103.

斯宾诺莎却不是从自然权利推导出自然法,而是从自然法推导出自然权利。其次,他也不认为可以把自然法比作规范或准则,一种我们通过恰当的理性而以反思的方式使我们自己要去服从的准-义务。他将其视为一种必然的真理。这种真理从个体保存自身的力量直接而出,而这种力量就类似于《伦理学》描述的作为事物之现实本质的努力。①

因此,自然权利并非抽象法权意义上的权利,而是一种以力量为基础的事实权利。

既然如此,自然权利也就不是专属于人的权利,而是可以被应用于所有个体的自然事物之上,(TTP, 16,2/中译本第 212 页)而这种情形恰与霍布斯的看法相反。"对霍布斯来说,就人是人工物(其中包含着国家)的制造者而言,他在自然之中占据了特权地位。这就使得,即便在自然状态中,自然权利也是人所专有的权利"。② 可是,当斯宾诺莎从人被嵌入自然的状态出发,而不是从人与自然的分离出发来界定自然权利时,在他的用语中论及动物和事物的自然权利就是合乎逻辑的;可是,在契约论的通常逻辑之下,这些表达却是没有意义的。③ 这一点之所以能够实现实质上还是以斯宾诺莎的自然主义的力量存在论为基础。"自然权利不是别的,只是由个体自身的功能性法则而出的力量。"④而权利与力量的完全同一构成斯宾诺莎的整个政治理论构建的根本原则。

正是因为对权利与力量之间关系的这种新的界定,斯宾诺莎就可以无差别地将自然权利应用在一切事物之上。即便是在人与人之间,这种自然权利也能够按照他们各自所拥有的力量而被赋予给他们,不管他们是按照理性的命令来生活,还是按照欲望的盲目冲动所推动而生活。(TTP, 16,2/中译本第 212 页)同时,既然自然权利就是包括人在内的每个自然个体以其内在力量为基础去做其力所能及之事的权利,所以,在自然状态中,每个人都对处在其自身力量范围之内的事物享有权利,换言之,每个人都有绝对的自然权利来做处在其力量范围之内的事情。"既然每个事物都尽其所能竭力保持其自身的状态或存在乃是最高的自然法则,而且这只是从事物自身出发而不考虑其他外在条件,由此就可以推出,每个个体的事物都具有最

---

① Laerke, M., *Spinoza and the Freedom of Philosophizing*, p.199.
② Zac, "Etat et nature chez Spinoza", p.24.
③ Cf. Moreau, P.-F., *Spinoza: L'expérience et l'éternité*, p.412.
④ Ibid.

高的自然权利来这样做。"(TTP, 16,2/中译本第212页)因此,人的自然权利最终只以他具有的力量为基础。只要人现实地保有这种力量,无论他处在何种状态——不管他处在自然状态,还是处在民政状态——,他都会具有自己的自然权利,尽管这种权利本身的界限和实现程度会随其所处之状态的不同而有所变化。这就是为什么斯宾诺莎会说,他与霍布斯的政治理论之间的差别首先就在于他"总是使自然权利不受损害"(Ep.50)。其言下之意就是,即便在民政状态之下,人依然保有其根本的自然权利。

然而,从斯宾诺莎思想的发生学或生成论的次序来看,这种处在自然状态之中并唯独依靠其天然的自然权利而生活的状态实质上并不是一个一致的、和谐的和安全的生活状态,亦即不是一种按照理性的命令和指引而生活的状态,而是为盲目的欲望冲动所决定的生活状态,因为

> 并非所有人都由其自身之本性所决定而依据理性的准则和法则来行动,反之,所有人都天生地对万物一无所知,在他们认识到正当的生活方式并获得德性的习惯之前,即便他们得到了良好的教养,生命中很大一部分光阴业已流逝,在这段岁月中他们必须尽可能单独依靠欲望的推动作用来生活并保存自身。因为自然不仅没有给予他们别的什么东西,反而否定了他们依靠恰当的理性来生活的现实力量。因此,他们不会被强迫按照恰当的心灵法则来生活,正如一只猫不会被迫依照着狮子的本性法则来生活一样。(TTP, 16,3/中译本第213页)①

因此,在自然状态下生活的人就不是按照理性的法则而生活,而是始终以激情,尤其是以欲望作为自身活动的根本规定因素。此时,"[人的本性]的功能性法则就是激情。故而激情也就构成了自然权利的实际内容"。②

尽管斯宾诺莎是近代理性主义哲学的杰出代表,但是他并不认为理性乃是直接的和自明的,也不将其视为一种"给予",相反,理性对人而言总是有一个漫长而艰难的生成过程。处在自然状态和野蛮状态之中的人,很难具有理性并按照理性来生活。所以,"较之受理性的指导,人们更多地受盲目的欲望所驱使,所以,人的自然力量,亦即自然权利,不应该由理性,而应

---

① 实际上,即便是人们进入到政治社会和国家生活之后,他们在本性上依然要根据其欲望和情感来生活,尽管他们已在一定程度上发展了自己的理性,因为欲望对人而言乃是其本质的规定性。人没有欲望也就停止了存在。

② Moreau, P.-F., *Spinoza: L'expérience et l'éternité*, p.412.

该由人由之被决定着去行动和努力保存自己的诸多欲望来界定"。(TP，2，5)而这里所说的欲望实际上代表着情感，或更准确地说是激情。人首先作为情感式的存在物而在世界上实存和活动。虽然就理性的基础及其生成机制而言，处在自然状态之中的人通过其身体所受之影响及其自身之活动而体会到他与外物之间的共同之处，从而具有了初步的共同概念并因之而具有了理性，但是这种理性就其程度而言还非常微弱。尽管人的身体具有相比于其他动物和物体而言的高度复杂性，但是在自然的状态之中理性却不具备良好地展开和运作的条件，我们也很难设想理性能够在民政状态之外获得充分的发展。[①] 实际上，在源初的自然生活状态中，

> 每个人皆依照最高的自然权利而生存，从而也通过最高的自然权利而做出一切由其本性必然而出的行为。于是，每个人都依据最高的自然权利而判断什么是善，什么是恶，并根据自己的心性(ingenio)考虑自己的利益，为自己报仇雪恨，并努力保存自己所爱之物，摧毁自己所恨之物。假如人们都依据理性的指导而生活，那么每个人都可以通过其权利而获得这一切，却不会对他人造成伤害。可是，由于人们受制于各种情感，而情感又远远超过人的力量或德性，所以，人们经常会被激情拉扯至不同的方向并相互对立，尽管他们本来需要相互扶助。(E4P37S2)

恰如前文对人的激情机制的分析所揭示的那样，由于人们各自具有不同的身体特质并具有不同的心灵倾向或心性，因而他们也就具有各种不同的激情。激情生活本身就是差异在其中生成和寄身的场域。对处在原初的自然社会并以激情作为行使其自然权利的支配性手段的人而言，"人性的首要的和最恒常的经验就是人际之间的分裂氛围"。[②] 在这种状态中，我们总是以自己的心意和利益作为衡量一切的标准，并以满足我们的激情和嗜欲的东西作为最高的追求和快乐的源泉，但是这些东西往往只能为少数人所具有，所以我们就会相互竞争。在我们的愿望未得到满足之时，我们会感到痛苦，并对他人产生嫉妒。况且，在这种没有公共的制度和规范来约束每个人的权利和行为之时，每个人总会碰到比他更有力量的人，而在对利益的争夺中，前者肯定会处在下风。他不仅无法获取新的利益，甚至他原来具有的

---

① Cf. Matheron, A., *Individu et communauté chez Spinoza*, p.284.

② Moreau, P.-F., *Spinoza: L'expérience et l'éternité*, p.414.

东西都会被夺走,甚至会因之丧命。因此,"只要人的自然权利或自由取决于个人的力量,这种权利实际上就不存在,或者只不过是一番空论,无法保证其实现"。(TP,2,15)此时,他们会生活在一种恐惧的状态之下,甚至处于相互冲突的状态之中,每个人自身的安全也就无从得到保障。而"一个人感到恐惧的原因愈多,他的力量就愈小,从而他具有的权利就愈少"。(Ibid.)虽然自然权利为人赋予了一种天然的自由,但是在自然社会中这种自由却不能真实地实存和实现;自然权利确实是每个人因其自身的力量而为他所具有,但是因为每个人总是处在外因和他人的威胁甚至是支配之下,所以他就不可能是自由人,而只能处在他人的权利之下。而当一个人处在他人的权利之下却不能追求自己的利益时,他就处在受奴役的状态,这实际上是在人受各种人际激情的奴役之下的又一重的奴役。而这种服从于激情的人在其中相互冲突的状态也正是近代政治理论中的严格意义上的自然状态。①

然而,人却不会因为这种状况而选择过一种离群索居的生活,也不能这样做。人的天然的社会性使得他无法忍受孤独。这不仅是出于情感上的需要,更是出于一种生存的必需。因为在面对整个自然和无穷多样的强大的自然物时,人保持自身存在的力量和努力总是非常弱小的,他的生存总是处在一种不确定的和不安全的状态。所以,"无论讽刺作家如何尽情嘲笑人情世故,无论神学家如何憎恶尘世生活,无论悲观厌世者如何极力颂扬原始草昧的生活、蔑视人和赞美野兽,但是经验依然告诉人们,通过相互扶助,他们能更容易获得自己所需之物,而且惟有通过把力量结合起来,他们才能避开随时随地威胁他们的危险"(E4P35S);"如果没有相互帮助,人们很难维持他们的生活,也很难涵养他们的心灵"。(TP,2,15)所以,"如果没有相互的帮助和理性的培育,人类必然要过一种极为悲惨的生活"。(TTP,16,5/中译本第214页)

因此,无论是激情和权利的不稳定性对人所造成的各种痛苦和奴役,还是每个人为了生存而必须与他人形成的联合,无不揭示出自然状态和自然社会本身的不充分性。处在自然状态之中的人完全是按照想象和激情的方式来生活,而不是按照理性或理性的命令来生活,他们直接体会到的是差异和冲突,却无法实现和谐一致。但是,即便是在这种不安和不便的处境中,人们依然通过经验和比较粗朴的认知体会到群体生活的效用:

---

① Cf. Bartuschat, W., "The Ontological Basis of Spinoza's Theory of Politics", p. 34.

为了保持自身存在起见,我们决不能对外界毫无所需,我们决不能与外界事物完全断绝往来而孤立生活。姑且单就心灵来说,如果我们的心灵完全孤立,除了自身之外,毫无所知,则我们的理智必定更不完善。所以,在我们外面,实在有不少对我们有用的东西,是我们所必须寻求的。其中尤其以完全与我们的本性相符合的东西最是优越。譬如,如果有两个本性完全相同的个人联合起来,则他们将构成一个个体,后者较他们之中的任何一个,必然加倍地强而有力。而且,除了人以外,没有别的什么对于人更为有用。因此,人要保持他的存在,最有助益之事莫过于力求所有人在一切事情上都相互一致,宛若所有人的心灵和身体几乎组合成同一个心灵和身体;同时,所有人都尽可能共同努力保持他们的存在,并且都追求大家共同的利益。(E4P18S)

但是,上面这种期许和追求显然无法在依靠欲望和激情而生活的自然状态和自然社会中实现,为此,人们就有必要从自然状态进展到一种民政状态和政治社会之中;要从一种差异和冲突的状态进展到一种相同与和平的状态,而国家的基础和理由也正在于此。为了达成此目标,为了使人们能够和谐共存并相互扶助,斯宾诺莎认为,最为根本的条件就是每个人都必须放弃对他的自然权利的独立的和随意的行使,并相互保证不会做出任何伤害他人的行为。为此,就必须对人的激情予以限制,使人不因自身的变化无常而陷于不稳定的生活境地,反而能够相互保证并相互信任。既然一种情感除非被另一种与它相对立的且更为强烈的情感所压制,否则它就不能被压制,同时,一个人只是因为惧怕更大的伤害,才制止自己做伤害他人之事。因此,正是依靠这条法则,社会本身才能得以维系——只要社会把每个人所具有的进行报复和判断善恶的权利收归己有;由此,社会就有权制定共同生活的规则,颁布法律,并借助于威胁而不是凭借理性来维护法律。而这种通过法律和保存自身之权能而得以维系的社会,就称作国家(civitas);而由国家的法律所保护的人,就称作公民。(cf. E4P37S)而且"只有在人们拥有共同的法律,能够保卫他们居住和耕种的土地,保护他们自己,排除一切暴力,而且按照全体共同的判断生活下去的情况下,才谈得上人类固有的自然权利"。(TP, 2, 15)

因此,对于政治社会和国家的形成及其实存而言,最为重要的就是每个人能够放弃或者更准确地说限制自己的自然权利,并将他们的权利和力量让渡给一个共同体,后者构成了由众人的力量所确立的共同权利(或者称为统治权)(TP, 2, 17),而这种共同的权利实际上也正是人们所拥有的共同的法律,组成这个共同体的公民之所以宛若受一个心灵所指挥,恰恰是源于这种共同的法律。此时,除了共同权利赋予每个人的权利之外,每个人对自然事物没有任何权利。不仅如此,他必须执行共同的同意对他所施加的命令,或者说,人们具有权利迫使他这样做。(TP,2,16)

然而,就政治社会或国家的具体形成过程,斯宾诺莎并未给予详细的论述,而只是在《神学政治论》中给予一些简单的说明。就此,他写道:

> 为了能够安全而富足地生活,人们必须相互结合起来。相应地,他们必须保证每个人天然地对所有事物具有的权利必须为大家集体地享有,同时这种权利不再由个人的力量和欲望所决定,而是为所有人共同的力量和意志所决定。然而,如果他们仅仅由自己的欲望所推动,那么他们就没有希望取得这种结果,因为,依据欲望的法则,每个人都被引向了不同的方向。因此,他们不得不下定决心并一致同意唯独依据理性的命令来裁定一切。他们必须节制自己的欲望,因为欲望总是提倡那些可能伤害他人的事物;同时,他们不希望遭受的行为,他们也必须不施诸于他人;最后,他们必须维护他人的权利,就如他们维护自己的权利一样。(TTP,16,5/中译本第214页)

因此,为了从自然状态进展到政治社会和国家并安全而和谐地生活,人们就必须节制和让渡自己的自然权利,尤其是他依据自己的心意来对事物进行判断并据之而行为的那种权利。通过这种让渡和转移的过程,权利被让渡给一个共同的权利持有者,他具有一种超越于每个个人的更大的力量,并规范着每个人的行为。由此也就形成了一个政治社会或国家,而掌握这种最高权利的正是主权者。每个让渡自己独立判断和行为之权利的个体都保证会服从于这个主权者的命令。按照传统契约论的术语,这就是一个社会中的所有或大多数成员签订了一个契约,通过这个契约他们各自放弃了自己的自然权利,而将其让渡给了国家权力的所有者。正因如此,很多研究者将斯宾诺莎视为社会契约论者。

然而,就其根本的理论观点而言,斯宾诺莎与传统契约论还是有着很大区别:首先,斯宾诺莎所说的国家甚至他的全部政治理论都不是建立在理性的基础之上。"政治首先是情感性的,亦即由欲望或想象所控制"。[1] 在自然

---

① Uyl, D. J. Den., "Power, Politics, and Religion in Spinoza's Political Thought", *Jewish Political Studies Review*, 7:1/2, 1995, p.81.

社会中,人们以自然聚合的方式形成了群体,而为了占有必需的生活资料,他们相互之间会发生冲突,但是在此过程中他们也会有分工与协作并借此形成了一种初步的组织。

> 在这种由人类再生产的必要性所要求的合作中,在与人的对抗之中就形成了一种对理性和实在利益的实践性的前瞻。由此就形成了一种由元素——个体的合作所产生的更强有力的新的个体性。可是,这种理性的内核却被矛盾所掩盖,每个人都同时以合作的力量来回报他的利益,并以合作关系来服务于他人。由此就建立起一种联合——解体、冲突的统一、统一的冲突等矛盾的机制……契约或让渡乃是这种矛盾机制的自发的产物。这种在为独自占有可支配的社会关系要素而做的斗争中并通过劳动分工而实现的合作,则为下述情形所强化,即人们相互同意限制他们不择手段地保持自身状态的自发的冲动:他们放弃按照自己的喜好来做事,而是服从于如此被构建的集体的力量。①

所以,根本没有人们对契约所进行的一种理性的设计,更没有签订契约的过程。对于完全为欲望所支配却没有为理性留下多少实存和发展空间的前政治社会中的人,这种情况是不可能发生的。相反,同意和契约本身就跟激情的机制相联。处在不稳定和不安全的自然生活状态中并为之所奴役的人,通过情感自身的推动而自发地向着一种共同的和制度化的生存过渡。因而,国家的形成有着一种源于人性内在的必然性。同意和契约并不具有任何超越性的维度,而只是我们为了把国家重构出来而使用的一种规则。②所以,使用契约论的语言并不意味着斯宾诺莎从根本上就是一个契约论者,况且契约这个概念在斯宾诺莎最后的著作《政治论》中几乎不再被提及和使用了。③

其次,即便斯宾诺莎使用了契约论的术语和解释方式,但是其使用却有所不同。当霍布斯等契约论者力求以社会契约来为国家的合理性进行辩护时,斯宾诺莎却没有为契约赋予这种功能。

---

① Tosel, A., *Spinoza ou le crépuscule de la servitude*, p.278.
② Cf. Ibid., p.280.
③ 就斯宾诺莎对契约概念的理解和使用上的转变,更为详尽的论述可以参考 Matheron, A., "Le problème de l'évolution de Spinoza du *Traité théologico-politique* au *Traité politique*", in *Spinoza: Issues and Directions*, pp.258 – 270。

在其他思想家关心政治和道德(不管是特殊形式的权威,还是国家本身)的合法性问题时,斯宾诺莎却不把这些问题视为基础性的问题。合法性和理想的统治形式的问题更多地属于诗歌,而不是属于政治理论。反之,我们的观点应当集中于权力在政治背景下运作的方式及其最有效的使用。①

作为一位现实主义思想家,斯宾诺莎从来不做假设。对他而言,任何的概念、观点和结论都必须按照严格推导和论证的方式从实在本身而来,这一点在他关于政治问题的探讨上同样得到严格遵守。具体而言,国家和政治社会的形成固然是一个历史事实,而政治活动和国家的统治也以经验实在的方式出现并为我们所把握。因此,在探讨政治理论时,我们就不能把理论与实践相分离,不能按照想象的方式来运作,而是要深入到现实的具体机制之中。在政治研究领域,现实和结果总是最重要的。② 但是,这种历史和经验的研究却并不妨碍、更不会减损斯宾诺莎在政治理论研究中对一般科学研究原则的使用,反之,他认为"[政治学研究]要通过可靠的和无可争辩的推理从人的真正本性推导出最符合实际的原则和制度"(TP,1,4)。因此,尽管我们承认国家在历史中确有其开端,但是这个开端并不是一个可以明晰确定的时刻;而且既然历史总是与记忆相关,所以我们很难从历史发生学的层面确定国家的生成和开端的具体时刻了。实质上,国家究竟在何时真正形成对斯宾诺莎而言并不具有重要意义,而真正重要的始终在于国家的基础以及我们在此基础上对国家的功能及其良好的制度和运转方式的研究。

从这个角度来说,社会契约就不是对国家的逻辑基础的证明,而是"一种基础的但是最终只是虚构的叙事,它意在对生活于自由共和国中的公民之集体想象进行组织,并将他们的政治信念指向一种安全的和摆脱恐惧的共同生活"。③ 因此,社会契约对斯宾诺莎而言完全是一个功能性的概念,而这种定位又与国家的存在论地位直接相关。对霍布斯等契约论者而言,社会契约的引入完全对应于他们以国家作为人为构造物的基本观点,而且正是因为国家是人为构造物,我们才能对之具有真确的认识。④ 但是,

---

① Uyl, D. J. Den., "Power, Politics, and Religion in Spinoza's Political Thought", p. 79.

② Cf. Zac, "Etat et nature chez Spinoza", p. 21.

③ Laerke, M., *Spinoza and the Freedom of Philosophizing*, p. 196.

④ Cf. Gueroult, M., *Spinoza (II, L'âme)*, pp. 486 - 487.

斯宾诺莎并不认为,国家是一个通过权利的让渡和契约的签订而被创造出来的人工产物,并通过一种逻辑—惯性而得以维持。相反,他把国家当作与任何其他的自然个体一样的东西来探讨,而国家的创造和持续的实存从本质上要依赖于支撑其实存的自然力量。①

而这种自然力量并不是自然之中某种独立自存的力量,更不是传统的神学政治理论中所说的那种由上帝以不可思议的方式赋予给某人或某个群体的力量,这些看法实际上是要为国家的力量和权利赋予一种超越的来源和理由。但实际情况恰好相反,国家的实存和活动所依赖的那种力量就是组成国家的所有个人的力量的总和,就是作为整体的大众的力量。正如个人的权利以其自身的力量为基础并与之具有相同的范围一样,国家的权利也以国家的力量为基础,而国家对个人或公民所具有的权利也与它所具有的力量成正比。(TP, 3,2)当然,这种最高权力或统治权的掌握者或代表者可以有数量上的差异,并因这种差异而使国家呈现为不同的政体形式:这种统治权如果掌握在所有人手中,那就是一个民主政体;如果掌握在少数人的手中,那就是贵族政体;如果掌握在一个人的手中,那就是君主政体。但是,尽管有这种数量和形式上的差异,国家的最高权利和统治权却是绝对的和统一的。而掌握着国家的最高权力的人就根据全体的同意来管理国家事务,诸如制定、解释和废除法律,保护城市,决定战争与和平,等等。(TP, 2,17)以此方式形成的国家主权就如同所有公民共同具有的意志,而国家的共同法律则是这种意志的集中体现。当每个个人放弃了唯独依靠自己的力量和判断来保护自己,转而以国家的意志和法律作为自己的行动规范之时,人们就不再单纯依靠激情和自然权利而生活,相反,他们开始进行一种社会的共同生活。也只有在这种由共同的权利和法律所维系的政治状态或国家之中,人们才能形成一种具有真正普遍性的判断。诸如善恶、功罪、公正与不公正等观念也在此有其起源并真正具有实质性意义。

在自然状态中根本没有所有人都同意的善或恶;因为凡处在自然状态之中的人都仅仅考虑自己的利益,并且依据他自己的心意而且唯独以他自己的利益为理由来确认什么是善、什么是恶;除了服从于自己,他不被法律所约束去服从其他任何人。因此,在自然状态下根本不能构想出任何的罪恶。反之,在民政状态中,人们通过一致同意而确认

---

① Laerke, M., *Spinoza and the Freedom of Philosophizing*, p.197.

什么是善、什么是恶,而且每个人都必须服从国家。所以,罪恶不是别的,只是不服从,并因此而唯独由国法对之进行惩罚;反之,服从则被认作公民的功绩,因为恰是凭借服从,他才被判定为值得享受国家所提供的权益。此外,在自然状态中没有人会通过公共的同意而成为某物的占有者;在自然之中也没有任何东西可以说是属于这个人而不是属于那个人,反之,一切事物属于一切人。因此,在自然状态中根本不能设想会有将某人之所有给予他或将其所有予以剥夺的意志,这就是说,在自然状态中根本没有什么行为可以说是公正的或不公正的;反之,只有在民政状态中人们才能通过公共的同意而确认何者属于这个人、何者属于那个人。(E4P37S2)

由此可见,从自然社会状态走向政治社会的状态,实际上就是人们从受激情支配的差异性的生活领域进入到一种由理性所指引的一致生活的状态之中,因为每个人都不再以自己的心意和好恶作为保持自身存在和采取行动的标准,而是以国家和法律所规定的共同的善恶、好坏作为其行为的根本原则。

除了根据共同的法令或符合公共意志的事情以外,人们没有权利做其他任何事情。其实,罪就是按照法律所不能做的或依法禁止的事情。反之,服从就是去做按照法律来说是善的并且符合共同法令的事情这样一种恒常的意志。(TP, 2, 19)

就此而言,服从也成为政治社会中公民的首要德性。在政治社会中,每个人都不能随意解释国家的法令和法律,否则,个人就会变为自己的裁判官,他的一切行为都不难以合法的面目找到借口和说辞。因此,在国家之中,

每个公民并非处在自己的权利之下,而是处在国家的权利之下,负有执行国家一切指令的义务;而且每个公民没有权利决定何者为公正,何者为不公正,何者为道德,何者为不道德。反之,既然政治体必须宛若在一个心灵指挥之下,则国家的意志应当被认作全体公民的意志,而国家确定为公正与善良的东西,应当被视为犹如每个公民都是这样确定的一样。所以,即便公民认为国家的法令是不公正的,他也有加以贯彻的义务。(TP, 3, 5)

既然如此,那么,在国家中生活的公民虽然没有处在另一个人的权利之下,但是他们不是因完全处在国家的权利之下而同样遭受奴役吗——只不过这次是受到了国家的奴役? 实际情况却并非如此。

首先,斯宾诺莎明确说道:"不论在自然状态,还是在国家状态之中,人都是按照自己的本性的法则行事,着眼于自己的利益。"(TP, 3,3)既然无论处在何种状态下每个人都莫不努力保持自身的存在,而这种努力从根本上规定着人的本性,故而只要人们具有这种努力、力量和欲望,那么以这种力量为基础的人的自然权利就不会消失,他们也始终会按照这种本性所规定的方式来行事。而在这些权利之中最为基本的则是人的生命权、自由地思想和判断的权利等。人之为人并不仅仅因为他的物理性实存,更应当从其自由的精神生活等方面得到界定与表现。而人们追求自身的思想和实存力量的提升、追求更多的理解和德性以及追求幸福的权利也都是不可剥夺的。

其次,在斯宾诺莎看来,无论是公民对国家之权力和权威的认可,还是他们按照法律的规定而和谐一致地生活,都不是人的奴役,反而是其自由。恰如上文所述,当人在自然状态中按照自己的激情和意愿而生活的时候,他们无法真正依靠自己的自然权利而安全地生活,反而总是处在一种恐惧、不安和不便的生活状态。相反,当他们在政治社会中生活时,国家通过法律的规定以及各种制度的安排约束和压制了人们按照自己的判断来保护自身和采取行动的权利,迫使人们始终以国家所规定的善恶、功罪等标准来调节自己的行为,并以各种惩罚的机制和机构作为其权力的后盾。此时,在自然状态中引发冲突的那些缘由也就被消除,人们能够按照体现了公共意志的法律来行事,并以公共利益作为最高的利益,而这种共同利益根本上就在于人们能够安全与和平的生活。一般而言,不管在何种状态之中,人们的思想和行为皆以自身的利益为依归,总是要保持和改善自身的存在,而人的理性所教导的以及人的德性以之为基础的东西,不是别的,只是"每个人都爱他自己,都寻求自己的利益——寻求对自己真正有用的东西,并且追求一切足以真实地引导人达到较大完满的东西。一般来说就是每个人都尽可能努力保持自己的存在"。(E4P18S)所以,当我们把保护自身和保持存在的力量和权利赋予给整个社会之时,我们就不是在服从于某一个人,也不是处在某一个人的权利之下,而处在整个社会和国家的权利之下,并通过对这个社会的服从而服从于我们自身,因为国家借之得以存在和保存的那种力量正是所有公民之力量的总和。

惟有社会才保有对于一切事物的最高的自然权利,亦即最高的权力。所有人,不管是出于自愿,还是出于对最终惩罚的恐惧,都必须服从于这种权力。而这种形式的社会权利就被称为民主。所以,民主可以恰当地被定义为一个由众人组成的普遍的集合体,它以集体的方式对它力所能及的一切享有最高的权利。(TTP, 16,8/中译本第 216—217 页)

正因如此,斯宾诺莎明确地说"民主最接近于自然状态,因为在民主的国家中,所有人都根据共同的决定而行动"。(TTP, 20,14/中译本第 277 页)

与此同时,正是因为国家的生活能够使我们更好地实存并实现我们的利益,我们才能认可国家并对之保持忠诚。斯宾诺莎的国家观和政治观始终以这种经济利益的考量为基础,①实用和功利也始终是国家确证其自身的根本原则。(TTP, 16,7/中译本第 215 页)国家的基本功能恰是使人们在法律和法令的框架下并在共同的领土上过一种和谐一致的生活,以确保人们摆脱恐惧、不安和悲惨的生活状态。虽然为了进入政治社会和国家,人们必须放弃唯独以自己的欲望和心意来判断和行事的权利,但是,我们知道,

> 人性的一条普遍的法则就是,没有人会忽略去做他视为善的事情,除非他希望获得更大的善或担心更大的损失;没有人会忍受任何的恶,除非他为了避开更大的恶或获得更大的善。这就是说,在两种善之间,每个人都会选择他自己认定为更大的善;而在两种恶之间,每个人都会选择他认定为更小的恶……这条法则如此牢固地刻印在人性之中,以至于我们甚至可以将其归于永恒真理,而且没有人会对之一无所知。(TTP, 16,6/中译本第 214—215 页)

虽然人们通过将原初的自然权利让渡给国家并承诺服从国家的权利似乎是对其自然权利的限制,而国家的权利和法律似乎也构成相对于个人权利的他者,但是,人们所放弃的实质上只是对于他的自然权利的独立的和随意的使用,但是他借此却实现了对自己权利的真正的享有。同时,也正是通过对国家的权力和法律的服从,人们才可以更好地寻求个人的利益,能够更为良好地存在、行动并更有德性。而这种服从所导向的和谐一致的生活实质上就是一种合乎理性的或符合理性之规定的生活。(TP, 2,20)

对任何自然事物而言,它们总是寻求与那些和自己具有相同本性的事

---

① Cf. Matheron, A., *Individu et communauté chez Spinoza*, p.249.

物结合起来,这一点对人而言同样适用。而在一切自然事物之中与人在本性上最相符合的恰恰是人。当霍布斯提出"人对人是狼"这个著名的命题之时,斯宾诺莎却坚持"人对人是神"这个具有悠久传统的表达。但是,"就人们是受激情的支配而言,他们决不能说是依照本性而相互符合的"。(E4P32)相反,"只要人们被作为激情的情感所困扰,他们就在本性上不相符合;在某种程度上,同一个人也总是变化无常的"。(E4P33)而"只要人们被作为激情的情感所困扰,他们就相互敌对"。(E4P34)但是政治生活却使人摆脱唯独按照想象和激情的方式来生活,也使人从相互差异和冲突的处境进入到一种具有共同规范的生活处境,而这种共同的和安全的生活正是一种合乎理性的生活。虽然国家在其发生和生成的层面并不是一种理性的规划和设计,也不以理性为基础,反而是人的非理性使国家的构建成为一个必需的和无可争议的事实;[1]但是,就国家和政治生活作为一种结果,就他们对人际生活产生的影响而言,它却是合乎理性的。[2] 国家的这种合理性不仅体现在通过形成国家权力和法律来规范个人的行为并维护社会的和平与安全,同时,通过形成政治社会和国家意志,国家也构建出一种共同利益,这种公益以及与之紧密相关的公共事务对人而言乃是最为共同的东西,也是公民应当共同维护和为之奋斗的东西。它是所有人的利益的合集和最高者,并以最明确的方式集中体现了理性的生活。

此外,更为重要的是政治社会和公共生活乃是人的理性和理性生活能够运作和展开的不可或缺的条件。虽然受制于激情的个人在原初的自然状态中通过与他人和他物的结合已然具有了一定的理性,但这种理性只以雏形的形态实存。[3] 它在人的心中几乎不占多大分量,对其生活也不发挥多大影响;此时,人们依然只能按照激情和欲望的法则来生活。而"唯有通过政治(或国家)的中介作用,从理性生活的基础过渡到它的有效展开才能成为可能,从理性的需要过渡到它们在日常生活中的具体化才能成为可能"。[4]这也就意味着,政治社会和国家反过来又成为人的理性得以发育和发展的一个不可或缺的条件,正是在政治社会中,人们才能实现与事物——尤其是与他人——的良好的联结和交往,他们的知觉场才能得到有效的运转和扩

① Cf. Bartuschat, W., "The Ontological Basis of Spinoza's Theory of Politics", p.30.
② Cf. Barbone, S. and Rice, L., "La naissance d'une nouvelle politique", in *Architectures de la raison: Mélanges offerts à Alexandre Matheron*, ed. P.-F. Moreau, Fontenay-aux-Roses Cedex: ENS, 1996, p.53.
③ Cf. Tosel, A., *Spinoza ou le crépuscule de la servitude*, p.279.
④ Matheron, A., *Individu et communauté chez Spinoza*, p.283.

张,反过来,和谐多样的知觉场又使理性的工作变得更为容易,因为

> 我们的经验越是广大,关于事物之共同特性的观念就越是清晰地在我们的心灵之中呈现,我们的理智也就愈为敏锐。由此就产生出在丰富多样之中实现我们的均衡的必然性:这不是通过限制我们与环境之间的交换,而是通过尽可能增加这种交换。①

正是通过众人联合的力量,人们才能更好地抵御自然灾害,扩展对自然的认识并更好地利用自然事物来谋求人生的福利。因此,在政治社会中生活的人显然比处在自然状态中的人具有更大的优势,也更能培育和提升他们的科学知识。因此,"政治社会,尽管也会有其自身的问题和缺陷,但是它总是比自然状态更有利于理性的进步",而"最佳的社会均衡之条件同时也是理性发展之条件"。② 没有社会生活,或者更确切地说,没有在国家中的社会生活,人们就不能良好地培育和发展自己的理性和思想力量,而艺术与科学的出现、发展和繁荣也就无从谈起,故而文明的生活只有在政治状态中才能成为可能。在十七世纪的理性主义的背景下,只有达到艺术与科学层面的生活才能称得上是真正的人的生活,尽管各个民族和国家在艺术与科学的发展程度上会有所差别,但是即便是在最低发展的程度上,他们都可以说已经进入到理性的和文明的社会了。

由此,我们可以说,国家的形成和发展是人的理性得以塑造和展开的不可或缺的条件。既然理性之本性不在于别的,只在于充分的知识或理解,那么,通过社会生活而具有理性的个人就不再为单纯的私利所引导,也不再以盲目的欲望作为自己行为的轨范,而是按照由国家和法律所规定的共同标准来确定善恶、功罪、公正与不公正,惟其如此,真正的道德才能实现,而共同一致的生活才成为人们共同诉诸的目标。与此同时,通过理性的引导,人们将知道自己的真正利益之所在,"每个人的生活利益与他人的生活利益才能得到协调,并在此之间找到使这些利益得到强化的条件"。③ 国家实际上就是一个由个人利益所构成的公共利益的集合体,它要在个人保持自身之存在的努力和追求自身之利益的努力之间达到均衡,并使人们尽可能以合乎理性的方式来追求自身的利益。

---

① Matheron, A., *Individu et communauté chez Spinoza*, p.431.
② Ibid. pp.426 - 427.
③ Zac, S., "La philosophie politique de Spinoza", p.123.

　　然而,这里所说的理性从一定意义上说并不能完全等同于斯宾诺莎在界定第二种知识时所说的那种理性,实际上它可以在一种稍许宽泛的意义上来理解,亦即"我们可以将其视为审慎的原则并将其当作良知(bons sens)的同义词"。^① 从这个角度来看,就并非只有少数人才能达到理性,相反,在国家中生活的人都在其中有其自身的份额。而"对于为理性所引导的人而言,真正有用的东西就是满足理性之努力(亦即理解之努力)的东西。对人而言,凡是足以提升其理解(亦即他自身之本性)的东西都是有用的"。^② 正是在这种情形之下,人们的本性才能真正相互符合,因为"惟有遵循理性的指导而生活,人们的本性才会必然地永远相符合"。(E4P35)因为"凡是根据理性的规定而认作为好的或坏的东西,就必然是好的或坏的,由此可以推知,就人们遵循理性的指导而生活来说,他们必然去做那些对人的本性,因此也就对每个人是好的事情,换言之只去做与每个人的本性相符合的那些事情。所以,就我们遵循理性的指导而生活来说,人们必然总是相互符合"。(E4P35D)

　　虽然就人是自然的一部分而言,他必然会与其他自然事物具有相同或相合之处,但是从根本而言,只有人和人之间才会有更根本的符合,而这并不是就人按照激情的方式而生活来说的,而是就人按照理性的方式而生活来说的。

　　　　世界上没有任何个别事物比起遵循理性的指导而生活的人对于人更为有利,因为对人最有利的就是与他的本性最相符合的东西,换言之,就是人。而当一个人遵循理性而生活时,他就绝对地按照他自己的本性的法则而行动,而且也惟有这样,他才必然永远与别人的本性相符合。(E4P35C1)

　　　　当每个人都最大限度地为自己谋求利益时,他们也就彼此最为有利。因为每个人愈能追求他自己的利益,并努力保持他自己的存在,则他将愈具有德性,换言之,他就愈有更大的力量来依照自己的本性的法则而行动,亦即遵循理性的指导而生活。但是,惟有当人们遵循理性的指导而生活时,他们在本性上才最为符合,所以,当每个人都最大限度地追求自己的利益时,则他们彼此间便最为有用。(E4P35C2)

---

① Zac, S., "Société et Communion chez Spinoza", p. 270.

② Ibid.

当每个人都按照理性的引导而生活时,或者说当每个人都遵循德性而行时,他们所追求的至善实际上是人人共同的,并且可以同等地为每个人所享有。因为人们按照理性和德性而追求的至善就是**理解**。(E4P36&D)后者并不会因被他人占有而减少,更不会将某个人排除在外;相反,"每个追随德性的人为自己所追求的善,他也愿为他人而去追求。而且他对神具有的知识愈多,则他的这种欲求就愈加强烈"。(E4P37)正是在国家生活中,人们才真正具有理性并达到真正的德性,才能实现对真善和至善的真正分享。而在自然状态中通过情感的模仿而产生的对他人的同情和扶助也才能真正得到实现。当然,最为重要的还是认识和理解;惟有通过它们,人们才能真正达到对激情的控制并认识到国家及其根本构成要素的必然性和现实性。此时,人们不再把法律和制度视为一种外在于自己的并对自己构成压制的因素,反而会把它们作为国家和政治社会的根本构成原则并视其为自己内在的行为准则,甚至是自己的行为规则的构成要素。因此,我们就不再将它们视为一种奴役,反而视其为达到安全和自由的必要手段。

当然,无论在自然状态还是在政治社会中,无论是就个人生活还是就人际生活而言,人始终具有情感并按照受情感影响的方式来生活,这些总包含在人的本性之中。尽管公民在国家中依照法律来生活,并在一定程度上限制了各种暴虐的激情对他的支配,但是,这并不意味着在国家生活中理性能够根除激情,这不仅是不现实的,也与人的本性相违背,因为就人是自然的一部分并且就其必然通过身体而与其他事物接触而言,他就必然具有激情并为激情所影响。但是,无论如何,人们在国家中生活时总是有更多的手段和途径来限制其自身的激情以及各种人际之间的激情。而"问题的关键从来都不是把由理性所决定和由情感所决定对立起来,而是要在理性的引导下为情感所决定:不能单纯为情感所控制,而是要'主动地'为情感所决定"。[①] 为了实现这种目标,显然就需要知识,尤其需要那种构成理性之本质的充分知识。因此,国家之建立固然有着对人的自利的激情进行限制的因素,但是国家和法律的运作并不能完全消除、也不能无视人的激情的存在和作用。在一个有着优良的制度并治理良好的国家中必然要实现人的激情和理性之间的均衡,并因势利导使人的激情可以在合乎理性之要求的条件下得以持存和释放。由此,斯宾诺莎才会说政治状态不与自然状态相断裂,更不会消灭自然状态和人的自然权利。当人们变得具有理性并达到真正的认

---

① Geismann, G., "Spinoza-Beyond Hobbes and Rousseau", p.40.

识和理解时,他们就不会再为恶劣的激情所控制,同时也会在真知识的基础上清除各种偏见、迷信和假象,尤其是可以排除各种形式的自欺。惟有在真知识和理解的引导之下,人们才切实追求对自己的保存和良好的生活而言真正的善。

在这种关于政治和国家的构想下,斯宾诺莎自然会把如何引导人们具有理性并按照理性的指引来生活纳入到国家必须具备的基本功能之中。因此,国家就必须担负起引领和教化民众的重要任务:

> 国家乃是大众内在特有之合理性的教育者,而就国家考虑到这种合理性的肯定内核来说,它又教化其自身。国家并不是将其产生出来的诸多力量的对象和反映;它是一种主动的实在,它作为时刻和形式被嵌入到指导和有意规划的诸要素之因果链条中,以便将人们引向他们的实现,以便通过特定的方式使人们在通过国家而可能的更高的生活样式层面达到平等,并允许他们实现一种新的个体化,而这种个体化不再为相互冲突的竞争、怨恨、虚构和无知所控制。[①]

从这种观点出发,斯宾诺莎对国家的根本目的做出了一种与霍布斯等人完全不同的规定。既然培育和发展理性,就是具有更多的充分知识、摆脱他律性的支配并变得主动,那么只有在国家的生活中才能实现真正的自由。人越是在理性的指导下生活和更好地控制诸多欲望,人的自由也就越大。(TP, 2,20)

因此,尽管正义以及一切由真正理性而出的教导都唯独从国家的权威获得其法律力量,亦即唯独从统治者那里获得力量,而且国家的最高权利或主权虽然具有绝对的权威和统一性并对每个公民具有绝对的命令权,但是,国家并不能因此就成为一个相对于每个个人而言的超越存在者,国家的现实实存也不能脱离个人的利益和具体的力量,反而始终以公民个人的和集体的利益作为其最终关怀。所以,

> 国家的最终目的不是统治,也不是借助恐惧来控制人并使之服从其他人的权利,相反,它的最终目的在于使人摆脱恐惧,以便每个人都尽可能安全地生活,亦即使每个人都以最佳的方式保持其自然权利,而正是凭借这种权利,人们才能实存并做出对自己和他人皆无伤害的行

---

① Tosel, A., *Spinoza ou le crépuscule de la servitude*, p.290.

为。我说,国家的目的不是使人从理性的存在者转变为野兽或自动机;相反,它的目的在于使人的心灵和身体能够安全地发挥其功能,使人可以自由地使用理性,不因怨恨、愤怒或欺骗而相互争斗,亦不会相互给予不公正的对待。因此,国家的目的其实就是自由。(TTP,20,6/中译本第 272 页)

从前述的分析可见,这种自由肯定不是那种依照自己的意愿和欲望任意而为的自由,后者并非真正的自由,而且在政治领域里后者也注定要受到约束。然而,这种自由也还不是《伦理学》第五部分中所提及的那种作为人性之完满的**伦理自由**,后者与至福同义。斯宾诺莎并不认为国家和政治社会可以在人的至善和最高幸福的实现过程中扮演决定性角色,尽管它能够而且也必须为之提供不可或缺的社会条件。因此,斯宾诺莎这里所说的自由实质上乃是一种**政治自由**,是人们在政治社会和国家中所能达到的那种自由。

但是,不管斯宾诺莎如何来规定在政治体中公民所能享有的自由,他关于国家和政治社会的基本叙事"始终以自由的前景作为其引导性原理"①。而国家的这种根本的目标和功能首先体现在通过个人力量的联合而形成共同的意志和共同的利益,从而为个体保存自身存在的努力奠定一个相对稳定而安全的活动空间,并且在作为共同意志之体现的法律框架之下使人们能够形成一种共同的和一致的政治行为模式,而这种行为模式及其引发的结果从根本上是符合于人的理性的指导及其本性的基本要求的。

> 通过使个人将自己的善与国家的善相同一,国家还是有可能指引和疏导个人的情感的。如果国家想要避开衰落和灭亡,它就必须以特定的方式来行使其权力,以便国民完全以自由的而非卑躬屈膝的精神来服从法律。只有在这种条件下,国家才能在正直诚挚之人那里,而不是在欺骗伪善之人那里,找到最佳的依靠。②

与此同时,通过提供和平而安全的社会生活环境,通过对公民进行文化和道德方面的培养,通过提供各种公共服务设施,国家为个人的理性和行为向着更高层面提升提供了基础的条件,并以此作为它追求的目标。而"当我们说

---

① Walther, M., "Elementary Features of Spinoza's Political Philosophy", p. 212.

② Zac, S., Société et Communion chez Spinoza", p. 266.

最好的国家是人们在其中和睦相处的国家时,是指这样的真正的人的存在状态,其中,人不只是以血液循环和所有动物共有的其他生理过程为特征,而主要是以理性、真正的德性和精神生活为特征"。(TP, 5, 5)既然国家的力量和权利始终以组成国家的所有人或大部分人的力量之总体来界定,那么一国之公民或国民越是有力量,越是按照理性的方式来生活和思考,则这个国家就越是强而有力,从而更能够为理性的生活与合乎理性的行为提供更加有利的发展空间。

因此,斯宾诺莎在政治自由的层面特别凸显的是人所具有的思想自由和表达自己思想的自由。不遗余力地维护这种自由正是他撰写《神学政治论》的一个关键缘由,而在该书的副标题中他也明确地说,"允许哲学思想的自由不仅无害于虔诚和国家的稳定,相反,压制这种自由必然会破坏国家的和平与虔诚"。实质上,对斯宾诺莎而言,思想自由乃是人天然就具有的且不可让渡的自然权利。虽然政治生活要求人们把按照自己的判断而行动的权利让渡给国家,要按照国家的制度和法律的规定来行事,但是,国家却不应当要求公民完全放弃自由思想和判断的权利而唯独依照唯一的标准来思考。相反,在一个自由国家里,"国家的法律唯独禁止罪行,而言论则任其自便"。(TTP, Praef./中译本第 11 页)①

政治生活领域作为一个公共领域,它首先要规范和约束的是人们的行为并避免有害后果的发生,也只有行为本身才能成为对人进行审判和定罪的标准,而人内心的思想及其言论则只属于私人领域,国家无权干涉。一个自由的国家实际上就是一个能够为公民的思想和言论自由保留充分权利和空间的国家。与之相反,一切专制统治则始终力求对公民的思想和言论进行控制,例如历史上的土耳其专制政府以及中世纪到近代早期攫取了大量世俗权力的罗马教会都力求实现这种目标,并以之作为维护自己统治的重要手段。但是,在斯宾诺莎看来,这种剥夺公民之自由思想和言论之权利的统治注定不能取得成功,即便它在一定程度上取得了效果,那么它也完全违背了国家和政治社会所应当实现的功能和任务。一个通过强权和恐吓而压制甚至剥夺公民思想和言论之自由的国家,或者塑造出其理性和理智被完全窒息的顺民——这是一种最为恶劣的愚民政策;或者塑造出一批阳奉阴违、表里不一的佞臣和刁民,而由这样的民众所组成的国家其实并不是一个有机体,而只是由一系列外在的高压手段强行组合在一起的乌合之众。如

---

① 此句原文出自塔西佗《编年史》第一卷第 72 节:"facta arguebantur, dicta inpune erant."(Tacitus, *The Annals*, I.72, ed. J. Jackson, The Loeb Classical Library, 1931.)

此组成的国家,由于并不具有统一的意志,也没有民众共同追求的目标,因而一旦遭受外敌入侵,它就不能长久维持。

虽然国家固然需要统一的权威和法律作为立身之基,但是,若没有公民对国家的认同并以其自身的力量献身于国家之中,则国家就失去了其根本。国家和政治社会固然需要统一的意志,但是这种统一不是通过外在强权对公民思想的压制和威胁所能达成的,相反,它需要公民的真诚和自愿,惟有在此基础上,国家才能真正成为一个统一体。同样,通过欺骗来统治和驱使民众,也不是国家能够维持长治久安的可靠手段,它只能造成一个相互欺骗且毫无信义的社会。而以上述这些手段所构建的国家及其统治权注定会丧失自身的合理性,继而丧失其现实性。①

当然,我们也不能否认,允许公民具有思想和言论的自由必然会导致公民在观念和意见上的分歧,因为每个人的心灵和心性是极为不同的,尤其是即便在政治社会中人们也始终受其自身之激情的影响和左右,故而他们必然会在思想和观念上产生巨大的差异。如果这种差异和分歧,特别是信念和信仰上的差异和分歧没有得到良好的处理,一旦它们为别有用心之人所利用,就很容易引发持不同观点的群体之间的冲突,导致内战,甚至引发国际之间的战争。这一点从欧洲的三十年战争和英国内战可见一斑。因而,通过国家的权威和暴力来压制意见之间的分歧,消除公民思想上的争端,继而取消言论和出版之自由,似乎是最合乎国家利益的手段,也可以间接地给国民带来和平和安全。

然而,在斯宾诺莎看来,"一个其国民由于恐惧而不敢造反的国家,与其说是享有和平,不如说没有战争更恰当一些:因为和平不只是没有战争,也必须是建立在精神力量之上的德性"。而"一个国家如果其和平依赖于其国民的怠惰无能,使他们犹如绵羊一般,除了奴性以外便一无所知,这与其称之为国家,不如称之为荒芜的沙漠更恰当些"。(TP,5,4)若一个国家以暴力威胁为其基础并以迷信和偏见来填塞公民之心智,那么它就并不是一个真正强大的国家,充其量只是虚有强大之表象,因为一个国家的力量和强大只能以其公民自身的强大有力为基础,而公民的强大有力并不简单地由其强健的体魄来界定,更取决于他们有着强大的精神力量,而心灵和精神的强大则取决于他们具有更加强大的理性和理解的力量。因此,一个国家越是

① Boscherini, E.G., "Réalisme et utopie: limites des libertés politqiue et perspective de liberation dans la philosophie politique de Spinoza", in *Spnioza's Political and Theological Thought*, p.38.

由有理性的民众所组成,其法律越是建立在理性的基础之上(亦即越是符合于理性的规定)并得到良好的执行,则这个国家也就越是具有力量,其统治权和主权就越是稳固,而"政治社会越是稳定,它所确立的法律就越是在内容方面与理性的规定相一致"①。因此之故,任何以全体人民之公益为根本的国家必然会尽力营造有利于理性发展的环境,也会尽可能允许和提升公民的自由。"国民的邪恶、胡作非为以及顽梗不化应当归咎于国家的缺陷,反之,国民的德性及守法之风主要归功于国家的善政和完备的权利。"(TP,5,3)

赋予公民以思想的自由、推动个人理性的发展并在法律的层面推进理性的作用,这些完全处在国家的职责范围之内,因为"理性就是人的德性,亦即他的努力、他的完全被意识到的欲望或者就是他的权利本身"②。而保障公民的思想和言论自由正是达到这种目标所必需的途径。在此背景下,公民之间的意见分歧和相互争论,非但不会威胁国家和社会的稳定,反而是一个国家之生命力的最佳标志③。所以,我们对国家及其权力进行分析时,不能将其仅仅当作静态的存在物来看待,而是应当从动态的和动力性的观点来考虑,因为国家根本上乃是力量的联合体,斯宾诺莎甚至在一定程度上将国家视为一个有机的个体,亦如由各个部分所构成的人的身体一样④。由此,国家也必然具有保持自身存在的努力,也要通过一种动态的交互过程而维持其自身力量的现实性和活动性。但是,作为个体,国家的力量和生命总是取决于将其构建起来的个体的力量,而且虽然物质性的基础和机构对国家而言非常重要,但是真正构成国家之实存和统一的却是共同的意志和精神,而这种意志和精神则以每个公民的意志和心灵作为其载体和构建要素,所以,如果公民的心灵犹如一潭死水,毫无内在的思想力量和精神追求,那么由这类个体的心灵和精神所构成的国家精神亦同样没有活力,也很难真正去维持其自身的存在。因此,提升公民的精神力量,促进公民的理性的培育和发展,并以此方式赋予公民以真正的自由,非但不会与国家的内在目的

---

① Matheron, A., *Individu et communauté chez Spinoza*, p.350.

② Boss, G., "Les fondements de la politique selon Hobbes et selon Spinoza", *Les Études philosophiques*, No.1/2,1994, p.176.

③ Cf. Zac, S., "La philosophie politique de Spinoza", p.123.

④ 就斯宾诺莎哲学中国家之个体性问题,可参见 Matheron, A, *Individu et communauté chez Spinoza*, pp.330 - 354; Matheron, A, "L'État, selon Spinoza, est-il un individu au sens de Spinoza", in Mahteron, A., *Études sur Spinoza et les philosophies de l'âge classique*, Lyon: ENS Éditions, 2011, pp.417 - 435; Campos, A.S., "The Individuality of the State in Spinoza's Political Philosophy", *Archiv für Geschichte der Philosophie*, 92, 2010, pp.1 - 38。

相矛盾,反而是国家的一个必要任务。

虽然国家的起源和基础是人的激情等非理性的要素,但是一旦国家形成并发挥作用,它就具有一种合乎理性的实存形态,而最为良好的国家实际上也正是以符合理性规定的法律为根本治理原则并通过培育和发展公民的理性而赋予公民以自由的国家。就国家的根本构成形态而言,最能体现这种目标的无疑是民主政体,一方面,民主政体直接由每个公民的力量和意志直接构成,每个人都将其判断和行动的权利交给了整个社会,并服从于整个社会,而不是服从于任何人;另一方面,在民主政体中每个人都有直接参与政务和政治活动的权利,每个人都有权对国家的事务发表意见,而在这种情势下,要使所有人都同意一项荒谬的政令和法令是非常困难的;相反,自由的讨论和集思广益更容易达到更加合理的政令和举措,也更容易达到人际之间真正的和谐一致。(TTP,16,9/中译本第217页)

所以,不仅是在民主政体,甚至在任何政体形式之下,国家都必须将保障公民的思想自由作为一项要务。这不仅是出于国家自身利益的考虑,也是出于人性本身的考虑,因为思想的自由乃是人之为人不能被剥夺的权利,是其本身所具有的自然权利的延续。[1]

> 没有人能够把它对任何事物进行自由地思考和判断的权利或能力完全让渡给别人,他也不能被迫这样来做。这就是为什么一种竭力控制人民心灵的统治会被视为一种压迫型的统治,而当一个主权者力图指挥其国民什么应当被当作真的来接受和什么应当被当作假的而予以拒绝以及何种信仰可以激发人民对神的虔敬之心的时候,他就显然在伤害其国民并篡夺他们的权利。因为这些方面本是处在每个人自己的权利范围之内,即便他们想要放弃这些权利,也根本不能放弃。(TTP,20,1/中译本第270页)

当然,确保公民具有思想、判断和表达的自由并不能确保他们成为完全意义上的、按照理性的指引而生活的自由人。国家之自由目标的实现总是首先在法律层面表现出来,因为正是通过以法律手段来对公民之行为进行规范和指引,公民才能抑制激情对他的支配和扰动。所以,在一定意义上说,法律可被视为一种公共的理性,而在法律的引导下行事的人也就可以说是按照理性的引导来生活。一个国家的法律越是建立在恰当的理性基础之

---

[1] Cf. Laerke, M., *Spinoza and the Freedom of Philosophizing*, p.4.

上,遵循这种法律而行的人就越是按照符合理性的方式来行动和生活,而这类国家就可被视为自由的国家。(TTP,16,10/中译本第218页)也正是在这类国家中,思想和表达的自由得到最大的尊重和发挥,而按照理性的指导来生活的自由人也在此找到最佳的生活环境,因为"在这样的国家里,每个人随时都能够按其所愿的那样是自由的,亦即他能够全心全意地依照理性的指引来生活"。(Ibid.)而"一个人越是听从理性的指导,他就越是自由,就会更加坚定地遵守国家的法律,并以国民的身份贯彻执行最高主权者的命令"。(TP,3,6)因此,"一个受理性指导的人〔亦即严格意义上的自由人〕,在自己遵从公共法令的国家中生活,较之他在只服从自己的孤独状态中生活,会更加自由"。(E4P73)这不仅因为只有在国家生活中,他才能更好地保存自身并获得更好的生活条件,也因为他依照理性的指导而愿意维护公共生活的规则和共同的福利,因而就愿意根据国家的法令而生活。只有在国家的生活之中,过着理性生活的人才能真正实现理性的共同目标,亦即与他人结成真正的友谊,特别是可以找到真正与他志同道合之人,因为"理性就其本性而言就是友爱之根源或原则"[①]。

可是,就人的本性而言,能够达到这种理性生活状态的自由人其实为数并不多;大多数人虽然在国家中生活,但是他们的行为却不是唯独由理性所指引,而是更多地为他们自己的欲望和激情所左右。但是,即便大众总是受激情的控制,斯宾诺莎并未因此就把自由人从大众生活中排除出去,这也是不可能的。然而,由于大众总是为激情所控制并且变化无常,所以自由人在与大众打交道之时就遵循着一些特殊的行为准则,例如,"一个生活在无知的民众之间的自由人将尽可能努力避免他们的恩惠"(E4P70),因为

> 每个人都是按照自己的性情来判断什么是善。所以,如果一个无知之人施与他人一点恩惠,他将要按照自己的性情对之加以估价,假如他看到受惠之人将它估价稍低,则他将会感到痛苦。但是,自由人努力与他人缔结友谊,而不以别人视为相等的恩惠去回报他人,而是根据理性的自由判断来指导自己和他人,而且仅做他自己认为最重要的事。所以,一个自由人不致因无知者的怨恨且不致屈服于无知者的嗜好,并且只是为了遵循理性的指导起见,将尽可能避免他们的恩惠。(E4P70D)

---

① Zac, S., "Société et Communion chez Spinoza", p. 280.

与上述的情况相反,"惟有自由人之间才有最真诚的感恩"。(E4P71)惟有在自由人之间才能结成真正的友谊,从而形成自由的共同体。尽管这个共同体要比由大众所构成的共同体在规模上小得多,但是这个由自由的理性存在者所构成的共同体却对整个国家文明的发展负有重大的责任,而哲学家正是自由人的典范。虽然哲学家通常并不为民众所喜爱——斯宾诺莎本人的故事恰可提供鲜明的例证,[①]但是他们并不因此就弃绝社会和国家,相反,他们总是力求在其中过一种积极的生活,力求使社会和国家向着容许大多数人在最大程度上达到理性和自由的方向而努力,[②]因为这不仅符合于他们自身的利益,同时也是国家的责任和目标之所在。

尽管斯宾诺莎在《政治论》的行文中似乎弱化了"国家的目的是自由"这个在《神学政治论》中得到突出强调的观点,转而更明确地坚持"国家状态的目的不外乎生活的和平与安全。因此,凡是生活和睦、治安良好的国家就是最好的国家"。(TP,5,2)这似乎意味着他又回到了霍布斯对国家的目标所做的界定,但是,斯宾诺莎对国家之目的的降级化处理其实只是一个表面现象,因为,即便在《神学政治论》中,他也同样说过"一切社会和国家的目标就在于使人们能够安全而舒适地生活"(TTP,3,6/中译本第54页)。然而,对斯宾诺莎而言,政治和国家的目的决不仅止于安全与和平,相反,

> 政治生活的目的超越了安全,并因此超越了财产的保存。同时,凭借着一种平等化,政治生活的目的就表现为允许每个人尽可能实现其教化和个体化的进程,把激情式的依赖机制和循环调转为主动的交互性机制并获得现实的主动性,转变为能够通过知识达到现实的主动性,转变为能够达到充分的因果性,亦即作为主动和理性的自由。[③]

虽然在《政治论》中斯宾诺莎不再像他撰写《神学政治论》时抱有那么强烈的乐观态度,不再将自由和民主作为最高的社会生活形式,但是,这并不意味着他放弃了以政治社会和国家作为达到自由生活之途径的构想。相

① "我们这个时代或许是个启蒙的时代,但许多伟大的思想家却未必蒙其惠。虽然这个时代的不少真知灼见来自这些思想家,然而,不管是出于嫉妒还是无知,世人竟不能容忍对他们的赞美。为了写他们的生平,竟然还必须躲躲藏藏,好像这样做是犯罪一般。特别是当这些思想家的观点对大众而言极为不寻常,且完全不为其所知的时候,尤为如此。"(卢卡斯:《已故斯宾诺莎先生传》,辑于《斯宾诺莎全集》第一卷,洪汉鼎 主编,北京:中国人民大学出版社,2021年,第98页。)

② Cf. Matheron, A., *Individu et communauté chez Spinoza*, p.427.

③ Tosel, A., *Spinoza ou le crépuscule de la servitude*, p.289.

反,在《政治论》中他始终强调理性在国家和个人的政治生活中占据着重要地位,并且特别把国家在教化民众和推进公民的理性培育方面的功能推向了前台。① 同时,理性在国家生活中应当发挥的作用也同样得到了强调。② 而鉴于理性对人的自由的界定和塑造所发挥的根本作用,我们也就明白斯宾诺莎并未否认自由在国家的目标和功能之中所占据的核心地位,这一点在《政治论》的副标题中同样得到鲜明体现:"本书欲说明君主政体和贵族政体如何组建才不会蜕变为暴政,公民的和平与自由才不会受到损害。"

当然,目标虽然很美好,立意也很高远,但现实却非常残酷,因为在具体的政治运作和现实的国家生活中,这种自由更多时候是受到压制,也未曾得到充分发展。对此,斯宾诺莎显然有着非常清醒的意识。不仅他所构想的自由国家从未完全实现过,他在《神学政治论》中以之作为自由之奠基者和保卫者的那种民主制在他所生活的那个时代以及之前的时代也从来没有存在过。古往今来,人们最为强烈地感受到的是思想和言论的自由受到当权者的压制,而为了维护真理和思想自由而被统治者处以极刑的先例亦不绝如缕,而以宗教的名义对民众进行思想钳制的做法在近代早期依然是普遍现象。斯宾诺莎所理解的那种意义上的压迫型统治,在历史上——尤其在主权国家的范围内——也时常有其鲜明的代表者。1672 年在荷兰执政的维特兄弟被暴民杀害也迫使斯宾诺莎不得不重新思考民主政体的现实功能及其与自由之间的关系;《神学政治论》中洋溢的那种乐观的态度也被《政治论》中那种更为冷峻、更为现实同时也稍显晦暗的语调所取代。

在《神学政治论》中,民主不仅是一种统治形式,它更多地体现了国家的本质自身,亦即大众把自己的自然权利赋予给整个社会,社会之总体构成了最高权利和权威的持有者,每个人都必须服从整个社会的权力和约束,但是因为最高的权力和权威属于整个社会,从而就属于所有人,所以个人在服从社会之时,他也就是在服从自己。从这种意义上说,每个人依然处在自己的权利之下,从而也就是自由的,这也正是最原初的民主制。然而,在《政治论》中,民主不再被界定为国家的基础,而是成为诸多统治形式之中的一

---

① "人不是生而为公民,却是被塑造为公民。"(TP, 5,2)"国民的德性及守法之风主要应该归功于国家的善政和完备的权利。"(TP, 5,3)

② "以理性为依据并且受理性指导的国家将是最有力量的和最充分掌握自己权利的国家。因为国家的权利取决于宛若受一个心灵指挥的民众的力量;但是,除非国家尽最大努力来使健全的理性显得对一切人有益,否则这种思想上的一致是根本不可设想的。"(TP, 3,7)

种。① 而且,就原初的民主制而言,由于各个方面的限制(例如民众自身的理性程度不高,他们仍然带有很多自然社会生活尤其是原初的激情生活的痕迹,等等),它就非常不稳定。一旦公民的内在分歧和冲突增加,相应的内在利益团体出现了分化,那么,它就容易蜕变为一种多人掌权的贵族制,而贵族制本身又很容易从一种上升的贵族制蜕变为衰落的贵族制,直至蜕变为君主制。② 而每一种政体形式在其蜕变和退化的过程中总是会产生某些不利状况,甚至出现以强权来对公民进行统治和压制的状况,从而转变为一种压迫型的统治。因此,对斯宾诺莎而言,政治哲学与政治科学的研究绝不是对一种理想政府的构思和颂扬,而是必须揭示政治和国家自身的内在运行机制和原则,尤其是要指出国家权力的界限或国家应当在多大程度上来行使其命令权和支配权,从而使公民的利益尤其是公民的自由可以不受损害。这是斯宾诺莎从马基雅维利那里所得到的最大启迪,(TP,5,7)同时也是《政治论》一书撰写的初衷,而这种关于政治的思考也是近代时期(尤其是启蒙运动时期)思想家们的政治理论研究的重要理论目标。

然而,我们同时也看到,斯宾诺莎在《神学政治论》和《政治论》中都反复教导"服从乃是公民的德性";哪怕一个治理不善的国家制定了一部有违理性原则的法律,公民依然有义务服从,而这也使斯宾诺莎的政治思想呈现出一种"保守主义"的外貌。当然,从我们在序言中引用的阿扎尔的论述来看,这种保守主义在十七世纪中前期并非斯宾诺莎独具的特性,而是那个时代的总体倾向,因为在饱经战争洗礼和破坏的欧洲,如何保持国家内在的稳定和国家之间的和谐乃是一个关键的时代议题。但是,"斯宾诺莎的保守主义……决不能使我们对政治之艺的最终目的避而不见"。③ 正如国家的权力有其界限一样,公民的服从实际上也有其界限;虽然斯宾诺莎认为,为了维护国家的安全并创造和平舒适的生活环境,公民有必要服从国家的权威和主权者的命令,必须限制和让渡自己的自然权利,但是诸如生命权、思想和判断的权利、追求自身利益的权利等都是不能让渡和取消的。如果公民对国家的服从会导致其自身的死亡,那么他就有权不服从;当国家力求以外在的命令来要求公民按照统一的标准来思考和判断时,他也有权不服从,更何况这种对思想的绝对控制是不可能实现的,而且即便公民愿意,他们也无法放弃自由思想和判断的权利。

---

① Cf. Zac, S., "La philosophie politique de Spinoza", p. 127.
② 就这几种不同的政治体制之间的转变,更详细的论述可以参考 Matheron, A., *Individu et communauté chez Spinoza*, pp. 356 - 424。
③ Fraisse, J.-C., *L'oeuvre de Spinoza*, Paris: Vrin, 1978, p. 342.

　　根本而言,公民之所以服从国家完全以其自身的利益作为根本原则和出发点,而理性的命令则要求每个人都保存自身,都追求自身的利益并为他人也追求相应的利益。诸如爱国心、民族精神等方面,虽然有助于公民献身于国家事业并为之而奋斗,但是它们却并不构成公民对国家之服从的基础。当国家无法保护每个人的现实利益,无法为公民获得和维持自己的真实利益提供保障,甚至因其不合理的统治而危害公民的利益时,国家的合法性和合理性就丧失殆尽,而公民服从国家的理由也同样消失。在这种情况下,公民之所以还服从于国家几乎都是出于对国家之暴力和惩罚的恐惧,故而并不是真心地服从,而只是出于迫不得已。

　　但是,这种单纯建立在暴力和恐怖之基础上的国家注定是不能长久的,(TTP, 16,9/中译本第217页)因为不管一个国家处在何种政体形式之下,构成其生命的力量以及由这种力量而来的最高统治权都必须以全体人民或公民的力量为基础,并在此范围之内延伸。“国家或最高掌权者的权利无非就是自然权利本身,但是,它不取决于个别人的力量而是取决于宛若受一个心灵指挥的民众的力量”。(TP, 3,2)“而主权者只有在他们真正掌握最高权力之时才能占有对他们所愿望之事给出命令的权利。而一旦他们丧失这种权力,他们同时也就失去了对一切事情发布命令的权利”。(TTP, 16,9/中译本第217页)既然国家的权力以全体人民的力量为基础,其权利也取决于多数民众的共同力量,所以,一个以制造恐怖作为统治手段的国家也就无法赢得民众的认同,作为国家之心灵的共同意志也随之瓦解。强权和压迫在危害公民个人利益的同时,也在公民心中激起了对统治者的不满与怨恨。这些恶劣情绪逐渐累积就会导致公民的愤怒;当这种愤怒在公民之间蔓延之时,它就转化为一种集体的愤怒和义愤;在公民的生命和财产等方面受到褫夺时,就随时会引发公民对统治者的反抗、暴动甚至是内战。而“国家越是使多数人有理由勾结起来进行反对活动,国家的力量与权利必然愈加微弱”。(TP, 3,9)

　　因此,虽然国家的最高权力或统治权是绝对的和不可分割的,但它却不是无限的和无条件的,而是有其自身的限制,也有其应该畏惧的危险。在这些危险中,源于国民的危险要远超源于其他国家和敌人的危险。而在国民所引发的危险中,最为强烈的就是公民的集体的愤怒以及由之而来的不服从。这种情况在压迫型统治中非常容易发生。究其根源,这多半是由于政府和统治者违背了国家应当以集体利益为依归这条根本原则。统治者和权力阶层将自己的利益凌驾于民众的利益之上,为了维护和扩张他们的私利而不惜损害公益并掠夺民众的利益,力求剥夺公民天然享有的自然权利,尤其是妄图以迷信和偏见来填塞公民的心灵,使自由的思想和表达完全被窒息。而且,为了达到这些目标,统治者不惜制定违反恰当理性原则的法律,并以国家机器为后盾来推行这种法律,从而使整个国家的体制都建立在非理性的原则之上。人的自由在这种情况下就无从谈起,理性、科学和艺术的发展也无从实现。(TTP, Praef.6/中译本第 11 页)

因此,为了使国家得到和平,公民得到安全,并且使法律能够符合于理性的基本规则,

> 国家就必须组织得使所有成员,统治者也好,被统治者也好,不论是否愿意,都按公共利益行事,换言之,必须使全体成员,不论出于自愿,还是出于强制或必要,都按照理性的命令来生活。而要想达到这一点,国家就必须安排得使关乎公共利益的事情根本不会取决于任何个人的信义。(TP, 6,3)

这实际上就意味着国家制度必须得到良好的设计和安排,使得国家的公共利益和公共事务的成败不依统治者个人的好恶为转移,要使制度和法律具有其自身的稳定性并得到严格执行,而整个社会运行和发展的政策也应当具有前后的连续性,而不致朝令夕改。有鉴于此,斯宾诺莎在《政治论》中特别要对各种政体(尤其是君主政体和贵族政体)能够得到良好组建和运作的规则进行深入阐释,并通过这种阐述揭示出国家权力的限度之所在,从而为公民达到和平与自由的生活创造出有利的政治空间。也正是在这种意义上,斯宾诺莎参与到从近代早期直至法国启蒙运动时期西方政治学界对国家权力进行深入的考察并发现权力的有效制约机制的伟大事业之中。

第七章　理智、永恒与至福

一、理性的力量及其"不充分性"

在详细讨论了各种激情对人所造成的奴役、人在何种内在的和外在的条件下可以形成理性和德性、遵循理性和德性而生活相比于依照激情而生活其优势究竟何在以及人如何通过按照理性的命令来生活而形成良好的生活准则和人际生活之准则之后,斯宾诺莎差不多已完成了他在《神学政治论》中为普遍伦理学所规定的研究任务了,因为从前文所引斯宾诺莎关于普遍伦理学的基本内涵的规定,这种普遍伦理学首先就是在个体与群体两个层面展开,亦即要把传统上以个人行为为核心的伦理学和作为伦理学之延伸的政治学共同纳入到一种整体的和普遍的层面来考察,甚至要把以往从神学角度来讨论的问题纳入到伦理学的范围之内。

而从《伦理学》的具体进程来看,斯宾诺莎也确实在贯彻着他的这种普遍伦理学的构想,亦即他以形而上学和物理学作为严格的伦理学研究的基础,前者主要是对作为实体的神或自然的考察,后者则是以物理学作为基本的框架和机制来讨论人的心灵,并对知识和真理做出了基本的划分和论述。而第三部分则是对人的情感(尤其是对作为被动情感的激情)的基本生成机制进行分析。第四部分则是在分析激情对人所造成之奴役的基础上论述理性及其命令如何可以使人具有相比于激情生活而言的更为强而有力的主动的和快乐的生活,也就是成为一个自由人。而在此过程中,斯宾诺莎更是将道德、宗教和政治等因素纳入他的伦理学的总体构建机制中,从而将普遍伦理学的面貌呈现出来。

另一个方面,恰如前文所言,对人的本性以及人在宇宙中之地位的分析乃是斯宾诺莎哲学的核心,从而也必然构成他的普遍伦理学的核心要素。普遍伦理学之得名也源于其基本分析的机制指向了普遍的人性,或者更严格地说,就是对所有人的本性进行一种总体的和普遍的分析,并在此基础上揭示人们能够克制激情并消除由之所产生之奴役的具体途径。而对人性的分析必然不能脱离对人的实存方式的分析,这种实存方式则从根本上表现为人的情感式的生存。正是不同的情感使人的行为及其生活方式产生了巨大区别。当人按照激情来生活时,无论对于他自己及其内心,还是对于神和外物,他都不具有充分的意识和清楚分明的观念,而只能被想象和激情所牵制,处在内心的无尽波动之中;而当人具有理性知识并按照理性的命令和准则来生活的时候,人就具有主动的情感并达到一种积极的生活。既然理性的基础和本性就在于共同概念,而共同概念则植根于万物共同具有的特性,那么,理性也就不可避免地具有一种普遍性,而在理性的层面展开并以理性作为实现人的情感和行为之根本转化途径的伦理学也必然具有其内在的普遍性。

虽然在讨论理性的命令以及由之得到规定的严格意义上的德性时,斯宾诺莎并未具体说明究竟哪些是理性的命令,而只是在一般层面上说,理性所要求或命令的只在于"每个人都爱他自己,都寻求自己的利益——寻求对自己真正有用的东西,并且追求一切足以真实地引导人达到较大完满的东西。一般来说,就是每个人都尽可能努力保持自己的存在"(E4P18S),那么,很显然,这种理性的命令乃是从人的本性出发并要求人们按照自然的普遍必然的机制来生活,从而同样是一种普遍的原则。既然斯宾诺莎的《伦理学》及其相关理论都是从理性的层面展开的,那么如何通过具有理性知识并按照理性的命令来生活从而成为一个真正意义上的自由人也就始终是其伦理学的重要目标。这也就使得斯宾诺莎的伦理学必然呈现为一种普遍的伦理学——尽管他从没有以理性和理性的命令当作外来的规范而强加给人,反之,一切都只取决于人如何能够从想象过渡到理性,如何从按照激情来生活转变为按照理性和理性的命令来生活。

所以,斯宾诺莎的普遍伦理学,既把所有的(至少是将大部分的)哲学学科都纳入到自身的范围之内,从而在一种知识之总体性的意义上成为普遍的,同时,这种普遍性也源于其探究之对象及其内在根本机制的普遍性,尤其是从理性、作为理性之基础的共同概念以及作为共同概念之对应项的事物的共同特性来着眼的。后面这种普遍性不是一种外在的普遍性,而是源于事物自身,特别是源于人性自身之普遍的要素和原则,而这些原则又使得伦理学可以成为一门科学,或者说成为真正意义上的伦理科学。

然而,虽然斯宾诺莎依照上述的论述和进展机制达到了一种以理性为核心的普遍伦理学,可是,对他来说,上述这些并非其伦理学规划之全部,更不是其圆满的完成。因为尽管前文从理性与激情相对照的角度阐述了理性生活相对于激情生活的优越之处,并分析了按照理性的命令而生活的自由人相比于按照激情而生活的无知者所具有的优势,但是,这种阐释和描述却没有真正将理性如何克制或抑制激情的途径具体地和清晰地揭示出来。而这些恰是《伦理学》第五部分序言开头所说的"**伦理学的另一个部分**"首先要探讨的内容,其核心在于说明我们"达到自由的方式或途径",讨论"理性的力量","指出为了克制情感,理性可以做些什么"。(E5Praef.)但是,这种探讨绝不是对他的普遍伦理学的一种简单的补充,反而是其必要的环节,甚至是其中更为重要的部分。

而在就理性对激情所具有的力量及其克制和转化激情的方式展开具体论述之前,斯宾诺莎同样首先对那些阻碍我们达此目标的传统偏见进行了深刻的揭露和批判,其中最具代表性的是斯多亚派和笛卡尔的观点。对于这些哲学家而言,伦理学的核心目标同样在于教导人们如何能够摆脱激情对心灵的困扰和奴役,如何达到主动的生活状态并成为人生的强者。就此而言,他们与斯宾诺莎并无不同;但是,对许多基本概念的理解,对人的基本生存机制的分析,尤其是就我们达到这些基本目标所依靠的手段,斯宾诺莎却与他们大相径庭。

无论是斯多亚派哲学家,还是笛卡尔,都认为"情感完全依赖于我们的意志,都认为我们能够绝对地驾驭情感"(E5Praef.),因此,为了能够克制激情所造成的不良影响,他们都诉诸人的意志的决定力量,甚至以意志的力量作为人的主动和自由的根本来源。为此,笛卡尔还特别提出了松果腺来解释身心如何相互作用,并解释了人的意志如何能够使松果腺引起各种运动。但是,在斯宾诺莎看来,无论是人的理性,还是其意志,都不具有绝对的规范性力量来限制和消除情感,相反,"为了能够限制和节制情感,我们需要大量的学习和训练",而根本不能诉诸某种天赋的官能或权能。而且,针对着笛卡尔以松果腺作为传达意志之指令的观点,斯宾诺莎更是进行了激烈的批判。他认为,这种说法除了表现出笛卡尔的机智和精细之外,根本没有说明任何问题。而这种否定则源于斯宾诺莎不承认人心之中有作为独立自存之官能的意志。对他而言,人的意志和理智实际上乃是同一的。意志所蕴含的肯定与否定的力量也只是思想力量,而不是与理智的活动力量不同的判断和决定的力量,更不是那种可以对身体活动产生支配作用的力量,因为这种作用和关联根本不存在。当斯多亚派和笛卡尔等人提出要通过意志来克制和消除激情的时候,他们不仅错认了意志的本性,也没有理解情感的活动机制。

但是,对斯宾诺莎而言,不仅没有意志对激情的完全的控制和清除,甚至我们对情感也没有绝对的统治权。我们所能做到的只是通过更多地认识和理解情感而弱化情感对我们的支配和影响,而这些最初只能通过心灵或理性的力量来达成。所以,《伦理学》第五部分的开头首先探讨了"理性为了限制和克制情感须对情感具有何种以及多大程度的管辖权"(E5Praef.),或者说,人的理性对于情感究竟具有多大的控制力量,以及它需要通过何种途径才能切实地对情感实施这种控制。

而就理性本身所具有的这种力量,斯宾诺莎始终贯彻他的基本原则,即理性所具有的只是认识或理解的力量,除此之外,它不具备其他任何形式的力量,甚至心灵本身的力量也只能从认识和理解的角度来得到规定。(E4P26&D;E5P20S)因此,人的心灵和理性对激情的克制也必须从理解的角度得到说明。而这同时也意味着在身体与心灵之间关系模式的彻底转变。当笛卡尔在身心二元论的框架下把人的身体和心灵理解为具有相互作用时,心灵通过其内在的意志官能以及这种官能所具有的主动力量来影响和指挥身体,并使后者做出相应的活动。但是,在斯宾诺莎的身心平行论或更准确地说在身心同一论的框架下,这种身心作用关系是不存在的:心灵对于身体并不发生任何直接的影响,也没有任何的渠道可以使这种影响成为可能。当然,由身体和心灵各自从之而出的属性之间的实在区分所决定的相互异质性并不意味着身体与心灵毫无相关性;相反,人的心灵总是以其现实实存的身体为对象的观念,所以,人的心灵可以认识作为其对象的身体及其具有的各种感受。既然我们心中的激情以及作为激情之根源的不充分的知识都与身体和身体的感受有着千丝万缕的联系,所以,探讨心灵对情感的作用机制也就必须在这种总体的框架下进行,而理性克制激情的关键之点也正在于此。[①] 理解也成为心灵——或更确切地说理性——用以克制激情的根本手段。

当然,在斯宾诺莎考察人的理性生活的基本机制以及自由人的内在特征时,他已经在一定程度上对上述运作模式有所说明。但是,既然理性总是以我们在自然之中的实存和活动以及我们通过与外物的交接而形成的身体感受为基础,所以,对理性的基本实存机制以及理性生活之形态的最初考察必然在一种与身体及其感受密切相关的形制下展开,换言之,我们是在身体之活动和感受的广泛背景下考察理性的实存和活动机制,甚至需要以想象和经验作为这种考察的背景。就此而言,理性以及我们所具有的清晰的意识总是沉浸于一种更为广阔的非理性和无意识之中,并与之紧密相关。[②]

---

① Cf. Scribano, E., *Guida alla lettura dell'Etica di Spinoza*, p.145.

② 参考德勒兹:《斯宾诺莎的实践哲学》,第22页。

　　然而，当斯宾诺莎在《伦理学》第五部分考察我们达到自由的方式和途径以及理性克制情感的力量时，他首先强调，这种探讨"只限于心灵或理性的力量"，并且"既然心灵的力量……只为理解所决定，所以我们将唯独通过心灵的知识去规定抑制情感的手段"，甚至"将唯独从心灵的知识推出一切与心灵的至福有关的东西"(E5Praef.)①。这种处理方式也意味着他在探究视角上的调整。《伦理学》前几个部分——尤其是第二部分——在论述心灵之本性时，首先是着眼于身体和身体的感受，因为身体乃是作为观念的心灵之对象。为了理解心灵的本性，特别是为了理解理性的本性和活动机制，就离不开对身体之感受的考察，因而身体是优先的甚至是首要的视角，而第五部分的论述则着意从心灵的角度出发。就此，斯宾诺莎特别强调："思想和事物的观念在心灵之中按什么样的方式得到排列和联系，身体的感受或事物的形象就按照相同的方式得到排列和联系。"(E5P1)所以，我们不仅说"诸观念在心灵中的次序和联系是依照身体之感受的次序和联系而形成的"，也可以反过来说，"身体之感受的次序和联系是依照思想和事物的观念在心灵中的次序和联系而形成的"。(E5P1D)显然，在后一种观点下，心灵之中的次序和联系，或者一般来说心灵本身，就占据着相对于身体和身体之感受而言的优先性。《伦理学》第五部分前二十个命题关于理性的力量及其克制激情之方法的讨论正是从这个视角切入的。②当然，之所以能够采用这种视角，其根本前提就在于，通过《伦理学》的前几个部分（特别是第四部分）的展开，我们达到了由充分观念所构成的理性以及与之相关的实存层面；但是，我们同时必须注意，这种转变最终也只是"视角的转变"，它并未改变身体与心灵各自的存在论地位及其实存结构。唯一随之发生转变的是我们看待事物和我们自身的方式以及心灵之中情感的强度。而且，虽然这个部分以心灵或理性的力量作为首要的和优先的视角，但是这并不意味着其中包含的论述和探究会完全把身体、身体的感受及其活动机制排除在外。这不仅是不必要的，而且是不可能的，因为理性的生成和活动始终以现实实存的身体为基础，其发挥作用的机制也终究不能脱离身体的活动机制，尤其是不能与想象场和想象的机制相脱离，这一点在理性所具有的克制情感的力量及其运用这种力量的方式中将得到清

---

① 斯宾诺莎的这种主张实际上也可以被视为对《伦理学》第二部分序言中所说的"我将仅限于讨论那种足以犹如手牵手一般引导我们达到对人的心灵及其最高幸福的知识的东西"所做的进一步的限定和深化。

② Cf. Bartuschat, W., "Remarques sur la 1re proposition de la 5e partie de l'Éthique", *Revue Philosophique de la France et de l'Étranger*, T.184, No.1, 1994, pp.5-21.

晰展现。

正是从上述这种新的视角出发,斯宾诺莎具体揭示了心灵或理性克制激情的基本方式和途径。这是《伦理学》第五部分的前二十个命题集中处理的问题。而这些命题之总体所构建和展现的乃是一种"心灵的医学",甚至可以按照现代精神分析的术语将其称作"心理治疗"。① 其核心就在于凭借理性的力量并通过各种方式对那些造成恶劣影响并以心灵之病态的形式出现的激情进行医治。

(一) 理性克制激情的第一种方式

恰如前文所言,被动的情感或激情因其变化无常且时常过度,从而使心灵遭受了巨大刺激并为之所奴役。理性对激情的克制和消除在一定意义上恰是我们的心灵摆脱激情之奴役而走向解放和自由的进程。为了实现这种解放,并结合斯宾诺莎对心灵和理性之力量的根本规定,同时从《伦理学》第五部分开篇所确立新的视角出发,我们可以推出,心灵克制情感的第一种或者说首要的力量就在于"对情感本身的认识"(5P20S)。之所以对情感本身的认识就足以产生克制情感的力量,这是因为"一种自身是激情的情感,一旦我们对之形成清楚分明的观念,它就立刻停止为一种激情"。(E5P3)依据激情的定义②,"凡被称作心灵之激情的情感,就是一种含混的观念。心灵据之肯定它的身体或身体的某个部分比以前具有更大或更小的实存力量,而且它一旦出现,就会决定心灵更多地想到此物,而不是彼物"。(E3App. Aff. Gen. Def.)所以,激情之本质就在于不充分的或含混的观念,而克制激情的最直接和最根本的途径就在于消除作为激情的观念所包含的不充分性或含混性。因此,"为了摆脱激情,我们就必须科学地认识激情"③,必须首先对激情本身形成一种清楚分明的或充分的观念。显然,只有理性才具有这种功能,或者说惟有当我们达到理性,具有理性知识,并对作为激情的不充分的或含混的观念形成清楚分明的观念时,才能达到这种目标。

可是,即便我们凭借理性或第二种知识对激情形成了清楚分明的观念,

---

① Macherey, P., *Introduction à l'Éthique de Spinoza* (La cinquième partie: les voies de la libération), Paris: PUF, 1994, p. 41; De Dijn, H., "Ethics as Medicine for the Mind" (5P1 - 20), in *Spinoza's Ethics: A Collective Commentary*, p. 272.

② 实际上,当斯宾诺莎提及心灵或理性对情感的抑制作用时,这里的情感基本上就是指作为被动情感的激情。

③ Matheron, A., *Individu et communauté chez Spinoza*, p. 350.

激情就停止为激情，就不再是含混的观念吗？这两者之间似乎存在着一种间距。为了理解这种变化，我们必须清楚，理性对激情形成清楚分明的观念是一种什么样的状态。毫无疑问，激情是一种观念，而理性对激情所形成的清楚分明的观念，其本质上乃是一种观念的观念，所以这种关于情感的观念与作为观念的情感就不具有实在的区分，而只能具有一种理性的区分。（E5P2D）既然观念与观念的观念乃是同一的并且都由同一个属性（即思想）而得到领会（E2P21S），所以，当我们凭借充分的和更为强大的思想力量对情感本身形成充分观念时，作为不充分观念的激情也就停止为激情，因为它已经转变为充分的或清楚分明的观念了。我们必须做的正是"使情感与其自身的观念、与它的概念相同一，直至失去其不充分的、含混的表象之特征"①。所以，心灵或理性对激情的控制力量首先就体现在这种对作为激情的不充分的或含混的观念的理解，并使被动的情感转化为主动的情感。一般而言，理性对情感所具有的克制力量首先就从这种转化作用得到规定。既然人并非天生就具有理性，而是逐渐变得具有理性并不断提升其理性的范围和强度，所以，理性对激情的控制也必然建立在原初的激情生活的基础上，我们总是从一种被动的情感借助于真知识而逐渐转变为具有主动的情感。

　　同时，被动的情感或激情，虽然直接地是不充分的观念，但是，既然它们总是具有自身的现实实存，而且"一个错误的——或者说不充分的——观念以肯定的方式所包含的东西，不是仅仅凭借充分的观念（就其是真的而言）的出现所能取消的"（E4P1），所以，作为不充分观念的激情同样如此，它也有自身的肯定之处；理性或真知识所认识的并且能够对之形成清楚分明之观念的东西，恰是这种肯定的东西。正是在此前提之下，理性才能充分地认识或理解激情，对之实施有效的转化。这同时也意味着，对于一种激情，我们并不是以再起炉灶的方式形成另一种主动的情感与之相对抗，从而平息这种激情并消除它所引发的痛苦、心灵的波动等负面效果；相反，一切都必须首先从对既有激情之转化和理性认识之发展的形式下得到审视和实现。如同在存在论层次上实在本身的构建必须严格遵循充实和连续的原则一样，理性也从来不能进行无中生有的创造。它的克制和转化力量从来都要从一种既定的情感本身出发并通过对这种情感的认识来对之进行控制，以

---

① Macherey, P., *Introduction à l'Éthique de Spinoza* (La cinquième partie: les voies de la libération), p.58.

实现激情的转化。①

　　从更为根本的层面上看，理性自身的生成过程也不能与情感自身的转化过程相分离。只有通过这种生成和转化的过程并使激情转变为充分的观念和主动的情感，理性才能切实具有并充分发挥其对激情的克制力量。就此而言，斯宾诺莎始终遵循着他之前所确立的根本原则，即"一个情感只有通过另一个与它相反且比它更为强烈的情感才能被克制或消除"（E4P7）；例如，"就善恶的真知识仅仅作为真知识而言，它决不能克制情感；惟有就善恶的真知识被认作一种情感而言，它才能克制情感"（E4P14）。所以，心灵或理性据之克制激情的第一条原则就不能唯独从知识的层面来理解，而是必须同时从情感的角度来理解；换言之，当我们对激情形成了充分的或清楚分明的观念之时，不仅激情停止为一种激情，我们同时形成了一种合乎理性的情感或主动的情感，而这种情感相较于先前的作为激情的情感必将具有更大的力量，正因如此，"一种激情越是为我们所知，则它就越是处在我们的力量范围之内，而心灵也就越少为之所影响"。（E5P3C）

　　事实上，虽然我们对一种激情形成了充分的认识并使之转化为一种主动的情感，但是原初的那种激情并非因此就被完全消灭，也不会因此就永不复现。相反，既然我们总是以身体的形式在世界上实存，我们就必然始终受各种外因的影响，因而具有相应的身体的感受。先前的激情据之产生的外部条件和比例关系在适当的机缘之下总会不断出现，故而相应的激情也就复现在心灵之中并对之造成影响。在这种条件下，我们通过理解激情而形成的充分观念和主动的情感就会对之发挥克制作用，从而使我们更少受其影响。这也正是第一条克制情感的原则或治疗方略所内涵的重要方面。

　　当然，既然我们要通过对激情所包含的肯定之处的认识和理解来达到克制情感的目的，那么这种合乎理性的认识将围绕什么而展开呢，或者说情感本身所包含的这种肯定的东西究竟是什么呢？就此，斯宾诺莎写道："没

---

① 恰如德尔博所言："任何存在方式，若不是从先前的发展而出，就不能牢固地树立在我们自身之中。""既然造成我们奴役的那种必然性与导致我们自由的那种必然性具有相同的本性，所以，那种使我们解放的努力并不是一种否定，而是对这种不可移易的必然性的承认。我们所期待的德性的提升并不是通过一种对各种自然力量的超自然的附加而达到的，而是要诉诸这些力量的有规则的拓展。当我们受奴役时，我们被迫服从于一种限制我们的必然性，因为它的原则并不处在我们自身之中；而当我们是自由的时候，我们意识到一种必然性，后者正是我们的本性、我们的行动、我们的生命，因为它在我们自身之中有其理由。从奴役到自由的转化是一种逐步的转变，正是通过这种转变，这曾是外在力量和使人虚弱的力量的必然性就转变为内在的力量和扩大的力量。"（Delbos, V., *Le probleme morale dans la philosophie de spinoza et dans la histoire du Spinozisme*, pp.130,131.）

有任何一种身体的感受，我们不能对之形成清楚分明的概念。"（E5P4）我们不必奇怪这里把身体的感受又重新提出来，因为情感的定义就内涵这种双极的结构，而情感本身所具有的肯定的东西恰恰正是关于身体之感受的观念。身体之感受作为广延属性之产物，它们相互之间具有共同的东西。就这种共同的东西，我们的心灵之中必然具有相应的共同概念，所以，我们对身体之感受可以具有充分观念——尽管这种充分性具有程度上的差异，亦如每个人的理性有程度上的区别。既然一种情感就是身体的某个感受的观念，所以情感之中也必然具有与诸感受之间共同的东西相对应的充分的东西，甚至激情本身也包含这种东西，而这种东西实际上正是前面所说的激情本身所包含的肯定的东西（肯定性与实在性在斯宾诺莎这里具有内在的结构一致性和可交互性），这也意味着在不充分的东西之中同样内在地包含充分的东西，而正是后者决定着前者可以转变为充分的东西。由此可以推出，"没有一个情感，我们不能对之形成一个清楚分明的观念"（E5P4C）。而理性通过认识和理解的手段来克制和消除激情，其根本原理也正在于此。

（二）理性克制激情的第二种方式

虽然如此，我们还必须明确，当斯宾诺莎说心灵通过对激情形成清楚分明的观念而克制激情时，他所说的这种认识并不是对于激情自身及其内含的肯定之物的外在描述性的知识，后者并不是真正意义上的充分知识。本质上看，充分知识从来都只能是以因果形式作为其内在机制和表现形态的知识，而我们对激情形成充分的知识和理解同样需要在因果生产的机制下得到实现，或者更具体地说，我们对激情的认识和理解就是对其原因的认识和理解。理解一种激情实质上就是要理解它得以产生、实存和运作的原因，而且惟有通过这种理解，我们才能真正把握激情的原因。

我们所具有的一切不充分的观念都不是唯独以我们自己为原因，而是同时以其他事物为原因，故而，我们自己和外因共同构成了不充分观念的实存原因。（E3Def.2）而激情作为一种不充分的观念同样处在这种生成与实存之机制中。所以，激情的本质不能仅用我们自身的本性去解释。这就是说，激情的形式存在及其力量不能由我们努力保持自身存在的力量所决定，而是必然由与我们自己的力量相比较的外因的力量所决定（E4P5&D），而且外因的力量在其中占据更大的比例。由此推出心灵克制情感的第二种方式或方略，亦即"心灵将情感与我们混淆地想象的关于情感之外因的思想分离开"（E5P20S），或者说，"如果我们使心中的某种情绪或情感与一个外因的思想分开，而将其与别的思想关联起来，那么对该外因的爱或恨以及由这些情感而生的心灵的波动，便会随之被消灭"。（E5P2）

　　既然第二种治疗激情的方略就在于把情感与其外因相分离,那么,它就必须以我们对情感及其原因的认识为前提。只有我们清楚分明地认识了情感及其原因,我们才能从这种认识出发切实地进行这种分离。既然如此,这种治疗方略就应该被安排在对情感的认识之后,但是在《伦理学》第五部分的具体行文中,这个次序却被颠倒过来。而斯宾诺莎之所以采用这种做法在很大程度上是与这个部分开头所确立的视角的转换有关。① 具体而言,从构建其情感治疗方略伊始,斯宾诺莎就把心灵作为首要的和优先的视角,他力求唯独从心灵内在具有的力量和能力来着眼,以便探寻克制和治疗激情的基本手段。为此,他必须把那些对心灵构成扰动和外在限制的原因与心灵本身相区分,并在这种区分的基础上将其与心灵相分离。借助这种分离,心灵得以回返其自身;而且即便心灵无法通过这种分离获得绝对自在自为的地位,但是就我们力求推导出心灵就其本身而言对情感所能具有的克制力量来说,这种分离和回返的操作构成了一个必要的步骤。此时,我们唯独关注的是心灵的内在机制,要通过对激情的理解来达到心灵相对于激情而言的主动地位,要使心灵本身成为情感的充分原因。

　　　　通过对情感具有真知识,我们去除了情感本身所具有的偶然的、不可消解的个别的和例外的特征,而在看到它们都服从由心灵的本性而出的必然法则(这些情感以各自的方式表现了心灵的力量)时,我们就使情感变为普通的现象,至少使它们常规化。这个步骤不仅产生了理论效果,也在实践上改变了我们的情感生活的进程:由于"情感生活与真思想结合起来",它就不再听凭外部影响的任意作用,而是呈现为内在生活的一种表现——当心灵发现诸情感不再从外面而是在心灵自身之中有其原因时,心灵就对情感重获支配权。②

　　在此过程中,与外因的分离虽然并非心灵达到主动情感的直接途径,但是它确实为这种转变提供了必要的前提。它可以使我们不再为引发激情的外因所控制,并在一定程度上切断与外因的直接关联。由此,心灵就把目光转向其自身或回返其自身,并认识到自己的力量。而"当心灵考虑它自身和

---

① 在《伦理学》第五部分命题二十的附释集中缕述心灵克制情感的基本途径时,斯宾诺莎又明确地把这种分离式的治疗方略置于对情感的认知之后,这主要是因为他在这个地方无需再遵循第五部分的视角展开和构建次序,而是完全着眼于诸治疗方略之间的推导关系。

② Macherey, P., *Introduction à l'Éthique de Spinoza* (La cinquième partie: les voies de la libération), p. 58.

它的活动时,它将感到快乐;它愈是清晰地想象它自身和它的活动力量,它将愈加快乐"。(E3P53)正是通过这种分离,"情感以及与之相伴随的欲望的序列被打断,而另一种序列得以运转"①。相应地,一种新的情感或情感系列就可以在此基础产生出来,而且这种新的情感因以心灵自身为充分原因,所以将比它以前作为激情出现时具有更大的力量。

但是,既然身体总是处在与外物的作用关系之中,它必然具有各种感受,这种感受的观念也总是使作为外因的事物之观念呈现于心灵之中。所以,我们不仅不具有对外物的绝对控制能力,也不能把外因的观念完全与我们的情感分离,更不能将其彻底消除。那么,斯宾诺莎又是在何种意义上说我们把外因的观念分离开来呢?

实际上,这里涉及的不是一种支配性操作,而是依然要从认识的角度来审视。事实上,《伦理学》第五部分命题二特别强调了外因观念的含混性或不充分性,所要分离的恰是这种关于外因的想象式的或含混的观念。当我们不再执着于含混的外因观念对情感本身的形式规定作用,而是关注于情感本身的内在的形式或本质,则这种情感就不再是被动的,而是主动的了。恰如命题四附释所言:"人由之被称为主动的欲望与人由之被称为被动的欲望乃是同一种欲望"(E5P4S),而"这种欲望的区分唯独依赖于它是在充分的知识中还是在不充分的知识中得到表现",而"把情感与外因的观念相分离必然引发情感与'真思想'的结合,亦即与充分知识的结合"②。所以,归根结底,我们对激情的控制以及将其与外因的观念相分离总是依赖于我们对情感及其原因所具有的充分观念。至于我们如何能够通过这种认识来控制和削弱激情,如何从被动转化为主动,这是斯宾诺莎在后面几种治疗方略中具体叙述的。

(三) 理性克制激情的第三种方式

在上述的情感治疗方略的基础上,斯宾诺莎继而提出了第三种情感治疗方略,这种方略就"在于时间,亦即凭借着时间,与我们所理解的事物相关的感受超过了(superant)与我们含混地想象着的事物相关的感受"(5P20S)。虽然斯宾诺莎明确地从时间角度来规定这种治疗方略,但它并不仅仅局限于时间,而是从模态和时间两个角度来讨论,③其中主要涉及第五部分命题五、六和七。命题五和六从模态方面考虑抑制和弱化激情的基本

---

① De Dijn, H., "Ethics as Medicine for the Mind (5P1 - 20)", 274.

② Mignini, F., *L'Etica di Spinoza: Introduzione alla lettura*, p.167.

③ Cf. Matheron, A., *Individu et communauté chez Spinoza*, p.553.

方式,更精确地说是从必然性的角度探寻理性能够克制激情的途径。而这两个命题又构成了一对互反的命题,分别讨论在我们缺乏对必然性的认识和我们对必然性有清晰把握的情况下,情感分别具有何种程度的力量以及理性与情感之间的关系。

就此,斯宾诺莎首先写道:"对于这样一个事物,如果我们只是简单地想象它,而不是将其想象为必然的、可能的或偶然的,那么,在其他条件完全相等的情况下,我们对该物的情感在所有情感中乃是最强大的"。(E5P5)从这个命题甚至从前面的命题四就可以看出,虽然第五部分首先力求唯独从心灵或理性本身出发来探究克制和医治激情的基本方略,但是却没有因此就完全抛开身体和绵延,而是频繁地从身体和绵延的角度来构想和阐释理性克制激情的方略,这主要是因为理性本身不能脱离身体而实存和活动,相反,作为知识的理性总要在绵延之中实存和展开。即便我们唯独从心灵本身出发来考察理性克制情感的力量,我们依然需要顾及理性在生成或实存层面的这种特殊性。而与身体的感受和绵延相关的就是我们不可能脱离想象而考察理性克制情感的力量;相反,理性的实存及其作用方式始终与想象有着相关性,它总是要在一个比它更加宽广的想象场(le champ imaginatif)中构型和展开自身的力量,甚至理性克制激情的方略中一个重要方面就是产生那些可以对理性构成支持的想象的条件和状态。[1] 故而我们也就无须奇怪,第五部分命题五会再次以直白的方式回返到想象的叙事。

而以模态或必然性为切入点的治疗方略,首先突出了所有情感或说所有被动情感中最强烈的一种,亦即当我们只是简单地想象某物时,我们对该物所具有的情感。既然这种情感是由想象而生,那么它必然是一种不充分的观念,从而也就必然是被动的情感。而所谓简单地想象一个事物,其实就是"从根本上把它想象为自由的,换言之,也就是我们觉察到它的实存和活动,但是却对其活动的原因一无所知"。(E5P5D)在这种情况下,我们对该物所具有的情感也必定大于我们把事物想象为必然的、可能的和偶然的时对之所具有的情感,因为我们此时唯独关注这个事物本身,它最大程度地占据了我们的心灵,从而使我们无法将目光从它上面移开,而我们与其他事物之间的因果关联也在一定程度上被打断。[2] 于是,也就没有什么东西可以弱化这种情感。

---

① Cf. Ibid. p.553 – 554.

② 就此,可以参考前文就斯宾诺莎的惊奇观念所做之论述。而心灵把一物想象为自由的时候也会陷入类似的机制中。

与此相反，当我们把事物想象为必然的、可能的或偶然的时，我们就不会唯独关注一个事物，而是把它与其他的事物联系起来，尽管这种对诸多事物的想象并不是对它们的充分认识，但是它至少把这个事物置于一种更为宽广的背景和关联之中，那么我们对该物所具有的情感也就会减弱。在这种节制情感的机制中，最为重要的还是必然性这种模态。"就心灵把所有事物都理解为必然的而言，它就对情感具有更大的力量，或者说它就更少是被动的"。（E5P6）对理性之本性的探讨告诉我们，"理性的本性就在于不把事物视为偶然的，而是视为必然的"（E2P44）。当我们已经具有理性并且已经走在通过理性来克制情感的道路上时，我们就有能力从必然的方面来考察事物，因为理性的基本功能就在于认识到一切事物都为一种无限多的原因之间的联结所决定而实存和活动。我们越是把事物置于这种必然的联结和作用机制之下并对之具有充分的认识，我们就越是较少受到由这些事物所产生之情感的困扰，从而就越少被动性。而且这种从原因的机制来对事物做出必然的规定，不仅具有限制和摆脱的功能，更重要的是"我们更为生动分明地想象个别事物，而心灵越是被关联到我们对事物的必然性的认识之上，则它对情感具有的力量也就越大"。（E5P6S）所以，当我们对事物具有了充分知识时，我们就从必然的方面来看待事物或将事物视为必然的。此时，我们可以更好地控制情感，更少地为激情所扰动，而心灵本身也较少被动性。

而就时间的维度来说，斯宾诺莎认为，"如果把时间考虑在内，那些由理性产生的或由理性所激发的情感，要比那些与我们视为不在当下的个别事物相关的情感，要更为有力"。（E5P7）这依然源于理性自身之本性。我们知道，理性的基础乃是共同概念，而共同概念是充分观念，它们是对事物共同具有之特性的表象。（E2P44C2D）而诸事物（包括人的身体在内）共同具有的东西同等地存在于部分和全体之内，因而它们总是在场的。我们关于这些共同特性所具有的观念随时都处在我们的掌控和调动的范围之内，而且它们不仅是理性之中的充分观念，也跟我们的想象活动相关联。"我们总是以相同的方式去想象它们。由之而出的情感也永远是相同的。"（E5P7D）而那些关于不在场的个别事物的表象和想象则不具有这种便利，而且它们很容易为其他那些在场的事物，特别是那些总是在场事物的想象以及由之而出的情感所削弱和替代。因此，心灵在克制情感的过程中，一个重要方面就是将我们的知觉和表象逐渐还原到那些共同特性上去，通过这些共同方面来表象和理解事物，因而也就是通过理性来理解事物，并且创造出更好的知觉和想象的条件，以利于理性和那些由理性而生的情感能够形成并发挥作用。

这种治疗方略之所以特别把时间维度凸显出来,肯定不是因为理性是从时间的方面来考察个别事物,后者总是一种想象,从而不属于理性。相反,时间对理性的意义在于它构成了理性展开自身活动的视域,同时也构成了由理性而生或由理性所激发的情感努力克制被动情感的运转平面。理性本身不包含时间,但是理性却在时间之中展开。同样,由理性而出的情感之所以比由不在场的事物所引发的情感更为强烈,正是因为它在时间和绵延的层面就近在手边,并且总会不断在我们心中复现。① 这种复现使得情感具有更大力量,从而使那些由不在场的事物所引发的情感,甚至那些虽然当下在场但以后会不在场的事物所引发的情感,与之相比就会相形见绌。在这种时间的视角下,理性的介入会使我们的想象力量得到巨大提升,并将想象本身的肯定方面充分调动起来,从而产生更为强烈的情感。所以,无论是从持久性方面,还是从强度方面,由理性而出的情感都超过了那些由不在场的事物之观念所引发的情感;从平行的方面看,与我们所理解的事物相关的感受也超过了那些与我们含混地认识的事物相关的感受。

(四) 理性克制激情的第四种方式

在上面这种治疗方略的基础上,斯宾诺莎又提出了第四种治疗方略,后者就在于"与事物的共同特性或与神相关联的感受据之得到滋养的原因之众多"(E5P20S)。它将着眼点放在我们的身体之感受和心灵之情感的原因以及这些原因的观念上。这种方略主要在第五部分命题八和九,以及一定意义上在命题十一中得到讨论。

就这种治疗方略,斯宾诺莎首先提出:"同时发挥作用以激发一个情感的原因越多,则这个情感就越大。"(E5P8)根本而言,这条命题所揭示的是情感的一般机制,而且它是建立在因果关系的规定之上,因为"结果的力量为它的原因的力量所决定"(E5A2)。同时发挥作用的原因数量越多,所产生之结果的力量就越大。当然,这种多和大是在一种比较的意义上而言,是相对于同时发挥作用的原因数量较少的情况而言的。当然,这种同时作用决不是一种简单的拼凑,而是在一种有机的结合机制下,诸多不同的原因恰如一个个体一般来发挥作用(E2Def. 7);所以,这样发挥作用的原因数量越多,它们的生产能力就越大。而在情感生产机制之下,这种作用所产生的作为结果的情感自然就越大。

---

① "每一次我们想起[事物的共同特性]之形象,我们都会将其知觉为即在当下。"(Matheron, A., *Individu et communauté chez Spinoza*, p.555.)

当斯宾诺莎说在这种因果作用关系下审视情感的力量时,这种机制不仅适用于被动的情感,也适用于主动的情感。当然,在探究理性所具有的克制激情之力量和途径的框架下,斯宾诺莎首先指向的还是被动的情感。① 然而,不管我们是在被动的情感还是在主动的情感层面来考察情感之原因,我们都必须使我们的知觉能力得到提升,或者说使我们的想象力得到优化。② 虽然我们要通过理性的形成和展开——亦即通过理解——来克制和削弱激情,但是,这并不意味着理性可以完全脱离或孤立于想象而发挥作用。事实上,

> 为了实现从奴役到自由或从被动到主动的过渡,我们不可避免地要立足于想象的功能,而且在某种程度上要使之发挥作用……心灵之力量的强化,非但不会以其活动而危害想象,反而必须以想象的完善为前提。③

因此,我们就必须使想象的形式及其实现得到改善,而治疗情感的根本方略"不在于想象的更少,而在于想象的更好"④。惟其如此,我们才能真正对情感的原因有切实的知觉并在最大程度上发现情感的多重原因。

而就我们从这种基本的情感机制出发来克制激情而言,"如果一个情感与众多不同的原因相关联,而且心灵可以同时对这些原因以及该情感本身进行考察,相比于另一个仅与一个原因或少数原因相关联的情感而言,其为害更少,我们遭受其困扰也少,因此,我们被其中每个原因所触动也就更少"。(E5P9)因为当我们处在激情的机制下时,如果我们仅仅为一个或少数原因所决定或者我们认为自己仅仅为一个或少数的激情所决定,那么我们的心灵将仅仅关注这些少数的原因,而不会顾及到其他原因或事物,我们的思想之总体性和推理链条也将终结于这些原因或事物之上,因而就为这些原因以及相关的情感牢牢控制,心灵的思想力量就受到阻碍。相反,如果一个情感与之相关的原因越多,并且心灵能够清楚知觉的原因越多,则心灵就更少地为某个或某些原因所限制,它可以想到更多的事物,这不仅不会限制反而提升了心灵的思想力量,并且更少受其中某个原因的触动和影响。

---

① Cf. Mignini, F., *L'Etica di Spinoza: Introduzione alla lettura*, p.169.
② Cf. Matheron, A., *Individu et communauté chez Spinoza*, p.557.
③ Macherey, P., *Introduction à l'Éthique de Spinoza* (La cinquième partie: les voies de la libération), p.67.
④ Ibid., p.68.

（E5P9D）

由此就可以推出，在抑制激情所引发之困扰时，将被动的情感与多个原因相关联并且认识到此情感是在多个原因共同作用之下而产生就变得非常重要。

> 当多个原因以相同的情感来影响我们时，这种情感就能决定我们想象这些原因之总体，因而，其危害就得以减弱，我们也就更少地因其而被动，因为我们的知觉场越是丰富，我们的理智劳作就越是容易。……理性越是发展，它就越是使我们认识到我们的感受的众多原因，越是扩大我们的意识场，理性本身就越能够发展。①

从这个角度出发，我们也可以更明白斯宾诺莎为什么会反复提及"人是自然的一个部分"，并理解这个命题在他的伦理学体系中所占据的关键地位。正因为我们是自然的一部分，我们必然作为有限存在者而处在无限的总体和无限的关联关系中，因而必然受到无限多原因的作用和限制。一旦我们认识到自己的这种现实的实存地位，我们就会努力把我们的身体之感受和相应的情感与更多的原因相关联。通过这种更强的知觉能力和更为清楚分明的认识，我们就把激情的原因分配到更多作用者之上，而激情自身的力量也由之被削弱。与此同时，我们可以更加清晰地将自己以及我们的情感置于由原因所规定的必然性机制之中，并将这种必然性机制与众多原因有机地结合起来。② 在此过程中，理性得到进一步发展，从而也具有更多和更稳固的克制情感的手段。

（五）理性克制激情的第五种方式

正是在此基础上，斯宾诺莎提出了治疗激情的第五种方略，即"心灵借之安排其情感并将它们相互联系起来的那种秩序"（E5P20S），这主要是在第五部分命题十的附释和命题十二、十三、十四中详细论述的。然而，就具体行文和推导过程来看，它是建立在第五部分命题十的基础之上的，尽管后者是从另一个的视角呈现的。

具体而言，"只要我们不为违反我们本性的情感所困扰，我们便有能力按照那种与理智相一致的秩序来安排或联系身体的感受"。（E5P10）乍看起来，这个命题非常令人奇怪，甚至有违背斯宾诺莎的身心关系原则之嫌

---

① Matheron, A., *Individu et communauté chez Spinoza*, p.557.
② Cf. Scribano, E., *Guida alla lettura dell'Etica di Spinoza*, p.148.

疑。既然身体与心灵相互没有任何共同之处，"身体不能决定心灵，使它思想；心灵也不能决定身体，使它运动、静止或处在其他状态之下（如果有其他状态的话）"（E3P2），那么心灵或理智怎么可能对身体之情状的排列产生决定作用呢？但是，如果仔细分析这个命题，我们就会发现，它并不是说心灵或理智有能力直接对身体之感受进行安排，而是说就我们作为广延存在者而言，我们有能力安排身体的感受，但是这种安排所依据的次序是那种与理智相一致的次序，而这种与理智相一致的次序也正是心灵对各种情感进行排列时所依据的次序，这两种次序乃是同一种次序。

当然，这个命题所彰显的要点并不在于两种次序的同一，而是要凸显《伦理学》第五部分自开篇就着意突出的视角变化。《伦理学》前几个部分通常都是在身体和身体之感受的语境之下来审视心灵之中的观念及其联系，而在命题十中，这种考察的视角则转化为在心灵之观念和情感的语境下审视身体的感受及其联系。虽然在这两种视角下身体和心灵都遵循相同的次序，但是前者更加强调心灵之中的观念是按照与身体的感受或事物之形象相同的次序得到排列和联系的，而后者则更加突出了身体的感受或事物之形象是按照与心灵之中的观念相同的次序得到排列和联系的。

当心灵具有充分观念时，它就对自身力量具有更明晰的意识，从而具有更大的完满和更高的力量，并感受到肯定的和快乐的情感。而依据斯宾诺莎的身心关系的基本原则，当心灵处在上述情态之中时，亦即处在一种理性的认知和情感生活方式时，身体也必然有一种状态与之相对应，任何充分的观念以及由之而出的情感也必然具有其身体的相关项。[①] 当我们的心灵具有更多充分观念以及由这些观念而出的合理的情感时，我们的心灵就越少为那些违背我们本性的情感所扰动。此时，身体的感受或事物的形象也同样按照与理智相一致的次序得到安排和联系。但是，由此得到强调的并不是身体的感受或事物的形象本身都成为充分的或主动的，因为就其从外物获得生成的缘由而言，这是不可能的。相反，它凸显的首先是身体的感受或事物的形象之间的联系和次序不再是含混不清的，而是被纳入一种连贯的、稳定的和合理的次序之中，正如心灵之中的充分观念按照严格的逻辑次序而相互推导出来一样。

无论何时，我们都无法直接改变我们身体接受影响的性能及其感受机制，尤其是我们无法通过思想和观念来达成这种结果，因为在这两个层面之间具有严格的范畴区分，它们相互之间没有任何实在作用关系。即便就身

---

① Cf. Mathron, A., "La vie éternelle et le corps selon Spinoza", pp. 27 - 30.

体的活动能力而言,我们所能实现的也只是尽可能提升我们的身体的受影响性能及其范围,并在身体层面寻求在更佳的遭遇机缘之下产生更好的身体感受和事物的形象。① 但是,事物的形象一经在身体层面产生,它们就具有了自身的持存和持久性。一旦有特定的机缘出现,它们就会按照特定的联系规则而相互关联起来。② 而且,诸形象之间的联系规则,通过自身频繁的出现并借助于记忆功能而得到不断强化,从而在身体层面形成一种特定的习惯,而这种身体层面的习惯也在我们心灵之中以相应的想象活动作为其对应项。

所以,当我们具有更多充分观念并按照理智次序将诸充分观念联系和推导出来时,我们的身体层面也就有相应的感受按照相同的次序联系起来。我们越是具有更多充分观念,越是按照理智的次序将充分观念串联起来,身体的感受和事物的形象就越发按照这种次序得到生成和排列,并形成更为稳定的联系机制,从而也就更容易按照与理智次序相一致的次序在身体上重新鲜活起来并相互联系。处在这种状态中的身体也就是处在健康状态中的身体。我们也总是"力求实现健康的心灵在健康的身体中的实存"③。从日常经验来看,当心灵处在良好的情感状态时,身体也就比较平静和健康;当心灵为痛苦、愤怒等恶劣激情所困扰时,身体同样处在一种激动扰乱的状态。

当我们力求以最佳的方式使心灵处在健康状态并抑制坏的激情时,我们也不能忽略身体以及对身体机制的训练和培养。实质上,

> 正是出于相同的运动,心灵的生活与身体的生活逐渐被理性化,并因此而被引入更大的主动性中……因此,我们也可以说存在着一种身体的机制,它可以把规范和稳定之要素引入身体的功能之中……一般而言,这就是要给予身体以规则的生活习惯,后者足以使身体预防各种因与外物的关联而引发的打击,并且更容易使身体具有更大的行动自由并对其物理功能实现完整的安排。④

正如心灵甚至是理性的机制必须通过不断的训练和反复的强化才能使"那

---

① 参考德勒兹:《斯宾诺莎的实践哲学》,第 115 页。
② Cf. Matheron, A., *Individu et communauté chez Spinoza*, p.559.
③ Macherey, P., *Introduction à l'Éthique de Spinoza* (La cinquième partie: les voies de la libération), p.78.
④ Ibid. p.79.

些恰当的生活机制或确定的生活准则为我们谨记勿忘，并且把它们不断地应用到我们在生活中时常会碰到的那些特殊事例上去"（E5P10S），同样，对身体的各种不同感受或事物在我们身上留下的各种印象，我们也必须不断强化它们相互之间所具有的那种配置关系和连接次序。尤其是，当心灵具有理性知识和充分观念时，它们相互之间的关系和连接次序需要得到特殊强化。既然在按照理智次序而具有充分观念并进行理性思考时，心灵就似乎是一个自动机，那么在这种背景下，身体的各种感受和事物的诸多形象也便具有了一种依照理智的次序的自主关联。身体越是具有更为广泛、更为鲜活的自主联结机制，它就越有更多机会实现诸感受和形象之间的合乎理智之次序的关联。① 而身体的感受和事物的形象越是能够按照这种方式得到安排和联系，我们心灵之中的想象能力就越是得到提升，或者说我们就越是发展出"一种新的想象之艺（ars imaginandi）"②。凭借这种技艺，心灵的思想力量得到提升，我们也更有机会具有更多合乎理性的观念和情感。心灵也就更能按照理智的次序来安排它的情感并将诸情感相互联系起来，从而也就更有能力克制那些与我们的本性相违背的恶劣情感。这里，斯宾诺莎明显是从身体那里绕了一个弯，但其最终目的依然是要提升理性的力量并据之达到对情感的克制。

当然，无论是心灵的自主性机制，还是身体的自主性机制，都是在我们已经于一定程度上具有足够的充分观念而言的。这一点乃是第五部分命题十所提出的治疗方略的基本视角，而随后的命题十一至十四则是这条治疗方略所蕴含之身体机制的实施结果，同时也是对这种机制的实施条件的进一步明确。

首先，"一个形象与之相关联的对象愈多，便愈经常发生或愈为活泼，且愈能占据心灵"。（E5P11）同时，"一个形象愈是与更多的其他形象相结合，则它由之被激起的原因也就愈多"。（E5P13）这两条命题分别从形象的对象和形象由之被激起的原因来考察身体之感受的实存机制及其相互关联的方式。正是因为一个形象与更多的对象和形象相关联，它就有更多的机会被激发出来，而它由之产生的原因也就越多。因此，作为一种结果，它也就越有力量，从而也更加活泼。而就这种形象，心灵之中必然具有更加鲜明的观念，而且这种观念也更容易占据心灵。特别是当心灵具有充分观念和理

---

① De Dijn, H., "Ethics as Medicine for the Mind (5P1-20)", p.276.
② Macherey, P., *Introduction à l'Éthique de Spinoza* (La cinquième partie: les voies de la libération), p.70.

性知识的时候,这种形象的观念在心灵之中将愈加鲜活和有力。

其次,"事物的形象与我们清楚分明地理解的事物的形象相结合,比跟其他的形象相结合,要更加容易"。(E5P12)当我们具有清楚分明的知识之时,我们所具有的乃是关于事物共同具有且同等存在于总体和部分之中的特性的观念,而这些特性也都或多或少地在我们自己的身体上呈现。任何事物的形象实际上也都包含这些共同特性,所以它们与我们只能充分认识的共同特性相结合自然就更加容易。而我们的任务就在于尽可能增加我们所具有的充分观念,从而使事物之间的共同之处可以最大限度地在我们身体上呈现,因而使我们形成更加有效的情感控制机制。

此外,"心灵能够使身体的一切感受或事物的形象都与神的观念相联系"。(E5P14)这个命题的意思是说,心灵从思想的层面把关于身体之感受或事物之形象的观念与神的观念相联系,或者把身体之感受或事物之形象作为特定观念之对象而与神的观念相关联。这种联系既可以在想象层面,也可以在理性层面进行。但是,这里主要是就我们具有清楚分明的观念来讨论问题的,因为只有在理性认识的层面,我们才能对神具有真观念,而理性知识的首要任务也正在于尽快达到神的观念。而"共同概念既然是充分的,就必然把我们导向神的观念"。① 当我们对身体的感受或事物之形象具有共同概念和充分观念时,我们所觉察的乃是身体以及身体之感受与诸多事物之间的组合一体性,要把身体及其感受置于一种共同的和普遍的背景之下来审视,其中最重要的就是将它们置于广延属性及其一般的生产法则之下来考察,因而我们会将它们与无限多的事物相联系,直至与神本身相联系。既然"没有任何身体的感受,心灵不能对之形成某种清楚分明的观念"(E5P4),那么,心灵就可以使身体的一切感受与神的观念相联系。此时,心灵不是从个别的和偶然的角度来想象事物,而是把身体的感受和事物的形象跟更为普遍的原因相关联,并且把我们心灵之中的情感纳入一种更为稳定、更为一贯的次序之中,特别是把情感纳入到心灵自身的自主生产机制之中,从而可以更少地受外因的作用,反而更多以自身的力量作为其活动的基础和审视的对象。② 在此过程中,心灵将感受到更高的主动的快乐,而且这种快乐是为作为原因的神的观念所伴随,从而就产生出了一种对神的爱。

---

① 参考德勒兹:《斯宾诺莎的实践哲学》,第143页。
② Cf. Macherey, P., *Introduction à l'Éthique de Spinoza* (La cinquième partie: les voies de la libération), p. 90.

（六）理性克制激情的第六种方式

正是在此基础上，斯宾诺莎提出了第六种克制情感的方略，同时也最为一般的并且是理性所能达到的最高方略，①这就是通过**对神的爱**而克制激情。当我们通过充分观念而把一切身体的感受和事物之形象都与神的观念相关联时，我们就清楚分明地理解到，没有神，任何东西都不能存在，也不能被设想。我们自己、我们的身体和心灵以及一切事物都必须在神之内存在，都必然由神的本性必然性所决定，并遵循自然本身普遍必然的规律与法则，从而也在这种意义上成为自然本身的一部分，并成为作为总体的神或自然的一部分，尽管这个总体依然还是一个抽象的总体。但是，无论如何，我们在这种充分认识的层面上已然破除了先前虚假的整体意识和孤立的视域，而将自身纳入到普遍的、多重的和符合理智之次序的作用机制之下。

既然一切知识都必然导致相应的情感或必有相应的情感与之相伴随，那么，当心灵具有上述充分的知识时，它必然感受到快乐而且是主动的快乐，因为这种情感特别由心灵本身的思想力量而出。在我们对心灵中的情感形成充分观念时，我们更能感受快乐的情感，并且依据上述机制，我们也将爱神，或者说这种快乐将被作为原因的神的观念所伴随。"凡是清楚分明地理解他自己和他的情感的人，都会爱神；而且他愈是理解他自己和他的情感，他就愈是爱神。"（E5P15）而且"这种对神的爱必然最大限度地占据人的心灵"。（E5P16）一般而言，

> 这样一种情感，即所有情感中最大的情感，不仅必然压倒其他所有情感，而且为它们赋予了一种总体的意义，因为它实现了它们的综合并借此最大程度地打开了心灵的活动场，从而最大限度地占据了心灵。我们需要注意的是，这种旨趣从本性上就驱逐了一种简单的偶发事件所具有的偶然性特征：它是必然的。
>
> 这种对神的爱似乎是从心灵的情感生活之运动浮现出来的，并且为这种运动赋予了必然的和理想的终点……通过为所有事物的观念提供一个绝对的参照点，神的观念为这些观念赋予了一种必然的价值，而后者使它们摆脱了情感生活的飘忽不定所特有的犹疑不决；这就好像通过一种否定之否定的操作而打开了一种全新的真理视角，在这个视角之下，所有事物的观念似乎都是充分的，也就是说似乎都是在思想秩序中就位的人的纯粹心灵的规定；换言之，当从神圣思想秩序而出的心

---

① Cf. Scribano, E., *Guida alla lettura dell'Etica di Spinoza*, p.148.

灵通过一种倒转的运动(这种运动使它最初的冲动立足于想象和情感之上)复归于神的时候,它就在神自身之中重新发现了自身,它为所有由神为之提供了牢不可破之依据的真理提供了保证,免除了混淆的风险:爱神——在对神的爱的严格意义上说——就是立足于真理的心灵机制之中,后者排除了错误的可能性。[①]

当然,这里所说的人心"对神的爱"肯定不是传统启示宗教意义上的对神的爱,不是那种以想象的方式对人格性上帝的爱;而是通过对作为实体的神或自然具有充分认识,通过对神具有清楚分明的观念而产生的对神的合乎理性的爱。因此,这种爱必然以我们对神的充分知识或者更准确地说以那种通过对神的属性的把握而达到的对神的充分观念作为生成条件,甚至二者处在同一个过程之中。在理性层面上,亦如在理智的层面上一样,"心灵的最高的善是对神的认识,心灵的最高的德性乃是认识神"(E4P28),或者说,"我们全部的知识以及那种将全部疑虑予以消除的确定性均唯独依赖于神本身……所以,我们的至善和完满就唯独依赖于对神的认识"。(TTP,4,4/中译本第 68 页)这种对于神的理性认识完全消除了传统迷信式的上帝形象,反而彰显了一个非人格的理性之神的形象。从这个角度来说,我们对神的爱并不是因为神具有特定的情感,更不是因为神爱人,因为作为绝对无限的实体,"神不具有任何被动的情感,并且决不会感受到任何快乐或痛苦的情感"。(E5P17)因为情感必然以受影响的性能为前提,但是神决不受动;同时,快乐和痛苦乃是在完满与不完满之间的过渡,但是神作为绝对完满的存在者,不经受任何改变和过渡。就此来说,一个不具有任何情感的神,就既不爱人,也不恨人。(E5P17C)而根据恨以及由之而来的其他否定性情感的生成规则,这个不以情感方式与人发生关联的神就没有任何足以使我们恨他的理由,亦即"没有人能够恨神"(E5P18),相反,由于神是无限的和至为完满的存在者,我们心灵中的神的观念也是充分的和完满的,所以就我们能够考察神来说,我们便是主动的。

通过对神的观念的考察,我们达到了快乐并同时具有了对神的爱。但是,因为神的无限实体地位以及他的非情感性的特征,"凡是爱神的人就不能努力使神反过来也爱他"。(E5P19)就我们依照理性方式来认识和生活而言,在人与神之间就不能设想一种爱的交互性。与此同时,由于这种对神

[①] Macherey, P., *Introduction à l'Éthique de Spinoza* (La cinquième partie: les voies de la libération), pp. 93, 94.

的爱是建立在共同概念和充分观念的基础上的,因而它可以被所有人共同享有,就"不会为嫉妒或猜忌的情感所玷污,反之,我们愈是想象着由更多的人通过相同的爱的纽带而与神相结合,则我们对神的爱就愈是增长"。(E5P20)这种共同性和关联性也就决定了对神的爱非但不会造成人际之间的冲突和分裂,反而能够实现传统启示宗教力求实现而不得的那种真正的爱的共同体。因此,这种对神的爱可以在我们的现实生活过程中引导我们摆脱各种外在的冲突和恶劣的情感,使我们达到一种内心的平静和满足。也只有这种自我满足才是真正的和最高的满足,因为它完全是由理性自身而出的。(E4P52&S)我们在理性层面所追求并能够达到的伦理目标也正在这个点上得到实现。

与此同时,正是在这种最高的激情治疗方略中,亦即在对神的爱之中,心灵达到它凭借理性所能达到的最高成就,也就是达到关于神的观念,因为对神的合理的爱必然以作为原因的神的观念所伴随。显然,这种对神的观念已经超越出我们关于神的想象,而达到了一种关于神的总体的和普遍的认识。实质上,从《伦理学》第五部分的前几种治疗方略开始,斯宾诺莎就已经逐步开启了通达神的观念的历程。当我们把身体之中的全部感受都与神联系起来,继而把我们所知觉的一切都与神联系起来的时候,我们恰是向着神的观念进展。通过这种认识过程,我们依照万物之中共同的东西达到了对自然中最普遍的东西的认识,把握了万物共同遵循的规律和法则,不仅在广延物层面是如此,在思想物层面也是如此。借助这种认识,我们达到了神的观念,或者说我们对构成神之本质的属性形成了清晰的理解和把握——尽管我们在理性的层面依然无法把握神的本质,因为理性所能把握的永远只是普遍的和共同的东西。但是,从心灵对神的属性所具有的充分知识出发,我们却可以向比理性更高的第三种知识进展。

以上即为斯宾诺莎所提出的心灵克制激情的基本方略,它们都建立在理性及其理解力量的基础之上。显然理性和理解在克制激情对人的实存所产生之奴役的过程中具有核心作用,这与斯宾诺莎作为一个理性主义哲学家的基本思路是一致的。而提及理性主义及其代表性人物,我们通常会想到那种与现代科学相联系的理性,甚至将其等同于理性的全部。作为对近代科学革命及其进展有着深入了解并对其成果做出广泛使用的哲学家,斯宾诺莎确实将理性的这个维度包含在他的哲学之中,甚至以之作为一个不可或缺的环节。

但是,在他的思想图景尤其是在《伦理学》的基本框架内,理性的力量却不是首先在这个方面呈现和展开的,相反,他的关注焦点始终是理性在克制激情方面所具有的力量。当提及"人的力量"时,斯宾诺莎无疑首先指的是人通过理性而具有的力量;而

> 理性的力量对他而言并不是一种抽象的力量,而是要在赋有理性并依照理性指导而生活的个体中得到展现、表达和运作。反过来,说到人的力量,在斯宾诺莎那里,总是以间接的方式指涉理性的力量:因为只有当理性的力量超过情感的力量时才有人的力量。①

所以,理性的力量根本就在于通过理解而对激情具有的控制和治疗力量。据此,心灵得以克制和转化激情,从而摆脱受奴役的地位并达到人生之主动。

然而,尽管理性及其力量在克服激情的奴役并达到自由的过程中发挥着至关重要的作用,但是一个依照理性的命令而行动的自由人却依然以传统的二元论方式呈现自身的本性:

> 一方面,他体会到了激情,而这些激情的好与坏则视情况而定,但是,诸激情无论如何对他来说都具有一种自类的实在性。另一方面,他在自身之中又感受到某些需要,这些需要虽然出自于理性,但是由于他并不知道理性乃是激情的真理,所以,这些需要对他就呈现为超越的标准,呈现为一种召唤,敦促他超过自己经验的个体性,以便模仿一种理想的模型……在这一点上,自由人远非一个真正的斯宾诺莎主义者。②

因此,虽然理性通过理解的力量而具有治疗激情的作用,但是这种力量也有其自身的"不充分性",或者说理性也有其自身的无力。这种无力主要表现在它无法阻止激情的过度及其对心灵的支配,或者说无法使人遵守理性的命令。

> [这]与此类命令的本性和性质无关,而是与理性的本性,特别是与整个人性有关……[因为]理性乃是普遍的法则,它的真理性之基础就

---

① Ramond, Ch., "Impuissance relative et puissance absolue de la raison chez Spinoza", in *Spinoza: puissance et impuissance de la raison*, p.64.
② Matheron, A., *Individu et communauté chez Spinoza*, p.559.

在于它是对共同之物的认识。因此，理性知识并不关注任何特殊事物的本质，而只关注普遍的和共同的结构。[1]

具体而言，由于理性以共同概念为基础，它把握的是万物共同具有且同等地存在于事物之整体与部分之中的东西，而且理性也是对自然之中的普遍规律和法则的把握，所以，理性本身不可避免地带有一般性或普遍性，甚至是一种抽象的知识。[2] 理性的命令同样如此："对我们而言，它们似乎就是我们自身之中普遍的东西，而不是我们的自我在个别之物中的表现。""理性的命令也尚未被我们感受为真正是我们的理性的命令。"[3]所以，这种意义上的理性的命令相对于我们而言依然具有某种程度的外在性。恰是这种普遍性和外在性导致了理性在克制激情之时的局限和不足。

因为我们在日常生活中所碰到的总是具体的生活处境，我们所感受的痛苦、怨恨等激情也都是至为具体的激情，但是理性在面对这些恶劣激情时往往满足于向我们陈述一般的真理，可是我们希望得到的却是特殊的安慰。传统理性主义的弊端也正在于此。[4] 尽管理性主义为我们提出了科学研究的根本规范并在探索科学知识的道路上取得了前所未有的进展，可是，恰如维特根斯坦所言，"即便一切可能的科学问题都已经得到解答，也还没有触及到人生问题"。[5] 尽管斯宾诺莎未曾明确做过这种论断，但是他的行文方式和体系构建策略却已经对之做出了诠释。[6] 理性或作为对自然规律之认识的理性知识，之所以无法达到关于人生和伦理问题的最终解答，其重要缘

---

[1]　Mignini, F., "Impuissance humaine et puissance de la raison", in Spinoza: puissance er impuissance de la raison, pp.49,51.

[2]　Cf Matheron, A., Individu et communauté chez Spinoza, p.550.

[3]　Ibid. p.564.

[4]　Cf. Alquié, Le rationalisme de Spinoza, p.240.

[5]　维特根斯坦：《逻辑哲学论》，6.52。

[6]　对于这方面问题，比斯宾诺莎稍早的法国思想家帕斯卡尔亦有明确提示。帕斯卡尔提出了"几何学精神"和"敏感精神"的著名划分。身为数学家和科学家的帕斯卡尔对数学和自然科学之局限有着深切体会。在他看来，几何学的原则虽然显而易见，却脱离了日常应用。而敏感精神的原则就在日常应用之中，就在人们的眼前。但是，对我们的生活和行动而言，问题的关键就在于具有良好的洞见力，因为这些原则是那么细微，数量又那么繁多，以致人们几乎不可能不错过。因此就必须通过异常清晰的洞见力才能看出全部原则，然后又必须有正确的精神才不致根据这些已知的原则进行谬误的推理。这种敏感的精神其实就是精确的精神，它可以深刻而敏锐地钻研种种原则的结论，而几何学的精神则能够理解大量的原则而从不混淆。一种是精神的力量与正确性，另一种则是精神的广博。（参考帕斯卡尔：《思想录》，何兆武 译，北京：商务印书馆，1985年，第1,5—6页。）虽然斯宾诺莎不像帕斯卡尔那样对启示宗教和神秘因素有着高度热情，但是对理性和自然科学的局限，他显然与帕斯卡尔有某种精神上的契合。

由就在于,作为普遍的知识,"第二种知识或理性不允许认识部分与总体之间的个别联系,然而,正是这种知识才能引人达到至福"。[①] 所以,尽管理性可以在我们通往主动和自由的道路上给我们以巨大的助益,但是我们在理性层面所体会到的乃是一种作为自律的主动性,而非绝对的主动性。虽然我们可以在一定程度上使理性和理性知识转化为一种情感,甚至借之达到对神的爱,但是,这种自律的理性命令始终作为外在的命令而呈现,并没有被完全内化到我们的本性和人格之中,因而我们只是把理性的命令作为命令来服从,却不会将其内化为我们行为的内在机制。[②] 这种情形下,理性的命令在一定程度上构成了负担,甚至衍生出人的逃避的倾向。

除此之外,从理性自身的生成之本性以及理性克制激情的基本方略及其展开过程来看,以共同概念为基础的理性始终离不开我们的身体、身体的感受以及身体与外物之间的交互作用,所以理性也就无法离开身体之绵延。尽管理性的本性在于从某种永恒的形式下来考察事物,但是理性本身却并不处在永恒的层面,而是必然与身体和绵延紧密相关,因而理性的力量总要面对各种各样具体的情感处境,也必然在具体情形下发挥作用。尽管通过不断的强化和训练,我们可以使理性的命令被牢记于心并在有所需要之时被迅速调动起来,以便应对、限制和弱化激情对我们的影响。但是,正是因为在这种情形下心灵和理性总是与绵延、事物之形象以及心灵自身之想象有紧密的关联,所以,我们也无从确保理性总是能够发挥其自身的功能并以最佳的机制来运作。同时,这种与绵延中的身体和外物的关联也总是使心灵处在与不充分观念的纠缠之中,甚至使我们对神的理性之爱

不能一劳永逸地完全占据心灵,因为不管心灵是否给予不充分观

---

① Fraisse, *L'oeuvre de spinoza*, p.281.

② 就此,我们可以参考斯宾诺莎在《神学政治论》中就服从于神律所做之论述。其中,他说道:"至于自然的神律,我说过,其最高的命令就是爱神,而我称之为律,其意义与哲学家把万物借之被产生的自然的普遍规则称为律是一样的。因为对神的爱并不是服从,而是德性,而且凡是正确认识神的人都必然具有这种德性。服从所考虑的是发出命令之人的意志,而不会考虑事物自身的真理和必然性。可是,既然我们对神的意志之本性一无所知,相反,我们却确定地认识唯独由神的力量所产生的一切,所以,惟有通过启示,我们才能知道,神是否愿意人们以其赋予给君主的那种荣耀来崇拜神。此外,我们已经指出,只要我们对神律的原因一无所知,则神律就对我们呈现为律或制度;而一旦我们认识了其原因,则神律就立刻停止为律,我们也不再将其把握为律,而是把握为永恒真理;这也就是说,服从立刻转化为爱,而这种爱是从真知识必然而出的,亦如光必然从太阳而出。所以,依据理性的引导,我们能够爱神,但是却不会服从神,因为只要我们对神律的原因一无所知,我们就不能把神律把握为神圣的,我们也不能以合乎理性的方式设想神像君主一般把这些律建立起来。"(TTP, Adnotatio XXXIV/中译本第 222 页。)

念以最少的关注和坚执,它总是会形成相同数量的不充分观念。由于心灵乃是身体的观念或一个有限的思想样式,且必然为其有限样式的本性所限制,所以不充分的观念就无法被消除。对神的爱远未构成一个到达之点,从而也不是终点,它也不标志着解放进程的完成。①

既然我们作为人不能不依靠身体而在世间生存,不能不与自然万物发生相互作用,从而也就不得不具有不充分的观念,那么,在从激情的奴役获得解放并达致自由的道路上,我们是否只能走到这个地步而且只能满足于这个地步呢? 对于一个对思想之完善性和完整性有着极高要求的哲学家,斯宾诺莎显然不会满足于此。为了克服理性在节制和克制激情方面所表现出的"不充分性",我们就必须诉诸比理性更强的手段,或者说我们要达到比理性更加强而有力的知识形态。但是,除了由作为身体之观念这个本性所决定的生活之外,心灵还能有其他的生活样式吗? 就此,斯宾诺莎的回答是肯定的。也正是在这个关节点上,第三种知识或直观知识切入进来。

二、心灵的永恒、直观知识与对神的理智之爱

无论从斯宾诺莎在关于知识的划分和排列中为第三种知识所安排的位置来看,还是从他在《伦理学》第五部分命题二十一至命题四十之中对第三种知识所做的使用来看,这种知识都在斯宾诺莎的全部知识构想中占据最高的地位。我们甚至可以说,它是斯宾诺莎的伦理学实现其最高的诉求并达成其全部理论理想的最高手段。

然而,恰恰是围绕着这种知识以及与之相关的一系列概念和命题,学术界回响着非常强烈的质疑之声。由于这些概念和论题对我们通常的理解能力而言具有极大的难度,它们本身散发着很强的神秘色彩,②再加之《伦理学》第五部分表现了比该书其他部分更快的思想速度并且异常简洁和凝练,③就使得这些本就十分令人头痛的概念和论题变得更难琢磨,因此,以美

---

① Macherey, P., *Introduction à l'Éthique de Spinoza* (La cinquième partie: les voies de la libération), p.111.

② Cf. Weltlesen, J., "Body Awareness as a Gateway to Eternity: A Note on the Mysticism of Spinoza and its Affinity to Buddist Meditation", in *Speculum Spinozanum 1677 – 1977*, ed. S. Hessing, London: Routledge & Kegan Paul, 1977, p.480.

③ "我们看到《伦理学》各个部分如何被赋予相对多变的速度,直到在第三种知识中达到思想的绝对速度为止。"(德勒兹:《斯宾诺莎的实践哲学》,第 153 页)——这种绝对的思想速度也正是促使德勒兹把《伦理学》的第五部分视为斯宾诺莎的"第三部伦理学"的关键缘由。(cf. Deleuze, G, "Spinoza et les trois 'Éthiques'", in Deleuze, G., *Critique et Clinique*, Paris: Minuit, 1993, p.184.)

国哲学家贝奈特为代表的学者认为,《伦理学》第五部分的后半段(即从命题二十三至结束)包含着令人难以索解的论题(如心灵的永恒、直观知识和对神的理智之爱),以往人们为挽救这些论题所做之尝试都未曾成功,因此,在历经三个世纪力求从这些论题获取教益而无果之后,是时候承认《伦理学》这个部分并没有教导我们任何东西,因而是毫无价值的。[①] 而法国哲学史家阿尔基耶则认为:迄今为止,还不曾有人真正体会到《伦理学》所描述的那种作为人生之最高自由和真正救赎的至福,也没有人依据完善的理由确证斯宾诺莎自己已经达到和享有这种至福,所以《伦理学》中讨论这些理论的那个部分(甚至是整部《伦理学》)在他来说是无法理解的。[②]

然而,因为概念和文本难于理解就试图将斯宾诺莎的著作中占据重要分量并被赋予重要地位的内容轻飘飘地打发掉,这种做法似乎还是很难令人接受的,而且也没有得到大多数研究者的认同,这从近几十年来国内外学界为破译斯宾诺莎思想中这个谜一般的部分所做之不懈努力就可见一斑。与此同时,忽略斯宾诺莎思想中的这个部分会使他的伦理学的一般规划丧失完整性,甚至会使其哲学体系缺失至为重要的环节。事实上,《伦理学》第五部分,尤其是讨论直观知识、心灵的永恒以及对神的理智之爱的后半部分,对其总体的伦理理论来说,不仅是重要的,而且是必需的,甚至是其前一部分必然引发的结果。因此,为了达到斯宾诺莎的普遍伦理学的最终目标及其思想的顶峰,我们必须尽力理解和解释这个部分所表达的思想。

在对第三种知识及其内在的伦理意义进行阐明之前,我们首先必须注意,斯宾诺莎在这个部分的开头再次强调了他的论述视角。前文已经指出,《伦理学》第五部分在视角上相对于前面的部分有着重大变化,其核心就是它聚焦于心灵本身及其内在具有的克制情感的力量。而在该部分命题二十附释的结尾之处,斯宾诺莎又再次对其视角进行了转化,或更准确地说,对第五部分开头所确立的视角做了推进。就此,他写道:

> 论述至此,我已经结束了关于现世生活的一切。任何人,只要他仔细考察我在本附释中所说的话,注意心灵及其情感的定义,最后注意第三部分命题一和三,他就很容易能够知晓我在本附释开头所说的东西,

---

① Cf. Bennett, J., *A Study of Spinoza's Ethics*, Indianapolis: Hackett Publishing Company, 1984, p.372.

② Cf. Alquié, F., *Le rationalisme de Spinoza*, p.354.

也就是我以寥寥数语便概括指出的医治情感的方略。所以，现在是我们进而讨论那些属于心灵之绵延的东西的时候了，但是这里所说的心灵之绵延却与身体没有任何关系。（E5P20S）

所以，斯宾诺莎接下来不仅要集中关注心灵自身及其所具有的力量，而且要在不联系或不考虑身体之绵延的情况下来进行考察。

可是，他据此想要表达什么意思呢？当他在抛开身体而单独考虑心灵及其绵延之时，他难道不是重又滑落于贬低和否定身体的传统做法或窠臼吗？而且，既然他始终强调心灵乃是以其身体为对象的观念，没有身体的现实实存也就不可能有作为身体之观念的心灵的现实实存，那么在考察与身体没有关系的心灵之绵延时，他难道不是陷入一种自相矛盾吗？

面对这些疑难，我们首先必须注意到，当斯宾诺莎说他要讨论那些属于心灵之绵延的东西，且这种心灵的绵延与身体没有任何关系的时候，他并不是说心灵可以脱离身体而独立存在，否则心灵就完全没有存在的根据，也就不具有现实实在性。相反，他借助这种表达所欲彰显的，首先是他要集中关注心灵本身及其力量，而不考虑作为心灵之对象的身体及其绵延，因为身体或更准确地说处在绵延之中的身体总是处在与无限多的外因的交互作用之中，总是具有无限多的感受，而这必然导致我们的心灵之中充满了无穷多样的不充分的观念和被动的情感。因此，为了达到心灵对情感的绝对的克制，我们就必须尽可能地与外因的思想相分离。与此同时，即便外因不在场的情况下，我们很多痛苦的激情也会因我们既有的记忆和想象而被重新激发出来，但是，既然"除非身体持存着，否则心灵就既不能想象某种事物，也不能回忆过去的事物"（E5P21），所以在我们寻求情感的治疗方略并克制痛苦的激情时，就需要尽可能地从身体及其绵延的视角下摆脱出来，转而从新的角度来审视我们的身体以及作为身体之观念的心灵。这就是"我们要从绵延的层面过渡到永恒的层面"[①]，要"从永恒的形式下"来考察和理解我们自己以及各种事物。《伦理学》第五部分的后半段正是在永恒的层面上展开其探究，要讨论达到人的永恒生活的条件，并借此揭示出人的至善和至福何在。

而从斯宾诺莎的切入点来看，他力求围绕着心灵来考察永恒的问题，或者说他力求从永恒的维度来考察心灵，故而他特别强调要考虑那种与身体

---

① Matheron, A., *Individu et communauté chez Spinoza*, p.550.

或身体的绵延没有关系的心灵。但是，即便如此，他依然没有而且也不可能脱离身体而考察心灵，因为心灵始终是以身体为其对象的观念。那么，我们是否能够达到这种依然与身体有关，但却是永恒的心灵呢？斯宾诺莎的答案是肯定的，因为我们的身体不仅在绵延的层面有其实存的存在（esse existentiae），亦有其本质的存在（esse essentiae）；既然任何本质都是永恒的，那么人的身体的本质也是永恒的，而且"在神之内必然有一个观念，这个观念在永恒的形式下表现了这人或那人的身体的本质"（E5P22）。

可是，当斯宾诺莎说每个人的身体的本质都是永恒的时，他指的又是什么呢？前文曾经说过，每个事物都有其特殊的本质，而每个人的身体也有其特殊的本质。而作为一种广延的样式，身体的形式或本质就是其特有的动静比例关系，而且这种特殊的动静比例关系以特定的力量强度为其内在的规定。① 而无论是每个身体特有的动静比例关系，还是作为其内在规定的力量强度，都被涵盖在神的广延属性之中。因此，身体的本质之所以是永恒的，并不是因为它是不朽灭的，也不是因为它在绵延中是无始无终的，而只是因为它们作为特定的动静比例关系或力量强度必然被包含在神的广延属性之中，而不管它们是否在绵延的层面向作为有限存在物的心灵展现出来。对斯宾诺莎而言，永恒实质上就是那种由神所确保并由神的本质而出的必然的实存。这种实存与现实的绵延无关，也不能用时间来衡量；换言之，无论我们是否以建立在绵延之上的想象来把握身体之本质，它都在神之中必然地实存，所以，永恒实质上正是一种必然的实存，甚至就是由神的本性而来的必然性本身。当斯宾诺莎说理性**在某种永恒的形式下**（sub quadam aeternitatis specie）来考察事物时，他其实就是说理性在必然的形式下并凭借普遍的规律和法则来把握事物，而这种必然性和普遍法则是在特定的属性之下来审视并通过这种属性来理解。由此，我们也就知道了身体必然服从神或自然的普遍必然的法则并据之而现实地实存和活动。

同样，当斯宾诺莎说，对于每个身体的本质，在神之内都有一个观念与

---

① "诸样式的本质是单纯而永恒的。但是，它们与属性以及它们相互之间也有另一种类型的纯属内在的区别。诸本质既不是逻辑的可能性，也不是几何的结构；它们是力量的诸部分，亦即物理上的强度等级。它们不具有诸部分，而它们本身就是诸部分，力量的诸部分，犹如不是由较小的量所组成的强度的量。它们都是无限地相合，因为它们都包括在每一个的产生中，但是每一个对应于与所有其他都不同的特定的力量程度。"（德勒兹：《斯宾诺莎的实践哲学》，第 87 页。）

之相对应，并且这个观念**在永恒的形式下**（sub aeternitatis specie）①表现了这个或那个人的身体之本质时，我们就从神的属性所内涵的那种必然性过渡到神和神的观念所内涵的那种绝对的必然性。我们不再仅仅从神的某个属性之下来把握这种永恒及其所彰显的必然性，而是进展到作为总体的神所具有的那种必然性，或者说包括身体和身体的本质在内的一切个别存在物都被整合到一个体系之中，

> 因为我们从唯一的产生自然的自然出发以生成的方式将它们构建起来：我们理解了广延属性如何必然产生动与静，动静比例如何在宇宙的阶梯上必然保持稳定，宇宙全貌的诸法则如何相互结合以便产生愈来愈特殊的法则，等等。平行而论，在我们的身体之中，得到合乎逻辑地安排的诸形象的串联形成了唯一的体系。在一定意义上，这种出发点的改变并没有变更我们行动步骤的指向：我们遵循着自己的道路；我们的精神总是努力进行演绎；我们的身体也总是努力为它的感受赋予越来越一贯的次序。但是，在另一种意义上，这种新的观点改变了我们对事物的洞见。因为，如果一切都是从神推演出来的，那么一切就都是可理解的；而如果一切都是可理解的，则每个个体都具有一种本质：从此以后，我们不会再对之一无所知。而这就会产生出两个结果。一方面，我们不会再满足于一种抽象的物理学：一旦知道一门关于个体的科学是可能的，我们就会全力将其实现，以便把我们关于自然的知识特殊化，直至我们能就其所具有的个别之处而达到个别事物。另一方面，我们不会再完全相信自己沉浸于绵延之中：一旦知道我们的身体具有一种永恒的本质，我们就会意识到我们的心灵的永恒。②

---

① "在某种永恒的形式下"和"在永恒的形式下"是斯宾诺莎论述第二和第三种知识时所使用的特定术语。虽然二者都隶属于永恒的层面并从永恒的角度或方面来审视事物，但是它们有着重要区别。当斯宾诺莎说理性"在某种永恒的形式下"考察事物时，他说的是理性依据神的属性及其内涵的必然法则来考察事物，并将事物纳入一种因果生产的链条之中；而当他说心灵"在永恒的形式下"来考察事物时，心灵乃是通过神来领会事物，就像通过内因来领会事物一样，也就是说，心灵通过作为绝对无限之实体并将事物直接产生出来的神来考察事物；一切都从神的本性必然而出并因此具有其永恒的本质，从而也就从根本上可以为我们所认识。（cf. Mignini, F., "«Sub quadam aeternitatis specie»: signigicato e problemi du un sintagma spinoziano", in *Con l'ali del'intelletto: Studi di filosofia de di storia della cultura*, a cura di F. Meroi, Firenze: Olschki, 2005, pp. 227 – 235; Mignini, F., "«Sub specie aeternitatis»: Notes sur « *Ethique* », V, propositions 22 – 23, 29 – 31", *Revue Philosophique de la France et de l'Étranger*, T. 184, No. 1, 1994, pp. 41 – 54.）

② Matheron, A., *Individu et communauté chez Spinoza*, p. 573.

正是通过这样一种进展,我们最终达到了真正的个体,亦即以其自身所具有的特殊本质得到规定和表现的个体。心灵的永恒恰恰要从身体的永恒本质来得到规定和理解。[1] 对斯宾诺莎而言,"人的心灵不会完全随身体之消灭而消灭,而是在心灵之中有某种永恒的东西仍然留存"。(E5P23)那么心灵中的这种永恒的东西是什么呢? 其实就是关于身体之本质的观念。心灵不仅是以其身体为对象的观念,同时也有关于身体之本质的观念,后面这种观念同样属于心灵本身。既然身体之本质乃是永恒的,那么心灵之中关于身体之本质的观念同样也是永恒的。虽然作为身体之观念的心灵会随着身体在绵延过程中的消灭而一同消灭,但是身体之本质以及关于这种本质的观念却不会一同毁灭,而是始终被包含在神的永恒本质之中,从而也被包含在神的观念之中。不管是身体之本质的永恒,还是心灵之中关于身体之本质的观念的永恒,都必须从神的本质和神的观念得到规定和理解。由此可见,无论就身体,还是就心灵来说,它们的永恒显然都不同于那种作为对绵延之否定的不朽:不仅作为具体的物理实存形态的身体会朽灭,同样以这种身体为对象的心灵也会灭亡。而身体和心灵各自所保有的永恒必须从本质及其观念得到规定。就此而言,斯宾诺莎不仅否定了传统神学意义上的灵魂不朽的观念,同样也去除了因这种不朽而导致的神秘色彩,"神秘主义者这个名称完全不适用于斯宾诺莎"[2]。心灵的永恒并不是在轮回或回忆的意义上而言,因为轮回与回忆只有在身体之实存的意义上才有其现实性。既然身体之本质并不由绵延来规定,甚至与绵延式的实存无关,而是在神之内具有一种必然的实存,所以,心灵之永恒也只是就在神之内必然有身体之本质的观念实存着而言的。所以,这种永恒无需通过任何神秘的和不可思议的手段而达成。

但是,虽然心灵之永恒乃是非时间的和非绵延的,但是这种永恒同样不是超越的,也不是像柏拉图式的理念一般存在于一种超感官的世界之中。这并不是斯宾诺莎理解永恒的方式。反之,他所说的永恒同样是内在的,同样需要在绵延之中有其特定的展现,甚至"这种永恒也有其时间性的面向"[3],因为"我们感觉和经验到我们是永恒的"(E5P23S)。当然,这种感觉和经验绝非那种想象层面上的感觉和经验,而是我们心灵本身的直觉性的经验,亦即一种建立在充分观念基础上的直观把握式的经验。而心灵之所以具有这样一种能力则是因为

---

① Cf. Mignini, F., "«Sub quadam aeternitatis specie»: signigicato e problemi du un sintagma spinoziano", p.235.

② Rodis-Lewis, G., "Questions sur la cinquième partie de l'Étique", p.210.

③ Matheron, A., *Individu et communauté chez Spinoza*, p.580.

> 心灵感觉到他凭理智活动而把握的东西并不少于它在记忆中所具
> 有的东西……尽管我们不能回忆起我们曾先于身体而存在过,但是我
> 们却能感觉到,我们的心灵,就其在永恒的形式下包含了身体之本质而
> 言,就是永恒的,而且这样来理解的心灵的存在,既不能由时间所限定,
> 也不能用绵延去说明。(E5P23S)

而从更根本的意义上说,这种感觉和经验乃是从斯宾诺莎所说的第三种知
识或直观知识而来,甚至就是这种知识本身。

正是依靠从第二种知识进展到第三种知识,心灵得以将自身提升到神
的观念的层面;正是通过对其身体及其自身之永恒的意识,心灵真正将自己
纳入到神的永恒无限的背景之中,具有了一种真正的宇宙论意识。这种意
识无论是对第三种知识之生成,还是对心灵达到最高的伦理追求都是首要
的。当第二种知识只是满足于从一般性层面来把握神或自然时,第三种知
识则达到了对神的总体性及其内在本质的把握。

> 普通人已经失去了与世界的亲身接触,没有按照世界之本然的面
> 貌来看待世界,只是把世界当作满足他们的欲望的手段,但智者却持续
> 不断地把世界的整体展现给自己的心灵。他在一种宇宙的视角之内来
> 思考和活动。他感觉到自己属于一个超越于自己的个体性界限之外的
> 整体。在古代,这种宇宙的意识被安置于一种特定的视角之中,这种视
> 角有别于那种对于宇宙的科学知识的视角,后者可以由(例如)关于天
> 文现象的科学来提供。科学知识是客观的、数学的知识,而宇宙的意识
> 则是灵修的结果,这种意识在于意识到每个个人的存在在巨大的宇宙
> 洪流和整体视角中所处的位置。这种修习并不被置于精确科学的绝对
> 空间中,而是处在具体的、鲜活的并且在知觉的主体的生活经验之中。[①]

因此,既然对神的认识乃是心灵所欲追求的最高的善和最高的德性,那
么只有在第三种知识层面,这种目标才能真正达成。当心灵具有神的观念
之时,它也必然包含神的永恒无限的本质。因为"个别事物(这里就是心灵)
既然以神为原因——这是就神借个体事物作为样式所隶属的属性来考察而
言的,那么,个别事物的观念必然包含它们所隶属之属性的概念,换言之,必

---

① Hadot, P., *Exercices spirituels et philosophie antique*, p.226.

然包含神的永恒无限的本质"(E2P45D)。但是,神的观念此时所包含的并非普遍的本质,而是神的具体的本质。此时,心灵不是把神作为一个对它多少有些外在的整体而知觉,相反,它把神作为它自身就被包含于其中的真正的总体,并且就神构成了心灵的本质自身而知觉到神。"我们的心灵,就其在永恒的形式下认识它自身和它的身体而言,就必然具有对神的知识,并且知道它是在神之内,通过神而被领会。"(E5P30)因此,第三种知识根本上就是对我们的身体之本质、心灵自身以及神的本质的充分意识。在此层面,心灵是全由自身的力量而认识和理解神,并同时意识到它自身的,或者说,"第三种知识依赖于心灵本身作为其形式因,就心灵本身是永恒的而言"。(E5P31)

但是,当心灵以第三种知识来认识和理解之时,它并不是仅仅理解神的本质及其自身之本质,它同时也意识到了个别事物的本质。当然,这种认识和意识同样必须依赖于心灵对于其身体之本质的把握。"心灵在永恒的形式下所理解的一切事物,它之所以能理解它们,并不是因为它把握了身体的当下的现实实存,而是因为它在永恒的形式下把握了身体的本质。"(E5P39)正因如此,心灵才能真正理解事物以何种方式依赖于神,如何从神的本质而出。这就意味着,只有我们达到第三种知识,我们才能真正理解《伦理学》第一部分中所说的,"从神的本性必然性必然有无限多的事物(亦即一切处在无限理智之内的事物)以无限多的方式由之而出"。(E1P16)但是,心灵此时不是按照事物通过各种中介阶段由神的本性被推演出来的模式来把握事物及其本质,而是按照一种直观的模式一次性地把握了事物如何由神的本质直接而出。当《伦理学》第一部分以理性的推理和论证的模式把这个命题及其蕴含的生产模式陈述出来时,第五部分则以一种完全不同的模式和速度向我们展现了事物与神之间的生产性关联。只有此时,我们才能真正把握事物如何由神的本性而出并处在神之内,而神又如何真正成为事物之本质和实存的内在的动力因。①

同时,也正是在这个层面,人们才能在理性阶段所达到的"人是自然的一部分"这种合乎理性的知识的基础上达到"心灵与自然相结合"(IE,13),因为只有直观知识才能使我们把握事物的本质,才能使我们真正认识神并真正实现对神的感受和享有。(KV,2,2,2)这同时也就是与神相结合,凡是实现这种结合的人就是最完满的人,(KV,2,4,10)亦即享有至善和最高的幸福的人。可是,这又是一种什么样的结合呢?它是否是完全神秘的和

① Wilson, M. D., "infinite Understanding, Scientia Intuitiva, and Ethics I. 16", in *Spinoza*, ed. G. Segal and Y. Yovel, Abingdon: Routledge, 2018, pp. 188 - 192.

不可索解的呢？事实上，当斯宾诺莎说人与神或心灵与自然相结合时，他所说的并非两个相互分离的实体或事物之间的神秘化合。相反，这种结合之所以能够实现，完全出于我们自身的存在论地位，因为"我们与神相结合，亦如几何图形的性质与这些性质由之而出的几何图形相结合"。① 正是因为我们本然地就属于自然并且是自然的一部分，我们才能够与自然相结合，而不是说我们最初与自然相分离，然后再与之结合。既然我们本然地就是自然的一部分，所以我们始终与自然相结合。但是因为我们最初并不充分地认识这种结合，再加之各种各样的幻想和激情阻碍着我们对这种结合的认识，所以我们必须通过艰苦的努力才能达到这种结合，或者更准确地说达到关于这种结合的充分知识或意识。因此，本质而言，所谓与自然相结合就在于达到这种知识或意识，甚至就是这种意识本身。正是因为我们是自然的一部分，我们才能达到这种结合；反之，正是因为达到了对这种结合的知识，我们才会更清晰地意识到自己是自然的一部分。而这种知识或意识恰是第三种知识本身。

由此可见，就我们理解了神的本质而言，我们也就理解了神的现实存在及其生产力量，而这同时也是万物得以产生和实存的根本原则。这种理解已经不再是依照理性的视角而达到的一般把握，而是心灵纯依其自身活动机制而体验到神的生产性力量。当心灵在这种永恒的形式下考察其自身以及个别事物之本质时，它所理解到的就是个别事物的现实本质，或者说就是事物保持自身之存在的努力，对于人而言就是作为其个别本质的欲望（理解欲望就是要了解这种努力和力量），这些本质就是事物自身之力量的程度或强度。心灵通过这种视角所觉察和理解的正是事物的这种个别本质，并理解它们如何以特定方式由神的本质而出。而理解事物的个别本质也就是要理解这种本质的动力性的生产过程。

按照斯宾诺莎的看法，一切意涵于神的无限理智之中的东西都遵循着相同的必然性而由神的绝对无限完满的本性必然产生出来。相对于实体或神而言，理解的力量和存在的力量乃是同一的。神理解他自身同时就是在产生他自身，而神产生自身的过程也正是他产生万物的过程；换言之，神据之理解自身及其样式的力量，就是他产生整个"被自然产生之自然"的那种力量。在第三种知识的层面，心灵把握事物之个别本质的力量也就是神自身的理解和活动的力量，心灵此时直接占有了事物的本质，这是就人的心灵构成了神的理智的一部分而言的。所以，当心灵具有关于其身体之本质的观念时，或者说当身体之本质的观念构成心灵的永恒部分时，心灵就可以被

---

① Gueroult, M., *Spinoza (I. Dieu)*, p.386.

视为理智。此时,这种理智也正是具有第三种知识的心灵本身。

从《伦理学》第五部分的标题就明显可见,斯宾诺莎完全以理智作为第三种知识的承载者或表现者。同理性一样,理智也是充分观念,但是二者又有所区别。理性乃是对神或自然之中的永恒的和普遍的东西的把握,而作为第三种知识的理智则是对个别或具体事物的把握,而更准确地说,它是对事物之个别本质的认识。与理性具有生成过程并且不能脱离身体之绵延而存在不同,理智本身就是永恒的,它要在永恒的形式下来理解事物。因此,与理性会有量上的差异不同,理智或第三种知识并不是一种通过量而产生差异的知识,从而就不会经受量上的变化。因此,在《伦理学》,尤其是在该书第五部分,斯宾诺莎就理智形成了最完整的同时也是最严格的理解。

诚如斯宾诺莎反复说的那样,"理智是我们自身中较好的甚至是最高的部分,所以,如果我们真想寻求自己的利益,那么我们肯定应当首先尽可能完善我们的理智,因为我们的至善正在于理智的完善"。(TTP, IV, 4/中译本第 67 页)因此,

> 在生活中尽可能地完善我们的理智和理性将会特别有益,因为人的最高的幸福或至福也正在于此。因为至福不是别的,只是由对神的直观知识而产生的心灵的满足。而完善理智不是别的,只是去理解神、理解神的属性以及理解由神的本性必然性而出的神的活动。所以,为理性所指导的人的最后的目的,亦即他据之努力节制其所有别的欲望的欲望,即是能指导他充分地理解自己并充分地理解一切足以成为其理解对象的事物的欲望。(E4App. 4)

所以,在斯宾诺莎这里,真正的求知之欲或理解之欲只有在理性的层面才能真正呈现:"依据第三种知识来认识事物的努力或欲望不能出自于第一种知识,而只能出自于第二种知识。"(E5P28)由理性而出的理解之欲乃是我们所能具有的最高的欲望,而且这种欲望不是那种不充分的和变化无常的欲望,而是一种充分的或者说唯独出自于心灵自身之本性的欲望。在这种欲望的驱动下,心灵力求超越理性的普遍性甚至是抽象性,从而达到具体事物,达到事物的个别本质。此时,心灵不再依靠理性的演绎和论证并在绵延中达成其认识目标,相反,一切都依靠于一种眼力,一切都取决于一种真正意义上的理智直观。恰如上文所言,这种理智直观乃是我们在把握作为总体之原则的神的观念之后,对我们自身、神以及其它事物所具有的充分的意识。虽然第三种知识并不排除演绎,也不与演绎相对立,但是就其最终追求的对于本质

的认识而言,它始终具有一种直接性,故而它可以真实地在永恒的形式下理解事物。而"我们心灵的最高努力(亦即欲望)和心灵的最高的德性就在于依据第三种知识来理解事物"。(E5P25)这种知识不仅是知识的顶峰,同时也是我们的理解之欲的顶峰。所以,"心灵越是能够依据第三种知识来理解事物,它就越是欲求依据第三种知识来理解事物"。(E5P26)因为心灵此时所体验到的纯是自身的力量,它不再依靠外在的迹象和符号,也不再依据契合或反对的关系来认识外物,而是从神的观念出发直接把握个别事物的本质。

因此,当心灵具有第三种知识并借之认识事物及其自身时,它就感受到对自身之本质和力量的绝对肯定,从而也就表现出自身绝对的主动性;由这种肯定和主动,它体验到一种绝对主动的快乐。虽然在第二种知识以及与之相应的生活方式中,我们已经体验到主动的快乐,但是这种快乐依然包含着一种过渡,即我们的实存力量和理解力量的提升,我们依然要感受到一种量的变化,但是,既然第三种知识以及具有第三种知识的心灵所把握和体验到的是神的绝对的肯定和完满,那么它也就使心灵体会到其自身之力量的完全的肯定和完满,所以"由第三种知识可以产生心灵的最高的满足",而"凡是依据这种知识来认识事物的人就会达到人的最高的完满性,因此,他就会感到最高的快乐,而这种快乐乃是为他自己和他的德性的观念所伴随着的"。(E5P27&D)而这种快乐既然已经是最高的快乐,是人的最完满的状态,它也就不再经受任何过渡和任何量的变化。[①]

当然,我们在想象和理性的层面也都可以具有心灵的满足,但是,在想象中感到的满足是建立在不充分观念的基础上的,因而它会出现错误甚至陷入一种自欺之境。而当我们在理性的认识形式下感到自我满足时,"这种起于理性的自我满足才是最高的满足"(E4P52),因为此时我们觉察到的是理性自身的理解力量以及由之而出的东西,因而感受到由这种力量而来的肯定性和快乐。"自我满足实在是我们所能希望的最高的对象,因为人们并不是为了某种目的才努力保持自身的存在。而且这种自我满足可以因称赞而愈益增进和加强,反之则因为责备而愈益受到抑制,所以我们大都为荣誉所指导,却很难忍受耻辱的生活。"(E4P52S)所以,尽管理性知识可以为我们带来真正的自我满足,而且这种起于理性的自我满足与我们在第三种知识层面所体会的那种满足具有相同的基础和缘由(亦即它们都是从我们对自己的理解力量的体察而获得的满足),但是前者与后者依然有所区别,因为这种起于理性的自我满足依然会有所过渡,它会因称赞和责备的影响而

---

① Cf. Deleuze, G., *Spinoza et le problème de l'expression*, pp. 284 - 285.

产生一种量的意义上的变化；相反，那种出自于第三种知识的满足则是一种绝对意义上的满足，它不再经受任何量上的变化。① 这主要是因为，在第三种知识层面，心灵认识了神和其他事物之本质，因而具有了最高的德性。凡是以此知识来认识事物的人就达到了人的最高的完满并感受到最高的快乐，而且这种快乐为他自己和他的德性的观念所伴随。所以，心灵从这种知识可以产生最高的满足，并且是真正完整意义上的最高的满足。(E5P27S)

因此，当我们达到第三种知识并据之来认识事物时，我们达到了对自己的实存力量和理解力量的最高肯定，从而体会到最高的快乐和主动，并体验到自身的欲望、快乐和实存的最终统一。正因如此，我们可以清晰看到，知识并不是封闭于思辨的领域之内，反而从一开始就与我们的生活和实存方式密切结合。当我们依照理性的命令而生活并尽力寻求一种良好的实存方式以提升和改善我们的遭遇机缘之时，理智则向我们直接展现出我们的内在的存在力量和思想力量，因而使我们达到我们自己、神和万物的实存本身。也正是凭借这种知识和这种特定的实存方式，有智慧的人就能够"依某种永恒的必然性来意识到自身、意识到神并意识到事物"(E5P42S)。而此时所说的意识或更准确地说"意识到"②就不再是我们原初具有的那种反映和记录式的不充分意识，也不再是我们在想象层面通过欲望所具有的那种直接却又含混不清的意识，反之，它转变为一种充分的意识，甚至就是一种充分的知识。③ 而从《伦理学》第五部分对意识的提及和使用来看，它更是被赋予了非常重要的地位和意义。此时，人对其自身的意识及其对外物的意识不再以身体之感受作为直接原则，而是以神作为其实存与活动的根本原则。④ 解放和自由之路很大程度上就是从欲望自身所内涵的直接的和不充分的意识结构转变为以神作为根本原则并达到的对自身、对神和对事物具有充分意识的过程。这种过程并不取决于意识本身的自明性，而且意识也并不

---

① Cf. Matheron, A., *Individu et communauté chez Spinoza*, p.588.

② 亦如斯宾诺莎在著作中很少使用名词性的"真理"(veritas)，反而更多地使用形容词"真的"(verus)，同样，他也很少使用名词式的"意识"(conscientia)，反而更多地使用其形容词形式(conscius)。这种做法始终与他的唯名论立场相关，因为如同心灵、观念等思想样式一样，斯宾诺莎拒绝为意识赋予官能性的存在形态，更不会为之赋予任何实体价值。从《伦理学》的行文过程来看，他更多地将"意识"或"意识到"这些表达方式放在想象的层面来使用，这也就意味着意识总是首先沉浸在一种更广阔的无意识结构中，因而往往与幻觉(如自由幻觉、神学幻觉等)不可避免地纠缠在一起。(参考德勒兹：《斯宾诺莎的实践哲学》，第 71 页。)所以，在以往的研究中，学者往往更多关注意识本身的不充分性及其所引发的不利后果，而就意识本身的肯定性及其所能发挥的积极功能却较少给予充分的重视和深入的探讨。

③ Cf. Balibar, E., "A Note on 'Conscientia/conscience' in the Ethics", p.43.

④ Jaquet, Ch., *Les expressions de la puissance d'agir chez Spinoza*, p.112.

直接具有这种自明性。虽然作为人的本质的欲望直接地和本然地具有意识结构,人也不能不以意识活动作为自己重要的实存形态,但是只有当我们达到了神的观念并通过第三种知识来认识自身、认识神和万物之时,我们才能真正达到那种在总体与部分之间的生产因果性的意识,亦即我们不仅意识到个体是总体中的个体且服从总体的普遍法则,我们也意识到个体是由总体所产生的个体,而且在把个体包含于自身之中时,总体也将自身内化于个体之中,从而实现了个体与总体之间的切实的结合。由此可知,我们在第三种知识层面所达到的这种意识乃是对那种具体的普遍性或具有普遍意义的个体的认识。

因此,只有在第三种知识层面,我们才能真正达到对作为个体的自身的真实意识。这实质上就是一种自我认识,是对我们自己的清晰的理解和把握。借此,斯宾诺莎在一定程度上承继了苏格拉底所确立的"认识你自己"这条古老传统,并借此显示出哲学作为修身之学的重要地位。人的至高德性正是通过对理智的完善并凭借第三种知识而充分意识到自身和理解自身。而这种理解和意识在一定程度上也是对作为我们自身之本质的欲望的理解、转化和提升,是对我们的欲望本身的意识。当然,欲望的自身意识此时已经不是在我们的直接实存条件下的片断的和不充分的意识,不是表明我们自身之受动性的那种意识,而是经由理性的引导而逐步获得的理解,并在进入到第三种知识的视域下以后,对欲望本身有着更加完整和充分的把握,因为我们此时是从包含了神的永恒本质的神的观念出发来获取知识和理解的。我们既处在一种总体的视角之下,又以更为具体而真切的方式体验到自己为神所产生、处在神之内并依赖于神。所以,我们对欲望的意识甚至欲望本身就表现了作为力量的欲望所内涵的那种肯定性。而在第三种知识及其对应的生活方式之中,我们的存在和理解的欲望也得到最完整的实现。因此,我们甚至可以把在第三种知识里得到实现的自我意识和自我认识称为欲望自身的意识。

然而,说我们通过第三种知识达到真实的自我意识,这并不是在推行那种建立在自我意识之直接性和自明性之上的、笛卡尔式的意识哲学建构。实质上,"斯宾诺莎哲学并不能首先被界定为一种意识哲学"。[①] 对他而言,自我意识之得名并不建立在封闭的自我之上,而始终以对神的观念和意识作为背景和前提,同时也始终与对事物的认识关联在一起并本然地具有一种世界维度。自其活动伊始,直观知识就必然以神的观念作为根本条件,亦即我们已经对神有所意识,有所观照。没有神的观念,我们就无从认识我们自己和诸多事物的个别本质。另一方面,"我们理解个别事物愈多,则我们

---

① Jaquet, Ch., *Les expressions de la puissance d'agir chez Spinoza*, p.111.

就愈是理解神"。（E5P24）所以，在第三种知识中存在着一种理解神和理解事物之间的循环。可是，这并不是一种恶性的循环，而是一种相互不断推进和展开的过程，是我们向着肯定之无限的不断前行（即我们理解个别事物愈多，我们就愈是理解神），同时也是我们逐步把握个别事物的一种进展（即我们愈是清楚分明地理解神，我们就愈是清楚分明地理解更多的个别事物）。

而随着这种特定的知识和意识而来的则是我们在情感体验上的重大变化。既然"凡是我们依据第三种知识而理解的事物，我们都会对之感到快乐，而这种快乐是被作为原因的神的观念所伴随着的"，因为"由这种知识可以产生心灵所可能有的最高的满足，换言之，即可以产生最高的快乐。而这种快乐为心灵自身的观念所伴随，因此也被作为其原因的神的观念所伴随"。（E5P32）此时，心灵体验到它是由神的本质所直接产生出来，并完整地表现了神，这是就神构成了心灵的本质而言的。同时，既然由第三种知识所产生的快乐被作为原因的神的观念所伴随，那么，从第三种知识必然会产生对于神的爱。但是，由于从这种知识所产生的主动的快乐已经不同于由第二种知识所产生的主动的快乐，更不同于处在第一种知识范围之内的被动的快乐，而是一种绝对完满的快乐，那么，神的观念作为这种快乐的原因而与此快乐相伴随的方式就不同于后两种快乐的原因分别与这两种快乐相伴随的方式，也就是说，神的观念不再作为外因、也不再作为一种契合或组合的关系，而是作为一种纯粹的内因或说构成因（causa fiendi）而与这种快乐相伴随。当心灵在理性层面产生对神的爱时，它通过第三种知识则具有了"对神的理智之爱"（amor Dei intellectualis）（E5P32S）。①

---

① 早在斯宾诺莎之前，托马斯·阿奎那就已经提出了"理智之爱"这个概念并且在对上帝的自然之爱（amor naturalis）、感性之爱（amor sensitivus）和理智之爱（amor intellectivus）之间做出了划分。后来，意大利犹太哲学家莱奥内·埃布雷奥（Leone Hebreo）依照这种传统也进行了类似的三重划分，并在《爱之对话》（Dialoghi d'amore）中对"理智之爱"进行了细致的阐发和论述，而斯宾诺莎关于"理智之爱"的构想在很大程度上就是受到他的影响。（cf. Wolfson, H. A., The Philosophy of Spinoza, vol. II, p. 305；Copleston, F., A History of Philosophy, vol. III, Westminster: The Newman Press, 1993, p. 215.）在许多宗教书籍中，对上帝的爱都被视为宗教生活的最高目标，而由于爱是一种特殊的意向性行为或一种特殊的对象性情感，那么它必然会因对象之不同而呈现出不同的形态。既然上帝是一个永恒而超越的对象，那么我们借之来爱恋现世事物和转瞬即逝之利益的那些爱，即感性之爱、动物性之爱或自然之爱，就不能被恰当地应用于上帝，它们与上帝没有真实的关联，所以，我们据之爱上帝的那种特殊的爱就不同于我们身上的血气之爱，而只能是一种理智之爱。从这个角度来看，斯宾诺莎接受了这种传统。但是，这只是一种形式构成上的接受，而就其真实的内涵而言，他关于理智之爱的构想并不以宗教生活为根本支柱，反而是我们在现世生活中为了获得自由和至福所必须依靠的手段，同时也是这些目标本身。

　　依上文所述,我们由第二种知识或理性可达到一种对神的爱,并据之实现对激情的控制,从而获得主动的快乐。但是,由于我们是通过共同概念而达到神的观念,要在普遍性层面感受到这种对神的爱,而且这种爱虽然以普遍的和总体的神为对象,但它依然对我们呈现出或多或少的外在性,依然在量上有所变化,从而无法使我们达到内心绝对的平静、满足和主动。由之而被认识的神也不会因为我们的合理的生活和欲望而对我们表现出任何情感迹象。

　　然而,由第三种知识所产生的对神的理智之爱却与那种由理性而生的对神的爱有很大差别。首先,由于我们是纯由心灵自身的绝对主动的力量才达到第三种知识,即我们在永恒的形式下并遵循神的观念的内在必然性而认识了心灵自身以及其它事物之本质,同时,既然神的必然性和永恒性具有内在同构性,所以,第三种知识亦是永恒的,从它产生的对神的理智之爱也是永恒的。(E5P33&D)对斯宾诺莎而言,“只有当身体持存之时,心灵才会屈从于那些与激情相关的情感”(E5P34);而当心灵处在第三种知识的层面时,它就不再考虑身体之持存的要素,而是从永恒的形式下去认识自己及其身体。在永恒的形式下把握事物,即是就事物通过神的本质被认作实在的存在者而言去把握事物,或者就事物通过神的本质而包含实存来说去把握事物。(E5P30D)所以,当心灵凭借第三种知识而具有对神的理智之爱的时候,它就不再感受到与身体相关联的那些情感,而是完全依据心灵自身之本性,或者就神的观念构成心灵之本质而言去爱神,那么,这种理智之爱必然是永恒的。

　　其次,这种理智之爱不仅是我们对于神的爱,而且也是神爱其自身的那种爱,也就是说,“神以无限的理智的爱,爱他自身”(E5P35)。神作为绝对无限的存在者,其本性享有无限的完满,并为其自身的观念所伴随,换言之,为他的原因的观念所伴随。而神既是自因,又是一切自然物的绝对的第一因。所以,就其自身而言,神是原因与结果的统一,神的观念以神自身的本质以及由神的本质所产生的一切事物为对象,这样,神对其自身和他的永恒必然的生产力量就有着一种绝对的意识,而这种意识就是对其自身的无限完满的意识。因此,以第三种知识的视角来看,神亦具有一种永恒的爱,这种爱指向了他自身,也因其指向自身而指向了一切以某种既定的方式从他的本质而出的事物,其中也包括人。因此,从第三种知识产生的永恒的理智之爱就包含着一种内在的循环转化的过程,即

　　　心灵对神的理智之爱,就是神据之爱他自身的那种爱,这并不是就

> 神是无限的而言,而是就神可以通过在永恒的形式下得到考察的人的心灵的本质来解释而言的,这就是说,心灵对神的理智之爱乃是神借以爱他自身的无限的爱的一部分。(E5P36)

从我们的理解角度来看,这个命题既指出了人的心灵对神所具有的理智之爱,也指出了神对其自身的无限的理智之爱。就神构成了人的心灵之本质而言,这种爱乃是心灵借之考察自身的活动,而且被[作为原因的]神的观念所伴随。因此,心灵所具有的这种理智之爱,在某种意义下,可以和神对自身的理智之爱相同一,换言之,心灵所具有的这种爱乃是神借以爱其自身的无限之爱的一部分。由此推出,就神爱其自身而言,他也爱人,而神对人的爱与心灵对神的理智之爱是同一的(E5P36D&S)。

因此,对神的理智之爱就超越了人借助理性而产生的对神的爱。当我们通过理性而爱神的时候,神向我们呈现为没有任何情感的神,一个不会因我们对他的爱而反过来爱我们的神,而且我们也根本不能要求神因我们对他的爱而反过来爱我们。相反,由第三种知识而来的对神的理智之爱,不仅是我们对神的爱,同时也是神对其自身的爱和对我们的爱。但是,这并不意味着我们又回到了传统的人格的上帝。这里,神之所以爱我们甚至神之所以具有爱的情感,完全是就我们对神具有理智之爱而言的,因为我们的理智乃是神的无限理智的一部分,而我们对神的理智之爱则是神爱其自身的理智之爱的一部分。当我们通过直观知识来考察事物之时,我们就把自己提升到按照神的视角来考察事物,亦即后来马勒伯朗士所说的那种"以神观物",同理,我们对神的理智之爱也就构成了神的无限理智之爱的一部分。当神通过这种理智之爱而爱其自身之时,他同样也是在爱我们,甚至是爱一切由他的本质而出的事物。能够体会到这种理智之爱,也就可以体会到我们自身真正的实存地位,并达到永恒本身,也就不再有任何过渡性的感受,而作为过渡性之情感的善与恶也在这个层面被彻底超越。

更为重要的是,在我们经由理智直观和对神的理智之爱而达到绝对的理解和主动的情感之时,我们也实现了对激情的最大的克制和控制。换言之,在理性的视角下谈到的心灵克制情感的力量,只有在理智的层面才最终得到完整的实现。当然,正像我们并不是为了克制情感才去认识和理解一样,我们也不是为了克制和消除情感才去完善我们的理智并以理智所特有的方式去认识事物。理智所欲求的最高目标依然是理解,是以直观的方式达到对于神、对于世界和对于人生的洞见,它所建立的是与整个自然的秩序相符合的真诚的生活方式。所以,当斯宾诺莎在理性的视域下展开探求时,他谈到的是自由人；但是，当他进入理智的视野以后，他所谈到的是智者。而智者同时具有完善的理性和理智，也就是说，智者同时使用第二种知识和第三种知识。斯宾诺莎式的智者乃是完人，而不是与神秘论者和苦行主义者相似，并且他或多或少遵循了文艺复兴和人文主义关于人的理想，即智者少有柏拉图主义的色彩，而且战胜了与人生之短暂和死亡之恐惧联系在一起的焦虑。① 用斯宾诺莎自己的话来说就是，"心灵凭借第二和第三种知识所认识的事物愈多，则心灵之中常存的部分将愈大，因而不为那些违反我们本性的情感，亦即坏的情感所触动的部分也就愈大"。"所以，心灵凭借第二和第三种知识所理解的事物愈多，它便愈少地为坏的情感所困扰，并且它将愈不畏死。"而且，"因为从第三种知识可以产生最高的心灵满足，由此可以推知，人的心灵能够具有这样的本性，即心灵中随身体一起消逝的部分与常存的部分比较起来，是无足轻重的"。(E5P38D&S)《伦理学》的最终步骤也就为我们展现了知识的最高境界，这是一首智慧战胜死亡的欢歌，是我们依靠理智的认识和理智之爱而达到的人生之幸福的乐章，智者在这曲乐章中展现了其坚毅的人格和强大的生活力量。他们有丰富多彩的生活，也有自己的生活理想和欲望对象。

　　普通人在日常生活中偶尔也会模糊地体会到对永恒的欲望和追求，但是，只有当我们经历一系列认识视角的转变并经由从被动情感向主动情感的过渡之后，我们才能真正把握永恒。而且只有在达到最高的知识形态或最真诚的生活之时，我们才真实地感觉和经验到我们是永恒的。这种永恒不再是理性的存在物，而是存在的直接性。由理智而来的对永恒的欲望就是对存在本身的欲望，这种欲望在经过理性和理智所实现的清楚分明的理解之后，也成为一种绝对的主动和自主。它脱离了单纯的自我保存，更不是由恐惧所产生的自保以及对个人利益和私有财产的疯狂追逐。而对存在本身的欲望就是以理智之爱去爱神，并同时爱我们自身。这种欲望不再单纯以外物为其对象，它本身就已经进入一种绝对的内在性之中，我们意识到自己是神的一部分并直接由神所产生，而神也在我们自身之中。我们感觉到自己具有神性，尽管我们永远不可能成为神。同时，也正是通过这种欲望，我们肯定了自身的存在力量，并现实地展开这种力量。欲望存在就是欲望这种力量的实现，这是一种强大的生活力量，是我们在面对世事的无穷变幻、遭遇各种突发事故之时依然能够处变不惊的那种力量。所以，这同时是一种生活的艺术，是一种智慧的表达和实践。我们由这种最高的欲望所达

① Cf. Cristofolini, P., *Spinoza per tutti*, p.59.

致的就是绝对的自主,是真正意义上的自由,也是我们最高的幸福。这是一种理智之福,是我们依靠知识和理解所达到的最高的人生境界。

自始至终,斯宾诺莎哲学都指向了这种最高的伦理目标,而后者的实现又须臾不能与我们的知识相分离。达到自由和幸福,就需要我们在不同的认识视角之间不断转换,并使我们的认识形态和知识层级不断发生变化。只有达到第三种知识,我们才能最终实现作为人生之目标的智慧。然而,

> 不同种类的知识并不是这样一种阶梯,我们可以在爬过这个阶梯之后,就把较低的梯级抛诸身后而不再返回那里。反之,《伦理学》中不同种类的知识在陈述知识的不同构建形态的过程中都具有核心重要性,但它们并非人生旅途的不同阶段。①

事实上,作为有限的存在者,人不可能摆脱他的基本实存结构,他始终都要遵从自然的必然规律和法则,他也必然要受到各种外物的触动和刺激,我们的生活也总处在不断的变迁之中,那么,意见、想象等方面总会对我们的心灵产生作用并对我们的生活造成影响。但是,如果我们获得了清楚分明的知识,特别是那些基于对神的认识的第三种知识,则这些知识纵然不能把那些作为激情的情感完全消灭,但至少可以使它们只构成我们心灵的极小部分。(E5P20S)而且,随着我们心灵凭借第二和第三种知识所认识的事物愈多,则心灵中永恒的部分将愈大,我们的自主性和主动性就愈高,同时,就我们从永恒的形式下来考察我们的身体而言,"一个人的身体能够做的事情愈多,则他的心灵的最大的部分就是永恒的"。(E5P39)因此,正是以永恒为特定的视角,通过身与心的并行推进和完善、通过理智对于智慧的追求,我们逐步达到、至少是逐渐趋近于智者所具有的那种理想的生活状态和完满的人格形象。所以较之于理性和普遍的理性知识,直观知识更能打动人心。② 智者也通过后面这种知识、通过对永恒的理解和把握而获得了内心的宁静。他比那些单纯为肉欲所驱使的人更为有力,因为后者不仅在多种情形下为外因所困扰,从未拥有内心的平静,而且,尽管他们也在生活着,但却似乎完全没有意识到自己、没有意识到神、也没有意识到事物。一旦他们停止受动,他们也就停止了实存。反之,一个按照其本然形象被看待的智者,几乎不会感受到内心的困扰,而是依某种永恒的必然性来意识自身、意识到

---

① Cristofolini, P., *Spinoza per tutti*, p.57.
② Jaquet, Ch., *Les expressions de la puissance d'agir chez Spinoza*, p.86.

神并意识到事物，他绝不会停止存在，而是永远拥有真正的心灵宁静和满足。（E5P42S）

三、救赎、至福与自由

经由第三种知识，人的心灵达到了最完满形态上的对神的认识和对神的爱，这种爱乃是一种理智之爱，是一种达到并表现了永恒本身的爱。在这种情况下，知神与爱神实际上是同一的，[①]亦如知识与行动之为合一的。所以，当第二种知识或理性从根本上表现为一种普遍的知识甚至是一种科学知识时，第三种知识或直观知识则首先呈现为一种对良好的生活状态和绝对主动的实存方式的追求和呈现。"直观知识并不在于对理论上卓越的真理的冷静追求，也不能被等同于'沉思的理想'。相反，直观知识在其核心之处就与追求好的生活这种实践诉求相关联"。[②]凭借着这种追求，或者说，通过第三种知识以及与之必然相伴随的对神的理智之爱，我们可达到最高的伦理目标，而后者被斯宾诺莎称作"救赎、至福与自由"（E5P36S）。这三者乃是他的普遍伦理学规划的一般任务和理想。

依照通常的理解，救赎首先与信仰或神学相关，自由则是与政治问题紧密相关，而幸福和至福则更多地与伦理学和道德哲学相关。所以，斯宾诺莎的普遍伦理学规划，不仅在其构建和进展的过程中将以往与伦理学相区分的学科包含进来，而且更在伦理学的最高目标层面使得伦理学也成为一种普遍伦理学，"形而上学的、认识论的、伦理学的甚至末世论的论题都以合理的方式被融合在一起"[③]。

与那些通过理性而达到主动生活状态的自由人不同，达到第三种知识并通过这种知识而生活的人被斯宾诺莎称作"智者"，亦即达到救赎、至福与自由的人。我们知道，自由人主要依靠理性的命令来生活，而智者则是依照理智的洞见来生活。尽管在这两种生活形态之间具有内在的相通之处和紧密关联，但是它们也有鲜明的差异。这种差异集中体现在，当自由人依靠理性的命令来生活时，他们是自律的并通过自律而达到主动，但是智者则是达到人生智慧的人，他们具有完全的和绝对的自主性。他们不再单纯以理性的命令作为行动之依归，也无需时时把理性的命令摆在面前，但是他们的行为却无不符合于理性的命令和理性所规定的界限，因为按照第三种知识或

①　Zac, S., *Le moarle de Spinoza*, Paris: Presses Universitaires de France, 1959, p.21.

②　Soyarslan, S., "From Ordinary Life to Blessedness", in *Essays on Spinoza's Ethics*, ed. M. Kisner, and A. Youpa, Oxford: Oxford University Press, 2014, p.256.

③　Wilson, M. D., "infinite Understanding, Scientia Intuitiva, and Ethics I.16", p.191.

直观知识而行动的人乃是对自己、对神、对事物有着充分意识的人。他们具有了关于事物之本质的知识并且按照神将他们直接产生出来的那种必然性而活动。正是通过对神和自身的本质认识，人才真正达到按照自然和本性而存在和生活。这种从自己内在本质和本性而出的行为必然与理性的规范相一致，但是却不是由这些规范的支配所引发的结果。这样一种生活状态非常类似于孔子所说的那种"从心所欲而不逾矩"的状态，而能够达到这种生活状态的人也在一定程度上接近于圣人的理想。而在斯宾诺莎这里，按照这种方式来生活，不仅是过着一种合乎自然的和自由的生活，甚至已经在一定程度上超越了通常意义上的人性生活，达到一种神性的生活。也正是从这种意义上斯宾诺莎说智者达到了救赎。

当然，尽管斯宾诺莎明显借用了西方宗教传统尤其是基督教传统中的一个关键术语，但是他对救赎的理解和使用却与前者有着根本差异。无论是传统天主教力求通过教会的中介而帮助信徒实现的救赎，还是以加尔文为代表的新教神学家力求通过上帝的预定而实现的救赎，根本上都是一种指向来世的救赎，因而带有一种不可为人力所及的超越性和不可索解的神秘性，而灵魂的不朽正为这种救赎的实现奠定了基础。相比于救赎而言，人的现世的世俗生活反而失去了其自身的价值和意义，它只是通向来世生活的过渡性旅程，所以基督徒必须学会虚己、谦卑和忍耐，而救赎之于他也相当于一个等待与期盼的过程。

但是，对斯宾诺莎而言，人的心灵虽然并不会完全因身体的消失而消失，而是有某种永恒的部分留存下来，但是，心灵中的这个永恒的部分却不是因为不朽而是永恒的，相反，这种永恒乃是心灵在神之中或更准确地说心灵的本质在神的思想属性中永恒的和必然的实存，而且这种永恒亦在时间和绵延中有其表现，我们也恰是在此生此世的生活中感觉和经验到我们是永恒的。所以，永恒与救赎均不具有那种脱离身体而独立存在的意涵，更不是在人的肉体死亡之后灵魂轮回转世意义上的不朽。在此背景之下，虽然斯宾诺莎谈及了救赎并将其作为他的伦理规划的最高目标，但这种救赎却不以灵魂或心灵的不朽与轮回为前提，也不是那种传统上的来世赏罚意义上的救赎，而是一种现世的和世俗意义上的救赎，或此时此地的救赎。它是人们通过自己在世间的劳作和努力而有望获得的，从而是向每个具体的人敞开的，而决非某些特殊个体或选民的特权。因此，《伦理学》中所说的救赎完全不同于传统启示宗教意义上的救赎，并将救赎当下化和世俗化了。

当然，这并不意味着斯宾诺莎彻底否定了宗教意义和信仰形态上的救赎观念,相反,他在特定的层面上依然对之予以保留,但却是一种"有所保留的"保留。他之所以这样做,很大程度上源于普通大众的现实实存境况。因为,他们虽然可以在一定程度上具有理性,但大多数时候都是依靠想象来生活,从而必然处在内心的无尽波动之中,并对自己在尘世生活中的命运充满了焦虑。各种各样的宗教迷信和纷繁复杂的生命历程则进一步加剧了这种不安定的生存状态,导致了无穷多样的冲突和纷争。为了能够满足人们对救赎的渴望并使他们过一种有道德的和相对平静的生活,就有必要以宗教的形式对他们进行指引和规范,并为之确立一种可以为他们所通达的救赎观念及其实现途径。而这种保留给大众的救赎只能通过服从于神并施行仁爱之举才能被理解并得到实现。① 这主要是在《神学政治论》中得到讨论。

其中,斯宾诺莎提出,只有服从才能使人获得救赎,(TTP, 14, 6;15, 7/中译本第 196、208 页)这里所谓的服从乃是对神的服从,更具体地说就是要服从于神的命令。而神的命令乃是普遍的道德法则,整部圣经的唯一目的就在于教导人们服从这种法则。而作为道德法则的神的命令,其核心只在于一条,即爱邻如己。(TTP, 14, 3/中译本第 195 页)因此,我们对神的全部敬拜和服从就仅在于公正和仁爱,或者说爱邻如己。凡是以此种生活方式服从于神的人就能得到救赎,也只有他们能够得到救赎。那些过着声色犬马之生活的人最终都必将沦丧。(TTP, 14, 10/中译本第 199 页)然而,这种相对于大众而言的救赎,在斯宾诺莎这里无论如何都只是一种"较弱意义上的救赎"②,甚至那些无知无识之人也能够通过对神的命令的服从而得到这种救赎,因为这种救赎直接与我们的经验总体或者与我们所有的知觉相关联,而它由之得到规定的乃是一种被动的快乐或作为激情的快乐。可是,既然是一种通过服从于神的道德法则和命令而获得的被动的快乐,那么它就处在一种对外因的依赖之中,处在一种他律的状态,从而会有程度上的

---

① 根据斯宾诺莎的传记作家的记载,当他在生命末年旅居海牙之时,他那位信奉新教路德宗的房东太太询问,她是否能通过自己信仰的宗教获得救赎。斯宾诺莎回答说,"您的宗教是好的,无需再做他求;只要您献身于虔诚并过平静祥和的生活,您就不用怀疑自己是否可以得救"。(Colerus, J., *La vie de B. de Spinoza*, in *Bibliographie spinoziste*, ed. J. Préposiet, Paris: Les Belles Lettres, 1973, p.413.)当然,斯宾诺莎的回答究竟是出于本意,还是出于人情客套而做的言不由衷的回答,学界素来多有争论,但是无论如何,我们还是可以感觉到,对斯宾诺莎而言,传统启示宗教如果良好地发挥自身的道德功能,就依然有其现实的价值。

② Matheron, A., *Le Christ et le salut des ignorants chez Spinoza*, p.172.

变化，甚至会有波动和痛苦。[①] 因此，这种较弱意义上的救赎就具有不充分性，也无法引导人们达到真正的最高程度的救赎。

与上述这种救赎相反，《伦理学》第五部分的后半段则提出了一种"较强意义上的救赎"，甚至可以说乃是一种真正的"强意义上的救赎"。当较弱意义上的救赎主要通过信仰和想象性知觉等途径而达到时，强意义的救赎必须诉诸第三种知识或直观知识才能达成，并且最终要通过对神的理智之爱才能得到实现。只有通过直观知识，心灵才能对其自身、对神、对事物形成真正的理解，而这种理解所指向的正是事物的个别本质，其中既包括我们的身体的本质和心灵的本质，也包括神的本质，还包括个别事物之本质。既然神的力量就是其本质自身，而万物都是由神的本性必然性而出并以某种确定的方式表现了神的本质，所以一切事物的本质也必然要从力量本身得到规定。尽管作为神的本质的力量并不直接构成每个个别事物的本质，但是包括人的心灵在内的一切事物的本质也需要从它们所内在具有的力量来得以确立，而这种构成事物之本质的力量正是事物竭力保持自身存在的努力。因此，万物之本质就须从这种保持和提升自身之存在力量的角度来把握，我们甚至可以说这是事物自身的生命，是一种生生不息的力量，不管这个事物是有机物还是无机物，情况都是如此。

所以，第三种知识已经不是简单地在自然科学的意义上把握事物，而是在一种生命知识和伦理知识的意义上把握作为生命活力和实存力量的具体本质。[②] 而把握心灵、身体和事物的个别本质就是要意识到它们各自如何从神的本质而出并以何种方式在神之内实存和活动，同时也意识到它们各自以何种方式包含并表现了神的本质。人心借助第三种知识力求在总体性的视域下把握个体，力求达到一种普遍的特殊。在此情形下，人心感觉和经验到其自身的永恒，也正是这种永恒的感受使第三种知识真正得以形成和展开，亦即心灵能够在永恒的形式下来认识事物并达到对身体和心灵之本质、神的本质以及万物之本质的把握。当心灵具有这种认识之时，它便达到了

---

① "事实上，我们的被动的快乐，因为它们依赖于外因，就无法像纯粹的理智快乐那样呈现为丰富性和稳定性的保障：由于它们通常总是与从我们的身体孤立出来的某个部分的激动相关联，它们就总是有被痛苦尾随的风险；由于它们通常总是与可失去的东西或只能不牢靠地为人所占有的东西相关联，它们就总是有转化为悲痛的风险——由此，它们就会引发我们的不安。"(Matheron, A., *Le Christ et le salut des ignorants chez Spinoza*, p.173.)

② "第三种知识在一种不仅是认知的而且是伦理的视角下再次发动了心灵的努力，因为这种知识乃是通过对至善的追求而得到界定，这也把对情感的考虑(这种考虑完全外在于严格的科学知识实践)重新引入到它的秩序之中。"(Macherey, P., *Introduction à l'Éthique de Spinoza* <La cinquième partie: les voies de la libération>, p.143.)

最高的满足，而我们的救赎也正在于此，所以此世的和世俗的救赎可被视为一种现实的体验和"心灵的状态"。[1]　正是通过这种体验，具有第三种知识的智者意识到自己是由神而来并且真正将自身作为一个部分置于一个无限的总体之中，从而具有了由第三种知识而来并且必然与第三种知识相伴随的"对神的理智之爱"，他也由此达到"与神相合一"。

但是，无论是"对神的理智之爱"，还是"与神相合一"，它们都不具有任何超自然或反自然的意义，也不具有超越的和神秘的内涵。虽然它们并非通过理性的推理和论证而达到的，但是，它们也决不诉诸任何神秘体验，也就不同于普罗提诺式的通过灵魂的迷狂和飞升而实现对神的回归。相反，无论是作为直观知识的第三种知识，还是对神的理智之爱以及与之密切相关的救赎，始终要通过知识而得到实现。但是，这并不意味着斯宾诺莎接受了灵知派所提出的那种通过知识而获得救赎的策略。[2]　因为当斯宾诺莎坚持此世的和世俗的救赎时，灵知派则力求通过摆脱世界和身体而回到异乡之神的怀抱；同时，虽然斯宾诺莎和灵知派都力主通过知识而获得救赎，但是灵知派所说的知识（gnosis）乃是宗教性的。这种知识不以人所做的探究为基础，而是源于启示，而且只有受选者才能接受和达到这种知识，从而使之具有了浓厚的秘传色彩。[3]　但是，斯宾诺莎所说的那种可以带来救赎的知识，即直观知识，虽然也只有少数智者才能达到，但它并不是秘传的，而是人通过自己努力达到的；同时，这种知识也不是神秘的，因为直观知识要以理性和第二种知识为前提和基础才能产生出来（E5P28）。[4]　究其本质，这种知识源于对事物本身的感受和享有，从而必然优越于其他知识。（KV，2，2，2）当我们达到这种知识时，我们的心灵感受到了最高的满足并具有了理智的快乐，而这正是斯宾诺莎所说的救赎观念的核心。因此，他的救赎观念与传统基督教意义上救赎观念彻底区别开来。

这种通过第三种知识而获得的救赎，对斯宾诺莎而言，同时也意味着一种自由，而且是他所理解那种最严格意义上的自由，亦即伦理自由。这种自

[1]　Cf. Rutherford, D., "Salvation as a State of Mind: The Place of Acquiescentia in Spinoza's Ethics", *British Journal for the History of Philosophy*, 7:3, 1999, pp.447-473.

[2]　相反的观点可参见 Donna, D., "Gnosi ed esperienza della salvezza in Spinoza", *Divus Thomas*, Vol.116, No.2, 2013, pp.242-261。

[3]　Cf. Rudolph, K., *Gnosis: The Nature and History of Gnosticism*, ed. R. Wilson, Harper San Francisco, 1987, p.55.

[4]　Cf. Gueroult, M., *Spinoza (II, L'âme)*, pp.467-471; Malinowski-Charles, S., "The Circle of Adequate Knowledge: Nots on Reason and Intuition in Spinoza", in *Oxford Studies in Early Modern Philosophy*, ed. D. Garber and S. Nadler, Oxford: Clarendon Press, 2003, pp.139-164.

由不仅不同于通常所说的那种消极意义上的自由,也就是那种不为外在障碍所限制并完全听凭自己意愿而为的自由——这种自由非但不是真正的自由,反而会沦为一种自由之幻觉的境地——,也不同于前文中所论述的那种在政治领域中存在的自由,这种政治自由在《神学政治论》中得到集中考察,并以思想自由和言论自由作为突出的表现形式。与此同时,依照斯宾诺莎在《伦理学》中的论述,这种政治自由与人们通过理性和理性的命令而生活所达到的那种自由具有内在的相关性,因为当我们通过服从国家的法律并按照统一的意志和规范而生活的时候,我们也在一定程度上达到了一种共同性,亦如我们通过对事物具有共同概念和充分观念并按照自然的普遍必然的法则而生活一样。后面这种自由对斯宾诺莎而言已经是一种真自由。

然而,尽管这种自由是真实的,而且我们据之可以成为自由人并达到一种快乐和主动的生活状态,但是,这种自由仍然是有其界限或限制,因为在这种自由状态下,我们依然把自然的规律和国家的法律当作是一种外在于我们的本性的东西而予以遵守,还没有将它们内化于我们的本性之中,因而我们依然没有达到完全意义上的自由和绝对的主动性。相反,只有当我们达到第三种知识并据之充分地意识到我们自身、神和事物并达到对神的理智之爱的时候,我们才达到对我们自身之本质、对神和万物之本质的充分认识;惟其如此,我们才能认识到我们在神之内,而神也在我们之内。我们是神的一部分,而神则构成了我们心灵的本质。由此,我们会从神的视角并如神一样来审视一切存在者。此时,我们唯独就心灵的本质自身而感受到它的力量,而不再为外因所干扰,不再遭受心灵的波动,从而体会到绝对的肯定性和主动性。

依据身心同一论的基本立场,心灵的绝对主动状态实质上必然也是身体的主动状态。此时,无论是心灵具有的观念和知识,还是身体的行动力量和行为,均源于我们自身之本性,而这种本性完全是对神的本质的表现。尽管我们不会也不可能脱离与其他自然事物的关联,但是我们此时却可以最大程度地避开外物所造成的干扰,因为"心灵凭借第二和第三种知识所理解的事物愈多,它便愈少地为坏的情感所困扰,并且将愈不畏死"(E5P38)。而"一个人的身体愈是能够做许多事情,其心灵的最大部分就是永恒的"。(E5P39)当我们愈益通过第三种知识来认识事物时,我们内心就愈是达到理智的认识和情感,就愈是能够体验到我们的永恒或必然的实存。这种知识和情感也可以最大程度地使我们摆脱绵延和时间的生存所引发的扰乱和不安,从而越能够达到更多的完满和存在,因为"一物具有的完满愈多,它就愈是主动,愈少被动;反之,一物愈是主动,它就愈是完满"(E5P40)。只有当我们达到心灵之中的永恒的部分,亦即只有当我们达到理智知识和情感时,我们才具有完全的主动,因为"只有通过理智,我们才可以说是真正主动的"(E5P40S)。此时,我们的行为完全出自于我们自身的本性,而我们的思想和认识也是通过神的视角而进行的,或者也可以说是神通过我们的心灵在认识。

由此,我们最终达到了《伦理学》第一部分给出的自由之定义,即"凡是仅仅因自身的本性必然性而实存并且其行为仅仅由其自身所决定的东西,就叫作自由的"。(E1Def.7)所以,真正的自由不仅在于理性所达到的那种自律,更是一种由自身本性而来的自主和自决。但是,这种自主和自决并不是随性而为,更不是肆意妄为,而是始终严格遵循本性的必然性,是建立在这种本性必然性基础之上的自主和自决,因而我们才会在前面将这种类型的行为及其所表现的自由类比于中国传统哲学中的"随心所欲而不逾矩"的状态。而这种自由之所以成为一种绝对的主动或自主意义上的自由,其首要原因就在于我们自己站在了神的立场,达到了我们绝对依赖的那种总体性。而经由这种总体性,我们最终达到我们的个体性,并以之作为我们的思想和行为的原则。此时,我们不是通过自己对无限多外因的依赖而实存和活动,而是完全依据自己的本性而认识和生活。

所以,虽然智者同自由人一样也不能脱离社会和他人而孤独生活,但是,他却能够最大限度地减少自己对外部环境和其他事物的依赖,并始终以自身本性的法则作为行动原则——这种原则恰是神或自然的内在原则。故而,智者的生活就类似于一种神性的生活,并且带着一种无限的宇宙论意识而生活。但是,这种无限的宇宙论意识并未将智者的个体生活淹没,相反,"通过第三种知识,他发现了所有存在者的统一,并同时保留了每个存在者自身的功能及其个体性"①,其中也包含他自己的个体性和内在本性,并以之作为其行为的根源。通过这种生活,智者体会到"每个个体样式之所以是其自身之所是,只是因为它被整合到相互联结的完整体系之中。每个个体的思想样式之所以是其自身之所是,只是因为它是真理之总体的部分"。② 惟其如此,我们才能真正体会到自己是永恒的,并且唯独依照自身的本性而活动,并达到作为绝对主动的真自由。

与此同时,惟有达到了这种意义上的主动和自由,我们才能获得最高意

---

① Rodis-Lewis, G., "Questions sur la cinquième partie de l' «Ethique»", p.220.

② Lloyd, G., "Spinoza's Version of the Eternity of the Mind", in *Spinoza and the Sciences*, ed. M. Grene and D. Nails, Dordrecht: D. Reidel Publishing Company, 1986, p.230.

义上的幸福,亦即斯宾诺莎所说的"至福"(beatitudo)。但是,当他使用这个多少带有一些宗教涵义的术语时,他并无意凸显其宗教维度,而是要借之把我们通过第三种知识和对神的理智之爱而体验到的幸福跟我们在前两种知识或生活方式下所体会到的幸福区分开来,并对这种最高的幸福做出强调。正如斯宾诺莎说的永恒与救赎被排空了一切传统宗教内容一样,他所说的至福也不是通过传统信仰——更不是通过神秘的迷狂——而达到状态,相反,它完全在于我们对神的理智之爱或神对人的爱。同时,这种至福也可以说是我们的救赎和真自由的另一种实存形态或表现方式。

因此,这种至福就绝对不在于财富、荣誉和感官逸乐,也不仅限于那种通过对神的命令和国家的法律的遵守而达到的自由人的生活情态,而是心灵通过对神的理智之爱或神对人的爱而体会到的那种绝对的宁静和最高的满足。无论我们从神的角度,还是从心灵或理智的角度来看,其情形都是一样的,因为"神对人的爱与心灵对神的理智之爱是同一的"(E5P36C)。既然这种对神的理智之爱必然以神为其原因,正如我们的所有知识都以神作为其原因,那么通过这种爱,我们就会感受到前文所说的那种为作为原因的神的观念所伴随的快乐,而神对人的爱也以人的爱或人对他人的爱体现出来。处在这种认知与行动层面的快乐也不再经受任何程度和量上的变化,而是人自身之本性和思想力量的绝对肯定和表现,同时也就表现出一种绝对的实在和完满。因此,如同救赎乃是此时此地的救赎一样,我们也完全是在此生此世蒙享至福。这种幸福源于直观知识,甚至就是直观知识本身。我们不仅通过这种知识通达了神的本质和万物之本质,而且我们通过享有这种知识的对象而与神或自然相结合,我们体会到自己作为神的一部分而具有永恒,并因这种永恒而感受到幸福和快乐的实存。

所以,至福并不在于我们从这种认识和行为得到何种物质利益,而完全在于我们通过这种认识达到了一种特定的人生境界。用斯宾诺莎的话说,"至福并不是德性的报偿,而是德性自身;并不是因为我们克制了感官之欲望,我们才享有至福,相反,正是因为我们享有了至福,我们才能克制感官之欲望"。(E5P42)在这一点上,斯宾诺莎明显承继了斯多亚派以德性自身作为人生之幸福的观点。后者在规定人的最高幸福的时候,摒弃了任何外在的标准和外在的获取物,而唯独从我们自身之本性的发展——特别是从我们按照以理性为根本规定的德性而生活——来规定幸福。正是因为我们培育了自身的理性并按照理性的要求来生活,尤其是当我们认识了自己的命运并严格按照被分配给我们的角色而生活的时候,我们就达到了斯多亚派所说的智者的生活。

但是,我们也意识到,当斯宾诺莎同样说至福就是德性本身的时候,他所说的德性与斯多亚派哲学所说的德性却有着重要差异,因为对他而言"至福就在于对神的爱,而对神的爱起于第三种知识,因此这种爱应当与主动的心灵相关联,所以这种爱就是德性本身"。(E5P42D)而当斯多亚派说人要成为生活的强者时,他们诉诸作为神圣火花的理性和理性的命令,但是对斯宾诺莎而言,人生的真正的主动和德性却不仅在于理性和理性的命令,更在于我们对神的本质的理解和我们对神的理智之爱,只有在这个层面,我们才能达到最高的主动性。惟其如此,我们才能实现下述这一点,即虽然我们依然是并且更加明确地意识到自己是自然的一部分,但是,我们的理解和行动却不是参照着始终贯穿于自然世界中的无限因果性而行动,相反,我们把自己提升到神的层次而看待事物并采取行动,而其中最为关键的就是我们的心灵在永恒的形式下认识和行动。

与此同时,斯宾诺莎所说德性与斯多亚派所说的德性还有一个重要区别,即这种德性同时也是一种快乐。当斯多亚派推崇德性并以之作为幸福本身的时候,他们批判了伊壁鸠鲁学派以快乐作为人生之幸福的看法。但是,斯宾诺莎却力求在二者之间进行一种批判性的综合,因为快乐恰是他所说的德性和幸福的内在应有之意。他所说的智者不会因其达到智慧而成为一个愁眉苦脸、令人厌烦的角色,相反,达到至福的智者乃是一个快乐地生活着的人。既然自由人最少想到的就是死亡,他的智慧,不是死的默念,而是生的沉思,那么相比于自由人而言,智者在更接近斯宾诺莎所理解的人格理想时,就更不会以恐惧和悲戚示人,反而会以完全主动和快乐的态度去生活和行动。知识和智慧非但不会使我们陷入痛苦的境地,反而会使我们体会到人生的意义、价值和快乐。

此外,无论是斯多亚派,还是伊壁鸠鲁主义,他们都将内心的宁静或不动心作为幸福生活的根本规定。就此,斯宾诺莎无疑是赞同的,因为他的伦理学规划的一个重要方面正在于通过知识和理解来克制激情,以便摆脱内心的波动并达到内心的宁静。但是,即便这种内心的宁静或不动心确实被包含在他的伦理规划及其进程之中,但是却不能穷尽他的伦理目标的全部内涵,也无法从终极意义上呈现他的伦理学的根本特色,因为斯宾诺莎自始至终都力求避免以一种静止的状态来勾画人生的完满境界,更不会以之作为我们达到人生完满境界的手段,而且我们也不是因为通过对激情的克服而达到内心的宁静并达到幸福;相反,他始终要求人们不断地提升自身的思想和实存的力量,不断地改进自己的行为和活动方式,并在此基础上达到一种奋发有为的生活状态。为达此目标,我们就必须不断改善自己认识事物的视角,不断获取充分的知识,并最终通过神的观念在永恒的形式下把握事物之本质。正是在此条件下,我们才能达到内心的主动,而且只有达到了至福和德性,我们才能克服激情并达到内心的宁静。所以,有德性的和幸福的生活应该是一种积极主动的生活,是对我们内在的本性和实存力量的肯定。它在斯宾诺莎所说的自由人身上已有所彰显,而在他说的智者身上则达到了完满实现。只有这种生活才是他所说的享有至福的生活,或者说就是斯宾诺莎所说的人的救赎、自由和至福。

因此,对斯宾诺莎而言,真正的智慧从根本上说乃是伦理智慧,而不是简单的数理知识或自然科学意义上的智慧。尽管就知识的现实进程来说,最高的伦理智慧离不开数理知识和自然科学,甚至把它们包含在自身之中,但是就这些知识是普遍的甚至是抽象的而言,它们对我们的现实生活和行为来说始终具有外在性,也无法为生命的意义等问题给出终极解答。与此相反,只有当我们达到第三种知识和对神的理智之爱的时候,我们才能真正达到最高的德性和人生的完满境界,从而达到至福。

由此也可以看到,以直观知识和对神的理智之爱为核心的最高形态的伦理学,实际上还发挥着另一种非常重要的功能,亦即这种在《伦理学》第五部分后半段所构建的伦理学构成了《伦理学》由之开篇的形而上学甚至是斯宾诺莎主义体系的真正前提。更具体地说,第三种知识及其所带来的那种智慧使《伦理学》的几何学式思想建构由之出发的概念和定义获得了有效性和可理解性。

在过往的研究中,斯宾诺莎以定义作为其哲学体系构建之起点的做法一直颇受非议,其中的争论焦点就在于他究竟在何种意义上提出和使用定义,而他所提出的定义又具有多大程度的合法性和有效性。例如,贝奈特在对《伦理学》进行阐释之时就认为,斯宾诺莎对该书起始的定义的可信性和合法性太过于乐观了,但贝奈特本人却并不信服。① 与此同时,正是因为斯宾诺莎的哲学体系以直接给定的定义为起点,他的思想也时常被划归于独断论的范畴之中。② 而从定义在《伦理学》中的排布和功能来看,上述这些质

---

① Bennett, J., *A Study of Spinoza's Ethics*, p. 17.

② 在这个方面,康德无疑是突出的代表。虽然在《纯粹理性批判》中对"独断论"和"怀疑论"这两种不同的思想形态进行划分时,康德未曾明确提到斯宾诺莎,但是,在他讲课稿和遗稿中,康德却对斯宾诺莎多有提及并将其归于独断论者之列。例如,"独断论的自我主义乃是一种隐蔽的斯宾诺莎主义。斯宾诺莎说:'只有唯一一个存在者,而其他的一切都只是这个唯一存在者的变式。'独断论的唯心论乃是神秘的,它可以被称作柏拉图主义的唯心论……独断论的自我主义和唯心论必须从哲学中排除出去,因为它们毫无用处。"(Kant, I., *Lectures on Metaphysics*, trans. and ed. K. Ameriks and S. Naragon, Cambridge: Cambridge University Press, 1997, pp. 29 – 30.)

疑也显示出一定的合理性。可是,这并不意味着作为几何学式的构建和阐释之起点的定义本然地就是直接给定的,相反,如果我们从斯宾诺莎的思想整体来着眼,特别是从《伦理学》所呈现的知识进程来看,定义同样有其自身的条件,或者更准确地说作为体系和实在之构建起点的定义也有赖于特定的认识形式才能被我们所把握和使用,而这种认识形式正是斯宾诺莎所说的第三种知识或直观知识。

定义对斯宾诺莎而言始终具有重要意义,这不仅因为定义是作为其思想体系之完整表达的《伦理学》的出发点,更是因为对斯宾诺莎而言"正当的发现途径就在于从既定的定义出发,以形成思想。而一物的定义愈好,则思想的进展就愈有成果"。(TIE, 94)而就定义之本性及其内容而言,"任何事物的定义,除了被定义之物的本性之外,决不包含和表现其他任何东西"(E1P8S),或者说"定义唯独与事物之本质或事物之情状的本质相关"(Ep. 9),所以,"任何事物之定义都肯定该物自身之本质,而不否定该物之本质;或者说,定义确立了事物之本质,而不取消其本质"(E3P4D)。因此,在事物的定义与事物的本质之间具有一种内在的关联,前者必然包含并表现着后者,我们甚至可以在一定程度上将事物的定义与本质置于相同的存在层面。所以,定义并非单纯对某个语词的解释,也并不仅仅是一种纯粹的"名义上的定义",相反,定义更应该是对事物自身的定义,它必须与事物本身相关联,从而乃是一种"实在的定义"。[①] 依据事物的定义与事物的本质之间的关系,定义总是对事物之本质的界定和把握,而且是对事物之个别本质的把握。而根据前面对第三种知识的论述,这种知识是从永恒的形式下认识事物的个别本质——其中既包括神的本质,也包括由神所产生的万物的本质(人的心灵的本质和身体的本质也包含于其中),所以,第三种知识就是一种关于个别本质的知识,也可以说就是对事物之个别本质的直观把握。由此可知,《伦理学》的几何学式的构建进程及其确立的斯宾诺莎主义体系由之出发的定义应当是第三种知识的结果,甚至就是第三种知识本身或其中的一部分。正是在第三种知识层面,我们才能真正达到关于事物的定义。

因此,虽然《伦理学》严格依照几何学的论证次序从定义开篇,但是这种论述的起点并不意味着它就是思想的绝对起点。尽管斯宾诺莎在其体系构建的过程中始终不遗余力地强调我们的心灵处在神的无限理智之中并将神的观念包含在自身之内,但是严格来说,神的观念却不是我们思想的时间意义上的开端,这从《伦理学》的具体论述进程就可以清晰看到。我们的心灵

---

① Cf. Gueroult, M., *Spinoza (I, Dieu)*, pp. 20 - 22.

作为一种观念,当然要从观念出发,或者说它必然总是从既定的真观念出发,但是这个作为出发点的既定的真观念可以是"任意的真观念"①——尽管这个真观念必然将神的观念蕴含在自身之中或者说它必然以神的观念作为自己的构成原因。(E2P45)但是,我们最初并不具有关于神的清楚分明的观念,反之,我们的认识的根本任务乃是在于尽可能快地达到神的观念。只有达到神的观念而且通过神的观念在永恒的形式下把握事物自身之个别本质,我们才能达到最高的知识,甚至说真正达到永恒真理,并借此达到永恒、救赎和至福。

所以,《伦理学》据之展开其理论探索的进程或者实在本身的构建进程并不同于个人的现实的经验认识进程,定义也不是我们在认识活动伊始就给予我们的,更不是作为天赋观念原初就处在我们心灵之中。相反,惟有通过艰苦的思想探索,我们才能达到第三种知识,从而实现对智慧的把握并达到关于事物之本质的定义。当《伦理学》依几何学的综合次序展开具体的撰述和论证时,它所呈现的是实在本身的构建进程,是一个达到第三种知识的智者向人们揭示这种进程。由此,定义才会作为全部体系的最初开端而出现,这也决定了《伦理学》中的定义以及该书的开端并不是任意的,而是有着内在的必然机制。具体而言,作为实在自身之构建和展开进程,《伦理学》的探讨必须从斯宾诺莎所构想的最真实的并且首要的存在者来开始。这个存在者就是他所说的作为绝对无限之实体的神,而这个实体或神就其本性而言乃是自因,并通过自因而获得其根本的存在论地位。所以,整部《伦理学》就从关于自因的定义开始。而对斯宾诺莎而言,每个定义都是关于事物的定义,因而它们并不是一种人际之间的约定,而是有其本质的内容并具有自身的真理性。惟有如此,我们才能一开始就置身于实在与真理的视域之中。

可是,就每个人的认识的内在发生过程来说,我们并不是原初地就占有真理,相反,作为有限的样式,我们是从最初的无知逐步向着有知进展,是从最初仅具有模糊的和不充分的知觉逐步转变为具有充分的观念,并从一种完全由激情所控制的生活逐步向着理性的生活迈进,其中还有少数人能够达到智者的生活。这种认识发展的历程也就决定了,虽然我们自降生之时就处在实在与真理之中,但是,我们最初却不能对之具有充分的察觉。而关于事物之本质的知识或定义也肯定不在我们的掌控范围之内。只是随着我们的知识的发展,我们才达到了关于事物的充分观念,甚至达到它们的本质和定义本身。而把握事物之本质并在此基础上达到关于事物的定义显然是

---

① 德勒兹:《斯宾诺莎实践哲学》,第138页。

要在第三种知识的层面才能实现。所以,就认识的发展次序而言,《伦理学》最初的定义需要以第三种知识作为前提。因此,该书也就不是像其表面上所呈现的那样,只是一种线性的展开次序,相反,它内在地暗含一种循环结构,其中的关键就在于,该书第一部分开篇所提出的并构成整个体系之开端的定义必须通过该书第五部分所论述的第三种知识或直观知识才能成立并切实地被达到。也正是从这种意义上,布伦什维格认为,我们应当对《伦理学》进行一种循环的阅读。①

《伦理学》的这种循环结构也表明,斯宾诺莎不仅将形而上学、物理学、心灵理论、政治学和伦理学等学科熔于一炉并在此基础上形成他的普遍伦理学,而且他还力求使第三种知识以及以这种知识为核心的最高形态的伦理学成为他的"第一哲学"。借此,伦理学为他的全部哲学探讨提供了真正的基础和第一原理。斯宾诺莎将达到第三种知识以及相应实存方式的人称作智者,将他们所具有的知识称为智慧,而作为这种智慧之核心的第三种知识或直观知识正是要认识神、人和事物自身之本质并使我们能够形成关于事物的定义,所以,在斯宾诺莎这里,伦理学不仅是普遍的,同时也是首要的。当所有的理论探索都以人生的完满和至福为依归时,我们所达到的最高伦理生活形态以及其中所包含的智慧就可以使我们达到人生的至善,并为我们理解自己、理解神和理解万物提供根本的视角和动力;同时,也正是在这种既普遍又首要的伦理学中,一切知识最终达到其统一,而人生亦达到了完美的境界。

---

① "斯宾诺莎主义的关键就在于《伦理学》从第二部分到第五部分的进展以及第五部分向第一部分的复归。"(Brunschvicg, L., *Spinoza et ses contemporains*, p.224.)

结　　语

　　经过稍显漫长的理论跋涉，我们对斯宾诺莎所欲构建的普遍伦理学体系进行了详细的阐释。我们看到，斯宾诺莎在开启哲学生涯之初就以伦理学作为其哲学的底色和终极指向，而随着其哲学理论的逐步进展，伦理学在其中所占的分量不断增加，直至被提升到一般哲学的高度而成为哲学本身。因此，对他而言，全部哲学就是伦理学。而作为一种将各个哲学分支都包容在自身之内并以对人的本性及其实存方式的普遍分析为其根本进展路径的理论形态，这种伦理学乃是一种普遍伦理学。但是，正如第一哲学在亚里士多德那里既是首要的，也是普遍的一样，这种普遍的伦理学在斯宾诺莎那里不仅是普遍的，同时也是首要的，甚至是第一哲学。而后面这个方面的特征鲜明地体现在斯宾诺莎通过第三种知识和对神的理智之爱而构建的伦理学的最卓越的部分和最高的形态之中，而后者不仅是一种至高的自由和幸福的生活状态，同时也达到了对神、事物和心灵的特殊本质的把握，从而为全部的哲学（尤其是在《伦理学》中所呈现的斯宾诺莎主义）提供了它们由之出发的范畴、定义和公理，从而获得了第一哲学和普遍科学的地位。

　　而从这种普遍伦理学的内涵和构建进程来看，其普遍性首先就在于它将哲学研究的大多数门类都包含于自身之中：形而上学、物理学、心灵理论、政治学、神学和道德学说都被置于伦理学的视域下来考察，并为伦理理论的构建来服务。这种基本视角和研究策略也决定了其中涉及的各门学科并不是作为独立的知识领域得到考察。在《伦理学》一书中，除了严格的伦理学之外，其余的学科也确实没有得到详尽无余的探讨。就任何知识门类而言，其广度和深度皆以它们各自与伦理学研究的相关性及其对达到人性之完满和人生之幸福的重要性程度来决定。因此，伦理学的普遍性首先从它所涉及的学科和知识的普遍性来得到规定。很显然，斯宾诺莎在这里力求以伦理学的普遍性来取代哲学的普遍性；当哲学在近代早期重新负载了古希腊时期的一切知识之总和的意义时，斯宾诺莎则以普遍伦理学来囊括一切知识和学科并使它们为伦理学服务。

其次，依据斯宾诺莎在《神学政治论》中对"普遍伦理学"的研究内容的规定，这种"普遍伦理学"主要研究：1、我们达到一切活动之目的或说达到神本身所依靠的手段（这些手段也被称作神的命令）；2、与此目的相关的生活准则（这些准则也被称作神律）；3、最好的国家之基础；4、由国家之基础如何推出人际生活所需之准则。而从斯宾诺莎的伦理学体系，尤其是从《伦理学》来看，这种普遍伦理学对应于斯宾诺莎的严格意义上的伦理学的第一部分，也就是与理性相关的伦理学研究，它主要考察我们如何达到理性知识并通过理性来克制激情，并在此基础上达到自由人的生活状态和实存方式。因此，伦理学所负载的这种普遍性从根本上源于理性自身的普遍性和一般性。

正是通过这种意义上的理性或理性知识，我们得以把握神或自然所内涵的普遍规律和法则。此时，普遍必然的自然规律或神的命令就是我们就神所把握的最根本的内容。但是，既然它们是作为普遍的命令、法则或规律而呈现，那么我们就已然是在普遍的和一般的层面上来把握神或自然。但是，我们只是将它们作为服从的对象，而不是爱的对象。只有当我们把神或自然认作为自然万物（包括我们自身在内）的真正原因并把万物由神本身具体地推导出来时，我们才对神具有本质的把握，并把神认作为永恒的真理，从而可以真正地爱神。所以，理性知识的一个重要的目标就在于达到神本身，达到神的观念，而我们借之达到这个目标的手段就是神的命令，或者说就是自然法则。同时，正是因为我们对这种普遍的命令和法则有所认识，我们才能具有恰当的生活准则，而这些准则被斯宾诺莎称为理性的命令，但是这种命令并不是单纯的形式法则，而是我们的行为方式本身。当斯宾诺莎以颇具神学色彩的术语来确立这些普遍的个人生活准则和行为规则的时候，他实际上依然是在普遍的自然主义视域下来进行规定和阐释。

除了以个体的行为和生活规范为其指向之外，普遍伦理学还包含另一个重要维度，那就是它要探讨最好的国家的基础和人际生活的准则，而这些显然是在社会和国家生活的层面展开。恰如上文所言，人的自由和良好的生活不是单纯依赖其自身就可以实现，相反，既然人只是自然的一部分并且始终处在与其他事物（特别是与其他人）的相互关联和作用之中，因此国家对人的良好生活及其自由就是不可或缺的。正因如此，国家的基础属于普遍伦理学的重要研究内容。虽然在斯宾诺莎这里国家并不是理性设计的结果，但是国家在自然之中的产生有其内在的必然性。人天生是群体性的和社会性的动物，而这种社会性蕴含着国家之形成的根源。随着人际交往活动的不断展开以及人的理性的发展，国家也自然而然地形成，这两者遵循着相同的过程。所以，尽管国家不是理性的产物，但是国家却又有着内在的合理性。正是国家的形成及其现实的统治，为人们营造了理性的发生和发展所必需的基础，同时也使人们通过服从法律而得以克制激情、摆脱冲突并达到安全生活。正是国家的形成及其运作使人们可以获得人际生活需要遵循的准则。后者不仅包括国家的法律，同时也包含由习惯和风俗所形成的各种行为规范。当然，这些建立在习惯和风俗之上的规范是依照理性的内在机制形成的，从而与建立在想象的基础上的风俗习惯有着根本差异。由于后者以变幻不定的身体的感受和想象为基础，它们就缺乏内在的稳定性，而其被遵守也有着很大的随意性和偶然性，但是建立在理性基础之上的风俗和习惯，却因其基础的普遍而具有了一种内在的必然性。当然，无论是斯宾诺莎说的个人生活准则，还是人际生活的规范，尽管它们都建立在自然的普遍必然的规律和法则之上，但是，它们并不是抽象的形式规则，更不是空洞的道德命令，因为它们以人保存自身存在的努力为基础，并在理性的展开和发展过程中不断获得更多内容，从而决定人们的行为以符合理性命令的方式展开。依此方式而活动的人就是有德性的人，也只有按照理性的方式来认识和活动的人才是真正有德性的人。

就此而论，斯宾诺莎所说的普遍伦理学与当前在国内外学界受到广泛关注和探讨的"普遍伦理"或"普世伦理"有着深刻的区别。当孔汉斯等当代学者提出普遍伦理的构想和倡议之时，他们指的是"一些具有约束性的价值观、一些不可取消的标准以及人格态度的一种共识"，"是一种最低限度的共同的价值、标准和态度"。① 但是，亦如前文所述，同善恶、美丑一样，这种所谓的价值和标准对斯宾诺莎而言只是我们所具有的抽象概念，而并不具有现实的实在性，也没有任何现实的对象与之相对应。从根本上说，它们只能被理解为理性的存在物，甚至是"想象的存在物"，并最终成为一种对人的生活和行为而言的"超越者"。我们通常所谓的道德恰恰是由这些超越的甚至是超验的价值所构成的评判系统。所以，即便普世伦理所推崇的普世的价值和标准具有相对于具体区域和民族之道德体系而言的普遍性，但是它依然没有脱离道德体系本身的抽象性和超越性。因此，这种意义上的普世的价值和标准同样无法对人的行为和心态构成真正的指引和塑造作用，依然呈现为外在的法则和准则。

但是，在斯宾诺莎这里，无论是一般意义上的伦理学，还是他要构建的普遍伦理学，都不能被视为一个由评判性的和超越性的价值标准所形成的

① 孔汉斯(编)：《全球伦理》，何光沪 译，成都：四川人民出版社，1997年，第12、171页。

外在体系,相反,一切具有普遍意义的学说和规范都必须是在特定的生成和演化的过程中才能被确立起来的。我们之所以接受特定的标准和指导并不是因为它们被作为超越的价值规范而被强加给我们,相反,只有当它们是在人的生活过程中、在理性的发展的过程中逐渐在我们的心灵之中形成起来,才能被我们所接受。只有这样的规范或命令才能为生活提供指引,因为它们体现出了我们与事物、与他人之间真正的共同之处,也只有在这种层面上才能有人与人真正的和谐一致。

所以,无论是斯宾诺莎的哲学,还是他的普遍伦理学,都不是由超越性的命令和标准而形成的评判体系,哪怕是他所说的理性的命令都不是以“律令”的形式从外部被给予我们。而我们之所以接受理性的命令对我们的指导,完全是因为它们是我们的内在本性在良好的遭遇机缘之中逐步展开的结果。斯宾诺莎哲学的肯定性和内在性不仅体现在他的形而上学和存在论之中,同样也体现在他的全部伦理学的构建之中。一切超越的标准和规范,即便不是全部被排除,但至少也会在这种普遍伦理学中经受根本的改造并得到完全不同的使用。如果说它们还有意义的话,这种意义也不在于它们是超验的价值和标准,而只在于它们对我们形成真正的人生信念和生活规范具有初步的指导意义,亦如“完满的人格”对斯宾诺莎的伦理学构建所具有的引导意义一样。

斯宾诺莎的普遍伦理学决不以追求超越的和抽象的价值为其旨归,也不以构造普遍的规范体系为其目标,相反,它从一开始就着意克服这种抽象的普遍主义,转而以探索具体和个别作为其最高的追求。而这种具体和个别严格来说就是事物的个别本质。个体性对斯宾诺莎而言绝不是一个可有可无的概念,反而是其全部理论的最终诉求,而他的理论理想实际上是要构造一门关于个体的科学。伦理学的探讨最终也要落脚到具体的个人层面,并最终实现个人对激情的克服以及个人的救赎、自由和至福。这实际上正是“伦理学的第二部分”所要达成的目标。虽然斯宾诺莎强烈地反对基督教的道德体系,反对末日审判和来世救赎等基督教理想,但是在救赎乃是个人的救赎这一点上,他与基督教是一致的;同样,虽然斯宾诺莎强调社会生活以及人对国家的服从在人达到自由的过程中有着重要作用,但是,他决不是一个国家主义者,更不是集权主义的支持者,因为对他来说,国家永远都只是手段;即便是以最佳形式组织起来的国家,也只是为我们形成理性和自由的生活提供最有利的条件,但是国家本身却不能直接带来人的幸福,因为幸福从根本上说乃是个人的和本己的。每个人都需要通过对自己的行为和生活的转化,才能过渡到一种依循德性而生活的状态;而德性本身则是我们通过转变自己看待事物的视角、通过提升我们的知识而达到的。既然一种知识同时也正是一种特定生活方式,所以伦理学就绝对不是一种纯粹理论的抽象的规范体系,而应当是我们现实的思想和行为方式。惟其如此,我们才能真正达到知与行的合一。

当然,以个人生活为其鹄的的伦理学并不排除普遍性,相反,正如第三种知识要以作为普遍知识的理性为前提,而且它本身也要认识普遍的特殊,同样,指向个体的伦理学也是一个带有普遍性的个体行为系统。正如第三种知识要通过神的观念来把握事物之特殊本质一样,指向个体的伦理学也在相同视域下追求个人的完满,是在达到作为原因的神并知晓个体如何直接由神所产生之后,以一种全新的方式来行动和生活。此时,个人不再是简单地领会到自己是自然的一部分并遵循自然的普遍必然的规律和法则,他也知道自己的本质如何被涵盖于神的属性之中并由神的无限生产力量所产生。因此,在最严格的和最高的伦理学层面,每个人不仅意识到自己的本质以及他对神的绝对依赖,而且在一种总体性视域下,他得以感觉和经验到自己的永恒,并通过在永恒的形式下认识其自身、认识神以及认识事物而达到最完满的人生境界。因此,个体的最高的伦理生活乃是一种包含普遍性于自身之内的个体生活,从而也可以说是一种具体的普遍。正如第三种知识通过对个别本质的认识而超过了局限于普遍层面的第二种知识一样,依照第三种知识而生活的个体也超过了依照理性的普遍命令而生活的人。

因此,斯宾诺莎这种以个体的德性培养和幸福生活为根本追求的伦理学也就不同于近代的个人主义伦理学,因为无论从这种伦理学的构成要素,还是从它的构成过程来看,它都不是单纯局限于个体本身,而是同时要关照其他个体以及个体处身其中的那个无限的总体,而且后者相对于前者具有存在和认识两个层面上的优先性。个人的完满和幸福任何时候都不能脱离他所处其中的现实状况和其他的相关因素,反而要以它们的共同的发展和展开作为最高伦理目标之达成的必要条件。与此同时,斯宾诺莎伦理学在个体层面所展现的强烈的功利主义倾向也没有将他推向以物质利益为关注焦点的利己主义,因为我们已经看到,对他来说,荣誉、财富和感官快乐并不是人的真善,也不是幸福的终极构成要素和评判标准。虽然这些东西——尤其是物质资料——对现实生存来说是不可或缺的,但是,幸福和完满却不取决于它们。而真正的幸福完全在于思想和行动之力量的保持和不断进展,在于我们具有更加完善的知识和理解,并具有更良好的行为方式和实存状态。

以此方式构建起来的这个特定的伦理学部分乃是斯宾诺莎的全部伦理

规划的最高峰,是将普遍伦理学的全部进程都包容于自身之内的最高伦理生活形态。此时,伦理学已经不再是一种纯粹的知识和理论,而是同时将其自身表现在具体的生活行为之中。由此来说,这种伦理学不仅是普遍的,同时也是首要的,并占据了逻辑上的在先地位。在这个最高的层面,我们不仅可以认识包括神在内的一切存在者的个别本质,同时也达到了可以应用于一切存在者之上的最为一般的公理;由此,全部知识和科学获得了最终的根基,而关于实在与知识的综合的和演绎的构建才能切实地开启并逐步地展开。也正是在此基础上,普遍与个别达到了切实的结合,而伦理生活的理想与知识体系的构建也在此达到了真正的统一,或者说达到了斯宾诺莎以之为理想的那种知行合一的完满的伦理生活境界。

对斯宾诺莎而言,伦理学绝对不能仅仅满足于一种纯粹的理论构建和阐述,而是始终要面对人的生活本身,要以提升和改善人的实存方式为依归。尽管为了摆脱各种幻想对我们的毒害,为了消除激情对我们造成的困扰,我们需要不断改善认识方式,但是斯宾诺莎的伦理学始终力求避开苏格拉底式的理智主义伦理学的形制。正如在讨论人的心灵和知识的时候,斯宾诺莎始终要参照人的身体及其感受,同样,在阐述其伦理学理论时,他也不停地参照我们的实存行为。人生的主动无疑首先从我们具有充分观念并克服激情的奴役来说的,但是,主动决不仅仅是一种思想规定性,它也有其身体的相关项,也有其身体之实存和活动层面的表现。人所享有的至善和至福固然不能离开知识和智慧,但是这绝不是一种审美意义上的对知识和智慧的享受,而是始终与我们的实存缠绕在一起并通过后者而得到表现。

因此,人生的智慧就决不能作为一种现成的东西从外部被赋予,而只能是每个人独立探究和自我塑造的结果。斯宾诺莎那种把普遍和特殊融于一体的伦理学实质上就是个人不断转化自身和塑造自身的过程,我们甚至可以称之为一种自我的教化。这种教化力求使我们看待自己和事物的视角不断得到转化和改善,并最终达到通过神的观念来审视万物的程度。而这个过程同时也是我们合理地组织自己的身体的感受,并使身体的各种活动都被纳入良好遭遇关系的过程。在斯宾诺莎的时代,知识和情感乃是伦理学讨论的重中之重,就此他也概莫能外。但是,相比于同时代的哲学家,他把人的身体及其活动提升到更高的地位;他的伦理学在具有一种理智主义的外貌时,更具有一种强烈的实存维度。如何通过对人的实存方式的分析而切入人的伦理生活,如何通过对知识和行为的阐释而使人的情感和生活不断得到改善,这些都构成了斯宾诺莎伦理学的关键内容。也正是在这重意义上,德勒兹特别将斯宾诺莎的伦理学视为一种"行为生态学"①。

斯宾诺莎在考察普世宗教信条时就特别强调,处在思想层面上的信仰仅凭其自身并不具有导向救赎的现实力量,相反,只有通过事功或者说只有通过行动和服从,人们才能确证自己的信仰并真正得到救赎。只有见诸于行动的信仰才是真信仰,而且唯有表现了真信仰的对神的服从才能使人达致救赎。与此相似,伦理学意义上的至善和至福,虽然离不开充分的知识和智慧,而作为伦理学之关键目标的人生之主动和心灵之满足也需要通过智慧才能得到规定和实现,但是,斯宾诺莎的伦理学却始终依托人的具体实存和行为而得到构建,正如即便是在心灵之永恒的层面,斯宾诺莎也始终不停地参照人的身体之本质。

因此,斯宾诺莎的普遍伦理学并不是因其作为一个对所有人都适用的外在规范系统而具有其普遍性,相反,这种普遍性源于每个人都能够在保存自身存在的基础上不断地求知并改善自身的实存方式,从而达到德性的塑造和养成。所以,伦理学决不能简单地成为一种类似于法律或律令一般的抽象体系,而应当为人的自我塑造和教化提供真正有效的引导,以便推动他们不断达到更高的实在性和完满性。既然我们时刻都通过身体而与他人和他物相照面,那么我们也必须对我们的实存方式和行为状态做出不断转化和改善,从而摆脱外因和想象的牵制,达到积极主动的生活。就此而言,斯宾诺莎的普遍伦理学乃是一种实存伦理学。固然,相比于实存而言,本质在斯宾诺莎的全部哲学中扮演着更为根本的角色,但是我们却不能因为斯宾诺莎的本质主义,就忽略其伦理学中深刻的实存主义机制。事实上,实存在他的伦理学中自始至终都扮演着重要角色,同时也是他的最高伦理目标的关键构建环节。

作为斯宾诺莎的伦理学构建的前提和基础,形而上学研究固然要确立神作为唯一的实体或绝对无限之存在者的地位,但是这种构建同时也是在为人的实存以及以人的实存为核心对象的伦理学探究奠定基本的存在论平面;而关于人的身体和心灵的物理学式的探究同样在为严格意义上的伦理学研究奠基,或者更具体地说,是要为对人的情感式的实存或生存确立起一种在样式层面上的形态结构,因为在《伦理学》中构成严格意义上的伦理学研究的后三个部分恰是按照这种物理学探究所揭示的三种类型的观念或知识的框架下逐步展开的。因为恰如前文所言,一种特定的观念或知识同时也是一种特定的生活方式或实存形态。因此,对于观念、心灵和知识的不同

---

① 德勒兹:《斯宾诺莎的实践哲学》,第 31 页。

形态的探究就并不是一种纯粹的知识论研究,相反,它内在地就负载着一种相对于人的现实生活而言的实存意义。也正是从这个角度来说,对人的实存和生存的分析在斯宾诺莎的严格的伦理学探究过程中必然占据核心地位,而且恰如斯宾诺莎所言:"一个人除非他同时想要存在、活动和生活,亦即想要现实地实存,否则他就不会想要幸福、良好地活动和良好地生活"。(E4P21)换言之,为了具有对幸福和良好生活的欲求,我们必须首先具有现实实存的欲求,必须首先生活。而以理解和转化作为其核心机制的斯宾诺莎主义伦理学,正是力求通过对人的实存方式本身的转变,以便达到其科学探究的最终理想和伦理生活的根本目标。

而对人的实存方式的转化实质上就是要使人从为想象和激情所牵绊甚至是受奴役的实存形态和生活方式转变为在理性和理智的指引下具有主动的情感并达到一种自由的实存形态和生活境界。而后面这种境界或状态也被斯宾诺莎称作救赎或至福,也只有达到这种行为方式和实存层面的人才真正具有了人生的智慧,或者说达到了一种最佳的实存方式。而无论从内心的思想,还是从现实的行为与实存来看,自由都是其中的贯穿性线索,甚至可以说就是斯宾诺莎的全部哲学的引导性线索。救赎和至福最终都需要通过自由才能得到深入的理解。而为了能够实现这种转变并达到其最高的伦理目标,斯宾诺莎始终认为,我们必须依靠充分的知识以及与之相伴随的理解。正是通过它们,我们才能使自己的心灵的实存方式和现实的行为模式摆脱那种因我们的存在论上的有限性和实存的直接性而必然负载的不充分性和被动性,而恰是通过充分观念和理解,我们得以突破不充分观念以及与之相伴随的激情使我们陷入的那种不由自主的状态,从而可以在对自身、对事物,尤其是对神的本质的充分把握的基础上达到一种积极主动的实存方式,甚至达到那种随心所欲不逾矩的状态。而这种状态恰是斯宾诺莎所说的最为本真的自由。所以,幸福的生活和最佳的实存方式就其实质而言是一种自由的生活,是依据我们在神或自然之中的具体本性和现实地位而生活的状态。

我们因真理和智慧达到了人生的积极主动,并据之克制激情和内心的波动。在一个以变革和解放为主题的时代,斯宾诺莎不遗余力地捍卫言论自由和思想自由,并在其全部伦理规划中特别强调了按照自身之本性必然性而行动的伦理自由,从而成为其时代精神的代表者和推动者。虽然以今日的眼光看来斯宾诺莎的政治叙述及其政治观念已略显保守了,但恰恰是在这些略显保守的话语之下却隐藏着一股相对于其时代而言的强大革命力量。他在伦理学层面所提出的自由观念则更加凸显了其哲学的激进方面。然而,也正是在这个层面,斯宾诺莎表现出与近代自由主义的深刻差异。

当近代主流的自由主义者以没有外在障碍和束缚作为自由的核心要义之时,斯宾诺莎却并不以之作为真自由的本质。实际上,无论我们如何提升自身的力量,我们始终都只能作为自然的一个部分而受到其他事物的约束,并且要服从自然的普遍必然的规律和法则——无论在思想层面还是在身体层面都是如此。真正的自由也决不是无视我们的被决定的有限实存状态而肆意而为,相反,只有将自身融入实在本身的构建过程并对自身在总体之中的实存地位有充分的意识,我们才能进入真正的自由之域。因为对人而言,真自由一方面就在于完全按照我们的本性的必然性来活动,另一方面就在于对我们的活动和现实的实存地位具有充分意识。在斯宾诺莎这里,自由绝不是想象和幻想之事,而以自我理解和对神的理智之爱为核心的真自由也绝对不是先验的理想和理念。人更不是天生就自由的。只有当我们对自己的现实本性有了清楚分明的把握,对我们作为自然的一部分的实存地位有着清晰的意识,并且通过对作为原因的神的认识而更为真切地体会到我们如何存在于神或自然之内的时候,我们才能真正摆脱激情对我们的奴役,达到内心之宁静。而更重要的是我们据此会产生斯宾诺莎所说的那种“对神的理智之爱”和最高的自我满足,并达到绝对主动的生活状态。

所以,真正自由的人决不是消极地接受自己的命运并满足于消极无为,相反,斯宾诺莎的自由观念及其全部的伦理构想恰是要达到一种积极主动的生活。可是,既然我们始终处在自然的无限的因果生产系列之中,所以,我们的主动性就不在于改变自己在自然之中的实存地位,而在于我们在认识自己的本性以及我们在宇宙中的实存地位的基础上,顺势而为,使我们能够在思想和行为上做好应对各种生活处境的准备。生活中所发生的各种事件并不是都有利于我们的保存,甚至有很多东西会阻碍我们思想的发展和行动力量的提升。正是这个时候,一种坚毅的人格和内心力量变得尤为重要。正是主动的情感或者说德性构成我们面对人生变故并达到主动生活的手段。当然,对于达到斯宾诺莎所说的第三种知识或智慧的人而言,他不再经受任何情感上的过渡和心灵的波动,而以绝对的主动和自由作为自己的标志。可是,这并不意味着他不再遭受外物的影响,只不过这些影响对他不再构成扰乱:他能够以理解的力量将这些影响在心灵层面予以抵消,并使它们在实存层面所造成的不利影响最小化,从而实现并保持其自由。尽管这种自由的生活非常艰难,而且异常稀少,但是这并非我们的本性使然,而只是其实现方式和途径所致。可是,无论如何,这种自由都是我们在生活中最值得追求的对象。

参考文献

一、原著

1. 斯宾诺莎著作

（1）拉丁文本全集

Benedicti de Spinoza Opera Quotquot Reperta Sunt, 2 vols., ed. J. Van Vloten and J. P. N. Land, la Haye: Martinus Nijhoff., 1882 – 1883.

Spinoza Opera, 4 vols., hrsg. C. Gebhardt, Heidelberg: Carl Winter, 1925.

（2）拉丁文—西文对照本全集

Oeuvres, édition publiée sous la direction de P.-F. Moreau:

Vol. I, *Premiers Écrits: Tractatus de intellectus emendatione/Traité de la reformé de l'entendement* (texte établi par F. Mignini, traduction par M. Beyssade) et *Korte Verhandeling/Court Traité* (texte établi par F. Mignini, traduction par J. Ganault), Paris: PUF, 2009;

Vol. III, *Tractatus Theologico-Politicus/Traité theologico-politique* (texte établi par F. Akkerman, traduction et notes par J. Lagrée et P.-F. Moreau), Paris: PUF, 1999;

Vol. IV, *Ethica/Éthique* (texte établi par F. Akkerman et P. Steenbakkers, traduction par P.-F. Moreau), Paris: PUF, 2020;

Vol, V, *Tractatus Politicus/Traité politique* (texte établi par O. Proietti, traduction par Ch. Ramond), Paris: PUF, 2003.

Tutte le opere, a cura di A. Sangiacomo, Milano: Bompiani, 2010.

（3）外文著作集译本

Oeuvres de Spinoza, 4 vols., traduction et notes par Ch. Appuhn, Paris: Garnier-Flammarion, 1964 – 1965.

The collected Works of Spinoza, 2 vols., ed. and trans. E. Curley, Princeton: Princeton University Press, 1985 – 2016.

Complete Works, trans. S. Shirley, ed. M. Morgan, Indianapolis: Hackett, 2002.

Opere di Spinoza, a cura di F. Mignini et O. Proietti, Milano: Mondadori, 2007.

（4）单篇著作的外文译本

Traité de la réforme de l'entendement, traduction, introduction et commentaires par B. Rousset, Paris: Vrin, 1992.

Traité de l'amendement de l'intellect, traduction par B. Pautrat, Paris: Alia, 1999.

Spinoza's Short Treatise on God, Man and his Well-Being, trans. with an intr. and comm., and a *Life of Spinoza*, by A. Wolf, London, 1910.

Breve trattato su Dio, l'uomo e il suo bene, a cura di F. Mignini, L'Aquila: Japadre editore, 1986.

Etica, testo latino tradotto da G. Durante, note di G. Gentile, rivedute e ampliate da G. Radetti, Firenze: Sansoni, 1963.

Etica, a cura di E. G. Boscherini,, Roma: Ruinitti, 1988.

Éthique, traduction nouvelle de B. Pautrat, Paris: Seuil, 1988; 1999.

Éthique, introduction, traduction, notes et commentaires de R. Misrahi, Paris: l'éclat, 2005.

Ethik, hrsg. von W. Bartuschat, Hamburg: Felix Meiner, 1999.

Ethics, ed. M. Kisner, trans. M. Silverthorne and M. Kisner, Cambridge: Cambridge University Press, 2018.

Trattato teologico-politico, a cura di A. Droetto e E. G. Boscherini, Torino: UTET, 1972.

Theological-Political Treatise, ed. J. Israel, trans. M. Silverthorne and J. Israel, Cambridge: Cambridge University Press, 2007.

Trattato politico, a cura di P. Christofolini, Pisa: ETS, 2011.

The Correspondence of Spinoza, trans. A. Wolf, London, 1928.

Correspondance, traduction par M. Rovere, Paris: Garnier-Flammarion, 2010.

（5）单篇著作的中文译本

《知性改进论》,贺麟 译,北京:商务印书馆,1960 年;

《神学政治论》,温锡增 译,北京:商务印书馆,1963 年;

《笛卡尔哲学原理》(附《形而上学思想》),王荫庭、洪汉鼎 译,北京:商务印书馆,1980 年;

《神、人及其幸福简论》,洪汉鼎 译,北京:商务印书馆,1987 年;

《伦理学》,贺麟 译,北京:商务印书馆,1983 年第二版;

《斯宾诺莎书信集》,洪汉鼎 译,北京:商务印书馆,1993 年;

《简论上帝、人及其心灵健康》,顾寿观 译,北京:商务印书馆,1999 年;

《政治论》,冯炳昆 译,北京:商务印书馆,2003 年;

《斯宾诺莎全集》(第 1 卷)(其中包含《斯宾诺莎古老传记》和《神、人及其幸福简论》),洪汉鼎 主编,北京:中国人民大学出版社,2021 年。

2. 其他哲学家著作

(1) 外文版本

Althusser, L. et Balibar, É., *Lire le Capital*, Paris: Maspero, 1973.

Aquinas, Th., *Summa Theologica*, literally translated by fathers of the English Dominican Province, London: Washbourne, LTD, 1911.

Aquina, Th., *Contra i gentili*, a cura di T. S. Centi, Torino: UTET, 1975.

Aquin, Th., *L'Être et l'essence (De ente et essentia)*, texte, traduction et notes par C. Capelle, Paris: Vrin, 1982.

Aristotle, *The Complete Works of Aristotle (The Revised Oxford Translation)*, 2 Vols, ed. J. Barnes, Princeton: Princeton University Press, 1985.

Aristotele, *Metafisica*, a cura di G. Reale, Milano: Bompiani, 2004.

Aristotele, *Le tre Etiche*, a cura di A. Fermani, Milano: Bompiani, 2008.

Bacon, F., *The Great Instauration*, in *The Works of Francis Bacon*, Vol. 4, ed. J. Spedding, R. L. Ellis, and D. D. Heath, London, 1860.

Bacon, F., *The New Organon*, ed. L. Jardine and M. Silverthorne, Cambridge: Cambridge University Press, 2000.

Bodin, J., *Method for the Easy Comprehension of History*, trans. B. Reynolds, New York: W. W. Norton & Company, 1969.

Brush, C. (ed.), *The Selected Works of Pierre Gassendi*, London: Johnson Reprint Corporation, 1972.

Deleuze, G., *Différence et répétition*, Paris: PUF, 1968.

Deleuze, G. et Guattari, F., *Que'est-ce que la philosophie?*, Paris: Les Éditions de Minuit, 1991.

Descartes, R. *Méditations métaphysiques*, ed. J.-M. Beyssade et M. Beyssade, Paris: Flammarion, 1979.

Descartes, R., *Les Principes de la philosophie*, in *Oeuvres de Descartes*, IX-2, ed. C. Adam et P. Tannery, Paris: Vrin, 1971.

Descartes, R., *Les Passions de l'âme*, in *Oeuvres de Descartes*, T. XI, ed. C. Adam & P. Tannery, Paris: Vrin, 1974.

Descarts, R., *The Philosophical Writings of Descartes*, 3 Vol, ed. and trans. J. Cottingham, R. Stoothoff, and D. Murdoch, Cambridge: Cambridge University Press, 1985-1991.

Geulincx, A., *Ethics*, trans. M. Wilson, ed. H. van Ruler, A. Uhlmann, and M. Wilson, Leiden: Brill, 2006.

Hobbes, Th., *De corpore*, in *The English Works of Thomas Hobbes*, ed. W. Molesworth, Vol.1, London, 1839.

Hobbes, Th., *Leviathan*, ed. E. Curley, Indianapolis: Hackett, 1994.

Huygens, Ch., *Traité de la Lumière*, Paris, 1920.

Kant, I., *Lectures on Metaphysics*, trans. and ed. K. Ameriks and S. Naragon, Cambridge: Cambridge University Press, 1997.

Leibniz, G., *Philosophical Papers and Letters*, ed. L. E. Loemker, Springer, 1989.

Long, A. A. and Sedley, D. N. (ed.), *The Hellenistic Philosophers*, Cambridge University Press, 1987.

Maimonides, M., *The Guide of the Perplexed*, 2 Vols trad. Sh. Pines, The University of Chicago Press, 1963.

Plato, *Complete Works*, ed. J.M. Cooper, Indianapolis: Hackett, 1997.

Ross J. B. and McLaughlin, M. M. (ed.), *The Portable Renaissance Reader*, New York: Penguin Books, 1977.

Sartre, J-B., *L'être et le néant: Essai d'ontologie phénoménologique*, Paris: Gallimard, 1943.

Tacitus, *The Annals*, ed. J. Jackson, The Loeb Classical Library, 1931.

Vico, G., *La scienza nuova giusta l'edizione del 1744*, Parte Prima, a cura di F. Nicolini, Bari: Laterza, 1911.

（2）中文版本

阿尔都塞：《读〈资本论〉》，李其庆、冯文光 译，北京：中央编译出版社，2001 年。

柏拉图：《理想国》，郭斌和、张竹明 译，北京：商务印书馆，1986 年。

柏拉图：《柏拉图对话集》，王太庆 译，北京：商务印书馆，2004 年。

笛卡尔：《第一哲学沉思集》，庞景仁 译，北京：商务印书馆，1986 年。

笛卡尔：《探求真理的指导原则》，管震湖 译，北京：商务印书馆，1991 年。

福柯：《词与物：人文科学考古学》，莫伟民 译，上海：上海三联书店，2001 年。

海德格尔：《哲学史：从托马斯·阿奎那到康德》，黄瑞成 译，西安：西北大学
　　出版社，2018 年。

黑格尔：《哲学史讲演录》（第三卷），贺麟、王太庆 译，北京：商务印书馆，
　　1959 年。

黑格尔：《哲学史讲演录》（第四卷），贺麟、王太庆 译，北京：商务印书馆，
　　1978 年。

黑格尔：《精神现象学》（上卷），贺麟、王玖兴 译，北京：商务印书馆，1979 年。

霍布斯：《利维坦》，黎思复、黎廷弼 译，杨昌裕 校，北京：商务印书馆，
　　1985 年。

霍布斯：《论物体》，段德智 译，北京：商务印书馆，2019 年。

霍克海默、阿多尔诺：《启蒙辩证法》，渠敬东、曹卫东 译，上海：上海人民出
　　版社，2003 年。

康德：《实践理性批判》，邓晓芒 译，杨祖陶 校，北京：人民出版社，2003 年。

康德：《纯粹理性批判》，邓晓芒 译，杨祖陶 校，北京：人民出版社，2004 年。

康德：《道德形而上学奠基》，李秋零 译，辑于《康德著作全集》（第四卷），北
　　京：中国人民大学出版社，2005 年。

马基雅维利：《君主论》，潘汉典 译，北京：商务印书馆，1985 年。

梅洛—庞蒂：《哲学赞词》，杨大春 译，北京：商务印书馆，2000 年。

蒙田：《蒙田随笔全集》（三卷），潘丽珍等 译，南京：译林出版社，1996 年。

帕斯卡尔：《思想录》，何兆武 译，北京：商务印书馆，1985 年。

培根：《新工具》，许宝骙 译，北京：商务印书馆，1984 年。

培根：《学术的进展》，刘运同 译，孙宜学 校，上海：上海人民出版社，
　　2007 年。

维科：《新科学》，朱光潜 译，北京：人民文学出版社，1986 年。

维特根斯坦：《逻辑哲学论》，贺绍甲 译，北京：商务印书馆，1996 年。

休谟：《人性论》，关文运 译，郑之骧 校，北京：商务印书馆，1980 年。

亚里士多德：《形而上学》，吴寿彭 译，北京：商务印书馆，1959 年。

亚里士多德：《政治学》，吴寿彭 译，北京：商务印书馆，1965 年。

亚里士多德：《范畴篇》，秦典华 译，辑于《亚里士多德全集》（第一卷），苗力田主编，北京：中国人民大学出版社，1990 年。

亚里士多德：《尼各马可伦理学》，苗力田 译，辑于《亚里士多德全集》（第八卷），苗力田主编，北京：中国人民大学出版社，1994 年。

亚里士多德：《物理学》，张竹明 译，北京：商务印书馆，1982 年。

伊拉斯谟：《愚人颂》，许崇信 译，沈阳：辽宁教育出版社，2001 年。

二、工具书

Index Scolastico-Cartésien, ed. É. Gilson, seconde édition, Paris: Vrin, 1979.

Lexicon Spinozanum, 2 vols, ed. E. G. Boscherini, La Haye: Martinus Nijhoff, 1970.

Spinoza Ethica: Concordances, Index, Listes de fréquences, Tables comparatives, ed. M. Gueret, A. Robinet, et P. Tombeur, Louvain-la-Nueve: Université catholique de Louvain, 1977.

Dictionnaire Spinoza, ed. Ch. Ramond, Paris: Ellipses, 2007.

The Continuum Companion to Spinoza, ed. W. van Bunge, H. Krop, P. Steenbakkers, and J. van de Ven, London: Continuum, 2011.

三、研究文献

1. 外文文献

Akkerman, F., *Studies in the Posthumous Works of Spinoza: On Style, Earliest Translation and Reception, Earliest and Modern Edition of Some Texts*, Groningen: Rijksuniversiteit Groningen, 1980.

Alquié, F., *Signification de la philosophie*, Librairie Hachette, 1971.

Alquié, F., *Le rationalisme de Spinoza*, Paris: Presses Universitaires de France, 1981.

Althusser, L., "The Only Materialist Tradition", in *The New Spinoza*, ed. W. Montag and T. Stolze, Minneapolis: The University of Minnesota Press, 1997.

Andrault, R., "Spinoza's Missing Physiology", *Perspctives on Science*, Vol. 27, No. 2, 2019.

Balibar, É., *Spinoza et la politique*, Paris: Presses Universitaires de

France, 1985.

Balibar, É., "A Note on 'Conscientia/conscience' in the *Ethics*", in *Studia Spinozana* (8), Könighausen & Neuman, 1992.

Barbone, S. and Rice, L., "La naissance d'une nouvelle politique", in *Architectures de la raison: Mélanges offerts à Alexandre Matheron*, ed. P.-F. Moreau, Fontenay-aux-Roses Cedex: ENS, 1996.

Bartuschat, W., "The Ontological Basis of Spinoza's Theory of Politics", in *Spnioza's Political and Theological Thought*, ed. C. De Deugd, Amsterdam: North-Holland Publishing Company, 1984.

Bartuschat, W., *Spinozas Theorie des Menshens*, Hamburg: Felix Meiner Verlag, 1992.

Bartuschat, W., "Remarques sur la 1re proposition de la 5e partie de l'Éthique", *Revue Philosophique de la France et de l'Étranger*, T.184, No.1, 1994.

Bennett, J., *A Study of Spinoza's Ethics*, Indianapolis: Hackett Publishing Company, 1984.

Bertrand, M., *Spinoza et l'imaginaire*, Paris: Presses Universitaires de France, 1983.

Beyssade, J.-M., "Nostri Corporis Affectus: Can an affect in Spinoza be 'of the Body'", in *Desire and Affect: Spinoza as Psychologist*, ed. Y. Yovel, New York: Little Room Press, 1999.

Blumenberg, H., *The Legitimacy of the Modern Age*, trans. R. M. Wallace, The MIT Press, 1985.

Bordoli, R., "Esperienza e passioni in Spinoza", *Rivista di storia della filosofia*, Vol.51, No.1, 1996.

Boscherini, E.G. e Crapulli, G., *Ricerche lessicali su opere di Descartes e Spinoza*, Roma: Ateneo, 1969.

Boscherini, E. G., "Réalisme et utopie: limites des libertés politqiue et perspective fe liberation dans la philosophie politique de Spinoza", in *Spnioza's Political and Theological Thought*, ed. C. De Deugd, Amsterdam: North-Holland Publishing Company, 1984.

Boscherini, E. G., "Sul concetto spinoziano di virtú", in *La Ética de Spinoza: Fundamentos y Significado*, ed. A. Dominguez, La Mancha: Ediciones de la Universidada de Castilla, 1992.

Boss, G. , "Les fondements de la politique selon Hobbes et selon Spinoza", *Les Études philosophiques*, No. 1/2, 1994.

Bove, L. , *La stratégie du conatus: Affirmation et résistance chez Spinoza*, Paris: Vrin, 1996.

Bréhier, E. , *Histoire de philosophie*, 2ᵉ edition, Paris: PUF, 2012.

Brunschvicg, L. , *Spinoza et son comtemporains*, Paris: Félix Alcan, 1923.

Calvetti, C. G. , *Spinoza: lettore del Machiavelli*, Milano: Vita e pensiero, 1972.

Cassirer, E. , *The Philosophy of the Enlightenment*, trans. J. Petegrove, Princeton: Princeton University Press, 1951.

Cassirer, E. , *The Individual and the Cosmos in Renaissance Philosophy*, trans. Mario Domandi, Oxford: Basil Blackwell, 1963.

Changeaux, J.-P. et Riceau, P. , *Ce qui nous fait penser: la nature et la règle*, Paris: Odile Jacob, 1998.

Colerus, J. , *La vie de B. de Spinoza*, in *Bibliographie spinoziste*, ed. J. Préposiet, Paris: Les Belles Lettres, 1973.

Coli, D. , "Hobbes's Revolution", in *Politics and the Passions, 1500 – 1850*, ed. V. Kahn, N. Saccamano, and D. Coli, Princeton: Princeton University Press, 2006.

Campos, A. S. , "The Individuality of the State in Spinoza's Political Philosophy", *Archiv für Geschichte der Philosophie*, 92, 2010.

Cook, Th. , "Did Spinoza lie to His Landlady", in *Studia Spinozana* (11), Könighausen & Neuman, 1995.

Copleston, F. , *A History of Philosophy*, Vol. II, New York: Image Books, 1993.

Copleston, F. , *A History of Philosophy*, vol. III, New York: Image Books, 1993.

Courtine, J.-F. , *Suarez et le système de la métaphysique*, Paris: PUF, 1990.

Cristofolini, P. , *Spinoza per tutti*, Milano: Feltrinelli, 1993.

Cristofolini, P. , *Spinzoa: Chemins dans l'Ethique*, Paris: Presses Universitaires de France, 1996.

Curley, E. , *Spinoza's Metaphysics: An Essay in Interpretation*,

Harvard: Harvard University Press, 1969.

Curley, E., *Behind the Geometrical Method: A Reading of Spinoza's Ethics*, Princeton: Princeton University Press, 1988.

Curley, E., "Notes on a Neglected Masterpiece (II): The Theological-Political Treatise as a Prolegomenon to the *Ethics*", in *Central Themes in Early Modern Philosophy*, ed. J. A. Cover and M. Kulstad, Indianapolis: Hackett, 1990.

Donna, D., "Gnosi ed esperienza della salvezza in Spinoza", *Divus Thomas*, Vol.116, No.2, 2013.

Danio, P., *Le meilleur ou le vrai: Spinoza et l'idée de philosohie*, Paris: Publications de la Sorbonne, 2014.

Daston, L. and Park, K., *Wonders and the Order of Nature*, 1150—1750, New York: Zone Books, 1998.

DeBrabander, F., *Spinoza and the Stoics: Power, Politics and the Passions*, London: Continuum, 2007.

De Cuzzani, P., "Une anthropologie de l'homme décentré", *Philosophique*, Vol.29, No.1, 2002.

De Dijn, H., "Metaphysics as Ethics", in *God and Nature: Spinoza's Metaphysics*, ed. Yovel, Y., Brill, 1991.

De Dijn, H., *Spinoza: The Way to Wisdom*, West Lafayette: Purdue University Press, 1996.

De Dijn, H., "Ethics as Medicine for the Mind (5P1 - 20), in *Spinoza's Ethics: A Collective Commentary*, ed. M. Hampe, U. Renz and R. Schnepf, Leiden: Brill, 2011.

Delbos, V., *Le problème moral dans la philosophie de Spinoza et dans l'histoire du spinozisme*, Paris: Félix Alcan, 1893.

Delbos, *Le spinozisme*, troisième édition, Paris: Vrin, 1950.

Deleuze, G., *Spinoza et le problème de l'expression*, Paris: Les Édition de Minuit, 1968.

Deleuze, G., "Spinoza et la méthode générale de M. Gueroult", *Revue de métaphysique et de morale*, T.74, 1969.

Deleuze, G., "Spinoza et les trois 'Éthiques'", in Deleuze, G., *Critique et Clinique*, Paris: Minuit, 1993.

Deleuze, G., *Spinoza: Philosophie Practique*, Paris: Les Édition de

Minuit, 1981.

Deleuze, G., *Cosa può un corpo? Lezioni su Spinoza*, a cura di A. Pardi, Verona: Ombre Corte, 2013.

Della Rocca, M., *Spinoza*, London and New York: Routledge, 2008.

Deregibus, A., *La filosofia etico-politica di Spinoza*, Torino: Giappichelli, 1963.

Devaux, M. and Lamanna, M., "The Rise and Early History of the Tern Ontology (1606 – 1730)", *Questio* 9, 2009.

Di Vona, P., "Il concetto di filosofia nel '*Tractatus de intellectus emendatione*' di Spinoza", *Rivista critica di storia della filosofia*, Vol. 15, N. 4, 1960.

Di Vona, P., *Studi sull'ontologia di Spinoza*, 2 vols, Firenze: La nuova italia, 1960 – 1969.

Di Vona, P., "La definizione dell'essenza in Spinoza", *Revue internationale de philosophie*, Vol. 31, N°. 119/120(1/2), 1977.

Domingez, A., "La théorie des vertus chez Spinoza", in *La recta ratio: Criticiste et spinoziste?*, ed. L. Bove, Paris: Presses de l'Universitaire de Paris-Sorbonne, 1999.

Elders, L. J., *The Metaphysics of Being of ST. Thomas Aquinas in a Historical Perspective*, Leiden: Brill, 1993.

Fischbach, F., *La production des hommes: Marx avec Spinoza*, Paris: Vrin, 2014.

Fraisse, J.-C., *L'oeuvre de Spinoza*, Paris: Vrin, . 1978.

Frampton, T., *Spinoza and the Rise of Historical Criticism of the Bible*, New York: t&clark, 2006.

Frankel, S., "The Invention of Liberal Theology: Spinoza's Theological-Political Analysis of Moses and Jesus", *The Review of Politics*, Vol. 63, No. 2, 2001.

Freudenthal, J., "Spinoza und die Scholastik", in *Philosophische Aufsätze Eduard Zeller gewidment*, Leipzig: Fues's Verlag, 1887.

Freudenthal, J., *Die Lebens Geschichte Spinoza's in Quellenschriften, Urkunden und Nichtamtlichen Nachrichten*, Leipzig, 1899.

Feuer, L. S., *Spinoza and the Rise of Liberalism*, Boston: Beacon Press, 1958.

Garber, D., *Descartes' Metaphysical Physics*, The University of Chicago Press, 1992.

Garret, A., *Meaning in Spinoza's Method*, Cambridge: Cambridge University Press, 2003.

Garrett, A., "The Virtues of Geometry", in *The Oxford Handbook of Spinoza*, ed. M. della Rocca, New York: Oxford University Press, 2018.

Garret, D. (ed.), *The Cambridge Companion to Spinoza*, Cambridge: Cambridge University Press, 1996.

Geismann, G., "Spinoza-Beyond Hobbes and Rousseau", *Journal of the History of Ideas*, Vol.52, No.1,1991.

Gentile, G., *Giordano Bruno e il pensiero del Rinascimento*, Firenze: Vallecchi Editore, 1920.

Gilead, A., "The Indispensability of the First Kind of Knowledge", in *Spinoza on Knowledge and the Human Mind*, ed. Y. Yovel, Leiden: Brill, 1994.

Gilson, É., *L'ésprit de la philosophie médiévale*, deuxième edition, Paris: Vrin, 1969.

Gilson, E., *Le Thomisme: Introduction à la philosophie de Sanit Thomas d'Aquin*, sixième edition revue, Paris: Vrin, 1979.

Gilson, É., *L'être et l'essence,* deuxième edition, Paris: Vrin, 1962.

Gueroult, M., *Spinoza (I. Dieu)*, Paris: Aubier-Montaigne, 1968.

Gueroult, M., *Spinoza (II, L'âme)*, Paris: Aubier-Montaigne, 1974.

Hadot, P., *Exercices spirituels et philosophie antique*, Paris: Études Augustiniennes, 1987.

Hampshire, S., *Spinoza and Spinozism*, Oxford: Clarendon Press, 2005.

Hubbeling, H.G., *Spinoza's Methodology*, Assen: Van Gorcum, 1964.

Hübner, K., "Spinoza on Essences, Universals, and Being of Reason", *Pacific Philosophical Quarterly*, volume 97, Issue 1,2016.

Huizinga, J. H., *Dutch Civilisation in the Seventeenth Century*, trad. A.J. Pomerans, New York: Frederick Ungar Publishing Co., 1968.

Hunter, G., *Radical Protestantism in Spinoza's Thought*, Hampshire: Ashgate, 2005.

Israel, J., *The Dutch Republic: Its Rise, Greatness, and Fall (1477 – 1806)*, Oxford: Oxford University Press, 1995.

Israel, J., *Radical Enlightenment: Philosophy and the Making of Modernity 1650 – 1750*, New York: Oxford University Press, 2001.

Jaeger, W., *Paideia: La formazione dell'uomo greco*, Vol. I, traduzione di L. Emery, Firenze: La Nuova Italia, 1967.

James, S., "Spinoza the Stoic", in *The Rise of Modern Philosophy: The Tension between the New and Traditional Philosophies from Machiavelli to Leibniz*, ed. T. Sorell, Oxford: Clarendon Press, 1993.

James, S., *Passion and Action: The Emotions in Seventeenth-Century Philosophy*, Oxford: Clarendon Press, 1997.

James, S., "Freedom, Slavery, and the Passions", in *The Cambridge Companion to Spinoza's Ethics*, ed. O. Koistinen, Cambridge: Cambridge University Press, 2009.

James, S., *Spinoza on Philosophy, Religion, and Politics: The Theological-Political Treatise*, Oxford: Oxford University Press, 2012.

Jaquet, Ch., *Les expressions de la puissance d'agir chez Spinoza*, Paris: Publications de la Sorbonne, 2005.

Jaquet, Ch., *Affects, Actions and Passions in Spinoza: The Unity of Body and Mind*, trans. T. Reznichenko, Edinburgh: Edinburgh University Press, 2018.

Joachim, H., *A Study of the Ethics of Spinoza*, Oxford: Clarendon Press, 1901.

Joachim, H., *Spinoza's Tractatus de Intellectus Emendatione: A Commentary*, Oxford: Clarendon Press, 1940.

Jorink, E., "Horrible and Blasphemous: Issac la Peyrère, Issac Vossius, and the Emergence of Radical Biblical Criticism in the Dutch Republic", in *Nature and Scripture in the Abrahamic Religions: Up to 1700*, ed. J. van der Meer and S. Mandelbrote, Leiden: Brill, 2008.

Klever, W., "Éthique spinoziste comme physique de l'homme", in *La Ética de Spinoza, Fundamentos y Significado*, ed. A. Domínguez, la Mancha, 1992.

Kolakowski, L., *Chrétiens sans Église: La conscience religieuse et le lien confessionnel au xviie siècle*, trad. Anna Posner, Paris: Gallimard, 1969.

Kraye, J., "Moral philosophy", in *The Cambridge History of Renaissance Philosophy*, ed. C. B. Schmitt, Q. Skinner, E. Kessler, and J. Kraye, Cambridge: Cambridge University Press, 1988.

Kraye, J., "Conceptions of Moral Philosophy", in *The Cambridge History of Seventeenth-Century Philosophy*, Vol. II, ed. D. Garber and M. Ayers, Cambridge: Cambridge University Press, 1998.

Kristeller, P. O., "Stoic and Neoplatonic Sources of Spinoza's Ethics", in *History of European Ideas*, Vol. 5, No. 1, 1984.

Kusukawa, S., "Bacon's Classification of Knowledge", in *The Cambridge Companion to Bacon*, ed. M. Peltonen, Cambridge: Cambridge University Press, 1996.

Lacroix, J., *Le Désir et les désirs*, Paris: Presses Universitaires de France, 1975.

Laerke, M., "Aspects of Spinoza's Theory of Essence: Formal Essence, Non-Existence, and Two Types of Actuality", in *The Actual and The Possible: Modality and Metaphysics in Modern Philosophy*, ed. M. Sinclair, Oxford: Oxford University Press, 2017.

Laerke, M., *Spinoza and the Freedom of Philosophizing*, Oxford: Oxford University Press, 2021.

Larmore, C., "Scepticism", in *The Cambridge History of Seventheenth-Century Philosophy*, Vol. II, ed. D. Garber and M. Ayers, Cambridge University Press, 1998.

Lazzeri, C., *Droit, pouvoir, et liberté: Spinoza Critique de Hobbes*, Paris: PUF, 1998.

LeBuff, M., *From Bondage to Freedom: Spinoza on Human Excellence*, Oxford: Oxford University Press, 2010.

Lin, M., *Being and Reason: An Essay on Spinoza's Metaphysics*, Oxford: Oxford University Press, 2019.

Lloyd, G., "Spinoza's Version of the Eternity of the Mind", in *Spinoza and the Sciences*, ed. M. Grene and D. Nails, Dordrecht: D. Reidel Publishing Company, 1986.

Lloyd, G., *Part of Nature: Self-Knowledge in Spinoza's Ethics*,

Ithaca: Cornell University Press, 1994.

Lloyd, G. (ed.), *Spinoza: Critical Assessments*, Vol. IV, London: Routledge, 2001.

Macherey, P., *Hegel ou Spinoza*, Paris: Maspero, 1979.

Macherey, P., *Introduction à l'Éthique de Spinoza* (La cinquième partie: les voies de la libération), Paris: PUF, 1994.

Macherey, P., *Introduction à l'Ethique de Spinoza* (la deuxième partie: la réalité mentale), Paris: PUF, 1997.

Macherey, P., *Introduction à l'Éthique de Spinoza* (La première partie: La nature des choses), Paris: PUF, 1998.

Macherey, P., "From Action to Production of Effects", in *God and Nature: Spinoza's Metaphysics*, ed. Yovel, Y., Brill, 1991.

Malabou, C. and Johnston, A., *Self and Emotional Life: Philosophy, Psychoanalysis, and Neuroscience*, New York: Columbia University Press, 2013.

Mancini, R., "Godimento e verità: La vocazione metafisica del desiderio", in *Metafisica del desiderio*, a cura di Claudio Ciancio, Milano: Vità e Pensiero, 2003.

Mansfield, H. C., *Machiavelli's Virtue*, Chicago: The University of Chicago Press, 1996.

Manzini, F., *Spinoza: une lecture d'Aristote*, Paris: PUF, 2009.

Manzini, F., "D'où vient la connaissance intuitive? Spinoza devant l'aporie de la connaisance des ginguliers", in *Spinoza et ses scolastiques: Retour aux sources et nouveaux enjeux*, F. Manzini (dir.), Paris: PUPS, 2011.

Malinowski-Charles, S., "Le salut par les affects: la joie comme resort du progès éthique chez Spinoza", *Philosophiques*, vol. 29, N. 1, 2002.

Malinowski-Charles, S., "The Circle of Adequate Knowledge: Nots on Reason and Intuition in Spinoza", in *Oxford Studies in Early Modern Philosophy*, ed. D. Garber and S. Nadler, Oxford: Clarendon Press, 2003.

Marion, J.-L., *Sur le prisme métaphysique de Descartes: Constitution et limites de l'onto-théo-logie dans la pensée cartésienne*, Paris: PUF, 1986.

Matheron, A., *Le Christ et le salut des ignorants chez Spinoza*, Paris: Aubier-Montaigne, 1971.

Matheron, A., *Individu et communauté chez Spinoza*, Paris: Les Éditions de Minuit, 1988.

Matheron, A., "Le problème de l'évolution de Spinoza du *Traité théologico-politique* au *Traité politique*", in *Spinoza: Issues and Directions*, ed. E. Curley and P.-F. Moreau, Leiden: Brill, 1990.

Matheron, A., "La vie éternelle et le corps selon Spinoza", *Revue philosophique de la France et de l'Étranger*, T. 184, No. 1, 1994.

Matheron, A, "L'État, selon Spinoza, est-il un individu au sens de Spinoza", in Mahteron, A., *Études sur Spinoza et les philosophies de l'âge classique*, Lyon: ENS Éditions, 2011.

Matson, W. : "Body Essence and Mind Eternity in Spinoza", in *Spinoza: Issues and Directions*, ed. E. Curley and P.-F. Moreau, Leiden: Brill, 1990.

Melamed, Y. Y., "The Metaphysics of the Theological-Political Treatise", in *Spinoza's Theological-Political Treatise: A Critical Guide*, Cambridge University Press, 2010.

Melamed, Y. Y. (ed.), *The Young Spinoza: A Metaphysician in the Making*, Oxford: Oxford University Press, 2015.

Mignini, F., "Per la datazione e l'interpretazione del *Tractatus de Intellectus Emendatione* di B. Spinoza", *La Cultura* 17, 1979.

Mignini, F., "Spinoza's Theory on the Active and Passive Nature of Knowledge", *Studia Spinozana* (2), Walther Verlag, 1986.

Mignini, F., "In Order to Interpret Spinoza's Theory of the Third Kind of Knowledge: Should Intuitive Science be Considered Per causam proximam Knowledge?", in *Spinoza: Issues and Directions*, ed. Curley, E. and Moreau, P.-F., Leiden: Brill, 1990.

Mignini, F., "The Potency of Reason and the Power of Fortune", in *Spinoza on Knowledge and the Human Mind*, ed. Yovel, Y., Brill, 1994.

Mignini, F., "«Sub specie aeternitatis»: Notes sur « *Ethique* », V, propositions 22 – 23, 29 – 31", *Revue Philosophique de la France et de l'Étranger*, T. 184, No. 1, 1994.

Mignini, F., "Les erreurs de bacon sur l'intellect selon spinoza", *L'Enseignement philosophique*, Vol. 47, Issue 6, 1997.

Mignini, F., *Introduzione a Spinoza*, Bari: Laterza, 1997.

Mignini, F., "Impuissance humaine et puissance de la raison", in *Spinoza: puissance et impuissance de la raison*, ed. Lazzeri, Ch., Paris: Presses Universitaires de France, 1999.

Mignini, F., "«Sub quadam aeternitatis specie»: signigicato e problemi du un sintagma spinoziano", in *Con l'ali de l'intelletto: Studi di filosofia de di storia della cultura*, a cura di F. Meroi, Firenze: Olschki, 2005.

Mignini, F., *L'Etica di Spinoza*, Roma: Carocci editore, 2007.

Miller, J., *Spinoza and the Stoics*, Cambridge: Cambridge University Press, 2015.

Misrahi, R., *Le désir et la réflexion dans la philosophie de la philosophie de Spinoza*, Paris: Gordon & Beach, 1972.

Misrahi, R., *L'être et la joie: perspectives synthétiques sur le spinozisme*, Encre Marine, 1997.

Moreau, J., *Spinoza et le spinozisme*, Paris: Presses Universitaires de France, 1971.

Moreau, P-F., "Fortune et théorie de l'histoire", in *Spinoza: Issues and Directions*, ed. Curley, E. and Moreau, P.-F., Leiden: Brill, 1990.

Moreau, P.-F., *Spinoza: l'expérience et l'éternite*, Paris: PUF, 1994.

Moreau, P-F., "Spinoza's Reception and Influence", in *The Cambridge Companion to Spinoza*, edited by Don Garret, Cambridge University Press, 1996.

Moreau, P.-F. (ed.), *Le stoïcisme au XVIe et au XVIIe siècle: le retour des philosophies antiques à l'âge classique*, Paris: A. Michel, 1999.

Moreau, P.-F., "La terminologie du 'Je' dans le *Traité théologico-politique*", in *Spinoza to the Letter: Studies in Words, Texts and Books*, ed. F. Akkerman and P. Steenbakkers, Leiden: Brill, 2005.

Moreau, P.-F., *Spinoza et le spinozisme*, Paris: PUF, 2009.

Moreau, P.-F., "Imitation of the Affects and Interhuman Relations", in *Spinoza's Ethics: A Collective Commentary*, ed. M. Hampe, U. Renz and R. Schnepf, Leiden: Brill, 2011.

Morrow, J., *Three Skeptics and the Bible: La Peyrère, Hobbes,*

Spinoza, and the Reception of Modern Biblical Criticism, Pickwick Publications, 2016.

Mosse-Bastide, M., "Bergson et Spinoza", *Revue de Métaphysique et de Morale*, 54, No. 1, 1949.

Nadler, S., *Spinoza: A Life*, Cambridge: Cambridge University Press, 1999.

Nadler, S., *A Book Forged in Hell: Spinoza's Scandalous Treatise and the Birth of the Secular Age*, Princeton University Press, 2011.

Negri, A., *L'anomalia selvaggia: saggio su potere e potenza in Baruch Spinoza*, Milano: Feltrinelli Editore, 1981.

Negri, A. and Hardt, M., *Empire*, Cambridge, Mass.: Harvard University Press, 2000.

Nussbaum, M., *The Therapy of Desire: Theory and Practice in Hellenistic Ethics*, Princeton University Press, 1994.

Préposiet, J., *Spinoza et la liberté des hommes*, Paris: Gallimard, 1967.

Preus, J. S., *Spinoza and the Irrelevance of Biblical Authority*, Cambridge: Cambridge University Press, 2001.

Ramond, Ch., "La question de l'origine chez Spinoza", in *Les Études Philosophiques*, No. 4, 1987.

Ramond, Ch., "Impuissance relative et puissance absolue de la raison chez Spinoza", in *Spinoza: puissance et impuissance de la raison*, ed. Lazzeri, Ch., Paris: Presses Universitaires de France, 1999.

Ravven, H. M., *The Self Beyond Itself: An Alternative History of Ethics, the New Brain Science, and the Myth of Free Will*, New York: The New Press, 2013.

Reale, G., *Il concetto di "filosofia prima e l'unità della Metafisica di Aristotele, Settima edizione*, Milano: Bompiani, 2008.

Ritter, J. und Gründer, K. (hrsg), *Historisches Wörterbuch der Philosophie*, Band 6, Basel/Stuttgart, 1984.

Rivaud, A., *Les notions d'essence et d'existence dans la philosophie de Spinoza*, Paris: Alcan, 1905.

Robinson, Th., "Spinoza on the Vacuum and the Simplicity of Corporeal Substance", *History of Philosophy Quarterly*, Vol. 26, No. 1, 2009.

Rodis-Lewis, G., "Questions sur la cinquième partie de l' «Ethique»", in

Revue Philosophique de la France et de l'Étranger, T.176, N.2,1986.

Rosenthal, M. A., "Why Spinoza chose the Hebrews: The Exemplary Function of Prophecy in the Theological-Political Treatise", *History of Political Thought*, Vol.18, No.2,1997.

Rosenthal, M. A., "Spinoza on Why the Sovereign can command Men's Tongues but not their Minds", *Nomos*, Vol.48,2008.

Rosenthal, M. A., "Miracles, wonder, and the state in Spinoza's *Theological-Political Treatise*", in *Spinoza's Theological-Political Treatise: A Critical Guide*, ed. Y.Y. Melamid and M.A. Rosenthal, Cambridge: Cambridge University Press, 2010.

Rosenthal, M. A., "Spinoza's Politicla Philosophy", in *The Oxford Handbook of Spinoza*, ed. Michael della Rocca, Oxford University Press, 2018.

Rousset, B., *Le finaleperspective de "l'Étique" et le problème de la cohérence de Spinozisme*, Paris: Vrin, 1968.

Rousset, B., "La 'philosophie' appelé 'Éthique'", in *La Ética de Spinoza, Fundamentos y Significado*, ed. A. Domínguez, la Mancha, 1992.

Rudolph, K., *Gnosis: The Nature and History of Gnosticism*, ed. R. Wilson, Harper San Francisco, 1987.

Rutherford, D., "Salvation as a State of Mind: The Place of Acquiescentia in Spinoza's Ethics", *British Journal for the History of Philosophy*, 7:3,1999.

Rutherford, D., "Spinoza and the Dictates of Reason", *Inquiry*, Vol.51, No.5,2008.

Sangiacomo, A., "Sulla compiutezza del 'De intellectus emendatione' di Spinoza", in *Rivista di Storia della Filosofia*, Vol.65, No.1,2010.

Sangiacomo, A., "Fixing Descartes: Ethical Intellectualism in Spinoza's Early Writings", *The Southern Journal of Philosophy*, Vol.53, Issue 3,2015.

Schliesser, E., "Spinoza and the Philosophy of Science: Mathematics, Motion, and Being", in *The Oxford Handbook of Spinoza*, ed. Michael della Rocca, Oxford University Press, 2018.

Schrift, A. D., "Spinoza, Nietsche, Deleuze: Another Discouse of

Desire", in *Philosophy and Desire*, ed. Silverman, H. J. , London: Routledge, 2000.

Schüssler, R. , "Jean Gerson, Moral Certainty and the Renaissance of Ancient Scepticism", in *The Renaissance Conscience*, ed. H. E. Braun and E. Vallance, Wiley- Blackwell, 2011.

Schwartz, D. , *The First Modern Jew: Spinoza and the History of an Image*, Princeton: Princeton University Press, 2012.

Scribano, E. , *Guida alla lettura dell'Etica di Spinoza*, Roma: Laterza, 2008.

Sévérac, P. , *Le devenir actif chez Spinoza*, Paris: Champion, 2005.

Smith, S. , *Spinoza's Book of Life: Freedom and Redemption in the Ethics*, New Haven: Yale University Press, 2003.

Steinberg, J. , S*pinoza's Political Psychology: The Taming of Fortune and Fear*, Cambridge: Cambridge University Press, 2018.

Steenbakkers, P. , *Spinoza's Ethica from Manuscript to Print: Studies on Text, Form and Related Topics*, Van Gorcum, 1994.

Steenbakkers, P. , "Spinoza on the Imagination", in *Imagination in the Later Middle Ages and Early Modern Times*, ed. L. Nuata and D. Patzold, Leuven: Peters, 2004.

Stein, L. , *Leibniz und Spinoza: Ein Beitrag zur Entwicklungsgeschichte der Leibnizischen Philosophie*, Berlin: Verlag von Georg Reimer, 1890.

Soyarslan, S. , "From Ordinary Life to Blessedness", in *Essays on Spinoza's Ethics*, ed. M. Kisner, and A. Youpa, Oxford: Oxford University Press, 2014.

Touber, J. , *Spinoza and Biblical Philology in the Dutch Republic, 1660 – 1710*, Oxford: Oxford University Press, 2018.

Tavoillot, P.-H. , "Signification et enjeu du retour à Spinoza dans la querelle du panthéisme", in *Spinoza au XIXe Siècle*, ed. A. Tosel, P.-F. Moreau et J. Salem, Paris: Publication de la Sorbonne, 2007.

Tosel, A. , *Spinzoa ou le crépuscule de la servitude*, Paris: Aubier Montaigne, 1984.

Tosel, A. , "Y-a-t-il une philosohie du progrè historique chez Spinoza", in *Spinoza: Issues and Directions*, ed. E. Curley and P.-F. Moreau,

Leiden: Brill, 1990.

Uyl, D. J. Den., "Power, Politics, and Religion in Spinoza's Political Thought", *Jewish Political Studies Review*, 7:1/2, 1995.

Van Bunge, W. and Klever, W. (ed.), *Disguised and Overt Spinozism around 1700*, Leiden: Brill, 1996.

Vaz Dias, A. M. and van der Tak, W. G., "Spinoza Merchant & Autodidact Charters and other Authentic Documents relating to the Philosopher's Youth and his Relations", *Studia Rosenthaliana*, Vol. 16, No. 2, 1982.

Vedrine, H., *La conception de la nature chez Giordano Bruno*, Paris: Vrin, 1967.

Vernière, P., *Spinoza et la pensée française avant la Révolution*, 2 Vols, Paris: Presses Universitaires de France, 1954.

Vinciguerra, L., *Spinoza et la Signe: la genèse de l'imagination*, Paris: Vrin, 2005.

Volfson, S. Y., "Spinoza's Ethical World-view", in *Spinoza in Soviet Philosophy*, ed. G. Kline, Routledge and Paul, 1952.

Walther, M., "Elementary Features of Spinoza's Political Philosophy", in *Spinoza's Ethics: A Collective Commentary*, ed. M. Hampe, U. Renz and R. Schnepf, Leiden: Brill, 2011.

Wilson, M. D., "infinite Understanding, Scientia Intuitiva, and Ethics I. 16", in *Spinoza*, ed. G. Segal and Y. Yovel, Abingdon: Routledge, 2018.

Weltlesen, J., "Body Awareness as a Gateway to Eternity: A Note on the Mysticism of Spinoza and its Affinity to Buddist Meditation", in *Speculum Spinozanum 1677 – 1977*, ed. S. Hessing, London: Routledge & Kegan Paul, 1977.

Wippel, J. F., "Essence and Existence", in *The Cambridge History of Later Medieval Philosophy*, ed. N. Kretzmann, A. Kenny, J. Pinborg, Cambridge: Cambridge University Press, 1982.

Wolfson, H. A., *The Philosophy of Spinoza*, 2 Vols, Cambridge, M.: Harvard University Press, 1948.

Wood, A., *Kant's Ethical Thought*, Cambridge: Cambridge University Press, 1999.

Yovel, Y., *Spinoza and Other Heretics*, 2 Vols, Princeton: Princeton University Press, 1989.

Yovel, Y., "Trancending Mere Survival: From Conatus to Conatus Intelligendi", in *Desire and Affect: Spinoza as Psychologist*, ed. Y. Yovel, New York: Little Room Press, 1999.

Zac, S., "Société et Communion chez Spinoza", *Revue de métaphysique et de morale*, 63,1958.

Zac, S., *Le moarle de Spinoza*, Paris: Presses Universitaires de France, 1959.

Zac, S., *L'idée de vie dans la philosphie de Spinoza*, Paris: Presses Universitaires de France, 1963.

Zac, S., "Etat et nature chez Spinoza", *Revue de métaphysique et de morale*, Vol.69, No.1,1964.

Zac, S., "La philosophie politique de Spinoza", in Zac, S, *Essais Spinozistes*, Paris: Vrin, 1985.

Zourabichivili, F., *Spinoza: Une physique de la pensée*, Paris: PUF, 2002.

Zweerman, Th., *L'Introduction a la philosophie selon Spinoza*, Van Gorcum: Presses Universitaires de Louvain, 1993.

2. 中文文献

阿扎尔:《欧洲思想的危机(1680—1715)》,方颂华 译,北京:商务印书馆,2019 年。

巴尔赞:《从黎明到衰落:西方文化生活五百年》,林华 译,北京:世界知识出版社,2002 年。

柏林:《自由论》,胡传胜 译,南京:译林出版社,2003 年。

布克哈特:《意大利文艺复兴时期的文化》,何新 译,马香雪 校:商务印书馆,1979 年。

布劳德:《五种伦理学理论》,田永胜 译,北京:中国社会科学出版社,2002 年。

崔永杰:《斯宾诺莎对传统宗教的理性批判》,载于《中国高校社会科学》,2019 年第 1 期。

德勒兹:《斯宾诺莎的实践哲学》,冯炳昆 译,北京:商务印书馆,2004 年。

邓安庆:《第一哲学作为伦理学——以斯宾诺莎为例》,载于《道德与文明》,2015 年第 3 期。

冯肯斯坦:《神学与科学的想象:从中世纪到 17 世纪》,毛竹 译,北京:三联书店,2019 年。

韩东晖:《天人之境:斯宾诺莎道德形而上学研究》,北京:中国人民大学出版社,2008 年。

贺晴川:《哲学的马基雅维利主义——重审斯宾诺莎的政治哲学》,载于《世界哲学》,2019 年第 3 期。

洪汉鼎:《斯宾诺莎哲学研究》,北京:人民出版社,1993 年。

黄启祥:《〈神学政治论〉中的耶稣是一个哲学家吗?》,载于《哲学研究》,2016 年第 2 期。

黄启祥:《斯宾诺莎是一个基督教哲学家吗? ——如何理解〈神学政治论〉对犹太教的批判》,载于《世界哲学》,2015 年第 5 期。

克利斯特勒:《意大利文艺复兴时期八个哲学家》,姚鹏等译,上海:上海译文出版社,1987 年。

柯瓦雷:《从封闭世界到无限宇宙》,张卜天 译,北京:商务印书馆,2016 年。

孔汉斯(编):《全球伦理》,何光沪 译,成都:四川人民出版社,1997 年。

路德《路德文集》(第一卷),路德文集中文版编辑委员会编,上海三联书店,2005。

麦克弗森:《占有性个人主义的政治理论:从霍布斯到洛克》,张传玺 译,王涛 校,杭州:浙江大学出版社,2018 年。

孟强:《斯宾诺莎的表达主义》,载于《浙江学刊》,2022 年第 4 期。

孟强:《斯宾诺莎的"力量"》,载于《现代哲学》,2021 年第 5 期。

纳德勒:《斯宾诺莎传》,冯炳昆 译,北京:商务印书馆,2011 年。

努斯鲍姆:《欲望的治疗:希腊化时期的伦理理论与实践》,徐向东、陈玮 译,北京:北京大学出版社,2018 年。

施密特和斯金纳(主编):《剑桥文艺复兴哲学史》,徐卫翔 译,上海:华东师范大学出版社,2020 年。

施特劳斯:《斯宾诺莎的宗教批判》,李永晶 译,北京:华夏出版社,2013 年。

谭鑫田:《知识·心灵·幸福——斯宾诺莎哲学思想研究》,北京:中国人民大学出版社,2008 年。

汪堂家、孙向晨、丁耘:《十七世纪形而上学》,北京:人民出版社,2005 年。

吴功青:《激情与理性——斯宾诺莎论社会契约的双重基础》,载于《北京航空航天大学学报》(社会科学版),2023 年第 4 期。

吴功青:《斯宾诺莎的实体:寂静的深渊抑或永恒的生产? ——从谢林与黑格尔的批判出发》,载于《哲学研究》,2023 年第 3 期。

吴功青:《人性与惯性:斯宾诺莎的"人性力学"》,载于《社会科学》,2023 年第 3 期。

吴增定:《斯宾诺莎的理性启蒙》,上海:上海人民出版社,2012 年。

吴增定:《人是不是自然世界的例外? ——从斯宾诺莎对霍布斯自然权利学说的批评说起》,载于《云南大学学报》(社会科学版),2017 年第 3 期。

吴增定:《自因的悖谬——笛卡尔、斯宾诺莎与早期现代形而上学的革命》,载于《世界哲学》,2018 年第 2 期。

乌赫特尔:《维特根斯坦》,孙美堂 译,石家庄:河北教育出版社,2001 年。

薛刚:《基于"努力"概念的社会和国家学说——对斯宾诺莎的政治哲学的阐释》,载于《理论探讨》,2018 年第 4 期。

雅思贝尔斯:《大哲学家》,李雪涛 主译,北京:社会科学文献出版社,2005 年。

詹姆斯:《激情与行动:十七世纪哲学中的情感》,管可秾 译,北京:商务印书馆,2017 年。

邹诗鹏:《重思斯宾诺莎的启蒙思想》,载于《南京大学学报》(哲学·人文科学·社会科学),2018 年第 1 期。

邹诗鹏:《阿尔都塞对斯宾诺莎的回溯》,载于《世界哲学》,2017 年第 3 期。

后　记

　　自从以斯宾诺莎哲学作为我的博士论文的选题至今,不知不觉二十年已经过去。对个人而言,二十年可算是一段相当漫长的时光了,而人生轨迹也在此过程中不断地流转,但是唯一不变的始终还是自己对斯宾诺莎哲学的那一份执着与热爱,而这多年的学术研究也始终在斯宾诺莎哲学的范围之内展开。如果说自己真有一点哲学思想的话,那么其中也多半是由斯宾诺莎的哲学和思想所塑造的。

　　回想当初选择斯宾诺莎作为研究对象,大抵还是受到黑格尔在《哲学史讲演录》中对斯宾诺莎所做的那个著名论断的影响,我们在开篇之处也对之有所引述。总体而言,黑格尔把斯宾诺莎哲学置于一切哲学研究的开端之处,并使斯宾诺莎主义成为思维的根本立足点和出发点。而在斯宾诺莎所提出的诸多核心观点之间,黑格尔尤为看重绝对无限的唯一实体之观念。这是一种总体性的形而上学视域,黑格尔关于斯宾诺莎思想的解读基本上是围绕着这个核心观念展开的,并据之使斯宾诺莎哲学首先以一种宏大的形而上学体系的面貌呈现。这种定位和解读深刻影响了后续德国学界乃至国际斯宾诺莎学界的研究方向。

　　但是,自二十世纪中期以来,随着斯宾诺莎研究的复兴和加速发展,国际学界的一个重要的驱动力就是寻求如何突破由黑格尔所塑造的那种以实体形而上学为核心的研究框架,对斯宾诺莎哲学进行崭新的解释并确立斯宾诺莎的新的思想形象。在此过程中,以阿尔都塞、盖鲁、马特隆、德勒兹和马舍雷为代表的法国学者无疑产生了重要的推动作用。他们不再将研究的焦点唯独限定在斯宾诺莎的形而上学和认识论层面,而是更加凸显斯宾诺莎哲学中伦理、政治和宗教等思想维度,并借此对斯宾诺莎哲学中许多以前没有或很少受到关注的概念做出了深入的探究和阐释,从而使斯宾诺莎思想呈现出新的时代意义。

　　而就我个人而言,坦率地说,起初在对斯宾诺莎的著作——尤其是《伦理学》——进行阅读时,我与大多数初学者一样,始终难以找到通达其思想的门径,其中涉及的诸多概念和论题也着实令人费解。阿拉伯哲学家阿维森纳说,他把亚里士多德的《形而上学》阅读了不下二十遍,却依然无法理解其真意。尽管我对《伦理学》的阅读无法与阿维森纳对《形而上学》的阅读相提并论,但是其中所遭遇的理解上的疑难却多有相似之处。当自己深陷理解上的困境之时,众多关于斯宾诺莎哲学的卓越的解释性著作,尤其是盖鲁、马特隆、德勒兹和马舍雷的解读,无疑为我进入斯宾诺莎的思想世界提供了重大帮助。同时,也正是在他们的研究的启发下,我选择以斯宾诺莎哲学中的欲望问题作为自己博士论文的核心论题并对其在斯宾诺莎思想中的基本结构和重要意义展开了探索。

而无论是在博士论文中关于欲望问题的研究,还是随后关于斯宾诺莎哲学的其他方面的考察,都使我清晰地感受到伦理学和伦理问题在斯宾诺莎哲学中所占据的核心地位。这种地位在过往的研究中虽也得到了强调和关注,斯宾诺莎作为伦理学家的形象也得到了多方认可,但是,伦理学对斯宾诺莎哲学的这种规定作用以及他的伦理学与他的总体哲学研究之间的内在关系到底是如何构型的却始终没有得到系统展现。事实上,伦理学对斯宾诺莎而言远非其哲学的一个特定的组成部分,相反,伦理学构成了其思想的基底并逐步被他推向了一般哲学的高度,从而成为一种普遍的伦理学,甚至全部哲学最终就被斯宾诺莎视作为伦理学本身。有鉴于此,本书力求以普遍伦理学作为阐释斯宾诺莎哲学的根本线索和基本框架,并在此基础上将斯宾诺莎哲学中的多方面思想纳入到这种普遍伦理学的视域下来审视,以便从宏观和微观两个层面全面呈现斯宾诺莎哲学的内在的伦理规定性以及他的普遍伦理学规划的内在构建机制和展开进程,从而使斯宾诺莎的伦理—哲学家的形象得到更为鲜明也更加全面的确立。这正是本书力求在斯宾诺莎哲学研究领域做出的一项推进,也可以视作我在过去二十年间关于斯宾诺莎哲学研究的一项阶段性总结。当然,尽管作者在斯宾诺莎哲学研究领域盘桓多年,但文中不足之处定然不在少数,期待读者方家不吝指正。

本书的写作大体从 2019 年的秋天开始,当时业师黄颂杰先生因病接受了手术治疗。虽然备受病痛折磨,但先生还是非常关心我的书稿撰写工作,并时时予以勉励。然而,天不假年,2020 年 3 月先生还是永远地离开了我们,离开了他挚爱的学术研究事业,也无法亲见本书的完成和出版,思来令人遗憾。但是,先生的音容笑貌,他作为老一辈学人的风骨以及他在为学与为人上的言传身教,至今依然历历在目,令人难忘。我把这本书献给他,作为对他的纪念。

此外,我也要感谢很多师长和朋友,他们对本书的写作和我的学术研究给予了莫大的帮助。首先要感谢孙向晨老师一直以来在学业上的指导以及在日常工作和生活上的关怀；感谢韩东晖和李宏图两位老师在学术研究上给予的关心和鼓励；感谢孙周兴和刘日明两位老师在研究工作上给予的大力支持；感谢徐卫翔、林晖、韩潮和黄启祥等各位老师在科研上的提携；感谢菲利波·米尼尼（Filippo Mignini）和迈克尔·罗森塔尔（Michael A. Rosenthal）两位老师多年来在斯宾诺莎研究上给予的指导；感谢我在复旦大学哲学学院求学时的各位老师的培养；感谢上海三联书店总编辑黄韬先生在本书的项目申报和书稿出版方面给予的帮助；也感谢我的各位朋友在学术研究上给予的支持和启发。

作为国家社科基金后期资助项目（项目批准号：21FZXB074），本书得到了全国哲社办的资助，在此表示感谢。

最后还要特别感谢我的家人，我在学术研究上所取得的任何进展始终离不开你们的陪伴、宽容和支持。

吴树博

2024 年夏于沪上寓所

图书在版编目(CIP)数据

实存与自由:斯宾诺莎的普遍伦理学研究/吴树博
著.—上海:上海三联书店,2024.7.—ISBN 978-7-
5426-8635-0

Ⅰ.B563.1;B82

中国国家版本馆 CIP 数据核字第 2024AP8995 号

实存与自由——斯宾诺莎的普遍伦理学研究

著　　者 / 吴树博

责任编辑 / 郑秀艳
装帧设计 / 一本好书
监　　制 / 姚　军
责任校对 / 王凌霄

出版发行 / 上海三联书店
　　　　　(200041)中国上海市静安区威海路 755 号 30 楼
邮　　箱 / sdxsanlian@sina.com
联系电话 / 编辑部:021-22895517
　　　　　发行部:021-22895559
印　　刷 / 上海惠敦印务科技有限公司

版　　次 / 2024 年 7 月第 1 版
印　　次 / 2024 年 7 月第 1 次印刷
开　　本 / 710mm×1000mm　1/16
字　　数 / 470 千字
印　　张 / 27.25
书　　号 / ISBN 978-7-5426-8635-0/B·917
定　　价 / 98.00 元

敬启读者,如发现本书有印装质量问题,请与印刷厂联系 13917066329